ASTRO-LOGIQUE

HOROSCOPE 2022

Marie Christine Dean

ASTRO-LOGIQUE HOROSCOPE 2022

Astrologie
Horoscope chinois
Numérologie
Maisons d'âge
et plus encore…

BÉLIVEAU
éditeur

Conception de la couverture et mise en pages :
Christian Campana - *www.christiancampana.com*

Photographie de la couverture : Jacques Laurent et Storyblocks

Dépôt légal : 3e trimestre 2021
Bibliothèque et Archives nationales du Québec
Bibliothèque et Archives Canada

ISBN : 978-2-89793-197-1
ISBN Epub : 978-2-89793-198-8

BÉLIVEAU éditeur
567, rue de Bienville
Boucherville (Québec) Canada J4B 2Z5
450 679-1933

www.beliveauediteur.com
admin@beliveauediteur.com

Gouvernement du Québec – Programme de crédit d'impôt pour l'édition de livres – Gestion SODEC – www.sodec.gouv.qc.ca.

Nous reconnaissons l'appui financier du gouvernement du Canada.

IMPRIMÉ AU CANADA

Ce livre est destiné à ____

« Savoir, c'est prévoir. »

J'espère que ce livre sera un bon guide pour mieux faciliter votre emploi du temps et pour simplifier toute décision à prendre afin que vous puissiez profiter au maximum des occasions qui se présentent à vous et trouver votre part de bonheur, tout en évitant les écueils possibles.

Bonne lecture, et que 2022 vous soit favorable.

Marie Christine Dean

Table des matières

Un mot de l'auteure

Alors que nous partageons ces étranges et troublants jours d'auto-isolement, voici un mélange éclectique d'infos pour ajouter une perspective aux divers bouleversements et possibilités qui nous attendent. Outre les aspects mineurs qui se dérouleront, trois configurations planétaires signent le climat annuel de 2022 : Jupiter-Uranus sextile, 18 février ; Jupiter-Neptune conjoint, 12 avril ; Jupiter-Pluton sextile, 3 mai.

Voilà qui éveillera notre compassion pour les moins fortunés. La vraie générosité et l'empathie inciteront davantage de gens à offrir leurs services pour aider les moins privilégiés dans des endroits comme les hôpitaux et les institutions caritatives. Mais ces désirs d'aider doivent être avant tout tempérés par la compréhension que tous les services sont offerts pour aider les autres à se tenir sur leurs deux pieds. L'aide ne doit pas être une béquille qui affaiblit les personnes déjà faibles, mais doit être offerte avec discernement afin que toutes les personnes aidées puissent devenir plus fortes. Attendez-vous à ce qu'il y ait aussi une augmentation de la fréquentation des retraites religieuses et spirituelles.

En astrologie, le signe du Poissons fait partie de l'axe de la santé dans le zodiaque. La présence de Jupiter dans ce signe exacerbera la situation médicale à travers le monde entier. La santé deviendra le grand éléphant dans la pièce qui ne pourra être ignoré. Dans ce pays, nous sommes bien conscients de ce pachyderme géant grâce aux médias d'information. Cela dit, avec l'énorme génération de « baby-boomers » qui prennent leur retraite, les besoins en matière de santé de cette population s'ajouteront à la « crise de la santé » qui a été qualifiée comme étant le plus grand problème auquel la planète sera confrontée. Allons-nous construire des centres hospitaliers de plus en plus grands pour accueillir des patients de plus en plus nombreux ?

Quant à Jupiter, elle nous montrera le vrai tableau d'ensemble de la santé. Qui sait, peut-être apprendrons-nous que notre santé dépend grandement de la façon dont on se nourrit! Évidemment, si vous remplissez le réservoir de votre véhicule avec de l'essence de mauvaise qualité, votre voiture a toutes les chances de s'encrasser. Il en est de même pour les mauvais aliments que vous introduisez dans votre corps. Il est temps d'apprendre à assainir notre alimentation, par exemple éliminer les additifs, les conservateurs ainsi que les colorants; cultiver des produits biologiques; recourir à la médecine alternative si nécessaire; assainir l'environnement pour respirer un air plus pur; garer la voiture à l'autre bout du stationnement du supermarché; faire plus de randonnées à pied ou à vélo. Mangez moins, mangez mieux et bougez plus.

De plus, Jupiter régit les religions traditionnelles (créées par l'homme), tandis que le Poissons régit la spiritualité, certaines religions traditionnelles ont perdu leur chemin; elles se sont enlisées dans le monde terrestre du pouvoir, du sexe et de l'argent.

Tous les douze ans, lorsque Jupiter est de passage au signe du Poissons, nous avons une nouvelle chance de redresser ces torts. Or, les leaders religieux auront donc eux aussi la possibilité d'imprégner leurs enseignements de plus de spiritualité, en ouvrant les yeux sur la véritable signification de leurs croyances religieuses. Cette impulsion viendra peut-être de leurs congrégations qui ressentiront le véritable esprit d'amour et exigeront un changement. Beaucoup chercheront une puissance supérieure et se retireront dans des endroits isolés qui encouragent la contemplation, comme des églises, des ashrams, des retraites spirituelles, etc.

En astrologie, la maison XII, dont celle-ci est en analogie avec le signe du Poissons, est aussi appelée « le ramasse-poussière » ou encore le « fourre-tout » du zodiaque parce que tous les autres signes y sont balayés avant de rebondir dans le Bélier. Lors du transit de Jupiter en Poissons, là où réside Neptune, planète maîtresse par excellence du Poissons, nous sommes appelés à expier nos actions des douze dernières années. Tout ce qui relève de l'éthique, de la moralité, de faire la bonne chose parce que c'est la bonne chose à faire, indépendamment de ce que font les autres, est appelé à devenir des questions primordiales à considérer en 2022. Lorsque le fait de vivre une vie morale devient un comportement naturel, alors nous sommes vraiment libres.

Lors du passage de Jupiter au signe du Poissons, la Grande Bénéfique vous montrera, à travers votre maison natale gouvernée par le Poissons, où vous devez trouver votre liberté spirituelle, où vous devez voir l'ensemble du tableau, où une vue d'ensemble des opportunités qui vous sont offertes sera révélée. Vous comprendrez alors ce qu'il faut faire. Jupiter a juste besoin d'espace pour se développer, et vous aussi.

Cela dit, Jupiter en Poissons, de grandes préoccupations sur la situation de l'eau sont à prévoir. De gros problèmes risquent de surgir soit à cause de l'empoisonnement des océans, lacs et rivières ou de l'effondrement des grands barrages, de la pollution des réservoirs et de la piraterie permanente sur les mers. Y aura-t-il plus d'inondations et de tsunamis que d'habitude ? Tout probable, mais Jupiter, dans sa sagesse, saura nous aider à comprendre ces problèmes et à les résoudre.

C'est exactement le 16 janvier 2018 que Jupiter et Pluton étaient pour la dernière fois en aspect harmonieux (sextile) à 19° Scorpion – révisant et modifiant ses politiques, en particulier celles qui concernent un intérêt plus authentique et véridique quant aux questions sur la diversité et les problèmes interculturels, de même que les questions religieuses, mettant ainsi à l'épreuve les préjugés fervents et les intolérances qui polluent notre environnement social.

Alors que Jupiter-Pluton apporte l'espoir d'une préoccupation plus profonde, plus authentique et plus vraie concernant les procédures gouvernementales, le leadership visionnaire, les changements climatiques, l'économie, la politique fiscale et la création de richesses, l'aspect d'ombre non intégré de cette paire suggère des préjugés fervents et une intolérance toxique des différences. Cela dit, ceci combiné à un mauvais usage du pouvoir et de l'influence, voilà qui pourrait déboucher sur une haine culturelle, des plans d'action malavisés, des luttes de pouvoir et des manières rigides de connaître et d'être. Il s'agit d'un sextile de prudence, après tout, Pluton étant toujours au signe du Capricorne.

Afin de bien conceptualiser ce que cette configuration planétaire pourrait signifier, imaginez un sommet de grande puissance entre deux dirigeants influents. Dans ce cas, la réunion du conseil d'administration réunirait Jupiter, le PDG responsable des préoccupations, tant morales qu'éthiques, des certitudes, de la foi, de la religion, de l'éducation, du droit, de l'édition et de la publication et diffusion de l'information, et Pluton l'administrateur (le contrôleur) qui assiste rarement aux réunions, et si c'est le cas, seulement lorsqu'elles sont cruciales. Lorsque Pluton apparaît dans le fauteuil du contrôleur lors de cette réunion de haut niveau, son mandat est de ramener ce qui est caché à la surface, faisant éclater l'ébullition pour libérer les toxines. Sa présence marquera une étape critique dans la tentative de mettre à jour les blessures du passé, les promesses non tenues et les relations rompues. Malgré qu'à un niveau humain, l'intention est de guérir, l'objectif de Pluton d'éliminer les problèmes profondément enfouis (enracinés) et de faire remonter à la surface les questions refoulées et les tabous est souvent extrêmement pénible.

Cependant, Pluton est aussi concerné par le pouvoir et l'impuissance, et sa rencontre avec Jupiter en Poissons exposera certains scandales et tromperies dans les affaires de ceux qui sont investis du pouvoir mondial, en particulier politique et financier. Sans conteste, le passé tient l'avenir en otage ; l'agenda de Pluton pour la réforme et la décontamination sera la priorité.

Les deux planètes, au dernier décan, l'un en Capricorne, l'autre en Poissons, marient bien les sphères de l'économie et de l'éthique ensemble, mettant à mal la politique gouvernementale, les organisations et les systèmes en général. Les entreprises ou les dirigeants qui ont échoué devront rendre des comptes, sinon il n'y aura aucune façon ni de possibilité d'aller de l'avant, restant ainsi otages du passé. Heureusement que le cycle Jupiter-Pluton annonce une étude approfondie de la structure fondamentale, des doctrines et des valeurs qui soutiennent les syndicats du contrôle, tels que le gouvernement, l'économie et les corporations.

Que 2022 soit le retour à la normale pour nous tous !

Préparons ensemble notre grand retour en force.

Marie Christine Dean

Décembre 2020

Avant-propos

Même si le pire est derrière nous, il n'en demeure moins que nous ne sommes pas encore au bout de nos peines. À tous les niveaux, nous tenterons de recréer une certaine forme d'équilibre, qui demeurera, toutefois, extrêmement fragile. Il y aura beaucoup de confusion dans l'air, mais ce n'est pas nécessairement quelque chose de négatif. Au contraire, c'est une année de réforme ! N'empêche, on risque d'être coincés entre l'arbre et l'écorce dans certaines circonstances qui concernent la société, mais il s'agira là du propre de la politique, de toute manière.

En 2022, Jupiter progresse dans le Poissons, là où réside Neptune jusqu'au 10 mai, pour faire ensuite une courte escale au signe du Bélier pendant la belle saison de l'été, rendant ainsi la vie beaucoup plus active et dynamique.

Le signe du Poissons en est un particulier. Il est le dernier sur la roue du zodiaque et renferme en grande partie tous les autres en lui, il est nourri par l'ensemble de leurs caractéristiques : il peut être les qualités, mais aussi les défauts des autres signes. Il s'adapte à toutes les circonstances et il ressent également toutes les énergies qui se retrouvent dans l'air.

L'année sera marquante suite à la conjonction Jupiter-Neptune en Poissons, le signe de maîtrise de Jupiter et Neptune. Ces astres seront donc en pleine expression de leurs moyens. Ce cycle est symboliquement à l'antipode des valeurs défendues jusqu'à présent : argent, individualisme, réussite sans foi ni loi, exhibitionnisme, et j'en passe… Il exprime, au contraire, le rassemblement autour d'idées communes, le socialisme dans son acception pure et non politicienne. Pour tout dire, l'humain sera au centre de tout (alors que jusqu'à présent, il n'était perçu que comme un instrument de travail, corvéable à souhait et jetable). Pacifique, il aidera à favoriser l'entente, l'écoute et l'ouverture (à l'opposé de Saturne et Uranus, principe de coagulation, de resserrement).

Il apparaît donc primordial que nous soyons prêts à accueillir et incarner l'année dans son expression la plus haute, et outre le fait qu'elle corresponde à l'année des élections, tant ici au Québec qu'en France. Mais quelles formes auront ces futures élections ? Il y a fort à parier que le revenu universel sera au cœur du débat. Il sera favorable aux valeurs dites de gauche, mais de quelle gauche ? Celle-ci étant elle aussi invisible. Là aussi, une réinvention est à faire.

Nous devons donc nous y préparer. Oui, il faut nous y préparer puisque 2022 a aussi son versant sombre et pas des moindres : idéologies fumeuses, fanatisme religieux ou autres, prophètes qui se multiplient comme les grains de sable pour paraphraser la Bible. Manipulations en tous genres, incapacité à construire, à incarner quoi que ce soit, tout reste à l'état virtuel. Non seulement des mouvements de masse et des déplacements de population seront au rendez-vous, un surcroît de discernement sera plus que nécessaire. Ce cycle symbolise aussi tous les possibles merveilleux dont l'humanité est porteuse. Dire qu'il convient de « spiritualiser » notre propre vie n'est pas un moindre mot… N'empêche, il prend tout sous sens !

L'heure de la contribution est donc arrivée pour chacun de nous. Finie la belle et fière indépendance nous mettant à l'abri des autres et de leurs malheurs. De plus en plus interdépendants, nous verrons tous en cette grande et bonne année que rien ne s'obtient sans peine. La plus petite malhonnêteté ou maladresse pouvant apporter la ruine de leur santé, de leur intégrité ou de leur survivance même, les humains de cette planète se trouvent maintenant placés en face d'événements dont ils ne saisissent pas la gravité. Et c'est bien là le drame ! Heureusement qu'il existe des personnes hyperdouées et chanceuses, disons-le, placées par le destin dans une situation privilégiée et pour nous servir d'éclaireurs. Ces personnes joueront un rôle majeur dans la société ainsi que dans le monde entier. Nul ne saurait assez les apprécier et les remercier. Ils rendront au monde de grands services. À nous maintenant de comprendre leur message de paix et d'entraide.

J'ose sincèrement espérer que mes écritures et prédictions vous seront une source de plaisir, mais également de transformation, et qu'elles vous aideront à faire des choix éclairés et à prendre les bonnes décisions pour mieux aller de l'avant dans votre vie.

Je tiens à vous remercier de tout cœur pour votre précieux soutien et votre fidélité indéfectible. Je me réjouis déjà de vous accueillir très bientôt sur mon site Internet, le *www.astro-logique.com* et en consultation.

✶

Ce livre n'a pas la prétention de vous dicter une ligne de conduite, au contraire, il se veut une source de référence susceptible de vous aider à mieux profiter de ce que la vie a de meilleur à vous offrir. Que la vôtre soit remplie de paix et de lumière.

Soyez informé que si vous me rejoignez sur mes réseaux Facebook, LinkedIn ou Instagram, quotidiennement, vous aurez droit à mon billet astrologique qui vous donnera un aperçu de ce que sera la prochaine journée. Profitez-en aussi pour me faire part de vos commentaires et suggestions.

Toujours avec votre meilleur avenir possible à l'esprit,
Marie Christine Dean

Décembre 2020

CARTE DU CIEL 2022

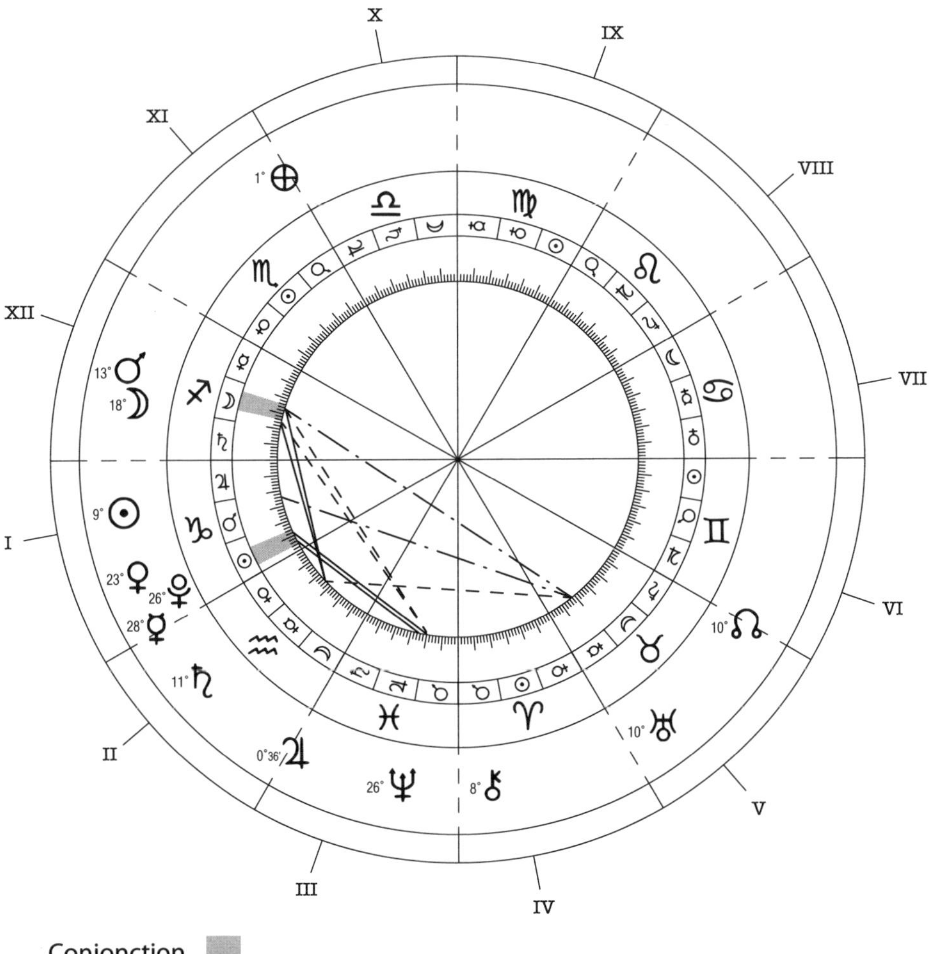

Conjonction

Sextile

Carré

Trigone

Quinconce

Opposition

Les planètes exercent toutes une influence sur nous en tant qu'individus et colorent la destinée que nous choisissons de vivre, et ce, bien que les planètes ne transitent pas toutes directement dans notre signe. Toutes les personnes nées pendant la période de janvier 1962 à la mi-mars 1964 ; de septembre 1964 à la mi-décembre 1964 ; et de février 1991 à la fin janvier 1994 seront à même d'éprouver cette année les joies et les limites du retour de Saturne à sa position initiale dans leur thème personnel, mais plus encore les natifs du deuxième et du troisième décan.

RÉTROSPECTIVE DE L'ANNÉE 2021...

Concentration sur les signes fixes !

Après avoir été relativement éloignés du réseau pendant un certain temps en 2020, et en début de 2021, alors que le foyer était l'axe de prédilection, Saturne et Jupiter sont tous deux entrés dans le Verseau à la mi-décembre, rejoignant Uranus dans le signe Fixe de terre qu'est le Taureau par une quadrature. Uranus et Saturne étaient dans une danse serrée pendant une bonne partie de l'année, demeurant dans des orbes relativement serrés qui se sont déclenchés à maintes reprises par des transits lunaires à chaque mois, créant ainsi un T-carré chaque fois que la Lune était de passage en Lion ou au signe du Scorpion. Cet accent a été amplifié chaque fois que les planètes en mouvement rapide faisaient leur passage annuel dans un signe Fixe. Mars a aussi contribué à ce mouvement en traversant les signes du Taureau, du Lion et du Scorpion.

Le monde était enfermé dans une énergie obstinée qui se répétait sans cesse et dont il semblait impossible de se défaire. Nous avons tous été témoins d'affrontements entre le collectif, le chef de secte et l'individu, tous luttant pour trouver leur place dans la nouvelle structure de pouvoir. L'ancien paradigme du XXe siècle qui mettait l'accent sur l'individu a été démoli, et cela est devenu évident chaque fois que la Lune ou toute autre planète traversait le signe indépendant du Lion. Cela dit, la question était de savoir ce qui le remplacerait.

Alors que nous passions dans ce nouvel état d'être, il était très difficile de renoncer aux anciennes et confortables façons de faire. Ces difficultés de croissance se sont répétées encore et encore tout au long de 2021. Les individualistes ont eu à choisir de faire partie d'un collectif utopique ou de suivre un leader charismatique, car cela peut devenir très difficile lorsqu'on se débrouille seul. L'ère de la voix individuelle s'élevant contre l'Homme (le pouvoir en place), où chacun s'entendait en respectant l'autre pour son unicité, a pris fin.

Sur le plan personnel, l'ambiance est passée d'une énergie légèrement manipulatrice à une lutte claire et ouverte pour la domination. Les mordus de contrôle sont sortis du bois avec leurs demandes en main qui arrivaient à un rythme régulier, tout comme un marteau industriel implacable. Ce fut une année pour conditionner et entraîner les plus audacieux et francs parleurs pour qu'ils cessent de se battre alors que tout cela devenait trop fatigant. En toute réalité, vous auriez dû chercher les personnes de qui vous auriez dû vous départir et vous engager avec de nouvelles.

En plus de la série Saturne-Uranus carré du 17 février, 14 juin et 24 décembre 2021, trois des cinq planètes dites extérieures les plus puissantes étaient dans leur élément. Neptune est en Poissons depuis 2011, tandis que Saturne est passée d'un de ses signes régents, le Capricorne, à l'autre, le Verseau, à la mi-décembre 2020. Jupiter a rejoint le mélange lorsqu'elle est entrée en Poissons à la mi-mai. Elle a par la suite régressé en Verseau fin juillet avant de revenir définitivement en Poissons dans les derniers jours de 2021.

Jupiter est la planète maîtresse traditionnelle du Poissons, tandis que Neptune est la souveraine moderne, tout comme Uranus est le souverain moderne du Verseau qui est traditionnellement gouverné par Saturne. Lorsqu'une planète est dans son signe dominant, elle est astrologiquement « chez elle »(exaltée). Son énergie circule sous sa forme la plus pure et la plus débridée.

En Capricorne, Saturne a été synonyme de grandes entreprises, d'établissement et de progression dans la hiérarchie pour atteindre le succès mondial, tandis que le Verseau a pris le pouvoir de Saturne et l'a exploité pour faire du monde entier un endroit meilleur pour tous. La dernière fois que Saturne était au signe technologie, utopique du Verseau, c'était en 1991, la même année où un certain navigateur Web a été mis à la disposition du grand public, permettant à toute la société d'accéder à l'Internet, au lieu de se limiter aux gouvernements et au monde universitaire. En plus de la série de carrés Saturne-Uranus de 2021, axés sur la technologie, l'Internet accessible au public a connu son premier retour de Saturne ! Pas étonnant que nombreux événements dans le domaine numérique se soient manifestés.

Neptune a été découverte en 1846, alors qu'elle transitait par le Poissons. De 1855 à 1856, elle a été rejointe par sa codirigeante, soit Jupiter. L'année 2021 a marqué seulement la seconde fois depuis la découverte de Neptune que les deux codirigeantes se trouvent en Poissons en même temps.

L'entrée de la nébuleuse Neptune en Poissons, soit le 4 avril 2011, a marqué le début de l'ère de la justice sociale qui peut parfois prendre ce qui commence comme une excellente idée et le diluer à l'extrême, se perdant dans les mauvaises herbes à un point tel que les faits scientifiques de base sont niés et que le citoyen moyen ne comprend plus ce qui se passe. Dans le même temps, on a mis l'accent sur les sentiments et sur le fait de ne pas vouloir les blesser à tout prix. Un exemple de ces tendances, soit un membre des plus importants du Parlement britannique, Dawn Butler, a commencé à considérer que le fait d'attribuer à un bébé un sexe masculin ou féminin à la naissance est une « transphobie du sifflet du chien ».

De même, Jupiter au signe du Poissons a aussi apporté un zèle presque religieux aux combats de droite. Jupiter et le signe du Poissons peuvent tous deux avoir une attitude de jugement. Avec le Géant des gaz (Neptune) qui fonctionne à plein régime, il y a un risque que si vous ne vous conformez pas au récit officiel de la vertu, vous soyez accusé de mauvaises pensées et de fuir à la manière orwélienne de 1984. Positivement, l'optimisme pur et simple de Jupiter a contribué largement à diluer les côtés plus sombres et plus manipulateurs de Neptune.

LA POSITION DES PLANÈTES EN 2022

Chaque jour qui passe confirme qu'une nouvelle année est à la veille de s'installer et qu'un nouveau souffle de vie prendra place sous peu sur notre planète. L'année 2022 annonce un nouveau départ pour tous. Il ne vous reste qu'à saisir les occasions qui se présenteront afin de bien entamer ce nouveau chapitre de votre vie. Autant votre curiosité sera en hausse, vos attentes le seront sûrement davantage, surtout en ce qui concerne ce que la prochaine année aura en réserve pour vous. Or, après une étude approfondie du thème annuel, je confirme que l'année sera porteuse de changements majeurs proprement dits.

De ce fait, Jupiter signe le début de la nouvelle année en Poissons. Elle avait d'ailleurs pris position dans ce signe le 29 décembre 2021. Quant à sa trajectoire annuelle, elle fera une courte incursion en Bélier du 10 mai au 28 octobre pour revenir en Poissons du 28 octobre au 20 décembre, date à laquelle elle quittera définitivement le signe du Poissons. Après quoi, elle s'installera de nouveau en Bélier du 20 décembre 2022 au 16 mai 2023. Jupiter, planète de la croissance, mais plus particulièrement la croissance de la conscience en nous tous, fera tout en son pouvoir pour nous apprendre à mieux comprendre la vérité sur la vie elle-même et sur la réalité de qui nous sommes vraiment en tant qu'humains de l'ère du Verseau. Soyez assuré qu'elle vous récompensera pour tout ce que vous aurez semé par le passé ou demandé à l'Univers.

Reconnue pour être la Grande Bénéfique du zodiaque, des richesses et des avantages sont rattachés à cette planète. Voilà qui explique pourquoi on peut s'attendre à ce qu'une prospérité s'installe graduellement dans le monde entier. En revanche, Jupiter nous permettra aussi d'évoquer une richesse d'idées illimitée en ce qui a trait à nos finances. Elle nous donnera aussi l'occasion de mieux comprendre notre situation, tout en enrichissant notre esprit, et nous indiquera également la juste voie à suivre pour mieux réussir notre vie. Soyez informé que Jupiter sera en mode rétrograde du 28 juillet au 28 octobre 2022 en Bélier, puis à nouveau du 28 octobre au 23 novembre 2022 en Poissons.

✶

Saturne étant la planète des limitations, toutes choses qui font partie de l'univers ont leurs limitations. La concentration a également ses limites. D'ailleurs, c'est par la concentration que l'on produit des résultats. La personne qui se concentre sur une question ou sur un élément précis connaît d'une certaine façon une forme de limitation en soi, puisqu'elle canalise la totalité de son esprit et de ses énergies dans une seule direction et persiste jusqu'à ce qu'elle ait trouvé sa voie.

Lorsque quelque chose est dit hors de contrôle dans la vie, c'est que cette chose a, en somme, échappé à sa limitation. C'est d'ailleurs sous l'influence de Saturne qu'une personne expérimente ce qu'est « prendre du recul ». La sensation étant celle d'une extrême limitation de ce que l'on peut faire ou de ce que l'on peut accomplir.

La nature de Saturne peut sembler sévère à certains moments, tout comme le sont les natifs du Capricorne, puisque Saturne est leur planète maîtresse. Cela signifie qu'il y a une leçon de vie à apprendre, et plus encore si on enfreint les limites permises et/ou si on a dévié de la juste voie à suivre ou de ce qui devait être correctement accompli avec compétence. Cependant, si nous sommes disposés à être responsables et prêts à concentrer toutes nos énergies dans la bonne direction, de grandes choses pourront être accomplies grâce à l'énergie de Saturne. Il faut, bien entendu, énormément de travail acharné et de persévérance ainsi que ne jamais baisser les bras, mais, au bout du compte, croyez-moi, ça en vaudra vraiment la peine.

Les natifs du Verseau, en particulier ceux du deuxième et du troisième décan, soit ceux qui sont nés du 1er au 13 février inclusivement, auront le choix au cours de l'année de devenir plus sérieux en ce qui a trait aux engagements qu'ils prendront dans leur vie, tant professionnelle que personnelle, alors que tout se manifestera avec le temps. Cela dit, la planète de la sagesse et du karma poursuivra sa longue trajectoire au signe avant-gardiste, indépendant et original qu'est le Verseau jusqu'au 7 mars 2023. Prenez note que Saturne sera en phase rétrograde du 4 juin au 23 octobre 2022 en Verseau, bien entendu.

✶

Uranus, planète de l'individualité, étant bien installée en Taureau pour toute l'année, les personnes natives de ce signe, en particulier ceux et celles qui sont nés entre le 30 avril et le 7 mai, deviendront plus volontaires et moins prêtes à accepter toute situation indésirable. Quelque chose dans leur vie va changer radicalement. Ce sera un moment décisif qui les stimulera à apporter les correctifs nécessaires en ce qui concerne leur changement d'attitude ou, au contraire, elles n'auront d'autre choix que de traiter avec les choses et les événements qui se présenteront à elles d'une manière spectaculairement différente.

Uranus, porteuse d'un cycle de vie qui peut sembler imprévisible par moments et même changer notre vie du tout au tout du jour au lendemain, génère la plupart du temps de la rébellion qui se traduit par des ruptures de situations que l'on ne veut pas vraiment gérer, mais que l'on a endurées, pour une raison ou une autre. Cela peut donc créer des ondes de choc pour ceux qui vous entourent. Sans contredit, Uranus nous pousse à être nous-mêmes, et ce, peu importe les situations. Bien que cette planète donne parfois l'impression de faire défaut, il y a généralement un côté fort logique en soi puisque Mercure est son octave inférieure. Ce n'est peut-être pas nécessairement le genre de logique que les autres sont prêts à accepter, mais ce le sera pour l'individu qui enclenche le processus de mise en action. Uranus signe le début de l'année alors qu'elle est en mode rétrograde en Taureau pour reprendre sa marche directe le 18 janvier. Ce n'est que dans la seconde partie du mois d'août où elle va amorcer à nouveau son cycle rétrograde, soit du 24 août 2022 au 22 janvier 2023, en Taureau.

✶

Neptune représente l'océan de la vie dans lequel nous existons en tant que gouttes individuelles. Cette planète est le lien invisible qui nous unit tous les uns aux autres, bien que nos corps physiques apparaissent séparés. Ce lien invisible nous donne cette capacité de ressentir tant les gens que toutes les situations impliquées, que celles qui ont été créées par d'autres personnes. À la surface, Neptune a un lien direct en ce qui a trait aux rôles que les gens tendent à jouer dans la vie. Inconsciemment ou pas, nous le faisons tous pour créer certaines impressions suivant différentes situations.

Toutes les situations animées, bruyantes ou perturbées sont une distraction qui nous empêche de pouvoir nous sentir en confiance afin de mieux plonger tête première dans les eaux profondes de la vérité. Dans ces conditions, l'influence neptunienne au signe du Poissons peut produire cette auto-illusion, puisque les gens croiront ce qu'ils veulent bien croire et, de ce fait, ne donneront pas suite à ce qui est fondé de croire en ce qui a trait à l'authenticité des événements en cours, ce qui risque d'engendrer, par le fait même, d'immenses déceptions.

Si Neptune est mise à profit adéquatement et honnêtement, nos rêves, nos désirs et nos souhaits peuvent devenir réalité, d'autant plus si nous sommes sur la bonne voie et que nous utilisons tous les bons moyens pour réussir. Être au bon endroit au bon moment peut sembler une coïncidence, mais cela ne l'est pas puisque tout a été bien orchestré à un niveau plus profond en soi. En somme, tout ce que l'on réalise dans la vie est *a priori* une conception préalablement visualisée qui produit un résultat final.

Autant l'énergie neptunienne est principalement en lien avec l'incertitude et le doute, autant elle peut être porteuse aussi de multiples rêves qui peuvent se concrétiser.

Neptune en Poissons a beaucoup à voir également avec la contemplation, la paix, la tranquillité et la clairvoyance. Pour être en harmonie et pour mieux obtenir ce que l'on désire de la vie, il faut préalablement contempler ce que l'on veut créer et, plus que tout, il faut dominer nos peurs, nos craintes, nos angoisses ainsi que nos pensées négatives si nous voulons voir nos ambitions se matérialiser. Si cette directive n'est pas ancrée au plus profond de nous, le résultat souhaité nous échappera, car de fausses idéologies et/ou de fausses croyances s'installeront. En restant concentrés sur l'énergie divine et pure, tout est possible.

Neptune étant associée aussi à la clairvoyance, mais également à la confusion, c'est ce qui peut expliquer pourquoi les gens, sans le savoir ou le vouloir, font fausse route. À cet effet, lorsque les gens se précipitent dans la mise en action de leurs ambitions, de ce qu'ils veulent accomplir, cela fait en sorte que l'expérience vécue se solde par un échec. Voilà pourquoi il importe au plus haut point de tout bien lire et de tout bien saisir correctement l'horoscope révélé dans ce livre afin de mieux pouvoir en tirer bénéfice et savoir quand passer à l'action. Soyez informé que Neptune sera en mode rétrograde du 28 au 3 décembre 2022, évidemment en Poissons.

✶

Pour ce qui est de Pluton, cette planète continuera d'évoluer dans le troisième et le quatrième degré du troisième décan du Capricorne. Elle sera en phase rétrograde du 29 avril au 8 octobre 2022 en Capricorne. Tout au long de l'année, elle continuera à déterrer et à exposer tous les mensonges racontés à la population. Notre prise de conscience collective sera en constante progression, mais, plus que tout, le peuple voudra des réponses sérieuses de la part de ses dirigeants, surtout en ce qui concerne toutes les questions sérieuses et graves, particulièrement le réchauffement de la planète.

La longue trajectoire de Pluton au signe du Capricorne jusqu'en 2025 enclenchera un processus de transformation lent et profond. Toutes les institutions traditionnelles qui ont dépassé leur utilité et dont les objectifs sont désuets seront redéfinies et/ou remplacées par de nouvelles règles. Le secteur bancaire et notre système monétaire en seront un bon exemple.

Il en ira de même pour ce qui est de la nourriture et des soins de santé : sont-ils un droit ou quelque chose qui doit être payé en sus et toujours plus cher ? Puis, il y aura tous ces questionnements à propos de la guerre. Pourquoi initialement nous battons-nous ? Quelle serait la bonne façon de nous battre et de quelle manière pourrions-nous nous rapprocher les uns des autres ?

Il y aura également nos institutions religieuses. Chacun croit que sa religion est la divinité suprême à respecter. Toutes ces vieilles idéologies religieuses enseignées devront être éliminées de sorte que quelque chose de mieux puisse s'instaurer, telle une religion universelle. Avant que Pluton ne quitte le signe du Capricorne en 2025, le monde aura été restructuré et réformé d'une manière qui sera plus équitable pour tout un chacun. L'avidité qui se trouve derrière ces grandes structures de ce monde d'aujourd'hui aura été exposée de façon à être éliminée et remplacée par quelque chose qui sera plus humanitaire en soi.

Collectivement, il nous faut tous accepter le fait que la crise globale est une réalité incontournable, qu'il y a nécessité absolue d'y faire face et de la résoudre, d'où une prise de conscience collective très rapide s'impose.

Sur le plan individuel, il me paraît souhaitable que nous allégions nos biens, nos croyances et nos habitudes de vie. Renoncer à restaurer le passé ou ne pas être entièrement présents dans l'ici et maintenant ne pourra pas favoriser ni contribuer à l'élargissement de la conscience universelle. Pour que les transformations et une évolution saine aient lieu, il faudra vraiment rectifier le tir, accepter que tout ce qui est obsolète disparaisse, trouver un nouvel équilibre, mais plus que tout entretenir une nouvelle souplesse et une plus grande ouverture d'esprit.

Pluton au signe du Capricorne est tout à propos de structure, soit l'édification d'une structure sociale économique responsable et solide pour les générations futures. Pluton transforme notamment toute entreprise en lien avec le signe du Capricorne et tout ce qui relève du gouvernement. Les élus au pouvoir n'auront d'autre choix que de mettre à profit leur mandat électoral pour mieux sécuriser et protéger la masse. Inversement, nous, les gens, aurons très peu à dire pour ce qui est de la protection de la vie privée. D'ailleurs, on peut facilement constater dans un temps une prolifération des caméras de surveillance, allant jusqu'à la numérisation de l'iris pour l'identification obligatoire, qui envahissent nos villes, nos provinces, notre pays. Incontestablement, nos gouvernements seront en mesure de suivre nos moindres actions à tout moment, non seulement lorsque nous voyageons à l'étranger, mais aussi lorsque nous sommes à la maison.

En astrologie, Pluton est en analogie avec la paranoïa, l'angoisse, la peur, la crainte, la terreur ainsi que la surveillance. Au cours de ce transit, un nombre sélectif de gens exercera secrètement un énorme pouvoir. La démocratie, telle que nous la connaissons aujourd'hui, sera redéfinie.

Les corporations vont, elles aussi, continuer de surveiller à quoi nous, les gens du peuple, dépensons notre argent, soit par le biais de nos cartes de crédit, de nos cartes bancaires et de nos habitudes de vie récoltées au moyen des réseaux sociaux auxquels nous adhérons. D'ailleurs, cette réalité a commencé lorsque Pluton transitait en Scorpion, soit de 1984 à 1995. Rappelez-vous lorsque le code à barres est devenu obligatoire, alors qu'il fait maintenant partie intégrante de notre vie quotidienne, de notre société.

Notre droit à la vie privée est érodé peu à peu. Les liquidités, telles que nous les connaissons, sont la seule source intraitable. Elles pourraient bientôt devenir obsolètes. Les grandes entreprises se sont déplacées de l'ouest vers l'est, et ce, sans compter les abris fiscaux auxquels elles ont adhéré en vue de s'esquiver de leurs redevances. Lorsque Pluton a transité en Sagittaire, de novembre 1995 à novembre 2008, beaucoup d'emplois ont été exportés en Orient, soit en Asie particulièrement. Maintenant que Pluton transite au signe du Capricorne, on peut constater que les entreprises occidentales sont en train de perdre leur contrôle financier, fort puissant, comme résultat.

✶

Quant à Mars, cette planète signe le début de l'année au signe de Feu du Sagittaire, et ce, jusqu'au 24 janvier. Du 24 janvier au 5 mars, elle transitera en Capricorne, là où on la dit exaltée. De là, sa course la mènera au signe d'Air du Verseau, du 6 mars au 14 avril. Par la suite, elle continuera son trajet en Poissons du 15 avril au 24 mai. Viendra après le Bélier, du 24 mai au 4 juillet, signe dont elle en a la maîtrise. Ensuite, elle changera pour celui du Taureau, signe dont on la dit être en exil, du 5 juillet au 20 août. Elle signera par la suite le reste de l'année au signe d'Air du Gémeaux. Soyez informé que Mars sera en mode rétrograde du 30 octobre 2022 au 12 janvier 2023.

✶

En ce qui concerne Vénus, elle signe le début de la nouvelle l'année alors qu'elle est toujours en phase rétrograde en Capricorne jusqu'au 29 janvier. Par la suite, elle ira se loger chez le Verseau du 6 mars au 5 avril. De là, on la retrouvera en Poissons, un signe où on la dit être en exaltation, jusqu'au 2 mai. Du 2 au 28 mai, ce sera au tour du Bélier, soit son signe d'exil. Par la suite, elle prendra place en Taureau, soit un des signes pour lesquels elle en a la maîtrise, et ce, jusqu'au 22 juin. De là, elle poursuivra sa course en Gémeaux du 23 juin au 17 juillet. Elle sillonnera le signe émotif du Cancer à partir du 17 juillet, et ce, jusqu'au 11 août. De là, elle évoluera en Lion du 11 août au 4 septembre. On pourra ensuite suivre son évolution en Vierge, signe pour lequel on la dit être en chute, soit du 5 au 29 septembre. En ce qui a trait à la période du 29 septembre au 23 octobre, elle sera en Balance, soit en domicile. Ce n'est qu'à partir du 23 octobre qu'elle prendra place en Scorpion, signe pour lequel on la dit être en exil, et ce, jusqu'au 16 novembre. Du 16 novembre au 9 décembre, ce sera au tour du Sagittaire. De là, elle terminera sa course annuelle en Capricorne.

✶

Quant à Mercure, cette planète signe le début de la nouvelle année alors qu'elle est à la veille d'achever sa course en Capricorne le 2 janvier. De là, sa course la mènera au en Verseau jusqu'au 25. Entre-temps, elle aura amorcé sa première phase rétrograde le 11 janvier, pour régresser par la suite en Capricorne, et ce, jusqu'au 14 février, jour de la Saint-Valentin. Pour en savoir plus sur la phase rétrograde, vous êtes invité à vous rendre au chapitre intitulé « Les stations rétrogrades de Mercure en 2022 ». Ne manquez pas de lire également l'impact qu'elle exercera sur votre signe solaire et votre ascendant natal au chapitre de vos prédictions annuelles respectives. De là, soit du 14 février au 9 mars, elle sera de passage en Poissons, son signe d'exil. Par la suite, elle fera son entrée en Bélier, là où elle séjournera du 9 au 27mars. Poursuivant dans la même veine, Mercure fera son entrée au signe de Terre qu'est le Taureau le 10 avril pour y rester jusqu'au 29. De là, soit du 29 avril au 22 mai, le Messager des dieux qu'est Mercure évoluera en Gémeaux, signe dont il en a la maîtrise. Au cours de cette période, Mercure aura amorcé sa seconde phase rétrograde de l'année, soit le 10 mai précisément, pour régresser par la suite en Taureau jusqu'au 13 juin. Mercure aura repris sa marche directe pas plus tard que le 3 du mois de juin, bien entendu. Pour en savoir plus sur sa phase rétrograde, vous êtes invité à vous rendre au chapitre intitulé « Les stations rétrogrades de Mercure en 2022 » afin d'être davantage informé. Profitez-en aussi pour vous référer au chapitre de vos prévisions annuelles, tant celles de votre signe solaire que de votre ascendant natal, alors que plusieurs informations vous sont dévoilées. À partir de là, on pourra suivre son évolution en Cancer du 5 au 19 juillet. Viendra ensuite un court passage en Lion, du 19 juillet au 4 septembre. Par la suite, Mercure transitera au signe dont elle en a la maîtrise, soit celui de la Vierge, jusqu'à 25 août. Par la suite, elle fera un long passage en Balance, soit du 26 août au 29 octobre. Au cours de cette période, ce joueur de tours amorcera sa dernière phase rétrograde de l'année 2022, soit du 10 au 23 septembre en Balance, pour ensuite régresser en Vierge à partir du 23 septembre jusqu'au 10 octobre. Entre-temps, Mercure aura repris à nouveau sa marche directe le 2 octobre en Vierge, bien entendu. Encore une fois, vous êtes invité à vous rendre au chapitre intitulé « Les stations rétrogrades de Mercure en 2022 » afin d'en savoir plus. Ne manquez pas non plus de fureter le chapitre de vos prédictions annuelles respectives alors que plusieurs informations et recommandations vous sont offertes. Par la suite, Mercure transitera en Scorpion du 29 octobre au 17 novembre, et de là, en Sagittaire, jusqu'au 6 décembre. Ensuite, ce sera au tour du signe de Terre qu'est le Capricorne. D'ailleurs, elle signera le reste de l'année en mode rétrograde dès le 29 décembre. Encore une fois, vous êtes invité à vous rendre au chapitre intitulé « Les stations rétrogrades de Mercure en 2022 ». Profitez-en aussi pour vous référer au chapitre de vos prévisions annuelles.

✶

En ce qui concerne notre chère Lune, qui est techniquement un luminaire et non pas une planète, étant donné sa proximité avec la Terre et l'effet qu'elle exerce tant sur les marées que sur notre croissance en général, cela la rend importante dans notre vie, et plus particulièrement au moment d'une éclipse. Par ailleurs, en 2022, il y aura quatre éclipses, dont deux solaires et deux lunaires. La première éclipse de l'année en sera une solaire partielle, le 30 avril en Taureau. Elle sera suivie par une éclipse lunaire totale en Scorpion, le 16 mai. Viendra ensuite une éclipse solaire partielle pas plus tard que le 25 octobre en Scorpion. Et la dernière éclipse de l'année 2022, en sera une lunaire totale en Taureau le 8 novembre. Pour connaître l'impact qu'exerceront ces éclipses sur notre planète, vous êtes invité à feuilleter le chapitre qui est intitulé « Les éclipses de 2022 ». N'allez pas manquer non plus de vous référer au chapitre sur vos prévisions annuelles pour connaître l'impact qu'aura la première éclipse solaire totale du 30 avril en Taureau sur votre signe solaire. Faites-en tout autant en ce qui a trait à votre Ascendant natal, ne serait-ce que pour mieux être informé et éclairé.

LES PRÉVISIONS MONDIALES DE 2022

Le rêve de Jupiter et de Neptune en Poissons est que le monde entier ne fasse qu'un, que les nations s'unissent en paix et qu'un remède soit trouvé pour tous les maux du monde, du siècle. Pourtant, ce transit planétaire a été caractérisé par un déni de la réalité gênante, une xénophobie accrue et une culture qui reproche aux défavorisés d'être un fardeau pour la société.

Jupiter est formaté par des croyances héritées de la culture familiale et/ou sociétale que l'on tient pour des certitudes. Neptune confronte à toutes les formes d'illusions et de mirages à purifier. Et quand ils s'unissent, c'est assurément pour changer de comportement. Une crise se fait entre des facteurs conservateurs (Jupiter) et un sentiment plutôt brumeux et confus mais réel d'un marasme collectif qui oblige à une profonde remise en cause (Neptune). Il y a ceux qui voudront s'accrocher, mais qui risquent de déchanter. Il y a ceux qui préféreront s'épanouir dans une nouvelle vision du monde.

Le capitalisme privé arrive en fin de cycle et celui-ci prendra un nouveau départ avec d'autres structures à la suite des réformes précédentes. De nouvelles idées vont enfin prendre forme. Un fort courant spirituel pourrait également accoucher d'une « nouvelle religion ». L'individualisme forcené, l'égoïsme en tant que valeur ordinaire, l'argent dieu prennent enfin du plomb dans l'aile devant de forts courants d'idées altruistes et humanistes.

Jupiter-Neptune sera également favorable au pouvoir d'achat qui, sensiblement, devrait enfin évoluer dans le bon sens… Chez nous la majorité change ! Encore… (nous y reviendrons).

Collectivement, je soupçonne très sérieusement Jupiter en Poissons de faire équipe en particulier avec Saturne en Verseau pour annoncer une étape significative dans ce que certains appellent « l'ère du Verseau », et quelle que soit la façon dont nous l'appelons, nous sommes de facto au milieu d'un changement sismique massif à tous les niveaux de la société mondiale : la révolution quantique est de plus en plus intégrée, se rapprochant de plus en plus de la conscience du bon sens, (y compris la prise de conscience croissante de notre intelligence de cœur en tant que centre vibrationnel important), et la « crise climatique » est à l'origine de changements au profit de l'environnement. Il y a une purge à plusieurs niveaux pour faire renaître à la fois la planète et la culture humaine, finalement au profit de notre évolution spirituelle collective – je soupçonne Jupiter et Saturne d'être de grands acteurs dans ce domaine alors qu'ils se rapprochent de la fin du cycle plus large vers les entrées en Bélier. Il en sera de même pour ce qui est de la réforme des services de police.

L'année 2022 en est une de potentialité pure et de source de pouvoir. C'est le point de départ de nouvelles possibilités, de nouvelles opportunités. Tout y est en germe, de manière subjective, inspirée, spontanée et impulsive. Attention tout de même aux illusions, aux choses trop belles pour être vraies et/ou douteuses, telles ces fameuses chaînes d'argent, et au miroir aux alouettes. Voilà qui annonce aussi l'apparition de nouveaux courants de pensée et de nouvelles possibilités. Sans oublier que 2022 porte en elle les conséquences et les conclusions des deux précédentes années. Elle indique aussi la fin définitive d'un courant de pensée, d'un mode d'action. Partir, c'est mourir un peu... explique la face douloureuse que peut porter la conjonction.

En astrologie, le cycle Jupiter-Neptune se rapporte souvent à la surproduction, à l'inflation, à la prolifération incontrôlée des biens, de marchandises et de valeurs à tous les niveaux, intellectuel et psychologique aussi bien que social et économique. Neptune y ajoute une bonne dose de confusion, d'intoxication et de griserie, et peut introduire une tendance à l'idéalisation à tout prix et aux illusions qui se manifeste dans une recherche éperdue d'au-delà, de rêves variés.

Aux niveaux socio-économique et politique, Neptune contribuera à l'action sociale de Jupiter aux grands rêves des réformations sociaux, aux panacées qui sont censées liquider tous les maux économiques et politiques. Cette tendance à présenter, dans les affaires publiques, des plans de réforme sociale et économique est en général des plus prématurées sinon fallacieuses au moment de la conjonction Jupiter-Neptune.

Comme je l'ai mentionné précédemment, la résultante du cycle Jupiter-Neptune est la surproduction à tous les niveaux à laquelle peut se rapporter ce cycle de vie quand les fonctions Jupiter/Saturne ne sont pas suffisamment universalisées. C'est pourquoi la solution aux problèmes du monde moderne résidera dans le développement d'une conscience globale qui permettra une redistribution mondiale des marchandises et des produits. Par la souffrance neptunienne, le monde est contraint de réaliser que la solution aux problèmes de la faim et de la privation doit être trouvée et appliquée à un échelon mondial, et ce, même si cela signifie l'abandon d'une certaine part de souveraineté nationale. La crise financière et économique ne sera pas résolue tant que les individus et les nations ne voudront pas introduire un pattern totalement nouveau de circulation globale de la richesse. Entre-temps, il est plus que possible que l'on puisse voir de nouveaux partis et/ou de nouvelles tendances qui proposeront un modèle de société idéal et réalisable. La question de notre souveraineté, par exemple, pourrait également retrouver une certaine vigueur. N'empêche, les élections fédérales hâtives de l'automne 2021auront grandement concouru à nous diviser davantage.

Quant au sextile Jupiter-Uranus, une surprise agréable en ce qui concerne le domaine de l'aviation et du transport aérien est à venir; il est plus que probable que l'on fera des ventes dont il faudra profiter. Ainsi on pourra visiter facilement des contrées qui nous étaient fermées par le passé. Il y aura de la soudaineté dans les offres, et ceux qui sont prêts à partir les premiers auront l'avantage. On peut facilement penser que les signes de Terre et d'Eau seront les plus favorisés par les voyages, dès la toute fin de décembre 2021 jusqu'à la mi-mai 2022, mais également pour tout ce qui relève du monde de l'informatique, de la télévision, du spectacle et des ondes électriques. De plus, dans les prochaines années le télétravail est appelé à devenir monnaie courante, la gestion quotidienne du temps et notre rapport au temps seront très différents. Les gens chercheront à mettre plus de temps dans leurs loisirs et moins dans leur travail. Des nouvelles façons de travailler ainsi que des nouveaux métiers liés aux nouvelles technologies émergeront pas plus tard que 2023.

Quant à l'éducation, elle sera peut-être plus accessible, mais des bourses d'études seront annulées. Les escroqueries et la vérité feront sortir tout le monde de ses gonds; des grèves et des protestations sont à prévoir.

L'écologie va également avoir une place centrale dès 2023: non seulement ce sera un dossier prioritaire, mais aussi une année pivot. Elle permettra de faire tomber des tabous, les mentalités évolueront et les consciences s'éveilleront. Plus fort que jamais, on s'intéressera aux capacités du cerveau et de la vie après la mort…, entre autres. Autant de sujets que nous ne sommes pas encore prêts à prendre au sérieux à ce jour. Mais ça va venir, et 2020 et 2021 auront joué un rôle là-dedans. Personnellement, je suis très optimiste pour les vingt prochaines années, et ce, bien entendu, hormis la collision d'étoiles qui ajoutera à un autre changement cosmique à l'année 2022.

Une hausse faramineuse des prix de l'essence, du baril de pétrole et de ses produits dérivés est à prévoir. Quant aux lignes de croisière, elles seront bientôt de nouveau florissantes. Il en ira de même pour la photographie, les arts. Les concerts feront à nouveau la une des journaux !

Peu importe où l'on regarde, l'été 2022 s'annonce plutôt chaud sur le plan de la météo. On entendra parler de canicules importantes qui risquent de provoquer de sérieux problèmes de santé.

International

Un remarquable couple de nageuses canadiennes vainqueur émergera des Jeux Olympiques de Tokyo.

La fin de l'année 2021 risque de prendre fin sur une note énergique à la suite du carré Saturne-Uranus (24 décembre). Des tribulations sont à prévoir chez nos voisins les Américains. D'ailleurs, soulignons également que la conjonction Jupiter-Neptune est en lien avec le pouvoir bancaire international. Cela dit, 2022 cumulera une quantité incroyable d'événements célestes majeurs qui coïncideront avec des événements de grande ampleur sur terre.

Entre-temps, je peux confirmer que la situation devrait s'améliorer en France, mais on pourrait malgré tout avoir un nouveau confinement (cette probabilité sera plus faible, mais elle existe). Si on doit avoir de nouveaux confinements, ils auraient lieu autour de la mi-septembre 2022 et entre décembre 2022 et janvier 2023. À partir du 7 mars 2023, lorsque Saturne quittera le signe Fixe du Verseau, soit son domicile par excellence, pour entrer en Poissons, un signe mutable, Saturne peut donc représenter les murs dans un signe mutable, et semble beaucoup moins en analogie avec le confinement. C'est donc à partir du 7 mars 2023 que la probabilité de confinements sera révolue (de plus en plus faible).

D'ici là, Jupiter-Neptune conjoint marquera un tournant radical puisqu'on entamera un nouveau cycle. Notez bien que cela tombe en plein dans l'année des élections présidentielles chez nos voisins les Français. Or, non seulement un changement de direction politique sera au rendez-vous, mais il sera aussi accompagné de crises et de remises en question, de troubles, de contestations, et j'en passe.

Toute chose devant être [en principe] dépassée, voilà que l'Europe tentera d'unifier les pays membres. Jupiter-Neptune conjoint n'est pas la seule cause de ces désordres, car les divisions et les haines existaient bien avant.

Doit-on inclure les migrants, devenus à leur insu des réfugiés par un subtil glissement sémantique, la question peut se poser. En dépit que cette vague migratoire sera plus visible aujourd'hui qu'hier, elle date pourtant. À l'évidence, attendez-vous à d'autres vagues migratoires bien plus puissantes. Alors, dans les années à venir, nous verrons également si l'élan compassionnel de certains est toujours tout autant véhément. Entre-temps, les persécutions religieuses ou idéologiques continueront d'augmenter, et l'intolérance et le racisme de chacun risquent de devenir de plus en plus grands.

Il faudra attendre 2023, voire 2024, pour voir à quel point 2020/2021 aura changé notre vie : au niveau du travail, des relations entre les êtres, etc. On va se rendre compte que 2020/2021 aura eu un effet positif sur le monde même si c'est difficile à croire et à percevoir à l'heure où vous me lisez.

Il n'en reste pas moins que j'ai toujours du mal à comprendre pourquoi le monde n'est pas toujours empathique, compréhensif et compatissant envers nos indigents, les Autochtones, etc. En 2022, il risque d'y avoir de grandes souffrances pour ceux que nous appelons les moins fortunés de notre société, c'est-à-dire les pauvres, les emprisonnés, les institutionnalisés, les enfants immigrés abandonnés, perdus, les toxicomanes, ceux qui ont le virus, ceux qui ont des infirmités, des incapacités, et j'en passe. Il est toujours possible de rêver à un monde parfait où chacun trouverait sa place dans le bonheur et l'abondance, ce que je nous souhaite à profusion. Restez bien centré alors que le meilleur est à venir !

TROUVER VOTRE SIGNE DU ZODIAQUE

D'abord, la chose que nous savons probablement tous déjà, c'est qu'il y a 12 signes du zodiaque. Mais à l'intention de ceux pour qui ce n'est pas le cas, je vous les énumère en tant que référence utile :

Bélier	du 21 mars au 20 avril
Taureau	du 21 avril au 20 mai
Gémeaux	du 21 mai au 21 juin
Cancer	du 22 juin au 23 juillet
Lion	du 24 juillet au 23 août
Vierge	du 24 août au 23 septembre
Balance	du 24 septembre au 23 octobre
Scorpion	du 24 octobre au 22 novembre
Sagittaire	du 23 novembre au 20 décembre
Capricorne	du 21 décembre au 20 janvier
Verseau	du 21 janvier au 19 février
Poissons	du 20 février au 20 mars

Ces dates peuvent varier d'année en année. Si vous êtes né un jour où un signe prend fin et qu'un autre débute, consultez un site d'astrologie (alabe.com ou astro.com) qui vous permettra de savoir à quel signe vous appartenez exactement.

Certains astrologues pensent que si une personne est née un jour où le Soleil change de signe, elle est un mélange des deux signes. Cependant, la plupart des astrologues ont tendance à croire que le Soleil ne peut être que dans un seul signe à la fois, de sorte qu'une personne est purement un signe ou l'autre. Moi, personnellement, je crois fermement qu'il n'existe pas de signes purs en tant que tels.

L'ASCENDANT NATAL

Tout le monde possède un ascendant natal et même si de nombreuses prévisions sont faites à partir de votre signe solaire (zodiaque), il est conseillé de porter une attention toute particulière, tant à votre signe du zodiaque qu'à celui de votre ascendant natal.

La Terre tourne sur son axe autour du Soleil, ce qui porte celle-ci à voyager de minuit à midi et de midi au coucher du Soleil, et à nouveau le cycle se poursuit. Cela signifie donc qu'à toute heure de la journée ou de la nuit, l'un ou l'autre des 12 signes du zodiaque, peut se trouver à l'horizon Est d'un thème natal.

Le Soleil, la Lune et l'ascendant natal sont les trois points les plus importants dans un thème de naissance. Le signe où séjourne votre Lune natale nous dévoile votre nature émotionnelle alors que le signe où réside votre Soleil natal nous informe sur la façon dont vous projetez votre personnalité dans ce monde. En ce qui a trait à l'ascendant, il constitue la base de ce qui vous décrit le mieux en tant que véritable identité, entité, soit votre Moi intérieur. C'est aussi la manière dont vous êtes perçu par les autres au premier contact. L'ascendant natal nous révèle aussi l'effet que vous produisez sur le monde extérieur, comment vous apparaissez aux autres, le genre de personnage que vous jouez dans votre vie sociale ainsi que votre apparence physique. La première impression que vous donnez est celle qui compte le plus, d'où l'intérêt de la soigner. Voilà pourquoi il est suggéré de porter une attention particulière au moment où on fait l'étude d'un thème, à savoir si l'ascendant est dans un signe compatible, opposé ou neutre en ce qui a trait à votre Soleil natal et votre Lune natale.

En bref, votre Soleil natal représente votre identité véritable, contrairement à votre Lune natale, celle-ci représentant votre âme et vos désirs, alors que l'ascendant natal, lui, doit faire passer un message de ce que vous êtes à l'intérieur. Vu que les gens ne se dévoilent jamais complètement, l'ascendant symbolise donc le masque derrière lequel vous vous cachez pour mieux avancer dans la vie, dans le monde, et dans la société. Cependant, il est recommandé d'aller vers ce que révèle votre ascendant afin de mieux maîtriser vos meilleurs moyens d'action. Une personne qui ne vit pas aussi bien son ascendant natal peut être en déséquilibre total avec elle-même, et ainsi mal contrôler ses potentiels et défauts.

Connaître votre date de naissance vous révèle votre signe solaire. Pour ce qui est de votre Lune natale et l'Ascendant natal, nous devons ériger un thème d'horoscope complet ainsi qu'un tableau nous montrant où les planètes étaient à l'heure, à la date et au lieu où vous êtes né. Heureusement, de nos jours, il est très simple de trouver un site sur Internet qui effectue les calculs simplement en remplissant les informations de base.

TROUVER VOTRE ASCENDANT NATAL

Votre ascendant natal nous informe sur votre Moi intérieur, sur votre personnalité et nous dévoile des détails intéressants sur qui vous êtes et comment vous agissez au quotidien. La façon dont vous abordez la vie est déterminée dans une large mesure par votre ascendant, et c'est tout particulièrement vrai en ce qui concerne l'amour.

En fait, comme les planètes Vénus et Mars sont importantes à cet égard, un des plus grands facteurs déterminants de votre nature amoureuse est, en toute réalité, votre ascendant. Celui-ci nous renseigne sur vos qualités et défauts de départ, vos goûts préférentiels et l'image que vous affichez quand vous êtes en public. En astrologie, on dit que l'ascendant natal prédomine davantage en vieillissant, soit durant la deuxième partie de votre vie, alors qu'il prend une valeur significative.

Donc, pour trouver votre ascendant natal, il importe de savoir la date, l'heure, l'année et le lieu de votre naissance. Comment faire pour trouver tous ces renseignements si vous n'avez pas en main ces informations pertinentes ?

Premièrement, votre certificat de naissance est un bon début, puisque de nos jours, la plupart des certificats de naissance incluent l'heure de votre naissance, mais il y a des exceptions. En attendant, vous pourrez toujours consulter les archives de l'hôpital où vous êtes né, ce qui pourra être très révélateur.

Si votre certificat de naissance ne révèle pas l'heure comme telle de votre naissance, l'autre suggestion que je peux vous offrir est de vérifier les dossiers familiaux, comme la bible familiale, tout album de famille ou tout livre de bébé dans lequel les parents se faisaient un plaisir de mettre à jour tous les événements marquants de leur nouveau-né. Une dernière source, et non la moindre, est d'interroger les membres de votre parenté, mais dans ce cas, il est préférable de questionner autant de personnes que possible afin de mieux vous assurer qu'elles sont toutes en accord.

Parfois même, une heure de naissance des plus allusives peut se trouver dans un endroit des plus étranges. J'ai déjà eu une consultation avec une dame qui était née dans un petit village de l'Amérique du Sud au début des années 1900, si ma mémoire ne me fait pas défaut. Quand je lui ai demandé son heure de naissance, elle m'a dit qu'elle ne le savait pas, alors qu'à cette époque, un registre des naissances n'était pas tenu, et ce, sans tenir compte que parfois, le père pouvait décider d'enregistrer ladite naissance jusqu'à un an après celle-ci, quand il trouvait finalement le temps de le faire. Je lui ai demandé en retour si elle possédait une boîte qui contenait des souvenirs de sa naissance, de son enfance, de sa jeunesse, et elle a dit oui. Je lui ai donc suggéré d'y jeter un coup d'œil ; grâce à cette initiative, la bonne dame a découvert une photo d'elle qui avait été prise quelques heures après sa naissance, et sur l'endos de cette photo étaient notées la date et l'heure de sa naissance.

Si tout le reste échoue et que vous ne pouvez trouver personne qui se souvient quand et où vous êtes né, ou si vous n'arrivez pas à découvrir une preuve tangible de votre heure de naissance, il existe d'autres méthodes qui ont fait leurs preuves, entre autres, la rectification de l'heure de naissance. C'est un processus exigeant suivant lequel on doit essayer de faire correspondre tous les événements marquants de la vie d'un sujet en liaison avec les mouvements planétaires qui ont pris place à l'époque investiguée.

La méthode suggérée

La méthode en trois points que je vous suggère ici vous permettra de trouver votre ascendant natal rapidement, pour les natifs du Québec, sans faire tous les calculs précis que requiert une carte du ciel. Cependant, si vous tenez à une plus grande précision, il est toujours possible de consulter de nombreux sites sur Internet, tels que ***www.astro.com*** ou ***www.alabe.com***, qui sont spécialisés dans l'établissement d'une carte du ciel natal.

Par contre, si vous êtes né en France, en Suisse ou en Belgique, je vous encourage à lire attentivement les pages qui suivent, ne serait-ce que pour mieux vous informer sur le processus à suivre, par la suite, reportez-vous au chapitre réservé au calcul de votre ascendant natal (page 53), suivant qu'il y a de nombreux points dont il faut absolument tenir compte tels que l'heure locale, l'heure légale (heure de Greenwich), l'heure d'été et les périodes d'occupation en temps de guerre pour les natifs de l'Europe. Entre-temps, voyons pour ce qui est des personnes nées au Québec.

1. Votre heure de naissance

L'ascendant se calcule à partir de l'heure de votre naissance ; il faut donc que vous sachiez à quelle heure vous êtes né pour le calculer. Cependant, si votre heure de naissance est imprécise, vous pouvez toujours essayer quand même de faire le travail proposé ici, mais bien évidemment, l'ascendant que vous obtiendrez alors sera imprécis, lui aussi.

Donc, vous savez maintenant que votre ascendant se calcule à partir de votre heure de naissance. Rappelez-vous cependant ces deux éléments essentiels :

1. Si vous êtes né en après-midi ou même en soirée, il faut que vous spécifiiez votre heure en système de 0 à 24 heures. Donc, au lieu d'écrire 2 h de l'après-midi, vous écrirez 14 h et au lieu de 9 h du soir, vous écrirez 21 h. C'est très important, ne l'oubliez pas ! En effet, si vous êtes né en soirée ou en après-midi, vous n'aurez pas le même ascendant que si vous étiez né le matin.
2. En astrologie, il faut *toujours prendre l'heure réelle* et *non pas l'heure avancée*. Vous ne voulez pas calculer l'ascendant de quelqu'un qui serait né une heure plus tard que vous !

Savez-vous si vous êtes né pendant une période d'heure avancée ? C'est facile de le savoir grâce aux lignes qui suivent, et vous comprendrez aisément.

Tableau de l'heure avancée

Avant 1918, il n'y avait pas d'heure avancée.

Si vous êtes né entre les dates suivantes, enlevez une heure à votre heure de naissance pour avoir votre heure réelle de naissance.

En 1918, du 14 avril au 31 octobre inclusivement, l'heure était avancée dans toute la province de Québec.

De 1919 à 1927 inclusivement, l'heure était avancée à Montréal seulement :

- en 1919, du 31 mars au 25 octobre ;
- en 1920, du 2 mai au 3 octobre ;
- en 1921, du 1er mai au 2 octobre ;
- en 1922, du 30 avril au 1er octobre ;
- en 1923, du 13 mai au 30 septembre ;

- en 1924, du 18 mai au 28 septembre;
- en 1925, du 3 mai au 27 septembre;
- en 1926, du 2 mai au 26 septembre;
- en 1927, du 1er mai au 25 septembre;

Si vous êtes né ailleurs dans la province, laissez votre heure telle quelle.

À partir de 1928, l'heure est avancée à Montréal et dans tout le reste de la province entre les dates suivantes:

- en 1928, du 29 avril au 30 septembre;
- en 1929, du 28 avril au 29 septembre;
- en 1930, du 27 avril au 28 septembre;
- en 1931, du 26 avril au 27 septembre;
- en 1932, du 24 avril au 25 septembre;
- en 1933, du 30 avril au 24 septembre;
- en 1934, du 29 avril au 30 septembre;
- en 1935, du 28 avril au 29 septembre;
- en 1936, du 26 avril au 27 septembre;
- en 1937, du 25 avril au 26 septembre;
- en 1938, du 24 avril au 25 septembre;
- en 1939, du 30 avril au 24 septembre;
- en 1940, du 28 avril au 31 décembre[1];
- en 1941, toute l'année*;
- en 1942, toute l'année*;
- en 1943, toute l'année*;
- en 1944, toute l'année*;
- en 1945, toute l'année*;
- en 1946, du 28 avril au 29 septembre;
- en 1947, du 27 avril au 28 septembre;
- en 1948, du 25 avril au 26 septembre;
- en 1949, du 24 avril au 25 septembre;
- en 1950, du 30 avril au 24 septembre;
- en 1951, du 29 avril au 30 septembre;
- en 1952, du 27 avril au 28 septembre;
- en 1953, du 26 avril au 27 septembre;
- en 1954, du 25 avril au 26 septembre;

1 L'heure fut avancée continuellement, hiver comme été, durant la guerre, soit de 1940 à 1945.

- en 1955, du 24 avril au 25 septembre;
- en 1956, du 29 avril au 30 septembre;

De 1957 à 2006 inclusivement, l'heure était avancée du dernier dimanche d'avril au dernier dimanche d'octobre:

- en 1957, du 28 avril au 27 octobre;
- en 1958, du 27 avril au 26 octobre;
- en 1959, du 26 avril au 25 octobre;
- en 1960, du 24 avril au 30 octobre;
- en 1961, du 30 avril au 29 octobre;
- en 1962, du 29 avril au 28 octobre;
- en 1963, du 28 avril au 27 octobre;
- en 1964, du 26 avril au 25 octobre;
- en 1965, du 25 avril au 31 octobre;
- en 1966, du 24 avril au 30 octobre;
- en 1967, du 30 avril au 29 octobre;
- en 1968, du 28 avril au 27 octobre;
- en 1969, du 27 avril au 26 octobre;
- en 1970, du 26 avril au 25 octobre;
- en 1971, du 25 avril au 31 octobre;
- en 1972, du 30 avril au 29 octobre;
- en 1973, du 29 avril au 28 octobre;
- en 1974, du 28 avril au 27 octobre;
- en 1975, du 27 avril au 26 octobre;
- en 1976, du 25 avril au 31 octobre;
- en 1977, du 24 avril au 30 octobre;
- en 1978, du 30 avril au 29 octobre;
- en 1979, du 29 avril au 28 octobre;
- en 1980, du 27 avril au 26 octobre;
- en 1981, du 26 avril au 25 octobre;
- en 1982, du 25 avril au 31 octobre;
- en 1983, du 24 avril au 30 octobre;
- en 1984, du 29 avril au 28 octobre;
- en 1985, du 28 avril au 27 octobre;
- en 1986, du 27 avril au 26 octobre;

- en 1987, du 5 avril au 25 octobre ;
- en 1988, du 3 avril au 30 octobre ;
- en 1989, du 2 avril au 29 octobre ;
- en 1990, du 1er avril au 28 octobre ;
- en 1991, du 7 avril au 29 octobre ;
- en 1992, du 5 avril au 25 octobre ;
- en 1993, du 4 avril au 31 octobre ;
- en 1994, du 3 avril au 30 octobre ;
- en 1995, du 2 avril au 29 octobre ;
- en 1996, du 7 avril au 27 octobre ;
- en 1997, du 6 avril au 26 octobre ;
- en 1998, du 5 avril au 25 octobre ;
- en 1999, du 4 avril au 31 octobre ;
- en 2000, du 2 avril au 29 octobre ;
- en 2001, du 1er avril au 28 octobre ;
- en 2002, du 7 avril au 27 octobre ;
- en 2003, du 6 avril au 26 octobre ;
- en 2004, du 4 avril au 31 octobre ;
- en 2005, du 3 avril au 28 octobre ;
- en 2006, du 2 avril au 29 octobre ;

Depuis 2007, l'heure est toujours avancée du deuxième dimanche de mars au premier dimanche de novembre :

- en 2007, du 11 mars au 4 novembre ;
- en 2008, du 9 mars au 2 novembre ;
- en 2009, du 8 mars au 1er novembre ;
- en 2010, du 14 mars au 7 novembre ;
- en 2011, du 13 mars au 6 novembre ;
- en 2012, du 11 mars au 4 novembre ;
- en 2013, du 10 mars au 3 novembre ;
- en 2014, du 9 mars au 2 novembre ;
- en 2015, du 1er mars au 1er novembre ;
- en 2016, du 13 mars au 6 novembre ;
- en 2017, du 12 mars au 5 novembre ;
- en 2018, du 11 mars au 4 novembre ;

- en 2019, du 10 mars au 3 novembre ;
- en 2020, du 8 mars au 1er novembre ;
- en 2021, du 14 mars au 7 novembre ;
- en 2022, du 13 mars au 6 novembre.

Donc, si vous êtes né entre les dates énumérées préalablement, n'allez pas oublier d'enlever une heure à votre heure de naissance pour obtenir votre heure réelle de naissance.

2. Le temps sidéral

Le temps sidéral est une heure qui correspond à une seule journée de l'année. Chaque journée a le sien ; il n'y a pas deux journées qui ont le même temps sidéral.

Pour calculer votre ascendant, vous avez donc besoin de connaître le temps sidéral qui correspond au jour de votre naissance. Comment faire ? Rien de plus simple.

Aux pages 49 et 50, vous trouverez un tableau : à la première ligne du tableau figurent les 12 mois de l'année, chacun correspondant à une colonne. La première colonne comporte des chiffres allant de 1 à 31. Ces chiffres correspondent aux quantièmes (jours) des mois.

Il vous suffit maintenant de trouver, dans la colonne qui correspond à votre mois de naissance, la ligne de votre jour de naissance et le tour est joué. Par exemple : si vous êtes né le 1er janvier, vous cherchez sous la colonne janvier, la première ligne, et vous voyez 6 h 36. Le temps sidéral qui correspond à votre jour de naissance est donc 6 h 36. De même, si vous êtes né le 11 septembre, vous allez voir sous la colonne de septembre la ligne qui correspond au 11, et vous trouvez votre temps sidéral, qui est 23 h 18.

> **Note :** *Pour vous faciliter la tâche, le tableau des pages 49 et 50 indique le temps sidéral corrigé et simplifié pour le Québec.*
>
> *Suivez la ligne qui correspond à votre jour de naissance jusqu'à la colonne de votre mois de naissance : vous aurez maintenant le temps sidéral qui correspond à votre date de naissance.*

Maintenant, vous additionnez !

Vous avez donc maintenant votre heure réelle de naissance et le temps sidéral qui correspond à votre jour de naissance : il vous suffit de faire une toute petite addition. Bien sûr, vous avez pris soin de vous assurer que votre heure de naissance est inscrite en système de 0 à 24 heures, surtout si vous êtes né en après-midi ou en soirée.

Attention

Vous avez des heures et des minutes. Vous savez qu'il y a 60 minutes dans une heure et 24 heures dans une journée.

Si, en additionnant, vous avez un total de minutes supérieur ou égal à 60, vous soustrayez 60 du nombre des minutes et vous ajoutez une heure de plus au nombre des heures.

De même, si, en additionnant, vous avez un total d'heures supérieur ou égal à 24, vous soustrayez 24 du nombre d'heures, sans tenir compte de la journée supplémentaire.

Vous avez maintenant un total en heures et en minutes : vous n'avez plus qu'à consulter la *Table des ascendants* à la page 51, à trouver la section qui correspond à votre résultat et à identifier le signe de votre ascendant.

Exemple

Supposons qu'une personne soit née le 24 juin 1967, à 2 h 25 de l'après-midi. Nous savons que, pour calculer l'ascendant, il faut utiliser l'heure en système de 0 à 24 heures. Donc, 2 h 25 de l'après-midi, c'est en réalité 14 h 25. Comme l'heure était avancée (voir le tableau de l'heure avancée), il faut donc soustraire 1 heure, ce qui donne 14 h25 – 1 h = 13 h 25.

Maintenant que nous avons l'heure réelle de naissance, faisons le calcul :

Heure réelle de naissance	13 h 25
Temps sidéral (du 24 juin) +	18 h 06
Total	31 h 31

Comme le nombre des heures est supérieur à 24, nous soustrayons 24 heures à 31 h 31, ce qui donne : 31 h 31 – 24 h = 7 h 31

En consultant la *Table des ascendants* à la page 51, on voit bien que l'ascendant de cette personne est en Balance.

TEMPS SIDÉRAL POUR LE QUÉBEC

Jour	Janv.	Févr.	Mars	Avril	Mai	Juin	Juil.	Août	Sept.	Oct.	Nov.	Déc.
1	6 h 36	8 h 38	10 h 33	12 h 36	14 h 33	16 h 36	18 h 34	20 h 37	22 h 39	0 h 37	2 h 39	4 h 38
2	6 h 40	8 h 42	10 h 37	12 h 40	14 h 37	16 h 40	18 h 38	20 h 41	22 h 43	0 h 41	2 h 43	4 h 42
3	6 h 44	8 h 46	10 h 40	12 h 44	14 h 41	16 h 43	18 h 42	20 h 45	22 h 47	0 h 45	2 h 47	4 h 46
4	6 h 48	8 h 50	10 h 44	12 h 48	14 h 45	16 h 47	18 h 46	20 h 49	22 h 51	0 h 49	2 h 51	4 h 50
5	6 h 52	8 h 54	10 h 48	12 h 52	14 h 49	16 h 51	18 h 50	20 h 53	22 h 55	0 h 53	2 h 55	4 h 54
6	6 h 56	8 h 58	10 h 52	12 h 55	14 h 53	16 h 55	18 h 54	20 h 57	22 h 59	0 h 57	2 h 59	4 h 57
7	7 h 00	9 h 02	10 h 56	12 h 58	14 h 57	16 h 59	18 h 58	21 h 00	23 h 03	1 h 01	3 h 03	5 h 01
8	7 h 04	9 h 06	11 h 00	13 h 02	15 h 01	17 h 03	19 h 02	21 h 04	23 h 07	1 h 05	3 h 07	5 h 05
9	7 h 08	9 h 10	11 h 04	13 h 06	15 h 05	17 h 07	19 h 06	21 h 08	23 h 11	1 h 09	3 h 11	5 h 09
10	7 h 12	9 h 14	11 h 08	13 h 10	15 h 09	17 h 11	19 h 10	21 h 12	23 h 14	1 h 13	3 h 15	5 h 13
11	7 h 15	9 h 18	11 h 12	13 h 14	15 h 13	17 h 15	19 h 14	21 h 16	23 h 18	1 h 17	3 h 19	5 h 17
12	7 h 19	9 h 22	11 h 16	13 h 18	15 h 17	17 h 19	19 h 18	21 h 20	23 h 22	1 h 21	3 h 23	5 h 21
13	7 h 23	9 h 26	11 h 20	13 h 22	15 h 21	17 h 23	19 h 22	21 h 24	23 h 26	1 h 25	3 h 27	5 h 25
14	7 h 27	9 h 30	11 h 24	13 h 26	15 h 24	17 h 27	19 h 26	21 h 28	23 h 30	1 h 29	3 h 31	5 h 29
15	7 h 31	9 h 33	11 h 28	13 h 30	15 h 28	17 h 31	19 h 30	21 h 32	23 h 34	1 h 32	3 h 35	5 h 33

Jour	Janv.	Févr.	Mars	Avril	Mai	Juin	Juil.	Août	Sept.	Oct.	Nov.	Déc.
16	7 h 35	9 h 37	11 h 32	13 h 34	15 h 32	17 h 34	19 h 34	21 h 36	23 h 38	1 h 36	3 h 39	5 h 37
17	7 h 39	9 h 41	11 h 36	13 h 38	15 h 36	17 h 38	19 h 38	21 h 40	23 h 42	1 h 40	3 h 43	5 h 41
18	7 h 43	9 h 45	11 h 40	13 h 42	15 h 40	17 h 42	19 h 42	21 h 44	23 h 46	1 h 44	3 h 47	5 h 45
19	7 h 47	9 h 49	11 h 44	13 h 46	15 h 44	17 h 46	19 h 46	21 h 48	23 h 50	1 h 48	3 h 50	5 h 49
20	7 h 51	9 h 53	11 h 48	13 h 50	15 h 48	17 h 50	19 h 49	21 h 52	23 h 54	1 h 52	3 h 54	5 h 53
21	7 h 55	9 h 57	11 h 52	13 h 54	15 h 52	17 h 54	19 h 53	21 h 56	23 h 58	1 h 56	3 h 58	5 h 57
22	7 h 59	10 h 01	11 h 55	13 h 58	15 h 56	17 h 58	19 h 57	22 h 00	0 h 02	2 h 00	4 h 02	6 h 01
23	8 h 03	10 h 05	11 h 58	14 h 02	16 h 00	18 h 02	20 h 02	22 h 04	0 h 06	2 h 04	4 h 06	6 h 05
24	8 h 07	10 h 09	12 h 02	14 h 06	16 h 04	18 h 06	20 h 06	22 h 08	0 h 10	2 h 06	4 h 10	6 h 09
25	8 h 11	10 h 13	12 h 06	14 h 10	16 h 08	18 h 10	20 h 10	22 h 12	0 h 14	2 h 12	4 h 14	6 h 13
26	8 h 15	10 h 17	12 h 10	14 h 14	16 h 12	18 h 14	20 h 14	22 h 16	0 h 18	2 h 16	4 h 18	6 h 17
27	8 h 19	10 h 21	12 h 14	14 h 18	16 h 16	18 h 18	20 h 18	22 h 20	0 h 23	2 h 20	4 h 22	6 h 21
28	8 h 23	10 h 25	12 h 18	14 h 22	16 h 20	18 h 22	20 h 22	22 h 24	0 h 26	2 h 24	4 h 26	6 h 24
29	8 h 26	10 h 29	12 h 22	14 h 26	16 h 24	18 h 26	20 h 26	22 h 27	0 h 30	2 h 28	4 h 30	6 h 28
30	8 h 30		12 h 26	14 h 29	16 h 28	18 h 30	20 h 30	22 h 31	0 h 34	2 h 32	4 h 34	6 h 32
31	8 h 34		12 h 30		16 h 32		20 h 33	22 h 35		2 h 36		6 h 36

TABLE DES ASCENDANTS			
Heures			**Ascendants**
0 h 00	à	0 h 34	Cancer
0 h 35	à	3 h 21	Lion
3 h 22	à	5 h 59	Vierge
6 h 00	à	8 h 40	Balance
8 h 41	à	11 h 18	Scorpion
11 h 19	à	13 h 43	Sagittaire
13 h 44	à	15 h 35	Capricorne
15 h 36	à	16 h 58	Verseau
16 h 59	à	17 h 59	Poissons
18 h 00	à	19 h 04	Bélier
19 h 05	à	20 h 24	Taureau
20 h 25	à	22 h 22	Gémeaux
22 h 23	à	24 h 00	Cancer

Si vous avez bien suivi le processus suggéré aux pages précédentes pour trouver votre ascendant natal, vous connaissez donc à présent votre signe solaire et votre ascendant natal. Vous êtes encouragé maintenant à lire la description que je vous ai préparée au chapitre intitulé « Ce que votre ascendant natal vous révèle », alors que vous pourrez à présent prendre mieux connaissance de votre véritable identité.

Quand vous avez obtenu votre total d'heures, reportez-vous à la table des ascendants ci-haut. N'oubliez pas, si le total en question dépasse 24 heures, retirez 24 heures pour obtenir l'heure réelle.

CALCUL DE L'ASCENDANT NATAL POUR L'EUROPE

S'il est une difficulté pour dresser un thème, elle est moins dans le calcul d'un thème de naissance que dans la résolution du problème d'horaire. Il convient donc de vous expliquer le processus et de commencer par des définitions.

L'*heure locale* est en réalité l'heure du méridien de votre *lieu* de naissance. Cette heure locale variant forcément avec la longitude et n'étant fondée que pour les pays situés sur cette longitude. On a été amené à employer sur toute l'étendue d'un même pays une heure unique, appelée *heure légale* parce que définie par une loi ; c'est cette heure qui est marquée sur les horloges publiques et que transmet, en France, l'horloge parlante de l'Observatoire de Paris. Quant à l'heure de *Greenwich*, elle correspond à l'heure du méridien de Greenwich. Il en est de même pour la France, la Suisse, et la Belgique. Ces précisions fournies, nous pouvons maintenant aborder le régime horaire de la France.

Depuis le 9 mars 1911, une nouvelle loi est entrée en vigueur qui a adopté l'heure du méridien de Greenwich, l'*heure légale*, donc l'heure locale de Greenwich. Tous les pays d'Europe occidentale se sont d'ailleurs alignés, à des dates différentes, sur ce fuseau horaire. Ajoutons à tout cela la complication de *l'heure d'été* en vigueur depuis 1916. Durant les périodes annuelles où elle est appliquée, les horloges sont en avance d'une heure sur l'heure de Greenwich. Pour les naissances survenues en période d'heure d'été, il convient de retrancher cette heure. Durant l'occupation allemande, l'heure légale devint celle du méridien de l'Europe centrale, si bien que dans les périodes d'heure d'été en 1940 et 1945, l'heure en vigueur fut en avance de deux heures sur celle du méridien de Greenwich.

Noter des différences horaires entre la zone libre et la zone occupée entre 1940-1942. Or, en zone occupée, l'avance était de 2 h à partir du 15 juin 1940 (au fur et à mesure de l'avance allemande) jusqu'au 2 novembre 1942, 1 h (GMT) ; en zone libre, l'avance de 1 h a été maintenue du 25 février 1940 au 4 mai 1941, 23 (GMT) devenant le 5 mai 1 h légale. On est alors passé au régime horaire allemand (avance de 2 h) pour revenir à l'heure d'hiver (avance de 1 h) le 5 octobre 1941, 22 h (GMT), devenant le 5, 23 h légale. Cette zone a repris l'avance de 2 h le 8 mars 1942, 23 h (GMT) devenant le 9, à 1 h légale, jusqu'au 2 novembre 1942, 1 h (GMT) devenant le 2, 2 h légale, retour à l'heure d'hiver. À partir de cette date, le régime horaire a été le même pour les deux zones jusqu'au 16 septembre 1945, 1 h (GMT), devenant le 16, 2 h légale, où l'heure s'est maintenue jusqu'à maintenant (avance de 1 h). La ligne de démarcation qui délimitait les deux zones passait par les départements suivants : Haute-Savoir, Jura, Saône-et-Loire, Allier, Cher, Loir-et-Cher, Indre-et-Loire, Vienne, Charente, Dordogne, Gironde, Landes et Pyrénées-Atlantiques.

Comment calculer votre ascendant pour la France

Soulignons que la France fait partie du même fuseau horaire que GMT (Greenwich), mais son horloge n'est pas toujours réglée au même temps (il y a parfois 1 h ou 2 h d'écart l'été). Vous devrez donc apporter les correctifs nécessaires à votre heure de naissance. Voici le processus à suivre :

1. Exactement comme dans le processus de calcul suggéré pour trouver votre ascendant natal si vous êtes né au Québec, vous devez repérer dans le tableau aux pages 54 et 55 l'heure sidérale qui correspond à votre jour et à votre mois de naissance.
2. Veuillez additionner l'heure sidérale trouvée à votre heure de naissance réelle :
   - Si vous êtes né après 1916 et avant 1940, retirez une heure ;
   - entre 1940 et le 16 septembre 1945, retirez 2 heures ;
   - né après le 16 septembre 1945, retirez toujours 1 heure ;
   - après 1976, n'oubliez pas de retirer 2 heures si vous êtes né en période d'heure d'été.
3. Quand vous avez obtenu votre total d'heures, reportez-vous au tableau à la page 56. Si le total en question dépasse 24 heures, retirez 24 heures pour obtenir l'heure réelle.

   Exemple : né le 1er mars 1947 à 17 heures
   17 heures = heure de naissance
   10 h 32 = heure sidérale
   Le total des deux = 27 h 32
   Retranchez 1 heure = 26 h 32
   Retranchez 24 heures = Ascendant Lion

TEMPS SIDÉRAL : FRANCE, SUISSE, BELGIQUE – DU 1ER AU 31 DÉCEMBRE

Jour	Janv.	Févr.	Mars	Avril	Mai	Juin	Juil.	Août	Sept.	Oct.	Nov.	Déc.
1	6 h 36	8 h 37	10 h 32	12 h 35	14 h 32	16 h 35	18 h 34	20 h 36	22 h 38	0 h 36	2 h 38	4 h 37
2	6 h39	8 h 41	10 h 36	12 h 39	14 h 36	16 h 42	18 h 37	20 h 40	22 h 42	0 h 40	2 h 42	4 h 41
3	6 h 43	8 h 45	10 h 39	12 h 43	14 h 40	16 h 46	18 h 41	20 h 44	22 h 46	0 h 44	2 h 46	4 h 45
4	6 h 47	8 h 49	10 h 43	12 h 47	14 h 44	16 h 50	18 h 45	20 h 49	22 h 51	0 h 48	2 h 50	4 h 50
5	6 h 51	8 h 53	10 h 47	12 h 51	14 h 48	16 h 54	18 h 48	20 h 54	22 h 54	0 h 54	2 h 54	4 h 53
6	6 h 55	8 h 57	10 h 51	12 h 54	14 h 52	16 h 58	18 h 53	20 h 56	22 h 55	0 h 56	2 h 58	4 h 56
7	7 h 00	9 h 01	10 h 55	12 h 57	14 h 56	17 h 02	18 h 57	20 h 59	22 h 02	1 h 00	3 h 02	5 h 00
8	7 h 03	9 h 56	11 h 00	13 h 01	15 h 00	17 h 06	19 h 01	21 h 03	23 h 06	1 h 05	3 h 08	5 h 04
9	7 h 07	9 h 09	11 h 04	13 h 06	15 h 04	17 h 10	19 h 04	21 h 07	23 h 10	1 h 09	3 h 12	5 h 09
10	7 h 14	9 h 19	11 h 14	13 h 14	15 h 09	17 h 15	19 h 11	21 h 12	23 h 14	1 h 14	3 h 15	5 h 13
11	7 h 16	9 h 22	11 h 17	13 h 17	15 h 17	17 h 23	19 h 12	21 h 15	23 h 17	1 h 18	3 h 18	5 h 14
12	7 h 20	9 h 2	11 h 18	13 h 20	15 h 20	17 h 26	19 h 18	21 h 16	23 h 18	1 h 21	3 h 21	5 h 17
13	7 h 22	9 h 25	11 h 20	13 h 21	15 h 23	17 h 29	19 h 18	21 h 19	23 h 22	1 h 22	3 h 23	5 h 20
14	7 h 25	9 h 28	11 h 23	13 h 24	15 h 24	17 h 30	19 h 22	21 h 22	23 h 25	1 h 25	3 h 27	5 h 23
15	7 h 28	9 h 33	11 h 26	13 h 27	15 h 27	17 h 33	19 h 27	21 h 26	23 h 29	1 h 29	3 h 31	5 h 27

Jour	Janv.	Févr.	Mars	Avril	Mai	Juin	Juil.	Août	Sept.	Oct.	Nov.	Déc.
16	7 h 35	9 h 37	11 h 32	13 h 34	15 h 32	17 h 34	19 h 34	21 h 36	23 h 38	1 h 36	3 h 39	5 h 37
17	7 h 39	9 h 41	11 h 36	13 h 38	15 h 36	17 h 38	19 h 38	21 h 40	23 h 42	1 h 40	3 h 43	5 h 41
18	7 h 43	9 h 45	11 h 40	13 h 42	15 h 40	17 h 42	19 h 42	21 h 44	23 h 46	1 h 44	3 h 47	5 h 45
19	7 h 47	9 h 49	11 h 44	13 h 46	15 h 44	17 h 46	19 h 46	21 h 48	23 h 50	1 h 48	3 h 50	5 h 49
20	7 h 51	9 h 53	11 h 48	13 h 50	15 h 48	17 h 50	19 h 49	21 h 52	23 h 54	1 h 52	3 h 54	5 h 53
21	7 h 55	9 h 57	11 h 52	13 h 54	15 h 52	17 h 54	19 h 53	21 h 56	23 h 58	1 h 56	3 h 58	5 h 57
22	7 h 59	10 h 01	11 h 55	13 h 58	15 h 56	17 h 58	19 h 57	22 h 00	0 h 02	2 h 00	4 h 02	6 h 01
23	8 h 03	10 h 05	11 h 58	14 h 02	16 h 00	18 h 02	20 h 02	22 h 04	0 h 06	2 h 04	4 h 06	6 h 05
24	8 h 07	10 h 09	12 h 02	14 h 06	16 h 04	18 h 06	20 h 06	22 h 08	0 h 10	2 h 06	4 h 10	6 h 09
25	8 h 11	10 h 13	12 h 06	14 h 10	16 h 08	18 h 10	20 h 10	22 h 12	0 h 14	2 h 12	4 h 14	6 h 13
26	8 h 15	10 h 17	12 h 10	14 h 14	16 h 12	18 h 14	20 h 14	22 h 16	0 h 18	2 h 16	4 h 18	6 h 17
27	8 h 19	10 h 21	12 h 14	14 h 18	16 h 16	18 h 18	20 h 18	22 h 20	0 h 23	2 h 20	4 h 22	6 h 21
28	8 h 23	10 h 25	12 h 18	14 h 22	16 h 20	18 h 22	20 h 22	22 h 24	0 h 26	2 h 24	4 h 26	6 h 24
29	8 h 26	10 h 29	12 h 22	14 h 26	16 h 24	18 h 26	20 h 26	22 h 27	0 h 30	2 h 28	4 h 30	6 h 28
30	8 h 30		12 h 26	14 h 29	16 h 28	18 h 30	20 h 30	22 h 31	0 h 34	2 h 32	4 h 34	6 h 32
31	8 h 34		12 h 30		16 h 32		20 h 33	22 h 35		2 h 36		6 h 36

TABLE DES ASCENDANTS			
Heures			**Ascendants**
0 h 34	à	3 h 16	Lion
3 h 17	à	6 h 00	Vierge
6 h 01	à	8 h 43	Balance
8 h 44	à	11 h 25	Scorpion
11 h 26	à	13 h 53	Sagittaire
13 h 54	à	15 h 42	Capricorne
15 h 43	à	17 h 00	Verseau
17 h 01	à	17 h 58	Poissons
17 h 59	à	18 h 58	Bélier
18 h 59	à	20 h 17	Taureau
20 h 18	à	22 h 08	Gémeaux
22 h 09	à	00 h 33	Cancer

Si vous avez bien suivi le processus suggéré aux pages précédentes pour trouver votre ascendant natal, vous connaissez donc à présent votre signe solaire, mais aussi que votre ascendant natal. Vous êtes donc encouragé maintenant à lire la description préparée au chapitre intitulé « Ce que votre ascendant natal vous révèle », alors que vous pourrez finalement prendre connaissance de votre véritable identité. À lire à la page suivante...

P.-S. Pour ce qui est de 2021, le Parlement européen a approuvé, le 4 février 2019, la fin du changement d'heure deux fois par an. Depuis, maintes négociations ont été tenues entre le Parlement et le Conseil européen qui représente les États membres. Chaque pays devait ensuite statuer quelle heure il souhaite conserver : heure d'été ou heure d'hiver. Si l'heure d'été est choisie, le dernier changement d'heure interviendrait en mars 2021 ; si c'est l'heure d'hiver, l'ultime changement aura lieu en octobre 2021.

CE QUE VOTRE ASCENDANT NATAL VOUS RÉVÈLE

Ascendant Bélier

Tout individu né avec le signe du Bélier à l'ascendant ressent le besoin de s'affirmer, de vouloir être le premier. Énergique, brave et courageux, vous êtes pourvu d'un bel esprit d'initiative. Entrepreneur-né, porté à agir sur des coups de tête et à parler sans réfléchir, vos initiatives nombreuses ne vous conduisent pas toujours à la réalisation de vos projets, suivant que vous êtes souvent inconséquent dans vos entreprises alors que vous cherchez un autre projet dans lequel vous investir. Prompt, impatient, actif et agité, vous vous fâchez facilement, sans compter que vous avez tendance à imposer votre rythme, vos idées, vos désirs aux gens qui vous entourent. Vous aimez jouer un rôle de premier plan et vous êtes friand de prendre des risques qui, parfois d'ailleurs, tendent à vous mettre en situations de péril. Pas étonnant que vous accusiez maintes blessures dans le cours de votre existence. Vous avez possiblement une cicatrice au niveau de la tête, sinon il est possible que vous ayez cassé ou perdu une de vos dents dans votre jeunesse. Vous pouvez parfois aussi développer une calvitie précoce. En ce qui a trait à vos amours, vous êtes *a priori* un passionné, à la folie et avec fougue, et vos sentiments sont tous aussi vifs qu'entiers.

Ascendant Taureau

En tant qu'ascendant Taureau, vous vous montrez avant tout comme étant une personne timide, patiente, parfois trop, lente à réagir et à démarrer. Pondéré, calme, sensuel et affectueux, c'est à travers les sentiments que vous exprimez et développez votre personnalité. En tant que bon signe de Terre, vous êtes habité par cette peur de manquer d'argent. Cela explique votre besoin de sécurité si immense. Heureusement, votre vie matérielle s'améliore avec l'âge, ce qui fait que vous pourrez jouir d'une vie confortable. Gourmand et épicurien, vous aimez ce que la vie a de meilleur à offrir. Contrairement aux natifs du Bélier, vous êtes capable de prendre des décisions aussi réfléchies que bien mûries. Apte à réaliser vos visées, vous menez toujours à bon port les projets que vous mettez de l'avant et vous faites de vos ambitions une réalité. En tant que signe fixe, vous avez en horreur tout changement quel qu'il soit ainsi que de déménager, étant donné que vous préférez de loin vous cantonner dans ce qui est sûr et stable. Constant dans vos sentiments, en amour vous êtes fidèle et possessif. On dit même que, parfois, vous pouvez être jaloux et rancunier.

Ascendant Gémeaux

L'ascendant Gémeaux donne une apparence toujours plus jeune. Vif, instable, qui ne veut rien manquer et en perpétuel mouvement, vous avez tendance à vous éparpiller. Pourvu d'un caractère logique, changeant, mais très adaptable, vous vous montrez comme étant quelqu'un de très humain. Influençable, habile et impressionnable, vous êtes parfois frivole et superficiel. Brillant, curieux, inquisiteur et habile de vos mains, vos nombreuses activités vous mèneront au succès, tant dans le monde des relations publiques que des communications. Étant une personne qui aime le changement, il vous arrivera de changer plusieurs fois d'allure, de style, d'activité au cours de votre vie. Il est possible que vous ayez occupé deux emplois à la fois. Vous êtes porté aussi à commencer mille et une choses, mais à ne pas toutes les terminer. En ce qui a trait à votre vie amoureuse, elle est généralement compliquée. Toujours prêt à nouer de nouvelles rencontres ainsi qu'à butiner d'une fleur à l'autre, votre grande sensibilité maladive vous vaudra maints chagrins. Même si vous êtes une personne qui ressent un grand besoin de parler et de communiquer, vous n'exprimez pas nécessairement toujours facilement vos sentiments.

Ascendant Cancer

Protecteur, attachant et d'une extrême sensibilité, l'ascendant Cancer attire les gens à lui par son charme, mais il les déconcerte tout autant par ses nombreuses humeurs fluctuantes. Craintif, timide, parfois capricieux et infantile, vous êtes en constante quête de douceur et de tendresse. En dépit du fait que vous accusiez un manque de volonté, de courage ou d'esprit d'initiative, il est tout de même possible que vous ayez travaillé avec les enfants ou les femmes, sinon dans le secteur alimentaire ou hôtelier. Tout ce qui touche aux liquides vous servira bien aussi. Très maternel ou papa gâteau, sans contredit, la famille occupe une place de choix dans votre vie. Il est d'ailleurs possible que vous ayez été marqué par celle-ci. Vous êtes de ces gens qui éprouvent beaucoup de difficulté à couper avec le passé et vous avez tendance à tout dramatiser. Voilà qui peut être une des raisons pour lesquelles vous souffrez de désordres alimentaires. Timide, dévoué, gêné, rêveur, avec une pointe de nostalgie dans votre regard, c'est votre manière à vous d'attirer l'attention. Crédule et indécis, vous vous faites souvent avoir, mais il est rare que vous en gardiez rancune. Romantique, sentimental et tendre de nature, vous êtes dépendant en amour et éprouvez du mal à vous fixer affectivement. Toujours en quête d'amour, si le partenaire de vie ne correspond plus à vos attentes et à vos désirs, vous serez prêt à aller voir ailleurs.

Ascendant Lion

Une personne née avec un ascendant Lion est amicale, fière, juste et chaleureuse. Vous possédez un grand magnétisme personnel et votre manière de vous comporter est noble et distinguée. Très attirant de nature, vous ne laissez personne indifférent. Fier, idéaliste et impartial, vous manquez parfois de recul face à vous-même et face aux circonstances et aux événements de votre vie. Friand de vérité, vous avez en horreur les gens qui vous mentent et les personnes hypocrites. Puisque vous êtes de ces gens qui éprouvent des difficultés avec toute autorité en place, de façon générale, il est possible que vous ayez vécu des différends avec votre père. Ambitieux, doté d'une grande détermination et doué pour l'administration, vous réussissez très aisément à atteindre vos objectifs. Il est tout probable que vous occupiez un poste bien en vue. Parfois enclin à avoir trop de confiance en vos propres moyens, vous entreprenez des projets bien au-dessus de vos forces et de vos capacités. Loyal, empreint d'une noblesse de cœur et de sentiments qui se reflète dans votre allure et votre manière de vous conduire, vous aimez être flatté lorsqu'on vous fait la cour. Sentimental et passionné, vous êtes de ces gens ardents en amour. Vous avez également l'art de vous distinguer du groupe et vous avez aussi un petit côté vedette !

Ascendant Vierge

Le natif dont l'ascendant est Vierge possède un sens pratique très développé, il est méticuleux de nature et a le souci du détail. Vous êtes de ces personnes ordonnées et méthodiques de nature. Perfectionniste et très critique face à vous-même et aux gens qui vous entourent, votre critique se veut toutefois positive. Maniaque de propreté et d'hygiène, il importe pour vous que l'on remette les choses à leur place. Toujours partant pour répondre à l'appel d'un ami en détresse ou en quête d'un service, votre grand cœur peut parfois vous jouer de vilains tours. Sans cesse porté à vous sentir facilement coupable, vous ressentez constamment le besoin d'en faire toujours plus et vous ne cessez de vous imaginer le pire. Étant une personne pour qui l'insécurité l'étouffe, vous êtes plus du genre économe que dépensier. À cet effet, rares sont ceux nés avec un ascendant Vierge qui ne finissent pas leur vie avec deux propriétés, sinon deux maisons.

Infatigable et bourreau du travail, vous vous acquittez des tâches sans relâche; il vous est impossible de vous reposer. Timide et réservé de nature, en amour vous avez tendance à rester sur vos gardes alors que vous faites preuve d'une extrême méfiance. Raffiné, exigeant et sensible, vous ne tombez pas facilement amoureux. D'ailleurs, une déception amoureuse pour vous est perçue comme étant une trahison.

Ascendant Balance

Celui dont l'ascendant tombe en Balance est quelqu'un pour qui l'amour est la chose la plus importante. Facile à vivre et tout aussi sympathique, vous êtes heureux quand vous vous sentez entouré alors que vous adorez échanger verbalement avec les gens. Vous êtes de ces personnes pour qui la solitude leur pèse énormément. Diplomate-né, vous cherchez à réunir les gens et à établir la paix entre eux. Supportant mal tous les conflits et les contrariétés, vous êtes prêt à faire tous les compromis possibles et nécessaires pour vous en dissocier. Étant toujours en constante recherche d'équilibre parfait, vous éprouvez une grande difficulté à prendre une décision, puisque tout doit être passé au crible avant que vous ne vous décidiez à vous engager. Très courtois et tout aussi charmant et d'une élégance raffinée sans pareille, vos belles manières ne laissent personne indifférent. Constant dans vos affections et vos sentiments, et fidèle de nature, heureuse sera la personne qui saura vous séduire et gagner votre cœur alors que vous lui témoignerez un fort attachement affectif.

Ascendant Scorpion

Le natif ayant le signe du Scorpion à l'ascendant est méfiant et très sceptique par nature. Renfermé, intense et profond, il n'est pas toujours facile à comprendre. Ardent, vibrant et tout aussi intense, il n'est pas facile à saisir non plus. Chez vous, pas de demi-mesures, vous aimez et haïssez avec autant de passion. Courageux et volontaire, vous donnez l'impression d'une certaine puissance. Déterminé, patient, travaillant, combatif et capable d'efforts soutenus, vous déployez une énergie peu commune pourvu que vous soyez motivé. Vous êtes apte à de grandes réalisations. Méfiant, sournois et constamment sur la défensive, vous prenez énormément de temps avant de vous dévoiler. En revanche, votre magnétisme personnel et votre force de caractère ne laissent personne indifférent. Très rusé de nature, rien ne vous échappe. Tout aussi intuitif que profondément intelligent, grâce à votre esprit analytique, vous pouvez très bien exceller dans le domaine de la recherche ou dans l'investigation. En ce qui a trait à votre énergie sexuelle, elle est tout aussi inépuisable. Autant vous avez besoin de fusionner avec votre partenaire, autant vous n'avez pas de pardon pour l'infidélité.

Ascendant Sagittaire

La personne qui naît avec le Sagittaire comme ascendant est un être optimiste et plein d'enthousiasme. Sa personnalité joviale ne laisse personne indifférent. D'emblée, vous êtes quelqu'un de positif, d'indépendant et d'autonome – vous détestez devoir quoi que ce soit à qui que ce soit. Sympathique et bon vivant, vous êtes incapable de blesser les autres et encore moins de les injurier. Défenseur de la justice, vous vous montrez toujours conscient des gestes que vous posez ainsi que des conséquences qu'ils entraînent. Athlétique et aventurier, vous adorez toutes les activités de plein air et les gens de cultures différentes de la vôtre ; vous aimez tout ce qui sort de l'ordinaire. Alors qu'il vous arrive de ne pas toujours écouter lorsqu'on vous parle, n'empêche, vous êtes doté d'un grand pouvoir oratoire. Séducteur-né, porté à l'excès et permissif, vous faites partie du signe qui collectionne les conquêtes. Vous faites beaucoup de ravages avant votre mariage et l'amour exclusif n'est pas une de vos forces et encore moins une de vos qualités majeures. Pas nécessairement sentimental, l'amitié tient cependant une grande place dans votre vie.

Ascendant Capricorne

En tant que natif avec un ascendant Capricorne, votre lucidité et votre pouvoir de concentration peuvent à l'occasion freiner le développement de votre personnalité. Ceux qui naissent avec cet ascendant éprouvent souvent des difficultés dès leur tout jeune âge. Tenace, discipliné, raisonnable, ambitieux, sérieux, réservé et timide, vous êtes de ces personnes qui sont portées à se sentir responsables de tout le monde. Né sous un signe de Terre, vous craignez toujours de manquer d'argent, ce qui explique pourquoi il est difficile pour vous de vous défaire de vos vieilles affaires ; vous avez de nombreux objets en réserve. Étant quelqu'un qui souffre d'un manque de confiance en soi, vous êtes plus souvent qu'à votre tour porté à ne pas vous sentir à la hauteur. Plutôt chétif, il est possible qu'à un jeune âge, vous ayez subi des problèmes de santé, mais plus vous vieillissez, plus celle-ci se renforce. Dur avec vous-même comme avec les autres, pas surprenant que vous ayez éprouvé des ennuis avec votre père, vos frères ou vos sœurs, sinon vous avez sûrement souffert d'une profonde déception durant votre adolescence. Fort heureusement que votre vie se bonifie avec le temps. Peu démonstratif de nature, vous accordez bien peu d'importance aux sentiments. Vous préférez être seul que mal accompagné ; cependant, une fois que vous êtes apprivoisé et conquis, votre passion se dévoile peu à peu.

Ascendant Verseau

Celui qui naît avec un ascendant Verseau est avant tout une personne originale dans sa façon d'être et tout aussi bohème par nature. Vous ne faites rien comme les autres. Il est vrai que vous aimez la compagnie des gens, mais vous avez autant hâte de vous retrouver seul. Quand vous êtes en colère, tout explose et c'est loin d'être beau à voir, mais jamais vous ne vous vengez de façon malicieuse et/ou déloyale. Curieux de nature et en avance sur votre temps, votre mission ici-bas sur terre est de nous enrichir de vos multiples connaissances. Doté d'une belle intelligence et d'un esprit éveillé, vous accusez parfois un manque de persévérance et vous n'allez pas toujours au bout de vos projets. Brillant par vos idées, lorsqu'il est question de carrière ou de travail, vous pouvez exceller dans le domaine des communications ou des relations publiques. Sensible et intuitif, mais régnant en maître sur vos émotions, vous êtes de ces personnes qui ont tendance à reléguer leurs amours au second plan, puisqu'elles craignent de s'attacher ; c'est comme si vous sentiez que les obligations familiales pèsent trop sur vous et sur votre liberté. En revanche, vous êtes de ces gens qui se dévouent totalement à une cause qui leur tient à cœur.

Ascendant Poissons

Le natif dont l'ascendant est Poissons éprouve énormément de compassion pour ses semblables. Hyperémotif, un rien vous fait pleurer. Hypersensible et charitable dans l'âme, rien ne vous laisse indifférent et encore moins la souffrance des gens près de vous. Vous accusez toutefois un manque prononcé de volonté. Malléable, indulgent, très vulnérable et fragile, vous avez tendance à vous laisser manger la laine sur le dos et à demeurer passif. Même si vous ne ressentez aucune colère à l'égard des gens qui vous entourent, il est rare de vous voir sortir de vos gonds. Mais si on invoque votre immense bonté, voilà que la situation se résorbera d'elle-même suivant qu'aucune méchanceté ne vous habite. Doux, timide et naïf, vous avez tendance aussi à laisser les autres diriger votre vie. Il ne serait pas surprenant de savoir que vous vous êtes fait avoir en affaires, plus d'une fois possiblement. Tendre, généreux et compatissant envers le genre humain, cessez de prendre les problèmes de tout le monde sur vos épaules. En ce qui concerne votre ascension professionnelle, tout dépend de votre motivation personnelle qui, souvent, laisse à désirer alors que vous avez en horreur de prendre des responsabilités, mais dès que vous aurez pris conscience de la force psychique qui vous habite et que vous aurez appris à avoir les deux pieds bien ancrés dans la réalité, vous saurez trouver votre voie et faire votre marque.

LES PLANÈTES ET LE RÔLE QU'ELLES JOUENT

Vos traits de personnalité de base, votre disposition globale et votre identité propre sont définis par la position du Soleil au moment de votre naissance. Il peut aussi nous informer sur beaucoup d'autres choses telles que la façon dont vous vous comportiez avec votre père ou celui qui a rempli ce rôle dans votre vie lorsque vous étiez enfant.

Il y a beaucoup plus à votre identité astrologique que votre signe solaire. Au moment de votre naissance, vous avez reçu l'énergie de la Lune et des huit autres planètes.

Pour mieux vous aider à comprendre et à élucider le rôle exact que joue chacune des planètes et chacune des maisons astrologiques de votre thème de naissance, et en vue d'enrichir également vos connaissances sur l'astrologie, voyons la façon dont toutes ces planètes contribuent à l'image astrologique que vous projetez.

Chaque planète dans un thème natal agit comme la directrice d'une corporation, et la corporation, c'est vous. Par exemple, Mercure est la planète par excellence qui dirige le secteur des communications alors que Jupiter, dite la Grande Bénéfique, est la planète responsable du domaine qui régit votre abondance ainsi que votre croissance. Lorsque vous ressentez le besoin d'échanger, de communiquer, vous faites appel à Mercure, et lorsque vient le temps de prendre un risque ou de croître, vous mettez en application votre Jupiter.

Dans les pages qui suivent, vous pourrez prendre connaissance de chaque planète individuellement et découvrir la fonction qu'elle occupe suivant le champ d'application qu'elle maîtrise.

Soleil

Chaque corporation a besoin d'un directeur général, soit celui ou celle qui prend les décisions finales. Le Soleil est l'exécutif, soit vous personnellement. Dans un thème natal, la position du Soleil détermine à quel signe du zodiaque vous appartenez.

Le Soleil de chaque individu dans son thème personnel a le même but, soit celui de briller. La maison dans laquelle se trouve votre Soleil natal nous indique vos buts les plus profonds et ce que vous voulez dans la vie. Elle nous démontre aussi où vous voulez vous investir et l'endroit où vous excellerez le mieux, soit là où vous voulez être estimé et aimé.

Le Soleil représente également votre personnalité, soit l'essence de qui vous êtes en tant qu'individu. Il nous informe sur votre vitalité, sur votre habileté à vous affirmer, sur votre réussite sociale, sur votre seuil d'orgueil et de confiance en vous. Tout compte fait, le Soleil, c'est vous au meilleur de votre forme, de votre créativité et ce que vous appréciez pleinement de la vie. En ce qui a trait au thème d'une personne de sexe féminin, le Soleil représente non seulement votre père, mais également votre conjoint, l'être aimé, le partenaire de vie.

Au moment de votre naissance, la position de votre Soleil natal accentue l'endroit où l'attention est prédominante dans votre thème personnel. Au quotidien, le Soleil est représentatif de la journée en cours alors que la Lune est plutôt l'heure et le Milieu du Ciel, soit la dixième maison astrologique de votre thème, est le moment donné.

En ce qui a trait à votre corps, le Soleil régit le cœur, la colonne vertébrale, mais plus particulièrement le haut du dos ainsi que votre système circulatoire.

Lune

Une bonne façon de comprendre les qualités innées de la Lune, c'est d'être tout près d'un lac ou d'un cours d'eau un soir de Pleine Lune. Prenez conscience du reflet qu'elle crée sur l'eau tout en prenant une grande respiration et profitez-en pour faire le vide intérieur et pour bien vivre le moment présent.

La Lune représente en chacun de nous notre petit côté rose, douillet, qui ramène à la surface nos souvenirs, nos peurs et nos rêves.

C'est une grande Dame qui a l'œil sur le domaine des émotions ; c'est elle qui régit nos humeurs. Elle nous indique comment on réagit et comment on se sent. Elle évoque les changements, la famille, votre mère, ou celle qui a été votre nourricière lorsque vous étiez enfant.

Le signe et la maison qu'occupe la Lune au moment de votre naissance nous révèlent comment votre intuition travaille pour vous, quels sont vos besoins émotionnels et comment vous voulez que vos attentes et vos exigences soient rencontrées.

La Lune représente l'ultime énergie féminine. Elle nous informe sur la façon dont vous avez été materné et comment en retour vous maternez les autres. En ce qui concerne le thème d'une personne de sexe masculin, elle représente votre épouse et/ou votre conjointe.

Pour ce qui est de votre corps, si vous êtes une femme, la Lune a juridiction sur vos seins, sur vos ovaires et sur votre matrice. Pour les deux sexes, elle régit l'estomac, tout ce qui est liquide, fluide ainsi que tout ce qui vous remue intérieurement et votre tumulte intérieur.

Mercure

Au temps où l'on croyait que les dieux et les déesses étaient en charge totale de l'humanité, Mercure était leur porte-parole, le Messager par excellence entre les dieux et les mortels. Aujourd'hui, dans notre société moderne, Mercure est votre portable, votre application mobile et Internet.

Sa position dans le signe et la maison de votre thème natal nous indique comment vous pensez, comment vous raisonnez, comment vous vous exprimez. Elle nous informe aussi sur votre développement mental et votre facilité d'adaptation, sur votre manière d'écrire, sur votre façon de marcher, sur votre capacité à jauger et à évaluer, sur vos processus d'apprentissage et sur les moyens de transport que vous utilisez pour vous déplacer d'un environnement à l'autre.

Mercure s'exécute à travers vos cinq sens, soit par le biais de votre cerveau, alors que cette planète vous fait prendre conscience de tout ce qui s'oppose tels le blanc du noir, le chaud du froid, ce qui est en haut comparativement à ce qui est en bas.

Elle est la planète de service lorsqu'on tient une conversation, un échange, notre gestuelle ainsi que la manière dont on interprète un symbole.

Mercure représente également le côté de vous qui vit dans le moment présent. Elle représente aussi vos enfants, votre voisinage, vos frères et vos sœurs, tantes et oncles, cousins et cousines.

Mercure est la planète par excellence qui accumule les informations, qui enregistre tous les petits détails, avec qui ou quoi on est en contact, tels un grain de poussière, une miette de pain ou même les poils de votre animal de compagnie.

Au niveau du corps, Mercure agit comme messager. Il transmet ses messages par le concours de votre système nerveux et permet à vos yeux ainsi qu'à vos mains de collaborer, comme en donnant une poignée de main tout en faisant un clin d'œil. Il est aussi responsable de votre système respiratoire, vos nerfs, vos bras, vos mains et vos épaules.

Vénus

Cette planète dispense son énergie à vous pourvoir de personnes qui vous sont chères, d'endroits qui vous tiennent à cœur et de choses dont vous aimez vous entourer. Si vous voulez du chocolat, des draps de flanelle ou cette collègue pour qui vous êtes passionné, c'est votre Vénus natale qui nous informe à quel moment vous y prendre. Elle nous indique donc comment vous entrez en contact avec les autres, comment vous faites pour attirer à vous ce que vous voulez, ce que vous aimez; elle est attentive à vos désirs. Lorsque vous êtes charmant, tant par vos belles manières ou la façon dont vous vous êtes mis, cette planète est en charge de toutes conduites qui plaisent aux autres, de tous vos échanges sociaux, d'un sourire, d'une caresse et même d'une bise. Lorsque vous êtes content, satisfait, rassasié, c'est votre Vénus qui s'est chargée de tout mettre en action. Elle représente également votre vie de couple, vos sentiments, vos talents, vos valeurs morales.

L'argent est une des façons aussi dont on s'attire des choses qu'on veut avoir ou dont on veut s'entourer. Par conséquent, Vénus joue un rôle clé puisqu'elle est responsable de vos finances, de votre comptabilité, mais aussi de ce que vous possédez en tant que biens matériels. Tout ce qui relève des arts fait également partie intégrante de sa juridiction.

Pour ce qui est de vos sens, Vénus est en communion avec tous ces derniers, soit la vue, l'ouïe, l'odorat, le goût et le toucher. Enfin, avec tout ce qui est réceptif à votre corps. Après tout, c'est le sens qui est mis en valeur qui nous informe de ce qui est bon pour vous et ce qui ne l'est pas.

En ce qui concerne votre corps et votre santé, elle gouverne votre nuque, votre gorge, votre thyroïde, l'intérieur de votre palais, ce que vous ingurgitez, la partie supérieure de vos seins et votre système glandulaire.

Mars

Cette planète est responsable de votre domaine d'autodéfense, des actions que vous mettez en mouvement. Elle nous indique comment vous utilisez votre énergie et vos talents pour obtenir ce que vous voulez, mais également votre état de préparation à l'action. C'est aussi cette planète qui contre-attaque lorsqu'on vous agresse. En d'autres mots, c'est votre propre équipe qui se bat pour vous défendre.

L'énergie qu'émet Mars vous rend brave, courageux et des plus audacieux. Elle n'est concernée que par vous et ne considère pas la grandeur ni la force et encore moins les habiletés de votre adversaire. Elle est la partie de vous qui initiez et qui amorce toutes sortes d'activités. Elle est également responsable de la façon dont vous vous affirmez et la manière dont vous exprimez votre colère et vos emportements.

Bouillante de nature, rouge de colère, qui tend à s'enflammer facilement pour un rien, contondante comme pas une, sont des expressions qui décrivent bien la nature de la planète rouge qu'est Mars.

C'est la planète que vous mettez en œuvre pour être passionné, aventureux, assuré, confiant, téméraire et hardi, mais elle peut aussi être violente, cruelle et destructrice.

Quelle que soit la place qu'elle occupe dans votre thème, l'action domine ce secteur. Mars tend à poursuivre, à donner suite à quelque chose, à suivre une ligne directrice, à continuer, à s'exercer. Elle nous renseigne également sur la façon dont vous faites les choses. C'est la fonceuse par excellence, celle qui fait des coups de tête.

En ce qui concerne votre corps, elle régit justement votre tête, le sang ainsi que votre système musculaire.

Jupiter

Cette planète est reconnue comme étant la Grande Bénéfique du zodiaque. Elle est responsable du secteur qui régit votre abondance, votre croissance, mais elle joue aussi un rôle dans votre vie matérielle, même si cette dernière relève de Vénus. Elle est le côté de vous qui est positif, optimiste et généreux. Elle gère aussi l'endroit où vous entreposez un surplus de rires, d'enthousiasme et d'ouverture d'esprit. Elle nous indique aussi comment vous vous réjouissez et élargissez votre compréhension. Ce sont les grandes qualités d'ouverture d'esprit de Jupiter qui vous motivent à voyager, à vous inscrire à un cours ou tout atelier qui suscite votre intérêt et curiosité ainsi qu'à rencontrer de nouvelles gens.

Suivant le signe et la maison qu'elle occupe dans votre thème personnel, c'est dans ce secteur que vous aurez un grand réseau d'amis et d'associés, de gens que vous pouvez visiter, que vous pouvez dépendre et même apprendre d'eux. Elle est également associée aux appuis gouvernementaux, aux relations avec la loi et aux contacts avec l'étranger.

Jupiter est la partie de vous qui vous pousse à voir tout en rose. C'est la planète par excellence que vous mettez en œuvre lorsque vous vous retrouvez à être excessif et/ou gaspilleur ; celle qui en fait trop, qui force la note, qui exagère, qui se surmène, qui est démesurée ou zélée. En général, cette planète aime faire les choses en grand.

En ce qui concerne votre corps, Jupiter correspond à votre foie et à tous les organes qui filtrent ce que vous consommez et expulsez de votre corps, ainsi que tout ce qui est en excès. Jupiter est responsable de votre croissance physique.

Saturne

Cette planète représente non seulement ce qui est retenu, mais aussi votre résistance au changement. Elle nous informe aussi sur l'autodiscipline et la force de caractère que vous possédez. Autant elle représente la sagesse et l'évolution, elle est en charge du domaine des limites, des restrictions, des règles à suivre, des épreuves et des pertes. En localisant Saturne dans votre thème, on découvre vite l'endroit où vous avez érigé des barrières, des résistances au changement, là où vous pouvez vous retirer, vous isoler, vous replier sur vous-même ainsi que l'endroit où vous serez plus porté à dire non.

Saturne est l'autorité par excellence qui règne en vous, le lieu où vous vous créez des interdits, ce que vous mettez en suspens, en veille tout au long de votre vie, la plupart du temps à cause de votre peur d'échouer, ainsi que la partie de vous qui préférerait ne rien faire plutôt que d'agir déraisonnablement.

Cette planète vous enseigne à respecter vos aïeux, les personnes plus âgées que vous ainsi que vous-même, à suivre les règles établies et à faire les choses comme elles doivent être faites. Quel que soit le secteur que Saturne occupe dans votre thème natal, c'est l'endroit où vous vous sentez respecté et pris au sérieux.

C'est aussi le domaine par excellence où vous savez qu'il ne faut pas embellir les faits, la vérité et ne jamais agir sans être absolument sûr de vous, de vos capacités et sans être en pleine confiance avec vous-même et de vos moyens.

Elle est hautement représentative du secteur où rien ne vient pour rien et sans rien dans la vie – en deux mots, c'est du donnant-donnant.

C'est à cet emplacement qu'elle occupe dans votre thème natal où vous vous sentez le plus discipliné et déterminé, ainsi que là où vous développez votre patience, votre sens des responsabilités et votre endurance.

Alors que cette planète est fervente de limites, de bornes et tout ce qui est démarqué, cela explique pourquoi c'est la planète par excellence qui est responsable des structures, de l'organisation, d'une ligne de conduite à suivre, mais également de l'économie.

En ce qui concerne votre corps, elle a des affinités avec vos os, votre peau et toutes les structures qui maintiennent votre corps en santé.

Uranus

Il y a un endroit dans le thème natal de chaque personne où l'indépendance est le mot d'ordre de la journée, l'endroit où les règles sont faites pour être brisées, où vivre comme bon nous semble, même en dépit des conséquences possibles. Voilà qui est également le lieu où vous vous surprendrez vous-même des choses que vous direz et ferez. Uranus est responsable du secteur « on ne sait jamais, il faut s'attendre à tout ». C'est le domaine par excellence de votre thème natal qui régit tout ce qui choque et tout ce qui surprend, les revirements soudains ainsi que tout ce qui est irrégulier. Elle indique de quelles manières nous sommes originaux, inventifs et créatifs.

Uranus est l'énergie qui vous éveille, qui vous fait prendre conscience à quel point vous vous sentez confiné, qui vous aide à vous sortir du marasme dans lequel vous vous enfoncez et qui vous libère de tout.

Uranus, représentante du génie de l'informatique par excellence, est la planète qui s'implique à faire diffuser le message à la masse. Là où Uranus tient position forte dans votre thème, vous le serez tout autant. Voilà pourquoi vous aurez un potentiel de génie, mais ce sera surtout lorsque vous serez assez audacieux pour ignorer toutes les vieilles méthodes de régler un problème et que vous emprunterez de nouvelles voies, sources ou avenues pour régler ce dernier.

Toutes les découvertes majeures et cruciales de ce dernier siècle, tant celles faites en sciences qu'en technologies modernes, telles que la station spatiale et Internet, sont inspirées d'Uranus. La parapsychologie et les grands idéaux qui caractérisent l'individu en font également partie.

En ce qui concerne votre corps, Uranus régit la partie inférieure de vos jambes, soit vos mollets et vos chevilles. Il en ira de même pour ce qui du système nerveux étant donné que Mercure est l'octave inférieure du signe du Verseau, et dont Uranus est sa planète maîtresse.

Neptune

La prochaine fois que vous vous entendrez pousser un long soupir et/ou que vous constaterez que vous étiez dans la lune, pensez à Neptune. Elle est la planète qui est responsable de tout ce qui est romantique, nostalgique et magique. Toutefois, son titre officiel est celui de directrice du domaine des fantaisies, des secrets, des mystères et de ce que vous évitez ou fuyez. Elle est aussi une planète dont l'énergie est des plus créatives.

Quelle que soit la position qu'elle occupe dans votre thème natal, c'est là où vos qualités sensorielles sont à leur meilleur. C'est également à cet endroit précis où vous démontrez votre grand sens de compassion et de sensibilité pour le genre humain, pour les êtres moins fortunés que vous ou les opprimés.

Toutes les causes caritatives et œuvres de charité qui vous tiennent à cœur, votre goût de faire du bien, du bénévolat pour venir en aide à ceux qui sont moins nantis que vous, en vue de vous faire réaliser qu'il y a plus que vous dans ce monde et qu'il n'y aucune limite entre vous et ce qu'il y a dans l'espace, relèvent de Neptune.

Cette combinaison de sensibilité et de dure réalité ne fait pas nécessairement toujours bon ménage. N'empêche, c'est l'endroit où vous tentez de vous évader. Le sommeil, la méditation, le yoga et les prières relèvent de cette énergie. Les drogues, l'alcool, les médicaments et toutes les dépendances sont aussi sous sa juridiction.

Là où est positionnée Neptune dans votre thème, c'est le secteur par excellence où vous pouvez être capable de décevoir et de berner les gens en même temps, ainsi que vous ridiculiser vous-même.

En ce qui concerne votre corps, Neptune et la Lune corégissent les fluides. Neptune a aussi un lien avec les poisons et les virus qui se sont invisiblement infiltrés par votre corps et votre système immunitaire, ce qui vous permet finalement de préserver vos mécanismes de défense naturels.

Pluton

Cette planète, capable de tout et qui a l'art de toujours trouver ce qu'elle cherche, est responsable du secteur qui régit la mort, la destruction, la décomposition ainsi que la décadence. Elle est aussi responsable des choses qui doivent arriver et elle a tout aussi l'art de disposer des situations qui ont atteint leur point de non-retour où la seule solution est de « lâcher prise ». C'est également la planète par excellence des solutions et des nouveaux départs.

Elle régit aussi tout ce qui relève de la sexualité, du sexe, de la réincarnation, de la régénération, du recyclage et des cures de rajeunissement. Lorsque des changements profonds et radicaux ou des catastrophes se manifestent, c'est à elle qu'on le doit.

La place qu'occupe Pluton dans votre thème natal est un endroit dit intense et où les circonstances inévitables doivent arriver en vue de nous enseigner des leçons de vie. Mais elle nous indique également de quelle façon nous pouvons grandir, nous transformer, tout en approfondissant notre connaissance de soi.

Là où Pluton réside dans votre thème est le lieu où vous serez dans un état troublé ou évolutif, là où les changements se succéderont tour à tour. C'est un côté de vous qui réalise, que vous l'appréciiez ou non, que la vie est remplie d'atroces pertes. Pluton nous montre aussi comment nous composons avec le pouvoir, personnel et impersonnel, que nous l'exercions ou le subissions.

C'est aussi le côté de vous qui vous fera réfléchir sur les pertes et les privations que vous vivez, vous permettant ainsi de grandir avec beaucoup d'expérience. Puisque Pluton régit la vie, la mort et la renaissance, voici l'importance de réaliser et de comprendre ce processus qu'est la vie. Vous serez superbement puissant là où Pluton réside dans votre thème natal alors qu'elle est une énergie concentrée entraînant de profondes transformations.

En ce qui concerne votre corps, Pluton est associée au système reproductif, alors que c'est là que le processus de la vie et de la mort débute. Elle est également responsable de la puberté et de votre maturation sexuelle. Elle correspond aussi à l'élément chimique qu'est le plutonium, dont ce dernier est un élément transuranien.

LES MAISONS ASTROLOGIQUES

Le zodiaque est divisé en douze maisons astrologiques et chacune correspond à une sphère de votre vie, soit un domaine bien précis de votre existence : argent, amour, travail, famille, santé... Calculées à partir de votre heure de naissance, les maisons astrologiques utilisées à partir de votre ascendant natal jouent un rôle important pour mieux comprendre votre personnalité et votre avenir. Cependant, si vous ne connaissez pas votre heure de naissance, vous pourrez toujours appliquer la méthode des maisons astrologiques égales. Cette formule est établie selon le degré précis de votre Soleil natal. En d'autres mots, les douze maisons astrologiques, dites solaires, débutent au degré de la position de votre Soleil natal.

Chaque maison astrologique possède une signification qui lui est propre et permet de mieux cerner le domaine étudié suivant la ou les planètes qui se trouvent dans les différentes maisons astrologiques au moment de votre naissance ainsi que les aspects planétaires qui y prennent place. Tout cela aide à déterminer les différentes facettes de votre personnalité. Voici leurs significations :

La Maison I (Ascendant)

Cette maison astrologique est en analogie avec le signe du Bélier et elle est gérée par Mars. Elle marque le Moi, l'Ego, la volonté. Dans un thème natal, elle représente la personnalité profonde du sujet. Elle nous informe sur votre apparence physique, votre tempérament, votre caractère, vos motivations, vos capacités premières et vos tendances héréditaires. Elle décrit aussi la façon dont vous vous habillez, comment vous bougez et combien vous aimez vous embellir. Elle fait également référence à la première impression que vous exercez sur les gens et le genre d'activités physiques que vous préférez ainsi que votre créativité. Elle représente également la gamme de vos expériences de l'enfance. Elle donne aussi un aperçu de ce que sera votre vie et les événements importants dans votre vie. C'est aussi tout ce que vous mettez en action.

La Maison II

Cette maison astrologique est en analogie avec le signe du Taureau et elle est dominée par Vénus. Elle gère les finances personnelles dans la vie d'une personne ainsi que toutes les transactions commerciales. En bref, elle a un lien direct par rapport à l'argent, aux gains, aux biens acquis par le travail et aux revenus que vous avez su faire fructifier, mais aussi suivant toutes les pertes encourues. Tout ce qui relève de vos acquisitions, de vos finances, de vos possessions et de votre fortune en fait également partie. Elle décrit comment vous gérez votre capital et tout ce qui vous est cher. Cela passe par votre argent, vos biens les plus précieux et les qualités que vous valorisez, autant en vous que chez les autres, et votre estime personnelle. Elle nous informe également sur ce que vous êtes prêt à faire pour obtenir la sécurité. C'est aussi le point de rencontre de tout ce qui concerne la propriété, l'immobilier, l'agriculture, le jardinage et la terre.

La Maison III

Cette maison astrologique est en analogie avec le signe du Gémeaux et elle est gérée par Mercure, et gouverne entre autres les communications dans la vie du sujet, les échanges, les rencontres, les formations, l'acquisition du savoir ainsi que l'intelligence et la logique de l'individu. Elle fait référence à votre quartier, à votre entourage immédiat, à votre voisinage incluant la banque, le bureau de poste, l'épicerie du coin et tous les autres endroits que vous fréquentez. C'est le côté de vous qui exécute ses tâches sans vraiment en être conscient tellement c'est fait par habitude. Ce secteur nous informe aussi sur votre jeunesse, vos études, votre éducation primaire, vos relations avec vos frères, vos sœurs et vos voisins. Tout ce qui relève de vos déplacements et de vos petits voyages en fait aussi partie. Elle régit aussi les écrits, la publicité et tout ce qu'on signe. Tous les sujets en négociation font également partie de ce secteur.

La Maison IV (Fond du ciel)

Cette maison astrologique est en analogie avec le signe du Cancer et elle est sous la maîtrise de la Lune. Elle décrit vos fondations personnelles, la propriété, la maison que vous avez occupée lorsque vous étiez enfant, votre famille et les parents qui vous ont materné ; le statut du père surtout, mais également vos rapports avec vos parents. Elle parle de votre lieu d'habitation en tant qu'adulte, de votre vie personnelle et de votre comportement vis-à-vis des obligations familiales. Elle renferme tous vos souvenirs, toutes vos émotions innées et la façon dont votre subconscient opère. C'est à cette maison que l'on voit un côté de vous qui aime décorer et maintenir son havre de paix. Tout ce qui relève des locaux, de l'immobilier est dominé par ce secteur.

La Maison V

Cette maison astrologique est en analogie avec le signe du Lion et elle est sous la gouvernance du Soleil. Elle représente le côté de vous qui aime s'amuser et faire des choses qui lui apportent de la joie et du plaisir, qui aime recevoir les gens qui lui sont chers. Elle nous renseigne aussi sur vos relations sentimentales, les aventures amoureuses, vos enfants, vos affaires de cœur, votre côté créatif, vos loisirs ainsi que vos passe-temps favoris, mais également le côté plaisant de votre personnalité. Tout ce qui est porteur de joie de vivre et de bonheur est décrit ici. Cette maison fait aussi référence à vos spéculations et les risques que vous prenez dans la vie. C'est aussi ce que vous mettez en œuvre de même que votre créativité. À cela s'ajoutent l'enfantement, la grossesse ainsi que les accouchements.

La Maison VI

Cette maison astrologique est en analogie avec le signe de la Vierge et elle est régie par Mercure. Elle fait référence à la nature de votre travail et à l'environnement dans lequel vous exercez. Elle nous renseigne sur vos tâches, sur vos obligations à remplir et sur la façon dont vous fonctionnez au quotidien. Elle nous informe aussi sur votre vitalité et votre bien-être physique ainsi que sur la façon dont vous vous occupez de votre santé. Elle parle également des malheurs que peut vivre votre famille éloignée (tantes, oncles, belles-sœurs, beaux-frères, cousins et cousines). Cela inclut aussi les services quotidiens que vous offrez à autrui et les devoirs envers votre prochain. Vos animaux de compagnie font aussi partie de cette maison astrologique, puisque vous tendez à vous occuper d'eux au quotidien et qu'ils font partie de votre vie.

La Maison VII (Descendant)

Cette maison astrologique est en analogie avec le signe de la Balance et elle est régie par Vénus. Reconnue comme étant la maison par excellence de l'union, du mariage, de vos relations avec l'être aimé, cela inclut aussi tout ce qui relève de vos partenariats, tel un divorce. Elle nous dévoile un côté de vous qui ne se manifeste que lorsque vous êtes en compagnie d'une personne. Elle nous renseigne aussi sur les qualités du partenaire de vie, de votre associé, mais aussi de votre amant et de vos ennemis cachés. Elle étale vos activités publiques, tous vos accords conclus en association ou par contrat officiel. Vos projets conjoints touchant les arts et la création en font aussi partie. Elle parle des contacts établis avec les hommes de loi, le médecin, le notaire, le dentiste, etc. La coopération reçue ou donnée en fait également partie, tout comme les collègues. En somme, c'est tout ce qui vous unit à l'autre ou aux autres.

La Maison VIII

Cette maison astrologique est en analogie avec le signe du Scorpion et elle est sous la gérance de Pluton. En plus de représenter les états de crise qui émergent en vous, elle régit aussi toutes les circonstances extrêmes à gérer tels un drame, un procès, la mort et, par conséquent, les deuils. Tout ce qui relève de vos taxes, vos assurances, vos impôts, vos prêts, votre crédit, vos legs et testaments, la mort et la naissance, votre vie sexuelle et tout ce qui est occulte en font partie. C'est également la maison par excellence qui nous informe sur les finances de votre conjoint ou de l'associé. Elle détient aussi des informations sur toutes les opérations chirurgicales et les psychothérapies, ainsi que sur la façon dont vous décidez de vous régénérer ou de vous rajeunir après une perte. C'est aussi à cette maison que l'on voit les changements importants dans la vie du sujet. Tout ce dont vous avez véritablement besoin et que les autres peuvent vous donner ressort de cette maison. Les crimes, les enquêtes et la police sont également sous sa juridiction.

La Maison IX

Cette maison astrologique est en analogie avec le signe du Sagittaire et elle est régie par Jupiter. Cette maison nous informe sur la façon dont vous gérez toutes les nouvelles expériences, les endroits et les déplacements faits au loin, les parents par alliance, soit votre belle-famille. Tout ce qui est en lien avec les hautes études, l'édition, la publicité et toutes les situations de nature juridique ou légale relèvent de cette maison. Vos horizons futurs, l'intellect abstrait et supérieur, la philosophie et votre ouverture d'esprit sur la vie, sur la politique et sur la religion, et votre soif de liberté personnelle en font aussi partie. Cela inclut également vos aspirations futures et vos spéculations intellectuelles. On y voit aussi vos déménagements, les activités de plein air, les produits étrangers ainsi que tout commerce fait à l'étranger. C'est également à ce secteur qu'une opinion est formée, changée et réformée. C'est aussi ce que la vie a de meilleur à vous offrir.

La Maison X (Milieu du Ciel)

Cette maison astrologique est en analogie avec le signe du Capricorne et elle est régie par Saturne. Cette maison nous informe sur ce que le public sait de vous, la position que vous occupez dans le monde. Votre carrière, votre réputation, votre statut social en font également partie. Elle nous instruit sur votre vocation choisie, vos buts, ce à quoi vous aspirez et tous vos objectifs dans la vie. Elle nous informe pour ce qui est de vos succès, de vos accomplissements, des honneurs reçus et tout ce qui relève de votre prestige. En somme, c'est la destinée du sujet au niveau de son travail ainsi que le côté de vous qui prend le temps d'apprendre, de s'accomplir. Elle décrit aussi toute conduite exhibée en présence des personnes en position d'autorité. Vos parents, spécialement la figure paternelle, sont également sous sa juridiction ou, à tout le moins, c'est à ce secteur que l'on voit qui est le parent dominant du foyer.

La Maison XI

Cette maison astrologique est en analogie avec le signe du Verseau et elle est sous la régence d'Uranus. En somme, c'est la vie sociale du sujet. Elle représente aussi le côté équipier de vous, votre capacité à tisser des liens d'amitié, les relations vécues avec détachement, l'amour reçu, l'affection témoignée par vos amis. Elle parle aussi des causes et activités sociales qui vous tiennent à cœur. Elle nous renseigne également sur les organisations auxquelles vous adhérez, le genre de personnes avec lesquelles vous avez des affinités et la façon dont vous agissez dans un groupe. C'est la maison qui gouverne l'altruisme, mais aussi l'adultère. Les naissances illégitimes, les enfants adoptés, vos ex-conjoints en font tous partie. Les excentricités, les circonstances et les changements inattendus sont également sous sa juridiction. L'apprentissage au travail et l'entraînement spécialisé relèvent aussi de ce secteur.

La Maison XII

Cette maison astrologique est en analogie avec le signe du Poissons et c'est Neptune qui veille sur elle. Elle marque les épreuves, les blocages, mais aussi la souffrance, les trahisons et aussi les problèmes de santé éventuels. Cette maison nous instruit sur vos secrets et vos dépendances, sur ce qui est tenu caché ainsi que sur toutes vos transactions secrètes. Elle nous renseigne également sur un côté de vous qui ne se manifeste que lorsque vous êtes seul ou d'humeur à vous replier sur vous-même et à vous refaire intérieurement. C'est à ce secteur que l'on voit vos passages à l'hôpital, les renvois, l'expatriation, les exils, les internements, voulus ou non. Elle nous informe sur vos ennuis personnels et sur toutes vos déceptions relationnelles avec vos proches, incluant les traits et conduites dont vous avez été témoin dans vos jeunes années. Les peines, les limites, les frustrations et les handicaps relèvent aussi de ce secteur. On peut aussi voir si votre pire ennemi n'est autre que vous-même. On y distingue vos faiblesses et vos ressources intérieures. En somme, tout ce qui est difficile à affronter relève de ce secteur.

LES POLARITÉS DES SIGNES : MASCULIN ET FÉMININ

Les mots « masculin » et « féminin » sont souvent incompris ou portent à confusion dans le contexte de l'astrologie. En astrologie, masculin signifie qu'une énergie se fait valoir, s'affirme, s'impose ; c'est une énergie combative et linéaire. Féminin signifie une énergie réceptive, magnétique et circulaire. Ces termes ne devraient pas être associés aux mots homme ou femme et encore moins mâle et femelle.

LES QUALITÉS DES SIGNES : CARDINAL, FIXE, MUTABLE

Le terme « qualité » signifie ici la façon dont l'énergie d'un signe circule, se meut. Les signes cardinaux sont par nature des énergies qui mettent en œuvre des changements. Ces signes opèrent dans un soudain éclat d'énergie, ce qui les diffère énormément des signes fixes alors que ceux-ci sont plutôt minutieux et assez persistants de nature ; ce sont des énergies qui endurent. Le natif d'un signe fixe prend un projet et l'amène à son achèvement, et tend à bloquer tous les changements coûte que coûte, et il ne lâchera pas prise, et ce, même si ce projet doit ou ne devrait pas être terminé. Les signes mutables ont une énergie versatile, flexible et changeante. Voilà qui explique ainsi pourquoi un natif de ce signe peut être dispersé, éparpillé, inconstant et volage, mais, en revanche, il peut facilement aussi s'adapter à tous les changements quelconques.

LES ÉLÉMENTS DES SIGNES : FEU, TERRE, AIR, EAU

Les signes de Feu correspondent à l'esprit et au côté spirituel de la vie. Ils inspirent l'action, ils attirent l'attention et sont friands de spontanéité. Les signes de Terre sont solides et pratiques. Ce sont des gens sur qui on peut dépendre et compter sur leur soutien, telle la terre sous nos pieds. Les signes de Terre sont nos envoyés physiques et concernent nos besoins tangibles tels la nourriture, un toit sur notre tête, un travail et des responsabilités. Les signes d'Air sont tous à propos d'intellectualité et du côté mental de la vie. Comme l'air lui-même, ils sont légers et évasifs. D'ailleurs, ils aiment converser, communiquer et se mêler à la foule. Les signes d'Eau correspondent plus au côté émotionnel de notre nature. Aussi changeants, variables, subtils, inconstants qu'ils soient, ils ont aussi l'habileté de s'infiltrer partout, telle l'eau. Les signes d'Eau supputent l'humeur d'une pièce lorsqu'ils font leur entrée et opèrent selon ce qu'ils ressentent de leur environnement.

LES MAISONS D'ÂGE

Les méthodes sont nombreuses pour faire des prédictions. Parmi toutes les méthodes disponibles, il y a les transits, les directions progressées, les progressions symboliques, la révolution solaire et l'astrologie horaire. Certaines techniques ont été adaptées afin de faciliter la tâche face aux nombreux calculs importants qu'il fallait faire avant de pouvoir les mettre en pratique.

Au début, déjà lointain, alors que je suivais mes cours d'astrologie, mon professeur m'a dit qu'Henri Gazon, réputé astrologue et père de l'astrologie au Québec, lui avait enseigné à son tour une technique de prédiction fondée sur le cycle de Jupiter. Cette technique, basée sur le cycle de Jupiter, soit d'une durée de douze ans, correspond parfaitement à notre date d'anniversaire de naissance. C'est une technique spéciale et très peu employée ou connue dans l'univers de l'astrologie. Elle est basée sur notre âge ainsi que sur les douze maisons astrologiques.

Chaque maison astrologique représente un secteur bien défini de notre thème natal et correspond à un âge précis. À chacun de nos anniversaires, nous sommes de passage dans une nouvelle maison. Nous nous retrouvons donc ainsi placés sous un thème différent. De là s'ensuivent des prévisions annuelles et les tendances générales qui marquent le cycle en cours, et qui nous permettent d'interpréter à sa juste valeur la période que nous traversons.

Chaque individu commence sa vie dans la Ire maison astrologique. Lorsqu'il entame son deuxième anniversaire de naissance, il transite la maison XII, qui devient alors la première maison de cette nouvelle année solaire en cours. Par conséquent, sa maison I natale devient alors la maison II, puis la maison II natale devient la maison III, etc. Ainsi, les maisons d'âge progressent dans le sens des aiguilles d'une montre, c'est-à-dire de la XIIe maison astrologique à la XIe, de la XIe à la Xe et ainsi de suite jusqu'à la Ire maison astrologique, mais reprennent ensuite le chemin normal, du moins pour ce qui est de faire la lecture de ce que l'année sollicitée vous réservera. Ce système est basé sur une loi ésotérique.

Avec les années, j'ai pris connaissance qu'un dénommé Guillermo Rivas avait repris les calculs du regretté professeur Henri Gazon pour les appliquer à Saturne. Il s'est vite rendu compte que le cycle de 30 ans attribué à Saturne correspondait aussi à des intérêts et à des préoccupations plus marqués.

Pour mieux découvrir les cycles de Jupiter et de Saturne que vous traversez au cours d'une année spécifique, vous n'aurez qu'à consulter les tableaux plus bas que je vous ai préparés. Le premier tableau vous indique la maison selon le cycle de Jupiter alors que le second fait référence au cycle de Saturne, et ce, toujours selon votre âge actuel.

À titre d'exemple, une personne née le 1er janvier 1953, en 2022, elle a 69 ans. De là, lorsqu'on localise son âge dans le tableau des cycles de Jupiter, elle est de passage dans la maison V. Et pour ce qui est du cycle de Saturne, elle sera éventuellement de passage dans la maison X.

Soyez informé que l'année personnelle ne donne qu'une tendance générale. Pour en savoir plus, il est suggéré d'examiner la maison d'occupation pour l'année en cours et toutes planètes natales qui s'y trouvent tout en tenant compte des planètes en transit selon l'année que vous sollicitez.

TABLEAU DES CYCLES DE JUPITER

Maison	Âges
I	1, 13, 25, 37, 49, 61, 73, 85, 97, 109
II	12, 24, 36, 48, 60, 72, 84, 96, 108
III	11, 23, 35, 47, 59, 71, 83, 95, 107
IV	10, 22, 34, 46, 58, 70, 82, 94, 106
V	9, 21, 33, 45, 57, 69, 81, 93, 105
VI	8, 20, 32, 44, 56, 68, 80, 92, 104
VII	7, 19, 31, 43, 55, 67, 79, 91, 103
VIII	6, 18, 30, 42, 54, 66, 78, 90, 102
IX	5, 17, 29, 41, 53, 65, 77, 89, 101
X	4, 16, 28, 40, 52, 64, 76, 88, 100
XI	3, 15, 27, 39, 51, 63, 75, 87, 99
XII	2, 14, 26, 38, 50, 62, 74, 86, 98

TABLEAU DES CYCLES DE SATURNE	
Maison	**Âges**
I	0 à 2 ans ½ ; 30 ans à 32 ans ½ ; 60 ans à 62 ans ½ ; 90 ans à 92 ans ½
II	27 ans ½ à 30 ans ; 57 ans ½ à 60 ans ; 87 ans ½ à 90 ans
III	25 ans à 27 ans ½ ; 55 ans à 57 ans ½ ; 85 ans à 87 ans ½
IV	22 ans ½ à 25 ans ; 52 ans ½ à 55 ans ; 82 ans ½ à 85 ans
V	20 ans à 22 ans ½ ; de 50 ans à 52 ans ½ ; de 80 ans à 82 ans ½
VI	17 ans ½ à 20 ans ; 47 ans ½ à 50 ans ; 77 ½ ans à 80 ans ; 107 ans ½ à 109
VII	15 ans à 17 ans ; 45 ans à 47 ans ½ ; 75 ans à 77 ans ½ ; 105 ans à 107 ans ½
VIII	12 ans ½ à 15 ans ; 42 ans ½ à 45 ans ; 72 ans ½ à 75 ans ; 102 ans ½ à 105
IX	10 ans à 12 ans ½ ; de 40 ans à 42 ans ½ ; de 70 à 72 ans ½ ; 100 à 102 ans ½
X	7 ans ½ à 10 ans ; 37 ans ½ à 40 ans ; 67 ans ½ à 70 ans ; 97 ans ½ à 100 ans
XI	5 ans à 7ans ½ ; 35 ans à 37 ans ½ ; 65 ans à 67 ans ½ ; 95 ans à 97 ans ½
XII	2 ans ½ à 5 ans ; 32 ans ½ à 35 ans ; 62 ans ½ à 65 ans, 92 ans ½ à 95 ans

Ces cycles donnent des indications pertinentes sur des secteurs ciblés opérant dans l'année sollicitée. Maintenant que vous avez bien déterminé les maisons respectives de vos deux cycles, profitez-en pour lire les prévisions suggérées. Si les deux cycles se retrouvent dans la même maison, les tendances annoncées seront plus marquées pour l'année en cours.

La signification des maisons reprend les mêmes bases qu'en astrologie ; toutefois, eu égard à l'ancienneté de celles-ci (peu remise en question), j'ai ajouté les différences subtiles observées suivant mes années d'expérience. Dans les pages qui suivent, vous pourrez prendre connaissance de la signification du cycle de chacune des maisons d'âge.

Cycle de la Maison I

Ce cycle accorde une énorme importance à votre personnalité, mais aussi à vos actes. C'est un cycle de nouveau départ. Il est temps de se prendre en main sans s'appuyer sur les autres. Ce nouveau départ vous apportera de nouvelles expériences à vivre vous permettant de repartir sur des bases solides si vous êtes positif. Il faudra être ferme et décidé alors que le miracle est possible, car vous avez le contrôle. Il est temps de vous fixer des buts et surtout de les atteindre. Vous devrez être actif, honnête et saisir toutes les chances qui passent. D'ailleurs, un événement qui vous concerne personnellement marquera le climat de cette année à venir. Ce sera une année concluante, décisive en ce qui a trait à votre manière de vous conduire et de vous comporter dans votre milieu social. Tout semble tourner autour de vous ! Vous vous chercherez, vous vous redéfinirez. Une introspection personnelle vous sera nécessaire. Mûrissez vos gestes et vos décisions, et assurez-vous de prendre mieux soin de vous. Évitez d'agir dans la précipitation et attention à votre tempérament impulsif. Ce sera une année constructive et progressiste. D'ailleurs, l'année se prêtera bien pour mettre de l'avant vos ambitions au service de vos aptitudes ainsi que pour amorcer un projet qui vous tient à cœur. Année favorable aux initiatives personnelles. Ne manquez pas d'exploiter votre plein potentiel et de vous affirmer davantage. Questionnez-vous à savoir ce dont vous avez vraiment envie. Ce sera aussi une année où vous penserez davantage à vous. Profitez-en pour développer votre autonomie et pour mettre en valeur votre savoir-faire, vos multiples habiletés, talents, aptitudes et compétences, surtout que toutes les actions et votre créativité mises de l'avant seront favorisées. Le succès vous est pratiquement assuré. Ça favorise aussi votre élévation (l'évolution de soi). Il est donc possible que vous aspiriez à une nouvelle vie ou à une inspiration nouvelle. Ce sera le signe d'un nouvel engagement et/ou d'un événement important tel un nouvel amour, l'arrivée d'un enfant, un nouvel environnement, un nouvel engagement professionnel. Sans contredit, des changements inattendus sont appelés à se présenter et vous apportera de nouvelles conditions de vie. L'idée qu'une personne influente puisse vous apporter son aide est plus que probable. Vos activités seront également plus nombreuses. Il sera donc important de prendre des décisions et surtout de ne laisser personne se mêler de vos affaires, sinon vous allez manquer totalement de confiance en vous. Ce sera aussi une année où vous serez plus porté à défendre vos propres intérêts personnels.

Cycle de la Maison II

Le domaine du matériel sera au premier plan. Année où votre salaire et votre gestion financière seront sujets à de possibles changements. Côté financier, vous traversez un cycle propice pour penser à long terme et pour faire des investissements sérieux. On fera un peu plus d'argent, mais gare aux dépenses imprévues et attendez-vous à une surcharge de travail. Papiers officiels, documents ou contrats à signer sont à prévoir. La possibilité d'une acquisition immobilière sera aussi d'actualité. Tout présage que ce sera la fin ou le début de quelque chose. Attention à votre entêtement et à la fatigue qui risquent d'être plus présents et de vous causer des problèmes. Assurez-vous que votre besoin de sécurité émotionnelle ne soit pas aveuglé ni étouffé par vos besoins financiers ou matériels. Des ennuis ou des pépins possibles, causés par une relation d'ordre sentimental qui aura été tenue sous silence, sont à prévoir étant donné que vous aurez davantage tendance à subir les contrecoups de votre environnement. Prenez ce qui se présente et ne forcez en rien les événements. Cycle où l'accent sera mis sur le plan relationnel, plus particulièrement avec les femmes. Assurez-vous de porter davantage attention à votre intuition au cours de cette période. Surveillez aussi de près votre santé et attention à votre tension nerveuse qui sera plus fragile. La venue d'un enfant est également possible au cours de ce cycle.

Cycle de la Maison III

Sortir, voir du monde, communiquer, échanger, commercer, troquer, voilà ce qui vous motivera. Les rapports familiaux tiendront une place importante; vos frères et sœurs, beaux-frères et belles-sœurs, cousins et cousines, oncles et tantes occuperont plus vos pensées. Tout ce qui pourra leur arriver, tant positif que négatif, marquera le climat annuel. Il est même possible que vous songiez à brasser des affaires par vous-même ou avec un de ces derniers; cependant, attention à l'éparpillement ainsi qu'à la distraction qui seront plus présents. Année de rencontres et d'amitiés nouvelles, sans compter que la période se prêtera bien pour amorcer une nouvelle démarche, surtout si vous êtes dans les affaires, étant donné que vous pourrez compter sur de l'aide provenant de l'extérieur. Une occasion d'avancement personnel est aussi possible. À tout le moins, une croissance matérielle est à prévoir. Toutefois, prenez garde aux erreurs possibles et méfiez-vous de ceux qui ne tiennent pas parole. Ce cycle se prêtera bien également pour vous inscrire à un cours, à un atelier, pour suivre un stage en vue de parfaire vos connaissances, pour vous enrichir d'une technique spécialisée ainsi que pour assister à une conférence ou à un séminaire. Le temps se prêtera bien pour toute création artistique ou intellectuelle. Ce sera aussi une phase propice pour la fécondité, pour la mise en œuvre de quelque chose qui vous tient à cœur. Tous les projets seront favorisés, mais davantage ceux qui relèveront du domaine des communications. Profitez-en pour mettre de l'ordre dans vos affaires et faites aussi le point sur vos dettes ou sur toutes les amendes que vous auriez omis de régler à ce jour. Bonne année pour les amitiés, les contacts, les enfants ainsi que pour tous les déplacements de courte durée. À ce sujet, un déménagement est possible.

Cycle de la Maison IV

Tout ce qui concerne votre futur vous trottera davantage dans la tête à présent. Il n'en reste pas moins que le passé vous rattrapera et/ou refera surface. Cela va demander un certain lâcher-prise, sinon une cassure de rythme sera peut-être aussi nécessaire étant donné qu'une ambiance lourde pourrait se faire plus vôtre, et plus encore si vous ne tenez pas compte de ce qui importe dans la vie, tels la famille et le foyer. Le temps est venu de régler, une fois pour toutes, ces situations qui ne cessent de s'éterniser et qui vous empoisonnent la vie. Cycle idéal pour vous stabiliser, pour retrouver votre équilibre. Revenez à l'essentiel, à la racine de qui vous êtes. Ce sera un temps d'améliorations, d'acquisitions, de changements. Il est possible aussi que vous songiez à déménager, à vendre, à acheter, à rénover ou à construire votre propre maison. La famille et le foyer seront au premier plan ; on y découvre à nouveau leur importance. Malgré cette phase d'introspection, évitez de vous replier trop sur vous-même. Demeurez respectueux des discussions familiales et méfiez-vous des commérages et de la médisance. Vous ne pourrez choisir meilleur moment pour régler un problème affectif ou émotionnel. Cela indique aussi la fin des choses, ce qui entraînera, par le fait même, un tournant de vie et de nombreux changements. Des améliorations à apporter sur le plan du travail sont à envisager. Votre carrière subira une évolution plus heureuse. Si vous faites des affaires, des contrats bénéfiques seront au rendez-vous. C'est une année qui est axée sur le travail ainsi qu'un temps d'accroissement par l'effort. Abstenez-vous de tout comportement colérique ou excessif, au risque d'en subir les rafles et les conséquences.

Cycle de la Maison V

Année de réflexion et d'une nouvelle prise de position. On décide enfin de prendre la place qui nous revient. Ce sera d'ailleurs votre mission de le faire. On décide enfin de se faire plaisir. L'autonomie et la liberté deviendront vos mots d'ordre. Si on tente de vous contraindre, de vous marcher sur les pieds, vous serez prompt à la réplique. Ce cycle s'annonce décisif pour vos amours et votre relation avec vos enfants. En ce qui a trait à vos affaires, prenez votre temps, ne faites pas confiance au premier venu et attention au manque de confiance et d'estime de soi, au risque de vous saboter. Le temps se prêtera bien pour vous libérer de toutes les contraintes. Toutes les rencontres vont tenir une place importante au cours de cette période. Pour ceux qui ne sont pas mariés, la possibilité de dénicher votre perle rare ou de consolider votre amour est à prévoir. Si votre relation de couple traîne de la patte depuis plusieurs années, une rupture ou une remise en question est aussi à prévoir. Une fécondité, une naissance future, la mise en œuvre de quelque chose qu'on a créé sont plus que probables. Un projet de création a toutes les chances de réussir ; temps idéal pour le mettre de l'avant. Misez tout de même sur l'équilibre et la modération en tout. Les rapports avec l'étranger, soit par des voyages d'affaires ou de plaisance, vous seront propices. Signe d'une évolution positive à la suite d'une stricte discipline mise en place. La période sera aussi bénéfique pour tout ce qui relève des études, de l'enseignement et de votre vie spirituelle.

Cycle de la Maison VI

La santé et le travail auront priorité au cours de ce cycle. Cela ne signifie pas pour autant des soucis graves en ce domaine, mais ça ne veut pas dire non plus que vous ne serez pas à l'abri d'un problème ou d'ennuis possibles. D'ailleurs, vous pourriez avoir à vous occuper d'une faiblesse physique ou psychologique que vous avez mise de côté, ou que vous aviez négligé d'adresser. Si l'insécurité vous tenaille davantage, une solide confiance en vos capacités fera toute la différence et vous aidera à régler vos problèmes ; ne laissez pas la culpabilité vous envahir. Portez attention à tous ces petits détails, mais n'allez pas vous attarder aux choses qui sont sans importance. Ce cycle se prêtera bien pour toutes les affaires financières. Quelquefois, des améliorations seront apportées à l'intérieur du foyer ou sur la propriété, sinon un déménagement est à prévoir ou penserez-vous à le faire. Ce sera une période où vous aurez une surcharge de responsabilités et de tâches à vous acquitter au travail. Un changement de travail ou un risque d'accident bénin est tout aussi possible. Des gains inattendus aux jeux de hasard ou à la suite d'un héritage sont probables. Vous ne pourrez choisir meilleur moment pour changer vos habitudes de vie et votre régime alimentaires ainsi que pour vous départir d'une mauvaise habitude nuisible à votre santé et pour vous remettre en forme. N'empêche, vous ne serez pas à l'abri d'une maladie de courte durée en lien avec votre travail, sinon une expérience mal vécue ou une situation incomprise risque d'influencer défavorablement les années à venir. Moindrement, attendez-vous à des contraintes possibles. Vous ne serez pas à l'abri non plus de problèmes ou d'ennuis dans votre vie affective. La prudence sera de mise et plus que nécessaire, surtout lors de vos engagements ou suivant toute entente. Le risque de tromperie, de rupture ou d'isolement n'est pas à écarter non plus. Vous aurez des choix à faire. Attention à l'hésitation et à l'incertitude qui seront plus présentes. L'amitié et/ou l'amour pourront contribuer à vous faire évoluer et à prendre une direction nouvelle.

Cycle de la Maison VII

Au cours de ce cycle, l'accent sera mis sur les partenariats et les relations proches. On n'avance qu'en fonction des événements provoqués par ses partenaires, tant amoureux que professionnels. Période où il vous sera plus difficile de décider seul. Vous devrez tenir compte de l'avis des autres. Année de rencontres, d'unions possibles et même quelquefois de mariages. La vie de couple deviendra une priorité; ce sera un temps de recyclage. Les projets de couple ou d'association seront d'actualité et encouragés. Cela n'exclut toutefois pas la possibilité d'une séparation, d'un divorce ou de querelles possibles. Cette contingence peut aussi être un signe de dualité ou de litige. Il ira de votre intérêt d'éviter toutes les discussions qui peuvent conduire à une impasse. Chose certaine, les relations avec les autres vont prendre un nouveau tournant. Même les amoureux devront être prudents. Vous ne pourrez choisir meilleur temps pour partir en vacances, pour faire un voyage à deux. Puisqu'on dit souvent que la première idée est toujours la meilleure, ne laissez pas l'indécision vous envahir, même si des délais seront inévitables. Cycle où l'injustice et la chicane vous seront intolérables. Année où vous vous devrez d'assumer toutes vos responsabilités et de respecter vos échéances. Méfiez-vous de la paresse qui vous guette! Rien ne s'opposera à vos projets, mais vous aurez à investir tous les efforts nécessaires pour réussir. Il faudra lutter pour vous réaliser, y compris avec vous-même, mais vous aurez une bonne maîtrise sur les éléments qui vous entourent. Possibilité d'avoir gain de cause dans un litige.

Cycle de la Maison VIII

Voilà qui présage un cycle de transformations, de renaissance alors que vous aspirez à autre chose. Vous aurez besoin de comprendre ce qui se passe en vous. Le sentiment d'un changement intérieur s'effectuera en vous. Un travail intérieur sera possiblement utile et nécessaire pour mieux vous repérer. Ce sera le moment propice pour donner un nouveau sens à votre vie. Puisque vous amorcerez un cycle de renouveau, il peut s'agir d'un nouveau départ si vous réussissez à surmonter tous vos questionnements profonds. Une étape de vie se termine et une autre se pointe déjà à l'horizon, tant au travail qu'en amour. Évitez de laisser la crainte vous envahir puisque les changements n'en seront que meilleurs. Cessez de regarder en arrière, allez de l'avant alors que le passé est déjà révolu. Une occasion de changer de domaine est possible si vous le souhaitez. Des pertes et/ou des gains inattendus seront possibles, mais si ce n'est pas le cas, ça présage un cycle de travail intensif et laborieux. Une opération ou le deuil d'un proche parent est possible. Un héritage ou une succession à régler s'ensuivra, sinon des papiers à signer et/ou un remboursement pourront faire partie de ce lot. Moindrement, portez plus attention à la santé des personnes près de vous vu qu'elles ne seront pas à l'abri d'ennuis de toutes sortes. La probabilité d'une intervention chirurgicale est aussi possible. N'allez pas non plus négliger votre propre santé ni votre bien-être physique. Profitez-en pour amorcer un régime et pour faire faire votre bilan de santé annuel. La prudence et la rigueur seront nécessaires pour finalement mieux retrouver l'harmonie ; cependant, l'idée que vous ayez à faire face à l'adversité est possible. À cet effet, vous ne serez pas à l'abri d'ennuis administratifs, juridiques ou financiers. Suivant que vous ne serez pas à l'abri d'un pépin ou d'ennuis possibles, il sera sage de vous assurer de bien faire vérifier régulièrement votre voiture. Soyez également avisé que l'annonce d'une naissance dans votre entourage immédiat est à prévoir. Problèmes d'équilibre possibles ou de stabilité sont également à prévoir, et l'idée qu'un secret puisse vous être révélé fait aussi partie de ce scénario.

Cycle de la Maison IX

Changer d'air, voilà ce qui sera prévu au programme. À cet effet, un déménagement, un voyage ou de nouveaux défis vous attendent. À tout le moins, l'international sera d'actualité. Puisque la chance se range de votre côté, profitez-en ! Attention toutefois à la loi et à l'autorité. Soyez indépendant, mais ne soyez pas téméraire non plus. Tout ce qui concerne un contrat, un jugement, tous les papiers officiels (de loi) ou tous les litiges possibles prendront plus d'importance. Entourez-vous de bons conseils, réfléchissez bien et donnez-vous tout le temps nécessaire avant de vous engager. Un membre de la famille ou de votre entourage immédiat aura besoin de vous ou c'est vous qui aurez affaire à l'un de ces derniers. Année idéale pour vous inscrire à un cours, poursuivre vos études, entreprendre une recherche, faire de l'enseignement. Tous les métiers de conseils ou ceux qui sont liés à l'humanisme seront favorisés. Vous ne pourrez choisir meilleur moment pour étudier à l'étranger ou dans une ville différente de celle où vous habitez. Les relations avec l'étranger ou une personne de souche différente de la vôtre seront encouragées. La possibilité de recevoir un montant d'argent, une somme qui vous est due et/ou qui provient de sources diverses telles que par votre travail, un héritage, les jeux de hasard ou un tirage est à prévoir. Année qui évoque parfois également un événement en lien avec un membre de votre belle-famille ou une personne qui vit au loin. Ce cycle en est un propice à une grossesse ou, à tout le moins, à une évolution spirituelle. Ce sera une année où il faudra aussi vous attendre à de la lenteur ou à un certain isolement.

Cycle de la Maison X

Voilà un temps où votre situation sociale et votre profession tiendront une place plus importante. Année déterminante qui sera marquée par une nouvelle prise de position dans votre carrière ; cela présage des changements ou des améliorations en ce qui a trait à votre position sociale. La place que vous occupez dans l'échelle sociale et au sein de votre entourage sera votre principale préoccupation cette année. On réfléchit à son avenir, on songe sérieusement à se lancer dans un projet d'envergure. Vos actes, sinon un fait déterminant marqueront votre vie. Cela symbolise aussi certaines choses en lien avec votre réputation. Année d'accomplissement de vos objectifs et de vos ambitions. L'idée que votre profession prenne une nouvelle direction ou une orientation nouvelle est probable. Quelquefois, le commerce peut être concerné. Une transaction touchant vos biens ou l'immobilier pourra être au rendez-vous. Méfiez-vous d'un manque de confiance en vous ou d'une chute possible. Cette maison fait aussi référence au lieu où l'on vit et aux membres de sa famille suivant son opposition à la maison IV. La probabilité d'un nouveau foyer ou encore des améliorations apportées à votre maison sont possibles, sinon un problème devra être abordé en ce qui a trait à un membre de la famille pour ce qui concerne votre foyer. La prudence sera de mise dans tous vos projets personnels qui, d'ailleurs, risquent d'être confrontés à une confusion possible. Alternance de hauts et de bas. Cycle où il sera plus difficile de contrôler tous les éléments – évolution souvent inattendue. Tous les changements seront favorisés au cours de cette période ainsi que lors de toutes les mutations et/ou tous les voyages.

Cycle de la Maison XI

Voilà qui sera un cycle propice pour ce qui est de vos aspirations nouvelles et de vos projets. Des opportunités multiples se présenteront à vous, question de vous projeter dans de nouvelles perspectives. Le temps sera également idéal pour faire des rencontres, pour nouer de nouvelles amitiés, sans compter que des avantages pourraient s'ensuivre, et ce, d'autant plus en ce qui a trait de concrétiser un projet qui vous tient à cœur. Un événement, tant positif que négatif, pourrait concerner un ami, une relation ou un projet. C'est une période où vous vous sentirez plus étouffé par les gens qui vous entourent, même si vous-même aurez tendance à emprisonner ceux qui vous sont chers. Si votre liberté est votre bien le plus précieux, l'amitié sera primordiale dans votre vie au cours de ce cycle. Votre soif d'apprendre sera tout aussi grande, tellement que vous n'hésiterez pas à tout chambarder. Allez-y en douceur, car la rébellion n'est pas toujours la bonne solution. Le temps se prêtera bien pour mettre en place un objectif que vous voulez réaliser. Ce sera aussi un temps où l'accent sera mis sur la communication et les nouveautés. Les relations avec vos frères et sœurs tiendront aussi une place plus importante. Bien que vous fassiez preuve d'énergie, il sera nécessaire de trancher et de prendre de vraies décisions : imposez-vous ! Ce n'est que par une bonne maîtrise que vous pourrez faire évoluer votre situation. D'ailleurs, une certaine protection dans l'action audacieuse sera au rendez-vous à condition de ne pas faire preuve de violence ni de malveillance.

Cycle de la Maison XII

Durant ce cycle, vous serez porté à vous replier davantage sur vous-même et même à vous retrancher des autres, sans compter que la solitude vous pèsera davantage. Ce sera un temps où vous serez davantage porté à fuir la réalité, à ne pas vivre dans le moment présent. Apprenez à vivre pleinement et à aimer ce que vous faites. Il est possible que vous soyez porté à souffrir d'un brin de paranoïa et que vous ayez tendance à croire que le sort s'acharne sur vous. N'attendez pas que les autres règlent vos problèmes, reprenez votre vie en main et foncez sans crainte. Fiez-vous à votre intuition. Portez également attention à vos rêves qui seront révélateurs. Évitez de trop penser à votre prochain, aux autres, car vous risquez de vous perdre de vue. Beaucoup de travail est à prévoir, parfois fastidieux. Des améliorations et des changements seront également à prévoir, tant au foyer qu'au travail. La santé d'un proche pourra laisser à désirer, une hospitalisation est possible, sinon attendez-vous à des ennuis de toutes sortes, minimes tout de même. Si tel n'est pas le cas, il est possible que vous ayez à relever un défi ou à surmonter une difficulté que vous n'aviez pas vue venir ; saisissez cette occasion pour régler toute situation conflictuelle une fois pour toutes. Le domaine des finances sera aussi à surveiller. Puisque ce sera une période plus éprouvante ou même décevante par moments, vous risquez d'éprouver plus de difficulté à redresser votre situation. Le travail risque d'être aussi plus exigeant ou lourd à supporter, et il y aura aussi possibilité de restriction dans vos finances. À tout le moins, attendez-vous à de la dualité et/ou à des contraintes possibles. Année où vous aurez à payer pour vos mauvaises actions du passé. La probabilité d'être en chômage est aussi possible. Attention au laxisme qui sera davantage présent, sans compter que les soucis et les angoisses seront plus au rendez-vous, et attendez-vous à des tensions. Il sera essentiel de vous refaire une santé morale et physique. Toutes les quêtes ou ouvertures spirituelles pourront vous permettre de remettre de l'ordre dans votre vie. Comme vous pourrez le constater, voilà un cycle qui risque de vous fragiliser davantage. Attention au surmenage. La prudence et la patience seront vos deux atouts les plus précieux.

LES STATIONS RÉTROGRADES DE MERCURE EN 2022

Toutes les planètes rétrogradent en astrologie. Lorsqu'une planète dirige sa course autour du Soleil, on dit qu'elle est en mouvement « direct » qui évolue dans le sens normal. À un certain moment, elle ralentit et s'arrête : elle devient « stationnaire ». Puis elle donne l'impression d'entamer sa course en sens inverse, on la dit alors « rétrograde ». Ce genre de mouvement est indiqué dans les éphémérides (tables astronomiques par lesquelles on détermine pour chaque jour les positions des planètes). Il est ainsi aisé de le repérer. Lorsque la planète est stationnaire, elle acquiert une certaine stabilité, une certaine « force d'inertie ». Et enfin, toute planète dite « rétrograde » exprime un mouvement du conscient vers l'inconscient, si bien que la qualité représentée par la planète pourrait ne pas s'exprimer sur le plan conscient.

Une planète dite rétrograde est le résultat d'une illusion d'optique. Toutes les planètes gravitent autour du Soleil, incluant la Terre, et ce, sans le moindre changement dans sa course ou sa trajectoire. La rétrogradation d'une planète n'est pas un événement spécifique à une planète en particulier, au contraire, elle concerne toutes les planètes du système solaire utilisées en astrologie, excepté le Soleil et la Lune qui sont des luminaires, et ce, même si, en astrologie, on les considère comme étant des astres ou des planètes, mais soyez assuré que ce n'est pas le cas.

La planète Mercure est un des astres les plus rapides comparativement aux autres planètes. La rétrogradation de Mercure se produit au moins trois fois dans l'année, parfois quatre. Cette période rétrograde dure environ trois semaines. Il est très important de tenir compte des journées qui entourent tant l'entrée que la sortie en rétrogradation de la planète.

En pratique, Mercure entre dans sa phase dite « orageuse ou ombragée » ou encore prérétrograde (période où elle ralentit sa course, soit le mouvement de sa trajectoire) **quinze jours avant** (et après) qu'elle amorce sa phase rétrograde définitive. Dans les sphères de la communication, des conversations, des voyages, du commerce et des études, on sent déjà que rien ne va plus, et ce, même si vous y mettez tous les efforts possibles. Voilà pourquoi il importe de respecter toutes les mises en garde suggérées au cours de la phase rétrograde de toute planète pour mieux minimiser tous les écueils possibles.

Lorsque Mercure rétrograde, votre esprit logique risque de vous faire plus défaut et vos idées pourraient s'entremêler plus facilement, être moins claires, et vous pourriez être également moins attentif aux détails. C'est un peu comme un panneau cosmique qui vous indique où vous êtes rendu à présent dans votre évolution. Par contre, si vous ne portez pas attention aux messages que cette planète vous envoie ou si vous n'êtes pas là où vous devriez être, elle pourrait vous jouer des tours et vous causer une multitude d'ennuis ou de pépins possibles, tels qu'avec votre électricité, votre véhicule, la perte de vos clés ou d'un numéro de téléphone, et j'en passe.

Lorsque Mercure devient « rétrograde », toute l'activité de cette planète mentale se recroqueville vers l'intérieur. Il est suggéré de tirer profit de cette période pour faire une analyse, pour faire de la planification, pour faire une réflexion. **Dans les études, il est important de revenir en arrière pour visiter à nouveau vos positions**.

Mercure étant la planète par excellence de la communication ainsi que du mental, sa position dans un thème personnel nous montre comment l'individu apprend, pense, s'exprime et comment il tisse aussi des liens avec les personnes qui l'entourent. Cette planète représente votre intellect et la psychologie qui vous habite, et nous informe sur la connaissance que vous atteignez à travers votre évolution ici sur terre. Comme règle de transport, symboliquement, elle montre comment vous vous y prenez pour vous rendre du point A au point B, autant dans la vie que sur la route. À un niveau plus personnel et profond, elle nous révèle comment vous êtes en rapport avec le divin et votre petite voix intérieure (votre esprit).

Prenant en considération que Mercure est une planète qui bouge rapidement dans notre système solaire, lorsqu'elle rétrograde, elle déclenche en chacun de nous une période de réflexion et de réorganisation.

Planète maîtresse du Gémeaux et de la Vierge, et en analogie avec les maisons IIIe et VIe en astrologie, tous les écrits sont de son ressort. Il en va de même pour tout ce qui relève des contrats que vous signez, des engagements que vous contractez, les placements que vous faites, les conditions d'un contrat d'association, les livres et les articles que vous désirez publier. Lorsque vous engagez votre responsabilité, vous avez le droit, sinon le devoir de bien vérifier l'exactitude de votre engagement. Par conséquent, n'hésitez pas à faire ajouter des clauses qui vous semblent absentes ou non conformes à vos attentes et à vos besoins, ou à votre compréhension. C'est la meilleure façon d'éviter les problèmes.

À l'ère omniprésente de l'informatique, les communications sont de plus en plus rapides et leur transmission prend plusieurs avenues: téléphones intelligents, livres électroniques, tablettes, émissions via Internet, réseaux sociaux, etc. Mercure y trouve son compte, mais il vous faut rester prudent. Vous avez tendance à faire confiance à de purs étrangers et à divulguer des informations qui devraient rester privées alors qu'il vous arrive très souvent de ne pas faire confiance à ceux qui vous côtoient tous les jours. Il est aussi très facile de partir de fausses rumeurs sur les réseaux sociaux et de nuire à des personnes qui ne le méritent pas. Mercure est aussi la planète qui pique votre curiosité, qui suscite votre intérêt. C'est grâce à elle que vous emmagasinez de l'information et que vous pouvez y faire référence lorsque c'est nécessaire. Comme l'information est désormais facilement accessible, vous avez tendance à moins faire travailler votre mémoire, ce qui pourrait vous jouer des tours.

Mercure est responsable aussi de toutes les communications verbales, allant de vos discussions à vos points de vue. Vos échanges passent automatiquement par Mercure et le type de votre intelligence est établi en fonction des contacts (aspects planétaires) que cette planète forme avec d'autres planètes dans votre thème natal.

Mercure a aussi régence sur les relations que vous entretenez avec vos frères, vos sœurs, vos voisins ainsi que toutes les jeunes personnes qui vous entourent, incluant les gens de votre entourage immédiat.

Mercure gère également le travail manuel – que ce soit des travaux de menuiserie, de mécanique, d'artisanat ou de précision. Et lorsque la planète Mercure s'en mêle, elle permet de développer des métiers moins intellectuels, mais tout aussi valorisants. Le travail bien fait porte en soi sa propre récompense.

Au niveau de la santé, Mercure agit comme un messager. Il transmet ses messages au moyen de votre système nerveux et permet à vos yeux et à vos mains de collaborer: par exemple donner une poignée de main tout en faisant un clin d'œil. Au niveau de votre corps, Mercure est responsable du système respiratoire, du système nerveux, des épaules, des bras et des mains.

Lorsque Mercure rétrograde, vous avez certainement compris qu'il faut agir avec plus de prudence, avec plus de sagesse, mais aussi avec plus de discernement et prendre les inconvénients de la vie quotidienne avec un grain de sel. Afin que tout se passe au mieux durant cette phase rétrograde, faites comme elle : devenez introspectif ! Toutes les idées qui apparaissent pendant ce cycle sont à réaliser seulement lorsque Mercure redevient à nouveau en mouvement direct dans sa trajectoire. Pour l'instant, cultivez vos projets, analysez-les, améliorez-les.

Dans les pages qui suivent, vous êtes encouragé à prendre connaissance des mises en garde à respecter pour tous les signes du zodiaque durant les phases rétrogrades de Mercure en 2022, lesquelles prendront place dans un premier temps du 14 janvier au 3 février inclusivement en Verseau. Ensuite, soit du 10 mai au 3 juin, en Gémeaux, puis du 9 septembre au 2 octobre en Balance. La dernière et non la moindre aura lieu du 29 décembre 2022 au 18 janvier 2023 en Capricorne.

✶

Lors de vos déplacements, assurez-vous que votre véhicule soit en ordre et soyez tout aussi attentif à votre conduite qu'à celle des autres automobilistes près de vous. Les conducteurs impatients risquent de vous couper, vous incitant à faire de fausses manœuvres qui pourraient avoir des répercussions sérieuses.

Si vous prévoyez, le cas échéant, de signer un contrat d'embauche ou autres, de faire des affaires, d'ouvrir une entreprise, de mettre de l'avant un projet, assurez-vous de tirer profit de cette période pour bien lire toutes les clauses une à une et n'hésitez pas non plus à poser toutes les questions qui vous viennent à l'esprit. Écoutez votre instinct, car avec le temps, il est possible que les conditions de travail ne répondent pas ou plus à vos attentes, ou que d'autres informations puissent contredire vos points de vue. Or, Mercure pourrait avoir détecté quelque chose qui n'est pas nécessairement évident. Voilà pourquoi il importe de reporter toute signature à une date ultérieure, de même que prendre des décisions définitives seulement après que la phase rétrograde aura pris fin, soit le moment où Mercure reprend finalement sa course normale alors que vos points de vue sur la situation ou sur le problème peuvent changer. D'ici là, vous ne pourrez choisir meilleur moment pour investir vos énergies dans la recherche d'idées, pour dénicher un emplacement propice à la réalisation de vos projets, pour revoir votre plan de mise en marché et étudier la concurrence. Encore une fois, et au risque de me répéter, ce n'est que lorsque Mercure aura finalement repris sa marche directe que le temps sera bienvenu pour signer tous les documents et/ou tous les contrats d'association et pour prendre des engagements financiers qui vous seront bénéfiques. Du moins, vous aurez mis toutes les chances de votre côté.

Au cours de cette même période, il sera fortement suggéré aussi de faire une double copie de tous vos dossiers dans votre portable, tablette ou ordinateur, et de porter une attention particulière à tout ce qui pourrait déranger vos études ou tout cours que vous poursuivez. Le temps sera bien choisi également pour réviser les matières apprises et pour terminer les travaux ou projets entrepris avant la phase rétrograde. Il en ira de même pour ce qui est de relire vos notes de cours, mettre de l'ordre dans vos documents, faire du rangement, mais n'oubliez pas non plus de bien vérifier toutes les étapes afin que rien ne vous échappe à votre insu. Cependant, s'il y a des projets qui ont été amorcés avant que la phase rétrograde prenne place, mais non aboutis à ce jour, vous pouvez vous pencher sur ces derniers, mais n'allez engager aucune démarche administrative. Encore une fois, reportez-la après que la phase directe sera en pleine force.

Soyez également avisé que le temps ne se prêtera pas aussi bien non plus pour faire l'achat de nouveaux gadgets électroniques, car ils pourraient ne pas répondre à vos attentes, sinon vous pourriez vous apercevoir qu'un autre produit ou service aurait mieux répondu à vos besoins ou encore que les frais d'utilisation seront supérieurs à ceux annoncés.

Au cours de cette phase rétrograde, il est également possible qu'il puisse y avoir des interruptions ou des retards dans vos communications. À cet effet, votre service Internet pourrait tomber en panne, sinon vous pourriez avoir de la difficulté à établir une communication avec l'heureux élu simplement parce que cette personne aura oublié de recharger la pile de son téléphone intelligent. Il sera tout aussi important de vous assurer que votre interlocuteur ait bien saisi la teneur du message que vous tentez de lui véhiculer. Chose certaine, ce ne sera pas le moment de tenir pour acquis qu'il a bien compris ce que vous attendiez de lui ou d'elle.

Suivant que les communications peuvent être plus confuses, sinon mal interprétées au cours de cette période, tant dans votre vie personnelle que professionnelle, faites-vous un point d'honneur de vous exprimer clairement et précisément avec vos amis, vos associés, vos frères, vos sœurs, vos cousins et cousines, vos tantes et oncles, vos voisins, votre employeur, vos collègues, vos employés, toutes les personnes qui sont à votre service tels un domestique, un locataire, les journalistes, les publicistes, les éditeurs, votre médecin, un praticien, un chirurgien, etc.

Romantiquement parlant, le temps sera mal choisi pour planifier un mariage, pour vous fiancer, pour convoler en justes noces, pour entreprendre une nouvelle relation amoureuse ou pour mettre fin à une relation existante. Dans ce dernier cas, il vaudrait mieux saisir l'occasion pour revoir la relation, pour recréer un climat plus propice qui permettrait de remettre la relation sur la bonne voie. Si vous n'y arrivez pas, il sera toujours temps de rompre une fois que Mercure aura repris sa course normale. D'ici là, il est possible que vous puissiez entendre parler d'un ancien amoureux, mais avant de faire un appel nostalgique, il sera recommandé d'attendre que Mercure ait repris sa marche directe et que vos idées soient plus claires. Souvenez-vous plutôt de ce qui a fait en sorte que cette relation ait pris fin. Bien que de vieilles flammes et de vieux amis oubliés tendent souvent à refaire surface de façon inattendue à cette période, il y a de ces occasions qui sont idéales aussi pour rétablir le lien, la connexion, renforcer vos alliances ou tout simplement pour faire amende honorable et couper les liens. Faites-le avec tact et diplomatie, et avec la meilleure des intentions. Mettez plutôt à profit ce temps pour vous reconnecter avec des personnes de votre passé qui vous intéressent ou avec lesquelles vous avez des affaires inachevées.

N'allez pas nourrir non plus du ressentiment inutilement, cela ne ferait qu'ajouter à votre peine et à vos blessures. Mercure qui rétrograde est plutôt le moment opportun pour couper les cordons karmiques et vous libérer des liens émotionnels nuisibles et non désirés avec d'autres personnes et/ou toutes situations. En prônant ce rituel puissant qu'est le pardon, vous aurez tout à gagner. Si des personnes vous disent des choses qui vous dérangent, qui vous blessent, ne le prenez pas de façon si personnelle. Laissez aller ! Elles sont tout aussi affectées que vous par cette phase. Donnez-leur le bénéfice du doute. Il est fort probable qu'elles ne pensaient pas ce qu'elles ont avancé au plus profond d'elles-mêmes.

Lorsque Mercure rétrograde, n'allez pas faire de gros achats tels une planche à voile ou à neige, des patins de tous genres, une voiture, un camion, un véhicule tout terrain (VTT), un véhicule récréatif (VR), un bateau, une bicyclette, une motocyclette, etc., alors que vous risquez de vous retrouver avec un citron. Profitez-en plutôt pour initier les recherches nécessaires qui vous permettront de faire un choix judicieux et éclairé lorsque Mercure reprendra sa trajectoire normale. D'ici là, veuillez mettre à profit cette période pour retourner toute marchandise qui ne répond pas à vos attentes ou qui est défectueuse. Assurez-vous de bien vérifier aussi que toutes vos lettres et vos commandes se sont bien rendues à la destination prévue et qu'on a compris correctement toutes vos instructions.

Vous ne pourrez choisir également meilleur moment pour revoir votre régime de vie, vos habitudes alimentaires, pour réévaluer votre plan de mise en forme et pour bien doser vos énergies en évitant tout excès. Profitez-en aussi pour désintoxiquer votre système.

Établir un plan de relance pour ce qui est de mieux atteindre vos visées ou ce que vous voulez réaliser à long terme s'y prêtera bien. Rien ne presse, prenez tout votre temps pour bien faire les choses et, au besoin, n'hésitez pas à faire partie d'un réseau de soutien pour mieux maintenir votre motivation, et ce, tant en ce qui a trait à votre santé que pour ce qui est de votre travail, ou autres.

Puisque Mercure régit les mains et toute activité manuelle, il sera fortement conseillé de remettre tout rendez-vous chez votre denturologiste ou votre orthodontiste à plus tard. Il en ira de même pour toute intervention chirurgicale, pour tous les tests de diagnostic, pour toutes les résonances magnétiques et/ou pour toutes les radiographies étant donné que votre état physique ne sera pas au meilleur de sa forme pour bénéficier d'un traitement ou d'une guérison optimale. Méfiez-vous également des intoxications alimentaires qui tendent à se faire plus présentes au cours de cette période.

Il sera avisé d'être tout aussi prudent avec vos appareils ménagers, tous les outils ou tous les objets pointus ou coupants que vous manipulerez, puisque vos réflexes seront plus lents et que vous serez plus enclin à vous blesser davantage. Attention également avec tout ce qui est chaud et brûlant.

Faites attention aussi aux beaux parleurs, car certaines personnes pourraient tenter de vous escroquer en jouant sur vos sentiments. Prenez du recul afin de mieux évaluer les propositions qu'on vous fera. Si votre interlocuteur insiste pour que vous preniez immédiatement une décision, interrompez la communication alors qu'il est possible que vous ayez affaire à un manipulateur.

Soulignons également que vous ne pourrez choisir meilleur moment pour créer, surtout si vous êtes artiste de métier ou écrivain, et ce, soit pour planifier, enquêter, faire de la recherche ou vous préparer pour quelque chose à produire plus tard alors que vous serez ravi des résultats obtenus.

La règle d'or à suivre lorsque Mercure est en phase rétrograde est de s'en tenir à toute activité où l'on peut mettre le préfixe « **re** » ou « **ré** » devant un verbe comme **re**faire, **re**visiter, **ré**arranger, **ré**aménager, **ré**nover, **ré**viser, **ré**organiser. Vous saisissez ? Maintenant que vous êtes bien informé sur quoi faire et ne pas faire durant la phase rétrograde de Mercure, je vous invite à lire l'impact que cette planète exercera sur votre signe solaire et votre ascendant natal au chapitre désigné à vos prédictions annuelles.

LA STATION RÉTROGRADE DE VÉNUS EN 2022

Tel qu'expliqué dans les pages précédentes, lorsqu'une planète est dite rétrograde, d'un point de vue terrestre, son mouvement semble inversé, soit à l'encontre du mouvement des aiguilles d'une montre, mais en réalité, ce n'est pas le cas puisque la planète se déplace sur son orbite dans une seule et même direction. La rétrogradation est tout simplement un mouvement apparent d'une planète qui s'immobilise dans sa course pour repartir en marche arrière, mais encore là, ce n'est qu'une illusion qu'elle recule. Elle indique que sa marche planétaire est perturbée et que ce corps céleste dispose de moins d'influx qu'une planète en ascension droite.

Vénus rétrograde tous les dix-neuf mois et dix jours, et cette période s'étend sur cinquante jours approximativement. Les effets sont nettement différents si Vénus est rétrograde au moment de votre naissance, contrairement à en mouvement direct. Or, si Vénus est rétrograde dans votre thème personnel, voilà qui indique entre autres une dette karmique vis-à-vis d'une image féminine dans une ou maintes vies antérieures. Le terme « dette » doit ici être compris dans le sens d'une responsabilité personnelle et non pas comme un sentiment de culpabilité que l'on vit trop souvent.

En 2022, Vénus signe le début de l'année alors qu'elle est en mode rétrograde depuis le 19 décembre 2021 en Capricorne, pour reprendre sa marche directe pas plus tard que le 29 janvier 2022. Nul doute, ce sera une phase qui correspondra à un besoin de déconditionner toutes les valeurs devenues désuètes et d'en redéfinir de nouvelles qui vous serviront mieux dans la vie. Quelque chose de nouveau doit être envisagé, tant au niveau de l'amour qu'en ce qui a trait à la séduction. D'ici là, Vénus rétrograde en Capricorne vous fera réfléchir aux nombreuses exigences liées aux relations, et ce, tant personnelles que professionnelles. Ce transit, particulièrement significatif, sera une période qui favorisera la révision des relations sentimentales, des ressources propres ainsi que les croyances qui soutiennent l'estime de soi et l'échelle des valeurs du sujet. Profitez-en pour explorer les vraies raisons derrière les différents niveaux de demande dans les relations, qu'ils soient en excès (rien n'est assez bon pour moi), ou en défaut (je dois me conformer ou pas je peux espérer plus). Cela dit, Vénus en mode rétrograde au signe de la Chèvre (Capricorne) montre une certaine froideur, de la difficulté à exprimer des sentiments et une peur de l'intimité. De même, il sera prudent d'éviter les relations basées sur les intérêts (personnels et professionnels) ainsi que toutes les transactions d'affaires risquées pendant cette période de l'année.

La planète du désir en retrait apparent en Capricorne, nous pouvons comprendre la vulnérabilité comme une source de pouvoir et non de faiblesse. Misez donc sur cette période pour analyser les anciennes expériences avec de la maturité; prêtez attention au niveau de demandes, tant internes qu'externes; et visualisez des objectifs financiers clairs. Vénus qui rétrograde avec l'énergie du Capricorne est une alliée extraordinaire pour visualiser de nouveaux objectifs personnels et professionnels et pour identifier des modèles tels que la peur de l'engagement et de l'intimité, le narcissisme de même que le gaspillage de ressources et la difficulté à exprimer des émotions. Or, gardez à l'esprit que, dans sa facette difficile, Vénus rétrograde en Capricorne pourra montrer une certaine froideur lorsqu'elle interagira avec des tiers et promouvoir des relations d'intérêt ou des opérations financières à haut risque (ne jouez pas avec votre avenir).

✶

J'ai maintes fois observé par expérience que lors de la phase rétrograde de Vénus, les gens deviennent plus résignés par nature et sont moins porteurs de jugements. C'est une période dite plus passive. J'ai aussi constaté que les personnes qui ont Vénus en mode rétrograde dans leur thème natal se sentent relativement à l'aise lors des cycles de rétrogradation de Vénus. Cependant, les individus ayant une Vénus natale directe tendent surtout à subir des déboires aux secteurs qui sont régis par Vénus (Taureau, Balance) dans leur thème de naissance. Par contre, ceux qui ont une Vénus natale rétrograde ont toutes les chances de vivre cette période de façon plus agréable et d'en tirer un meilleur parti.

Lors de cette période, il est suggéré d'en profiter pour faire une réflexion sur ce qui vous est le plus précieux dans la vie tels l'amour, les relations, le mariage, l'art et l'argent. Puisqu'il n'y a aucune relation ni aucune situation qui est parfaite dans la vie, assurez-vous de tirer profit de cette phase rétrograde pour faire la lumière sur vos désagréments refoulés.

En pratique, Vénus fait référence à votre capacité d'aimer et elle est synonyme de beauté et de connectivité. Cette planète bénéfique, porteuse de joie, de plaisir et de bonheur est tout aussi créative qu'artistiquement douée. Elle représente entre autres le capital, votre crédit, vos sous, vos biens, votre capacité à vous associer et à créer des alliances ainsi que toutes les négociations de contrats. Elle incarne aussi la façon dont le client perçoit le produit ou le service offert.

Au cours de cette période rétrograde de Vénus, continuer à aller de l'avant peut s'avérer lourd de conséquences. Tous les produits introduits sur le marché durant ce cycle seront susceptibles de connaître un accueil mitigé ou désintéressé, et il est même possible que les acheteurs potentiels, attentifs à la valeur du produit, le rejettent pour une question de prix ou de qualité.

Il en va de même pour les partenariats, les relations avec les fournisseurs et toutes les grandes alliances commerciales alors qu'ils auront souvent besoin d'être réévalués, notamment pour tous ceux qui vivent une situation déjà critique. C'est à cette époque que les relations avec les vendeurs, les associés et/ou un partenaire de vie prennent un nouveau départ ou se terminent.

Lorsque Vénus rétrograde, il est déconseillé de lancer une nouvelle entreprise ou une société, car les biens et les avoirs de celles-ci peuvent se révéler inadéquats ou encore inappropriés. L'accumulation de dettes doit aussi être évitée à tout prix ! Soyez avisé qu'il est possible que le financement d'activités commerciales ou de nouveaux projets ne soit pas disponible au moment de cette phase et que le capital doive être réévalué à la baisse. Ce n'est certainement pas le moment de rechercher un nouveau soutien financier tels une hypothèque, un prêt ou du crédit, et même si le crédit vous était disponible, tout probable qu'il soit accompagné d'une clause restrictive de taille !

Pour ce qui est des contrats juridiques ou d'achats signés au cours de cette période, vous risquez d'encourir de sérieuses répercussions néfastes à long terme, sans compter non plus que les négociations de contrats risquent d'être plus difficiles.

Le temps sera mal choisi aussi pour faire l'achat d'une entreprise, d'un groupement de services ou pour ce qui est des droits d'un produit étant donné qu'il est possible que l'entrepreneur doive payer plus cher et risque de découvrir le pot aux roses une fois le contrat signé. La question du prix pourrait également entraîner de violentes querelles et faire échouer les négociations. Par conséquent, il sera fortement suggéré d'attendre que la phase rétrograde ait pris fin pour aller de l'avant avec toute signature.

Lorsque Vénus est en phase rétrograde, c'est un peu comme si l'Univers vous invitait à reconsidérer vos valeurs, votre estime personnelle, votre argent, ce que vous voulez de la vie, ce dont vous avez besoin, incluant toutes les questions légales éventuelles et vos relations de travail. Ce n'est qu'ainsi que vous pourrez les améliorer et non en tentant de signer à l'aveuglette de nombreux contrats, régler des problèmes légaux ou financiers ainsi que faire fi de vos besoins en matière de relations professionnelles. Les ignorer risque de vous mener à l'échec dans ces domaines à plus ou moins longue échéance.

En revanche, vous ne pourrez choisir meilleur moment pour réviser votre budget, votre situation financière ainsi que pour suivre un cours en vue de parfaire vos connaissances en matière financière ou pour vous inscrire dans un atelier qui suscite un intérêt chez vous. Il en ira de même pour suivre un apprentissage, une formation, autant que pour vouloir apprendre une technique spécialisée afin de développer davantage vos talents.

En ce qui a trait à votre vie sociale, il sera suggéré de tirer profit de cette période pour évaluer et visiter à nouveau les choses ainsi que les gens de façon plus objective et moins impulsive. D'ailleurs, un changement de circonstances pourrait rendre un ancien partenaire plus attrayant à vos yeux au cours de cette phase. Cependant, il sera sage d'en profiter pour revoir vos priorités ainsi que tout ce qui vous tient à cœur, d'autant plus en ce qui concerne vos relations afin de savoir si elles répondent bien à vos attentes ou si vous devriez leur apporter des correctifs ou des changements nécessaires afin qu'elles répondent mieux à vos besoins.

Quant à votre vie affective, Vénus en phase rétrograde nous indique que les fruits de l'expérience ne sont pas assimilés consciemment et ne s'expriment pas régulièrement par le canal des émotions. Par conséquent, non seulement cet aspect peut indiquer une vie affective perturbée et des sentiments fréquents d'insatisfaction, mais cela risque également de causer plus de tort que de bien à votre relation ou pourra vous rendre aussi extravagant qu'intraitable par moments.

Lorsque Vénus rétrograde, méfiez-vous de succomber aux charmes d'un profiteur ou d'un gigolo et de tomber en amour. Puisque toutes les formes de relations risquent d'être confrontées à des difficultés et à des retards possibles, inutile de vous dire que le temps ne se prêtera pas pour vous fiancer, pour vous marier ni pour convoler en justes noces. Toutefois, profitez-en pour apporter un amendement dans une relation déjà troublée, tout en prônant une ouverture de paix.

Voilà qui présage aussi une période où votre apparence physique tiendra également une place des plus importantes. Cependant, il sera avisé de ne vous soumettre à aucune chirurgie esthétique durant cette phase et il sera tout aussi mesuré de votre part de remettre à plus tard cette nouvelle coupe de cheveux ou cette coloration que vous rêviez d'avoir.

Dans un tout autre ordre d'idées, soyez avisé que le moment ne sera pas bien choisi pour investir de l'argent ni recommandé non plus pour faire l'achat d'items coûteux. Mais en revanche, le moment se prêtera bien pour renégocier un prêt, un accord financier, un contrat et pour régler toute dette en suspens. C'est aussi un temps favorable pour faire faire une évaluation de votre propriété, pour faire estimer vos antiquités ainsi que toutes les choses qui ont de la valeur à vos yeux. Profitez-en également pour visiter une vente aux enchères ou d'objet d'occasion (bric-à-brac) en vue de faire l'achat d'un bien ou même de pouvoir dénicher l'aubaine du siècle.

En ce qui a trait au marché immobilier, vous ne pourrez choisir meilleure période pour trouver une maison, sinon un terrain à un prix favorable, mais il sera suggéré de finaliser la transaction une fois que Vénus aura repris sa marche directe. Entre-temps, ne manquez pas de réserver les services d'un professionnel pour la faire inspecter, ne serait-ce que pour savoir que cette propriété répond bien à toutes vos attentes et à tous vos besoins.

Pour ce qui est des projets qui vous tiennent à cœur, ils peuvent être conçus, mais non offerts (dévoilés) au grand public. Encore une fois, veuillez attendre la phase directe pour ce faire.

Mentionnons également que le temps ne se prêtera pas aussi bien pour lancer un projet artistique. Il en ira de même pour ce qui est de décorer ou d'entreprendre des rénovations alors que plus tard, vous risquez d'avoir en horreur la couleur choisie avec laquelle vous aurez peint les murs ou possiblement la facture sera plus haute que prévu. Par contre, ne soyez pas surpris de constater que votre seuil de créativité sera en hausse.

Maintenant que vous êtes davantage informé sur quoi faire et ne pas faire face lors de la phase rétrograde de Vénus, vous êtes invité à consulter le chapitre réservé à vos prédictions annuelles afin de connaître l'impact que cette planète exercera sur votre signe solaire. Vous êtes également encouragé à en faire tout autant pour ce qui est de votre ascendant natal. D'ici là, bonne phase rétrograde de Vénus !

LA STATION RÉTROGRADE DE MARS EN 2022

Tel que mentionné dans les pages précédentes, la rétrogradation est simplement le mouvement apparent d'une planète qui s'immobilise dans sa trajectoire pour repartir en marche arrière. Elle indique aussi que la marche planétaire est perturbée et, par conséquent, ce corps céleste dispose de moins d'influx qu'une planète en ascension droite.

Mars rétrograde tous les deux ans et deux mois en moyenne. C'est un événement plutôt rare. En 2022, Mars sera rétrograde du 30 octobre 2022 au 12 janvier 2023 en Gémeaux. Pendant la durée de sa phase rétrograde, toute action directe devient plus difficile. La force d'action n'est pas tournée vers l'extérieur, mais plutôt dirigée vers l'intérieur. Pourtant, cette énergie, tournée vers l'intérieur et en constant contact avec l'inconscient, représente un potentiel créateur important. Or, la manière d'aborder les gens risque d'entraîner des conflits possibles, de l'hostilité ou de la colère si vous ne vous y prenez pas de la bonne façon, sans compter que le manque d'assurance sera souvent au premier plan. Maintenant que vous êtes prévenu, veuillez prendre votre mal en patience !

En revanche, il sera suggéré de vous mettre en mode spectateur et de vous organiser des activités afin d'évacuer ce trop-plein d'énergie qui risque d'être plus présent, de voyager à l'intérieur de soi, d'accomplir des tâches commencées préalablement à la phase rétrograde. Refaire, rénover et réparer sera plus satisfaisant que de persister dans de nouvelles aventures. La prudence sera également de mise alors que la tendance aux accidents est généralement plus accentuée au cours de cette période. De plus, vous êtes encouragé à faire valoir vos forces dans un certain domaine d'expertise où d'ordinaire vous vous montrez réservé et prudent. Malgré tout, sachez que votre manque d'expérience vous sauvera peut-être la mise dans un projet particulier.

Pour ce qui est de vos relations, tous les liens amicaux, amoureux, familiaux déjà fragilisés pourraient connaître une fin ou choisirez-vous de resserrer les liens qui vous unissent à l'être aimé et de repartir à zéro. Quoi qu'il en soit et/ou que vous décidiez, vous serez exceptionnellement plus sensible aux conflits et à tous les désaccords possibles. En revanche, vous êtes contraint d'examiner comment vous agressez les gens près de vous sans même vous en rendre compte afin de remédier à ce genre de comportements ou d'attitudes.

Lorsque Mars est en phase rétrograde, son but est d'évaluer vos motivations et de savoir si vous êtes sur le droit chemin. Il convient donc d'en profiter pour rectifier le tir et revoir vos instincts agressifs afin de déterminer s'ils s'appliquent bien vers ce à quoi vous tendez, ce qui signifie parfois revenir sur ses pas une nouvelle fois et recommencer certaines choses qui en valent la peine. Profitez-en pour refaire sinon recouvrer vos forces ainsi qu'essayer de nouvelles « tactiques » en vue de pouvoir mieux relever les défis qui se présentent à vous.

Soulignons aussi que toutes les vieilles rancunes qui n'auront pas été réglées par le passé risquent de refaire surface à nouveau au cours de cette phase, car le moment est venu de développer de nouvelles stratégies et approches afin de mieux pouvoir faire face aux problèmes existants et à votre agressivité, mais également d'apprendre aussi à vous affirmer.

N'allez pas entreprendre de nouveaux départs, car en toute réalité il s'agit là d'un cycle destiné à réorienter vos énergies en vous-même pour mieux vous permettre de comprendre la direction qu'il vous faut prendre et les moyens dont vous aurez besoin pour y aboutir. Tentez d'aller de l'avant pour amorcer de nouvelles choses ou tous les projets risquent de mettre plus d'un obstacle sur votre route. Il en ira de même pour ce qui est de commencer un nouvel emploi ou pour ce qui est d'entreprendre une action légale contre une tierce personne.

Il sera également suggéré de ne pas faire l'achat de quoi que soit de mécanique, tel l'achat d'une nouvelle voiture, d'un nouveau camion, d'une autocaravane (motorisé) ou même une motocyclette à moins qu'un contrat de garantie fasse partie de la transaction. N'empêche, tout suggère qu'un changement de freins ou d'accumulateur (batterie de voiture) pourrait s'avérer nécessaire. À tout le moins, prenez garde à une contravention possible. De plus, n'allez pas être surpris non plus si un de vos gadgets électroniques ou appareils de bureau, tels votre ordinateur, un télécopieur, une imprimante, loué ou acheté, vous fasse plus défaut.

En ce qui a trait aux liens amicaux, amoureux ou familiaux déjà fragilisés, l'idée qu'ils puissent se briser irrémédiablement est une possibilité, sinon choisirez-vous de les solidifier à nouveau et de repartir à zéro. Quoi qu'il en soit, vous saurez trouver de nouvelles façons de faire qui vous étonneront. Néanmoins, il sera quand même mal choisi de célébrer un mariage ou de vous fiancer ainsi que convoler en justes noces.

Étant donné que vous serez exceptionnellement sensible à tous les désaccords et à tous les conflits possibles, vous êtes encouragé à examiner comment vous agressez les gens sans même vous en rendre compte et par le fait même, à intégrer vos forces d'une toute nouvelle façon. La colère, l'hostilité, les crises et la menace indiquent que tant du côté de l'agresseur que de l'agressé, il y a une peur qui domine et qui fait réagir. Cette peur peut être vue comme un marionnettiste qui vous dirige à l'aide de ficelles invisibles mais non moins constantes. Les réponses instinctives pour répondre à la peur sont le combat, la fuite, la stupeur et/ou l'immobilité (un peu comme le cerf qui s'arrête sans bouger devant les phares d'une voiture qui fonce droit sur lui).

Indépendamment de votre situation actuelle, Mars qui rétrograde vous offrira une chance de vous retirer pour refaire sinon recouvrer vos forces. Aussi, vous essaierez de nouvelles « tactiques » pour relever les défis dans votre vie. Ce n'est pas un bon temps pour faire usage de la force, pour pousser sur les projets ou pour inciter les autres à vous suivre. Vous gagneriez à examiner et à retravailler la façon de vous exprimer, d'éprouver ou de tester une méthode, un produit ou une technique pour mieux les intégrer dans votre vie.

Quant à votre santé et votre bien-être physique, n'allez pas planifier une intervention chirurgicale de prendre place pendant cette période rétrograde.

Maintenant que vous êtes davantage informé sur quoi faire et ne pas faire durant la phase Mars rétrograde, vous êtes invité aussi à consulter le chapitre réservé à vos prédictions annuelles pour connaître l'impact que cette planète exercera sur votre signe solaire et ascendant natal. Cela dit, lorsque Mars transite en mouvement direct dans le signe du Gémeaux, sa puissance d'action tend à s'extérioriser à travers les mots, la communication, et les apprentissages. On s'intéresse à beaucoup de choses différentes simultanément. On multiplie aussi les actes, les expériences, et on répond rapidement aux différentes sollicitations. En plus d'agir prestement et avec dextérité, vous serez tout aussi nerveux qu'impatient. Mars rétrograde, l'élan martien qui habituellement libère l'énergie vers l'extérieur de soi, se tournera vers l'intérieur et vous tendrez ainsi à vous interroger sur le bien-fondé de vos actes, sur votre manière d'agir, d'extérioriser votre personnalité. Votre confrontation avec l'Univers, avec votre intérieur, devrait vous permettre de transformer votre manière d'agir. Si le réajustement se produit, votre compréhension et votre sagesse grandiront, et vous agirez en fonction de ce qui aura été mis en conscience au moment de son opposition. Et si la prise de conscience n'a pas lieu, le cycle continuera comme il s'est amorcé, c'est-à-dire marqué par les conditionnements, des frustrations et des erreurs du passé.

Chaque cycle rétrograde de Mars est une nouvelle occasion de prendre conscience de sa capacité à agir dans un domaine différent et peut-être que ce domaine de vie exige une attention particulière. Et selon la maison natale qu'occupe Mars rétrograde, il sera impératif d'agir utilement dans un cadre aux limites bien définies vu que l'activité et l'agressivité tendront à se projeter dans votre travail quotidien, dans votre routine qui en viendra à se retrouver désordonnée, désorganisée. Les rapports risquent aussi d'être conflictuels avec certains collaborateurs, surtout s'ils sont de rang inférieur dans la hiérarchie. L'idée de manquer de concentration, d'être tête en l'air, de ne pas écouter lorsqu'on vous parle, d'oublier ce qu'on vous dit ou ce que vous deviez faire sera plus présente. Attention de perdre votre motivation suivant que vos réactions seront intériorisées et émotionnelles. Méfiez-vous aussi de l'angoisse, de l'anxiété, du manque de confiance en soi qui seront plus présents. Prenez une grande respiration !

LES ÉCLIPSES DE 2022

De nos jours, de nombreuses personnes connaissent leur astrologie et savent quand une éclipse est à la veille de prendre place. Il y en a qui peuvent même éprouver une tendance à s'inquiéter un peu. Après tout, n'est-il pas vrai que nos ancêtres couraient se cacher lorsqu'une éclipse se produisait ? Plus encore, les éclipses n'étaient-elles pas un signe avant-coureur de malheur ? Eh bien, oui à la première et non à la deuxième question ! Assister à une éclipse, en particulier une éclipse solaire, est un événement prodigieux qui, certes, peut être un peu effrayant pour qui que ce soit qui n'a aucune idée de sa venue au préalable. Mais en cette ère moderne où l'on peut simplement appuyer sur un bouton pour avoir accès à diverses archives d'éclipses couvrant plusieurs siècles, l'étude de celles-ci montre clairement que les éclipses, comme tout ce qui est astrologique, peuvent être utiles ou difficiles, et parfois les deux en même temps.

Les éclipses impliquent le Soleil et la Lune ainsi que la Terre. Une éclipse solaire a lieu à peu près au moment de la Nouvelle Lune, lorsque la Lune occupe le même signe et le même degré de visibilité que le Soleil. De plus, la Lune se trouve très près de l'écliptique, soit le trajet céleste du Soleil autour du cosmos. Alors que la Lune passe entre la Terre et le Soleil, l'éclipse commence. En revanche, une éclipse lunaire se produit au moment de la Pleine Lune, mais dans ce cas, la Terre se situe entre le Soleil et la Lune, et l'éclipse se produit lorsque la Terre projette une ombre directement sur la Lune.

Lorsqu'une éclipse se produit, le rayonnement du Soleil, ou le rayonnement réfléchi de la Lune, est couvert. Cela nous donne un indice important sur ce qui se passe tant dans votre vie personnelle que dans votre thème natal lorsque vous êtes affecté par l'énergie de l'éclipse. Si vous cherchez le mot éclipse dans le dictionnaire, vous constaterez qu'il est pratiquement synonyme des mots suivants : cacher, dissimuler, masquer, obscurcir ou assombrir. Mais alors que la lumière du Soleil ou de la Lune peut être obscurcie au cours d'une éclipse, l'effet sur la Terre est un peu à l'inverse – des choses cachées peuvent apparaître à la suite d'une éclipse.

Les éclipses se produisent selon un schéma cyclique qui est fascinant à étudier mais difficile à expliquer en quelques paragraphes. En gros, cela provient du fait que pour qu'une éclipse se produise, le Soleil et la Lune doivent se trouver près de l'un des nœuds lunaires qui se déplacent très lentement, et ce, en mouvement inverse par rapport au zodiaque. Or, cela signifie que les éclipses tendent à se concentrer sur des zones spécifiques du zodiaque sur une période d'environ deux ans, de sorte que si une éclipse touche une zone sensible d'un thème natal, d'autres seront touchées aussi. Soulignons qu'au cours d'une période de 12 mois, quatre à six éclipses peuvent se produire.

Suivant que l'événement associé à une éclipse sera particulièrement intense à l'endroit où l'éclipse crée une ombre selon sa trajectoire parcourue sur le globe et sur le plan personnel, il est plus probable qu'elle sera vécue lorsqu'elle touchera une planète clé dans le thème personnel d'une personne. Voici un aperçu de ce à quoi vous pouvez vous attendre quand l'énergie intense de l'éclipse atteint l'un de ces points sensibles de votre thème.

Si votre Soleil natal est affecté par une éclipse, vous pourriez éprouver des problèmes d'identité. Il est possible que vous sentiez le besoin d'évaluer qui vous êtes, ce qui vous motive et où vous allez dans la vie. Vous découvrirez peut-être aussi des aspects de votre vie que vous ne vous connaissiez pas auparavant en décidant peut-être que vous devriez modifier un aspect important de votre style de vie pour que celle-ci soit davantage en phase, en harmonie avec ce qui vous rend vraiment heureux.

Si votre Lune natale est affectée par une éclipse, votre baromètre émotionnel en sera perturbé. Par conséquent, vous pourriez regarder de plus près à quel point vous êtes vraiment heureux ou malheureux dans votre relation, ou si votre travail vous procure toute la satisfaction nécessaire dont vous avez tant besoin. Si vous êtes célibataire et que vous recherchez l'amour, vous pourriez vous demander si vous tenez compte des qualités dont vous avez besoin chez votre âme sœur. Si vous êtes dans une relation négative, veuillez envisager de rechercher un ou une partenaire plus approprié(e), soit quelqu'un qui vous tiendra à cœur et qui vous appuiera !

Lorsque l'énergie de l'éclipse frappe votre Ascendant, vous pouvez décider d'apporter des modifications à votre apparence physique en dynamisant, le cas échéant, votre image. Vous serez prêt à adopter un nouveau style ou une nouvelle allure qui vous appartient, sinon une nouvelle coloration.

Pour un aperçu des autres planètes dans votre thème personnel, rappelez-vous que Mercure régit votre esprit, Vénus, votre cœur, Mars, votre énergie, Jupiter, votre côté spirituel et Saturne, vos responsabilités. Les planètes extérieures (Uranus, Neptune et Pluton) sont considérées comme des planètes générationnelles ; elles tendent donc à susciter des sentiments et des événements communs à ceux de votre groupe d'âge.

Pour être mieux informé sur ce qu'il en est de la maison astrologique de votre thème où se tiendra l'éclipse sollicitée, vous êtes encouragé à vous référer au chapitre intitulé « Les maisons astrologiques ».

Informations additionnelles

Si le trajet de la totalité d'une éclipse solaire passe sur la capitale d'un pays, cela peut indiquer un changement de direction ou une nouvelle direction. Cependant, cela ne signifie pas nécessairement que de tels événements soient négatifs. Au contraire, un changement de pouvoir dans une dictature militaire peut être douloureux, mais un changement de pouvoir dans un pays démocratique pourrait simplement refléter la volonté pacifique de ses électeurs. La même chose se passe généralement lorsque l'éclipse entre en contact avec soit votre Soleil, votre Lune ou votre Ascendant natal. La nature du changement que vous pouvez ressentir dépendra de votre situation actuelle et, dans une certaine mesure, de votre propre attitude envers le nouveau et le différent. Les éclipses vous affecteront davantage si elles se produisent près de votre Soleil, de votre Lune, de votre Ascendant natal, sinon de vos planètes personnelles, c'est-à-dire Mercure, Vénus, Mars, Jupiter ou Saturne. Vous serez également affecté par les affaires que régit la maison astrologique où l'éclipse a lieu.

Contrairement aux éclipses solaires qui tendent à agir davantage sur notre physique, les éclipses lunaires nous rendent plus dépressifs, plus fatigués pour un certain temps, ou alors tout le contraire, on peut vouloir en faire trop et, par le fait même, on se surmène et ainsi on s'épuise. Inversement, les éclipses lunaires agissent sur notre psychisme. Or, nous pouvons être soit très abattus psychiquement, soit surexcités. Il suffit de voir ou d'observer le comportement des gens sur la route durant ces périodes clés. Prêtez-y attention alors que vous serez surpris vous-même de vos constatations.

Dans les faits, les éclipses nous donnent un aperçu de ce qui se dessine à l'horizon dans un proche avenir, soit six mois pour une éclipse lunaire comparativement à douze mois pour une éclipse solaire.

Dans tous les cas, il faut agir prudemment dans chaque domaine de la vie. Il n'est pas question de signer de gros contrats durant ces périodes écliptiques, tant solaires que lunaires, car ils pourraient être une source de problèmes de toutes sortes. Comme nous sommes plus vulnérables, nous devons faire preuve d'une plus grande vigilance, tant dans nos déplacements que dans nos gestes posés. L'expérience nous a démontré que tout ce qui était commencé, entrepris ou lancé au moment d'une éclipse risquait d'échouer ou de ne pas tenir les promesses auxquelles on s'attendait. En revanche, tous les projets commencés, toutes les affaires et tous les travaux entrepris avant l'éclipse n'en subissent généralement pas les répercussions, à moins qu'il ne s'agisse d'un certain ralentissement et/ou d'un handicap passager.

En général, il est préférable de ne pas déménager, ni d'acheter une propriété ou une voiture, ni de partir en vacances ou en voyage d'affaires, si on peut s'en abstenir, bien entendu. Il est suggéré également de ne pas subir une intervention chirurgicale, et ce, surtout si le médecin juge que l'on peut remettre l'opération sans risque à une date ultérieure, car le rétablissement postopératoire est la plupart du temps beaucoup plus lent en période d'éclipse.

Soyez avisé que les enfants qui naissent en période d'éclipse peuvent être plus fragiles que les autres, surtout au cours de la première année de leur naissance, alors qu'ils risquent d'être marqués par une plus grande fragilité des organes représentés par le signe où l'éclipse prend place. Mais une fois cette première année passée, ils seront en général plus résistants que les autres enfants.

Si votre anniversaire de naissance a lieu au moment d'une éclipse solaire, c'est durant toute l'année qu'il faudra prendre soin de votre santé. Il est suggéré aussi d'éviter de mettre en place tout grand changement qui puisse altérer le cours de votre destin.

✶

En 2022, les dates suivantes sont caractérisées par une éclipse et elles sont calculées selon l'heure de Greenwich (GMT) :

- 30 avril – éclipse solaire partielle à 10° 28' Taureau – 8:42 p.m.
- 16 mai – éclipse lunaire totale à 25° 18' Scorpion – 4:13 a.m.
- 25 octobre – éclipse solaire partielle à 2° 00' Scorpion – 11:01 a.m.
- 8 novembre – éclipse lunaire totale à 16° 01' Taureau – 11:00 a.m.

Selon le temps international, l'éclipse solaire partielle du 30 avril au signe du Taureau sera visible dans certaines parties du monde telles que l'Amérique du Sud et l'Antarctique. Au Québec, entre 40 et 50 % du Soleil sera dissimulé derrière la Lune. En revanche, l'éclipse lunaire totale du 16 mai en Scorpion sera bien visible ici en Amérique du Nord, sauf les Territoires du Nord-Ouest du Canada. Il n'en demeure pas moins que ce sera une merveille à contempler et un très beau spectacle dans le ciel. Pour ce qui est de l'éclipse solaire partielle du 25 octobre, elle sera visible depuis l'Europe, l'Oural et la Sibérie occidentale, le Moyen-Orient et l'Asie occidentale, et depuis le nord-est de l'Afrique. La phase maximale de l'éclipse partielle sera enregistrée sur la plaine de Sibérie occidentale en Russie près de Nizhnevartovsk. La dernière et non la moindre, une totale éclipse lunaire qui prendra place le 8 novembre 2022 en Scorpion. Cette éclipse se produira 13 jours avant la cérémonie d'ouverture de la Coupe du Monde de la FIFA 2022 au Qatar, qui aura lieu le 21 novembre 2022. Survenant seulement 5,8 jours avant son apogée (le 14 novembre 2022), le diamètre apparent de la Lune sera plus petit. Un drame est sûrement à prévoir à cette période.

En astrologie, le Soleil indique l'esprit, l'âme et l'individualité contrairement à la Lune qui indique la personnalité, les réponses émotionnelles et les habitudes. Lorsque ces deux corps luminaires sont réunis, comme c'est le cas lors d'une éclipse solaire de nouvelle lune, vous tendrez à faire preuve de volonté, de confiance et d'autorité. Vous aurez donc une chance d'atteindre l'harmonie intérieure, car il est possible de confondre vos émotions avec votre ego et de mieux équilibrer vos énergies, tant celles masculines que féminines. Les expériences du monde réel qui vous permettent de faire ou de vivre cela se produiront, bien qu'elles puissent être ardues à distinguer des autres événements de votre vie.

Pendant la période de l'éclipse solaire partielle du 30 avril en Taureau, vous pourriez vous sentir émotionnellement plus proche de vos parents, en particulier de votre mère. Toutefois, à long terme, vous pourriez découvrir que vous finissez par donner plus que ce que vous recevez dans vos interactions avec elle, et même avec les deux. Il sera avisé aussi de ne pas offenser votre conjoint, vos enfants et toutes les autres personnes qui vous sont chères en vous préoccupant trop des souhaits d'un parent.

Suivant que ce sera un temps aussi où vous tendrez à lancer des projets que vous ne terminerez pas, malgré votre volonté et vos émotions qui ne feront qu'un (cela est dû à l'influence de la Lune qui fait fluctuer vos humeurs et vos sentiments), il ira donc de votre intérêt de vous en abstenir.

Alors que l'éclipse solaire partielle se manifeste dans l'élément Terre, vous serez plus déterminé, plus têtu, mais aussi plus imprévisible d'autant plus qu'elle sera conjointe à Uranus en Taureau. Cette phase devrait mettre en lumière vos capacités à exprimer votre individualité, votre originalité, vos envies de liberté et votre capacité à faire face au changement. Non seulement le changement est dans l'air, mais il pourrait être tout aussi soudain qu'inattendu. Soyez prêt à faire preuve de plus de souplesse alors que vous pourriez précipiter ou attirer le changement parce que vous vous sentez agité.

Si vous ressentez de l'excitation et de la joie, c'est le signe que vous êtes en train de faire preuve de créativité pour faire face aux changements qui se produisent en vous. En revanche, si vous ressentez des tensions, il est tout probable que vous serez dans le processus de supprimer, de nier ou de résister aux changements que vous devriez faire. Or, veuillez donc explorer et expérimenter de nouvelles façons de penser et de vous comporter. Profitez-en aussi pour créer une nouvelle fraîcheur dans votre vie, mais faites-le toujours en tenant compte des personnes avec lesquelles vous êtes émotionnellement impliqué, car elles pourraient ne pas vous comprendre et ainsi résister aux changements.

Quant à son carré à Pluton, l'accent sera mis sur le changement transformateur. Il est tout probable que vous serez émotionnellement impliqué dans tout changement en cours, peut-être au point d'avoir une attention presque compulsive. Pas étonnant que dans vos relations avec autrui, vous ne serez pas d'humeur à céder du terrain, et c'est pour cette raison que des luttes de pouvoir et de contrôle seront possibles. Essayez d'éviter cela, en particulier en précipitant les manipulations émotionnelles ou en en étant victime. En cas de conflit, considérez l'autre personne comme un miroir de vous-même et regardez dans ce miroir pour voir ce qui se passe réellement avec vous. Vous avez le courage, maintenant, d'y faire face et d'en tirer les leçons. Le changement est inévitable. Ne laissez pas cela vous arriver. Regardez à l'intérieur de vous et sachez ce que vous voulez vraiment, puis poursuivez vos efforts en tenant compte, bien entendu, des autres personnes qui pourraient être concernées.

Pour ce qui est du sextile à Mars, cette focalisation harmonieuse sur votre capacité d'action suggère, à moins que d'autres aspects stimulants ne s'y opposent fortement dans votre thème personnel, une période où votre niveau d'énergie sera élevé et vous serez capable de prendre des initiatives et de vous affirmer avec confiance. Vous serez tout aussi capable de bien travailler avec les autres lorsque cela sera approprié ainsi que rivaliser efficacement lorsque l'occasion vous en sera donnée. Vous pourrez être direct et positif en vous affirmant, tout en faisant preuve d'attention et de sollicitude envers les autres.

Maintenant que vous êtes informé sur les éclipses qui prendront place en 2022, pour connaître l'impact qu'exercera l'éclipse solaire partielle du 30 avril, vous êtes invité à vous référer au chapitre désigné à vos prévisions annuelles selon votre signe solaire. Vous êtes encouragé à en faire tout autant en ce qui a trait à votre Ascendant natal, et si vous savez dans quel signe est situé votre Lune natale, faites-en de même, cela ne pourra que vous fournir de plus amples informations. Et ce sera de même si vous avez un amas de planètes dans le signe où prend place l'éclipse, dans ce cas le signe du Taureau.

Bonne lecture ! Belles découvertes !

SIGNES DU ZODIAQUE

♈

Bélier

21 mars au 20 avril

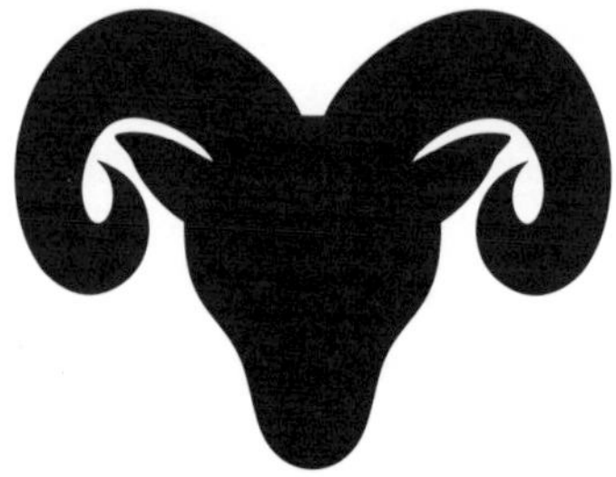

LES DIFFÉRENTS ASPECTS DE VOTRE PERSONNALITÉ

Bélier – masculin, cardinal, feu

Le signe du Bélier est régi par la planète Mars. La vie pour vous est vue comme une conquête, comme un défi à relever. Vous êtes une personne impulsive et toujours prête à aller de l'avant ainsi que vouloir être le premier en tout.

Courageux, voire téméraire, vous ignorez tous les obstacles, préférant ainsi vous concentrer sur la plus courte distance entre ce que vous êtes et ce que vous voulez devenir.

Brave, impétueux et direct, vous êtes doué pour initier des projets, mais pas aussi désireux de les terminer. Vous avez besoin d'une avenue pour vous défouler d'un surplus d'énergie, à défaut de quoi votre besoin d'action pourrait se transformer en stress. Voilà pourquoi l'exercice, les travaux ardus et tout ce qui est compétitif sont des avenues salutaires pour le Bélier énergique.

CE QUI VOUS DIFFÉRENCIE DES AUTRES NATIFS DE VOTRE SIGNE

En tant que natif du 1er décan (du 21 au 31 mars), votre signe et votre décan sont régis par Mars. Vous êtes donc doublement Bélier. Cela vous confère une double dose d'énergie et d'enthousiasme. Cela indique aussi une action immédiate et une volonté inflexible. Vous faites partie de la triplicité de Feu qu'est votre signe solaire. Chez vous, nulle patience et nul moment d'arrêt ne sont tolérés. Constamment en mode action, vous échafaudez de nombreux plans et projets hâtivement et vous êtes prêt à foncer tête première ainsi qu'à faire face à tous les obstacles qui peuvent brimer votre réussite.

Vous êtes un véritable pionnier, plein de courage et tout aussi téméraire qu'entêté. L'influence de Mars vous donne de l'ambition, du courage, de la volonté ainsi qu'une tendance à être impulsif. Profitez-en pour travailler sur votre propre personne en vue de cultiver vos meilleurs traits et vos capacités.

Mars, votre planète maîtresse, joue un rôle important dans votre thème natal. Cette planète vous octroie une forte volonté et le désir d'être toujours le premier. Confiant, direct dans votre approche, vous ne mâchez pas vos mots pour exprimer ce que vous aimez et ce que vous n'aimez pas.

Leader-né, vous pouvez trouver des débouchés même dans les pires circonstances. Cependant, à certains moments, votre niveau d'énergie est tellement élevé que cela vous porte à être nerveux, capricieux et plus sujet aux accidents de toutes sortes.

Votre confiance en vous ou votre capacité à cibler une solution rapidement est souvent mal interprétée par les gens qui vous entourent, alors qu'ils sont portés à n'y voir qu'arrogance et autoritarisme.

Concurrentiel et audacieux, vous pouvez bien réussir dans n'importe quel travail qui récompense l'initiative et la poursuite active d'objectifs. Vous pouvez bien exceller également dans les forces armées, la médecine, la politique ou toute profession qui apporte une reconnaissance publique.

Si quelqu'un désire gagner votre cœur et garder votre amour, il ou elle devra accepter de vivre avec une personne dynamique et quelque peu égoïste par moments. Ardent en amour, et c'est peu dire, vous tendez à poursuivre activement ce que vous voulez. Si vous vous mariez, choisissez un compagnon de vie qui vous procurera du confort et qui sera tout aussi à l'aise de vous laisser prendre les commandes tout en étant prêt à accepter votre besoin d'indépendance.

En tant que natif du 2e décan (du 1er au 10 avril), vous êtes toujours sous la tutelle de Mars, mais votre décan est gouverné par le Soleil, vous octroyant ainsi un fort ego, mais également une personnalité qui a un flair pour l'expression créative. Cela donne aussi du poids à votre séduction et ajoute à votre magnétisme personnel. Par contre, votre orgueil est sans mesure et aucun mot ne peut le traduire.

L'influence du Soleil et secondairement de Jupiter, pour ce qui est de la Triplicité de Feu qu'est votre signe solaire, fait de vous un mélange d'explorateur-né et de nourricier.

La dominance solaire fait de vous une personne digne de confiance, résiliente et qui a un petit côté théâtral à ses heures ainsi qu'une force intérieure inouïe. À première vue, vous voulez que les gens vous apprécient et qu'ils reconnaissent vos capacités distinctes. Leader naturel, vous avez le don d'inspirer les autres à faire de leur mieux.

Le Soleil joue un rôle particulièrement important dans votre thème, et c'est ce qui explique pourquoi votre Moi est si gigantesque. Il fait de vous une personne qui a un tempérament chaud et qui aime être à l'honneur.

Ambitieux, fier, créatif et compétitif, vous êtes motivé par l'amour-propre et votre sens du spectacle vous gagne la reconnaissance de gens qui vous croisent. Chaleureux et quelqu'un qui n'aime pas passer inaperçu, vous prenez plaisir à vous retrouver sous les projecteurs. Il vaudrait mieux toutefois apprendre à cultiver votre paix intérieure, ce qui sera plus enrichissant pour vous.

Motivé par tout ce qui peut vous stimuler, vous avez peu de temps pour l'abnégation. Vous avez en horreur le mensonge et vous le détectez immédiatement. Vous êtes une personne qui se comporte avec droiture et vous vous attendez à ce que les autres agissent de la sorte envers vous.

De tempérament volontaire et déterminé, vous atteignez infailliblement les hauts sommets. Vous savez très bien où vous placer pour être en vue. Autant des femmes que des hommes ou des gens influents pourront jouer un rôle significatif dans votre vie, mais, très certainement, l'éducation augmentera vos chances de succès.

Tous les natifs de votre signe ont les qualités nécessaires pour devenir de grands promoteurs, des sportifs ou des philanthropes. Puisque vous avez la parole facile, vous pouvez tout autant devenir un grand orateur ou un éminent avocat.

Ardent en amour, vous n'êtes pas nécessairement quelqu'un d'affectueux, mais plutôt un amateur de plaisirs, de jeux et de divertissements. Vos élans passionnels vous poussent à poursuivre activement ce que vous désirez. Monsieur, on vous dit bon amant, mais également mauvais mari le plus souvent.

Si quelqu'un veut gagner votre cœur et garder votre amour, il ou elle devra accepter de vivre avec une personne dont les aspirations la poussent à vouloir vivre son amour dans une ambiance de luxe, favorable à ses rêves les plus somptueux.

En tant que natif du 3e décan (du 11 au 20 avril), vous êtes toujours sous la tutelle de Mars, mais le troisième décan des natifs du Bélier est régi par Vénus, et Jupiter y joue un rôle clé suivant la Triplicité de Feu qu'est votre signe solaire. Vous êtes donc né pour vendre vos idées, vos produits, votre salade et pour promouvoir vos multiples talents, habiletés, compétences et intérêts.

Né sous l'influence jupitérienne, vous êtes le plus susceptible d'être attiré par l'art, le théâtre, l'éducation, l'édition, la publicité, la religion et la politique.

Votre décan est le plus jovial et optimiste de votre signe. Vous ne craignez pas autant que les deux autres décans de ne pas être le premier en tout, mais vous pouvez devenir très agressif si quelqu'un ou quelque chose porte atteinte à votre liberté d'expression.

Ayant un sens fort de l'honneur, et c'est peu dire, ceci peut parfois vous pousser à imaginer des choses qui n'ont pas lieu d'être. Cessez de vous prendre trop au sérieux !

Jupiter, influente dans votre thème natal, fait de vous une personne sympathique, souriante et expansive. Pas surprenant que vous vous attiriez beaucoup d'amis. Étant une personne qui a une ardente envie d'excitation, vous êtes de celles qui excellent au mieux lorsqu'elles peuvent mettre à profit leurs multiples talents et aptitudes de façon constructive.

Puisque les deux planètes dites bénéfiques et chanceuses du zodiaque gouvernent votre décan, vous avez toutes les chances de votre côté pour vous construire une bonne vie et réaliser de grandes choses. Évidemment, l'éducation et vos maintes connaissances vont concourir largement à ce succès. Profitez-en pour élargir vos horizons à travers les voyages, les activités culturelles et spirituelles, et par toutes discussions tenues avec des gens sages.

Vous pourrez très bien réussir dans de nombreuses professions, notamment dans le domaine de la vente ou de l'enseignement.

Étant sous la dominance de Vénus, planète de l'amour par excellence, vous avez un charme fou et une inflexion voluptueuse qui attire irrésistiblement. Vous ne passez pas inaperçu, et c'est peu dire, alors que vous détesteriez de ne pas l'être. Rassurez-vous, on vous remarque !

En amour, on vous dit fougueux ; pour vous, c'est la passion et rien d'autre qui vous attire. Si quelqu'un veut gagner votre cœur et garder votre amour, cette personne devra être loyale et estimer les plaisirs physiques de l'amour. Si vous vous mariez, madame, choisissez un compagnon de vie fidèle, bon pourvoyeur et quelqu'un qui peut vous offrir une vie familiale paisible.

CE QUE LES ASTRES VOUS RÉSERVENT EN 2022

Jupiter en Poissons – du 29 décembre 2021 au 10 mai 2022 et du 28 octobre au 20 décembre 2022 – votre XIIe maison natale

Jupiter, qui donne le ton chaque année par intervalles, en Poissons, soit le douzième secteur de votre thème natal, signale une sorte de retraite sinon une remise en question de vos valeurs, de vos croyances. Le Poissons est un signe d'Eau alors que vous êtes un signe de Feu. Chimiquement, l'eau éteint le feu et vice-versa, le feu fait aussi bouillir l'eau. Autant vous pourrez vous baigner dans une eau tiède, mais si toutefois elle est brûlante, vous pourriez vous ébouillanter !

Le tableau de 2022 n'est néanmoins pas aussi sombre qu'il apparaît au premier coup d'œil et, en dépit de la dualité dans laquelle vous plongera Jupiter en Poissons, il est vrai que vous devrez vous départir de vos bagages inutiles ; une lutte que vous avez menée pendant quelques années ne vous a pas conduit au succès que vous espériez, escomptiez. Une porte s'est refermée sur votre passage, mais d'autres vont s'ouvrir. Et ce sont ces portes auxquelles vous n'aviez pas songé qu'il vous faudra ouvrir pour atteindre votre but, votre visée, vos objectifs. Entre-temps, vous aurez l'impression de devoir faire des détours, de piétiner, d'être incompris par ceux qui disaient bien vous connaître et vous comprendre. Le temps est venu de vous questionner sur le sens que vous avez donné à votre vie. N'avez-vous vécu que pour amasser de l'argent ? N'avez-vous travaillé que pour entretenir et protéger votre pouvoir ? Avez-vous trahi des gens qui croyaient en vous ? Avez-vous travaillé pour votre idéal ou pour votre gloire personnelle ? Avez-vous fait semblant d'être charitable ? L'année 2022 vous demande de faire votre examen de conscience, sans mentir ! Jupiter est cette planète qui récompense ceux qui ont bien fait leurs devoirs envers eux-mêmes et autrui. Étant un grand juge, Jupiter sanctionnera et enverra au purgatoire terrestre ceux qui n'auront pas été respectueux, et ira même jusqu'à reprendre les bienfaits dont vous avez fait un mauvais usage.

La présence de Jupiter dans ce signe vous sera aussi d'un réconfort nécessaire pour mieux faire face aux difficultés, aux pleurs et aux souffrances. Elle vous fera voir les choses avec plus d'optimisme et vous permettra également de dédramatiser tous les problèmes. Ce passage pourra vous aider aussi à résoudre des difficultés juridiques ou matérielles, sinon elle vous soutiendra dans une épreuve morale qui risque de vous mener au *burn-out*. Voilà un temps où vous serez amené à penser aussi que l'épreuve est toujours un mal pour un bien. Les souvenirs, les regrets, les sensations d'échec ne feront guère avancer les choses et vous serez en train d'en prendre conscience. Ce ne sera pas le moment non plus de baisser les bras ni de subir les circonstances. Au contraire, votre volonté s'éveillera et vous aurez même la sensation de ne plus être seul. Tout se préparera pour votre nouveau départ, dont celui qui va s'amorcer pas plus tard que le 10 mai prochain. D'ici là, n'allez surtout pas sombrer dans les pensées noires, ce serait vous apitoyer sur votre sort inutilement. Suivez au contraire l'étoile que Jupiter vous envoie pour grandir et pour dénicher les solutions adéquates.

Jupiter-Neptune conjoint en Poissons le 12 avril 2022 : Sachez que le secret d'or pour transformer un investissement médiocre en un véritable gagnant d'argent n'est pas caché dans le sol mais dans votre propre esprit. Un remue-méninges créatif entre vous et un associé, un partenaire d'affaires ou le conjoint pourrait conduire à trouver de nouveaux endroits pour placer votre argent qui le transformeront d'un filet d'argent en une source de revenus sur laquelle vous pourrez construire un avenir.

Saturne en Verseau – toute l'année – votre XIe maison natale

Ce que vous voudrez vraiment réaliser en particulier, au cours de l'année 2022, sera de vous efforcer de donner le meilleur de vous-même dans tous les aspects de votre expérience. Le travail d'équipe et la planification seront en tête de votre agenda. Vous serez même prêt et disposé à déployer les efforts nécessaires pour que votre vie et celle des personnes qui vous entourent soient aussi bonnes que possible. Ce faisant, vos yeux seront rivés sur le but à atteindre en 2022 ! Voilà qui est bien alors que vous pourrez compter sur le soutien de Saturne pour vous aider à adopter une approche plus mature, tant dans vos amitiés que dans la poursuite de vos objectifs.

Le meilleur de Saturne, c'est son sérieux et sa capacité de concentration. En tant que Bélier, vous n'en avez pas toujours beaucoup de concentration, mais cette année, vous allez être obligé de vous focaliser sur votre projet ou sur ce que vous aimeriez voir se réaliser, possiblement au détriment d'autres activités qui, habituellement, vous intéressent beaucoup. Mais si vous voulez y arriver, vous devrez rester concentré pour atteindre votre objectif.

Saturne dans le signe avant-gardiste du Verseau – signe d'un nouveau projet de vie, en harmonie avec votre signe solaire natal, ou votre ascendant natal, si c'est le cas, vous n'aurez pas à vous plaindre sauf si vous n'avez pas envie de prendre la vie au sérieux. Mais il est possible également que vous ayez depuis longtemps un projet en tête sur lequel vous planchez peut-être déjà depuis quelque temps, et plus encore si vous êtes natif du deuxième décan. Non seulement la rigoureuse Saturne en Verseau – le signe qui représente vos projets, vos amitiés et vos relations professionnelles, pourra vous aider à mettre un important projet sur pied, et dans le processus, elle vous aidera aussi à apprendre la persévérance. Vous aurez en effet besoin de temps pour le faire aboutir. D'ailleurs, vous n'aurez autre choix que d'aller au rythme de la planète si vous voulez la mettre de votre côté et profiter de son sérieux, de sa rigueur, mais aussi surtout de sa volonté de construire sur des bases solides. C'est tout ce qu'il vous faut ! Par contre, plus vous vous impatienterez, plus ça prendra du temps. Il en ira de même aussi pour ce qui est d'une cause qui vous tient à cœur.

Vous qui avez souvent un côté militant et aimez défendre des idées, Saturne en Verseau, secteur de votre thème natal qui représente aussi celui de l'espoir, il s'agira de rester persévérant et si vous espérez quelque chose, ne renoncez surtout pas parce que vous comprendrez au fur et à mesure que cela n'ira pas aussi vite que vous l'aviez pensé et/ou souhaité. Mais rien à craindre, Saturne sera d'une aide efficace ! On peut même dire que vous terminerez l'année 2022 sur une note surprenante. Entre-temps, vous pourriez rencontrer quelqu'un qui aura de l'importance dans votre vie, car cette personne d'expérience pourrait vous prendre sous son aile et vous transmettre toute son expérience, mais tout dépend de votre âge, et ce sera peut-être vous qui servirez de mentor à quelqu'un ! Il pourrait même être question de trouver un commanditaire (*sponsor*), quelqu'un qui vous financera. Et avec Saturne dans le décor, soyez rassuré, ce sera sûrement quelqu'un de fiable. D'ici là, vous pourriez rencontrer des gens qui deviendront éventuellement de bons amis; vous gagnerez plus que vous perdrez des amitiés. Une raison de plus de tirer profit du passage de Saturne en Verseau alors que vous ne pourrez choisir meilleur temps pour prendre de bonnes décisions en ce qui a trait à vos objectifs et à vos amitiés. Profitez-en aussi pour mettre vos priorités dans le bon ordre et passer plus de temps avec des gens qui vous permettent d'être la meilleure version de vous-même. N'empêche, Saturne en Verseau, quelques changements dans vos comportements vont être nécessaires. Apprenez à mieux contrôler vos humeurs et laissez Saturne continuer de soutenir vos projets.

Jupiter en Bélier – du 10 mai au 28 octobre 2022 et du 20 décembre 2022 au 16 mai 2023 – votre Ire maison natale

Le 10 mai, Jupiter entame une brève incursion dans votre signe, là où elle y restera jusqu'à la fin du mois d'octobre, et de retour à nouveau dans le même signe pas plus tard que le 20 décembre 2022. C'est tout comme si le destin venait vous toucher l'épaule et vous donner un aperçu de ce que le futur a en réserve pour vous.

Vous sentirez venir la chance: Jupiter vous sourira, ce qui vous donnera un surplus de confiance en vous-même. Cet optimisme vous fera entreprendre de nombreuses nouvelles choses. Vous serez, à cette période, ce que l'on pourrait appeler « positif » et cela vous attirera la sympathie de votre entourage. Sachez bien la mettre à profit, mais n'en abusez surtout pas non plus!

Toute cette euphorie ne doit pas vous amener à voir trop grand dans tous les sens du terme. Or, évitez d'empiéter sur le territoire du voisin, demeurez réaliste et fuyez tous les pièges d'une trop grande confiance en soi qui vous feraient alors tenter des coups de poker dangereux, surtout que la vanité, cette année, vous guette. Ne vous illusionnez pas trop: les belles choses pourraient se révéler creuses et sans lendemain, d'où un risque de déception. Mon conseil: restez lucide, gardez les pieds bien ancrés dans la réalité, profitez des bons moments, ayez foi en ce que vous faites ou voulez faire, et vous verrez que tout se passera pour le mieux.

Ce sera un temps aussi où vous serez plus tolérant, plus épanoui, plus enthousiaste. Faites cependant attention à votre coup de fourchette, car l'expansion que promet la Grande Bénéfique Jupiter pourrait se faire sentir aussi sur votre tour de taille. Pas de panique pour autant! Sachez juste profiter d'une telle période pour mieux apprendre à vous aimer tel que vous êtes et accepter avec joie tous ces moments heureux qui vous ramèneront la santé si elle était un peu défaillante.

LES PHASES RÉTROGRADES DE MERCURE EN 2022

Mercure rétrograde en Verseau – du 14 janvier au 3 février – votre XIe maison natale

Climat général

Il faudra vous attendre à ce que des changements soient implantés. D'ailleurs, sur la scène mondiale, des complots et des abus de pouvoir auront toutes les chances d'être mis à jour, soit par la police, un avocat, un juriste, un ami à vous ou par vous-même. Ce sera un temps également où votre vie sociale sera active. Vous serez la plupart du temps en compagnie d'une foule importante, pour une raison ou une autre. Hormis que l'hiver engendre certainement son lot de responsabilités et d'obligations, et bien que vous soyez plus impatient de nature, il vous transformera véritablement en un être confus. Tantôt vous apprécierez de vous investir dans une vie sociale active alors qu'en d'autres temps, vous préférerez un peu de solitude. Bref, il ne sera pas facile de coordonner les événements en fonction de vos humeurs. Vous pourriez aussi souffrir de procrastination, état qui, cependant, pourrait être d'une grande fertilité sur les plans de la créativité... N'empêche, d'une manière ou d'une autre, vous pourriez également vous mettre les pieds dans les plats alors que vous serez peut-être plus gaffeur aussi, ce qui amènera sûrement un brin d'humour dans votre quotidien. À tout le moins, vous pourriez vous sentir quelque peu atteint psychiquement, sinon votre estime personnelle pourrait être légèrement ébranlée et vous aurez grandement besoin de prendre des mesures pour construire une confiance en vous beaucoup plus solide.

Travail – Finances

Le Bélier pense souvent qu'efficacité et rapidité d'exécution, ce qui fait certainement plaisir à entendre pour votre employeur, sont la clé du succès, mais comme tout le monde, il vous arrivera parfois de connaître, surtout au cours de cette phase, une période où vous serez plus confus et où le stress tendra à bloquer davantage qu'il ne vous stimulera, et ce, plus encore si vous exercez un domaine de service à la clientèle. Ce sera un temps parsemé de creux et de cimes, ce qui vous empêchera de faire une quelconque planification et vous soutirera passablement d'énergie. En revanche, si vous êtes dans un domaine associé à l'ingénierie ou lié à la créativité sous toutes ses formes, vous devriez être soudainement inspiré pour réaliser un projet qui marquera votre avenir. Cependant, vous risquez de connaître des moments un peu chaotiques, mais vous apprendrez à rassembler vos idées avant de pouvoir aller de l'avant. Il ne sera pas surprenant non plus qu'on exige de vous de faire des heures supplémentaires, mais l'inverse sera également possible, on vous en coupera quelques-unes. Si on vous confie la gestion d'un groupe ou que vous vous retrouvez au cœur d'une équipe, vous devrez apprendre à faire votre place; la ligne de direction à suivre semblera plutôt mal définie en ce qui concerne votre autonomie. Néanmoins, on appréciera que vous fassiez preuve d'un certain leadership, mais on vous reprochera de vouloir prendre le contrôle. Vous devrez donc tenter, tant bien que mal, de démystifier votre position. Encore une fois, la confusion prendra beaucoup de place. Soulignons aussi que le spectre de la perte d'emploi pourrait également se faire sentir. Bien qu'il ne soit pas nécessaire de vous inquiéter outre mesure, comme un chat vous saurez retomber sur vos pattes et serez même capable de corriger la situation très rapidement. Il est possible aussi que vous puissiez vous retrouver dans une position de pouvoir alors que vous n'y étiez absolument pas préparé; vous devrez apprendre à vous faire confiance. En tant que dirigeant, il faudra bien couver vos employés comme s'ils étaient vos propres enfants. Vous devrez gérer tous les problèmes de l'entreprise, mais vous voilà aussi aux prises avec les problèmes personnels de certains. Il faudra donc prévoir du retard dans vos dossiers, mais cela vous permettra d'y réfléchir plus longuement et même de corriger toutes les erreurs oubliées.

Amour – Sentiments

Il importera que vous entreteniez une vie sociale assez active avec l'être aimé pour briser occasionnellement la routine, cependant, il faudra être bien conscient que le temps accordé aux moments intimes sera réduit d'autant. Vous pourriez donc avoir l'impression que votre chéri ne vous désire plus alors que ce sera simplement parce que vous serez tous deux occupés. Vous pourriez aussi avoir droit à des avances de la part d'un ami, ce qui sera flatteur, mais cela vous laissera perplexe. Mais si votre couple manque de piquant, vous pourriez être tenté de vous laisser emporter pour voir si vous ne trouveriez pas quelqu'un qui aurait une passion tout aussi excentrique que la vôtre. Avant de prendre la décision de voler vers d'autres horizons, veuillez proposer quelques activités à votre amoureux pour vous faire sortir de la maison, histoire de retrouver la joie de vivre ensemble. En tant que célibataire, ce sera un temps où vous serez plus attiré par les rencontres virtuelles. Vous y trouverez là une manière plus simple d'apprendre à connaître certains prétendants sans avoir à faire de gros efforts. Les invitations fuseront de toutes parts pour votre plus grand bonheur, cependant, personne ne vous manifestera un intérêt vraiment sérieux pour le moment. Et si un coup de foudre devait se faire sentir, il se consumera tout aussi rapidement.

Famille

Si vous êtes parent d'enfants qui semblent ne pas avoir totalement retrouvé leurs esprits pour les études, vous adopterez alors le mode « conséquences » à leur endroit ! Vous retrouverez toute cette poigne qui vous caractérise comme bon parent et chef de famille pour que votre progéniture prenne le droit chemin dans la vie, sans trop bifurquer longtemps. Un peu d'autorité, c'est toujours important à la maison.

Santé

L'hygiène est souvent garante d'une bonne santé. Si vous travaillez avec le public ou si vous êtes en contact avec les foules, il sera primordial de vous laver les mains souvent. Il sera avisé aussi de vous abstenir de patiner, de courir et même de faire du ski alors que vous aurez moins d'équilibre et vous pourriez faire une chute ou vous infliger une blessure qui serait longue à guérir, surtout si vous avez déjà des antécédents de problèmes osseux. En général, vous aimez aussi la vitesse, toutefois, les courses en motoneige seront déconseillées, surtout si elles ont lieu le soir.

Mercure rétrograde en Gémeaux – du 10 mai au 3 juin – votre IIIe maison natale

Climat général

La distraction fait trop souvent partie de votre personnalité, et voilà qu'elle va prendre plus d'ampleur au cours de cette phase, ce qui risque de devenir désagréable pour les autres près de vous. Non seulement vous serez porté à tout oublier, mais il est possible que vous deviez aussi refaire le même trajet pour récupérer quelque chose que vous aurez laissé derrière par oubli. Attention aussi de devenir un danger public sur la route ; fermez votre cellulaire lorsque vous vous retrouverez derrière le volant afin d'éviter toute forme de distraction et pour ne pas blesser personne autour de vous, ou vous-même. Voilà qui sera aussi un temps où vous serez beaucoup porté à vouloir discuter. Vous pourriez même être tenté de dévoiler certains de vos secrets intimes ; malheureusement, méfiez-vous que certaines gens puissent mal citer vos paroles et ainsi nuire à votre réputation. Des problèmes avec un proche parent tel un frère ou une sœur, cousin, cousine, tante ou oncle pourraient se produire pendant cette période. Un de ceux-ci voudra possiblement évoquer d'anciennes rancunes et les ressasser, mais vous n'aurez pas à vous impliquer dans une discussion compliquée sur des faits qui se sont produits il y a longtemps de cela. Si vous avez mis le passé derrière vous, n'hésitez pas à le dire haut et fort. En revanche, si vous êtes dans l'état d'esprit de faire la paix, c'est une autre affaire. Vous ne pourrez donc choisir meilleur moment pour faire amende honorable et réparer enfin les méfaits du passé, que ce soit vous ou vos proches qui serez la partie incriminée.

Travail – Finances

Vous aurez l'impression de tourner en rond, de refaire constamment la même chose, de faire du surplace. En dépit qu'un brin d'instabilité tende à planer plus autour de vous, celle-ci affectera davantage vos collègues que vous-même. À vrai dire, vous allez demeurer bien branché sur vos objectifs et continuerez à gagner du terrain. Vous aurez tellement à accomplir que parfois vous ne saurez plus où donner de la tête ; ce n'est pas dans votre nature de vous arrêter, alors vous travaillerez d'arrache-pied. Fort heureusement, puisque la récolte sera appréciable. Néanmoins, une perte significative du rendement de production de votre équipe de travail est à prévoir et ça ne fera pas plaisir aux têtes dirigeantes. Dans le but de répondre à leurs attentes, vous risquez de devenir plus intransigeant et serez celui qui travaillera le plus dur et qui restera le plus tard au bureau. Inutile de vous emporter, ça ne fera qu'aggraver la situation. Même si l'on se montrera injuste ou trop rustre envers vous, prenez votre mal en patience. Dès que cette phase prendra fin, vous commencerez à voir poindre la lumière au bout du tunnel et sortirez vainqueur d'une impasse que vous croyez actuellement sans issue. Entre-temps, attention aux coups de tête. Si vous travaillez physiquement, attention à ces petits accidents qui, sans être graves, risquent d'être incommodants. À tout le moins, vous risquez de ressentir une certaine fatigue. Ce n'est pas que vous négligerez votre travail, mais il vous sera plus difficile ainsi de vous concentrer. Vos collègues ou vos amis seront tellement exigeants que vous pourriez décider de réduire vos heures de travail pour venir en aide à l'un d'eux. Vous ne serez pas content d'avoir cédé face à leurs demandes une fois de plus et aurez possiblement dépensé de l'argent qui ne vous sera jamais remboursé, et ce, vous le saviez fort bien. Parlant de sous, essayez de ne pas trop garder d'argent sur vous et réduisez votre marge de crédit ; ce n'est pas parce que vous bénéficiez de quelques dollars de plus dans votre budget qu'il faut nécessairement le dépenser en futilités. Sur une note finale, il est possible que l'entreprise pour laquelle vous travaillez décide de ne pas mettre de l'avant un projet qui vous tenait à cœur. Elle préférera attendre de meilleurs jours pour le concrétiser.

Amour – Sentiments

Il est possible que vous ayez à régler un différend entre vous et l'amoureux. Ce n'est pas en élaborant une stratégie du silence ou d'indifférence que vous parviendrez à faire réagir l'autre et à vous attaquer au problème de couple en question. N'allez pas essayer non plus d'imposer votre point de vue, on ne le prendrait pas. Si vous êtes nouvellement en couple, il est possible que votre nouvelle flamme se fasse attendre, désirer ; il ou elle craindra que votre passion ne soit qu'un feu de paille. En tant que célibataire, vous n'appréciez guère de rester seul, vous tendrez à rechercher l'amour. Pas surprenant qu'au cours de cette période, vous ayez le choix entre deux personnes belles, intelligentes et dynamiques ; cependant, le temps ne se prêtera pas aussi bien pour promettre quoi que ce soit à qui que ce soit. Or, prenez le temps de mieux les connaître. Vous saurez voir tôt ou tard qui elles sont par leurs actes et leurs réactions.

Famille

Une personne de votre famille pourrait réclamer votre attention et vos bons soins et vous ne tarderez pas à accourir pour l'aider. S'il s'agit de l'un de vos enfants, d'avoir à l'accompagner dans ses activités ou de causer sérieusement avec votre partenaire, la patience d'écouter jusqu'au bout risque de vous faire plus défaut. Méfiez-vous de vos colères qui sembleront plus présentes au cours de cette période.

Santé

Surveillez votre système nerveux et digestif qui sera plus vulnérable. En toute réalité, c'est votre corps qui fera tout pour vous faire savoir la nécessité de vous reposer.

Mercure rétrograde en Balance – du 9 septembre au 2 octobre – votre VIIe maison natale

Climat général

Voilà un temps où vous aurez de nombreux compromis à faire avant d'établir un bel équilibre avec ceux qui vous entourent. Quelques émotions fortes se feront sentir, mais dès que Mercure aura repris sa marche directe, vous ressentirez une puissante joie de vivre s'installer; il y aura de moins en moins de pression dans la plupart des sphères de votre vie. Entre-temps, il vous sera difficile d'avoir le moral. Cela dit, vous ne serez pas à l'abri de problèmes familiaux non plus, ou vous ne réussirez pas à vous soustraire à vos responsabilités. Il est évident que la meilleure solution sera d'y faire face et de tenir une discussion ouverte et honnête avec les personnes impliquées qui minent vos progrès. Et d'ici là, vous aurez envie de vivre de nombreuses expériences qui vous permettront de mieux comprendre le processus par lequel l'esprit et l'âme absorbent les événements. Vous voudrez parfois vous arrêter de penser, mais malheureusement, ce ne sera pas possible! Faire le vide constituera un effort en soi alors que cela exigera que vous vous concentriez. Il vous faudra être extrêmement prudent dans toutes vos décisions. Ce ne sera pas le moment non plus de faire un prêt, de vendre ou acheter, car l'engagement financier que vous prendriez pourrait être rompu, sinon il ne répondra pas à vos attentes et à vos besoins.

Travail – Finances

Vous serez davantage porté à dramatiser les moindres contrariétés ainsi que tout ce qui ne fonctionnera pas comme prévu, et vous tendrez aussi à tout exagérer. Lorsque vous présenterez une idée et qu'on ne l'adoptera pas sur-le-champ, vous aurez une forte impression de rejet. Votre nature batailleuse prendra le dessus, mais cela risque d'être des coups d'épée dans l'eau. Il vaudrait mieux garder votre calme et rester en pleine maîtrise de vous-même pour un résultat plus satisfaisant. Malgré cette mise en garde, des affrontements dans votre milieu professionnel seront possibles, et encore plus si on vous dit quoi faire. Non seulement cela vous insultera, vous tendrez aussi à répondre sans ménagement et voilà que l'autre réagira, et les réactions négatives vont s'enchaîner. Par contre, si vous commencez la conversation en disant à celui ou celle qui vous critique: « Comment puis-je être apprécié de vous? », vous désamorcerez l'offenseur, vous ferez tomber l'agressivité et aurez enfin une vraie conversation ainsi que des explications. Il n'en demeure pas moins que la compétition sera plus serrée pendant cette phase. Si vous avez déjà donné plusieurs preuves de vos compétences, vous n'aurez pas à vous inquiéter, mais n'allez pas être surpris si on vous assigne à un autre poste. Au début, vous n'en verrez pas l'avantage, mais dès que Mercure aura repris son mouvement direct, vous vous apercevrez vite que tout roule parfaitement bien pour vous. Il y aura beaucoup de monde à servir continuellement et vous serez soumis à un certain stress, mais cela constituera aussi un souci de performance qui accentuera considérablement votre efficacité.

Amour – Sentiments

Il sera avisé d'accorder une grande place à la communication et au besoin de prendre un peu de recul, d'autant plus si vous devez aborder des sujets délicats. Mais avant d'entreprendre la conversation avec l'être aimé, veuillez tâter le terrain avec subtilité. Testez votre relation par des attentions particulières, ce qui pourra vous indiquer de manière intuitive et très claire l'état de vos sentiments. Malgré tout, ce ne sera pas le mois de la paix ! Les tensions augmenteront pour ceux qui vivent ensemble depuis longtemps et qui ont accumulé des frustrations. Que vous soyez cynique ou que vous subissiez le cynisme de votre partenaire, cela n'aura rien de drôle. Ne laissez pas la situation se détériorer davantage. Soyez assez sage d'insister pour des pourparlers harmonieux. Parmi vous, certains ont oublié le respect qu'ils se doivent l'un l'autre. Si vous êtes amoureux, vous aurez du mal à le démontrer et par conséquent, l'être aimé tendra à s'inquiéter de la distance que vous prenez ; peut-être aura-t-il l'impression que vous avez quelque chose à lui reprocher ? Réglez cela tout de suite si vous ne voulez pas qu'une rupture s'ensuive. En tant que célibataire, misez sur cette période pour éliminer quelques prétendants qui ne vous apportent rien. Une fois ce ménage fait, vous serez en bien meilleure position pour comprendre vos besoins et mieux identifier votre idéal amoureux. Évitez les unions décidées impulsivement !

Famille

Il vous arrive d'avoir des idées préconçues au sujet du roulement d'une famille, mais voilà qu'un tas d'imprévus les renverseront et vous obligeront à penser différemment et à devenir plus flexible. Néanmoins, si un membre de votre famille se mêle de vous dire quoi faire, votre réaction ne se fera pas attendre et vous ne serez pas tendre non plus. Vous lui ferez comprendre que vous êtes maître de vos décisions et que nul n'a le droit d'intervenir. Si vous avez déjà des conflits avec vos frères, vos sœurs ou vos parents, ils pourraient s'amplifier si vous les provoquez lors d'une réunion de famille. Et si vous êtes le soutien d'un tas de personnes, en dépit que vous tendiez à accuser un manque de patience, aussi honorable qu'il soit de donner tant de vous-même, ce n'est pas une faiblesse non plus de demander de l'aide quand on en a besoin !

Santé

Vous avez généralement une grande résistance aux maladies et vous ne faites donc pas attention à votre alimentation, ce que vous devriez faire pendant cette période. Si vous souffrez d'un mal chronique et que vous devez prendre des médicaments, il sera avisé de les avoir en main où que vous alliez. Votre dos sera menacé. Si vous faites du sport, mesurez votre résistance et n'allez pas au-delà de vos forces. Et si, à tout hasard, vous commettez des excès de nourriture, vos reins vous le laisseront savoir.

Mercure rétrograde en Capricorne – du 29 décembre 2022 au 18 janvier 2023 – votre X^{e} maison natale

Climat général

Voilà qui présage que le temps sera une denrée très rare pour vous et vous aurez un peu de difficulté à bien gérer votre horaire. Préparez-vous à vivre une phase plutôt assez intense du côté des responsabilités. Vous tendrez, pendant cette période, à prendre aussi comme résolution de passer davantage de temps avec vos amis et vos proches, et ainsi profiter de la vie ; vous réaliserez que vous n'êtes pas éternel, ce que le Bélier tend à croire très longtemps habituellement. N'empêche, le temps est venu de penser à l'instant présent, de vous accorder des loisirs et de vous libérer aussi des chaînes de l'asservissement. Certains feront des changements radicaux à ce propos alors que pour d'autres, j'en doute beaucoup… puisque dès que la période aura pris fin, ils reviendront très certainement à leurs vieilles habitudes. Entre-temps, les histoires de famille ne sembleront pas vouloir s'apaiser pour autant et qui sait, il faudra probablement vous fouetter un peu chaque matin pour aller au boulot, conduire les enfants à l'école ou simplement vous lever du lit. Bien que vous soyez normalement un signe actif qui déteste s'ennuyer, tant que Mercure sera en mode rétrograde, ça ne va pas favoriser vraiment les activités sauf que c'est dans ce genre de situation qu'il faut en profiter pour mijoter de grands projets que vous aimeriez voir se réaliser dans un proche avenir, ce qui sera le cas pour vous pendant les prochaines semaines. Or, ne perdrez pas de temps pour les mettre en application comme un vrai Bélier. Puisque vous êtes une personne souvent spontanée et assez impulsive, qui n'a pas froid aux yeux pour entreprendre les plus grandes entreprises, ce sera avec cette même audace que vous pourriez finalement décider de reprendre le chemin des études ainsi que suivre une formation spécialisée afin d'améliorer vos performances au travail et peaufiner aussi vos méthodes de travail.

Travail – Finances

Pas toujours facile d'avoir un patron derrière son dos, particulièrement pour le Bélier. Vous êtes naturellement un chef, vous savez très bien la direction à prendre une fois encadré et, la plupart du temps, votre détermination vous rend extrêmement efficace. Par contre, pendant cette période, il est possible que vous fassiez face à un supérieur assez coriace qui ne semblera pas tellement apprécier votre esprit d'initiative, et plus encore si vous êtes en voie de le surpasser ! Vous risquez d'être confronté à sa jalousie ou autre. Vous pourriez être en mesure de le détrôner, certes, cependant l'inverse sera également possible : il pourrait vous faire perdre votre emploi. Alors votre jugement sera nécessaire pour analyser les actions à prendre. Parfois, endurer en silence n'est pas nécessairement négatif à court terme ! Néanmoins, attendez-vous à vivre certains changements possibles ! En tant que patron, dirigeant et travailleur autonome, voilà qui risque de vous inquiéter plus sérieusement dans vos fonctions actuelles suivant une économie qui tendra à fluctuer sans cesse. N'allez pas être surpris de perdre un important client, ce qui tendra à ébranler passablement votre confiance en vous. Cette situation ne sera certainement pas permanente, mais elle vous laissera tout le temps indispensable de vous restructurer et d'entreprendre les démarches pour mieux remédier à ce genre de problème. Quelques semaines seront nécessaires, mais voilà que pour vous, ça semblera une éternité

Amour – Sentiments

Les sentiments sembleront se bousculer davantage durant cette période, comme si votre relation n'avait d'autres options que d'évoluer, comme si elle ne pouvait plus se permettre d'être un long fleuve tranquille. Il vous faudra des projets, il vous faudra vivre de nouvelles expériences et ce ne sera pas toujours facile à exprimer, surtout si de vieux problèmes du passé sont à l'origine de ce besoin de vivre autre chose. Votre couple n'est certainement pas en péril, mais peut-être aurait-il besoin d'une petite thérapie, de s'ouvrir un peu plus. Par moments, il sera difficile d'obtenir l'heure juste de la part de votre partenaire, vous aurez l'impression d'être devant un bloc de glace, un mur de béton armé et, surtout, un être contrôlant malgré le silence. Même durant son absence, vous n'oserez le défier. Bref, vous ressentirez certainement un grand vide. Dans le meilleur des cas, votre partenaire de vie sera tout simplement trop occupé par son travail et ses nombreuses responsabilités pour vous accorder toute son attention. Par contre, une autre personne pourrait voir l'ouverture et tenter de vous séduire. Serez-vous capable de résister à la tentation ? En tant que célibataire, attention aux coups de foudre pendant cette période, alors que vous pourriez avoir l'impression de vous retrouver devant votre âme sœur à plus d'une reprise, mais dites-vous qu'il ne s'agira que d'une impression. D'ailleurs, vous aurez certainement beaucoup de difficulté à prendre seulement un rendez-vous ensemble ; ni l'un ni l'autre n'arrivera à être disponible lorsque l'autre le sera.

Famille

Vous vous dévouerez corps et âme pour celle-ci. Attendez-vous à ce qu'on ait besoin de vos services pour différentes raisons et vous vous porterez garant du bien-être de tous. Méfiez-vous d'être trop dur ou exigeant avec vos jeunes enfants et vos adolescents.

Santé

Il sera fortement avisé de faire attention aux plaques de glace dans la rue ainsi que sur les trottoirs. Curieusement, c'est comme si vous étiez attiré par elles. Restez vigilant afin de ne pas vous casser la margoulette. Il sera très important aussi de rependre vos bonnes vieilles habitudes ainsi que votre routine aussitôt que possible et bénéficier ainsi de bonnes heures de sommeil, autrement la fatigue et le stress pourraient bien s'emparer de vous assez facilement. Cessez de vous imposer un rythme de vie trop stressant et apprenez à mieux contrôler votre impatience, ce qui fera toute la différence. Trouvez des façons d'apprendre à vous relaxer !

LA PHASE RÉTROGRADE DE VÉNUS EN 2022

Vénus rétrograde en Capricorne – du 19 décembre 2021 au 29 janvier 2022 – votre X[e] maison natale

Climat général

Voilà une période où il vous sera plus difficile de faire valoir vos points de vue alors que l'on comprendra mal ce que vous direz, ou on interprétera mal vos gestes ; allez-y en douceur. D'ailleurs, il sera suggéré d'opter pour la sagesse et la circonspection en tout temps et tous lieux puisqu'en agissant de la sorte, vous vous éviterez bien des embûches et des inimitiés possibles.

Travail – Finances

Vous pourriez être convaincu d'être prêt à prendre votre place dans la société et de vous présenter aux élections de votre communauté ainsi que postuler un emploi ou un poste ouvert. Travailler dans un autre domaine ou un autre endroit ne sera peut-être qu'une partie de vos changements en ce qui concerne votre carrière. Voilà un temps où vous serez invité à réfléchir longuement à vos aspirations concernant votre carrière, votre travail. Êtes-vous vraiment heureux dans le domaine que vous avez choisi ? Si la réponse est non, vous pourriez songer sérieusement à changer votre profession pour une autre plus adaptée à vos besoins psychologiques et émotionnels. Misez aussi sur cette période pour établir des alliances commerciales ou encore pour évaluer et mesurer la productivité au travail de vos collègues.

Entre-temps, à moins que quelqu'un ne vous contacte, vous devrez probablement renoncer à poursuivre un contact d'affaires pour au moins les 40 prochains jours. Il serait sage de ne pas signer d'ententes ni de papiers légaux à partir du 19 décembre, et même une semaine avant cette date, idéalement. Si vous ne pouvez faire autrement, consultez un avocat spécialisé en la matière ; considérez cette consultation légale comme un bon investissement qui vous rapportera gros dans un proche avenir. D'ici là, il ne serait pas étonnant que vous ayez à faire nombreuses heures supplémentaires sans toutefois être rémunéré pour celles-ci ; sinon, il sera fortement avisé de mettre par écrit toute forme d'entente puisque les paroles s'envolent, mais les écrits restent.

Alors que la douceur et les stratégies intelligentes vaudront bien mieux que la force, cela dit, ne soyez pas surpris toutefois qu'une personne en position d'autorité sur vous n'ait pas d'éloges envers vous. Il est possible aussi que la direction désapprouve quelque chose qui vous tenait à cœur. Soyez informé aussi que certaines interactions sociales risquent d'être empreintes de malaises.

Puisque les magasins à rayons et les grandes surfaces seront des endroits risqués pour vous, attention d'y engloutir une grosse partie de votre budget lors de vos achats de cadeaux et de vos emplettes du temps des Fêtes. Une folle dépense risque de grever votre budget. Petit conseil : le temps est peut-être venu pour vous d'investir votre argent dans des entreprises telles que les agences d'intérim ainsi que les recruteurs spécialisés dans la recherche de candidats qualifiés pour les besoins de l'entreprise.

Famille

Vous tendrez à vous inquiéter davantage pour un membre de votre famille surtout que la période du temps des Fêtes est à nos portes. Néanmoins, n'allez pas vous débarrasser trop vite de vos gants blancs, vous en aurez besoin pour négocier avec un proche qui ne sera pas très accommodant. L'idée que vous ayez à jouer un rôle d'intermédiaire ou de médiateur au moindre différend parmi vos proches sera plus que possible. Heureusement, vous réussirez à réparer les pots cassés et à réunir tout le monde pour vivre des moments exceptionnels. Attendez-vous tout de même d'avoir à apporter certains ajustements familiaux !

Amour – Sentiments

En plus des caprices d'une personne de votre entourage, vous aurez à composer avec certaines difficultés que rencontrera possiblement un de vos enfants ou un parent et, par le fait même, l'atmosphère pourrait devenir tendue à certains moments. Par chance, un bon ami saura vous encourager et fera tout en son pouvoir pour vous remonter le moral. Entre-temps, les différentes responsabilités et obligations du temps des Fêtes risquent de vous imposer passablement de stress, ce qui freinera automatiquement vos ardeurs et celles de votre partenaire ; il sera important que vous vous accordiez du temps en amoureux en dépit de vos disponibilités restreintes. Il faudra peut-être faire garder les enfants, prendre congé du travail et réserver une table à votre resto préféré. Qui sait ? Chose certaine, quelques efforts seront nécessaires pour démontrer votre amour à l'élu de votre cœur. En tant que célibataire, si vous avez été frappé par un coup de foudre dernièrement, l'enchantement pourrait commencer à s'estomper. En revanche, si vous êtes un parent monoparental, vous n'aurez très certainement aucune envie d'impliquer vos enfants dans une nouvelle relation durant le temps des Fêtes. Il n'en demeure pas moins qu'il ne serait pas impossible que le père de vos enfants tente de vous séduire à nouveau.

Santé

Vénus rétrograde, et Pluton en aspect dur avec votre signe solaire ou votre ascendant natal si c'est le cas, ça risque de vous rendre plus vulnérable sur le plan physique. Or, peut-être serez-vous embêté par un quelconque malaise durant la période des Fêtes, mais heureusement, la fièvre ou tout autre symptôme va disparaître subitement. En fait, vous n'aurez besoin que de quelques jours de congé pour vous remettre sur pied. Cependant, afin de déjouer le sort, faites preuve d'une vigilance accrue alors qu'une négligence de votre part pourrait vous valoir un fâcheux accident ou un bête incident ainsi qu'une maladie possible. Alors que la gourmandise vous tiraillera un peu plus, voilà qui risque de ternir temporairement votre teint, sinon d'alourdir quelque peu votre silhouette.

LA PHASE RÉTROGRADE DE MARS EN 2022

Mars rétrograde en Gémeaux – du 30 octobre 2022 au 12 janvier 2023 – votre IIIe maison natale

Climat général

Voilà une période où vos communications risquent d'être plus affectées alors que les gens près de vous seront plus portés à se disputer pour des riens sans compter qu'ils seront trop impatients pour écouter, ce qui pourrait en retour leur éviter de nombreux problèmes. Au lieu de créer un surplus de confusion déjà existante, il vaudrait mieux ne rien dire et écouter plutôt ce qu'ils auront à dire.

Travail – Finances

Vous aurez l'impression que tout le monde parle en même temps, sinon que personne autour de vous, que ce soit les membres de votre famille, les gens au travail ou parmi vos amis, n'écoutera ce que vous dites, mais s'intéressera plus à écouter ce que les autres ont à dire que vous-même. D'ailleurs, les actions de certaines gens risquent de nuire à l'harmonie du groupe. Malgré tout, attendez-vous à des progrès stimulants éventuellement, soit début février, suivant que vous pourrez enfin aller de l'avant et agir à votre guise, sans toujours avoir à redouter un revers. D'ici là, évitez de participer à toutes les propositions alléchantes puisque vous risquez de perdre beaucoup et des ennuis sérieux pourraient aussi en découler. Période qui coïncidera aussi avec une diminution de vos activités, sinon votre situation risque de stagner. Et le moment sera très mal choisi aussi pour apporter des changements de tous genres ainsi que pour vous déplacer. Or, soyez vigilant dans vos déplacements, surtout ceux lors de vos allers et retours au travail ou toutes visites faites chez votre vétérinaire, au cabinet de votre médecin ou toute institution médicale, mais aussi lorsque vous ferez vos courses. Attention aussi aux achats inconsidérés. L'annulation d'un voyage en avion pourrait aussi faire partie de ce scénario. Moindrement, vous pourriez encourir des problèmes avec un de vos appareils ménagers, votre téléphone, votre véhicule, sinon avec un de vos gadgets électroniques. En revanche, il vous sera suggéré de ne pas faire l'achat d'un ordinateur ni d'un téléphone seulement si c'est absolument nécessaire. Entre-temps, l'idée que vous puissiez encourir des ennuis avec votre service Internet ou suivant tous les modes de transport que vous utilisez est plus que possible.

Amour – Sentiment

Un projet avec un ami pourrait rencontrer des retards, des complications et vous aurez possiblement envie de tout laisser tomber. En fait, ce sera le meilleur moment pour revoir tranquillement le montage du projet; profitez de ce bel automne pour ce faire alors qu'à la fin de l'année, vous serez heureux du résultat. D'ici là, attention à toute distraction possible. Évitez aussi de prendre part aux histoires personnelles des autres et n'allez surtout pas vous immiscer non plus dans leur vie privée. Il sera suggéré aussi de vous tenir loin de tous les commérages et intrigues possibles.

Famille

Un membre de la famille ou un voisin sera plus difficile à gérer, sinon moins coopératif. Vous pourriez éprouver aussi plus de difficulté à rejoindre certaines gens près de vous. Heureusement qu'avec le temps, plusieurs nouvelles encourageantes vous parviendront. D'ici là, vous ne serez pas à l'abri d'un différend possible avec un membre de votre famille; manque d'inventivité, d'impatience, de la négativité chez ou avec quelqu'un de votre entourage proche.

Santé

Si un problème ne peut se résoudre rapidement, veuillez surtout ne pas vous blâmer et attention aux sentiments négatifs vue que vous serez plus porté à vous replier davantage sur vous-même. Attention aussi de ne pas vous couper, vous écorcher un doigt, vous heurter la main ainsi que vous blesser à un bras sinon à l'épaule.

L'ÉCLIPSE SOLAIRE PARTIELLE DU 30 AVRIL EN TAUREAU – VOTRE IIE MAISON NATALE

Avec l'éclipse solaire du 30 avril en Taureau, si votre ascendant tombe dans ce signe ou celui du Lion, du Verseau ou du Scorpion, la santé physique pourrait chuter chez ces signes. Observez bien ! Si vous ne souffrez d'aucune dépendance drogue-alcool-médicaments, vous serez plus en forme et plus en sécurité, sinon faites-vous soigner.

L'éclipse nouvelle lune au signe du Taureau atténuera votre résistance physique. Au besoin, un professionnel de la santé vous aidera à retrouver votre équilibre physique et moral essentiel à une vie saine et heureuse. En dépit que tout ne sera pas parfait, ayez tout de même foi en l'avenir. Misez sur l'endurance dont vous avez hérité en naissant au printemps. Fin d'un chapitre, début d'un autre. Ainsi va la vie !

Cette éclipse signifie de nouveaux commencements et une concentration dans votre vie pour les mois à venir. C'est un temps où vous feriez bien de prendre des mesures pour améliorer votre situation financière personnelle et, par conséquent, augmenter votre sentiment de sécurité. Commencez dès aujourd'hui. Examinez vos sentiments au sujet de l'argent, des biens et de ce qui vous met à l'aise. Si vous n'êtes pas à l'aise avec vos sentiments par rapport à ce que vous avez ou n'avez pas, pourquoi pas ? Y a-t-il quelque chose que vous pourriez faire à ce sujet, un pas que vous pourriez faire, aussi petit soit-il ? Les significations de faire un pas ne peuvent pas être surestimées. Le simple fait de savoir que vous avez commencé peut immédiatement améliorer votre niveau de confort et de vous sentir mieux peut encourager votre élan à continuer.

P.-S. Vous êtes encouragé à prendre connaissance de tout ce qui est écrit au chapitre intitulé « Les éclipses de 2022 » pour mieux vous familiariser avec toutes les mises en garde à respecter lors de toutes les éclipses.

LES POSITIONS LUNAIRES ET VOUS

À la fin du livre, vous trouverez le tableau des positions lunaires pour chaque jour de l'année 2022. Pour mieux tirer profit de la Lune au quotidien ainsi que connaître le rôle qu'elle jouera sur vos humeurs, lesquelles vont influer sur votre jugement et sur vos actes, référez-vous au chapitre intitulé « Méthode d'interprétation du calendrier des Lunes ».

En général, quand la Lune passe en Bélier, soit votre signe solaire ou votre ascendant natal, en Lion, en Sagittaire, en Gémeaux et en Verseau, vous êtes en forme. Ces énergies, surtout celles du Bélier, du Lion et du Sagittaire, vous placent en position de force. Là où vous devriez être très prudent et où il serait préférable de prendre du recul, c'est lorsque la Lune se trouve en Cancer, en Balance, en Capricorne et en Poissons.

Les divers passages de la Lune ne sont jamais neutres, même ceux qui ne sont pas mentionnés ci-dessus. S'il y a des moments pour l'action quand la Lune est néfaste, s'il faut prendre du recul quand elle ne l'est pas, les autres journées représentent, la plupart du temps, un mouvement vital plus lent.

♉

Taureau

21 avril au 20 mai

LES DIFFÉRENTS ASPECTS DE VOTRE PERSONNALITÉ

Taureau – féminin, fixe, terre

Vous êtes une personne reconnue pour son incommensurable patience qui est d'ailleurs légendaire. Les natifs de votre signe ne démissionnent jamais. Ce n'est pas votre genre de baisser les bras. Assurément, vous êtes quelqu'un pour qui le travail ne fait pas peur. Non seulement vous refusez de baisser les bras devant les échecs, mais vous vous battez sans relâche pour réussir. Or, votre réputation d'être entêté, vous l'avez bien méritée.

Vous êtes également une personne responsable sur qui on peut se fier totalement. Tout aussi honnête que déterminé, vous êtes doté d'une attitude qui ne cède jamais et dont certains peuvent être envieux. Mentionnons que l'argent est essentiel à votre bien-être ; vous avez toujours peur d'en manquer

Vénus étant votre planète maîtresse, il n'est pas étonnant de constater que vous êtes une personne sensuelle qui aime les belles choses que la vie a à lui offrir. Épicurien de nature, vous aimez la bonne bouffe, le vin et les arts.

En tant que natif d'un signe de terre, vous avez besoin de paix, de tranquillité et de stabilité comme pas un, et vous n'aimez pas non plus que votre emploi du temps soit troublé. Cependant, vous avez besoin d'être rappelé à l'ordre alors que votre confort peut parfois tourner à la paresse.

CE QUI VOUS DIFFÉRENCIE DES AUTRES NATIFS DE VOTRE SIGNE

En tant que natif du 1er décan (du 21 au 29 avril), Vénus régit votre signe solaire. Elle vous donne charme et beauté ainsi que d'agréables dispositions en ce qui concerne l'amour, l'art et la musique. Si vous n'êtes pas artiste au sens propre du mot, vous l'êtes dans l'âme de façon certaine.

Quant à Mercure qui gouverne votre décan, il fait de vous un mélange de fixité et de mobilité, de constance et de versatilité. Rempli d'idées toutes aussi bonnes les unes des autres et agrémenté d'une grande et belle imagination, voilà qui vous servira bien pour réaliser vos rêves. Cependant, il ira de votre intérêt de garder les deux pieds bien ancrés dans la réalité.

Mercure, particulièrement très important dans votre thème natal, fait de vous une personne au cœur tendre, fidèle, stable et authentique, aimante et attrayante, et tout aussi soucieuse de sa sécurité. Tenace, persévérant et laborieux, votre confort et votre vie personnelle sont très importants à vos yeux, et une fois que vos besoins matériels sont résolus, voilà qui vous incite davantage à vous sentir en sécurité.

Vous êtes plus réservé que les deux autres décans, cependant, votre vivacité d'esprit vous rend plus causeur que penseur. Extrêmement organisé, vous avez un talent inné pour les détails. C'est ce qui explique votre tendance à rechercher la perfection dans tout ce que vous entreprenez.

Vous pouvez très bien exceller dans l'étude des sciences sociales et politiques, et pouvez tout aussi bien pratiquer l'art de la médecine avec brio, faisant de votre travail une véritable vocation.

Tendre, charmant dans votre approche et dans vos démarches, et tout aussi généreux par défaut, vous aimez partager avec vos proches et tous ceux qui vous sont chers. Apprenez tout de même à protéger vos alliances et ne manquez pas de renforcer vos liens familiaux.

Côté cœur, vous êtes une personne dévouée et fidèle. Adepte de l'indépendance et de la liberté, vous recherchez avant tout un fidèle compagnon de vie qui pourra vous apprendre quelque chose de nouveau.

Sous l'influence de Vénus, vous entrevoyez dès l'adolescence de vivre le parfait amour avec une personne au comportement romantique. Votre crainte de solitude pourrait vous inciter à cohabiter avec une personne tôt dans la vie. Si vous vous mariez, choisissez quelqu'un qui est fidèle, tendre, affectueux et sensible.

En tant que natif du 2e décan (du 30 avril au 10 mai), votre signe est sous la protection de Vénus, mais votre décan est gouverné par la Lune. Mercure y joue aussi un rôle d'importance pour faire suite à la Triplicité de Terre qu'est votre signe solaire.

En ce qui a trait à l'influence de Vénus, celle-ci vous donne une nature intuitive, imaginative et parfois même émotive, mais tout aussi douée pour connaître l'aisance matérielle grâce à votre sens inné des affaires et vos excellentes qualités d'organisation. Quant à Mercure, cette planète vous donne de belles dispositions pour tout ce qui relève de la communication. Pas surprenant de vous voir exceller dans le domaine de l'enseignement, de l'écriture ou en tant qu'inventeur, danseur ou politicien. Vous êtes également doué aussi pour les arts en général, tels que la musique ou la peinture.

Puisque vous affichez une belle ouverture d'esprit, vous pouvez très bien réussir dans le domaine des sciences ou de la philosophie. D'ailleurs, en destinée, les honneurs ne manqueront pas. Maintes distinctions et récompenses feront partie de votre lot.

Perspicace, analytique, intelligent, pondéré et plein d'esprit, vous êtes porté à aborder toute situation et tout problème sous un angle intellectuel.

Suivant que vous avez un sens aigu de curiosité, vous prenez plaisir à apprendre de nouvelles choses. Polyvalent, vous déployez des efforts mentaux considérables dans votre travail. Curieux, sportif, bougeant continuellement, vous aimez voyager. À cet effet, vous feriez un excellent représentant commercial (des ventes) ou un diplomate ambassadeur.

Mercure jouant un rôle d'importance dans votre thème, l'éducation est la clé de votre succès. Profitez-en pour passer du temps de qualité avec des personnes avisées qui vous encouragent à devenir le meilleur que vous puissiez être. Ne manquez pas non plus d'investir vos aptitudes mentales là où elles peuvent faire le plus grand bien pour vous et les autres. Prenez garde, toutefois, à toutes les offres douteuses ou trop belles pour être vraies alors qu'elles le sont généralement !

Puisque vous êtes une personne pratique, précise et tout aussi vive d'esprit, ces traits peuvent vous attirer une variété d'admirateurs. Si une personne veut gagner votre cœur et garder votre amour, celle-ci doit avant tout être loyale et apprécier les plaisirs physiques de l'amour. Alors que vous n'êtes pas une personne partisane d'aventures d'un soir, mais plus du genre qui recherche avant tout le bonheur et la paix au sein de son foyer, lorsque viendra le temps de vous engager dans une relation de couple, arrêtez votre choix sur un partenaire qui est fiable et tout aussi affectueux que vous.

En tant que natif du 3e décan (du 11 au 20 mai), votre planète maîtresse est Vénus alors que votre décan est sous la tutelle de Saturne.

Saturne influençant doublement votre signe pour faire suite à la Triplicité de Terre qu'est votre signe solaire, ce duo d'énergie tend à produire une personne taciturne. Doté d'un tempérament stable et doué d'un talent pour l'organisation, rien ne vous arrête, seul l'objectif matériel a de l'importance à vos yeux. Chose certaine, vous avez le sens du pratique – le tangible est très important pour vous.

Fortement influencé par Saturne, voilà qui vous donne de la dignité et une force de caractère inouïe, mais vous tendez aussi à prôner une approche conservatrice dans ce que vous faites, dans ce que vous entreprenez. Vous détenez des capacités de gestion appréciables et un talent inné pour l'organisation. Voilà qui concourra favorablement à ce vous puissiez vous décrocher une position qui requiert beaucoup d'entregent. Veuillez donc viser haut au moment de choisir une carrière, un travail, un associé et même un ou une un partenaire de vie.

Discipliné et tout aussi tendu, probablement à cause des restrictions imposées par vos parents, voilà qui a pu susciter chez vous de l'inquiétude en ce qui a trait à vos propres capacités. Heureusement, vous êtes une personne dévouée qui sait toujours mettre de l'avant votre meilleur effort, ce qui sera la clé de votre succès. D'ailleurs, en destinée, vous êtes voué à connaître des périodes fastes où l'argent et les plaisirs s'allieront pour rendre votre existence des plus agréables. Votre sort sera enviable vu du dehors, mais vous aurez aussi des périodes de limitation où votre liberté sera réduite. L'alternance entre la richesse et la pauvreté est assez fréquente chez vous.

Saturne fait de vous une personne prudente par nature ainsi que quelqu'un qui a le sens des affaires, et tout aussi digne de confiance que responsable. Assez matérialiste, vous êtes très astucieux dans les questions d'argent, sans compter que vous tendez à penser sur le long terme. Pas surprenant que vous puissiez très bien réussir dans de nombreuses professions telles que la construction, l'architecture ou toute carrière qui allie imagination et sens pratique. Chose certaine, vous avez toujours une petite réserve d'argent (bas de laine) en cas de besoin pour mieux parer à tout imprévu.

Sous l'influence saturnienne, il s'avère que vous êtes parfois maladroit, mais surtout à cause de votre timidité qui vous pousse à cacher vos sentiments et vos émotions. Voilà qui explique pourquoi vos relations vont nécessiter un surplus d'attention.

Si vous vous mariez, choisissez un compagnon de vie qui peut être fidèle et qui vous apportera une vie familiale paisible. Si quelqu'un veut gagner votre cœur et garder votre amour, cette personne doit avant tout être loyale alors que vous recherchez sécurité et protection mutuelles. Vous ne détestez pas non plus jouer le rôle de parent, soit quelqu'un qui materne l'autre.

CE QUE LES ASTRES VOUS RÉSERVENT EN 2022

Jupiter en Poissons – du 29 décembre 2021 au 10 mai 2022 et du 28 octobre au 20 décembre 2022 – votre XIe maison natale

Jupiter en Poissons augmentera non seulement votre foi, elle vous permettra aussi un contact avec le monde invisible. Lors de cette période, vous aurez l'impression de toucher le ciel rien qu'à y penser ! Jupiter en Poissons, ce sera également une prise de conscience face à vous-même, face à vos accomplissements ; votre responsabilité vis-à-vis d'autrui deviendra de plus en plus évidente. Vous ne pourrez plus ignorer la souffrance de certaines personnes. Du reste, Jupiter en Poissons vous invitera à offrir vos services, à donner plus de votre temps à ceux qui ont besoin d'aide. Puisque Jupiter en Poissons ne supporte pas l'égoïsme, elle vous demandera de partager. D'ailleurs, il en ira de votre bien-être intérieur. Et même si vous décrochez de grands honneurs, vous devrez rester simple et humble.

Né d'un signe de Terre Fixe, l'eau de Jupiter en Poissons va en 2022 la pénétrer pour la fertiliser ! Il s'agit ici d'une image, alors que les natifs du Taureau n'auront pas tous un bébé et ils ne deviendront pas tous riches non plus, mais chose certaine, chacun d'entre vous aura la chance de progresser. Jupiter, à chacun de ses passages, a une leçon à nous apprendre. Vous êtes rarement jaloux, mais vous êtes possessif. Lorsque quelqu'un vous a dit un jour qu'il vous aimait, sans vous en rendre compte, vous vous êtes possiblement comporté comme si cette personne vous appartenait. Parfois, quand un objet nous appartient définitivement, on l'oublie sur une tablette ou dans un tiroir. On sait où il est, on sait que si l'on en a besoin, on l'a à portée de main ! Cette comparaison entre votre façon d'aimer et un objet vous semble peut-être un peu dure n'empêche qu'elle n'est pas si loin de la réalité. Ne vous êtes-vous pas souvent plaint que vous ne receviez pas suffisamment d'attention de la part de votre amoureux ? N'était-ce pas dans cette période où vous n'étiez pas encore certain de le/la posséder ?

Jupiter en Poissons vous enseigne que nul n'est acquis; aimer, c'est vouloir rendre l'autre plus heureux que soi et non plus être convaincu que c'est l'autre qui se doit de faire votre bonheur. Cela dit, votre vie amicale sera largement activée pendant ces deux périodes par Jupiter alors qu'elle vous donnera envie de partager vos réjouissances avec des amis. Vous prendrez plaisir également à sortir et à mener une vie plus animée qu'à l'accoutumée. L'idée de faire la rencontre de personnes qui deviendront vite de bons amis, qui partageront vos goûts et vos pensées est à envisager. Il n'est pas exclu non plus que vous puissiez faire la connaissance d'une personne avec qui vous pourriez avoir des rapports intellectuels ou spirituels importants, car vous serez sur la même longueur d'onde. Cette personne deviendra très proche de vous. Soulignons qu'une amitié pourrait aussi devenir une relation amoureuse qui vous comblera de joie. Mon petit conseil: laissez-vous aller au gré des rencontres vers un avenir souriant. L'amitié pourrait aussi vous servir de tremplin pour accéder à une réalisation sociale. Quoi qu'il en soit, les appuis seront utiles, puissants et protecteurs, et ils pourront même améliorer de loin votre existence. Secteur par excellence des transmissions, des passations de pouvoir de votre thème natal, il se pourrait aussi que vous soyez choisi pour remplacer ainsi que représenter quelqu'un qui se dévoilera un protecteur utile pour votre avenir.

Jupiter-Neptune conjoint en Poissons le 12 avril 2022: Ne dites jamais jamais, car vous ne vous négligez que si vous renoncez à une amitié ou à une romance. Une seconde chance vous attend juste au-delà de l'horizon, alors faites face à chaque journée avec un sourire aux lèvres et une chanson dans votre cœur. Ne vous inquiétez pas des problèmes romantiques passés et vous retenir. Profitez plutôt du moment présent et passez du bon temps lorsque vous vous retrouverez avec vos collègues, vos amis et la famille. Vous devriez tout de même vous méfier des projets peu fiables ou trop beaux pour être vrais.

Saturne en Verseau – toute l'année – votre X^e^ maison natale

Votre résilience naturelle vous sera utile en 2022 puisqu'Uranus continuera son long séjour dans votre signe. Non seulement vous risquez d'expérimenter des hauts et des bas soudains dans votre vie personnelle, mais il est également possible que vous puissiez rencontrer des personnes inhabituelles qui vous inspireront ou qui vous décevront.

Saturne en Verseau, non seulement il va valoir filer doux, mais attention à beaucoup trop vous entêter. Votre orgueil pourrait vous inciter à penser que vous pouvez tout avoir ou tout garder, ce qui peut être vrai, mais Saturne joue souvent un rôle de frein, elle souhaite un renoncement, une pause où vous devez réfléchir à la meilleure manière de ne pas refaire les mêmes erreurs. Que s'est-il passé de comparable il y a sept ou quatorze ans ? Heureusement, cette fois-ci, vous aurez une personne sous la main pour vous soutenir. N'empêche, des décisions vont se prendre sans que vous en ayez le contrôle, et qu'elles soient bonnes ou pas, vous ne pourrez pas discuter. Mais il n'y a pas que ça ! La présence de Saturne se révélera positive également si vous avez mis un projet en route depuis un certain temps déjà ou si vous avez un objectif dans votre ligne de mire. Il y a bien des chances pour que vous puissiez l'atteindre, mais préparez-vous à ce que ça prenne un certain temps et vous ne serez pas à l'abri dans suer un peu au cours du processus. Toutefois, c'est à cette seule condition que vous aurez l'impression d'avoir triomphé. Entre-temps, des événements indépendants de votre volonté pourraient affecter votre carrière, vos affaires sinon votre vie publique. Vous devez protéger votre réputation et éviter les activités qui pourraient jeter une ombre négative sur votre image publique. Tirez profit du passage de Saturne en Verseau pour prendre de bonnes et de solides décisions concernant votre carrière, vos affaires et tout ce qui relève de votre vie professionnelle. Vous pourriez même progresser dans ce domaine en accomplissant avec succès nombreuses tâches qui mettraient en évidence tous vos multiples talents et toutes vos nombreuses capacités particulières. Et si vous songez à soumettre une demande d'augmentation de salaire ainsi qu'à vouloir solliciter une promotion, rappelez finalement à votre employeur toute la contribution que vous apportez au succès de l'entreprise. De toute façon, Saturne en Verseau, vous ne lâcherez rien !

Parlant de boulot, voilà qui va exiger de la patience puisque tout risque de traîner en longueur alors que, pour une fois, vous pourriez être pressé et très désireux de vous débarrasser d'un travail ou d'une obligation fastidieuse. Cela dit, Saturne représentant l'autorité du père ou d'une personne qui a le pouvoir, il se peut que vous ayez maille à partir avec un supérieur ou un parent qui voudra vous imposer son rythme de travail, sa loi et/ou sa façon de penser. Pour vivre cela au mieux, il sera avisé de nager dans le sens du courant en prenant de plus en plus de distance. N'allez pas vous évertuer à vouloir que l'autre change d'attitude, au risque de perdre inutilement votre précieux temps ainsi que frapper un mur. Certes, vos progressions seront ralenties, vos affaires aussi, mais cela vous reposera ! Vous prendrez très certainement de l'ampleur dans votre activité et certains pourraient même atteindre un but longtemps poursuivi. D'ici là, ça risque de vous rendre plus rigide, plus intransigeant et donc plus difficile à vivre pour votre entourage. D'ailleurs, vous risquez de voir certaines gens s'éloigner de vous à cause de votre caractère intraitable et parfois revêche. Mais avec Saturne aussi dans votre secteur de la carrière, cela pourrait aussi vous inciter à voir celle-ci sous un jour négatif et vous obliger ainsi à vous poser diverses questions sur les changements qu'on vous propose, ou qu'ou vous impose, et sur le fait qu'il ne faut peut-être pas les refuser. Pourtant, vous serez « vent debout » ! Quoi qu'il en soit, Saturne en Verseau, et éventuellement Jupiter au signe du Bélier, c'est une étape de votre vie où vous allez en apprendre beaucoup sur vous-même parce que vous allez oser vous confronter à diverses situations qui vous feront sortir, la plus plupart du temps, de votre zone de confort, mais ô combien enrichissantes au bout du compte. D'ailleurs, j'en profite pour vous faire des félicitations officielles !

Jupiter en Bélier – du 10 mai au 28 octobre 2022 et du 20 décembre 2022 au 16 mai 2023 – votre XIIe maison natale

Le 10 mai, Jupiter entame une brève incursion en Bélier et elle y restera jusqu'à la fin du mois d'octobre, et de retour à nouveau dans le même signe pas plus tard que le 20 décembre 2022. C'est tout comme si le destin venait vous toucher l'épaule et vous donner un aperçu de ce que le futur a en réserve pour vous.

À cet effet, Jupiter vous sera d'un réconfort nécessaire pour mieux faire face aux difficultés, aux pleurs et aux souffrances possibles. Elle vous fera voir les choses avec plus d'optimisme et vous permettra de dédramatiser les problèmes. Il va de soi aussi que ce passage pourrait vous aider également à résoudre des difficultés juridiques ou matérielles, ou elle vous soutiendra dans une épreuve morale qui risquerait de vous mener au *burn-out*. Il va de soi, vous pourriez être amené à penser aussi que l'épreuve est toujours un mal pour un bien. Les souvenirs, les regrets, les sentiments d'échec ne feront guère avancer les choses et vous serez en train d'en prendre conscience. Ce ne sera pas le moment de baisser les bras ni de subir les circonstances. Votre volonté s'éveillera et vous aurez la sensation de ne plus être seul. Tout se préparera pour votre nouveau départ qui va prendre place dès le 10 mai prochain. D'ici là, n'allez surtout pas sombrer dans des pensées noires, ce serait vous apitoyer sur votre sort inutilement. Suivez au contraire l'étoile divine que Jupiter vous envoie pour grandir et pour trouver les solutions les plus adéquates.

LES PHASES RÉTROGRADES DE MERCURE EN 2022

Mercure rétrograde en Verseau – du 14 janvier au 3 février – votre X^e maison natale

Climat général

Voilà une phase où votre élan personnel, votre vitesse de croisière, votre force vive et l'entregent qui vous propulsent au-devant dans votre vie seront soudainement plus au ralenti. Votre défi sera de ne pas le prendre trop au sérieux puisque tout sera au beau fixe sous peu. D'ici là, même si vous êtes reconnu pour être de ces gens dociles, toute remarque faite pourrait être perçue comme étant plus sarcastique. Assurez-vous de bien mesurer vos paroles ! Vous aurez également bon nombre de responsabilités à assumer et votre gestion du temps sera véritablement assez complexe par moments. Quelques projets germeront dans votre esprit, notamment l'idée de déménager ou, au contraire, envisagerez-vous de faire l'achat d'une propriété. Toute la famille pourrait être impliquée dans vos différentes intentions. Vous aurez besoin de vous dessiner une image claire de l'avenir avec vos proches ; malgré tout, préparez-vous à devoir faire face à de multiples complications auxquelles il vous faudra trouver les solutions. D'ailleurs, certaines de ces obligations seront un peu plus longues à remplir. Il vous faudra en définitive apprendre à déléguer un peu pour y arriver. Les autres membres de la famille devront aussi se responsabiliser et vous donner un coup de main plus promptement. N'empêche, votre grande générosité envers vos amis risque d'amener ceux-ci à abuser de votre confiance, cependant, vous ne resterez pas dupe bien longtemps et ferez un grand ménage parmi ceux-ci. Vous replacerez vos priorités aux bonnes places.

Travail – Finances

Fermeture d'entreprise, fin de contrat, réduction de l'activité économique, voilà un temps où vous ne serez jamais à l'abri des imprévus de la société. De telles situations seront évidemment envisageables, mais vous pourriez aussi avoir davantage tendance à craindre que cela ne vous arrive, alors que ce ne sera pas le cas. Cette position vous obligera tout de même à bouger et à faire des démarches en vue d'une carrière plus sûre, ne serait-ce que pour vous assurer une meilleure retraite et vous éviter de vous retrouver en difficulté financière. Vous aurez possiblement à faire quelques heures supplémentaires ou alors on vous proposera de suivre un cours d'appoint sinon une formation qui vous aidera dans le développement de votre carrière. Cependant, la gestion du temps sera quelque peu compliquée et diverses urgences vont requérir une attention toute particulière. En accélérant la cadence, vous en viendrez à accomplir des miracles qui se refléteront sur une promotion possible éventuellement. D'ici là, vous vous retrouverez avec un nombre assez incroyable de rendez-vous et maintes tâches à rendre dans des délais serrés. Vous n'aurez d'autre choix que vous organiser et de vous structurer avec précision. Il serait très bon également que vous espaciez adéquatement vos différentes rencontres pour éviter qu'elles se chevauchent en raison de certains retards. Bref, essayez de prendre de l'avance dans vos dossiers pour vous faciliter la tâche. Mentionnons qu'il est possible aussi que vous organisiez des rencontres, sinon des gens réquisitionneront vos services. Il faudra juste y mettre le bon prix et ne pas sous-estimer ni surestimer votre valeur. Évitez aussi de vous buter à des détails et de retarder l'aboutissement de vos projets. D'ailleurs, si vous gardez l'esprit ouvert aux nombreuses dimensions d'une même affaire, vous serez étonné de la latitude qu'elle prendra. Ne vous fermez pas à la nouveauté alors qu'il est possible que vous ayez à dire adieu à de vieilles méthodes pour en adopter d'autres, celles qui justement vous rapporteront une fortune. Vous aurez la chance aussi d'être guidé par une personne influente. Sensiblement, elle vous ouvrira le chemin du succès.

Amour – Sentiments

Vous aurez besoin de vous sentir aimé, que votre chéri vous démontre son amour avec beaucoup d'affection et de tendresse. Ce ne sera qu'une fois cette étape franchie que vous serez plus enclin à participer à une vie sociale plus active et c'est d'ailleurs ce dont votre partenaire aura besoin ; tâchez d'être plus à son écoute pendant cette phase ! Que votre relation soit toute jeune ou non, vous aurez besoin de vous fixer des objectifs communs, ce qui vous assurera une certaine forme d'engagement. Vous n'aurez probablement pas beaucoup de temps à consacrer à la romance et vous pourriez être quelque peu froid et distant avec votre amoureux. Bien entendu, votre situation familiale ne facilitera pas les rapprochements, mais vous devrez trouver des solutions pour mettre un terme à cet éloignement. En tant que célibataire, les responsabilités professionnelles et familiales risquent de limiter vos possibilités de rencontres. Avant de commencer à chercher un nouvel amour, prenez le temps d'élaborer davantage vos besoins en ce sens. Et même si vous établissez un contact privilégié avec une personne spéciale, vous aurez un peu de difficulté à coordonner un premier rendez-vous en raison de vos deux agendas qui seront incompatibles.

Famille

En tant que parent de jeunes enfants, la patience risque de vous faire plus défaut par moments. Vous ne pourrez tout de même pas les empêcher de grandir et de vivre leurs expériences, parfois bruyantes, qui viennent avec leur âge. Si vous êtes divorcé avec des enfants, il est très évident que ceux-ci auront besoin de vous. Il n'est pas impossible que votre ex-conjoint exige davantage de responsabilités de votre part, particulièrement sur le plan de la pension alimentaire.

Santé

Vous risquez d'accuser un manque d'énergie. Votre tendance à l'inertie pour ménager ce qu'il reste de vos forces sera plus grande, mais rester inactif n'arrangera rien pour autant non plus. Il faudra faire un effort et des exercices pour maintenir la forme. Il vous faudra aussi reprendre une alimentation plus convenable. Soyez informé que vous ne serez pas à l'abri non plus d'une foulure ou de problèmes de mobilité possibles.

Mercure rétrograde en Gémeaux – du 10 mai au 3 juin – votre IIe maison natale

Climat général

Les questions financières pourront temporairement s'embrouiller, alors assurez-vous de passer vos factures en revue très attentivement. La personne attitrée à livrer votre courrier pourrait partir en vacances, laissant derrière elle un remplaçant peu fiable, ou peut-être qu'un vol ou un accident pourrait entraîner un mauvais acheminement de votre courrier. Si vous ne recevez pas la facture que vous attendez, renseignez-vous sur ce qui s'est passé plutôt que de l'ignorer. Soulignons que ce ne sera pas le meilleur moment non plus pour se lancer dans un nouveau programme d'investissement. Ne signez aucun chèque, aucun document officiel sans avoir exactement ce à quoi vous vous engagez et, de grâce, rien avant la seconde moitié de juin.

Travail – Finances

Voilà un temps où votre peur du manque pourrait refaire surface. Puisque le budget sera probablement ce à quoi vous devrez accorder beaucoup d'attention au cours de cette période, vous devrez sensiblement revoir certains détails dans vos méthodes, mais rien de nécessairement majeur. La question du transport pourra également être évoquée dans le budget. Or, si vous êtes sur le point de négocier un ou des véhicules pour l'entreprise, faites attention puisque vous aurez tendance à être trop radin ou l'inverse. Attention aussi de commettre une erreur telle qu'acheter trop ou payer trop cher. Pour ce qui est de vos associations, misez sur le court terme plutôt que le long terme et veillez à ce qu'elles soient avantageuses ; ne travaillez pas pour rien. Si votre travail vous oblige à utiliser des outils divers pour produire, assurez-vous que tous les équipements utilisés soient en bon ordre. Si vous œuvrez dans les communications, un projet pourrait être mis en suspens ou ne se réalisera pas aussi vitement que vous l'auriez souhaité. À tout le moins, une réponse que vous attendiez tardera à arriver, mais n'ayez crainte, vous finirez par recevoir de bonnes nouvelles. Un conseil : ne prêtez pas un sou et n'achetez rien sur un coup de tête. Et si l'envie vous prend de changer votre voiture, vos meubles ainsi que rafraîchir votre garde-robe, résistez au risque de le regretter plus tard sans compter qu'il faudra également vous acquitter de vos dettes. Sur une note finale, des changements à l'intérieur de l'entreprise pour laquelle vous travaillez ou encore un changement d'emploi impliqueront dans les deux cas un réajustement budgétaire. Il ne serait pas étonnant non plus que vous vous retrouviez dans de nouvelles fonctions sans que vous ne l'ayez nécessairement demandé. Ce ne sera pas facile, mais il faudra vous ajuster si vous tenez à conserver votre emploi.

Amour – Sentiments

Voilà un temps où les natifs de votre signe tendront à souffrir de leur mal d'amour en silence et seront davantage portés aussi à se taire, alors qu'ils sentiront qu'ils devraient répondre à leur partenaire trop contrôlant et/ou capricieux. Or, des tensions seront plus que possibles. Les couples usés par le temps risquent de se sentir davantage las de leur relation au cours de cette période. Au lieu de tout garder en dedans et de ne jamais parler des changements qui s'imposent, vous pourriez soit décider de quitter la relation, temporairement du moins, sinon vouloir susciter la jalousie de l'être aimé. Dans un cas comme dans l'autre, ça ne réglera rien. Au lieu de faire fi des multiples signaux de détresse que vous lance votre chéri, trouvez moyen de vous rejoindre et de trouver un terrain d'entente. En parler pourra régler plusieurs de vos problèmes si vous vous en donnez la chance le moindrement. Et si tout est au beau fixe dans votre relation, il est possible que vous puissiez parler d'un futur voyage ou qu'un week-end en amoureux prenne place dans les semaines à venir. Si vous êtes célibataire, vous serez plutôt assez réservé pour diverses raisons et vous ne serez pas porté non plus à rencontrer des personnes qui sauront vous aider à vous ouvrir. Par contre, si vous courez deux amours à la fois, et avez toujours réussi à dissimuler vos infidélités, voilà que votre secret risque d'être dévoilé. Cela ne sera pas sans créer un grand remous non plus !

Famille

Au cours de cette période, il y aura de nombreuses explications entre les uns et les autres, ce qui ne pourra qu'alléger le fardeau sur vos épaules. Il y a parmi vous des natifs du Taureau qui ne ressemblent à aucun membre de leur famille et qui vivent si différemment de leurs proches qu'ils seront constamment la cible des plus critiques. Si c'est votre cas, vous saurez faire taire les mauvaises langues, possiblement lors d'une fête familiale. Vous agirez exactement comme vous auriez dû le faire il y a quelques années. Entre-temps, il n'est pas impossible que vous ayez à voler au secours de l'un de vos enfants qui risque de vivre des événements difficiles dans sa vie. Dans un tout autre ordre d'idées, que vous déménagiez ou non, vous aurez possiblement envie de refaire la décoration de la maison, sinon une pièce de votre demeure. Affairez-vous bien à respecter le budget alloué alors que même avec les calculs les plus précis, vous risquez de vous retrouver à dépenser plus que vous ne l'aviez prévu ou souhaité. Sur une note finale, alors que la fin des classes se fera de plus en plus proche, si votre enfant n'a cessé de tirer de la patte tout au long de son année scolaire, il est possible qu'il puisse accuser un échec et devoir suivre un cours de rattrapage.

Santé

C'est surtout votre système nerveux qui tendra à encaisser votre stress. Vous pourriez être surexcité au point d'en perdre le sommeil. Accordez-vous des pauses à l'occasion pour mieux récupérer vos énergies, tant mentales que physiques. Surveillez vos bras, vos mains et vos épaules qui seront plus vulnérables. Veuillez porter des gants si vous utilisez des objets contondants alors que vous ne serez pas à l'abri de vous écorcher un doigt. Abstenez-vous aussi de trop manger au risque d'en subir les contrecoups et de hausser le seuil d'acidité dans votre organisme. Vous ne serez pas épargné d'un ulcère possible non plus. Si vous suivez un régime, vous serez davantage porté à tricher, à abuser des bonnes choses et ainsi vous occasionner des soucis. Fragilité des bronches également.

Mercure rétrograde en Balance – du 9 septembre au 2 octobre – votre VIe maison natale

Climat général

Voilà une période où vous éprouverez plus de doutes et vous serez habité aussi par de nombreuses incertitudes. Ce sera tantôt sur vos compétences professionnelles, alors qu'à d'autres moments ce sera sur l'existence ou sur l'estime que vous vous portez à vous-même. Il n'en demeure pas moins que vous êtes invité à dépasser les apparences ! Vous aurez à cet effet, ainsi qu'à plusieurs reprises, droit devant vous, des personnes qui ne seront pas sincères ; pourtant, elles voudront que vous croyiez en elles, en ce qu'elles font, et c'est sans compter combien elles insisteront. Elles pourront possiblement vous aveugler aussi, mais très momentanément. Vous serez si intuitif, dès que vous aurez un doute, vous laisserez parler cette petite voix intérieure qui a toujours la bonne réponse ; votre nature elle-même voudra se protéger du pire, de ce qui est négatif et mauvais pour vous. Or, apprenez à faire confiance à votre sixième sens. Entre-temps, quelques frustrations pourraient se faire sentir dans certaines situations bien particulières, notamment à la maison ou au travail, où il sera important de partager les tâches équitablement. Peut-être que vous devrez apprendre à déléguer ! Chose certaine, vous aurez besoin d'ordre autour de vous et ce sera aussi ce qui vous éclaircira l'esprit pour voir les choses avec une meilleure perspective.

Travail – Finances

Alors que vous vous attendrez à ce que tout soit parfait, vous risquez de rencontrer de l'opposition ou une compétition dont la source vous étonnera beaucoup. Il va de soi que le travail se fera plus pressant aussi ! D'ailleurs, si vous êtes à forfait, vous en aurez plein les bras ; lorsque vous négocierez, assurez-vous d'être rémunéré égal à ce que vous produirez. Et si vous êtes à forfait, il vous faudra absolument respecter les jours de tombée et le budget qu'on vous allouera pour produire. Ne laissez pas vos problèmes personnels vous ralentir, alors que vous prendriez ainsi le risque de perdre beaucoup. Si vous êtes en relation directe avec le public, ne faites pas un drame si le client ne dit pas comme vous ! Si vous travaillez au département des achats ou si vous êtes votre propre patron, n'allez pas succomber trop vite aux charmes d'un vendeur, alors que vous risquez de payer vos acquisitions à un prix bien au-dessus du marché. N'allez rien laisser au hasard non plus si vous devez faire de l'embauche. Informez-vous des antécédents de vos futurs employés. Vous vous féliciterez de n'être pas tombé dans le panneau de quelqu'un qui avait précédemment causé du tort ou volé son ancien patron. L'idée que vous puissiez être victime du cynisme d'un collègue ou d'un collaborateur qui se croit supérieur à vous parce qu'il veut aller plus loin, plus haut, est également chose possible. L'essentiel sera que vous donniez votre maximum. N'allez pas vous laisser blesser par les potins. Ils ne sont qu'un mauvais usage du temps. Sur une note finale, attendez-vous à devoir redoubler d'efforts. Des coupures de budget pourront se produire dans l'entreprise où vous exercez; si vous tenez à garder votre emploi, vous devrez accepter les nouvelles conditions qu'on vous imposera.

Amour – Sentiments

En tant que signe Fixe, il vous arrive d'avoir des idées bien arrêtées, de vous fermer et de ne plus vouloir discuter d'un sujet même quand l'autre partie vous le demande poliment. Les limites et les nouvelles règles que vous voudrez imposer n'apporteront rien de bon ni même une pseudo-sécurité. La vie est mouvement et rien n'est jamais définitif! Vous serez plutôt invité à rester en harmonie avec l'être aimé. Cessez de lui trouver des défauts parce que vous êtes plus impatient et n'allez pas en faire tout un plat non plus. Les discussions sur l'argent pourront occasionner des disputes. Plutôt que de vous piquer l'un et l'autre, écrivez-vous; même si vous ne vivez pas dans la même maison, les mots seront ainsi plus pesés, plus réfléchis, du moins c'est à espérer, ainsi vous aurez plus de chances de pouvoir venir à bout d'éviter d'interminables querelles. En tant que célibataire, tandis que vous chercherez cette perle rare de vos rêves, vous pourriez avoir tendance à plus vous illusionner au sujet de certains prétendants qui risquent de ne vous offrir qu'une simple histoire d'un soir. Vous pourriez avoir un peu de difficulté à faire la différence entre sexualité et amour. Lorsque quelqu'un vous fera une petite caresse ou vous démontrera une sorte d'intérêt, n'allez pas croire automatiquement que c'est de l'amour!

Famille

Vous ne serez pas à l'abri d'un accrochage possible avec vos parents ou l'un d'eux. Il sera avisé de trouver le moyen d'en parler pour ne pas laisser cette situation s'envenimer inutilement. Il est possible aussi qu'un frère ou une sœur vous propose de lancer une affaire. Si vous sentez que c'est la bonne chose à faire, foncez, mais si, jusqu'à maintenant, les relations fraternelles n'ont pas été un succès, il sera suggéré de refuser la proposition. L'argent qui entrerait risquerait de créer de gros conflits.

Santé

Il vous est toujours difficile de trouver le juste milieu et plus encore en tant que signe Fixe. Vous voulez être partout en même temps et régler chaque petit problème qui se présente. Il se peut même que vous empiétiez sur les responsabilités d'autrui et voilà que tout ceci tendra à créer de l'épuisement inutilement contre lequel vous aurez à lutter constamment. Si vous n'écoutez pas les signaux que vous envoie votre corps, vous risquez de payer les conséquences de vos choix. Réservez-vous amplement de temps pour recharger vos batteries. Évitez de commettre des abus, soit de trop ou de ne pas assez vous nourrir. Attention aux maladies infectieuses. Sachez aussi que vos colères et vos sautes d'humeur ne feront mal qu'à vous-même !

Mercure rétrograde en Capricorne – du 29 décembre 2022 au 18 janvier 2023 – votre IXe maison natale

Climat général

Les gens que vous aimez auront besoin de vous, surtout la famille, mais possiblement également un bon ami à vous alors que vous risquez d'être témoin d'histoires des plus invraisemblables les unes que les autres, c'en sera presque surréaliste par moments. Il ne serait pas étonnant non plus que l'un de vos enfants décide de quitter le foyer lors de cette phase, mais évidemment, c'est vous qui devrez l'aider dans son départ parce qu'il ne sera certainement pas plus responsable qu'avant. Cependant, ce sera le moment aussi pour vous de commencer à lâcher prise, mais également d'accepter que vos enfants ne suivent pas nécessairement le chemin que vous leur aviez tracé bien longtemps d'avance. Ils doivent apprendre à voler de leurs propres ailes. Attention de ne pas faire trop de place au découragement, suivant que devant certaines difficultés, vous pourriez être plus porté à tout laisser tomber et même à revoir vos aspirations pour l'avenir. Il est possible aussi que vous réalisiez que vous n'êtes pas dans le bon domaine et décidiez de faire un retour aux études, ou allez-vous revoir en profondeur votre programme de formation. À tout le moins, un certain besoin d'évasion se fera probablement plus sentir ; vos nombreuses responsabilités seront particulièrement lourdes, et plus encore si vous êtes un parent monoparental. Or, la situation financière étant souvent assez précaire, vous ressentirez la nécessité de vivre une situation différente.

En fait, l'idéal serait de vous trouver quelqu'un de confiance qui pourrait s'occuper de vos responsabilités et/ou de vos enfants quelques jours ou un simple week-end pour aller vous ressourcer, trouver la paix et la sérénité, seul avec vous-même. D'ailleurs, vous y trouverez certainement beaucoup d'espoir, mais aussi l'inspiration du chemin à suivre dès que Mercure aura repris son mouvement direct, soit d'ici la fin janvier 2023.

Travail – Finances

Comme tout le monde, vous aurez un peu de difficulté à retrouver la routine, mais une fois que Mercure rependra sa marche directe, vous serez par la suite très efficace. D'ici là, le travail semblera tarder avant de reprendre ses activités normales. En effet, votre bureau sera vide, vous ferez et referez sensiblement le grand ménage dans vos dossiers et dans vos classeurs en attendant de recevoir d'autres instructions. C'est une situation qui pourrait de devenir inquiétante par moments, craignant une abolition de postes et/ou carrément la fermeture de l'entreprise, mais ça ne devrait pas être le cas puisque cette patience dont vous faites preuve devrait vous amener éventuellement à prendre certaines initiatives d'une grande créativité. L'idée que l'on puisse vous offrir éventuellement un meilleur emploi et quelque chose de beaucoup plus sûr est aussi chose possible. En tant que travailleur autonome, si vous travaillez à la maison, il est évident que ce ne sera pas toujours facile, surtout quand les enfants seront en congé, de faire respecter votre environnement de travail. En fait, il y aura certains éléments qui viendront perturber l'ambiance. Si vous travaillez dans un immeuble à bureaux, peut-être y aura-t-il des travaux majeurs dans l'édifice. L'idée que le budget soit dans l'impasse sera tout aussi possible, mais les chiffres devront s'équilibrer, autrement il y aura de lourdes décisions à prendre qui ne plairont certainement pas à tous. Il va de soi que cet imposant travail ne s'accomplira dans le temps de le dire. Vous devrez forcément faire une restructuration et laisser bien des personnes dans l'incertitude, ce qui causera probablement quelques frictions possibles.

Amour – Sentiments

Vous et votre conjoint aurez très certainement besoin de vous retrouver en tête-à-tête pour vivre quelque chose de profond, d'extraordinaire, et quoi de mieux qu'un voyage pour découvrir de nouvelles cultures et connaître quelque bons moments. Si vous n'avez rien de prévu encore, vérifiez donc les voyages de dernière minute, vous seriez surpris des possibilités qui s'offriront à vous. Il sera avisé de partir une fois que Mercure aura repris son mouvement direct. Si cela n'est pas possible, ne soyez pas surpris d'accuser un retard ou que vos valises ne se rendent pas à la même destination prévue. Si vous êtes célibataire et que, évidemment, vous avez l'âme aux voyages, il est clair que vous pourriez vivre une belle passion à l'étranger. Évitez toutefois d'être déçu que cette personne ne vous suive pas jusqu'à la maison ; tâchez de profiter du moment présent et assurez-vous de prendre toutes les précautions lors de vos pratiques sexuelles. D'ici là, il est possible qu'il y ait des petites choses à mettre au clair avec un ex, surtout si vous avez eu des enfants ensemble.

Famille

On mettra votre patience à rude épreuve, particulièrement si vous avez des enfants ou d'autres personnes qui comptent sur vous pour diverses raisons et que leurs plans tendront à changer sans cesse. En tant que parent, vous aurez besoin de dissiper les pressions familiales quelque temps pour les reprendre avec plus de sérénité. Il y aura certains résultats qui seront quelque peu décevants alors que vous vous attendiez à tout le contraire. À cet effet, un de vos enfants sera possiblement dans l'obligation de recommencer un cours ou du moins refaire des examens parce qu'ils étaient erronés ou en raison d'histoires abracadabrantes. Prenez garde aussi de perdre quelque chose !

Santé

Le stress risque d'être particulièrement fort pendant cette phase, davantage en raison d'une situation émotionnelle que par rapport à votre travail. Il sera donc grandement temps de reprendre vos bonnes vieilles habitudes et de vous imposer à nouveau une certaine rigueur, ne serait-ce que de retourner au centre de conditionnement physique et de manger des repas plus équilibrés. D'ailleurs, les résultats seront concrets assez rapidement. Bref, vous allez facilement pouvoir enfiler cette belle robe sinon ce beau complet très bientôt. Si vous voyagez, il sera suggéré de vous faire administrer tous les vaccins recommandés avant de partir. Une destination au soleil vous redonnera un peu de vigueur, mais évitez les bronzages excessifs étant donné que votre peau aura plus de difficulté à les supporter. Évitez tout ce qui est radical et méfiez-vous également de votre insouciance !

LA PHASE RÉTROGRADE DE VÉNUS EN 2022

Vénus rétrograde en Capricorne – du 19 décembre 2021 au 29 janvier 2022 – votre IXe maison natale

Climat général

Il est possible que vous ressentiez une forme d'angoisse permanente jusqu'à ce que les Fêtes arrivent. Il s'agira probablement d'une information que vous attendiez et que vous recevrez, malheureusement un peu plus tard que prévu. Néanmoins, voir plus de monde deviendra votre principale priorité lors de cette période. En fait, vous pourriez tomber follement amoureux d'une culture étrangère ou différente de celle dans laquelle vous avez été élevé. Quoi qu'il en soit, suivant que le temps sera mal choisi pour voyager, veuillez considérer de rester chez vous puisque si vous voyagez, vous ne serez pas à l'abri d'encourir des délais, une perte de bagages ou même une annulation ainsi que vivre une expérience difficile. Mais, si vous devez absolument voyager pendant cette période, vérifiez que toutes vos dispositions (réservations) de voyage soient en bon ordre au risque de découvrir peut-être que vous avez laissé votre passeport ou vos papiers d'identité à la maison juste au moment où vous arriverez à l'aéroport. Le moins de bagages en main servira de loin vos intérêts alors qu'il est possible que l'une de vos valises ne se rende pas à la destination prévue. Et si vous avez à sortir, trouvez-vous quelqu'un qui peut vous y conduire, sinon laissez quelqu'un d'autre conduire. Quant à vous qui ne pourrez vous permettre d'aucune façon un séjour dans une autre partie du globe, élargissez vos horizons par d'autres moyens. Par conséquent, si vous avez toujours voulu parler une autre langue, inscrivez-vous à un cours dès maintenant. Votre enthousiasme pour tout ce qui est étranger pourrait aussi s'étendre à la cuisine. Profitez-en pour cuisiner des plats gastronomiques internationaux et inviter vos amis et la famille à un festin.

Travail – Finances

Plus les Fêtes approcheront, plus vous éprouverez de la difficulté à vous acquitter de toutes vos responsabilités et plus encore si vous travaillez dans un environnement de bureaux puisque vous pourriez devoir remplacer certains collègues qui prendront des vacances alors que ce n'était pas au programme. En passant, petit conseil : veuillez songer à investir dans des entreprises de voyage alors que ça pourrait être avantageux pour vous à la longue, mais n'y allez pas à l'aveuglette non plus !

Famille

Tout compte fait, et ce, malgré la phase rétrograde de Vénus, vous passerez un beau temps des Fêtes, mais vous n'aimerez pas vous plier et correspondre aux attentes de vos proches, de vos amis et même de l'être cher ou du nouvel amoureux, si c'est le cas. Vous souhaiterez que tous ceux et celles qui prétendent vous aimer ou qui vous apprécient le reconnaissent et qu'ils s'en contentent. De toute façon, vous tendrez à faire ce que vous aimez au moment où vous le déciderez, et cette attitude risque de déranger ceux et celles qui s'imposent des restrictions pour plaire aux autres.

Amour – Sentiments

La dynamique amoureuse risque de s'estomper quelque peu alors que vos énergies seront orientées vers d'autres priorités. Heureusement que ce n'est pas ce qui mettra votre relation en péril. Vous vous investirez corps et âme dans vos obligations, pour vos invités, vos enfants et même dans votre travail. Cependant, attendez-vous d'avoir une bonne conversation avec votre chéri afin qu'il puisse comprendre que vous l'aimez toujours autant. Entre-temps, le retour d'un ex-conjoint pourrait se produire. Si ce n'est pas le cas, vous commencerez à penser à des visées lointaines tout en passant en revue vos anciens projets sinon vos anciennes amours, et réviserez vos plans futurs. Si vous êtes célibataire et que vous êtes actif sur un site de rencontres, vous pourriez être déçu par la baisse évidente d'achalandage pendant cette période. Vous ressentirez le besoin de parler, de vous exprimer et de dire tout ce qui vous passe par la tête, mais il n'y aura pas toujours quelqu'un pour vous écouter. Cela dit, misez sur cette phase pour mieux définir vos besoins amoureux.

Santé

Alors que la période du temps des Fêtes est sur le point de s'engranger, vous pourriez ressentir un malaise à chaque fois que vous prendrez un verre. Votre foie pourrait être beaucoup plus fragile. Et si vous cuisinez, soyez prudent puisque vous pourriez mettre la main sur un plat encore brûlant. L'intoxication alimentaire sera également un phénomène assez courant, surtout lorsque certains aliments se retrouveront sur la table durant de longues heures. Il sera également avisé de vous tenir loin de toutes les sucreries ou fritures au risque de malmener inutilement votre précieuse santé et votre bien-être physique.

LA PHASE RÉTROGRADE DE MARS EN 2022

Mars rétrograde en Gémeaux – du 30 octobre 2022 au 12 janvier 2023 – votre IIe maison natale

Climat général

Voilà un temps où plus que jamais vous serez en mesure de manipuler tous les facteurs matériels et financiers. Cependant, vous ne serez pas l'abri que des frustrations d'argent se fassent sentir. À cet effet, Mars en mode rétrograde sera loin de servir vos intérêts puisque toute impulsivité et/ou toutes les actions irréfléchies pourront se retourner contre vous. Ne prenez donc pas de risques avec vos sous et n'allez surtout pas signer quoi que ce soit sans garanties sérieuses. Sans contredit, vos finances risquent d'être mises à rude épreuve et vous risquez d'être mécontent à propos de vos revenus ou du soutien émotionnel que vous recevrez. Malgré tout ce qui se tramera dans votre vie, vous tendrez à ressentir au plus profond de vous-même que la vie est injuste à votre égard et que vous ne méritez pas un tel sort. Pas étonnant que vous soyez plus porté à dire tout haut ce que vous pensez réellement et même à blesser ainsi qu'à humilier quelques egos au passage. En réalité, vous ne chercherez qu'à défendre vos idées, vos points de vue ou toutes les raisons derrière celles-ci qui vous ont motivé à agir, à penser de même qu'à écrire ainsi. N'empêche, vous auriez tout intérêt à utiliser votre influence sur les autres avec justesse, sinon vous pourriez vous retrouver assez vite contrecarré par les autres.

Travail – Finances

Voilà un temps où le climat de travail sera plus difficile et ce ne sera pas facile non plus de se parler les uns aux autres puisque les gens seront portés à se manquer plus de respect ainsi qu'à être impolis. S'il y a des bagarreurs autour de vous, évitez d'être pris à témoin et éloignez-vous de ceux qui n'aiment pas ce qu'ils font et/ou qui critiquent constamment les décisions de l'entreprise qui les fait vivre suivant qu'il est possible que vous vous retrouviez au centre d'une mésentente professionnelle. Le fauteur de ce trouble sera probablement une femme en position de pouvoir ou une employée qui s'arrogera tous les droits et pouvoirs sans y avoir été invitée. Profitez de cette expérience pour vous mettre en valeur et pour démontrer que cette personne a tout simplement tort et que ses préjugées n'ont pas leur place au sein de l'équipe. Très certainement, son intransigeance et ses manigances lui vaudront les réprimandes de ses supérieurs, mais il est possible également qu'elle puisse se faire carrément mettre à la porte, ou est-ce vous qui déciderez de quitter pour une autre entreprise. Quoi qu'il en soit, vous aurez à vous adapter aux événements qui risquent de bouleverser vos projets et le développement possible d'affaires, ainsi que la structure de l'entreprise pour laquelle vous travaillez. Parlant de structure, il est possible que l'entreprise qui retient vos services connaisse un déracinement imposé et/ou obligé par la force des événements. Quoi qu'il en soit, ce sera une période où la compétition sera plus féroce et n'allez pas être surpris qu'un concurrent cherche à vous détrôner ou vice-versa, ce sera vous l'instigateur.

Suivant que ce sera un temps où il sera grandement avisé de retarder toute dépense, si un de vos appareils ou votre véhicule vous fait défaut, assurez-vous de solliciter une deuxième opinion. Faites tout en votre pouvoir pour faire des économies et d'en faire une priorité. Veuillez également à ce que vos comptes soient payés avant leur date d'échéance. Encore une fois, et au risque de me répéter, faites des économies et contentez-vous de ce que vous avez en main. Néanmoins, même à défaut de cette recommandation, tout suggère que vous serez quand même porté à dépenser davantage, et cela ira de soi, surtout si vous êtes acheteur de métier. N'empêche, évitez de déroger de votre budget puisque ce sera beaucoup mieux ainsi pour minimiser de vous causer des ennuis financiers additionnels et/ou inutiles. En dépit que les rentrées d'argent se feront aussi plus rares, il est possible qu'impulsivement vous soyez porté à fouiller dans vos économies, ou du moins vous serez tenté de le faire pour contrer les temps difficiles. Cependant, il vaudrait mieux vous contrôler et apprendre à vous passer du surplus suivant que vous réaliserez que ce n'était que du superflu au bout du compte. Soyez également avisé que le temps ne se prêtera pas aussi bien pour soumettre votre demande d'augmentation de salaire ni pour faire des investissements. Et si vous faites un retour aux études, vous pourriez éprouver des difficultés importantes d'adaptation, possiblement parce que l'enseignement reçu ne sera pas adéquat ou que le professeur ne se montrera pas à la hauteur de vos attentes. Son incompétence à bien transmettre la matière ou l'enseignement vous fera bailler d'ennui. Et si vous jouez un rôle de conciliateur, vous aurez davantage de difficulté à représenter et à défendre les intérêts d'un groupe de travailleurs ou encore ceux de votre communauté. La location d'un bien immobilier ou une activité professionnelle indépendante aura toutes les chances aussi de rencontrer d'importants retards. C'est juste une période de réorganisation et de vérification de tout programme financier. Or, une idée qui devait apporter une ressource financière devra possiblement être revue. D'ici là, il sera important de comprendre que la façon dont vous vous occupez de vos ressources financières rejaillira sur votre confiance en vous.

Amour – Sentiments

Vous pourriez vous sentir peu aimé ou pas apprécié à votre juste valeur par vos amis sinon par l'être aimé. Vous pourriez être aussi sous l'impression que votre partenaire ne veille pas aussi bien à votre confort ou qu'il ou elle se refuse de dépenser un sou pour vous ni même pour la maison, même si une réparation s'avérait nécessaire. En dépit de cette impression, lorsque viendra le moment d'offrir un cadeau, gardez cela raisonnable ; c'est l'intention qui comptera et non la valeur de ce dernier. Si vous êtes célibataires, il pourrait se passer un événement important en ce qui concerne vos amours. Quelqu'un pourrait possiblement s'enflammer pour vous, mais à ne pas vous y méprendre sinon s'imaginera-t-on à votre endroit que vous cherchez à séduire à tout prix. Évitez toute passade amoureuse avec le patron ou un collègue. Parlant de collègue, il ne serait pas impossible que l'un de ceux-ci se retrouve aux prises avec des problèmes d'ordre amoureux.

Famille

Non seulement l'ambiance familiale sera plutôt lugubre et oppressive, ce sera aussi un temps où l'on pourra davantage vous tenir pour acquis, sinon on s'attendra à l'impossible de votre part. Ce sera également un temps où vos relations pourraient être davantage déstabilisées par certains membres de votre clan familial, tels un frère, une sœur, un parent proche sinon avec un de vos enfants. À cet effet, un jeune adolescent surtout pourrait se retrouver dans une situation difficile alors qu'il n'acceptera pas facilement la discipline et tendra à semer le trouble partout où il ira. Il est possible aussi qu'il ou elle s'adapte mal à son environnement scolaire pour toutes sortes de raisons. Du coup, vous n'aurez d'autre choix que de prendre les choses en main pour mieux éviter qu'elles ne se détériorent davantage. Il en ira de même pour tout changement que vous souhaiteriez apporter à la maison alors qu'il prendra plus de temps à se mettre en place, mais attendez-vous aussi à des retards possibles. Quant à votre quartier, un voisin pourrait vous donner du fil à retordre suivant ses mauvaises habitudes de vie sinon il est tout à fait possible que l'un de vos voisins se plaigne de tout et de rien à votre endroit et ne se gêne pas pour vous le faire savoir, et pas toujours de jolie manière. En plus de chercher la bête noire, il tendra à jouer sur vos nerfs avec ses interdits et ses remontrances à outrance. Inutile de chercher à vous faire justice non plus puisque vous ne feriez qu'envenimer les choses. Consultez au besoin un avocat pour connaître vos droits.

Santé

Vous risquez d'éprouver plus d'ennuis à renouveler votre énergie alors l'angoisse, la peur sinon l'inquiétude seront les sources principales de vos malaises d'estomac et de digestion. Évitez tous les excitants au risque d'aggraver votre état. Attention aussi à la posologie du médicament prescrit. La période sera peu propice aussi aux opérations, aux thérapies ainsi que pour entreprendre un régime.

L'ÉCLIPSE SOLAIRE PARTIELLE DU 30 AVRIL EN TAUREAU – VOTRE I^RE^ MAISON NATALE

Une éclipse solaire ayant la mauvaise idée de se faire dans votre signe, vous serez directement touché par cet aspect d'éclipse et sujet à une baisse de santé passagère mais réelle. Le Soleil n'est-il pas l'astre de vie ? Sans lui, la vie sur terre deviendrait maussade et terne assurément, et peut-être même impossible. Si, par exemple, votre anniversaire de naissance se situe le ou vers le 30 avril, prenez toutes les précautions nécessaires, mais sans vous énerver ni paniquer pour autant, ce qui serait idéal. Vous arriverez ainsi plus en forme pour faire face à cette vilaine éclipse et vous serez par conséquent moins sensible à une baisse de résistance physique comme le seront les signes Fixes du Lion, du Verseau et du Scorpion. Si vous en avez de ces natifs autour de vous, ou en vous-même, l'éclipse conseille de ne pas négliger sa santé ni de se mettre en péril alors que ce serait dangereux. Avis aux intéressés ! Quand on a la chance d'être prévenu, rien de plus facile que de déjouer le sort. Forcez-la à tourner en votre faveur et à vous épargner. N'attendez rien de terrible ni de fatal de cette éclipse si vous vivez avec prudence et attention à ces moments par ailleurs agréables et des plus stimulants. Si c'est le jour de votre anniversaire de naissance, ou tout près, ne vous inquiétez pas outre mesure, mais limitez tout de même les fêtes et les célébrations, et soyez attentif aux symptômes qui pourraient se présenter suivant que votre santé physique tendra à chuter. Tenez-vous-en à la routine et veillez à être bien entouré, ce qui limitera les écueils possibles. Il sera très maladroit d'entreprendre du nouveau ou de commencer ainsi que de quitter un travail, de se lancer en affaires, de déménager, de voyager, surtout en avion, d'entreprendre une relation amoureuse, de concevoir ainsi que d'adopter un enfant et de se marier. Vous montrer jaloux et agressif, blâmer les autres pour vos malheurs et/ ou dépenser sans compter sera néfaste aussi. Restez au poste de contrôle et faites ce qui doit être fait le plus prestement possible. Si vous faites preuve de sagesse, vous serez au-dessus des étoiles et planerez dans un ciel des plus cléments et c'est ce que je vous souhaite à tous. Entre-temps, rappelez-vous que du sens commun et une réponse immédiate à un problème urgent vous donneront une longueur d'avance côté santé. C'est gagnant !

Puisque c'est une période de nouveaux départs où vous aurez l'énergie supplémentaire et l'instinct pour aller de l'avant, ce sera un excellent moment pour vous d'amorcer un projet d'autoamélioration. Y a-t-il quelque chose que vous devriez faire pour vous-même ? Y a-t-il quelque chose que vous pourriez faire qui améliorerait votre apparence, vos compétences ou votre capacité à vous relier aux autres ? Ne tergiversez plus ! Il n'y a pas de meilleur moment que le présent pour faire ce premier pas en avant.

Sachez que cette éclipse nouvelle lune dans votre première maison natale ou ascendant natal si c'est le cas, symbolise une haute priorité dans le mois à venir sur vos propres émotions et vos préoccupations personnelles. Cela pourrait signifier que votre objectivité ne sera pas à son meilleur et, en toute réalité, pourrait être déformée par vos émotions. Parce que vous êtes plus sensible aux humeurs des autres autour de vous, vous pourriez être plus sympa que d'habitude, sinon vous pourriez être plus exigeant. Centralisez-vous sur vous. Et si des changements doivent être apportés, concentrez-vous sur vous-même et non pas sur les autres.

P.-S. Vous êtes encouragé à prendre connaissance de tout ce qui est écrit au chapitre intitulé « Les éclipses de 2022 » pour mieux vous familiariser avec toutes les mises en garde à respecter lors de toutes les éclipses.

LES POSITIONS LUNAIRES ET VOUS

À la fin du livre, vous trouverez le tableau des positions lunaires pour chaque jour de l'année 2022. Pour mieux tirer profit de la Lune au quotidien et connaître le rôle qu'elle jouera sur vos humeurs, lesquelles vont influer sur votre jugement et sur vos actes, référez-vous au chapitre intitulé « Méthode d'interprétation du calendrier des Lunes ».

En général, quand la Lune passe en Taureau, votre signe solaire ou votre ascendant natal en Vierge, en Capricorne, en Cancer et en Poissons, vous êtes en forme, vous êtes à votre meilleur. Ces énergies, surtout celles du Taureau et de la Vierge, du Capricorne et du Cancer, vous placent en position de force. Là où vous devriez être prudent et où il serait préférable de prendre du recul, c'est lorsque la Lune se trouve en Bélier, en Lion, en Scorpion et en Verseau.

Les divers passages de la Lune ne sont jamais neutres, même ceux qui ne sont pas mentionnés ci-dessus. S'il y a des moments pour l'action quand la Lune est néfaste, s'il faut prendre du recul quand elle ne l'est pas, les autres journées représentent, la plupart du temps, un mouvement vital plus lent.

♊

Gémeaux

21 mai au 21 juin

LES DIFFÉRENTS ASPECTS DE VOTRE PERSONNALITÉ

Gémeaux – masculin, double, air

Vous êtes une personne reconnue pour sa dualité et son amour pour les nouvelles expériences, sans compter que vous faites partie de ces gens qui changent souvent d'idée.

En tant que Gémeaux, vous manifestez en général au moins deux côtés distincts de votre personnalité : d'une part, amovible et inconstant, et d'autre part, volage. Pas surprenant que vos champs d'intérêt soient variés. Aussi curieux que vous puissiez être de nature, vous ne connaissez que très peu de choses sur maints sujets. Il n'en reste pas moins que votre intelligence est remarquable et tout autant que votre l'esprit. Cependant, méfiez-vous alors que l'éparpillement vous guette !

Communicateur-né, il ne serait pas surprenant que vous travailliez dans un domaine qui implique de parler, d'écrire, de gesticuler ou de travailler dans un secteur qui exige une coordination de vos yeux et de vos mains.

Signe d'air par excellence et Mercure étant votre planète maîtresse, celle qui régit les déplacements de courte distance, non seulement vous en bougez de l'air, mais vous avez aussi cette facilité à vous mouvoir aisément d'un environnement à un autre en un temps record alors que vous possédez un sens de l'orientation comme pas un. Vous êtes partout à la fois et vous ne voulez rien manquer.

CE QUI VOUS DIFFÉRENCIE DES AUTRES NATIFS DE VOTRE SIGNE

En tant que natif du 1er décan (du 21 mai au 1er juin), vous êtes sous la tutelle de Mercure alors que votre décan est gouverné par Jupiter. Voilà qui explique votre dose supplémentaire de loquacité, d'agitation ainsi qu'une immense curiosité insatiable, sans compter non plus que vous avez un esprit actif et une nature inquiète.

Confiant, expressif et convivial, vous êtes une personne à la recherche de vérité et de justice. Cependant, il y a un danger que vous surinvestissiez votre temps et votre énergie. Pour mieux éviter tout cela, il sera suggéré de vous concentrer sur une seule chose à la fois.

Mercure, qui gouverne votre signe solaire, fait de vous quelqu'un qui est vif d'esprit, rapide sur ses patins, expressif et polyvalent. Vous avez aussi la chance de conserver une apparence jeune pour la vie.

Dans la vie, vous pourrez faire des pas significatifs si vous mettez à profit toute la puissance de votre cerveau. Votre talent de bon communicateur pourra vous mener au succès. C'est d'ailleurs sous votre décan qu'on retrouve le plus d'écrivains, d'enseignants et d'éditeurs. Vous pourrez tout aussi bien exceller dans les relations publiques que dans les communications.

Attiré par le changement et l'imprévu, en destinée, il est probable que vous tiendrez un double emploi et que vous mènerez de front deux métiers; deux carrières se succéderont, aussi réussies l'une que l'autre.

Diplomate-né, intelligent, astucieux, logique, sociable et quelqu'un qui a de grandes compétences verbales, votre vivacité d'esprit sera un atout majeur qui vous permettra de briller dans de nombreux domaines à la fois alors que les personnes près de vous se trouveront stimulées par votre énergie.

Aussi perfectionniste que vous soyez, vous êtes également porté parfois à ignorer des choses qui vous semblent insignifiantes alors qu'à d'autres moments, vous pouvez tout autant fermer les yeux sur des choses nouvelles et intéressantes.

Curieux de tout, mais pas pour trop longtemps, les idées tendent à se bousculer en vous. Vous emmagasinez les connaissances à vive allure dans tous les domaines et vous êtes particulièrement pointu sur celles qui vous intéressent vraiment. La vie pour vous ne peut se concevoir que dans le mouvement, la vitesse et en relation avec les autres.

Vous vivez tellement dans votre esprit que vous tendez à négliger parfois vos besoins émotionnels et physiques. En tant que natif du Gémeaux, pour vous l'amour débute au niveau mental. Ce qui explique pourquoi vous vous blasez vite et plus encore si votre partenaire de vie ne sait pas vous tenir mentalement excité. Cette personne devra être intelligente, savoir vous amuser et être amusante, et ne pas dépendre de vous pour du soutien émotionnel. Même si vous avez du mal à exprimer tout ce qui vous anime intérieurement, vous faites partie de ces personnes qui ont tout de même besoin de beaucoup d'amour dans la vie, ce que je vous souhaite à profusion.

En tant que natif du 2e décan (du 2 au 11 juin), vous êtes toujours sous la tutelle de Mercure, mais votre décan est régi par Mars. Vénus y joue également un rôle clé pour faire suite à la Triplicité d'Air qu'est votre signe solaire. Cela fait de vous une personne pragmatique, remplie d'idées concrètes, au raisonnement logique et implacable.

Non seulement vous aimez l'action, mais vous allez dans la vie avec une confiance en vous et c'est possiblement ce qui fait la clé de votre succès. Il est tout aussi vrai de dire que votre manque de recul est largement compensé par une intuition fine et une belle intelligence.

En ce qui a trait à Vénus, vous êtes non seulement pétillant, mais également des plus chaleureux. Cette planète fait de vous quelqu'un d'intelligent qui a une appréciation pour les arts. Prodigue et diplomate, vous avez de belles manières raffinées et vous savez vous adapter à toute occasion et toute classe de gens. Habile travailleur au tempérament audacieux et tout aussi compétitif, votre enthousiasme, vos perspectives agréables et charmantes ne laissent personne indifférent.

L'influence de Vénus fait de vous quelqu'un d'attrayant ; on admire votre gentillesse et votre attitude positive. Voilà qui va concourir à ce que vous puissiez exceller dans de nombreuses professions, telles que la vente de bijoux et/ou leur conception, la mode, la cosmétologie ou l'immobilier. Vous avez aussi des affinités pour la musique, pour le design. Vous avez aussi l'art de la parole et le sens inné de l'écriture ; vous pourrez réussir de façon remarquable et plus si vous obéissez à la loi de votre conscience.

Bien que vous soyez un éternel romantique, vous avez tendance à aborder toutes les questions sentimentales sous un angle intellectuel. On ne peut vous faire changer d'idée facilement, sauf si le changement est votre idée initiale. Il est primordial que vous misiez sur l'équilibre dans tous les secteurs de votre vie. Évitez de prendre trop d'obligations en même temps.

Doté d'une mobilité d'esprit sans pareil et capable d'une grande loyauté, vous êtes le plus romantique et le plus coopératif des autres décans de votre signe; par contre, vous avez besoin de fréquentes stimulations mentales pour prévenir l'ennui.

Côté cœur, on vous reproche souvent un certain égocentrisme et un côté séducteur. Conquérant de nature, ne soyez pas trop prompt à devenir intime avec les autres. Il n'en reste pas moins que lorsque vous voulez quelque chose ou quelqu'un, rien ne peut vous arrêter. Charmant causeur, vêtu à dernière mode, si vous vous mariez, veuillez choisir un compagnon de vie qui est loyal, qui estime votre joie de vivre et qui peut vous offrir une vie familiale paisible.

En tant que natif du 3e décan (du 12 au 21 juin), Mercure est votre planète maîtresse alors que votre décan, lui, est gouverné par le Soleil. À vous regarder, vous donnez l'impression d'être sûr de vous-même et prêt à tout.

Uranus, étant particulièrement important dans votre thème natal, puisque la Triplicité d'Air de votre signe solaire est sous sa gouvernance, Saturne y joue également un rôle clé suivant que cette planète est exaltée au signe du Verseau, et c'est Uranus qui a la maîtrise de ce signe. Ce duo d'énergie fait de vous une personne qui a un caractère unique, bien trempé et agrémenté d'un grain de bon sens que d'autres peuvent ne pas s'attendre à trouver chez vous.

Pionnier de nature, vous vous concentrez sur l'avenir. Plus que tout, vous aimez vivre selon vos propres règles qui sont en conflit parfois avec les règles de la société.

Doté d'une intelligence vive qui frise parfois le génie, vous pourrez faire des pas significatifs dans la vie si vous prônez l'éducation et les activités mentales, tout en interagissant aussi avec les gens avisés. Profitez-en pour nourrir le côté spirituel de votre nature à travers des activités tranquilles, puisque cela vous est salutaire.

Puisque Uranus joue un rôle clé en ce qui concerne votre décan, voilà qui fait de vous un natif inventif comparativement aux autres décans de votre signe. Rebelle dans l'âme, vous faites parfois des choses excentriques si ce n'est que pour choquer ou satisfaire votre besoin d'excitation. Cependant, si vous n'y prenez pas garde, ces actions démesurées risquent de vous occasionner maints ennuis. La meilleure façon de réussir et d'exceller dans la vie est de diriger votre énergie et votre intelligence dans des activités créatives et constructives.

Étant plus nerveux et plus anxieux que ceux des autres décans, votre processus de pensée est rapide et vous vous ennuyez facilement. Fort heureusement que vous discernez aussitôt une idée nouvelle ou originale pour occuper votre esprit.

Les voyages, les communications rapides et les écrits tiendront une place de choix dans votre vie. Si vous décidez de faire carrière dans l'une de ces branches, votre succès sera assuré.

Puisque votre décan est sous la protection du Soleil, ce qui fait de vous le plus fort, mais également le plus orgueilleux, votre bon esprit, votre imagination active et votre attitude autoritaire peuvent vous aider à bien réussir dans la vie. Dans le but de mieux maximiser votre plein potentiel, vous devrez absolument vous discipliner.

Il ira de votre intérêt de faire des choix pratiques et éclairés, surtout lorsque le sexe et/ou l'argent seront mis en cause, sinon toute action imprudente risque de vous occasionner de nombreux problèmes.

Maniant l'art de plaire, côté cœur, votre grosse difficulté est de vous engager. Vous avez besoin de liberté et d'autonomie. Si vous vous liez, tant pour le meilleur que pour le pire, vous tiendrez parole au prix de gros efforts ou suivant la sévérité des clauses de votre contrat de mariage. Veuillez donc viser haut lors du choix d'un partenaire. Modérer votre orgueil ne vous ferait pas de tort non plus. Descendez de votre piédestal et apprenez à cultiver un peu plus d'humilité.

Si quelqu'un veut gagner votre cœur et garder votre amour, il devra incessamment répondre à votre immense besoin de tendresse et de démonstrations chaleureuses. Cependant, vos désirs risquent de demeurer inassouvis à cause de votre côté prétentieux et impétueux.

CE QUE LES ASTRES VOUS RÉSERVENT EN 2022

Jupiter en Poissons – du 29 décembre 2021 au 10 mai 2022 et du 28 octobre au 20 décembre 2022 – votre X^e maison natale

Le Gémeaux est un débrouillard. Né de Mercure qui le porte à bouger et à découvrir, vous me faites penser à un enfant qu'on laisse librement circuler dans un magasin de jouets ; vous êtes curieux, tout vous intéresse et soyez certain que si vous le pouvez, vous allez essayer tout ce que vous trouverez sur les tablettes et avant la fin de la journée, sûrement vous nous direz comment les faire fonctionner !

Rien de plus étrange et de plus complexe que Jupiter en Poissons quand il s'agit d'en faire la description par rapport à votre signe. Jupiter, dixième secteur de votre thème natal, voilà qui risque de stimuler votre désir d'acquérir un statut social, une position de reconnaissance, et vous pourriez vous faire envier le pouvoir ; si vous savez déjà comment vous glisser et vous hisser parmi les « grands », parmi ceux qui possèdent les clés des coffres d'une entreprise ou même du gouvernement, si on vous propose une « combine » à succès ou un peu louche, vous aurez du mal à résister ! Jupiter en Poissons punira sévèrement même la plus petite des malhonnêtetés ! Or, si vous faites partie des consommateurs de drogues, si vous buvez, si vous abusez de médicaments, Jupiter en Poissons pourrait vous entraîner dans des vapeurs plus lourdes que toutes celles que vous avez connues jusqu'à maintenant. Jupiter en Poissons, c'est comme vouloir un miracle et ne pas croire en Dieu !

Pendant cette durée déterminée, vous désirerez être reconnu, valorisé, ou songerez-vous à lancer une activité ou à vous mettre à votre propre compte. Ce sera sans contredit le moment d'agir, de foncer. Même si Jupiter vous soutiendra, rien ne sera vraiment facile. Mon conseil : qui ne risque rien n'a rien ! Cependant tout ce que vous ferez devra être soutenu par un désir profond et sans faille. Plus rien ne pourra vous arrêter. N'ayez crainte, Jupiter vous soutiendra, mais je me dois de vous aviser que lors de son passage en Poissons, il faut toujours se méfier de toutes les propositions fallacieuses qui pourraient renforcer votre orgueil. Cela dit, il n'en demeure pas moins que ce transit sera propice à de multiples propositions honnêtes qu'il ne faudra pas repousser systématiquement puisque vous pourriez enfin avoir la possibilité de réaliser ce que vous aimez ou ce que vous devez faire.

Jupiter-Neptune conjoint en Poissons le 12 avril 2022 : Ne vous inquiétez pas si votre travail vous donne l'impression de marcher sur un tapis roulant et d'aller nulle part rapidement. Si vous regardez attentivement ce que vous faites chaque jour, vous pourrez trouver mille et une choses que vous faites pour votre employeur et/ou pour vos clients (si vous êtes à votre propre compte) qui vous qualifient pour plus de responsabilités et un meilleur salaire. N'hésitez surtout pas à chercher un moyen de faire un pas en avant sur l'échelle de l'emploi ou de la carrière. Cela dit, il sera plus qu'important de ne pas chercher, tant sur la société que sur les autres, plus de pouvoir que vous ne pouvez effectivement en assumer puisqu'il y aura danger de vous sentir des ailes parce vous êtes grisé par ce qui est offert.

Saturne en Verseau – toute l'année – votre IXe maison natale

Bien que vous vous emballiez parfois pour des peccadilles, avec Saturne en Verseau, non seulement vous serez d'attaque et prêt à agir, mais vous resterez sur les rails, tout en connaissant aussi une très belle progression. Elle pourra être de deux natures : l'une personnelle avec des ouvertures, des levées d'inhibition ainsi qu'un voyage intérieur des plus enrichissants, l'autre professionnelle avec la possibilité d'une reconnaissance pour l'ensemble de votre carrière. C'est du sérieux, comme vous pouvez voir ! Vous allez pouvoir stabiliser votre situation, construire, atteindre vos objectifs, voir vos ambitions prendre de l'ampleur. Et tout cela grâce à Saturne qui vous donnera toute l'audace, la persévérance ainsi que la volonté d'y arriver, de vous accrocher, et vous pourrez être fier de vous parce que, finalement, vous vous serez dépassé ! Voilà qui est donc très prometteur !

Mieux encore, 2022 sera aussi l'année où vos compétences en matière de communication sembleront être meilleures que jamais. Or, si vous avez déjà envisagé d'écrire, c'est assurément l'année pour mettre vos mots sur papier, sinon veuillez envisager de mettre vos talents et vos multiples capacités à contribution en vous exprimant sur les problèmes qui vous touchent, tant au niveau local que national. Songez aussi à apprendre une langue seconde ; qui sait, peut-être avec l'idée de réaliser le « voyage de votre vie ».

Néanmoins, Saturne en Verseau, non seulement vos ambitions se réaliseront, mais il vous sera donné l'occasion aussi de réussir, d'atteindre l'un de vos objectifs, et surtout de vous poser quelque part, de ne plus avoir à vous envoler dès que vous vous ennuyez. C'est une perspective intéressante qui vous est offerte, et plus encore si vous faites partie du deuxième décan, alors que vous aurez le choix entre prendre la vie plus au sérieux ou continuer comme avant. Pour certains d'entre vous, cela pourrait être un top puisqu'il y aura une vraie stabilisation, une construction de votre vie sur des bases plus solides, et ce, que vous soyez seul ou que vous ayez une famille. Saturne pourrait aussi vous faire apprécier une période de célibat, par exemple qui vous permettra de vous retrouver et d'avancer dans la connaissance de soi.

Parlant de connaissance, Saturne en Verseau, l'éducation et vos croyances vont tenir une place plus importante en 2022. Ne laissez pas de vieux préjugés ni un manque de connaissances ralentir vos progrès. Vous pourriez dénicher de nouvelles perspectives en assistant à des pièces de théâtre, à des expositions, à des concerts, à des films et aussi en prenant part à des cours d'éducation. Vous ne pourrez choisir meilleur année pour vous enrichir de nouvelles connaissances, pour maîtriser une nouvelle technique et parfaire votre intellect par la lecture, les voyages et toutes les discussions avec des gens avisés ou matures.

Saturne, la planète du sérieux, de la raison et des leçons que la vie nous donne, vous pourrez vous stabiliser, et ce, tant personnellement que professionnellement. Une formation, un apprentissage, voire une reprise d'études y seront certainement pour beaucoup. Si vous avez toujours voulu obtenir un diplôme collégial ou universitaire, passez à l'action ! Et si vous êtes écrivain ou souhaitez le devenir, vous pourriez peut-être avoir la chance de faire publier vos travaux. À vos claviers sinon à vos stylos pour les autres, et partez ! Quant au boulot, aucun obstacle à l'horizon pour atteindre vos buts. Le danger qui vous guette en général, en tant que Gémeaux, c'est la dispersion et le manque de concentration. Mais avec l'appui de Saturne, immanquablement, vous pourrez vous concentrer et aller au bout de ce que vous entreprendrez, même si ça prend du temps. Cela ne concerne que les natifs du deuxième décan alors que pour les autres, il y aura obligation de rendement qui pourra peser un peu lourd sur vos épaules, mais l'avenir saura vous récompenser. Tenez bon !

Jupiter en Bélier – du 10 mai au 28 octobre 2022 et du 20 décembre 2022 au 16 mai 2023 – votre XIe maison natale

Le 10 mai, Jupiter entame une brève incursion en Bélier et elle y restera jusqu'à la fin du mois d'octobre, et de retour à nouveau dans le même signe pas plus tard que le 20 décembre 2022. C'est tout comme si le destin venait vous toucher l'épaule et vous donner un aperçu de ce que le futur a en réserve pour vous.

Par conséquent, votre vie amicale sera activée pendant toute la durée de cette période qui vous donnera envie de partager vos réjouissances avec des amis. Vous prendrez plaisir aussi à sortir et à mener une vie plus animée qu'à l'habitude. D'ailleurs, l'idée que vous puissiez faire la rencontre de personnes qui deviendront vite de bons amis, qui partageront vos goûts et vos pensées est à envisager. Il n'est pas exclu non plus que vous puissiez rencontrer une personne avec qui vous pourriez avoir des rapports intellectuels ou spirituels importants, car vous serez sur la même longueur d'onde. Cette personne deviendra très proche de vous. Soulignons aussi qu'une amitié pourrait devenir une relation amoureuse qui vous comblerait de joie. Mon conseil: laissez-vous aller au gré des rencontres vers un avenir souriant. Mentionnons que l'amitié pourrait vous servir aussi de tremplin pour accéder à une réalisation sociale. Les appuis seront très utiles, puissants et protecteurs, et pourront même aussi améliorer votre existence. Secteur par excellence des transmissions, des passations de pouvoir de votre thème natal, il se pourrait également que vous soyez choisi pour remplacer, sinon représenter quelqu'un qui se dévoilerait un protecteur utile pour votre avenir.

LES PHASES RÉTROGRADES DE MERCURE EN 2022

Mercure rétrograde en Verseau – du 14 janvier au 3 février – votre IXe maison natale

Climat général

Même si vous serez plus que jamais décidé à atteindre vos objectifs et que vous aurez l'énergie nécessaire pour le faire, il n'en reste pas moins que votre énergie nerveuse sera plus intensifiée pendant cette période, et tout ce que vous tenterez de planifier risque de ne pas se matérialiser comme vous l'aviez prévu sinon quelque chose risque de vous échapper. Il en sera de même pour ce qui est de vos projets de voyage qui risquent d'être interrompus et ce sera possiblement lié à des circonstances atypiques, chaotiques, imprévisibles ou désorganisées. Votre processus mental sera si actif que vous aurez de la difficulté à exprimer vos idées et vos pensées clairement. Tout se bousculera dans votre tête et vous serez porté la plupart du temps à perdre le fil de vos idées. Vous tendrez même à sauter d'un sujet de conversation à l'autre alors que les gens près de vous éprouveront plus de difficulté à vous suivre. Vous serez à dire tout haut aussi ce que les autres pensent, mais pas de la bonne manière, et voilà que vos paroles seront sévèrement critiquées. Attention d'écorcher plus d'un ego lors de vos discussions enflammées; évitez tous jugements hâtifs et d'agir précipitamment. La pression risque d'être plus marquée, il faudra donc vous ajuster aux exigences du moment; cessez d'être constamment sur la défensive alors que ça n'arrangera pas les choses.

Travail – Finances

Heureusement que votre force majeure en tant que Gémeaux est votre sens de la communication, car il ne serait pas surprenant que pendant cette phase vous ayez à faire face à beaucoup de confusion probablement causée par des malentendus dans le langage. Cependant, vous devriez pouvoir assez bien vous en sortir, mais n'allez pas vous attendre non plus à obtenir des faveurs ou une promotion en raison de votre performance. N'empêche, vous serez en pleine quête d'informations pour parvenir à vos fins et mettre en place vos projets. Il semblera y avoir un peu de compétition dans l'air et il est possible que vous ayez à jouer du coude pour vous tailler une place dans l'entreprise. Cependant, inutile de chercher la confrontation pour gagner, il vous suffira de faire preuve de créativité et d'originalité pour remporter tous les honneurs. Parlant d'honneurs, peut-être qu'une formation en gestion vous aiderait à trouver la juste voie alors que des talents de leader sommeillent en vous et vous commencerez à les dévoiler au fur et à mesure que cette phase progressera. Vous pourriez aussi être soudainement frappé par une illumination qui vous montrera une toute nouvelle voie professionnelle à suivre. Du moins, vous aurez besoin d'une approche plus humaine avec votre clientèle. Si vous êtes propriétaire et si on veut s'associer avec vous, avant de consentir, vérifiez bien les antécédents, l'expérience et les succès que ces gens ont eus auparavant. Vous apprendrez peut-être que ce sont des filous qui allaient essayer de vider votre compte bancaire. En tant que dirigeant et travailleur autonome, on aura des propositions d'investissements importants à vous présenter dès l'ouverture de l'année 2022. Encore une fois, la prudence et surtout l'analyse de celles-ci seront plus que primordiales, particulièrement si cela concerne un bâtiment ou une structure matérielle. Attendez que Mercure ait repris son mouvement direct pour prendre votre décision finale, même si vous êtes convaincu du potentiel de ce projet.

Amour – Sentiments

Tout se passera dans votre tête ! Voilà un temps où vous ressentirez fortement le blues de l'hiver et vous n'arriverez pas à exprimer correctement vos émotions, ce qui vous obligera la plupart du temps à les refouler. En effet, vous rêverez de romance et de passion en amour, mais vous ne semblerez pas suffisamment à l'aise pour tout verbaliser, ce qui entraînera quelques frustrations qui pourront allez loin si vous ne faites pas attention. Ne provoquez pas une rupture trop rapidement, songez-y plus sérieusement. Lorsqu'on croit que l'autre nous est acquis, voilà que les problèmes commencent, la passion s'éteint et l'amour fait place à la possessivité. Il s'agira d'un sujet très délicat pour les Gémeaux qui aiment discuter et parfois vous manquerez de tact. Cependant, l'autre saura très bien répliquer, ce qui entraînera inévitablement quelques étincelles qui vous rappelleront que vous êtes deux êtres passionnés avec au fond les mêmes besoins. Alors essayez d'éviter de mettre de l'huile sur le feu si vous voulez préserver l'harmonie à la maison. Quant aux célibataires de votre signe, on peut confirmer que quelques prétendants rivaliseront d'imagination pour vous inviter à sortir. Même s'il se développera de la chimie entre vous deux, la confusion risque de prendre le dessus et vous cesserez de vous fréquenter sans raison. Les paroles risquent aussi d'être mal interprétées, l'un ou l'autre comprendra qu'il serait préférable de ne pas aller plus loin, surtout qu'il ne sera pas toujours facile de faire coordonner vos agendas respectifs au début.

Famille

Vos adolescents tendront à chahuter plus qu'à l'accoutumée. Ils auront envie de tout, sauf d'étudier et de suivre vos recommandations. Un membre de la famille auquel vous êtes attaché pourrait être complètement déprimé ou pas dans son assiette par moments. Cependant, son problème ne sera pas le vôtre. Votre compassion devra lui suffire. Alors que vous serez possiblement porté à lui donner des conseils, il sera impératif de vous en abstenir. Laissez plutôt les spécialistes faire leur travail.

Santé

Tout suggère que vous tendrez à aller au-delà de vos limites et ferez comme si vous n'étiez pas fatigué ; cependant, quelques douleurs corporelles vous lanceront un SOS. Vous ne serez pas à l'abri non plus de sautes d'humeur, signe de votre organisme aura besoin d'une sérieuse détente. Or, songez à prendre quelques jours de congé puisque cela vous sera salutaire, mais également bénéfique au bout du compte.

Mercure rétrograde en Gémeaux – du 10 mai au 3 juin – votre Ire maison natale

Climat général

Veuillez prendre une feuille de papier et un marqueur de couleur rouge, et écrivez en grosses lettres « Attention » et placez-la à un endroit où vous la verrez tous les jours. Affichez également une note sur le tableau de bord de votre voiture pour ainsi vous rappeler d'aller lentement au travail, à la maison et lors de la pratique de vos sports favoris. Regardez des deux côtés avant de traverser une rue très fréquentée plutôt que de vous précipiter et d'espérer que tout ira bien. Si vous faites du vélo, portez un casque, et si vous prenez part à des activités compétitives, tel le baseball, gardez l'œil sur la balle. Puisque le climat risque d'être lourd par moments, parfois, vous nagerez en pleine incertitude. Vous en aurez assez de piétiner sur place, vous aurez envie de tout balancer par-dessus bord. Pourtant un geste irréfléchi ne ferait qu'envenimer la situation. La meilleure chose à faire sera de prendre votre mal en patience. D'ici là, il est plus que possible que vous puissiez rencontrer de nombreuses personnes et que de nombreuses invitations s'ensuivent, mais il est également possible que vous deviez vous désister d'au moins une de celles-ci et possiblement à la dernière minute.

Travail – Finances

Vous avez généralement le sens du commerce et vous êtes tout aussi habile lors des discussions, sans compter que lorsque vous avez une idée bien précise en tête, vous n'abandonnez pas. Par contre, durant cette période, il est possible qu'une personne près de vous s'obstine à ce que vous réussissiez ce que vous vouliez mettre de l'avant, et voilà qui pourra provoquer quelques débordements intellectuels. Vous aurez à faire plusieurs tours de force pour y arriver, que vous vendiez des concepts, des services ou un produit. Attendez-vous tout de même à encourir un léger ralentissement de vos affaires en cours et à la nécessité de prendre du recul par rapport à ce que vous avez accompli ces derniers temps ; le moment sera venu de faire un bilan ainsi que de nouvelles projections d'avenir. En plus de la pression qui sera grande, vous ne saurez pas au juste ce que vous voulez et, par conséquent, votre insatisfaction pourra se traduire par de l'impulsivité, ce qui risque de vous faire commettre des bévues. Allez-y donc un peu plus doucement et réfléchissez avant de poser un geste important. En plus d'être une période intense pour ce qui est de votre travail, n'allez pas être surpris que certains de vos employés ne rentrent pas ou qu'une réduction du personnel se produise, sinon il est possible que vous jouiez du coude pour passer devant les collègues qui auront pourtant plus d'ancienneté que vous. Attention d'alimenter leur colère inutilement. En tant que créateur ou artiste de métier, quel que soit l'art pratiqué, ce ne seront pas les idées qui vous feront défaut. Notez-les, elles vous seront utiles plus tard. Si vous occupez un emploi ou un travail routinier, quelques changements sont à envisager; on vous mettra au défi en vous offrant d'occuper temporairement un autre poste. En revanche, si vous avez le désir de vous engager dans une nouvelle carrière, voilà que les résultats de vos démarches se feront attendre quelque peu. Et si vous faites partie de ceux qui feront un retour sur le marché du travail, une proposition en deçà de vos compétences est possible, mais songez à l'accepter puisque dans le temps de le dire quelque chose de mieux se pointera à l'horizon pour vous. Entre-temps, restez prudent et ne dépensez pas vos gains en dépit que vous soyez sérieusement tenté par des gadgets dont vous vous lasserez peu après. Il y a chez vous un côté prompt à la consommation qu'il faudra modérer.

Amour – Sentiments

Voilà un temps où l'amour ressemblera davantage à une organisation, à une entente où les deux parties s'accordent une trêve, un silence sur les problèmes qui planent au-dessus du couple. Ni vous ni l'autre n'aurez la force ni même le courage d'en discuter. Vous ne direz rien ou presque, vous ne discuterez pas des sentiments. À l'inverse, vous vous contenterez d'échanger banalement. Au fond, l'être aimé et vous laisserez mûrir ce dont l'un et l'autre ont besoin de parler sérieusement. Si vous avez une vie de couple, et la plus enviable, sachez que vous ne serez pas à l'abri d'être embêté par un flirt insistant. Autant ce sera flatteur, lorsque cette personne tendra à s'imposer et à semer le doute inutilement dans l'esprit de votre partenaire de vie que vous aimez profondément, cela risque de devenir envahissant et pénible. Mettez-y un terme au plus vite! Quant aux célibataires, abstenez-vous de toute aventure en milieu de travail, même la plus discrète, alors que ça ne servira pas vos intérêts à la longue.

Famille

Votre absence risque d'être davantage ressentie par vos enfants; ils se montreront de véritables petits diables et pas toujours faciles à gérer pour l'autre parent qui sera pris avec eux. Vous aurez beau tout faire pour les calmer, rien n'y fera ! Veuillez tout faire en votre pouvoir pour leur consacrer plus de votre temps. Et si vous êtes parent d'enfants qui ont besoin de se trouver une garderie et/ou un camp de jour pour la période estivale, espérons que vous y aurez pensé assez tôt, autrement ce sera le branle-bas de combat pour trouver une place disponible. Afin de ne minimiser que votre enfant se retrouve entre les mains de n'importe qui, assurez-vous de vérifier l'endroit où vous l'enverrez tous les jours.

Santé

Attention aux allergies possibles ! Ne prenez aucun risque inutile. Surveillez vos nerfs, vos bronches, vos épaules, vos mains, vos mollets et vos muscles. Entorse possible.

Mercure rétrograde en Balance – du 9 septembre au 2 octobre – votre V^e^ maison natale

Climat général

Vous aurez tout intérêt à vous méfier des gens qui vous approcheront. Il y a de ces personnes à qui vous ne devriez pas faire confiance étant donné qu'elles auront sensiblement déjà été malhonnêtes, et elles ne sembleront pas vouloir s'en guérir. Heureusement que vous serez capable de faire rapidement la différence entre les gens qui sont bons et ceux qui ne le seront jamais, ni pour vous ni pour personne. N'allez pas vous laisser non plus absorber par les mauvaises nouvelles qui se multiplieront pendant cette période. Évitez de voir le pire ou de croire qu'une tuile vous tombera sur la tête. Demeurez positif et croyez en vos nombreuses possibilités. Entre-temps, de nombreux détails sembleront vous échapper et vous devrez courir dans tous les sens pour faire plaisir à tout le monde. Malgré tout le stress et la pression, trouvez le moyen de rester efficace dans tout ce que vous faites, tant les responsabilités à assumer que les tâches à faire, au risque d'avoir à les reprendre. Néanmoins, vous pourriez être assez souvent coincé avec de nombreux compromis, sauf que vous ne vous laisserez pas manger la laine sur le dos éternellement. Votre caractère prendra le dessus et, tôt ou tard, vous réussirez à remettre les pendules à l'heure avec certaines personnes.

Travail – Finances

Voilà qui présage une phase relativement compliquée ; malgré tout, vous n'aurez d'autre choix que de devoir fournir des efforts considérables. Vous pourriez viser un rêve qui vous est cher et connaître quelques obstacles qui tendront à vous ralentir un peu. Malgré ces anicroches, votre charisme devrait pouvoir vous propulser vers certains accomplissements une fois que Mercure aura repris son mouvement direct et ainsi pouvoir réussir à entrevoir toutes les possibilités qui se dresseront devant vous. D'ici là, soyez minutieux dans votre travail étant donné qu'une erreur à cause de votre manque d'attention pourrait vous obliger à reprendre une tâche que vous n'aimez pas particulièrement accomplir. En revanche, si vous avez un emploi stable, il faudra le conserver même si vous n'êtes pas entièrement satisfait de l'organisation en cours. Au fil des semaines, des changements favorables se produiront et par conséquent, vous serez moins tendu et aurez même l'occasion de faire votre marque. Et si vous êtes sérieusement engagé côté professionnel et que vous y mettez un maximum de temps et d'énergie, il sera parfaitement normal que vous obteniez le succès espéré, mais il y aura autour de vous des personnes qui vous envieront, et celles-ci ne verront pas les efforts et tous les sacrifices que vous faites. Néanmoins, attention d'être trop absorbé par votre travail à un point tel d'en oublier tout ce qui fait qu'une vie est complète.

Amour – Sentiments

Il y a des temps où l'on a moins envie de parler à son partenaire ; on a l'impression de lui avoir tout dit, on pense que l'autre nous connaît suffisamment pour reconnaître ces moments où on a besoin de s'isoler. Si vous avez des sautes d'humeur, il vaudra mieux les expliquer plutôt que de laisser croire à l'autre qu'il en est responsable, car c'est souvent ce qui se produira face à votre silence. En dépit que vous soyez assez bavard de nature, lorsque vous vous repliez sur vous-même, ça pour effet d'effrayer l'être aimé et plus encore s'il n'a pas votre assurance, il risque de perdre pied. Et il tendra à se dévaloriser et s'éloignera de vous. Quand vous serez prêt pour converser, peut-être qu'il ne le sera plus ! Or, veuillez reconnaître ce que vous vivez et partagez-le avec l'autre, ce qui sera beaucoup plus simple ainsi. Si vous êtes célibataire, l'aspect familial tendra à retenir toute votre attention et vous ne pourrez accepter aucun rendez-vous. Si vous êtes un parent isolé, vous placerez vos priorités à la bonne place. L'idée que votre ex revienne dans le décor sera possible. Bien que vous puissiez être heureux de le ou la revoir, il ne faudra pas oublier les raisons de votre séparation. Une bonne conversation s'imposera pour mettre au clair ce qui vous plaisait ou non dans cette relation.

Famille

Voilà une période où vous tendrez à être plus inquiet, surtout si vos enfants sont des adolescents puisqu'ils ne sembleront jamais satisfaits d'eux-mêmes et tendront à prendre des décisions qui ne ressembleront pas du tout à ce que vous auriez fait si vous aviez été à leur place, mais essayez de suivre de plus près le développement de leur mentalité. Vos enfants sont de vous, mais ils ne sont pas vous ! S'ils sont encore aux études, de temps à autre ils vous feront sentir qu'étudier c'est pénible et que ça ne vaut pas le coup. Vous craindrez qu'ils ne désertent l'école même si ce n'est que le début de l'année scolaire. N'allez surtout pas leur faire un grand sermon, trouvez plutôt le moyen de les stimuler. Entre-temps, des mésententes avec la famille seront possibles. Si l'argent est au cœur du problème, votre discours à ce sujet sera si extraordinaire que chacun comprendra qu'il s'est laissé emporter pour à peu près rien. Ce que l'un a pris à l'autre, il le lui rendra. Ce qui est dû sera remboursé de façon à ce que personne ne soit ruiné.

Santé

Avec la belle saison qui s'achève, le déclin d'activités physiques risque de se faire de plus en plus sentir. Votre cœur aura très certainement besoin de rester actif alors que la sédentarité sera des plus nocives pour votre santé, sans compter que vous pourriez connaître quelques fluctuations au niveau de votre vitalité. Si déjà vous avez tendance à boire, à prendre un apéritif, un digestif et du vin en mangeant, il sera recommandé de modérer puisque votre foie n'en supportera pas autant. Et si votre médecin vous a conseillé de ne plus manger certains aliments alors qu'ils affectent divers organes, soit plus précisément votre estomac et vos intestins, n'allez pas à l'encontre de ses avis. N'allez pas mettrez votre résistance à l'épreuve inutilement. Entre-temps, fragilité intestinale possible !

Mercure rétrograde en Capricorne – du 29 décembre 2022 au 18 janvier 2023 – votre VIIIe maison natale

Climat général

Il semblera y avoir beaucoup d'émotions dans l'air pour vous pendant cette période, probablement parce que vous éprouverez quelques difficultés à vous entendre avec certaines personnes. Vous vous croirez très conciliant, mais ce ne sera jamais assez pour l'autre, peu importe de qui il s'agit. D'ailleurs, si vous aviez prévu un voyage pendant cette période ou une quelconque activité, il ne serait pas étonnant que vous ayez à débattre plusieurs questions, mais ce n'est pas vous qui gagnerez ce genre de confrontation; il sera préférable pour vous d'accepter la situation et d'y trouver votre compte et votre satisfaction. Apprenez à vivre avec ce qui vous est offert plutôt que d'en exiger davantage. Suivant que ce sera un temps où vous aurez de grandes aspirations, il est très possible que vous puissiez vous informer sur les possibilités de déménager, d'acheter une maison, de rénover ou encore de vous offrir une grande aventure; quelque chose qui restera gravé dans votre mémoire. On dit que les moyens viennent avec les besoins. Or, peu importe votre statut social, misez sur cette période pour commencer à planifier ce grand projet. Même si cela devra prendre plusieurs mois pour tout mettre en place, votre détermination et tous les efforts que vous ferez maintenant seront la garantie de succès.

Travail – Finances

Puisque vous avez tendance à être assez expéditif avec vos clients et collègues, durant cette phase rétrograde, vous devrez essayer de voir cette relation autrement afin de la rendre harmonieuse puisqu'il est possible que vous soyez confronté à des situations opposées l'une de l'autre. Je m'explique… il est très possible que vous deviez servir un client difficile qui sait précisément ce qu'il veut: n'essayez surtout pas de lui vendre autre chose alors que le client suivant ne saura pas ce qu'il veut et hésitera sur tout ce que vous lui proposerez. Vous devrez donc tenter de tirer profit de tout ça ainsi que vous adapter à eux sans les juger et acquiescer à leurs demandes avec le sourire; ce n'est qu'ainsi que vous connaîtrez un succès. En tant que patron, vous ne serez pas toujours à l'aise de donner des ordres et de diriger les opérations. Votre tempérament sera un peu trop conciliant pour pouvoir tenir une équipe qui soit ordonnée; ainsi la confusion viendra retarder la réalisation de vos projets. Devant cette situation qui risque de mener vers un cuisant échec, vous n'aurez d'autre choix que de prendre des moyens passablement radicaux et changer vos méthodes de travail, si ce n'est pas vos employés que vous remercierez. Et en tant que travailleur autonome, un démarrage d'entreprise sera une excellente idée même si la conjoncture économique semblera peu favorable. L'heure en sera encore aux préparatifs de lancement puisqu'il sera très difficile de vous entendre pour l'instant avec d'éventuels associés, de futurs clients et fournisseurs. C'est la patience qui sera le secret de votre succès et votre ouverture d'esprit. Évitez d'être rigide avec vous-même et dans vos propos tenus.

Amour – Sentiments

Voilà une période où il se pourrait que vous ayez le cœur gros sans être en mesure d'exprimer clairement ce qui se passe, et vous ne voudrez pas non plus perdre votre relation. Dès que Mercure reprendra sa marche directe, vous arriverez à trouver les mots justes et à susciter l'intérêt de votre partenaire pour aller dans le même sens et retrouver de bons sentiments l'un pour l'autre. Si votre couple est relativement jeune, l'heure sera venue d'affirmer mutuellement votre engagement d'une manière ou d'une autre. Si votre couple dure depuis de nombreuses années, il est plus que probable que vous aurez besoin de prendre un certain recul; la pression risque d'être trop forte. Il faudra faire preuve d'ouverture et d'écoute pour éviter la rupture. En respectant le besoin de prendre l'air de l'un et de l'autre, il y aura très certainement moyen d'éviter un drame et de rester profondément amoureux. Si vous êtes célibataire, il est possible que la solitude soit lourde à porter, que des besoins d'affection, de tendresse et de sexualité se fassent de plus en plus pressants. Même si vous aurez fait quelques rencontres lors des dernières semaines, il n'y aura personne qui semblera être à la hauteur de vos désirs. Par contre, une fois que tout sera redevenu à normale, soit rien avant la seconde partie du mois de janvier 2023, il ne serait pas étonnant qu'un bel étranger sache bien réveiller quelques passions que vous vous interdisiez.

Famille

Il est très possible que vous ayez l'intention de revoir les plans de votre maison, de redéfinir la décoration ou d'effectuer d'importants travaux, ne serait-ce que pour en faire augmenter la valeur et la vendre à meilleur prix une fois que Mercure reprendra son mouvement direct, bien entendu. Entre-temps, l'idée que vous puissiez amorcer certaines démarches nécessaires afin d'acquérir une propriété, et ce, peu importe votre situation financière, sera plus que possible. Vous saurez trouver les moyens nécessaires de réaliser vos objectifs : une maison et le bien-être de votre famille. Il n'en demeure pas moins, attendez-vous à une peine possible !

Santé

Comme plusieurs, vous pourriez être fortement affligé par le rhume et la grippe avec une forte fièvre. Il est possible aussi que vous ne preniez pas vraiment soin de vous et ce sera la principale raison pour laquelle votre grippe ne semblera pas vouloir se guérir. Il faudra inévitablement fuir tous les abus et les excès alors que ça risque d'affaiblir considérablement votre système immunitaire. Pour mieux récupérer, beaucoup d'eau et de repos resteront encore et toujours le meilleur remède. Les organes sexuels vont aussi être assez fragiles et vous pourriez connaître des règles compliquées. Or, évitez de prendre des risques inutiles lors de pratiques sexuelles; prenez toutes les précautions nécessaires. Vous ne serez pas à l'abri non plus de douleurs arthritiques, surtout pour ce qui est de vos genoux, alors que vous éprouverez plus de difficultés à les plier. En revanche, il sera avisé de ne pas conduire vite ni intoxiqué, ou autres.

LA PHASE RÉTROGRADE DE VÉNUS EN 2022

Vénus rétrograde en Capricorne – du 19 décembre 2021 au 29 janvier 2022 – votre VIIIe maison natale

Climat général

« Si ça vous fait du bien ou si ça concourt à ce que vous vous sentiez bien, faites-le » pourrait devenir votre phrase préférée durant cette période. Vous pourriez décider de donner la priorité à vos propres besoins et vous concentrer sur votre bonheur. Vous laisser aller à faire des choses qui vous apportent de la joie et du bonheur pourrait devenir votre objectif optimal. Toutefois, n'oubliez pas que tous les comportements ont des conséquences. Dès lors, Vénus en mode rétrograde, il est possible que vous ayez peut-être à composer avec les résultats des décisions que vous aurez prises au cours des semaines précédentes. Si vous avez fait des choix insensés ou imprudents, vous pourriez en venir à regretter vos actions.

Travail – Finances

Toutes les questions financières ou liées à l'argent vont nécessiter toute votre attention. Veuillez donc vérifier votre dossier de crédit et assurez-vous que tous vos comptes sont payés et à jour. Profitez-en aussi pour revisiter vos primes d'assurance, vos états de compte ainsi que pour mettre de l'ordre dans vos registres financiers. D'ailleurs, portez attention puisque vous pourriez aussi dénicher l'aubaine du siècle par rapport à une vente d'items de luxe. Cela dit, après une période de stress assez intense, il y aura de nombreux petits détails à négocier, mais ce sera en toute quiétude que vous pourrez prendre vos vacances de Noël. Mais si ça ne fait pas partie de vos plans immédiats, n'allez pas être surpris que l'on vous confie la chaise du patron pendant que celui-ci prendra son congé du temps des Fêtes. Quoi qu'il en soit, il sera avisé de faire très attention à vos finances. Vérifiez votre relevé de carte crédit, ne serait-ce que pour vous assurer que tout est en ordre. Assurez-vous aussi de payer vos factures à temps au risque d'être pénalisé. N'allez pas espérer non plus faire de gros profits. Et pour ce qui est de l'argent espéré de vos commissions, de vos redevances, de vos fonds de placement, il risque de briller par son absence et vous n'aurez d'autre choix que de composer avec cet inconvénient. Petit conseil : il pourrait être avantageux pour vous d'investir dans des entreprises qui fabriquent des huiles et tous les autres produits utilisés par les massothérapeutes une fois Vénus aura repris son mouvement direct.

Famille

Il sera avisé d'éviter de passer d'un extrême à l'autre dans votre façon de penser, dans votre façon de vous adresser aux autres, même si ces personnes sembleront tout faire en leur pouvoir pour dire des choses qui risquent de vous blesser ou de vous provoquer. Essayez d'écouter plutôt que de répliquer ! Bien que le climat s'allégera, un enfant, un frère ou une sœur tardera à se ressaisir ; tous les autres tendront à revenir rapidement à de meilleurs sentiments.

Amour – Sentiments

Que votre relation soit toute jeune ou non, la question de la sexualité risque d'être à l'avant-plan. Et celle-ci risque de requérir certains ajustements à l'occasion ; il faut parfois beaucoup d'ouverture et de compréhension pour s'adapter aux changements. C'est inévitablement avec une bonne communication et sans aucun tabou ni préjugé que vous parviendrez à vous comprendre mutuellement. Entre-temps, vous risquez de ressentir une grande intensité émotionnelle dont vous aurez peine à vous défaire et vous serez davantage porté aussi à vous épancher sur les plus démunis, les moins chanceux dans la vie et sur vous-même par-dessus le marché. Méfiez-vous toutefois, Vénus en mode rétrograde, vous tendrez à vous retrouver amoureux de l'amour et pas plus de la personne qui vient d'entrer dans votre vie. Veuillez bien prendre le pouls de vos sentiments sincères avant de vous engager dans une nouvelle relation. Laissez passer janvier 2022 avant de promettre un jardin de roses à qui que ce soit qui s'intéresse à vous. Il ne serait toutefois pas étonnant que votre cœur balance entre deux amours ! Si vous êtes célibataire, certaines gens auront sûrement envie de passer les Fêtes avec vous. Si vous êtes ouvert à l'idée de rencontrer, vous pourriez croiser quelqu'un qui fera accélérer votre pouls. D'ailleurs, cette personne pourrait rayonner d'un charisme sexuel. Et si vous décidez de vous engager dans cette relation, des feux d'artifice se déclencheront dans votre intimité alors que l'élu de votre cœur sera désireux de partager ses fantasmes les plus profonds avec vous. Cependant, pour une raison ou pour une autre, vous préférerez prendre du recul avant d'aller plus loin dans cette relation. Peut-être est-ce l'aspect de la sexualité qui vous freinera…

Santé

La vigilance demeurera de mise ! Lorsque l'indécision surgira, suivez votre première idée, sans quoi vous ne finirez plus de changer d'opinion. Et si vous parvenez à éviter le surplus de stress, vous serez passablement dynamique.

LA PHASE RÉTROGRADE DE MARS EN 2022

Mars rétrograde en Gémeaux – du 30 octobre 2022 au 12 janvier 2023 – votre Ire maison natale

Climat général

Deux mois et demi de doutes, de manque d'initiative, de manque de confiance en soi que vous pourrez aiguiller autrement. Vous n'aurez pas besoin d'en faire trop de toute façon. L'idée, c'est de réfléchir à la façon dont Mars pourrait mettre à mal votre esprit d'indépendance et votre collaboration avec un collectif. Vous aurez à rendre compte d'actions récentes qui ne portent pas encore leurs fruits ; pourtant, vous aurez du mal à partager vos réflexions avec les autres. Cela risque de vous faire douter de vous-même, sinon d'être porté davantage à vous éparpiller. C'est un processus naturel avant d'évaluer notre façon d'opérer, de réagir dans notre vie.

Puisque ce sera un temps où vous aurez à apprendre à rééquilibrer votre puissante énergie pour l'utiliser autrement, afin qu'elle serve mieux vos intérêts, méfiez-vous de votre orgueil qui pourrait aussi jouer contre vous telle votre indifférence envers les autres. Que ça vous plaise ou non, vous serez appelé à servir les autres, à respecter leurs choix et à les encourager. Évitez donc de vouloir tout contrôler ! Entre-temps, autant serez-vous occupé physiquement, mentalement, émotionnellement ainsi que psychologiquement, vous aurez également le pressentiment de tourner en rond et que rien n'avance. Il vaudra peut-être mieux ralentir le pas, vous tranquilliser un peu les nerfs, surtout que vous aurez un surplus d'énergie que vous tendrez à mal canaliser parfois, ce qui pourrait vous valoir un bête accident, sinon un incident fâcheux. Tâchez d'être plus attentif sans quoi une distraction risque de vous ralentir malgré vous. Cependant, en étant prudent et en évitant d'abuser de vos forces, vous pourrez bénéficier d'une vigueur et d'une résistance accrues. Il sera également avisé de porter attention à l'attitude que vous affichez, du moins veuillez considérer si vous devriez y apporter des ajustements. Prenez garde également dans votre façon d'accueillir les gens alors que vous risquez d'être frustré et plus impatient par moments. En revanche, ayez plus confiance en vous et en vos habiletés, évitez de tout critiquer ou de vivre du ressentiment, et avec un peu patience, vous pourrez mettre en action tous vos projets une fois que Mars aura repris son mouvement direct, soit rien avant la mi-février 2023. D'ici là, profitez-en pour finaliser tous les projets en cours et pour décider quelle sera votre prochaine démarche. Misez aussi sur cette période pour entreprendre une recherche alors que vous serez sur la voie de la découverte. Mais, plus que tout, ne laissez pas les autres vous décourager de celle-ci même si vos idées leur paraîtront étranges, du moins à certains d'entre eux.

Travail – Finances

Non seulement les détails et les échéances prendront plus d'importance au cours de cette période, mais il en ira de même pour ce qui est de votre apparence et l'approche que vous véhiculez dans la vie et envers les gens. Il vaudra mieux être plus à l'écoute de vos réactions et de vos paroles alors qu'elles vous permettront de décoder, sinon de prendre au vol quelques-unes de vos plus belles manipulations ou autres attitudes nuisibles. Ces réactions et ces attitudes sont à l'origine de votre souffrance et elles méritent votre pleine attention. Et si vous bouillonnez de l'intérieur pour toutes les injustices subies, rien n'y paraîtra à l'extérieur; bien au contraire, vous donnerez l'impression de tout maîtriser. Grâce à cette attitude, vous résoudrez bien des ennuis et problèmes et vous pourriez même participer de près à l'entente entre collègues et collaborateurs, entre employés et patrons. Il ira de votre intérêt également de vous accorder suffisamment de temps pour mieux choisir les occasions et les opportunités d'affaires qui se présenteront, mais plus que tout, n'allez pas vous précipiter sous le coup de l'émotion et encore moins mettre votre intégrité en péril. Entre-temps, il est possible qu'une personne qui vous tombait sur les nerfs depuis un bon moment puisse quitter son poste et vous n'aurez plus à lui faire face à chaque instant; vous vous sentirez libre. Et si vous faites un travail qui exige de la précision, vous devrez vous concentrer davantage pour éviter toutes les erreurs possibles au risque d'être obligé de tout reprendre. En revanche, si vous travaillez avec le public, vous vous apercevrez que les gens seront plus exigeants, plus agressifs – c'est tout simplement qu'ils auront peur de la vie, de l'avenir... Et même si vous éprouvez un effet de ralentissement, cela ne pourra que vous être bénéfique à la longue puisque ça vous rendra plus précis dans tout ce que vous faites et dans tous vos mouvements. Voilà pourquoi, si vous faites un travail intellectuel, votre concentration sera excellente, mais la lenteur de certains collègues risque de vous mettre hors de vous. Quant à vous qui êtes artiste de métier, assurément, ce ne seront pas les idées « nouveau genre » qui manqueront, bien au contraire, ce seront surtout les ressources pour les appliquer qui feront défaut. Néanmoins, profitez-en pour partir à la recherche de capitaux et, chose étonnante, au moment où vous serez tout près d'abandonner, une personne influente sera intéressée à votre œuvre.

Amour – Sentiments

Puisque ce sera un temps où les épreuves passeront par l'affectif, pour ce qui est de vos amours, aussi passionné que vous vous sentirez, toutes les tentatives pour séduire votre chéri prendront plus de temps à se matérialiser. Même si ça ne fera pas toujours votre affaire, ne laissez pas la jalousie avoir le meilleur parti de vous-même, surtout lorsque les choses n'iront pas comme vous le voulez. Prenez garde également de ne pas vous embarquer dans une relation vouée à l'échec alors que vous pourriez être déçu, et/ou décevrez-vous l'être aimé d'une manière ou d'une autre, et voilà que cette personne vous laissera connaître ses insatisfactions.

Famille

Les contacts avec vos enfants risquent d'être assez difficiles par moments et, pour une raison ou une autre, la vie s'organisera pour vous éloigner d'eux. À cet effet, le travail pourrait peut-être vous retenir ailleurs, sinon au loin, qui sait ! Néanmoins, apprenez à lâcher prise, ce qui servira mieux vos intérêts. Entre-temps, n'allez pas être surpris puisqu'il est tout probable qu'une personne (sœur, mère, épouse) près de vous vous reprochera amèrement votre manque d'implication familiale.

Santé

Voilà qui présage une période où vous tendrez à souffrir davantage d'un manque important d'énergie. Pas surprenant que vous pourriez éprouver un problème de santé qui en retour pourrait affecter votre vitalité. Évitez de vous en mettre trop sur les épaules et n'allez rien promettre non plus que vous ne pourrez ou ne voudrez plus respecter au moment de livrer la marchandise. Attention aussi de vous couper, de vous blesser ou de vous écorcher d'une quelconque façon. Suivant que vous tendrez à vous sentir un peu plus fatigué et irritable, misez sur cette période pour examiner comment l'énergie de votre colère peut vous affecter ainsi que ceux autour de vous et pour vous assurer qu'elle ne provoque plus de situations complètement handicapantes. Soyez plus en contact avec vous-même, faites attention à tous gestes les brusques et désordonnés, et reposez-vous. Croyez-moi, vous allez ressortir de cette période beaucoup plus confiant et serein, ce n'est qu'une question de temps. Tenez bon !

L'ÉCLIPSE SOLAIRE PARTIELLE DU 30 AVRIL EN TAUREAU – VOTRE XIIE MAISON NATALE

Vous serez en forme plus que d'autres, car vous ne serez pas touché par cette éclipse solaire partielle en Taureau – signe qui ne vous est pas adverse mais neutre. Or, vous passerez donc bien cette période alors que vous ne devriez pas être trop bousculé physiquement. Le fait que l'éclipse n'affecte pas directement votre signe solaire, ou votre ascendant natal ; si c'est le cas, est rassurant, mais il faut tout de même se méfier des périodes d'éclipse et des dissonances graves dont entre autres celle de Pluton. N'allez pas jouer avec le feu, d'autant plus si l'ascendant natal est troublé (Taureau, Lion, Scorpion, ou Verseau), et rendre cette période moins sympathique.

En dépit que vous n'ayez peur de rien, ne prenez pas pour autant ces avertissements à la légère. Préparez-vous à cette période exigeante en gardant votre corps et votre esprit aussi sains que possible. En prenant des précautions pour amadouer le sort, vous éviterez l'aggravation d'un état maladif, d'une situation corsée, d'un méandre dans lequel vous vous serez mis les deux pieds dans les plats par négligence. Peur de rien ? Tant mieux, mais craignez le diable, il est plus malin que vous. D'ailleurs, n'allez pas vous épuiser à tenter d'aider qui ne veut pas s'aider soi-même. C'est du temps, de l'énergie et de l'argent perdus. Que chacun de la famille assume ses responsabilités.

Il s'agira d'une période d'éclipse où votre objectif principal sera tout probablement de vous concentrer sur des choses que vous gardez en vous et que vous ne montrez pas au monde extérieur ni même à ceux qui sont proches de vous. Or, veuillez saisir cette occasion pour consacrer plus de temps à l'introspection, dans laquelle vous pourrez mentalement « planter des semences» (soit de visualiser ce que vous aimeriez voir se réaliser) qui ne germeront pas dans un nouveau départ visible éventuellement... Prenez le temps de vous détendre et de méditer. Passez du temps à nourrir votre propre moi intérieur. Bien que des discussions avec un ami proche et de confiance puissent faciliter votre introspection, il serait probablement préférable de ne pas être ouvert au public sur les changements que vous envisagez d'apporter. Tout d'abord, donnez-vous le temps de bien réfléchir et de considérer tous les aspects de la situation. En attendant, sachez que les activités artistiques et mystiques seront des plus privilégiées pendant cette période.

P.-S. Vous êtes encouragé à prendre connaissance de tout ce qui est écrit au chapitre intitulé «Les éclipses de 2022» pour mieux vous familiariser avec toutes les mises en garde à respecter lors de toutes les éclipses.

LES POSITIONS LUNAIRES ET VOUS

À la fin du livre, vous trouverez le tableau des positions lunaires pour chaque jour de l'année 2022. Pour mieux tirer profit de la Lune au quotidien ainsi que connaître le rôle qu'elle jouera sur vos humeurs, lesquelles vont influer sur votre jugement et sur vos actes, référez-vous au chapitre intitulé «Méthode d'interprétation du calendrier des Lunes».

En général, quand la Lune passe en Bélier, en Gémeaux, soit votre signe solaire ou votre ascendant natal, en Lion, en Balance, en Verseau, vous êtes en forme. Ces énergies, surtout celles du Gémeaux, de la Balance et du Verseau, vous placent en position de force. Là où vous devriez être prudent et où il serait préférable de prendre du recul, c'est lorsque la Lune se trouve en Vierge, en Poissons, en Sagittaire et en Capricorne.

Les divers passages de la Lune ne sont jamais neutres, même ceux qui ne sont pas mentionnés ci-dessus. S'il y a des moments pour l'action quand la Lune est néfaste, s'il faut prendre du recul quand elle ne l'est pas, les autres journées représentent, la plupart du temps, un mouvement vital plus lent.

♋

Cancer

22 juin au 23 juillet

LES DIFFÉRENTS ASPECTS DE VOTRE PERSONNALITÉ

Cancer – féminin, cardinal, eau

Né sous un signe cardinal d'Eau, vous êtes une personne douée pour amorcer des choses et vous faites partie de ceux pour qui leur vie privée et la famille sont très importantes.

Les personnes nées sous votre signe sont émotionnelles, vulnérables, sensibles et plus facilement blessées. Cela explique pourquoi vous avez besoin du confort de votre foyer pour pouvoir vous retirer de ce monde qui peut parfois être assez exigeant. Voilà qui explique aussi pourquoi vous avez du mal à supporter qu'il y ait de la chicane autour de vous.

Vous êtes porté à exprimer votre amour pour les vôtres en veillant à ce que tout un chacun ne manque de rien, tout en les maternant dans le confort d'un foyer douillet pour mieux s'y reposer. Le problème dans tout cela est que vous pouvez devenir une personne dépendante ou incapable de fonctionner à moins que vous sentiez qu'il y a quelqu'un ou quelque chose qui a besoin de vous.

Le signe du Cancer régit le foyer, la famille et il est responsable de vos émotions. Ce qui explique encore une fois pourquoi vous êtes une personne qui agit et qui opère avec ses tripes la plupart du temps. Fragile et sensible, pas surprenant que vous vous fassiez une carapace en société.

CE QUI VOUS DIFFÉRENCIE DES AUTRES NATIFS DE VOTRE SIGNE

En tant que natif du 1er décan (du 22 juin au 1er juillet), votre planète maîtresse, la Lune, joue un rôle déterminant dans votre thème natal. Cela explique pourquoi votre façon de raisonner, de réfléchir peut s'obscurcir par l'émotion du moment puisque parfois vous vous sentez abandonné et sans espoir. Toutefois, votre monde intérieur est si fastueux et votre imagination si fertile qu'il est rare que vous sombriez dans des dépressions graves, car vous pourrez toujours aller chercher dans votre imaginaire de quoi survivre et résister.

La Lune fait de vous également une personne qui veut être aimée et protégée à tout prix, et qui est facilement offensée. Vous êtes le natif le plus susceptible d'être imaginatif, sentimental et très attaché aux gens qui vous sont chers et à votre clan familial. Toutefois, vous devriez éviter de trop vous replier sur vous-même et/ou de vous abandonner à l'apitoiement.

Puisque Vénus régit votre décan, vous avez une grande réceptivité et une aptitude à assimiler les sensations et les circonstances. Votre confort est très important pour vous ainsi que votre sécurité financière.

Étant donné que la peur de manquer de sécurité vous classe parmi ces gens prêts à travailler assidûment et même plus que disposés à se consacrer entièrement à leur travail pour mieux atteindre cette aisance matérielle, il sera suggéré de prendre garde puisque vos émotions pourraient compromettre vos chances de succès. Il importe que vous mainteniez une attitude positive et que vous bannissiez de votre vie toute pensée négative.

La Lune et Vénus, particulièrement influentes dans votre thème, vous octroient une nature gaie, sociable, joviale, agrémentée d'une imagination très féconde ainsi que d'une patience inégalée. Vous avez aussi un sens aigu de l'intuition et certains considèrent que vous avez un don de clairvoyance, clairaudience, clairsentience/clairsensibilité ou clairconnaissance.

La vie sentimentale est très importante à vos yeux. Vous rêvez d'aimer et d'être aimé. Sous l'influence de Vénus, vous êtes une personne qui préfère une liaison stable et durable pour mieux être en mesure de témoigner toute votre affection à l'élu de votre cœur. Si quelqu'un veut gagner votre cœur et préserver votre amour, celle-ci doit apprendre à respecter vos changements d'humeur.

Lors du choix d'un partenaire ou d'un mode de vie, veuillez rechercher une personne qui vous apportera la sécurité et la compréhension dont vous avez tant besoin, mais qui sera également tout aussi affectueuse que loyale.

Autant vous avez besoin d'une vie de famille stable et d'une relation de confiance avec l'être aimé, si on vient à vous mentir, il est sûr que vous ne pourrez plus refaire confiance à cette personne, et soyez assuré qu'on ne recherchera plus votre compagnie dans un proche avenir.

En tant que natif du 2e décan (du 2 au 12 juillet), vous êtes toujours sous la maîtrise de la Lune, mais votre décan est régi par Mercure. Cela confirme que vous possédez une puissante intellectualité. Vous faites partie de ces gens qui changent souvent d'emploi et/ou qui déménagent alors que vous êtes plus heureux en transit que fixé sur place.

Pluton et Mars, toutes deux planètes maîtresses du Scorpion, jouent un rôle de second plan pour faire suite à la Triplicité d'Eau qu'est votre signe solaire. L'influence de Mercure, de Mars et de Pluton donne aux personnes nées au cours de ce décan une connotation plus intense et un surplus d'énergie physique. Intelligent et possédant aussi de grandes capacités créatives, vous tendez à être moins timide que ceux des deux autres décans. En revanche, vous êtes plus du genre à garder votre vie privée et vos émotions sous clé, cachées, sans compter que votre hypersensibilité vous pousse à développer toutes sortes de stratagèmes pour vous protéger.

Mercure et Pluton, particulièrement très influentes dans votre thème, intensifient vos désirs et vos sentiments. En ce qui concerne Mercure, cette planète sera un atout majeur pour vous aider à bien gérer une variété de gens et de situations ainsi qu'à mieux communiquer.

Vous avez une énorme force intérieure et vous êtes tout aussi résilient. Animé d'un esprit très intuitif et pénétrant, vos capacités psychiques sont des plus étonnantes. Ce petit côté mystique qui vous habite tend à vous donner du charisme. Toutefois, étant une personne analytique et très émotionnelle, voilà qui peut aussi provoquer chez vous un surplus de confusion au sujet de ce que vous ressentez. Il est tout probable que cette dynamique psychologique soit liée à votre mère. Néanmoins, veuillez miser sur l'équilibre dans tous les domaines de votre vie.

Tous les travaux ainsi que tous les métiers qui vous mettent en contact avec le public et la foule sont favorisés. Vous êtes aussi doué pour les voyages, la poésie, l'écriture romanesque et l'imaginaire, les sciences occultes, spécialement la parapsychologie et la psychologie.

Pourvu d'une grande noblesse d'esprit, dans le couple vous recherchez quelqu'un qui est tendre, compréhensif, sensible et avec qui vous pouvez relâcher vos défenses. Si vous vous mariez, veuillez choisir un compagnon mentalement et spirituellement en bonne santé et qui ne sera pas intimidé par votre force de caractère. Si quelqu'un veut gagner votre cœur et garder votre amour, cette personne doit absolument apprendre à respecter vos changements d'humeur et être tout aussi affectueuse que loyale.

En tant que natif du 3e décan (du 13 au 23 juillet), votre décan est régi par Lune et secondairement par Neptune suivant la Triplicité d'Eau de votre signe solaire. Vous êtes un peu d'ailleurs, d'ici et de nulle part. Une errance profonde semble marquer votre destinée entière. Bien partout et nulle part, n'appartenant à rien ni à personne, vous aimez voyager en rêve ou en réalité, mais vous êtes toujours mieux de retour à la maison.

Jupiter, qui joue aussi un rôle clé alors qu'elle est dite exaltée dans votre signe et dans celui du Poissons également, puisque Neptune en a la maîtrise, ces deux planètes contribuent largement à votre spiritualité, à votre intuition et à votre clairvoyance. On dit que les personnes qui font partie de ce décan sont les plus artistiques, mais aussi les plus susceptibles d'être victimes de leurs propres émotions.

La Lune et Neptune étant exceptionnellement influentes dans votre horoscope, voilà qui explique pourquoi vous êtes animé d'une grande imagination, un peu insaisissable et facilement blessé. Puisque Neptune ajoute à votre spiritualité et que la Lune amplifie vos émotions, il est essentiel qu'à tout moment, vous ayez les deux pieds bien ancrés dans la réalité et que vous appreniez à mieux exprimer votre créativité de manière positive. Vous pourrez vous ressourcer soit par le yoga ou la méditation, ou toutes les autres activités douces et tranquilles qui vous aideront à vous détendre.

Neptune accentue aussi votre seuil de sensibilité, et c'est ce qui explique pourquoi vous avez tendance à voir les choses comme vous pensez qu'elles sont au lieu de la façon dont elles sont en réalité. Évitez de manipuler les gens en les faisant se sentir coupables, ce qui pourrait les amener à vous en vouloir. Veuillez plutôt mettre à profit l'amour tout en prônant ce rituel puissant qu'est le pardon, ce qui servira beaucoup mieux ainsi vos intérêts, et vous aurez tout à gagner d'agir ainsi.

Cette double influence lunaire et neptunienne vous donne de la détermination et une force intérieure à ne pas sous-estimer. Animé d'une grande bienveillance et tout aussi serviable de nature, vous vous consacrez au bonheur des vôtres et des gens qui vous sont chers.

Aussi sympathique que vous puissiez être, vous êtes lent à faire confiance aux gens, aux nouveaux prétendants, peut-être parce que vous avez été blessé dans le passé. Il va de soi que vos changements d'humeur n'aident pas à la situation non plus alors qu'ils déconcertent et même éloignent les plus curieux.

En amour, vous recherchez une vie stable, basée sur des sentiments profonds et une sexualité puissante. Puisque la Lune tend à vous rendre romantique et que Neptune ajoute à cet idéal, il vaudra mieux viser haut au moment de choisir ce compagnon de vie. Si vous n'êtes pas satisfait dans votre mariage, vous serez plus porté à chercher satisfaction ailleurs.

CE QUE LES ASTRES VOUS RÉSERVENT EN 2022

Jupiter en Poissons – du 29 décembre 2021 au 10 mai 2022 et du 28 octobre au 20 décembre 2022 – votre IXe maison natale

Bien que Jupiter en Poissons soit bénéfique et participera à votre progrès personnel et matériel, des mises en garde s'imposent alors que Jupiter qui permet d'accéder à de nouvelles connaissances, pourrait aussi vous mener vers un monde insolite où tout n'est que vibrations et mystères, et bien loin du gros bon sens ! Attention et misez sur l'équilibre ! Entre-temps, tout suggère que ce sera une année où vous serez plus enclin à réaliser des choses à l'étranger ou en rapport avec les étrangers, sinon dans une ville différente d'où vous résidez. Non seulement vouloir voyager et rêver à de lointains voyages fera partie de cette équation, tous les voyages faits à l'étranger, surtout dans un but de recherche intellectuelle et/ou philosophique seront particulièrement bien réussis. Préparez-les afin d'en retirer un maximum de connaissances. En fait, tout ce qui vous relie à l'au-delà vous fera vibrer assez intensément. Vous tenterez même de répondre aux grandes questions universelles telles que d'où vient-on ? où va-t-on ? Non seulement cette période sera propice à une ouverture d'esprit, laquelle vous mènera à une recherche de votre identité profonde, mais votre idéalisme sera très activé et vous aurez envie de prendre fait et cause pour des actions humanitaires sinon, plus simplement, vous comprendrez mieux ceux qui le font. Un seul petit écueil dans ces aspirations : l'utopie avec toutes ses idées peu réalistes. Néanmoins, soyez avisé que sera une période favorable pour les personnes ayant des affaires d'envergure à traiter : des contrats pourront être signés, toute entreprise débouchant sur l'étranger aura le vent en poupe, mais il ne faudra tout de même pas vendre la peau de l'ours avant de l'avoir tué ! Mon conseil : assurez-vous de mettre à profit ce temps à la réflexion, à la compréhension des idées nouvelles pour mieux vous enrichir.

Jupiter-Neptune conjoint en Poissons le 12 avril 2022 : Jupiter-Neptune conjoint travaillera à votre réussite et encensera votre créativité durant la première partie de 2022. De quoi prendre un excellent départ. L'inspiration sera le nom du jeu pour vous. Tournez votre esprit vers de nouveaux sujets d'intérêt qui vous donneront une vision plus large du monde et de ses habitants. Un cours sinon un séminaire qui traite de philosophie, de spiritualité, de religion, de musique, etc. pourrait être la solution idéale, même si votre première impression sera que cela ne correspond absolument pas à vos intérêts habituels. Quoi qu'il en soit, n'allez surtout pas démissionner !

Saturne en Verseau – toute l'année – votre VIIIe maison natale

Voilà une année où vous êtes vivement encouragé à être pratique lorsque vous aurez à prendre des décisions concernant l'argent, les finances partagées (familiales) ou vos liens intimes. Tout suggère que vos obligations et vos habitudes de vie auront aussi une importance accrue en 2022. Il faudra être alerte et logique. Le sentiment d'avoir une mission dans la vie sera susceptible d'être plus fort que jamais cette année, mais il faudra être pratique de même que prêt à investir les efforts nécessaires pour y arriver. Votre quête pour découvrir un nouveau chemin de vie sera mise en évidence, mais il faudra travailler fort pour en faire une réalité. N'empêche, Saturne en Verseau, tout appelle au progrès, à l'évolution, tant sociale que technologique. Or, faites les bons choix ! Entre-temps, Saturne en Verseau – secteur de votre thème de naissance qui représente vos finances, la manière dont vous les gérez, les investissez ainsi que les bénéfices que vous en tirez, vous sachant malin avec vos vous, vous trouverez des solutions plus innovantes pour que votre argent ne dorme pas sans vous rapporter un dividende, évidemment si vous avez des économies. Toutefois, si vous n'en avez pas, le temps sera venu de vous constituer un petit pécule alors que vous en aurez besoin, compte tenu des projets qui seront les vôtres. Elle vous permettra également de régler des comptes, de solder des conflits, sinon des situations difficiles, ce qui en principe vous renforcera intérieurement. Toutefois, suivant que Saturne gère aussi la fin des choses, vous ne serez pas à l'abri d'encourir un problème d'argent. Il est aussi probable que vous puissiez ne pas vous sentir libre avec votre argent, possiblement peut-être parce que vous vous serez endetté avec l'achat d'une maison ou qu'il faudra solder une dette. Quoi qu'il en soit, faites des économies et placez judicieusement votre argent si vous vendez votre propriété. Et si vous êtes dans le processus de faire l'acquisition d'une propriété, dites-vous bien que toutes ces questions d'argent ne vous laisseront pas l'esprit tranquille pendant quelque temps. De toute façon, vous n'avez jamais l'esprit tranquille!

Quant au boulot, Saturne de passage en Verseau, une planète qui, même bien placée (exaltée en Verseau) et bien aspectée, est toujours le maître du Temps, et en 2022, elle vous obligera à en tenir compte. Or, si vous êtes à votre compte ou au service d'une quelconque entreprise, il va peut-être falloir vous serrer un peu la ceinture. Soit que votre travail vous rapportera de manière irrégulière ou vous ne serez pas payé en temps et en heures, ce qui créera des difficultés à gérer votre budget. En revanche, Saturne peut aussi vous aider à asseoir votre position… cela dépend, bien entendu, de votre thème personnel. Il n'en demeure pas moins que pour tous ceux de votre signe qui ont éprouvé des ennuis par le passé, voilà qu'ils amorceront désormais un cycle de récupération. Une nouvelle étape positive débute, et même si elle ne correspondra pas tout à fait au scénario que vous aviez prévu ou souhaité, vous ferez tout de même progresser votre carrière à vive allure et pourrez même asseoir votre avenir de façon enviable pas plus tard qu'au tout début de 2022. Ce ne sera pas la facilité des petites décisions mais des grandes que vous prendrez, celles qui changeront la perspective de votre vie. Pas surprenant que certains d'entre vous feront un retour aux études alors que d'autres les abandonneront possiblement à cause du manque d'argent.

Jupiter en Bélier – du 10 mai au 28 octobre 2022 et du 20 décembre 2022 au 16 mai 2023 – votre X^e^ maison natale

Le 10 mai, Jupiter entame une brève incursion en Bélier, et elle y restera jusqu'à la fin du mois d'octobre, puis de retour à nouveau dans le même signe pas plus tard que le 20 décembre 2022. C'est tout comme si le destin venait vous toucher l'épaule et vous donner un aperçu de ce que le futur a en réserve pour vous.

Secteur de votre thème qui régit votre vie professionnelle et qui sera influencé par la Grande Bénéfique, les choses vont bouger et de grandes questions vous seront posées. Pendant cette durée déterminée, non seulement vous désirerez être reconnu, valorisé, mais il est possible aussi que vous songiez à lancer une activité ou votre propre entreprise. Sans contredit, ce sera le moment ou jamais d'agir, de foncer, et même si Jupiter vous soutiendra, rien ne sera vraiment facile. Mon conseil: qui ne risque rien n'a rien! N'empêche, tout ce que vous ferez devra être soutenu par un désir profond et sans faille. Plus rien ne pourra vous arrêter. N'ayez crainte, Jupiter vous soutiendra. Par contre, je me dois de vous aviser qu'avec le passage de Jupiter, il faut toujours se méfier des propositions fallacieuses qui pourraient renforcer votre orgueil. Quoi qu'il en soit, ce transit sera plus que propice à de multiples propositions honnêtes qu'il ne faudra pas repousser systématiquement. D'ailleurs, vous pourriez avoir enfin cette possibilité de réaliser ce que vous aimez ou ce que vous devez faire.

LES PHASES RÉTROGRADES DE MERCURE EN 2022

Mercure rétrograde en Verseau – du 14 janvier au 3 février – votre VIIIe maison natale

Climat général

Voilà que votre petit monde risque d'être plus précaire pendant cette période alors que serez davantage animé de grandes colères quand les choses ne se passeront pas comme vous l'aviez souhaité. Il vaudra mieux apprendre à calmer vos frustrations si vous souhaitez vivre en harmonie. Attention aux prises de bec possibles avec toutes les personnes qui vous sont chères. Même si des empêchements majeurs seront à l'ordre du jour, il y aura moyen d'en arriver à un accord, cependant plus vers la fin du mois de février. Entre-temps, vous réaliserez à quel point certaines personnes près de vous se racontent des histoires pour ne pas avoir à affronter la réalité. Vous ne pourrez rien y faire si ce n'est que de les écouter et placer votre petit mot ici et là pour tenter de les raisonner. Toutefois, vous aurez à prendre conscience des difficultés liées à cette relation qui se compliquera de plus en plus étant donné que vous ne serez plus ou pas sur la même longueur d'onde. Ce sera dans votre intérêt de bien choisir vos amis et de ne pas donner votre confiance au premier venu. Prenez le temps de bien observer leurs actions ainsi que leurs valeurs personnelles. N'empêche, l'émotion sera des plus palpables et vous vous retrouverez la plupart du temps dans une situation où les échanges changeront constamment. Vos amis et vos proches tendront aussi à modifier les plans à la toute dernière minute et vous n'aurez d'autre choix que de vous y adapter. Pour apaiser l'intensité de vos émotions, il est possible que vous soyez tenté de faire quelques achats de manière compulsive. Il y aura un peu d'excès à ce sujet heureusement, alors que vous ne grèverez votre budget, malgré les apparences.

Travail – Finances

Tant que vous saurez bien gérer votre stress, vous serez d'une efficacité exemplaire et vous pourriez même en apprendre aux autres. Cependant, vos émotions, quelque peu à fleur de peau, risquent de vous apporter de la confusion devant divers événements anodins. Essayez tout de même de vous assurer de l'honnêteté des personnes avec qui vous faites affaire. N'empêche, un de vos clients pourrait très bien remettre en question un contrat que vous aviez pourtant signé en bonne et due forme. Un peu de confusion est à prévoir et il faudra retourner à la table des négociations. Cela dit, un nouvel emploi sera également possible, mais vous risqueriez toutefois de ressentir une certaine frustration ou insatisfaction durant quelques semaines avant d'y trouver votre aise, votre bonheur ! Néanmoins, l'idée que vous puissiez suivre une formation qui vous permettra de connaître un avancement professionnel assez impressionnant sera aussi possible. Et même si vous êtes la plus part du temps quelqu'un de réservé, vous ne manquerez pas d'ambition. Des efforts considérables seront faits, mais les résultats ne seront pas tout à fait au rendez-vous comme vous le souhaitiez, du moins rien avant la mi-février alors que Mercure aura repris son cours normal. Alors un peu de patience et de persévérance ! Entre-temps, en tant que patron, dirigeant et travailleur autonome, lors de négociations, c'est habituellement la question monétaire qui est traitée en dernier ou qui ne semble pas vouloir se régler facilement. Le problème sera bien plus profond pendant cette période. Fatigue et confusion rendront illisibles les clauses écrites en petits caractères. Or, attention de ne pas constater à vos dépens que quelques points et virgules dans le contrat changent toute la signification.

Amour – Sentiments

Les finances risquent d'être une grande source d'irritation pendant cette période à la maison, car vos rêves de romance et de vie de château risquent de s'éloigner de plus en plus lorsque vous ouvrirez votre compte de carte de crédit. Alors que vous serez d'une grande sensibilité et ne pourrez vous permettre de vivre des scénarios de grandes romances à la hollywoodienne, n'allez pas vous laisser transporter non plus par toutes sortes d'idées farfelues comme prendre l'avion en toute spontanéité et vous offrir des vacances improvisées. Concentrez-vous davantage sur un bel échange affectif pour que l'harmonie puisse régner entre vous. De toute façon, vous auriez autant de plaisir dans une simple escapade romantique. En tant que célibataire, si vous êtes dans une situation précaire financièrement, il ne serait pas impossible que vous entrepreniez une relation avec une personne plus aisée que vous. Cependant, vous réaliserez bien assez vite que lorsqu'il n'y pas d'amour, il y a très peu d'intérêt, même si on vous fait faire le tour du monde. Néanmoins, l'idée d'avoir une relation avec une personne de votre milieu de travail sera aussi forte et des plus possibles. Les sentiments feront place à un peu de confusion dans l'ambiance au bureau, mais vous finirez par être capable de faire la part des choses et ainsi vivre un amour qui a toutes les chances de connaître un franc succès, mais rien avant le 3 février, c'est sûr, et plus encore une fois que Mercure aura repris son mouvement direct. N'oubliez pas non plus la période de quinze jours avant et après la phase rétrograde à respecter.

Famille

Vos préadolescents et adolescents ne seront pas des plus sages pendant cette période et vous craindrez qu'ils ratent leurs études ou encore qu'ils fassent des gaffes. Si vous pensez ne pas pouvoir trouver de solutions, veuillez consulter au besoin la personne attitrée qui vous donnera quelques recommandations au sujet de l'attitude à adopter envers vos jeunes rebelles. Croyez-moi, vous aurez tout à gagner à exploiter cette avenue.

Santé

Attention aux infections urinaires possibles, et si ce type de problème n'est pas traité rapidement par un médecin, il y aura des risques d'infertilité, tant chez la femme que chez l'homme. Vous auriez tort de laisser aller n'importe quel problème de santé étant donné que vous seriez surpris de la qualité des traitements que vous pourriez recevoir. En ce qui a trait aux menstruations, elles pourront être plus pénibles et elles nécessiteront possiblement une médication pour en soulager la douleur. Misez également sur cette période pour apprendre à vous libérer de votre passé pour mieux pouvoir construire votre avenir !

Mercure rétrograde en Gémeaux – du 10 mai au 3 juin – votre XIIe maison natale

Climat général

Voilà une phase où vous pourriez afficher une tendance à douter plus de vos décisions à prendre, ce qui n'est pas caractéristique de la personne que vous êtes en général, sans compter que ce sera un temps où vous éprouverez plus de difficulté aussi à choisir entre deux possibilités. Entre-temps, si vous avez un secret, gardez-le pour vous ! Ce ne sera pas le meilleur moment pour confier vos affaires privées à qui que ce soit, pas même à un membre de la famille, un colocataire, un voisin, un copain d'études, etc. Et si vous décidez de cracher le morceau, même si vous pensez pouvoir faire confiance à cette personne, vous risquez de le regretter plus tard. Votre histoire « confidentielle » pourrait être rapidement transmise à quelqu'un d'autre. Et si jamais le patron vous donne un document confidentiel « pour vos yeux seulement », rangez-le bien au lieu de le laisser à la vue de tous. Alors que la période d'anniversaire des natifs de votre signe approche à grands pas, il est plus que probable que vous aurez envie d'être particulièrement gâté, surtout par votre conjoint si vous en avez un, autrement essayez de le faire comprendre à vos amis et/ou à votre famille. Plus que jamais, vous aurez besoin de sentir que vous n'êtes pas seul, que l'on vous aime. Ne gardez pas cela en vous et exprimez-le dès maintenant ce caprice afin que vos proches puissent s'organiser en fonction de vous faire plaisir comme vous le méritez et le souhaitez. En dépit que certaines tensions soient possibles, qu'à cela tienne, si vos usez de persévérance et de ténacité, vous finirez bien par avoir gain de cause. Petit conseil : ne pas prêter d'argent, ni acheter sur un coup de tête, ni investir sans aucune garantie.

Travail – Finances

Voilà une phase où vous tendrez à être davantage sur le qui-vive. Des remaniements professionnels seront possibles sinon ce sera la fusion d'entreprises qui ne sera pas encore terminée. L'idée que vous puissiez être transféré dans un autre département est aussi chose possible, sinon des changements à votre horaire seront à prévoir. Or, certains passeront d'un quart de jour à un quart de nuit, ou inversement. Il faudra vous réajuster, mais ce ne sera qu'une situation temporaire. Entre-temps, il est tout de même possible que vous soyez moins énergique, peut-être à cause d'un manque de sommeil par exemple, ce qui risque d'avoir une sérieuse incidence sur votre efficacité au travail. Si vous devez respecter des délais précis, il ne faudra pas vous y prendre à la dernière minute en vous disant que l'énergie du désespoir vous permettra de terminer à temps, ce ne sera pas le cas. Bien au contraire, d'autres responsabilités s'ajouteront et elles viendront prendre le reste de votre précieux temps. Il sera donc important de prendre du recul en ce qui a trait à vos affaires, histoire de faire le point, mais aussi de reprendre vos activités dans le bon sens. D'ici là, l'idée qu'un nouveau client sinon un contrat vous soit proposé sera possible, mais si vous n'êtes pas prêt à y faire face, il vaudra mieux vous désister ou alors demander un délai plus large pour éviter d'être obligé d'admettre votre incapacité à satisfaire les exigences actuelles. Et si vous êtes au même emploi depuis longtemps et que vous approchez de la retraite, il est possible qu'on puisse vous proposer de la prendre prématurément. Vous hésiterez non pas uniquement à cause de l'argent, mais surtout parce que ce travail est en grande partie votre vie sociale. Possiblement que vous demanderez un temps de réflexion, ce qui vous sera accordé. Profitez-en donc pour étudier toutes vos autres options.

Amour – Sentiments

Vous ne serez pas à l'abri de tensions possibles dans votre vie de couple. Néanmoins, derrière toute cette frénésie se logera votre peur d'être rejeté par l'autre. Apprenez à être respectueux de ses besoins et soyez tolérants de vos différences. On peut être agacé sans toutefois piquer une crise. On peut être en colère sans que l'autre en soit le responsable. N'oubliez pas que l'amour ne se commande pas, bien au contraire, il déteste les ordres. L'amour n'est pas un caprice mais bien une bonne raison pour être heureux. Un peu de solitude, de tranquillité sera plus que nécessaire au cours de cette période. Vous aurez besoin de vous retrouver seul et ce sera quelque chose de très sain, mais n'allez pas repousser votre partenaire de vie lorsqu'il aura un brin de tendresse à vous offrir ! Quant aux célibataires de votre signe, il sera avisé d'éviter de confondre sensation et sentiment au risque d'être amèrement déçus. Il vaut mieux être seul que mal accompagné !

Famille

Si vous êtes le seul soutien de votre famille, il est plus que possible que vous tendrez à vous questionner davantage à savoir si vous avez les épaules assez solides pour continuer. Pour ceux de votre signe qui fuient les responsabilités familiales, leurs enfants seront portés à plus les rejeter. Et en tant que parent de jeunes enfants, il est avisé de les surveiller de près puisqu'ils ne seront pas à l'abri d'un bête accident et/ou d'un incident fâcheux. S'ils sont affligés par un malaise, vous pourriez avoir aussi à vous rendre à l'hôpital. Quant à vos adolescents, il est possible qu'ils aient des fréquentations douteuses. Votre vigilance leur évitera de se mettre dans le pétrin.

Santé

Vous risquez d'être plus fatigué qu'à l'accoutumée. Si vous souffrez d'un malaise ou si vous ressentez des symptômes de dépression, ne négligez pas cette situation, bien au contraire, consultez au besoin. Cessez aussi de ressasser de vieilles affaires et de vous énerver pour des peccadilles. Entre-temps, fragilité possible des poumons. L'idée d'un avortement ou d'une fausse couche pourrait aussi être possible.

Mercure rétrograde en Balance – du 9 septembre au 2 octobre – votre IVe maison natale

Climat général

Des transformations dans votre famille, mais aussi dans le milieu que vous côtoyez quotidiennement sont à prévoir. Bien que vous ayez généralement une patience d'or avec vos enfants et les autres membres de votre famille, pendant cette période, les contrariétés pourraient être un peu plus nombreuses et vous perdrez possiblement plus facilement votre sang-froid, sinon vous serez davantage porté à tout régler avec la raison, à ne pas écouter les émotions qui vous animent et les intuitions qui vous guident. Malgré tout, vous réussirez à entreprendre tous ces petits travaux que vous souhaitez faire à la maison, ne serait-ce que le grand ménage d'automne. Vous serez particulièrement satisfait du résultat, et plus encore si certains membres de la famille vous donnent un coup de main. D'ici là, l'idée que la vie mette sur votre route des gens qui vous inspirent, qui peuvent même vous empêcher de prendre des décisions hâtives qui iraient contre vos intérêts sera plus que possible. Si vous faites partie de ces natifs du Cancer qui sombrent facilement dans la déprime et qui ont bien du mal à trouver que la vie a ses bons côtés, évitez de laisser vos inquiétudes avoir le meilleur de vous-même. Dites-vous que ce n'est que temporaire et que tout sera à nouveau au beau fixe sous peu.

Travail – Finances

Voilà une période où vous aurez beaucoup d'urgences sur les bras et peut-être aussi quelques consignes pas très claires. Il sera donc important de mettre des gants blancs par moments pour demander des explications et éviter de recommencer le boulot ou même d'en ramener à la maison.

Néanmoins, intérieurement, vous aurez la sensation que vous allez rater le train si vous n'en faites pas suffisamment. Vous vous mettrez à craindre qu'on vous fasse des reproches alors que vous donnez encore, et ce, depuis toujours, votre maximum. Il est vrai que parmi vous, certains ont des supérieurs qui n'ont pas bon caractère et bien que cela vous déçoive, l'autorité en place tendra à se faire plus sévère. Même dans les non-dits, vous percevrez leur insatisfaction et leur mécontentement. Même s'il y aura de nombreux changements dans l'organisation de l'entreprise pour laquelle vous travaillez, n'allez pas vous inquiéter pour autant. Au contraire, misez sur cette période pour mettre fin à une situation pénible qui ne cesse de gruger votre temps et votre énergie. Prenez soin de vos intérêts et croyez en un meilleur avenir alors que rien ne reste en suspens. Éviter de critiquer tout ce qui se tramera et ce que vous ne pouvez changer pour l'instant, alors que ça ne mènera à rien de bon sinon au mécontentement. Par contre, si vous êtes tenté de tricher et de passer par-dessus des règles qu'impose l'entreprise, attendez-vous à recevoir des mémos ainsi qu'à entendre un discours inélégant suivi de sanctions immédiates.

Amour – Sentiments

Vous accorderez une grande place à la communication. Fort heureusement alors que le travail et/ou la santé risque de freiner probablement certaines ardeurs dans votre couple, d'où l'importance de prendre le temps de vous parler et de mettre des petites choses au clair. Vous éviterez ainsi que des tensions s'installent entre vous. Et si vous vous êtes séparés pour finalement faire le point pendant cette phase, la réconciliation sera passionnée. Par contre, si, au contraire, depuis longtemps vous êtes amoureux d'une personne qui ne manifeste jamais d'affection, le temps sera peut-être venu de faire une croix là-dessus, avec regrets bien sûr, mais pour la sauvegarde de votre esprit, ce sera sans doute nécessaire. Si vous êtes célibataire, l'amour coup de-foudre pourrait fondre sur vous, mais attention si vous avez un tempérament de chef, car vous pourriez être plus porté à imposer vos conditions au nouveau prétendant et par conséquent, vous risquez d'écourter la relation. Si, au contraire, vous tendez à tout accepter d'une autre personne parce que vous voulez à tout prix vous faire aimer et que cela vous a valu des déceptions par le passé, changez d'attitude, apprenez à avoir plus confiance en vous. Pourquoi ne pas songer aussi à prendre part à une thérapie de groupe ?

Famille

Malgré tous vos efforts, voilà qui présage un temps où s'obstiner risque d'être davantage présent. Possiblement qu'elle portera sur les tâches de chacun à la maison, sinon vos défauts et ceux de votre partenaire tendront à devenir soudainement plus gros. Mais si vous ne donnez d'importance qu'à ses qualités, le miroir vous renverra vos propres qualités. Néanmoins, il est possible qu'il soit question d'achats importants, souvent pour la maison. Votre partenaire et vous devrez magasiner afin d'être d'accord sur les acquisitions en question. Quant à vos enfants en âge de tomber en amour, n'allez pas vous attendre pas à ce qu'ils soient sages, bien au contraire, leurs comportements vont changer considérablement. Vous aurez du mal à les reconnaître et serez même porté à leur dire qu'ils ne sont pas réalistes. Vos leçons de morale n'auront aucun effet et l'opposition que vous offrirez donnera de la force et de l'importance à cet amour qu'ils ou elles vivent.

Santé

Sous votre signe, la plupart des malaises proviennent d'un déséquilibre psychique et trop souvent de cette forte tendance que vous avez à vous accrocher au passé que vous ne pouvez, de toute manière, changer. Si votre alimentation laisse à désirer et ne correspond pas aux besoins de votre corps, vous risquez d'être affligé. Le corps a une intelligence, il se refait dès l'instant où vous lui donnez ce qu'il réclame. À vous d'être à l'écoute. Il sera très important aussi de demeurer vigilant en tout temps pour mieux éviter un bête accident ou un fâcheux incident. Portez attention où vous mettez les pieds et méfiez-vous de ces régimes qui promettent des résultats quasi instantanés. Problèmes d'estomac possibles. Surveillez également vos seins !

Mercure rétrograde en Capricorne – du 29 décembre 2022 au 18 janvier 2023 – votre VIIe maison natale

Climat général

Voilà une période où vous aurez le souci que tout soit parfait ! Et puisque vos idées virevolteront et que vous aurez plus de mal à demeurer concentré sur tout ce qui est important, il ne serait pas étonnant que vous encouriez quelques petites tracasseries sur le plan familial. Quoi qu'il puisse advenir, abstenez-vous de harcèlements verbaux et attention de ne pas vexer personne par vos paroles insensées. N'empêche, soyez clair dans ce que vous avez à communiquer pour mieux éviter la confusion ; dites ce que vous avez à dire, faites valoir votre point de vue, surtout si vous jugez qu'il est absolument nécessaire de le faire. Il vous serait très souhaitable également d'accepter l'invitation de vos amis à faire un voyage et participer à une multitude d'activités amusantes, histoire de décrocher un peu. Bien évidemment, quand on est parent de jeunes enfants, il est plus difficile de se défaire de toutes ses responsabilités, alors tâchez de les faire garder à l'occasion pour connaître une vie sociale plus active. Entre-temps, vendre et acheter une propriété exigera un temps de réflexion et de l'organisation, ce n'est pas une décision que vous prendrez seul de toute manière et ce sera seulement une fois que Mercure aura repris son mouvement direct, plus les quinze jours après à respecter, ce qui vous sera le plus favorable pour faire toutes vos démarches en ce sens.

Travail – Finances

Passionné et déterminé à connaître une croissance professionnelle, vous hésiterez un peu avant de prendre une quelconque décision. La possibilité de faire un retour aux études de même que suivre une formation sera envisageable, mais le changement risque d'être trop radical pour vous en ce moment bien qu'il s'agisse d'événements que vous souhaitiez depuis longtemps. Or, avant d'accepter ou de refuser une telle offre, il serait avisé de demander quelques semaines de réflexion, du moins jusqu'à ce que Mercure ait repris sa marche directe pour tout officialiser. D'ici là, prudence avec vos sous et évitez de vous laisser déconcentrer d'une quelconque façon alors que l'on pourrait essayer de vous subtiliser l'argent de votre tiroir-caisse, mais il est possible aussi que votre attention soit attirée par autre chose et vous fasse commettre une belle bourbe qui vous coûtera cher. Et si vous travaillez dans un bureau, assurez-vous que vos chiffres balancent bien avant de les présenter à la personne en charge. En tant que patron, dirigeant et travailleur autonome, la morosité économique pourra très bien se faire sentir auprès de vos clients pendant cette phase et ceux-ci seront donc moins enclins à dépenser leur argent. D'ailleurs, ce ne sera pas le meilleur moment pour renouveler vos contrats ni pour dénicher de nouveaux clients, c'est plutôt une période de restructuration et de profonds changements organisationnels. Bref, vous devrez avant tout accroître votre efficacité avant d'avoir une montagne de travail sur les bras. Il sera impératif aussi que vous mettiez la main à la pâte si vous tenez à maintenir une rentrée stable de vos revenus et n'allez pas croire que vous pourrez partir en vacances et vous permettre de laisser entièrement votre commerce entre les mains de vos employés même si vous avez une grande confiance en eux. Les clients auront besoin de voir le patron, cela leur donnera davantage le goût d'acheter chez vous.

Amour – Sentiments

Que vous ayez des enfants ou non, il est possible que dernièrement vous ayez vécu un certain froid entre vous deux à ce sujet précisément. Peut-être ont-ils été assez turbulents pour créer des tensions dans votre couple ou alors vous n'arriviez pas à vous entendre sur l'éducation et/ou sur le fait de fonder une famille. Heureusement, cette situation conflictuelle se calmera nettement une fois que Mercure aura repris sa marche directe pour faire place à un peu plus de passion entre vous, du moins aurez-vous le désir de retrouver la passion. Ce seront les petites attentions qui feront toute la différence ; pas besoin de grands rendez-vous. Tenez-vous-en aux petites marques d'affection alors qu'elles seront amplement suffisantes pour exprimer tout l'amour qu'il y a entre vous. Quant aux célibataires de votre signe, si vous avez des enfants, votre ex-partenaire risque de provoquer un conflit ; il ou elle s'obstinera à rester sur ses positions qui ne vous conviennent plus. Un certain lâcher-prise vous sera des plus nécessaires. Malgré cela, vous serez en quête de tendresse et de chaleur humaine et vous ne serez pas insensible non plus aux charmes d'une personne pour qui vous ressentirez une forte attirance. Attention de ne pas trop vous laisser envahir, puisque celle-ci cherchera rapidement à s'installer chez vous et à profiter de votre générosité ; son magnétisme pourrait vous empêcher de réfléchir lucidement ! Vous aurez amplement le droit de profiter de cette relation, mais tâchez de ne pas trop laisser cette personne profiter de vous, même si elle menace de partir.

Famille

Vous serez assez préoccupé par les activités de vos enfants ; petits ou grands, vous restez toujours un parent attentionné. Vous pourriez ressentir pas mal d'inquiétude par rapport à leur vie de couple, à leurs études, à un voyage que planifie l'un d'eux, à leurs voitures. Bref, vous aurez l'impression de devoir vous immiscer discrètement dans leur vie afin de régler leurs problèmes. Cependant, allez-vous être le bienvenu ? Curieusement oui, parce que vous aurez l'approche parfaite, du moins c'est que qui sera encouragé de faire, sinon il vaudra mieux vous en abstenir.

Santé

Le foie et le cœur sont des organes vitaux et demandent que l'on y fasse attention. Faites un peu plus d'exercice et nourrissez-vous sainement puisque votre estomac sera assez sensible pendant cette phase. Si vous prenez le volant, demeurez vigilant !

LA PHASE RÉTROGRADE DE VÉNUS EN 2022

Vénus rétrograde en Capricorne – du 19 décembre 2021 au 29 janvier 2022 – votre VIIe maison natale

Climat général

Vénus rétrograde tendra à agir de manière à vous faire lutter contre le raisonnement ou le jugement des autres. Aussi, vous agirez tel un caméléon, en ce sens que vous changerez assez facilement d'opinion ou de conduite selon les circonstances ou les personnes en présence. Vous agirez ainsi pour vous protéger contre toute agression possible des autres ou lorsque vous sentirez que vous devez acheter la paix. En toute réalité, il est impossible de satisfaire tout le monde et il y aura facilement au moins une personne qui pourrait vous critiquer vertement et, par conséquent, vous pourriez peut-être découvrir que vous êtes très souvent en mode pardon. Or, si vous êtes en froid avec un membre de votre clan familial ou un bon ami à vous dont vous vous êtes séparé pour un temps, vous pourriez vous remettre à échanger. Vous serez par ailleurs en mesure de plus voir la dispute du point de vue de l'autre. Si rien de tout cela ne vous interpelle, qui sait, vous serez peut-être enclin à appeler quelqu'un avec qui vous avez eu des ennuis afin de vous réconcilier. Bien sur, tout le monde ne sera pas ouvert à l'idée d'accepter cette branche d'olivier que vous proposerez, mais si vous tentez de rétablir la relation avec quelqu'un qui n'est pas intéressé, vous saurez au moins que vous avez essayé de faire amende honorable. De là, vous pourrez alors passer à autre chose en mettant ainsi plus facilement le passé derrière vous. Il n'en est pas moins vrai que Vénus rétrograde en Capricorne pourrait provoquer du stress, de l'anxiété ou de l'insécurité, surtout si un événement passé ou une relation ancienne complique ces alliances.

Travail – Finances

Les choses ont toutes les chances de se corser et vous ne serez pas nécessairement en position de force. En dépit que la cohue risque de s'installer, si vous agissez avec méthode, vous en viendrez à bout. N'empêche, des possibilités d'encourir aussi une mésentente avec un collègue ou lors d'une consultation professionnelle sont à prévoir. Entre-temps, attention à vos sous alors qu'une folle dépense, un prêt sans garantie ou un mauvais placement risque de grever votre budget. Mentionnons que vous ne compterez plus vos heures supplémentaires ni vos efforts, il est même plus que probable que vous aurez à rapporter du travail à la maison à quelques reprises tellement vous serez débordé ! Parmi tout ce brouhaha, il ne serait pas étonnant non plus que l'on vous déménage de bureau, sinon vous pourriez même vous installer à la maison pour accommoder la situation ! Respirez par le nez et considérez cela comme une forme de promotion, du moins vous serez généreusement récompensé pour tous vos efforts dans un proche avenir.

Famille

Les choses risquent aussi de se corser dans ce secteur de votre vie et vous ne serez d'aucune façon en position de force. Hormis que la cohue risque de s'installer, si vous agissez avec méthode, vous aurez plus de chances d'en venir à bout. Il n'en reste pas moins qu'il risque d'y avoir de la bisbille entre certaines personnes de votre famille et vous devrez faire des efforts pour réunir tout ce monde dans l'harmonie, surtout que l'on sera en pleine période de festivités. Quoi qu'il en soit, n'allez pas être surpris non plus que vous puissiez vous sentir parfois comme la cinquième roue du carrosse. Or, laissez faire ceux qui ne vous apprécient pas vraiment, il y en a tellement d'autres qui ne demanderont pas mieux que de vous gâter. N'empêche, si vous êtes en froid avec un proche ou un ami depuis un certain temps, vous pourriez vous remettre à vous parler. Il est possible que vous soyez plus enclin également à appeler d'autres gens avec qui vous avez encourus des problèmes afin de vous réconcilier.

Amour – Sentiments

En dépit d'une vie de couple qui risque de vous paraître assez ennuyeuse, vous aurez besoin de briser un peu la routine même si vous êtes à la course continuellement. Tâchez de faire ensemble quelques sorties à votre resto favori ou de vous concocter de bons petits plats aphrodisiaques chez vous. Puisque le cœur de certains natifs de votre signe tendra à balancer entre deux personnes, cela confirme qu'il deviendra plus difficile de maintenir des relations durables pendant cette période. N'empêche, celle-ci donnera quand même un champ extrêmement coloré d'expériences amoureuses nouvelles, diverses et des plus différentes ; du déjà-vu et connu, quoi ! Or, tenez-vous prêts chers natifs alors que vous vous apprêtez à vivre des expériences amoureuses étonnantes, renversantes, bouleversantes et qui vous sortiront des sentiers battus et connus ! D'ailleurs, à cet effet, vous pourriez faire la rencontre d'une personne tout à fait formidable, à la fois proche et distante, impliquée et fuyante. Bref, vous ne saurez pas toujours sur quel pied danser ! Sachant aussi que la famille tend à être exigeante et que les gens ont souvent de nombreux engagements à assister pendant cette période de festivités, si vous voyez quelqu'un occasionnellement, vous pourriez décider d'y mettre un terme alors qu'il est très possible que cette personne exerce une pression additionnelle qui ne sera pas utile en ce moment. Quant aux célibataires, cette phase ne sera pas nécessairement toujours facile pour développer une relation amoureuse. Veuillez donc remettre à plus tard toutes les décisions importantes par rapport à une relation tel un mariage et/ou des fiançailles, sinon pour ce qui est d'un engagement ainsi que pour participer à une soirée.

Santé

Très souvent, vous aimez un peu trop les petites douceurs de la vie, ce qui pourrait jouer contre vous. Et si vous vivez le moindre stress, vous risquez de ressentir des brûlements d'estomac. Tâchez de voir avec votre médecin s'il ne s'agit pas d'ulcères. Chose certaine, votre digestion ne sera pas facile pendant cette période et vous ne pourrez probablement pas consommer tout ce qui vous fera envie. Si vous ne faites pas suffisamment attention à vous, vous risquez d'être victime d'un malaise, d'un accident sinon d'un incident possible.

LA PHASE RÉTROGRADE DE MARS EN 2022

Mars rétrograde en Gémeaux – du 30 octobre 2022 au 12 janvier 2023 – votre XIIe maison natale

Climat général

Certains événements conspireront à vous rendre la vie plus difficile, à ne pas vous sentir bien dans votre peau et vous tendrez aussi à céder aux pressions extérieures. En plus d'accuser une certaine frustration et un refus de communiquer ce que vous ressentez vraiment, comme si un certain orgueil vous empêchait de partager ouvertement cette blessure qui vous habite, cette angoisse fera en sorte qu'il vous sera encore plus ardu d'admettre vos propres imperfections ainsi que celles des autres. Votre manque de confiance en vous et vos potentialités sembleront être bloqués par quelqu'un ou par un complexe d'infériorité émanant de votre enfance – possiblement dû au père qui était absent, et vous aurez plus de difficulté à vous adapter et à vous ajuster aux gens et aux circonstances présentes. Même si des épreuves vous obligeront à changer de vie bien malgré vous, attendez-vous à ce qu'il y ait des obstacles de parcours ainsi que de nombreuses barrières à franchir. Pour mieux franchir celles-ci, veuillez apprendre à rééquilibrer votre puissante énergie qui vous pousse à agir de façon inconsidérée, à réagir incorrectement et à lancer vos insatisfactions au visage de vos interlocuteurs. Faites quoi que ce soit qui vous aidera à mieux déployer ce surplus d'énergie !

Travail – Finances

Voilà un temps où vos performances au travail laisseront à désirer et vos relations de travail risquent également d'être plus ou moins désagréables, sans compter non plus que la communication se fera plus difficilement aussi. Attendez-vous également à un ralentissement de vos affaires ou d'un projet professionnel, alors qu'il est possible qu'un immense projet puisse compromettre votre essor et votre réussite. Veuillez donc prendre le temps d'analyser tous les fondements et structures de votre travail ou d'un projet avant de vous y engager, et même qu'il vous sera suggéré d'apporter quelques petits changements en premier lieu, d'autant plus que vous ne pourrez compter sur l'aide extérieure pour réaliser vos objectifs. Néanmoins, il vaudra mieux prendre garde aussi de ne pas vous égarer dans de trop grands projets alors que vous ne pourrez que compter sur vous-même et personne d'autre. En dépit que le temps ne se prêtera pas aussi bien pour vous lancer dans des projets démesurés, si vous n'avez pas d'autre choix que de vous lancer dans de grosses dépenses, veuillez bien évaluer vos moyens financiers au préalable. N'empêche, soyez informé que le temps ne se prêtera pas pour consentir un prêt ni pour vous lancer dans toute entreprise risquée. Tenez-vous-le pour dit !

Suivant que ce sera un temps où des personnes près de vous ne comprendront pas toujours vos aspirations, votre quête ou le but de votre démarche professionnelle, d'affaires ou autre, vous aurez peut-être à changer de stratégie commerciale ou de marketing parce qu'elle ne répond plus ou pas à vos attentes, ou qu'elle est désuète et vous tire vers le bas. Il est également possible qu'un patron, un associé ou même une tête dirigeante vous fasse clairement sentir que vous ne devez pas vous attendre à un traitement de faveur de sa part. Or, assurez-vous de faire les choses noblement au risque de vous faire taper sur les doigts. Et si vous êtes en commerce, vous ne pourrez choisir meilleur moment pour élaborer toute stratégie future en vue de publiciser votre produit, vos services, sinon pour vous attirer une toute nouvelle clientèle. Veillez à ce que vos papiers soient clairs et que vos contrats et vos ententes soient bien étudiés avant d'être signés et qu'aucune transaction ne soit faite au hasard. Idéalement, passez à l'action dès février 2023. D'ici là, si vous êtes sur la route, vous aurez à voyager davantage. Heureusement que vos déplacements vous rapporteront des profits substantiels avec le temps. Néanmoins, demeurez prudent lorsque vous vous retrouverez derrière le volant et n'allez pas trop vite. Attention également aux contraventions possibles et aux stationnements interdits. Protégez aussi vos biens. Ne laissez rien traîner sur les sièges de votre véhicule. Moindrement, il est possible qu'une personne tente une manœuvre pour vous nuire sur le plan professionnel. À vous de garder les preuves qu'elle laissera derrière elle et voyez un avocat. À défaut de tout ce qui se passera, il n'en reste pas moins que la période sera favorable pour créer de la musique, une œuvre ou pour écrire. Cependant, vous aurez à vous pousser dans le dos plus qu'à l'habitude alors que vous serez porté à remettre en question vos habiletés et même à perdre confiance en vos multiples talents créatifs.

Amour – Sentiments

Voilà un temps où vous aurez besoin que l'on respecte votre espace personnel afin de mieux pouvoir contempler votre vie; mais voilà que les vôtres tendront à vous demander plus que vous ne serez capable de donner et vous aurez du mal à leur dire non sinon vous risquez de leur répondre sèchement. Ce sera davantage une période où vous rechercherez davantage la solitude. Vous pourriez éprouver également du regret, une perte sinon de la peine. N'attendez pas trop de vous-même. N'empêche, vos désirs ont toutes les chances d'être mis à défi par des obstacles, par des situations imprévues ou fâcheuses, ou par rapport à des gens difficiles. Si vous êtes célibataire, vous serez invité à plus de souplesse dans vos relations avec les autres et ne soyez pas radical dans vos opinions lors de certaines rencontres puisque ça ne pourra que vous jouer un bien mauvais tour. Attention aussi de faire quelque chose d'audacieux ou d'irresponsable. Calmez-vous et attendez pour de meilleurs temps. Ralentissez le pas, reposez-vous et décidez ce que vous ferez par la suite. Et si vous avez une aventure, protégez-vous d'autant plus que Mars en Gémeaux tendra à affaiblir votre système immunitaire. Quoi qu'il en soit, attendez-vous à des contretemps possibles ou même à des mésaventures décevantes, mais plus que tout, sachez que vous ne serez pas à l'abri non plus d'une fausse couche. Or, assurez-vous de demeurer vigilant en tout temps afin de ne pas mettre votre vie en péril inutilement.

Famille

Voilà un temps où le chacun pour soi sera plus marquant ! Attendez-vous donc à des ennuis dans vos relations affectives familiales. Chose certaine, vous pourrez mieux vous accommoder de tout et de rien que de vos proches. À cet effet, un ou certains membres de la famille pourront se montrer plus critiques à votre endroit et vous n'apprécierez pas leur approche, ce qui risque en retour de brasser des émotions passées. Quoi qu'il en soit, ne succombez pas à cette énergie malsaine, bien au contraire, misez sur cette période pour vous remettre en contact avec votre moi intérieur afin de vous guérir et de vous défaire de ces sentiments négatifs qui vous lèsent ou vous blessent. Sans contredit, attendez-vous à devoir gérer une situation qui date de votre passé, soit des choses latentes. Si ce n'est pas le cas, vous risquez d'éprouver plus de difficulté à bien vous entendre avec vos enfants, votre partenaire de vie ou avec une personne qui vous est chère. D'ailleurs, tout laisse suggérer que vous allez remettre une personne à sa place suivant qu'elle vous aura fait sentir insignifiant, incapable ou carrément inadéquat. Cependant, même si quelqu'un près de vous pourra vous tomber royalement sur les nerfs, au lieu de vous emporter contre cette personne, trouvez une excuse pour ne pas vous retrouver en sa présence. Vous constaterez aussi à quel point votre mère ne répondra pas à l'idéal que vous recherchez et vous en souffrirez beaucoup. Et si ce n'est pas votre mère, ce sera avec votre propre famille. Néanmoins, voilà qui suggère aussi que vous ne serez pas à l'abri d'une dépense imprévue pour le foyer, possiblement une réparation à faire, sinon méfiez-vous d'un bris possible. À tout le moins, attention de ne pas vous couper ni vous blesser avec tout outil lorsque vous serez à cuisiner et méfiez-vous aussi de votre impatience.

Santé

Des idées obsédantes concernant le passé pourraient ressurgir. Ne vous laissez pas submerger par elles, maîtrisez-les. Il est temps de le faire, car vous en sortirez plus fort et confiant dans la vie que vous ne l'avez jamais été. Or, prenez un moment de répit pour vous-même, apprenez à relaxer, mettez tous vos troubles de côté et concentrez-vous sur ce qui est important, sur les faits. N'empêche, vous serez davantage porté à vous laisser aller. Or, attention de ne pas négliger la gestion de votre santé et tenez compte de tous les symptômes, et au besoin consultez sans tarder votre médecin. En dépit que votre énergie mentale sera plus apparente que votre énergie physique, vous tendrez tout de même à vous montrer plus casse-cou que d'ordinaire. Il vous sera fortement suggéré de ralentir le pas alors qu'en réalité, votre seuil d'énergie sera à son niveau le plus bas. Ce sera d'ailleurs davantage un temps pour vous reposer, pour vous relaxer et pour prendre la vie plus mollo. Tenez-vous donc pénard et reposez-vous ! Attention aussi aux blessures et infections de toutes sortes, et à un léger malaise possible. Pas étonnant que vous aurez à visiter le cabinet de votre médecin, sinon une quelconque institution médicale. Chose certaine, vous allez être dans l'obligation de prendre une voie nouvelle pour mieux répondre aux réalités familiales. Attendez-vous aussi à une dépense pour une question de santé, sinon pour une personne près de vous (un proche, un enfant ou le partenaire de vie) qui pourra voir sa santé affectée ou elle sera incommodée par la maladie. Période où tous les irritants vous rendront plus impatient !

L'ÉCLIPSE SOLAIRE PARTIELLE DU 30 AVRIL EN TAUREAU – VOTRE XIE MAISON NATALE

L'éclipse solaire en Taureau ne vous fera pas de méchancetés. Au contraire, votre solide santé physique devrait vous protéger contre cette éclipse solaire. Cela dit, il ne sera pas suggéré non plus de faire comme bon vous semble. Ce n'est jamais à prendre à la légère de toute manière pendant toute période d'éclipse.

Cette éclipse est moins agissante, d'autant qu'elle n'exerce aucune influence directe sur votre signe. Respirez à fond et aidez ceux près de vous qui ont le Taureau, le Lion, le Scorpion ou le Verseau à l'ascendant, ou encore comme signe solaire, ou que leur Lune natale en fasse partie. Moins choyés que vous, ils apprécieront votre soutien. Si vous répondez à un des signes mentionnés, soignez-vous. Malgré tous les problèmes qui afflueront de partout, vous demeurerez stoïque et trouverez le moyen d'être satisfait, à défaut d'être complètement heureux. C'est un gain important sur le sort qui se fait provocant. Ne jouez pas ce jeu. Restez qui vous êtes. Un brin naïf, mais charmeur et honnête. Entre-temps, il semble que vous êtes en voie de rétablissement et que vos progrès seront rapides, surtout que vous avez des ressources inimaginables. Vous seul en connaissez la teneur.

Sur une note finale, les thèmes de la onzième maison comprennent entre autres vos amitiés, vos activités de groupe, les objectifs du travail et de votre vie, vos espoirs et vos rêves pour l'avenir. Cela peut également symboliser votre expérience en matière d'innovation ou de nouvelle technologie. Quoi qu'il en soit, prenez l'initiative de rencontrer et de cultiver de nouvelles amitiés et de consolider des amitiés existantes. Profitez-en aussi pour rejoindre tous les groupes qui suscitent votre intérêt de même que pour assumer une responsabilité accrue au sein de vos activités de groupe. Ne ratez pas non plus d'encercler également cette période pour postuler un poste de leadership au sein d'un club ou d'une fraternité. Coopérez avec les autres pour une cause humanitaire s'y prêtera bien aussi. Faites du bénévolat pour un organisme de bienfaisance. Aidez à organiser un événement qui saura profiter à votre communauté. Faites-en tout autant pour planifier et évaluer tous vos objectifs futurs et faites un pas en avant pour les atteindre. Et si vous ressentez un manque de progrès, essayez une approche nouvelle et originale. Un temps idéal également pour s'enrichir d'une technique en informatique.

P.-S. Vous êtes encouragé à prendre connaissance de tout ce qui est écrit au chapitre intitulé « Les éclipses de 2022 » pour mieux vous familiariser avec toutes les mises en garde à respecter lors de toutes les éclipses.

LES POSITIONS LUNAIRES ET VOUS

À la fin du livre, vous trouverez le tableau des positions lunaires pour chaque jour de l'année 2022. Pour mieux tirer profit de la Lune au quotidien ainsi que connaître le rôle qu'elle jouera sur vos humeurs, lesquelles vont influer sur votre jugement et sur vos actes, référez-vous au chapitre intitulé « Méthode d'interprétation du calendrier des Lunes ».

En général, quand la Lune passe en Cancer, soit votre signe solaire ou votre ascendant natal, en Lion, en Vierge, en Scorpion et en Poissons, vous êtes en forme. Ces énergies, surtout celles du Cancer, de la Vierge, du Scorpion et du Poissons, vous placent en position de force. Là où vous devriez être prudent et où il serait préférable de prendre du recul, c'est lorsque la Lune se trouve en Bélier, en Balance, en Capricorne et en Gémeaux.

Les divers passages de la Lune ne sont jamais neutres, même ceux qui ne sont pas mentionnés ci-dessus. S'il y a des moments pour l'action quand la Lune est néfaste, s'il faut prendre du recul quand elle ne l'est pas, les autres journées représentent, la plupart du temps, un mouvement vital plus lent.

♌

Lion

24 juillet au 23 août

LES DIFFÉRENTS ASPECTS DE VOTRE PERSONNALITÉ

Lion – masculin, fixe, feu

Au-delà de tout, votre signe représente la fierté et l'ego. Régi par le Soleil, votre maître céleste, vous voulez briller de toutes vos couleurs et vous aimez ne pas passer inaperçu. Vous avez également l'art d'attirer l'attention de tous et toutes même quand vous ne la recherchez pas nécessairement. Doué pour faire une grande entrée ainsi qu'une grande sortie, vous êtes né pour amuser la foule, la masse, le public, et ce, sans compter que vous pouvez être tout aussi dramatique à vos heures.

Aussi susceptible et exigeant que vous puissiez être, vous êtes également tout aussi généreux. Vous appréciez l'attention et vous aimez être louangé par de somptueux compliments et des beaux cadeaux, et être paré d'un environnement tout aussi luxueux et de dernier cri à la hauteur de la personne que vous êtes.

Il est vrai que votre spécialité est de vous amuser, voilà qui explique pourquoi vous prenez tant de plaisir à recevoir chez vous tous ceux qui vous sont chers.

Parfois, votre peur de l'échec vous empêche de vous prouver de quoi vous êtes capable ou de commencer quelque chose de nouveau par peur de ne pas être à la hauteur, donc de ne pas briller de tous vos feux, car vous aimez être le centre d'attraction et il n'y a pas de doute là-dessus.

CE QUI VOUS DIFFÉRENCIE DES AUTRES NATIFS DE VOTRE SIGNE

En tant que natif du 1er décan (du 24 juillet au 3 août), votre signe est régi par le Soleil, vous donnant ainsi une surdose de vitalité, de puissance et de chaleur. Vous êtes une personne fidèle, noble, ambitieuse, généreuse et tout aussi charismatique. L'image que vous projetez et la position que vous occupez dans la vie sont toutes deux importantes pour vous.

Leader-né, vous avez tous les atouts en main pour influencer la masse. D'ailleurs, vous pourrez très bien exceller à votre compte alors que vous avez tous les talents, compétences et habiletés pour bien gérer une ou votre entreprise.

Votre décan est sous la dominance de Saturne. Cela fait de vous une personne dont l'ego est fort, quelqu'un qui est animé d'un magnétisme naturel et d'une dimension d'orgueil extraordinaire que vous pouvez utiliser en bien ou en mal, indépendamment de votre ascendant natal.

Votre caractère est tout aussi passionné que l'est votre l'orgueil, sans compter que vous possédez l'art du commandement comme personne. Vous êtes aussi quelqu'un pour qui la liberté est très importante.

Pour faire suite à la Triplicité de Feu qu'est votre signe solaire, cette double influence du Soleil tend à vous rendre jovial. Vous aimez vous amuser, vous aimez rire, vous aimez vivre entouré de luxe, d'apparat et de cérémonies auxquelles vous vous prêtez avec ardeur. Les amitiés et les liens sociaux sont également importants pour vous.

Autant en affaires que par plaisir, vous prônez d'excellentes valeurs éthiques. Si vous bannissez toutes les pensées négatives, il n'y a pas de raison pour que vous ne puissiez pas réussir dans la vie, surtout que vous avez également le sens du spectacle pour accomplir tout ce que vous désirez réaliser.

En plus d'être absorbé par de nombreuses pensées et idées, vous les poursuivez toutes agressivement. Possédant de l'audace, de la ruse et voulant tout obtenir de la vie, vous ferez tout pour arriver à vos fins, à votre but, et vous réussirez neuf fois sur dix.

La reconnaissance est le thème principal de votre vie. Naturellement, vous êtes plus que motivé et poussé à exercer dans un domaine où vous pouvez briller de tous vos feux.

Vous avez un goût prononcé pour les arts, la musique, la lecture ainsi que pour tout ce qui relève des activités de bienfaisance qui sont d'autres secteurs où vous pouvez très bien réussir.

En ce qui concerne vos relations, celles-ci peuvent être ardues parce que vous êtes trop impulsif, et c'est encore plus difficile lorsque cela concerne vos amours. Lorsque vous voyez quelque chose ou quelqu'un que vous désirez, rien ne peut vous arrêter.

En amour, vous donnez beaucoup, mais vous exigez aussi tout autant en retour. Le partenaire de vie idéal sera quelqu'un de loyal, d'affectueux et qui vous appréciera à votre juste valeur, mais qui supportera également que vous aimiez être en position de commander. Si vous vous mariez, choisissez quelqu'un dont vous pouvez être fier, quelqu'un avec qui vous pouvez créer une existence de rêve, puisque vous avez un immense besoin d'une vie de famille stable et d'être entouré de relations en lesquelles vous avez une confiance aveugle.

Pour ce qui est de votre santé, elle sera excellente à condition de ne pas trop abuser des bonnes choses de la vie telles que la nourriture, l'alcool, le sexe et l'amour. À ne pas prendre à la légère.

En tant que natif du 2e décan (du 4 au 13 août), vous êtes toujours régi par le Soleil, ce qui vous attribue automatiquement une forte santé, mais votre décan est gouverné par Jupiter. Puisque Jupiter joue un rôle significatif dans votre thème natal, voilà qui bonifie les pronostics favorables à votre naissance. Cela explique aussi pourquoi vos perspectives sont optimistes et positives.

Ouvert d'esprit, vous aimez explorer des horizons nouveaux, mais aussi des cultures différentes de la vôtre. Visionnaire intelligent, capable d'une grande générosité et tout aussi brillant par nature, on admire vos capacités à bien vous entendre avec toutes sortes de gens. Noble et fier par nature, vous possédez des sentiments élevés en ce qui a trait à votre dignité et à votre honneur.

Jupiter, qui influence doublement votre signe – puisque d'une part, elle est la planète maîtresse de votre décan et que, d'autre part, elle donne suite à la Triplicité de Feu qu'est votre signe solaire – augmente sensiblement le côté spirituel de votre nature et hausse votre curiosité intellectuelle tout en activant votre besoin d'indépendance.

Pondéré et digne de confiance, vous avez un fort sens de l'idéalisme qui perturbe vos actions et vos attentes. Intrépide et jovial, votre personnalité est très puissante, mais vous avez également en horreur toutes les situations ou toutes les personnes qui vous privent de votre liberté d'expression.

Compatissant de nature, tous ceux qui vous entourent vous trouvent inspirant. Royal, superbe et volontaire, vous dégagez une noblesse naturelle qui force le respect, voire l'admiration. Bien que vous preniez des risques dans la vie, vous tendez à respecter l'autorité, mais vous avez également le don d'attirer à vous toutes sortes de gens et certains peuvent ne pas être aussi bons pour vous.

Vous pourrez réaliser quelque chose d'une importance capitale dans votre vie pourvu que vous définissiez vos objectifs et que vous investissiez les efforts nécessaires pour les atteindre. Ne manquez pas non plus de mettre à profit votre talent naturel pour saisir et résoudre tous les problèmes existants. Misez également sur l'équilibre dans tous les domaines de votre vie, ce qui servira bien mieux vos intérêts ainsi que ceux des autres.

Chanceux et fortuné, il vous sera donné à plusieurs occasions la possibilité de hausser vos revenus, surtout que vous agissez vite et énergiquement, sans compter non plus que vous ne vous préoccupez aucunement de ce que peuvent dire les autres. Suivez votre ligne de pensée, faites votre chemin et vous vous en réjouirez, mais n'allez pas devenir non plus trop imbu de vous-même, trop égocentrique ou trop orgueilleux.

Aimant le rire et le plaisir, en amour vous êtes une personne qui a besoin de se sentir aimée et admirée. Votre grand sens de la justice et de la charité fait de vous un être, un associé, un partenaire de vie et un ami chaleureux sur qui on peut se fier. Heureux tous ceux qui vous ont dans leur entourage alors que vous portez bonheur !

Côté cœur, vous faites partie de ces personnes qui sont à la recherche d'un ou d'une partenaire de vie qui leur fera honneur, intelligent(e), plein(e) de fantaisie et rempli(e) d'humour, et avec lequel ou laquelle vous partagerez votre curiosité, votre goût des voyages et votre soif de liberté. Si vous vous mariez, choisissez une personne qui respecte votre dignité et qui estime votre habileté à prendre les choses en main.

En tant que natif du 3e décan (du 14 au 23 août), vous êtes régi par le Soleil et de ce simple fait, votre santé et votre exubérance naturelle ne vous font pas défaut. Votre décan est sous la tutelle de Mars. Cette planète joue un rôle déterminant dans votre thème natal, puisqu'elle ajoute de l'ambition à votre nature. Votre destinée est celle de meneur d'hommes et de femmes, de leader qui rend de grands services à l'humanité.

Courageux, vif d'esprit, énergique et autoritaire, vous avez l'endurance ainsi que tout l'enthousiasme nécessaire pour mener à bon port toutes vos visées, mais vous pouvez éprouver également une certaine difficulté à maîtriser votre impatience et vos sautes d'humeur. Il serait donc tout indiqué pour vous de changer souvent d'air, de vous secouer, de ne pas vous laisser aller à des vices ni à des manies dangereuses, et n'allez pas céder non plus à vos instincts sexuels, ou autres, très puissants. Vous aurez en ce sens un grand travail à accomplir et si vous le réussissez, vous aurez le plaisir et la satisfaction de devenir un être exceptionnel.

Ambitieux et assez direct dans votre approche, vous êtes heureux lorsque vous pouvez travailler pour vous-même et selon votre propre horaire. La position que vous occupez et l'image que vous projetez dans la vie sont importantes à vos yeux. N'empêche, ne soyez pas trop prompt à donner aux gens votre temps, votre argent, votre confiance ou votre affection.

Protecteur de votre dignité et tout aussi jovial qu'amical, vous pourrez faire des pas significatifs dans la vie grâce à votre courage, sans compter que votre nature des plus audacieuses et votre sens de l'initiative contribueront largement à votre succès.

Vos capacités intellectuelles et votre volonté de réussir font de vous un leader-né qui pourra exceller dans de nombreuses professions, entreprises ou sociétés, et ce, plus encore si vous jouissez d'une éducation avancée. À cet effet, vous pourriez très bien faire votre marque dans le domaine bancaire, l'immobilier, la comptabilité ou toutes les activités qui impliquent les finances, mais également dans les forces armées où vous pourriez atteindre un grade élevé. Visez haut lorsque vous établirez vos objectifs et soyez tout aussi sélectif des personnes qui vous entourent.

Autoritaire, impétueux et plein d'entregent, vous êtes très doué pour mettre en action de nouveaux projets, mais parfois vous perdez de l'intérêt avant qu'ils soient finalisés. Vous semblez avoir également des réserves d'énergie intarissables. Suivant que vous êtes du genre à fonctionner à vive allure, vous n'êtes pas heureux si quelque chose entrave votre route ou si vous êtes retenu d'une quelconque façon, puisque cela vous empêche d'accomplir tout ce qui était prévu au programme. Être constamment occupé est votre devise !

Sexy, aimant le risque et l'aventure, vous êtes plus du genre à prendre les initiatives au moment des relations intimes. Vous refusez catégoriquement de vous voir dominé par l'élu de votre cœur. Dans votre vie de couple, vous recherchez d'abord et avant tout le dialogue et le partage. Si vous vous mariez, choisissez une personne qui est raffinée, pondérée et séduisante alors que Sa Majesté que vous êtes sera flattée d'orgueil de la présenter à tout un chacun.

CE QUE LES ASTRES VOUS RÉSERVENT EN 2022

Jupiter en Poissons – du 29 décembre 2021 au 10 mai 2022 et du 28 octobre au 20 décembre 2022 – votre VIIIe maison natale

Vous avez bonne mémoire, mais vous n'aimez pas déterrer vos anciennes détresses et encore moins vos échecs. Vous vivez vos pertes comme s'il s'agissait d'une offense à votre intelligence et c'est pourquoi votre regard est tourné vers l'avenir, car c'est la promesse que tout ira mieux ! Jupiter qui traverse le huitième signe du vôtre, une position toujours importante qui se produit tous les douze ans et qui parfois fait resurgir des problèmes non réglés douze années plus tôt. D'autres planètes ont bougé et vous ont permis d'acquérir de la maturité, mais il arrive qu'il y ait stagnation, et qu'un Lion se soit créé sa propre prison. Le ciel n'est pas magique, il donne des indications sur l'attitude à avoir, sur ce que vous devez faire pour un devenir plus intéressant, plus agréable. Certaines années, la vie semble plus facile à vivre, on se sent léger et les affaires roulent d'elles-mêmes. Travailler ne demande pas d'effort ou si peu et, de plus, on trouve du temps pour s'amuser. Mais viennent des moments où on est plus soucieux, c'est la pause réflexion. Durant ces périodes que vous trouvez toujours trop longues, il ne faut rien laisser au hasard et tout geste avant d'être fait doit être mûrement réfléchi.

Secteur de votre thème personnel qui régit les transformations, l'aide financière, la sexualité, tous les litiges qui n'ont cessé de vous harasser auront toutes les chances de prendre fin positivement ainsi que toutes affaires en cours. Les retards et les ennuis devraient aussi s'aplanir. Alors que l'argent d'autrui sera le bienvenu, vous pourriez donc au cours de cette période hériter, spéculer, sinon gagner à la loterie ou lors d'un tirage. Les investissements seront bons et vous feront gagner de l'argent. Quant aux ventes, elles pourraient être fructueuses. Ce sera un temps également où le risque pourrait être payant, mais il ne faudra pas perdre de vue que seul votre thème natal a le pouvoir de nous dire si vous gagnerez, puisque tout le monde n'a pas la même veine à la richesse. Ne soyez donc pas trop impulsif ni trop spontané, car il vaudra mieux réfléchir avant de prendre une décision étant donné que Jupiter tend parfois à nous rendre euphoriques. Mon conseil : si vos finances s'améliorent, ne dépensez pas votre capital tout de suite. Apprenez plutôt à bien le gérer surtout que votre intuition sera d'un bon guide pour vos placements – sûrs de préférence, contrairement à ceux qui sont risqués. Quant à la sexualité, ne débridez pas trop vos instincts, car vous pourriez altérer votre santé. Ce sera aussi une période de transformation qui pourrait influencer votre philosophie de vie et vous apporter une plus grande foi.

Jupiter-Neptune conjoint en Poissons le 12 avril 2022 : Profitez-en pour sonder votre patrimoine familial et vous en apprendrez beaucoup plus sur vous-même. Voilà donc l'occasion idéale pour entamer une recherche sur votre arbre généalogique afin de tout savoir sur vos racines. Demandez à vos parents plus âgés leurs souvenirs des générations qui ont vécu avant la vôtre. Vous pourriez être étonné d'apprendre à quel point vos caractéristiques personnelles sont très similaires à celles d'un arrière-grand-parent. Il y a possibilité indubitable de récolter un dividende confortable provenant de contrats ou d'investissements en Bourse. Il sera plus qu'important de ne pas être trop confiant et de ne pas spéculer non plus à l'aveuglette, surtout avec l'argent des autres.

Saturne en Verseau – toute l'année – votre VIIe maison natale

Climat général

Attendez-vous à des changements, pour le meilleur ou pour le pire, au sein de vos relations. Toutes les alliances saines survivront, mais les influences négatives risquent d'affecter même la plus heureuse des unions. Il n'en demeure pas moins, misez sur le passage de Saturne au signe opposé du vôtre pour renforcer vos alliances et vos relations, qu'elles soient émotionnelles ou professionnelles. D'ailleurs, concentrez-vous surtout sur celles qui vous rendent heureux !

Alors que Saturne s'annonce généralement longtemps à l'avance, d'autant plus quand il s'agit d'une opposition, comme c'est le cas pour vous cette année, il est possible que vous puissiez avoir une décision difficile à prendre, quelque chose qui vous obligera à un renoncement. Mais comme vous n'êtes pas de ceux qui baissent les bras et encore moins du genre à renoncer facilement, il risque donc d'y avoir conflit en vous – un conflit qui ne se résoudra pas tout de suite puisque vous en aurez jusqu'au début du mois de mars 2023. Entre-temps, vous pourrez toujours compter sur des moments positifs et d'autres où vous serez trop réaliste. Vous sentirez très vite les freins qu'elle vous imposera et vous n'aurez d'autre choix que d'accepter les exigences de la vie.

Saturne en Verseau, un passé pourrait être en jeu versus dans le futur! Cela dit, voilà qu'un nouveau départ sera possible en ce qui a trait à vos amours, mais également en ce qui a trait aussi à votre créativité. Quant aux célibataires de votre signe, le temps est venu de trouver l'amour. Pour les autres qui sont en couple, préparez-vous à être inondés d'opportunités pour vivre des moments d'amour particuliers. Cependant, voilà que le compagnonnage et le partenariat risquent d'avoir une signification plus profonde que d'habitude suivant que vous pourriez vous trouver invoqué avec une certaine personne dans le but d'apporter un changement qui affectera les autres, et ce, que ce soit dans votre quartier ou dans le monde en général.

Côté travail, lâchez prise puisque cela semblera la meilleure solution pour ne pas vous cogner à un mur ni perdre votre énergie en vaines batailles suivant que vous n'aurez pas tous les atouts en main. Et plus vous le reconnaîtrez, moins votre situation sera stressante. Il n'en demeure pas moins qu'il est possible que vous soyez révolté, peut-être parce que vous trouverez que les décisions prises sont injustes et que vous n'avez pas à vous y soumettre. Pourtant, même quand on né Lion, il arrive que l'on trouve plus fort que soi. Ne vous abîmez pas la santé. Lâchez prise, quitte à y revenir plus tard.

Puisque par le passé la vie a pu faire en sorte de vous empêcher de travailler comme vous le faites à votre habitude, on pourrait aussi vous priver d'un contrat et/ou d'un accord que vous pensiez obtenir. L'idée qu'un problème judiciaire puisse être dans la balance est aussi chose possible. Dans ce cas, n'allez pas vous justifier surtout, mais assurez-vous de prendre conseil auprès d'un spécialiste avant de vous exprimer. Et n'allez rien faire non plus qui puisse ternir votre réputation. Or, fuyez toutes les activités à risque telles que le jeu (les paris), toute conduite imprudente ainsi que tout comportement inapproprié, les rapports sexuels non protégés, la consommation de drogues ainsi que la consommation excessive de boissons alcoolisées ou autres. Évitez de faire quoi que ce soit que vous puissiez regretter plus tard ! Rien ne sera simple, je l'avoue, mais de grâce, n'allez surtout pas croire que vous allez être à l'abri de restrictions et/ou d'embûches possibles, sans compter que des contrariétés venant des autres ou de l'être aimé sont également à prévoir.

Jupiter en Bélier – du 10 mai au 28 octobre 2022 et du 20 décembre 2022 au 16 mai 2023 – votre IXe maison natale

Le 10 mai 2022, Jupiter entame une brève incursion dans le Bélier, là où cette planète y restera jusqu'à la fin du mois d'octobre, et de retour à nouveau dans le même signe pas plus tard que le 20 décembre prochain. C'est tout comme si le destin venait vous toucher l'épaule et vous donner un aperçu de ce que le futur a en réserve pour vous.

Voilà donc un temps où vous serez plus enclin à réaliser des choses à l'étranger ou en rapport avec l'étranger, sinon dans une ville différente d'où vous résidez, ainsi qu'à vouloir voyager ou tout simplement rêver à de lointains voyages. En fait, tout ce qui vous relie à l'au-delà vous fera vibrer intensément. Vous serez même tenté de répondre aux grandes questions universelles tels que : D'où vient-on ? Où va-t-on ?... Indiscutablement, cette période sera propice à une ouverture d'esprit qui vous mènera à une recherche de votre identité profonde. Votre idéalisme sera activé et vous aurez envie de prendre fait et cause pour des actions humanitaires ou, plus simplement, vous comprendrez mieux ceux qui le font. Un seul écueil dans ces aspirations : l'utopie avec toutes ses idées peu réalistes.

Mentionnons que ce sera également une période favorable pour les personnes ayant des affaires d'envergure à traiter : de contrats pourront être signés, toute entreprise débouchant sur l'étranger aura le vent en poupe, mais il ne faudra tout de même pas vendre la peau de l'ours avant de l'avoir tué !

Il va de soi de souligner également que les voyages à l'étranger, surtout dans un but de recherche intellectuelle et/ou philosophique, seront particulièrement bien réussis. Préparez-les afin d'en retirer un maximum de connaissances. Mon petit conseil : assurez-vous de mettre à profit ce temps à la réflexion, à la compréhension des idées nouvelles pour mieux vous enrichir.

LES PHASES RÉTROGRADES DE MERCURE EN 2022

Mercure rétrograde en Verseau – du 14 janvier au 3 février – votre VIIe maison natale

Climat général

Mais non, personne ne sera contre vous ! Ce seront des idées que vous vous ferez ou alors vous aurez l'impression de devoir gérer les conflits des autres, de servir de pilier pour les personnes qui vous entourent afin qu'elles ne s'effondrent pas les unes après les autres. En fait, vous aurez l'esprit assez organisateur, particulièrement si vous savez que cela fera du bien à certains de vos amis. Cependant, le plus compliqué sera de bien satisfaire tout le monde ! Tandis que nombreux amis vous remercieront et vous féliciteront, d'autres seront très déçus et cela constituera une blessure terrible pour le Lion que vous êtes. Quoi qu'il en soit, lorsqu'on dit oui à tout le monde, il faut inévitablement s'attendre à en décevoir quelques-uns. Néanmoins, ce sera un temps où l'hésitation semblera dominer sous toutes ses formes. Vous passerez une bonne partie de cette phase rétrograde à peser le pour et le contre avant de prendre la moindre décision. Heureusement, votre détermination vous permettra d'avancer bien assez vite une fois votre réflexion terminée. Entre-temps, vous aurez sûrement beaucoup d'idées en tête et aimerez également entreprendre quelques voyages. Cependant, les circonstances ne sembleront pas être des plus favorables pour mener à terme un quelconque projet et il faudra immanquablement négocier avec tout le monde pour arriver à un consensus. Avant d'être en accord avec qui que ce soit, il sera normal de négocier, en quelque sorte. Or, ne baissez pas les bras, les choses rentreront dans l'ordre bien assez vite.

Travail – Finances

Consciencieux et minutieux, vous ne viserez que l'excellence pendant cette période, spécialement dans les domaines technique et financier, alors que vous ressentirez un malin plaisir à creuser et à approfondir vos travaux et à améliorer vos connaissances de façon spectaculaire. Vous serez tout aussi excellent pour établir des contacts ainsi que pour resserrer les liens parmi vos différentes relations d'affaires. Cependant, il faudra faire très attention de ne pas négliger l'aspect financier et être des plus attentifs pour éviter les erreurs. Si vous êtes à votre compte, il ne serait pas étonnant que vous ayez besoin d'investir en quelque sorte pour améliorer vos services. Et en tant dirigeant et travailleur autonome, vous devrez obligatoirement mettre la main à la pâte pour que l'argent entre convenablement. Vous pourriez aussi être tenté de vous associer afin d'alléger votre fardeau de travail, mais vous ferez mieux de vous trouver un employé fiable plutôt que quelqu'un avec qui partager vos profits, car ce dernier aurait tendance à avoir des exigences démesurées que vous accepteriez en raison de votre détresse du moment présent. Autant il y aura énormément de négociations dans l'air, ce ne sera pas nécessairement le bon moment pour négocier de nouveaux projets ou autres, alors que l'on aura bien des difficultés à vous suivre lorsque vous présenterez vos idées, suivant que vous serez un peu embrouillé au niveau de l'esprit. Il vaudra mieux attendre la fin de février avant de vous lancer dans le feu de l'action, au risque d'être confronté à de l'incompréhension. Entre-temps, tâchez de vous préparer, histoire de créer un effet de surprise qui sera remarquable. N'oubliez pas, que vous occupiez un emploi précaire ou non, que non seulement vous aurez besoin de changements, mais il s'agira davantage d'un heureux hasard de circonstances plutôt que d'un choix personnel. Et gardez en mémoire que l'expérience, ça se paie. Or, n'hésitez pas à faire valoir cet atout pour exiger une augmentation de salaire et si vous vous heurtez à un refus total, sachez qu'un autre employeur sera des plus heureux de pouvoir profiter de tout votre savoir-faire. Cependant, un changement d'emploi ne se fera pas du jour au lendemain, sans compter qu'une transition de quelques semaines vous occasionnera bon nombre de questionnements, à savoir si vous avez fait le bon choix.

Amour – Sentiments

La dernière chose que vous voudrez, c'est bien de vous retrouver seul face à vos grands rêves romantiques; pourtant, voilà ce risque de vous arriver si vous ne les extériorisez pas auprès de votre partenaire. Chacun restera dans sa bulle longtemps et vous devrez vous retrouver ensemble un jour ou l'autre chez le psychologue pour comprendre pourquoi vous n'avez plus rien à vous dire. Laissez vos pulsions et votre imagination vous guider dans les moments intimes sinon le désir de sauter la clôture pourrait se faire sentir assez fortement en voyant ce que propose la société comme stéréotypes pour célébrer la fête de l'amour, mais de là à passer aux actes, il y aura un monde. Votre esprit rêvera et fantasmera sur le prince charmant ou la princesse de vos rêves et voilà qu'une personne vous fera de belles avances. Cette situation donnera bien un petit coup de fouet à votre couple afin que vous retrouviez un peu d'action et des moments plus amusants ensemble. Si vous êtes célibataire et que vous êtes seul depuis longtemps, il est plus que clair que vous serez en mode recherche actif. Nombreux seront les prétendants, mais vous êtes assez difficile de nature et vos standards sont assez élevés en général. Attention aux illusions également! Et si vous êtes en processus de séparation, vous réussirez éventuellement à clarifier les choses et à vous entendre harmonieusement, du moins vos avocats réussiront à conclure une entente assez satisfaisante pour vous deux.

Famille

Comme la majorité des femmes, vous êtes sûrement chargée des tâches ménagères et vous êtes certainement très efficace dans ce rôle, mais le service n'est pas que pour la femme Lion alors vous entreprendrez une besogne colossale, soit celle d'apprendre à votre chéri à accomplir une partie des travaux domestiques, alors que le temps risque de vous faire plus défaut jusqu'à la fin du mois de février. Eh bien, il vous faudra de la patience, beaucoup de patience, sauf que cela vous rapprochera considérablement.

Santé

La gestion du stress vous garantit une belle énergie et ce sera directement lié au fait de vous sentir bien dans votre peau. Surveillez votre système d'élimination qui risque tout de même d'être plus fragile pendant cette phase et attention à l'éparpillement.

Mercure rétrograde en Gémeaux – du 29 mai au 22 juin – votre XIe maison natale

Climat général

Voilà une période où vous ferez de nombreuses connaissances, les unes seront amicales alors que d'autres voudront surtout se lier à vous par intérêt. Attention de perdre de vue les bonnes des mauvaises personnes alors que l'une de celles-ci pourrait vous mentir ou vous décevoir. Il ne serait pas étonnant non plus que vous lui disiez votre façon de penser. Surveillez vos manières et vos paroles lorsque vous serez avec des amis, car il sera trop facile d'offenser un proche compagnon sans le vouloir. Ne dépassez pas les limites permises, même si vous le faites en vous amusant. Si un camarade agit d'une manière qui ne vous plaît pas, ne critiquez pas trop vite. Vous pourriez simplement réagir de manière excessive aux vibrations stressantes du moment. Suivez plutôt le courant lorsque vous interagirez avec des gens en situation sociale. Suivant que vous tendrez aussi à être plus autoritaire et grincheux par moments, évitez de vous engager pleinement dans toutes sortes d'activités, comme aider à déménager un ami, car au moment où vous devrez remplir votre engagement, le temps vous manquera et votre patience pourrait en prendre pour son rhume.

Travail – Finances

Abstenez-vous d'entreprendre quoi que ce soit qui puisse vous stresser. Vous aurez tant de choses à faire que vous ne verrez pas le temps passer, tellement que parfois, vous aurez l'impression que votre vie ne se résume qu'au travail. Vous souhaiterez vous la couler douce, mais les activités se feront pressantes et puisque les offres vont continuer d'être alléchantes, vous n'oserez pas vous défiler. Fort heureusement que les finances continueront de prospérer ! Néanmoins, il y aura de l'ouvrage à abattre et la tâche sera colossale. Vous aurez également besoin de tact lors de vos négociations si vous ne voulez pas vous retrouver à la queue leu leu et/ou dans une situation sans issue. Si, par le passé, il a été question de vous relocaliser afin d'exercer votre métier, veuillez mettre certaines applications en place pour éventuellement concrétiser cette démarche. Par contre, ce ne sera pas nécessairement le bon temps pour vous lancer immédiatement dans une formation quelconque, même si votre curiosité sera à son apogée, vu que le temps vous fera plus défaut pour bien faire les choses. Toutefois, si vous avez monté une affaire ou encore c'est quelque chose qui vous intéresse de faire dans un avenir rapproché, veuillez appliquer une différente stratégie commerciale puisqu'avec le temps, vous serez heureux de l'avoir fait d'autant plus que des résultats probants s'ensuivront. Il n'en demeure pas moins que l'un de vos employés aura le tour de vous faire douter de vous-même, de vous faire remettre en question votre capacité à tout diriger et ce ne sera pas une sensation des plus agréables à vivre. Vous n'aurez donc pas d'autre option que de prêcher par l'exemple, de mettre la main à la pâte afin de regagner le respect et votre confiance en vous, mais n'allez pas brûler la chandelle par les deux bouts non plus. Hormis qu'une certaine lenteur et qu'un climat d'incertitude risquent de marquer davantage cette période, sans aucune menace nécessairement à l'horizon, en attendant, ce sera agaçant, j'en conviens. Pourquoi ne pas en profiter plutôt pour faire un bilan ou carrément prendre des vacances ? Et si vous faites des investissements boursiers, il sera avisé d'être prudent puisque le marché risque d'être plus volatile par moments.

Amour – Sentiments

Le doute pourrait vous envahir plus pendant cette phase. Vous vous interrogerez sur les sentiments qu'on vous porte et sur les motifs qui animent votre entourage, même si on vous adore. Si la majorité des Lions savent apprécier l'amour qu'ils reçoivent, il en existe d'autres qui sont incapables de voir le trésor qu'ils ont sous leurs yeux. Si vous ne faites pas plus attention à l'être aimé, on pourrait vous quitter et la perte de l'autre fera naître en vous une solitude difficile à supporter. Veuillez être plus tolérant de vos différences. Évitez de devenir cynique et faire des remarques désobligeantes à son égard, ça ne ferait qu'envenimer la situation et voilà qui ne pourrait qu'escalader à la méchanceté et à l'agressivité. Ce sont là deux attitudes insupportables de la part d'autrui, surtout de quelqu'un qui vous dit qu'il est amoureux et tient à vous. Qui sait, l'amoureux traverse peut-être lui-même une période ardue. Il sera plus nerveux, aura de soudaines sautes d'humeur et vous serez la cible première. Vous ne supporterez pas cela pendant longtemps et tendrez à réagir assez vivement. Essayez tout de même de mettre tous les deux un peu d'eau dans votre vin. Si vous êtes célibataire, alors que le doute pourra vous envahir davantage durant cette phase, pas surprenant que vous vous interrogerez sur les sentiments qu'on vous porte et sur les motifs qui animent les futurs prétendants. Néanmoins, n'allez pas en faire tout un plat non plus!

Famille

Un de vos enfants pourra traverser une phase où il sera plus dépressif; possiblement un adolescent qui vit sa crise d'adolescence et qu'on ne prend pas suffisamment au sérieux, qu'on a banalisé alors que cette phase représente un passage important à la période d'adulte. Il y aura des signes auxquels vous devrez être attentif alors qu'il aura besoin d'être réassuré. Quant à vos jeunes enfants, gardez un œil sur eux puisqu'ils n'ont pas le sens de bien évaluer le danger; il ne suffirait que de quelques secondes de distraction pour qu'un accident se produise.

Santé

Rien ne présage des problèmes majeurs, mais il est possible que vous puissiez souffrir d'une légère déprime mélancolique. Cessez de vous acharner à ressasser le passé. Si vous faites du sport, évitez la compétition, ce serait une surcharge inutile pour votre système nerveux. Attention aussi de vous blesser si vous êtes trop pressé ou stressé; c'est dans ces moments que le danger sera plus présent. Et puisque vous serez plus hypersensible pendant cette période, attention de prendre tout au pied de la lettre! Surveillez vos nerfs, votre système digestif et votre circulation sanguine.

Mercure rétrograde en Balance – du 9 septembre au 2 octobre – votre IIIe maison natale

Climat général

Voilà un temps où vous tendrez à tout rationaliser et même à devenir plus sceptique. Attention toutefois de prêter à certaines gens des intentions qu'ils n'ont pas. Ne jugez pas trop vite non plus toute personne que vous venez de rencontrer, celle-ci pourrait vous surprendre dans peu de temps et voilà que vous serez déçu d'avoir ainsi porté ce jugement prématuré. Ne vous comparez à personne, mais n'allez pas non plus penser uniquement à vous protéger. Pensez plutôt à faire évoluer le groupe de gens avec lequel vous évoluez ou travaillez. C'est dans l'esprit d'équipe que vous saurez trouver des solutions aux problèmes existants. Acharnez-vous à réussir, mais plus que tout, soyez prêt à investir tous les efforts nécessaires pour ce faire. Et si vous nagez à contre-courant, vous ne ferez qu'aggraver votre situation inutilement. Vous ne serez pas à l'abri non plus qu'un nouveau défi vous soit lancé ! Cela dit, vous aurez tout le temps nécessaire pour vous redéfinir, pour vous retrouver et pour bien définir clairement ce qu'il faut faire pour atteindre l'objectif. D'ici à ce que Mercure reprenne sa marche directe, profitez-en pour peaufiner vos stratégies ainsi que vos plans et projets.

Travail – Finances

Il est possible que vous soyez approché pour tenir le fort tout comme pour gérer un organisme communautaire. Il est très clair que vous ferez un travail impeccable, mais attendez-vous à ce que certaines personnes jalouses vous soupçonnent d'avoir bénéficié de favoritisme. Toutefois, il sera fortement conseillé d'analyser scrupuleusement chaque offre avant de l'accepter, alors que si vous donnez votre consentement ou apposez votre signature sans avoir tout vérifié, il sera ensuite trop tard pour discuter de vos avantages. Afin d'éviter ce genre de situation, il vous suffira d'y voir. Entre-temps, il sera avisé de mettre sur la glace toute négociations ou encore vos idées en ce qui concerne le démarrage d'une entreprise, ou pour ce qui est de la signature d'un contrat ; attendez jusqu'à la mi-octobre au moins avant de faire quoi que ce soit. Cependant, rien ne vous empêchera d'accumuler des informations afin d'avoir une base de connaissances solide. Ce sera également une excellente phase pour réfléchir à vos objectifs de carrière. Néanmoins, autant vous serez occupé au travail, autant vous serez interrompu ou distrait à quelques reprises à cause d'un collègue turbulent ou autre. Soulignons qu'il y aura aussi de ces journées de travail où vous ne terminerez que très tard en soirée afin d'être à jour malgré vos difficultés personnelles. Il vous faudra être très attentif à tout ce que vous faites, et si vous travaillez manuellement, assurez-vous que les outils que vous utilisez fonctionnement parfaitement. Et si vous faites partie de ces personnes qui ont commencé une nouvelle carrière, qui ont choisi une autre orientation après avoir passé bien des années à un même emploi, voilà un temps où il sera possible que vous viviez des angoisses, que vous craigniez de temps à autre de ne pas être à la hauteur de ce qu'on attend de vous. Poursuivez en donnant toujours votre maximum alors que tout sera à nouveau au beau fixe sous peu.

Amour – Sentiments

La passion ne vous fait pas peur et vous savez l'entretenir, cependant il est possible que votre partenaire n'ait pas le même rythme que vous durant cette période. Vous vous sentirez mal à l'aise devant son manque d'enthousiasme au moment où vous en aurez énormément ! Votre amoureux à certains moments aura une envie folle de vous sauter au cou, mais c'est justement là que vous aurez la tête pleine d'idées et peu de temps à lui donner ! Or, la colère de l'un ou de l'autre pourrait provoquer un réveil et enfin, vous aurez des attentions l'un pour l'autre. Par contre, vous n'êtes surtout pas obligé d'attendre la crise pour montrer votre amour ! Si vous êtes célibataire, vous serez franchement plus difficile. Non seulement vous tendrez à vous méfier plus, à voir le pire et à trouver des défauts à vos prétendants, vous ne pourrez vous décider non plus entre deux bonnes personnes. N'empêche, il y a tout de même parmi vous des célibataires plus souples, fort heureusement ! Pour ce qui est des petits sensibles et impressionnables de nature, vous devrez faire davantage attention à vous puisque vous pourriez rencontrer une personne qui vous convient. Il faudra juste être lucide !

Famille

Tout au long de cette période, vous tendrez à exagérer vos peurs face à vos enfants, grands ou petits, près ou loin de vous. Dans le but de minimiser ce genre d'énergie, vous serez encouragé à prendre rendez-vous avec ces derniers, juste le temps de leur dire que vous les aimez encore, depuis toujours et à jamais. Peut-être l'un d'eux vous inquiétera-t-il ? Certains d'entre vous pourraient même en perdre le sommeil tellement ils voudront que leur enfant se sente bien dans sa peau et dans la vie en général. Mais n'allez pas dramatiser non plus la situation inutilement. Tout sera à nouveau au beau fixe dans quelques semaines. D'ici là, tenez bon et soutenez-les !

Santé

Vous ne serez pas à l'abri d'une chute de vitalité vous obligeant à ralentir la cadence. Il est vrai aussi que vous croiserez des gens énervants, mais de grâce ne les laissez pas vous envahir au point qu'ils vous épuisent. La digestion sera à surveiller ; évitez les repas lourds, les gras trans alors que votre estomac sera plus capricieux et l'intestin éliminera moins bien ses toxines. Si vous êtes sur une médicamentation, au moment d'aller chercher votre ordonnance, assurez-vous qu'on vous donne bien la vôtre. Et si vous négligez de prendre soin d'un rhume ou de tout autre problème de santé mineur, il tendra à s'aggraver et à vous causer de plus en plus de soucis ; les émotions refoulées finissent toujours par causer une maladie. Apprenez à évacuer votre colère !

Mercure rétrograde en Capricorne – du 29 décembre 2022 au 18 janvier 2023 – votre VIe maison natale

Climat général

C'est avec cœur et détermination que vous entreprendrez cette phase. Orgueilleux de nature, il ne sera pas question que vous obteniez des résultats médiocres. Il n'en reste pas moins que la monotonie de vos activités tendra à vous exaspérer davantage. En dépit que vous aimiez relever des défis, mettre des projets sur pied et entreprendre de grandes choses, actuellement, ce n'est absolument pas ce qui vous servira le mieux. Bien au contraire, vous trouveriez la pression particulièrement difficile à supporter devant toutes les responsabilités à vous acquitter. C'est en vous détachant et en prenant du recul que vous en réaliserez toute l'importance. Malgré tout, vous devrez à coup sûr bouger, autrement c'est votre moral qui risque d'en prendre un coup et de tomber à plat. Cependant, ce pourrait être bien plus léger. Vous aurez tout simplement besoin d'apporter un peu de changement dans votre vie au quotidien, soit juste le besoin de vous tenir occupé. Attention toutefois, alors que vous serez davantage porté à agir hâtivement et, en retour, vous courez très sérieusement le risque de vous blesser ou de vous occasionner des ennuis, sinon des pépins inutilement. N'allez pas laisser votre insécurité avoir le meilleur de vous-même.

Travail – Finances

Voilà un temps où le domaine de l'emploi sera certainement inquiétant pour bien des gens, et plus particulièrement au cœur de votre entreprise. Les restructurations ne sembleront pas vouloir se terminer et vous n'arriverez pas à avoir l'heure juste de votre position. Mais même s'il n'y aura toujours rien de rassurant pour l'avenir durant cette période, vous ne manquerez pas pour autant de travail. Il ne serait pas étonnant non plus que vous ayez des heures supplémentaires à faire à de nombreuses reprises, ce qui sera favorable pour votre portefeuille. En tant que dirigeant, l'insatisfaction tendra à se généraliser de plus en plus autour de vous. Que ce soit parmi vos clients ou vos employés, les gens seront durs à votre endroit. Et même si vous essayez tant bien que mal de vous plier à leurs exigences, il y en aura toujours qui ne seront pas contents et c'est peut-être bien ce que vous arriverez à comprendre : il est impossible de satisfaire tout le monde. En suivant les règles et les politiques à la lettre, vous n'aurez pas à vous sentir coupable de certaines situations. Malgré tout, l'entreprise risque de se mettre à perdre beaucoup d'argent, il y aura urgence d'agir ! Les raisons seront multiples et il se pourrait même qu'il y ait bris d'équipement tout simplement, ce qui vous empêchera malencontreusement de remplir vos engagements. Bref, plus vous agirez rapidement, moins vous en perdrez. Il ne serait pas mauvais du tout non plus de prévoir un plan d'urgence pour prévenir différentes catastrophes à l'avenir. Mais si vous devez embaucher des gens pour parer au manque de personnel, il n'est pas dit que vous trouverez des employés modèles. Au contraire, vous risquez de tomber sur des personnes plus ou moins honnêtes que vous devrez inévitablement surveiller. Il ne serait pas impossible non plus que vous deviez vous retrouver sur le plancher à travailler aux côtés de vos employés les plus fidèles et dévoués. Bien évidemment, ne dit-on pas que l'on n'est jamais si bien servi que par soi-même ?

Amour – Sentiments

Le ménage est souvent une bonne excuse pour défouler son surplus de frustrations ; on peut se permettre d'accuser l'autre de ne rien faire dans la maison, sauf que cette situation cache certainement un malaise beaucoup plus profond qui se devra d'être analysé. D'ailleurs, l'irritation pourrait devenir de plus en plus dominante. Il sera donc impératif que vous trouviez le temps nécessaire pour avoir une bonne conversation avec votre partenaire, histoire de sauver les meubles, pratiquement. Ce n'est qu'ainsi que la tension pourra s'apaiser. Si vous êtes célibataire, vous ferez possiblement une rencontre assez intéressante, mais il ne s'agira certainement pas d'un coup de foudre et vous devrez être patient avant que les sentiments viennent s'installer entre vous. Il vous sera assez difficile aussi de trouver des disponibilités pour vous voir, vos deux horaires sembleront plutôt complexes à concilier.

Famille

Il est possible que vous ayez besoin d'apporter quelques changements dans la maison et, par conséquent, que vous décidiez de vous procurer de nouveaux meubles à assembler vous-même sinon choisirez-vous plutôt de rafraîchir une pièce de votre demeure. Cela dit, prenez garde que cette décoration intérieure puisse vous occasionner des dépenses en surplus. Si rien de tout cela ne fait partie de vos plans dans l'immédiat, il est plus que probable que vous devrez nettoyer votre maison de fond en comble pour effacer les traces des quelques réceptions que vous aurez faites chez vous dernièrement.

Santé

La sédentarité et les abus tendront à faire partie du décor de cette phase rétrograde, ce qui n'est jamais très bon pour le cœur du Lion et assez néfaste pour sa respiration. En effet, des symptômes d'asthme pourraient se faire sentir en raison de quelques malaises associés à un manque d'activité physique, à une mauvaise circulation ou due à une infection des voies respiratoires qui ne semblera pas vouloir vous quitter. Il est possible qu'il s'agisse également d'un problème psychique comme l'agoraphobie ; vous vous sentirez mal dans les endroits bondés, ce qui vous occasionnera des difficultés de respiration. Vous devrez vraisemblablement vous réserver du temps pour mieux récupérer. Fatigue, rhume, grippe et autres malaises seront aussi possibles alors que vous serez particulièrement plus sensible, sans compter non plus que votre système immunitaire sera tout autant fragile. Attention également aux bêtes accidents ou aux incidents fâcheux. Et si vous pratiquez des sports d'hiver, soyez prudent et couvrez-vous chaudement !

LA PHASE RÉTROGRADE DE VÉNUS EN 2022

Vénus rétrograde en Capricorne – du 19 décembre 2021 au 29 janvier 2022 – votre VIe maison natale

Climat général

Malgré le fait que les festivités du temps des Fêtes approchent à grands pas, vous aurez de plus en plus envie de solitude, et ce, sans compter qu'un côté de vous sera totalement démotivé face à toute la préparation que nécessiteront vos réceptions. Par contre, en tant que personne fiable, si vous vous êtes engagé, vous ne faillirez pas à vos obligations, peu importe le prix. N'empêche, vous devrez probablement bien peser vos paroles dans certaines circonstances afin d'éviter de blesser quelqu'un ou d'envenimer la situation inutilement.

Travail – Finances

Attendez-vous à des défis au travail possiblement dus à votre relation avec un de vos collègues ou pour ce qui est d'un projet qui a été mis en suspens, au rancart ou, pire encore, qui ne cesse de traîner en longueur. Ne vous attendez pas à avoir le consentement non plus de vos patrons ou vos supérieurs pour ce qui est d'aller de l'avant avec ce projet qui vous tient à cœur ou nécessitera-t-il qu'une décision soit prise pour que l'on puisse approuver son financement. Chose certaine, l'aspect communication se révélera assez problématique et vous n'aurez d'autre choix que de trancher ou de vous retirer selon le cas. Entre-temps, il est possible aussi qu'une histoire d'argent complique les choses et ce sera définitivement votre persévérance, votre expérience et vos compétences qui vous permettront d'y voir plus clair. Quoi qu'il en soit, il sera préférable que vous évitiez les confrontations verbales alors qu'elles risquent d'être plutôt stériles. Il en ira de même pour ce qui est de solliciter une promotion ou de poser votre candidature à une offre d'emploi. De plus, si vous vous attendiez à une augmentation de salaire ou à un boni, le montant sera moindre que ce à quoi vous vous attendiez ou espériez. Résistez à l'envie d'être immodéré et de vouloir dominer vos associés, et n'allez pas non plus prendre les choses trop personnellement. Attention également de dépenser plus que vos moyens ne vous le permettent ! Petit conseil : investir dans toute entreprise qui fabrique des vitamines et des compléments alimentaires pourrait vous être rentable. À y repenser !

Famille

La communication avec certains membres de votre famille ou de vos proches aura toutes les chances de s'améliorer significativement. Quant à ceux qui ne veulent rien comprendre ou qui sont toujours de mauvaise foi, vous n'hésiterez plus à les mettre de côté. Toutefois, hormis que vous possédez un grand vécu et une belle expérience de vie, plus encore si vous avez atteint la cinquantaine, il n'en demeure pas moins que vous allez devoir ravaler certains jugements pour ne pas créer de vagues au sein de la famille. En d'autres mots, votre succès découlera de votre capacité à ne pas juger les gens près de vous, et plus encore si vous avez été blessé, humilié ou rejeté par votre famille dernièrement. En fait, vous auriez intérêt à plutôt laisser couler l'eau sous les ponts, du moins jusqu'à la mi-février, le temps que certains esprits enflammés se calment. N'empêche, la possibilité qu'une relation puisse se refroidir sera plus que probable sinon un de vos enfants aura besoin d'un surplus d'attention particulière.

Amour – Sentiments

Vous ferez certainement une grande réflexion sur l'amour en général au cours de cette période. Vous en conclurez qu'il ne faut jamais oublier la romance et encore moins l'imagination quand on souhaite maintenir son couple en bonne santé. Alors que l'alcool coulera à flots, vous pourriez recevoir des avances plutôt déplacées de la part d'une personne de la famille, possiblement déjà engagée. Si vous êtes célibataire, les occasions de faire des rencontres auront tendance à diminuer en cette période de l'année puisque les gens seront davantage portés à se concentrer sur leurs obligations familiales. N'empêche, vous pourriez avoir envie d'un peu plus de solitude et de faire quelques activités en solo. De toute façon, vous ne laisserez pas entrer qui que ce soit dans votre vie avant d'avoir établi votre liste de critères assez précis merci. Il n'en reste pas moins que la vie pourrait faire en sorte de ramener un ancien amoureux dans votre vie et de réaliser la nécessité d'avoir une conversation avec cette personne de votre passé pour mettre les choses en ordre, sinon au clair.

Santé

Être en bonne santé occupera beaucoup de votre temps et votre attention. Votre désir de vous sentir bien physiquement vous permettra d'arrêter facilement toute mauvaise habitude tels le tabagisme ou la suralimentation. Vous pourriez également décider de vous enrôler dans un cours de nutrition pour découvrir quels aliments renforceraient votre système immunitaire. Qui sait, vous découvrirez peut-être aussi que vous aimez vraiment faire de l'exercice – non seulement pour éviter les kilos en trop, mais parce que vous vous sentez tellement rafraîchi après une bonne séance d'entraînement. Par contre, si vous vous ennuyez à marcher sur le tapis roulant dans la salle de sport de votre résidence ou du gymnase local, envisagez de faire de la natation, de pratiquer le yoga ou tout simplement de faire des randonnées pédestres. Entre-temps, ne tenez rien pour acquis suivant que vous ne serez pas à l'abri d'un ennui ou qu'un problème médical mineur éclate au grand jour. Quoi qu'il en soit, voilà l'occasion idéale de régler tout ce qui accroche et de vous remettre en forme en dépit de quelques douleurs au foie, ou est-ce des gonflements qui risquent de vous causer des désagréments, ce qui serait plutôt normal en ces temps de festivités, mais vous avez aussi le droit d'être raisonnable. D'ailleurs, votre système immunitaire ne sera pas à son meilleur lorsque vous vous sentirez ainsi. Néanmoins, misez sur cette période pour planifier que prenne place votre examen médical annuel avec votre médecin ou au mieux avec votre dentiste.

LA PHASE RÉTROGRADE DE MARS EN 2022

Mars rétrograde en Gémeaux – du 30 octobre 2022 au 12 janvier 2023 – votre XIe maison natale

Climat général

Vous risquez d'être doublement affecté par cette phase rétrograde de Mars. Il s'agira de difficultés qui concernent votre façon de vous affirmer. Alors que vous serez plus dans l'introspection et le recul, vous ne pourrez choisir meilleur moment pour réfléchir à votre approche de la franchise et de la colère et pour considérer tous les changements qui s'imposent. D'ailleurs, attendez-vous à des changements assez importants dans votre manière de communiquer avec vos proches, amis, enfants et collègues. À cet effet, toutes les discussions, échanges ou communications tenus risquent de tourner la plupart du temps au vinaigre et provoquer en retour maints malentendus. Autant que vous ne verrez pas les choses ni les situations sous le même angle que les autres les perçoivent, ça ne vous empêchera pas de détecter les erreurs au premier coup d'œil. En revanche, pesez bien vos paroles alors que si vous vous impatientez en public ou en ondes, ou que vous vous enflammez au point d'avancer des propos préjudiciables, vous pourriez en retour être critiqué ouvertement, tant par vos pairs que par des gens en ondes. Alors que tout laisse croire aussi que ce sera un temps où vous serez plus sensible aux humeurs et aux ambiances régnantes et que vous serez même porté à vous sentir plus bousculé par toutes vos peurs, par toutes vos insécurités et vos émotions, pas surprenant que vous puissiez vous sentir plus déphasé, ce qui ne vous mènera nulle part ailleurs que dans un cul-de-sac. Malgré tout, vous aurez à vous débrouiller par vous-même et avec vos propres moyens. Or, évitez e porter un regard critique et non constructif sur vos actions antérieures. Apprenez à vous traiter avec plus de douceur ainsi que tous ceux qui vous entourent !

Travail – Finances

Voilà une période où vous sentirez le poids de vos obligations s'alourdir de plus en plus. D'ailleurs, vous aurez sûrement à modifier vos priorités. Et même si les progrès seront lents à se manifester, saisissez tout de même l'occasion pour visiter à nouveau vos buts afin de savoir s'ils répondent bien à toutes vos attentes ou s'ils devraient être modifiés et/ou améliorés. Quoi qu'il en soit, attendez-vous d'avoir à subir maints changements professionnels. Et l'idée que vous ayez à mettre fin à une relation d'affaires qui aura fait son temps à vos yeux sera tout aussi possible. Si rien de tout cela ne vous rejoint, il est tout probable que vous serez témoin du changement d'attitude d'un patron ou d'une tête dirigeante ; cette personne se métamorphosera sous vos yeux. Entre-temps, voilà qui suggère aussi que des personnes avec qui vous aviez l'habitude de travailler pourraient être remplacées, ce qui en retour changera la dynamique relationnelle. Ce sera aussi un temps où vous éprouverez plus de difficulté à vous adapter et à vous ajuster à cette nouvelle relève. Quoi qu'il en soit, évitez d'être dur en paroles et en gestes puisque l'on pourrait mal le prendre. Évitez aussi d'initier de nouveaux projets, et si vous faites fi de cette recommandation, vous aurez possiblement à les reprendre ou à les refaire. Soyez tout aussi vigilant de ne pas vous laisser embarquer dans un quelconque bateau vu que vous ne serez pas à l'abri de conflits avec des personnes qui font partie d'un groupe ou d'une organisation. Gardez vos propres conseils pour vous-même et abstenez-vous de donner des avis ou des conseils aux gens alors qu'ils seront plus préoccupés par leur propre agenda. N'empêche, ce sera une période où vous aurez plus de difficulté à atteindre ce que vous voulez accomplir. De plus, attendez-vous à des erreurs possibles dans votre paperasse. Il est même possible que vous ayez à faire un détour important pour vous rendre à destination. N'oubliez pas que c'est un temps de vérification et non de réalisation. Vous vous devez de revoir vos projets minutieusement et d'y mettre de l'ordre. Soyez pragmatique et construisez une montagne cohérente de vos projets. Vous vous féliciterez de l'avoir fait dès le début du mois de février 2023. D'ici là, certains d'entre vous pourront éprouver de la frustration quant à des projets qui mettent trop de temps à voir le jour. En fait, il faudra mettre à profit cette période pour revoir ces mêmes projets, pour vérifier que tout est cohérent et comporte tout ce que vous voulez y mettre.

Amour – Sentiments

En cette période plutôt délicate, il manquera un atout majeur à votre bonheur suivant que vous tendrez à ressentir davantage un vide dans votre vie de couple. L'aspect relationnel de votre couple risque d'être bousculé parce que vous idéaliserez l'être aimé et qu'il ne répondra pas à vos attentes, ou encore le partenaire de vie semblera se détacher, sinon être peu impliqué dans votre relation de couple. Attention de ne pas froisser votre chéri, ou même un ami, alors que vous aurez des excuses à faire. Entre-temps, toutes les discussions tenues ne mèneront à rien parce que l'être cher se bercera d'illusions concernant une situation plutôt particulière, alors qu'il vous sera impossible de lui faire entendre raison et des frustrations ébranleront vos humeurs. Non seulement ce sera un temps d'incertitude, d'instabilité et de division intérieure, mais attendez-vous aussi à subir un embrouillement amoureux puisque vous ne saurez plus où donner du cœur. Si vous êtes célibataire, une relation pourrait vous donner l'impression de tourner en rond et de n'aller nulle part ; par conséquent, vous choisirez possiblement d'y mettre un terme. Pour ce qui est de vos objectifs futurs et vos liens sociaux, ils vont prendre plus d'importance pendant cette période. Voilà pourquoi il faudra choisir vos amis judicieusement alors que ces derniers pourront vous influencer autant que vous affecter. À cet effet, un ami pourra traverser une période difficile ou tout simplement il vous évitera. Profitez-en pour savoir pourquoi ! Si ce n'est pas le cas, il est possible que vous ayez à prendre un recul amical sinon relationnel. Ne laissez pas vos amis empiéter sur votre temps, surtout s'ils sont trop exigeants. Cela dit, vous aurez à faire du ménage dans vos anciennes relations pour ne pas tomber dans un engrenage négatif. D'ailleurs, méfiez-vous de certains amis alors qu'ils seront davantage portés à abuser de vos bontés et de vos largesses, sans compter qu'ils n'accepteront pas un non de votre part. Attention également aux manipulations et aux ruptures d'amitiés possibles alors qu'un pseudo ami pourrait tenter de vous usurper financièrement, ou autres. Bien qu'il sera dans l'obligation de vous rembourser ce qu'il vous doit, le temps sera mal choisi pour entreprendre des mesures juridiques, sinon serez-vous dans l'obligation de le faire dans le but de faire respecter vos droits.

Famille

Voilà un temps où vos relations avec la famille risquent d'être plus bousculées. Non seulement les discussions n'iront nulle part, mais il est possible que vous ayez l'impression aussi de parler dans le vide. Tout suppose également que vous aurez à discipliner un enfant alors que tout ira de travers dans sa vie et qu'il ne s'accomplira pas comme il le devrait. L'idée qu'un enfant puisse aussi quitter le foyer sera également possible. Sans contredit, la famille vous semblera quelque peu oppressive. Il est tout probable que certains problèmes domestiques interféreront aussi avec votre vie professionnelle ou votre travail et que vous vous retrouviez dans l'obligation de prendre plus d'un congé pour résoudre ces difficultés. Si rien de tout cela ne vous interpelle, il est possible que ce soit votre garderie préférée qui fermera ses portes pour un certain temps ou à cause d'intempéries, sinon peut-être réaliserez-vous que la gardienne de vos enfants n'a pas la bonne attitude et vous serez forcé d'en trouver une autre. D'ici là, il est possible qu'une classe d'exercice ou un cours d'entraînement dans lequel vous vous êtes enrôlé soit annulé ou démantelé. Essayez plutôt de dénicher une solution au lieu de perdre votre sang-froid, mais il n'est pas assuré que vous trouverez la solution miracle. Mais avec des actions positives, vous pourrez mieux résoudre cette situation et même cette activité de groupe.

Santé

Vous allez ressentir qu'il est temps de prendre soin de votre santé. Profitez-en pour arrêter une mauvaise habitude nuisible à votre santé. Protégez aussi ce qui est important pour vous et attention lors de vos déplacements. Entre-temps, il est possible que vous souffriez d'un grand ressentiment à l'égard d'un ami sur lequel on ne peut compter, sans doute lié à des retards répétés ou à son manque d'implication en ce qui a trait à vos envies ou à vos projets communs. D'ailleurs, un projet de rêve avec un ami risque de s'envoler. Attendez-vous donc à une phase d'hypersensibilité accrue.

L'ÉCLIPSE SOLAIRE PARTIELLE DU 30 AVRIL EN TAUREAU – VOTRE X^E MAISON NATALE

Il faudra prévoir l'effet temporairement déséquilibrant de l'éclipse en Taureau. N'allez donc pas ignorer les effets nocifs sur le plan de la santé: cœur, dos, yeux et gorge *a priori*, puis les seins et la poitrine). Quand même, profitez bien de la vie et du soleil printanier sans toutefois vous brûler, car les rayons du soleil pourraient avoir des effets ravageurs tant sur votre peau que pour votre cœur. Remettez à la mi-mai toute action importante, ce qui, serait inconséquent pour ne pas dire pire de votre part.

Cette éclipse partielle, donc moins sévère, en Taureau, soit au carré de votre signe, incite donc à la prévoyance en matière de santé et de sécurité personnelle. Ne vous mettez à risque d'aucune manière et vous serez ainsi à l'abri du danger. Tant mieux si tout baigne, vous avez de la chance. Remerciez votre bonne étoile! N'empêche, le mieux à faire sera de ne pas innover, de ne rien changer dans votre vie et vos affaires, et vous en tenir à la routine. C'est la manière la plus sûre de passer l'éclipse qui promet d'être coriace pour chacun. Souhaitons que vous soyez de ceux qui résistent aux virus et aux microbes anciens et nouveaux, mais aussi aux pressions venant de l'extérieur, du monde des affaires, des trusts, des banques, des conglomérats, des gouvernements et des institutions de toutes sortes. Moins vous brasserez d'affaires, mieux vous vous porterez! N'allez pas déménager ni quitter votre emploi sur un coup de tête, et évitez de dépenser ou de vous endetter outre mesure. Prier vous aiderait!

Le travail, votre carrière, vos transactions commerciales et votre réputation seront au centre de vos préoccupations maintenant et dans les mois à venir. C'est un moment où vous pourrez plus facilement prendre l'initiative d'améliorer votre statut dans votre carrière. Soyez visible, mettez-vous dans la mire pour toute promotion possible. Faites aussi des efforts supplémentaires pour gagner une nouvelle clientèle d'affaires ainsi que faire des apparitions en public. Les relations publiques et les ventes pourraient bien être favorisées une fois que l'éclipse aura passé, car votre capacité à être sensible aux autres sera mise en valeur. Sachez cependant que parce que vous serez plus susceptible qu'à 'habitude d'être exposé, d'être visible, vous pourriez donc plus facilement nuire aussi à votre réputation si vous êtes peu diplomatique ou si vous paraissez trop ambitieux, sinon arrogant. Si vous avez caché quelque chose qui pourrait nuire à votre réputation, il sera peut être plus difficile de le garder sous clé pendant cette période d'éclipse. Il vaudra mieux être au-dessus de tout reproche. Allez de l'avant, mais faites-le de manière éthique, avec honneur et en tenant compte des autres et, bien entendu, plus après la mi-mai.

P.-S. Vous êtes encouragé à prendre connaissance de tout ce qui est écrit au chapitre intitulé « Les éclipses de 2022 » pour mieux vous familiariser avec toutes les mises en garde à respecter lors de toutes les éclipses.

LES POSITIONS LUNAIRES ET VOUS

À la fin du livre, vous trouverez le tableau des positions lunaires pour chaque jour de l'année 2022. Pour mieux tirer profit de la Lune au quotidien ainsi que connaître le rôle qu'elle jouera sur vos humeurs, lesquelles vont influer sur votre jugement et sur vos actes, référez-vous au chapitre intitulé « Méthode d'interprétation du calendrier des Lunes ».

En général, quand la Lune passe en Bélier, en Lion, soit votre signe solaire et/ou votre ascendant natal, en Sagittaire, en Gémeaux et en Balance, vous êtes en forme. Ces énergies, surtout celles du Bélier, du Lion, du Sagittaire et du Gémeaux, vous placent en position de force. Là où vous devriez être prudent et où il serait préférable de prendre du recul, c'est lorsque la Lune se trouve en Scorpion, en Poissons, en Verseau et en Taureau.

Les divers passages de la Lune ne sont jamais neutres, même ceux qui ne sont pas mentionnés ci-dessus. S'il y a des moments pour l'action quand la Lune est néfaste, s'il faut prendre du recul quand elle ne l'est pas, les autres journées représentent, la plupart du temps, un mouvement vital plus lent.

♍

Vierge

24 août au 23 septembre

LES DIFFÉRENTS ASPECTS DE VOTRE PERSONNALITÉ

Vierge – féminin, double, terre

Inquiet et anxieux, tout doit être ordonné et parfait dans votre univers. Autant les gens nés sous votre signe peuvent paraître critiques et scrupuleux, vous pouvez être tout aussi simple par nature. Vous faites partie de ceux qui ont du plaisir à rendre service, et vous êtes tout aussi doué également pour vous acquitter de toutes les tâches à accomplir.

Méticuleux et perfectionniste, vous avez l'œil pour les détails, mais vous avez aussi la facilité de dénicher l'erreur tout aussi vite. Si on combine cette habileté du détail à celle d'être capable d'arranger quoi que ce soit qui cloche, voilà qui fait de vous un *arrange-tout* extraordinaire. Cependant, attention que votre timidité vous empêche de prendre vraiment le crédit de vos réalisations. Évitez aussi de toujours vous sentir coupable, sinon d'estimer que vous n'en avez pas assez fait.

Adepte de la discrimination qui se veut tout de même positive au bout du compte, de vouloir tout analyser et de tout critiquer, vous faites partie de ceux qui ont réponse à tout et qui peuvent même suggérer des remèdes à tous les maux et problèmes potentiels. Pas surprenant que vous soyez reconnu pour être le maître suprême pour ce qui est d'organiser vos listes, votre agenda et tous les horaires.

CE QUI VOUS DIFFÉRENCIE DES AUTRES NATIFS DE VOTRE SIGNE

En tant que natif du 1er décan (du 24 août au 3 septembre), Mercure régit non seulement votre signe, mais il gouverne également votre décan pour faire suite à la Triplicité de Terre qu'est votre signe solaire. Cependant, c'est au Soleil que revient la maîtrise de votre décan et, par le fait même, c'est ce qui vous octroie une santé plus forte que ceux des deux autres décans de votre signe et vous garantit une longue vie. Vous êtes aussi plus sympathique, plus attirant que les autres, et votre rayonnement personnel est, de ce fait, plus marquant.

Cet amalgame d'influence solaire et mercurienne fait de vous une personne qui a une vive curiosité intellectuelle, mais également quelqu'un qui a un talent inné pour bien communiquer. Voilà qui explique votre soif de vouloir tout apprendre et de vous enrichir de connaissances. Ceci n'exclut toutefois pas votre penchant naturel pour la solitude. Chose certaine, vous êtes très logique par nature, vous raisonnez bien, sans compter que vous savez faire passer vos opinions, vos idées et vos messages sans qu'on s'en rende compte.

Vous êtes tout aussi intelligent que vous êtes timide. Veuillez donc en profiter pour tirer avantage du temps passé seul pour mieux élaborer vos objectifs en vue de bien planifier votre avenir. Cependant, évitez de vous isoler des gens, même s'ils vous semblent imparfaits.

Vif d'esprit, vous avez tendance à aborder la vie et toutes les questions existentielles d'un niveau intellectuel. Analytique, méticuleux et critique, vous avez des attentes très élevées et vous êtes tout plein de discernement, tant envers vous-même qu'envers les personnes avec lesquelles vous êtes impliqué alors que vous voulez que tout soit fait correctement.

Discipliné par nature, vous avez cette fâcheuse tendance à porter des jugements si quelque chose ou quelqu'un ne vit pas selon vos normes.

Personne n'égale votre sérieux sur le plan professionnel. Les personnes en viennent d'ailleurs à dépendre de vous. Ponctuel, avisé et logique, vous avez cette facilité à entreprendre les tâches les plus laborieuses.

Lucide et observateur, vous vous avérez un peu trop porté à l'analyse et à la critique. D'ailleurs, votre décan est plus perfectionniste que les deux autres.

Vous pouvez très bien travailler à votre propre compte et bien gérer votre propre entreprise, et pourrez même accomplir de grandes choses, mais seulement si vous ne stressez pas inutilement, tellement vous vous inquiétez pour tout et rien. Assurez-vous d'inclure des moments de détente au quotidien alors que cela vous sera plus que salutaire. À cet effet, faire de la lecture, jouer à des jeux qui aiguisent votre esprit et qui mettent aussi à profit vos maintes connaissances ainsi qu'apprendre de nouvelles choses feront tout autant l'affaire. Entourez-vous également de gens intelligents.

En amour, vous avez besoin d'un partenaire de vie qui respecte votre dignité et votre intellect. Le compagnon idéal pour vous sera, bien entendu, de préférence intelligent, original et idéaliste. Il aimera aussi vous écouter parler de tous vos sujets d'intérêt. Si vous vous mariez, choisissez quelqu'un de passionné, tendre et sensuel, et qui pourra vous offrir une vie familiale stable et paisible.

En tant que natif du 2e décan (du 4 au 13 septembre), votre signe natal est régi par Mercure, planète du mouvement et de l'intelligence, mais c'est Vénus qui gouverne votre décan et secondairement Saturne pour faire suite à la Triplicité de Terre qu'est votre signe solaire.

Pour ce qui est de Vénus, la Petite Bénéfique, elle vous donne de la diplomatie et un talent inné pour les relations publiques, mais elle fait également de vous le plus charmeur des natifs de la Vierge. Vous appréciez tout ce qui est beau, luxueux et il est probable que vous ayez de nombreuses capacités artistiques, mais elles s'expriment habituellement davantage sous forme de créativité artisanale ou manuelle.

Marqué par l'influence de Saturne, il est possible que vous ayez pu éprouver maints ennuis ou diverses difficultés dès votre tout jeune âge. Il est possible aussi que l'un de vos parents vous ait imposé maintes restrictions ou des exigences déraisonnables dès votre jeune âge.

L'ordre et la logique occupent une place très importante à vos yeux. Saturne vous donne de l'ambition, même si votre vision de la vie est parfois dure, rigide, sérieuse, analytique, pratique et critique, et si vous maintenez une vie rangée et disciplinée, vous pourrez très bien réussir dans la vie.

Votre réussite sera peut-être tardive, mais elle viendra surtout si vous y mettez toute l'ardeur qui vous habite et tous les efforts nécessaires. Misez sur l'équilibre dans tous les secteurs de votre vie, ce qui servira bien vos intérêts.

Tenace et digne de confiance pour accomplir les travaux les plus ardus et les plus laborieux à la perfection, vous aurez à travailler très fort et à trimer très dur pour récolter les bénéfices. Évitez donc de perdre temps, argent, affection et énergie pour des personnes qui ne vous respectent pas.

Votre intelligence perspicace ne laisse rien au hasard. Étant motivé à gravir l'échelle sociale et hiérarchique de l'entreprise où vous travaillez, il est possible que vous soyez impliqué avec des personnes qui pourront vous donner un coup pouce.

Méthodique, minutieux et doté de capacités organisationnelles hors du commun, on ne peut le nier, vous êtes très performant. Bourreau du travail et quelqu'un qui a le sens inné des affaires et du commerce, vous possédez d'incomparables qualités pratiques, accompagnées d'une puissante conscience professionnelle, ce qui vous permettra d'obtenir inévitablement du succès dans toutes vos entreprises. Cependant, attention puisque vous tendez à être parfois lent pour tirer profit des occasions. Or, affirmez-vous alors qu'on saura reconnaître votre valeur, vos multiples talents et vos nombreuses habiletés.

Gracieux, sensuel, tendre et agréable en tout temps, les gens vous trouvent tout simplement attrayant, mais les relations ne sont pas toujours faciles pour vous. Très discret par nature, cela ne vous empêche pas de vous donner entièrement dans une relation amoureuse.

Vous n'êtes pas du genre à tomber amoureux sur un coup de tête. Bien au contraire, vous explorez les pour et les contre avant de vous engager, mais une fois que vous êtes décidé, vous faites preuve d'une grande disponibilité envers l'être aimé. Évidemment, vous demandez la réciprocité de sentiments.

Chez vous, il y a un énorme besoin d'aimer et d'être aimé, mais aussi de toucher ceux que vous aimez. Si vous vous mariez, choisissez une personne entière, profonde et volontaire avec laquelle vous pourrez vivre une relation intense et durable, quelqu'un qui pourra vous offrir une vie familiale stable et paisible. Conciliant de nature, vous serez porté à faire beaucoup de compromis et d'efforts pour que tout aille bien dans votre couple. Vous irez même jusqu'à esquiver les discussions tant vous avez peur de la chicane ; pourtant, certaines sont nécessaires. Heureusement, avec les années, vous apprendrez à vous affirmer davantage, ce qui sera un plus.

En tant que natif du 3e décan (du 14 au 23 septembre), votre signe et votre décan sont régis par Mercure et secondairement par Vénus, pour faire suite à la Triplicité de Terre qu'est votre signe natal. Voilà qui fait de vous le plus Vierge, le plus sociable et le plus artistique des deux autres décans.

Vous êtes aussi émotif et très analytique à la fois, ce qui jette de la confusion entre ce que vous ressentez vraiment et ce que vous voulez réellement. Dualité que vous devrez apprendre à bien maîtriser pour mieux vous comprendre, pour mieux vous accepter et pour mieux vous aimer.

L'influence vénusienne fait de vous une personne conviviale qui aime s'amuser et profiter de ce que la vie a de meilleur à offrir, et vous êtes de beaucoup moins compulsif que les deux autres décans.

Bien que vous soyez un bon travailleur, vous devez absolument dénicher un travail qui met à profit votre créativité. D'ailleurs, certains d'entre vous ont un flair inné pour faire de la scène en tant que chanteurs, acteurs ou tout travail qui implique les arts.

Même si votre nature aimable et vos bonnes manières servent bien vos intérêts, et ce, dans tous les secteurs de votre vie, évitez tout de même d'être paresseux ou passif par nature.

Étant donné que vous avez en horreur toute restriction que ce soit, voilà qui peut expliquer pourquoi vous préférez de beaucoup un travail créatif qui met à profit l'expression personnelle.

D'une grande droiture et prédisposé à travailler pour autrui plutôt que pour vous-même, vous pouvez trouver un immense plaisir à travailler dans une profession curative en tant que médecin, thérapeute ou conseiller. Sinon, vous pourrez aussi bien réussir dans le domaine de l'immobilier, des relations publiques ou de la finance.

Étant donné que vous êtes attiré par des objectifs élevés que vous souhaitez à tout prix accomplir, visez haut lorsque vous établissez vos ambitions, vos buts ainsi que lors de la sélection d'un partenaire de vie, ou un associé. Ne soyez pas trop prompt non plus à donner votre amour, votre argent, ni votre confiance au premier venu.

Grand voyageur dans l'âme, vous ne restez pas en place longtemps. Vous avez la bougeotte et de nombreux déménagements sont à prévoir, en destinée, et qui seront toujours positifs.

Toujours plus heureux au début d'une occupation qu'à la fin, il est suggéré dans votre cas de changer assez souvent d'emploi.

Rapidement fatigué intellectuellement, ne faites pas d'efforts continus dans ce domaine. Au contraire, prenez toujours des temps de répit pour vous-même afin de mieux pouvoir récupérer mentalement.

Charmeur à vos heures, vous aimez la bonne vie et vous êtes tout aussi affectueux qu'enjoué. Même si vous paraissez plus porté vers la sexualité, ce n'est qu'une apparence. Vous pouvez toutefois créer beauté et harmonie lorsque vous avez le partenaire approprié. Dans le couple, vous recherchez cette dimension d'insouciance et de poésie que vous ne vous autorisez pas à vivre, bien que vous soyez tout de même capable des pires loufoqueries, à la grande surprise de votre entourage. Si vous vous mariez, choisissez une personne qui saura bien conjuguer avec votre soif de vivre, de tout voir et de tout explorer, mais avec laquelle vous pourrez aussi vivre une relation intense et durable.

CE QUE LES ASTRES VOUS RÉSERVENT EN 2022

Jupiter en Poissons – du 29 décembre 2021 au 10 mai 2022 et du 28 octobre au 20 décembre 2022 – votre VIIe maison natale

Jupiter en Poissons, j'entends déjà quelques natifs de votre signe, ceux qui pratiquent l'astrologie, craindre le pire sur l'opposition ! Il n'en est rien, bien au contraire. Tout ce qui est en face vient vers vous. Aussi, Jupiter, qui a l'agréable manie de distribuer le meilleur, ressemble à quelqu'un qui vous tend la main et qui veut vous aider à sortir d'un pétrin si vous en êtes là, ou à vous donner plus que vous n'avez déjà ! Toutefois, il a une exigence : l'honnêteté à tout prix ! Jupiter ne tolère pas la tricherie, la fraude, le vol, le mensonge. Il est plus qu'une part de votre conscience, il est le bon juge qui punit le vilain et qui l'oblige à payer ses dettes ! Il est aussi ce juge qui rend la liberté à quelqu'un qu'on a injustement accusé. Il rembourse celui qui a prêté et reprend à l'emprunteur qui n'a rien remboursé de ce qu'il doit ! En fait, la Grande Bénéfique n'est jamais contrariante surtout quand elle est en face de votre signe, au contraire, elle est extrêmement juste. Or, elle rendra plus malade celui qui s'empoissonne de manière à ce qu'il cesse de mal manger, de prendre de l'alcool ou des drogues pour donner une santé florissante à celui qui déjà fait attention à lui. Elle apportera aussi l'amour à la Vierge aimante, il lui fera prendre conscience qu'elle est digne d'être aimée. Jupiter est aussi celui qui retire l'amour dont il ne prend pas soin ! S'il y a lieu, il concoctera des événements qui vous feront réfléchir à vos comportements égoïstes. Jupiter va aussi fertiliser la Vierge qui veut un enfant, mais le lui retirera si elle n'en prend pas soin ! Et si Jupiter peut apporter la richesse, il peut également tout retirer si l'argent n'est pas gagné ou utilisé honnêtement. Il pourrait vous faire rencontrer aussi l'âme sœur si vous est prêt à l'accueillir. N'empêche, il pourra être tout aussi malin envers ceux de votre signe trop calculateurs et mettre sur votre route quelqu'un qui sera plus économe que vous ne l'êtes. Il n'en demeure pas moins que l'année sera très propice aux associations, aux partenariats et au couple. D'ailleurs, une expansion de votre vie associative est plus que possible. Or, de nouveaux projets auront toutes les chances d'être mis en place sinon des contrats en attente verront enfin le jour. Ce surplus de confiance en vous et votre façon d'être plus détendu vont aussi concourir à éveiller la sympathie autour de vous et rendre plus efficaces vos contacts avec les autres, ce qui devrait vous apporter de nouvelles et intéressantes possibilités dans votre vie relationnelle. Or, ceux d'entre vous qui sont en couple pourront jouir d'une expansion favorable à l'harmonie. D'ailleurs, le temps est venu de vous entraider mutuellement et de partager votre affection. Si vous êtes célibataire, ce sera un temps pour faire de nouvelles rencontres – une personne avec laquelle faire un bout de chemin, sinon pour concrétiser une liaison déjà établie. Mon conseil : pendant cette période, la relation avec l'autre sera très importante. Ne restez pas confiné chez vous si vous êtes seul, étant donné que ce sera le moment de sortir ainsi que voir du monde alors que votre vie pourrait prendre un tout nouveau départ.

Jupiter-Neptune conjoint en Poissons le 12 avril 2022 : Profitez-en pour rétablir la communication avec cet être cher avec qui vous êtes en panne. Le moment sera venu d'avoir une discussion de cœur à cœur avec un parent séparé, un ex-amoureux ou un ancien ami. Et si vous êtes dans une relation et traversez une mauvaise passe, vous découvrirez peut-être que votre partenaire sera plus que prêt à travailler pour une nouvelle compréhension. Ayez foi, à la fois dans vos capacités personnelles et dans les autres.

Saturne en Verseau – toute l'année – votre VIe maison natale

Normalement, vous pouvez avoir tendance à trop vous inquiéter et très souvent à propos de choses qui ne sont pas nécessairement importantes. En 2022, cependant, votre rythme risque de devenir moins frénétique et plus mesuré puisque vous vous retrouverez à vous concentrer sur des questions importantes en dehors de vous. Le fait d'avoir un objectif bien précis en tête vous permettra de soulager ces pensées anxieuses.

Saturne en Verseau – secteur de votre thème personnel qui régit votre travail et votre forme physique, vous aurez probablement un important objectif à atteindre, sinon il est possible que vous puissiez être attiré vers une activité très différente de celle que vous pratiquez actuellement. Saturne en Verseau, le signe qui représente le domaine qui vous intéresse généralement le plus, c'est-à-dire votre travail, non seulement il risque d'y avoir un ralentissement par rapport au rythme que vous aviez adopté par le passé et qui avait possiblement été impulsé par Uranus en Taureau, ce ne sera peut-être pas une mauvaise chose que vous fassiez également un bilan des deux dernières années et que vous compreniez que si vous avez pu avancer, c'est tout simplement parce que vous vous êtes adapté à la nouveauté ; vous n'avez pas lutté contre ! Avec le passage de Saturne au signe du Verseau, le travail et la santé pourraient être sujets à des changements. Votre emploi, votre poste, votre titre et/ou votre affectation professionnelle pourraient changer, voire être supprimés, mais dans ce cas, il vous sera donné l'occasion de vous trouver dans une situation nouvelle et meilleure. Misez sur 2022 pour améliorer la valeur de votre travail en faisant de votre mieux. Veuillez respecter toutes vos obligations et vos délais. Il ira de votre intérêt aussi de protéger votre santé en adoptant de bonnes habitudes. Fuyez les abus de toutes sortes et les excès de tous genres, y compris le sexe, l'alimentation, l'exercice et le travail. Faites de la modération votre mot d'ordre.

Parlant de travail, soyez persévérant. Quelles que soient les initiatives que vous allez prendre sous cette conjoncture astrale, elles seront tellement réfléchies et vous serez tellement motivé qu'elles ne pourront aboutir qu'à un succès. Et vous serez très fier de vous si vous avez rencontré des obstacles pour y arriver, car vous constaterez que votre opiniâtreté a porté ses fruits. Il faudra que vous anticipiez le fait qu'il est possible que vous ayez aussi à changer de travail, sinon à apprendre quelque chose de nouveau, ce qui pourrait vous faire peur, car vous n'aimez pas changer vos habitudes. Cela dit, la dissonance entre Saturne en Verseau et Uranus en Taureau sera d'une aide précieuse et plus que vous ne le pensez alors qu'au bout du compte, vous en tirerez des enseignements. Aussi y aura-t-il très probablement un climat de rigueur de votre part. Non seulement vous tendrez à vous faire du mouron, vous risquez également de penser beaucoup trop et il n'en résultera rien de bon non plus ! En revanche, si vous êtes résolu et audacieux, vous remporterez de belles victoires. Toutefois, si vous vous repliez trop sur vous-même, votre rayonnement sera restreint. Et l'influence que vous êtes en droit d'espérer ne se concrétisera qu'à demi et vous tendrez ainsi à rester sur votre faim. Ce serait dommage vu l'énorme somme d'expérience acquise dans les années antérieures. Si vous avez le Sagittaire, le Verseau, le Bélier, la Balance ou le Lion à l'ascendant ou que votre Lune natale se trouve dans un de ces signes, ou si vous avez un amas de planètes dans ces signes, vous aurez l'art de vous imposer sans aucun problème et vous réussirez même là où beaucoup d'autres auront échoué avant vous.

Jupiter en Bélier – du 10 mai au 28 octobre 2022 et du 20 décembre 2022 au 16 mai 2023 – votre VIIIe maison natale

Le 10 mai 2022, Jupiter entame une brève incursion dans le Bélier, là où cette planète y restera jusqu'à la fin du mois d'octobre, et de retour à nouveau dans le même signe pas plus tard que le 20 décembre prochain. C'est tout comme si le destin venait vous toucher l'épaule et vous donner un aperçu de ce que le futur a en réserve pour vous.

Secteur de votre thème qui régit les transformations, l'aide financière et la sexualité, les litiges qui n'ont cessé de vous tourmenter pourraient se régler positivement et toutes les affaires en cours, les retards, les ennuis devraient aussi s'aplanir. L'argent d'autrui sera aussi le bienvenu, suivant que ce sera une période où vous pourriez hériter, spéculer, sinon gagner à la loterie. Les investissements seront bons et vous feront gagner de l'argent, les ventes pourraient toutes être aussi fructueuses. Ce sera une période où le risque pourrait être payant, mais il ne faudra pas perdre de vue que votre thème natal est le seul à pouvoir nous dire si vous gagnerez un jour, car tout le monde n'a pas la même chance à la richesse. Or, ne soyez donc pas trop impulsif, trop spontané, car il vaudra mieux réfléchir avant de prendre une décision puisque Jupiter tend parfois à nous rendre euphoriques. Mon conseil : si vos finances s'améliorent, ne dépensez pas votre capital tout de suite, mais apprenez plutôt à bien le gérer, d'autant plus qu'à cette période, votre intuition sera un bon guide pour ce qui est de vos placements, sûrs de préférence, contrairement à ceux qui sont risqués.

Pour ce qui est de la sexualité, ne débridez pas trop vos instincts, car vous pourriez altérer votre santé. Ce sera également une période de transformation qui pourrait influencer votre philosophie de vie et vous apporter une plus grande foi.

LES PHASES RÉTROGRADES DE MERCURE EN 2022

Mercure rétrograde en Verseau – du 14 janvier au 3 février – votre VIe maison natale

Climat général

Tout suggère que ce sera une phase où vous serez plus porté à vous plaindre de tout et de rien, à critiquer amèrement les vicissitudes de la vie ainsi qu'à énumérer à répétition vos malchances. Vos relations avec les autres vous sembleront davantage un casse-tête difficile à résoudre puisque ceux-ci auront tendance à changer d'attitude ou d'idée comme on change de chemise. Suivant que les communications seront plus difficiles à établir sur une base de bonne entente, il sera suggéré de prendre du recul, du moins jusqu'à la mi-février. D'ici là, le temps semblera être au ralenti, et ce, même si vous n'arrivez pas à rejoindre les deux bouts. Tout sera trop long et vous n'en finirez plus de devoir soutenir vos responsabilités, mais aussi celle des autres, ce qui tendra à vous rendre plus impatient par moments. Et du même coup, vous perdrez sans cesse du temps précieux à attendre après les autres ou vous passerez des heures sans savoir quoi faire en attendant le prochain événement sur votre longue liste. Indéniablement, le temps sera un phénomène incontrôlable et totalement relatif aux différentes situations et aussi en rapport avec chaque individu. Vous tenterez bien de faire plaisir à tout le monde, de vouloir leur rendre service, mais il n'en demeure pas moins que vous devrez faire de nombreux compromis pour vous ajuster aux autres. Il sera important pour vous de pouvoir équilibrer les différentes sphères de votre vie, c'est ainsi que vous réussirez à accomplir ce qui vous passionne et à vivre davantage en fonction de votre cœur. Néanmoins, assurez-vous d'accorder un peu de temps pour vous !

Travail – Finances

Voilà un temps où il y aura de nombreux détails à prendre en considération ainsi que beaucoup de paperasse administrative à régler ; le tout tendra à se faire dans une sorte de chaos. Heureusement, votre sens de la minutie vous aidera à démêler la situation et à trouver des pistes de solution. Vous aurez à faire beaucoup de remplacements alors que vos collègues sembleront être malades assez souvent. Par conséquent, vous devrez accomplir leurs tâches en plus des vôtres. Un peu de fatigue et un manque de concentration pourraient être à l'origine de bien des histoires… et de bien des erreurs. Restez vigilant en tout temps ! Entre-temps, un patron tendra à protéger un favori en toute impunité au vu et au su de tous. Cette flagrante prise de position a toutes les chances de provoquer une mutinerie. Soulignons que vous ne serez pas à l'abri non plus de vous buter à certains blocages et/ou à la fermeture d'esprit de vos collègues, associés, employés, clients, distributeurs ou patrons. D'ailleurs, il vous arrivera même de vous arracher les cheveux lorsque leurs altercations insulteront votre intelligence ou qu'ils se confondront en excuses ridicules. N'allez pas être surpris non plus si les gens au travail ou ceux que vous fréquentez au quotidien croient que vous cherchez à les intimider ou à imposer votre volonté au détriment de la leur. Quoi qu'il en soit, il faudra faire attention aux accidents de travail ! Évitez d'être trop sûr de vos machines et soyez toujours vigilant en ce qui concerne les mesures de sécurité au travail. Un peu de fatigue et un manque de concentration pourraient être à l'origine de bien des incidents. Quant à vos talents créateurs, ils connaîtront une mise en valeur des plus extraordinaires en raison d'un sens de l'esthétisme bien solide. Et si vous travaillez dans le domaine des relations publiques ou humaines, vous pourriez être des plus occupé à régler des conflits de travail ou à reconstruire l'image publique d'un client qui souffre d'une sérieuse inflation de l'ego. En tant que dirigeant, pas de répit pour la direction, vous serez celui qui arrivera le premier et qui partira le dernier, mais les heures s'allongeront devant l'ampleur démesurée de l'ouvrage. Heureusement que vous êtes une personne minutieuse et efficace de nature, car ce n'est qu'avec votre méthodologie que vous finirez par reprendre le dessus. Dès que Mercure reprendra sa marche directe, vous aurez trouvé du nouveau personnel pour soutenir l'effort.

Amour – Sentiments

En dépit que ces froids d'hiver vous donnent envie de vous coller à votre chéri et vous installer tous les deux sur une belle et grosse couverture devant un feu de foyer pour de longs moments de tendresse, il est possible que votre partenaire de vie puisse souffrir d'une dépression passagère ou encore il fuira l'exigence des responsabilités quotidiennes. Moindrement, il tendra à se replier plus dans un mutisme étouffant pour son entourage ; il refusera de prendre les décisions qui s'imposent. De mauvais sentiments le tireront souvent vers l'arrière en ce sens qu'il sera plus introverti et fuira les autres. Si vous êtes célibataire et que vous faites une rencontre, il est fort possible que vous connaissiez une déception en fin de compte. Vous pourriez croiser une personne pour qui vous ressentirez un fort attachement, du moins une puissante passion, que vous garderez pour vous-même. Vous aurez la ferme impression qu'il s'agira de votre âme sœur. Le temps fait bien les choses, mais ce n'est pas pendant cette phase rétrograde que vous entreprendrez une relation. Il faudra rêver encore un peu!

Famille

Un de vos enfants pourrait ressentir la jalousie et/ou l'envie des autres à son endroit sinon ce seront ses émotions qui lui joueront de mauvais tours. Pour ce qui est de vos adolescents, ils vous inquiéteront. La vie et le système scolaire pourraient les pousser à faire un choix de carrière. Vous savez pertinemment qu'à cette période de la vie, on ne sait pas vraiment ce qu'on veut ni qui on est vraiment. Si l'idée vous venait de les punir, vous serez le premier à savoir qu'ils se révolteront contre l'autorité, non pas seulement la vôtre, mais celle également d'un système éducatif qu'on tente de leur imposer et qui ne correspond pas à leurs besoins. Apprenez à pardonner aux autres.

Santé

Les intestins et la digestion seront plus fragiles, probablement en raison d'un manque d'activité physique et d'air frais, ce qui risque de vous causer de la fatigue chronique.

Mercure rétrograde en Gémeaux – du 10 mai au 3 juin – votre X^e^ maison natale

Climat général

La situation sera loin d'être de tout repos, sans compter que la satisfaction au travail pourrait se faire plus rare ou insuffisante et vous pourriez commencer à avoir l'impression de perdre votre temps dans un travail indigne de vos compétences et de votre talent. Vous aurez beau vous débattre, on dirait que rien ne progressera à votre goût. Par moments, vous aurez même l'impression d'avancer un pas, puis de reculer de deux. Il vaudra mieux prendre cela avec un grain de sel et laisser le temps faire les choses. À l'inverse, il est possible que vous puissiez exercer la mauvaise profession, et peut-être qu'un changement s'imposera vraiment. Toutefois, avant d'organiser une réunion avec votre patron pour lui donner votre démission, prenez le temps de bien réfléchir. Peut-être n'éprouvez-vous qu'un sentiment temporaire d'insatisfaction. Or, pensez à en parler à un conseiller d'orientation professionnelle. Les commentaires d'une autre personne que vous estimez vous aideront à mettre en perspective votre objectif professionnel et vos ambitions. D'ici là, si vous êtes dans les préparatifs d'un prochain déménagement, un peu d'angoisse se fera certainement sentir par moments et vous aurez beaucoup de difficulté à compter sur le soutien de vos amis et/ou des membres de votre famille pour vous donner un coup de main.

Travail – Finances

Le monde de l'emploi risque d'être des plus compliqués pendant cette phase et vous n'arriverez pas toujours à trouver chaussure à votre pied. En effet, prenez garde puisque vous ne serez pas à l'abri d'être victime de l'abus de certains patrons profitant de votre insécurité pour vous en demander plus ou alors le travail fera plus défaut et l'entreprise aura tendance à couper dans les heures, vous obligeant ainsi à rester à la maison. Vous serez en quelque sorte confronté à des changements qui vous seront particulièrement angoissants. N'allez pas être surpris non plus qu'il puisse y avoir des changements administratifs dans l'entreprise pour laquelle vous exercez ou sera-t-elle sur le point d'être vendue. Si c'est le cas, on vous offrira d'occuper un autre poste. Au départ, vous aurez des doutes sur la longévité de cet emploi, mais ne paniquez pas, ces transformations vous seront très avantageuses à la longue. Entre-temps, vous ne serez pas à l'abri qu'un retard vous oblige à faire des heures supplémentaires afin de terminer vos tâches et peut-être celles des autres. Incapable de dire non, méfiez-vous tout de même de brûler la chandelle par les deux bouts. Quoi qu'il en soit, lors de vos démarches, il sera avisé de tout scruter à fond pour vous assurer que rien ne vous a échappé à votre insu. Mais puisque l'erreur est humaine, il est plus que probable que quelque chose vous glissera entre les doigts. Et puisque ce sera un temps où vous serez plus nerveux et que certains auront raison de s'inquiéter, les envieux, les jaloux et les mauvaises langues tendront à vous surveiller de près. À la moindre erreur, ils claironneront que vous êtes incompétent ! N'étant plus du genre à vous laisser manger la laine sur le dos sans rien dire, on peut s'attendre à ce que certaines personnes soient remises à leur place. Il est à souhaiter que vous puissiez arrêter l'hémorragie dès le début. Et si vos amis se trouvent en majorité dans votre milieu de travail, vous découvrirez que certains d'entre eux ne veulent pas nécessairement tous votre bien, mais plutôt votre poste ; il vous sera donné d'ailleurs l'occasion de démasquer les menteurs et de les repousser. Ils seront finalement dans l'impossibilité de vous nuire. Et si jamais on a entaché votre réputation, la vérité sera connue. De là, vous deviendrez intouchable. Continuez tout de même à vous protéger des filous.

Amour – Sentiments

Toute tension qui perdurera dans le temps finira pas user votre patience et les liens qui vous unissent à votre chéri risquent d'en prendre un coup. Il faudra retrouver la raison pour laquelle vous vous êtes unis pour retrouver l'harmonie et ce n'est pas en prenant un certain recul que vous la trouverez. Essayez chacun de votre côté d'être prêt à faire des compromis. Et si vous êtes sur le point de vous marier, d'acheter votre première maison ainsi que d'attendre votre premier-né, il y aura tellement de choses à faire, à finaliser, que vous n'en verrez plus la fin. Les choses iront tellement vite par moment que l'être aimé sera porté à prendre toutes les initiatives et vous n'arriverez pas à placer votre mot tant vous serez dépassé par tous les événements. Si vous êtes célibataire, quelques flirts sans importance seront possibles. Vous en conclurez que vous avez fait de nouvelles connaissances, mais rien de plus.

Famille

Pour ce qui est des jeunes enfants, ils seront grouillants et plus casse-cou. Il faudra surveiller leurs jeux de près au risque qu'ils se placent dans des situations périlleuses. Il vaudra mieux prévenir que guérir. Mais, en toute honnêteté, vous serez davantage plus préoccupé par vos grands qui ont l'âge de prendre des décisions. N'allez pas être surpris qu'on vous annonce un changement d'orientation de carrière, d'études, sinon un conflit possible avec l'élu de leur cœur. Vous serez aussi surpris que contrarié ! Il ne serait pas étonnant non plus que vous ayez à insister pour qu'ils mangent alors que les moins gourmands n'auront pas beaucoup d'appétit.

Santé

Puisque vous aurez beaucoup de pain sur la planche, attention à l'épuisement qui vous guette. Trouvez le temps de vous reposer suffisamment et apprenez à vous relaxer, à décompresser lorsque votre corps vous envoie des signes. Vous accumulez tellement de fatigue qu'il ne serait pas surprenant que votre organisme ne remonte pas aussi vite la pente comme vous le souhaiteriez. Or, soyez sélectif dans vos choix d'aliments pour vous nourrir puisque vous ne serez pas à l'abri d'une intoxication alimentaire. Et si vous avez tendance à boire un peu plus que de raison, vos intestins et votre foie s'en ressentiront. Quant aux sportifs de votre signe, si vous pratiquez un sport de vitesse, prenez un maximum de précautions. Protégez vos extrémités, tels vos bras et vos jambes.

Mercure rétrograde en Balance – du 9 septembre au 2 octobre – votre IIe maison natale

Climat général

Votre faculté d'analyse et votre logique pourraient vous faire plus défaut à présent, et voilà qui pourra expliquer pourquoi vous éprouverez plus de difficulté à redresser n'importe quelle situation. Faites confiance à votre intuition, à vos instincts et portez attention à votre petite voix intérieure qui saura bien vous guider. Malgré tout, vous serez sans cesse soumis à de nombreuses distractions qui tendront à vous empêcher de vaquer à vos occupations et autres responsabilités. Vous devrez apprendre à vivre dans un environnement qui ne sera pas aussi impeccable que vous l'auriez espéré ou souhaité. Vous tendrez également à vous préoccuper davantage de vos finances, de l'argent, du pouvoir, plutôt que de votre bien-être et de la sérénité de votre âme. L'un n'interdit pas l'autre. Il suffira de réussir à faire le lien. Si vous avez beaucoup de plaisir à posséder une fortune et à la faire fructifier, tant mieux ! Aucune loi n'interdit d'aimer l'argent et la sécurité qu'il apporte. Mais si vous vous sentez un peu stressé et étouffé constamment par la peur d'échouer alors que tout semble vous prouver qu'au contraire vous réussissez, il faudra apprendre à mieux faire la part des choses ! Entre-temps, il faudra apprendre aussi à décompresser et à méditer afin de renouveler vos énergies mentales et physiques. Ce n'est que de cette façon que vous pourrez ainsi poursuivre sur la voie où vous êtes engagé. Chose certaine, si vous n'avez pas appris à être plus sélectif, la vie vous obligera à le faire !

Travail – Finances

Méfiez-vous alors que certains de votre signe seront des proies faciles pour les vendeurs de pacotilles. Ne vous laissez pas aveugler par des choses trop belles pour être vraies et attention qu'on profite de ce que vous avez gagné à la sueur de votre front. Il sera également avisé de demeurer sur vos gardes alors que vous ne serez pas à l'abri non plus qu'une personne vous juge sans aucun motif valable. D'ailleurs, si à votre travail vous revoyez constamment les mêmes personnes et qu'avec certaines l'entente n'a rien d'extraordinaire, il y aura plus d'une occasion de vous mettre en colère contre ceux qui n'accomplissent pas leurs tâches avec autant de minutie que vous le faites. Si vous êtes dans le commerce, travailleur indépendant ou autonome, vous progresserez à vive allure, mais plus après la seconde partie du mois d'octobre. En contrepartie, si vous songez à une expansion, n'allez pas la faire que si vous avez entièrement confiance en votre comptable. Et si vous signez un contrat à court terme, il est possible qu'il soit prolongé comme vous l'aviez tellement souhaité. Par contre, si vous évoluez dans le domaine de la recherche, vous aurez deux fois plus à faire qu'à l'accoutumée. Si vous travaillez en équipe, écoutez les idées des autres jusqu'au bout ; ne vous limitez pas qu'aux vôtres. Et si vous occupez un poste de direction, il sera important de prêcher par l'exemple. Inutile de montrer le côté autoritaire de votre personnalité, sinon vos employés ou collègues auront davantage tendance à se rebeller. De plus, l'idée que vous ayez à faire des heures supplémentaires en apportant du travail à la maison sera tout aussi possible.

Amour – Sentiments

Il est clair que vous aurez besoin de vivre un peu plus de passion, mais il est possible que vous fassiez face à une petite déception alors que l'être aimé ne sera pas toujours ouvert à l'idée de vous suivre dans toutes vos folies. Par conséquent, certaines réalités de la vie empêcheront les amoureux de vivre leur amour à fond. Si vous avez un bon partenaire, si vous êtes aimé, évitez donc les critiques ou les reproches, aussi subtils puissent-ils être. Si vous êtes célibataire par vocation, même là, vous trouverez cette période difficile. Vous n'apprécierez peut-être pas autant l'isolement que vous avez choisi de vivre. Il n'y aura qu'un moyen d'y échapper : sortez, rencontrez des gens, faites confiance à la vie et au ciel pour qu'ils placent sur votre route cet idéal. Et si vous croyez assez, vous aurez la surprise de le rencontrer une fois que Mercure aura repris sa marche directe… Votre choc sera-t-il si grand que vous pourriez fuir ? Pourtant n'est-ce pas ce que vous avez désiré chèrement au fond de votre cœur !

Famille

Il y aura beaucoup d'action à la maison, et surtout si vous avez une jeune famille. Il est clair qu'il faudra mettre en place une organisation plus efficace avec vos enfants qui ne respectent pas toujours les consignes. En d'autres mots, un peu de discipline sera nécessaire ! Malgré tout, on pourra avoir l'impression de marcher sur des œufs en ce qui concerne vos humeurs ; des facteurs, tant intérieurs qu'extérieurs, pourraient perturber votre quiétude. Heureusement que vous n'êtes pas le genre de personne à vous laisser abattre facilement. Vous trouverez le moyen de rehausser votre orgueil d'un cran. Et si vous et le partenaire n'êtes pas d'accord sur l'éducation des enfants, ne vous faites pas la guerre, discutez plutôt ensemble.

N'oubliez pas que lorsque les parents se disputent, les enfants tendent à se sentir responsables de toutes ces mésententes.

Santé

Sous votre signe, on tend à prendre les bouchées doubles; le ciel vous a donné une grande résistance physique, mais prenez garde d'en abuser; à vous de voir vos limites! Alors que les soirées commenceront à rafraîchir, vous pourriez ressentir un petit mal de gorge, peut-être sera-t-il lié à une période de stress ou d'insécurité financière. Fort heureusement que cette situation sera passagère alors que vous serez très heureux de constater que ce malaise disparaîtra comme par enchantement aussitôt que Mercure aura repris sa marche directe. D'ici là, votre nervosité risque de vous créer de nombreux problèmes de digestion ou de constipation si vous ne surveillez pas votre façon de vous nourrir. Il sera suggéré de redonner à votre corps ses instants de repos qui lui seront nécessaires afin qu'il retrouve son énergie et son équilibre. Avortement possible!

Mercure rétrograde en Capricorne – du 29 décembre 2022 au 18 janvier 2023 – votre V^e maison natale

Climat général

Vous êtes habituellement peu loquace au sujet de vos sentiments ou trop analytique. Pas surprenant que l'on comprenne mal vos réactions subites et spontanées qui vous conduiront possiblement à faire certaines folies pendant cette phase, mais qui, somme toute, ne seront pas nécessairement négatives et/ou déraisonnables. Au contraire, il sera tout à fait normal de lâcher votre fou à l'occasion et ce sera même très sain. Cela vous permettra également de diminuer la pression auprès de votre entourage parce que si vous gardez tout cela en dedans, vous deviendriez invivable et détestable pour vos proches. Tâchez d'évacuer ce trop-plein d'émotions entre amis ainsi qu'au cours d'activités sociales ou sportives. Généralement assidu dans tout ce que vous faites, voilà qui sera un temps où vos prouesses intellectuelles laisseront à désirer alors que vous accuserez davantage un manque de motivation qu'à l'habitude. En dépit que le temps risque d'être une denrée rare, tâchez de tirer profit de cette période pour faire preuve de beaucoup de créativité afin de vous démarquer des autres, mais aussi pour obtenir des résultats tout aussi intéressants les uns que les autres. Il sera également indispensable et nécessaire que vous mettiez en action votre imagination pour mieux connaître le succès souhaité, autrement vous risquez de vous noyer dans la moyenne et réduire ainsi vos chances d'obtenir ce que vous désirez.

Travail – Finances

Peu importe votre position, c'est avec conviction que vous ferez des efforts alors que vous aurez des aspirations, des buts et des objectifs à atteindre. D'ailleurs, vous serez déterminé à en réaliser plusieurs. Il s'agira peut-être même de l'une de vos résolutions de progresser sérieusement au travail. Chose certaine, les personnes en position d'autorité ne resteront pas insensibles devant une telle détermination d'initiatives et de leadership. Cependant, méfiez-vous alors qu'il y aura certaines gens qui pourront vouloir vous mettre les bâtons dans les roues pendant cette phase. Or, si vous n'avez pas de stabilité au travail, il est plus que possible que ce soit votre quart qui subira des compressions possibles. Toutefois, il y aura un côté très positif à tout cela, parce que c'est en allant voir plus haut, en demandant de régler les conflits ou en proposant vos services sur des postes plus stables que vous trouverez des réponses favorables. En effet, pour ne pas subir les problèmes, il vous faudra négocier et tout le monde sait que vous êtes habituellement un expert là-dedans. En tant que patron, dirigeant et travailleur autonome, lorsqu'une entreprise connaît des pertes, ce sont toujours les chefs d'équipe qui subissent les coups en premier. Il va de soi que si vous choisissez le statu quo et que vous attendez que les clients reviennent en force, vous passerez à côté de belles occasions. Pour réussir et connaître le succès, il s'agira de vous trouver de nouveaux associés ou de fusionner avec une autre entreprise. Vous pourriez aussi aller chercher des subventions ou encore des fonds provenant d'organismes publics.

Amour – Sentiments

Un peu de folie semblera nécessaire entre vous deux. Il sera possible qu'un certain froid se soit installé dans votre relation depuis quelque temps ; la routine peut parfois être assez lourde à porter pour n'importe quel couple. Évitez de tomber dans le piège de l'éloignement, et ce, même si vos sentiments et votre désir pour votre partenaire ne sont pas très forts. Comme on dit, l'appétit vient en mangeant. Alors, il sera très important de faire des efforts chacun de votre côté pour réanimer le dynamisme dans votre relation. Croyez-moi, les belles périodes de tendresse et d'affection reviendront naturellement. Mais d'ici là, votre situation amoureuse et émotionnelle risque d'être très sollicitée sans compter que vos états d'âme passeront par là. Vous aurez besoin d'être séduit par votre partenaire et de vivre des moments intenses afin de ressentir son amour avec sincérité et profondeur. Il est aussi fortement possible que ce ne sera pas assez, il vous en faudra davantage. Si votre partenaire ne semble plus éprouver autant de désir à votre endroit, vous ne vous gênerez pas pour prendre votre liberté. Si vous êtes célibataire, il ne vous sera pas trop difficile de faire des rencontres lors de cette phase. D'ailleurs, si, dernièrement, vous avez pris part à des activités pour gens seul (célibataires), il y en aura probablement plus d'un qui cherchera à établir une relation avec vous, sauf que vous ne serez pas vraiment intéressé. C'est plutôt dans votre milieu de travail qu'il y aura quelqu'un pour vous faire vivre quelques belles émotions et un désir d'engagement, mais il vaudra mieux vous en abstenir, du moins jusqu'à ce que Mercure reprenne son mouvement direct pour tout expérimenter.

Famille

Si, à tout hasard, de petits problèmes familiaux viennent perturber le fragile équilibre que vous tenterez de maintenir et qui risque d'occuper toute la place, il est plus que probable que vous deviendrez impatient à l'endroit de l'être aimé. L'inverse sera tout aussi possible. Bref, il y aura certainement une atmosphère assez stressante au foyer où la tension deviendra presque palpable par moments. Fort heureusement que cette ambiance plutôt négative commencera à changer une fois que Mercure aura repris sa marche directe. Entre-temps, si vous avez des enfants, misez sur cette période pour influencer leur manière de penser en écoutant vraiment les idées qu'ils préconisent. Et si l'un de ces derniers est aux études, voilà qui présage beaucoup d'instabilité dans l'horaire de ses cours ou aura-t-il à s'adapter à de nouvelles conditions de vie.

Santé

Je ne vous apprends rien en vous disant que vous êtes un éternel angoissé, mais vous êtes également très préoccupé par votre état de santé et vous abusez rarement des bonnes choses de la vie. Mais si vous vous êtes trop privé ces derniers temps, vous tendrez à vouloir vous rattraper. En fait, vous serez porté davantage à manger vos émotions et vous pourriez prendre un surplus de poids non désiré que vous perdrez aussi vite.

LA PHASE RÉTROGRADE DE VÉNUS EN 2022

Vénus rétrograde en Capricorne – du 19 décembre 2021 au 29 janvier 2022 – votre Ve maison natale

Climat général

La muse créative sera votre compagne constante au cours de cette période avec une inspiration artistique si dominante que vous ne pourrez pas résister. Vous pourriez décider de suivre des cours dans une guilde d'art locale pour apprendre à dessiner un coucher de soleil ou à peindre à l'aquarelle, sinon l'envie d'essayer le métier d'acteur pourrait vous amener à passer une audition pour une production théâtrale locale. À tout le moins, peut-être avez-vous toujours voulu être un danseur de ballet ; si c'est le cas, c'est le moment d'enfiler vos chaussures de danse et de prendre quelques leçons. Suivez vos tendances artistiques où qu'elles vous mènent puisque pendant la phase Vénus rétrograde, vous pourriez décider de vous adonner à une forme d'art que vous aviez appréciée pour la première fois dans votre enfance, telle la peinture à doigts ainsi que jouer avec de la pâte à modeler. Voilà qui est bien alors que vous serez engagé dans une activité que vous avez déjà appréciée et avec laquelle vous êtes à l'aise. D'ici là, la période du temps des Fêtes risque d'être plus difficile pour vous cette année, surtout si vous vous attendez à ce que tout et tout le monde soient parfaits. Décidez dès maintenant de vous accepter, ainsi que les autres et les événements tels qu'ils sont, y compris les imperfections. Misez aussi sur cette période pour évaluer vos amours actuels et passés. Ne laissez pas vos plaisirs, vos enfants, ni vos anciennes amours restreindre votre pleine jouissance de la vie.

Travail – Finances

Vous pourrez noter un certain ralentissement au bureau, dans votre travail, alors que les activités seront pratiquement au point mort, ce qui pourrait vous inquiéter un peu beaucoup. Bien que les choses n'aillent pas aussi rapidement que vous le souhaiteriez, vous continuerez tout de même à faire des progrès. La richesse de vos arguments, la justesse de vos jugements et de vos idées brillantes vous permettront de vous tailler une place de choix. Cela dit, Vénus qui rétrograde, vous vous montrerez souvent si déterminé que les autres personnes près de vous, soit l'équipe de travail par exemple, n'arriveront que très difficilement à vous suivre. Vous devrez leur prêter main-forte, mais plus que tout, vous devrez vous contenter de l'aide qu'ils seront en mesure de vous fournir. De toute façon, il ira de votre intérêt d'entretenir un climat harmonieux dans lequel les collègues, les employés ou les employeurs puissent se sentir bien afin de respecter tous les échéanciers. Plus que tout, vous apprendrez surtout cette grande leçon de vie : chacun son rythme et sa cadence pour faire les choses ! En dépit que le climat professionnel entraîne un esprit de compétition, du point de vue financier, ce serait magnifique si vous n'étiez pas d'humeur aussi dépensière ! Petit conseil : vous pourriez réussir à investir dans toutes les entreprises qui fabriquent des marchandises utilisées par des artistes et des danseurs. Quoi qu'il en soit, ce sera un temps où vous rendrez de nombreux services aux autres, mais peu, malheureusement, seront en mesure de vous retourner l'ascenseur. Soulignons qu'il est possible aussi que vous encouriez un problème immobilier à adresser tel qu'acheter ou vendre un commerce, un immeuble d'habitation, un chalet, une maison ou un condominium.

Famille

Votre environnement familial prendra toute la place en cette période du temps des Fêtes. D'ailleurs, dès le début du mois de décembre, vous vous porterez volontaire pour organiser les réceptions, même si elles ne se dérouleront pas nécessairement chez vous. Bien que vous ne regardiez pas à la dépense, vous risquez d'être surpris par certaines factures auxquelles vous ne vous attendiez pas. Et l'idée que vous ayez à déménager ainsi qu'aider un membre de la famille à le faire de manière assez précipitée sera possible sinon il est tout probable que vous ayez à offrir un toit temporaire à un proche qui traverse des moments difficiles dans sa vie.

Amour – Sentiments

Évidemment, c'est le temps de l'année où il y a beaucoup de choses à faire et peu de temps à consacrer à l'être aimé. Cependant, vous comprendrez très bien tous les deux que vous êtes fatigués, au bout de votre rouleau, et vous ne vous en voudrez pas de ne pas vous échanger autant d'affection que d'habitude. Et si vous êtes célibataires, en dépit que les activités familiales soient principalement à l'honneur, vous pourriez aussi consacrer du temps à la recherche de l'âme sœur. Mais pour une raison ou pour une autre, vous ne le pourrez pas lui ouvrir votre cœur en toute confiance. Il y aura beaucoup de réserve de part et d'autre ; un peu de patience sera nécessaire pour mieux développer cette relation, idéalement après la fin janvier 2023 alors que Vénus aura repris sa course normale. D'ici là, fuyez tous les engagements amoureux et ne vous commettez d'aucune façon. Il en sera de même pour ce qui est de faire l'achat d'items coûteux et/ou de gros achats divers.

Santé

Soyez prudent avec la neige, les plaques de glace et les autres désagréments de l'hiver alors qu'il n'est pas impossible que vous perdiez pied. Prudence aussi sur la route et plus encore suivant que l'on est en période du temps des Fêtes. D'ailleurs, sachez que les risques de blessures seront la plupart du temps directement associés à une forme d'empressement. Vous auriez donc tout intérêt à ralentir la cadence, et ce, même si vous êtes à pied.

LA PHASE RÉTROGRADE DE MARS EN 2022

Mars rétrograde en Gémeaux – du 30 octobre 2022 au 12 janvier 2023 – votre Xe maison natale

Climat général

Voilà la période idéale pour réfléchir, principalement en ce qui concerne vos choix de carrière que vous êtes sur le point de faire suivant que vous n'êtes pas encore certain s'il y va de vos intérêts de vous engager sur cette nouvelle voie qui s'ouvre à vous et qu'on vous offre avec de belles promesses. En contrepartie, des événements qui vous paraîtront parfois étranges serviront de réponse à vos questionnements et des gens que vous connaissez à peine auront cette parole qu'il vous faudra entendre et qui en retour déclenchera en vous une certitude sur ce que vous aurez à faire et/ou à ne pas faire. Par conséquent, vous êtes donc invité à réfléchir avant d'agir puisque si vous précipitez toute décision, vous pourriez le regretter alors que vous réaliserez que vous auriez pu agir autrement, qu'il soit question de famille, de travail ou d'amour. Cela dit, d'ici à ce que tout se concrétise, vous pourriez pressentir que votre carrière ne va nulle part et par ce fait même, vous sentir plus frustrés par moments. Néanmoins, attention à ce que votre discours demeure dans les limites du raisonnable suivant que vous serez très stimulé et aurez le goût de la réussite et même une grande soif du pouvoir alors qu'il faudra surveiller comment vous utiliserez ce dernier et ne pas en abuser. Or, n'allez surtout rien faire aux autres que vous ne voudriez pas que l'on vous fasse au risque de vous mettre des gens et des occasions possibles à dos.

Travail – Finances

En dépit que le temps soit mal choisi pour initier quoi que ce soit au niveau de vos affaires professionnelles, n'allez pas non plus tout laisser tomber. Hormis qu'il y aura un ralentissement contre lequel vous ne pourrez rien, sinon que de rester patient et de vous attaquer aux tâches que vous aurez sans cesse remises à plus tard, profitez-en pour mettre de l'ordre dans votre paperasse et vos fichiers. Entre-temps, vous aurez beau vous démener comme un diable dans l'eau bénite, il n'en reste pas moins que votre destinée professionnelle semblera mal synchronisée. Évitez de vous entêter. Suivez plutôt le cours des événements au lieu d'aller à contre-courant. Veuillez reconsidérer aussi votre façon de vous conduire avec vos supérieurs alors que votre réputation risque d'être remise en jeu, et surveillez aussi votre tendance à vouloir imposer à outrance votre autorité. Il vous sera suggéré aussi de ne pas seulement tenir compte de vos propres intérêts en négligeant ceux des autres. Réfléchissez bien à votre plan d'action avant de vous lancer tête première dans un projet surtout que la démesure vous guette ! Méfiez-vous aussi d'un accrochage possible alors que certains malentendus seront possibles ; soit que vous vous serez mal compris ou vous aurez omis de vous mettre en « mode écoute » de l'autre. Sans aucun doute, vos réactions seront plus intuitives qu'automatiques que bien programmées pendant cette phase. Attention de vous laisser dépasser par les événements, et ce, même si vous vivez une grande instabilité professionnelle. Veuillez bien saisir la portée de vos décisions et de votre travail alors que vous pourriez éprouver de nombreuses difficultés et/ou des ennuis pour aller de l'avant dans vos accomplissements ou pour ce qui concerne votre travail alors que vos patrons, ou ceux qui prennent les décisions, auront des attentes plus élevées à votre égard. De toute évidence, on attendra beaucoup de votre part ! Néanmoins, donnez-vous le crédit pour tout ce que vous aurez accompli ou essayez d'accomplir.

Entre-temps, il n'est pas impossible que des rivalités professionnelles ou d'affaires refassent surface et vous devrez choisir entre passer à l'attaque ou laisser faire. Il sera sage de bien choisir vos batailles ! Évitez toutefois de vous affirmer avec rigidité alors que vous courez le risque de vous mettre des gens à dos. Veuillez également user à bon escient de votre pouvoir, de votre autorité au risque de vous attirer les foudres de vos interlocuteurs tels que vos patrons, une tête dirigeante, un collègue, un client, un fournisseur, un associé ou un employé. D'ailleurs, sachez qu'une de ces personnes pourrait chercher à incriminer les autres sinon un patron s'acharnera à trouver un coupable parce qu'il refusera d'assumer ses erreurs de jugement.

Cela dit, prenant en considération que ce sera une période où vous serez plus porté aussi à ne faire aucun compromis, à nourrir du ressentiment, soit parce que l'on vous a refusé une promotion ou une augmentation de salaire, ravalez votre orgueil et mettez à profit vos adversaires comme étant vos alliés qui vous épauleront à long terme. À vous de savoir très exactement aussi dans quoi et avec qui vous vous embarquerez dans vos transactions d'affaires futures puisqu'il est possible que vous ayez à assumer une perte financière imprévue. À cet effet, certaines gens pourraient chercher à tester votre honnêteté et pas toujours de jolie manière, ou est-ce quelqu'un près de vous qui pourra vous faire du tort. De toute façon, un groupe pourrait aussi se disputer un avantage ou un bien qui ne pourra que revenir qu'à une seule personne. N'empêche, n'allez pas être surpris qu'un projet puisse tirer à sa fin ou sera mis en suspens, ce qui risque de ralentir les progrès au niveau de votre carrière ou de votre travail. N'empêche, mettez à profit ce temps pour visiter à nouveau vos récentes transactions financières et figurer quelle sera votre prochaine démarche. Faites un effort aussi pour résoudre vos différends au travail avec ceux de vos collègues ou suivant toute personne qui a autorité sur vous, surtout que ce sera une phase de surcharge de travail et de longues heures supplémentaires à faire. Ayez à cœur de bien faire votre ouvrage au risque d'avoir à le reprendre, surtout que tout présage que ce sera une période de déséquilibre qui ne sera pas facile à gérer par moments. Et si vous êtes en attente d'un verdict, voilà que ce dernier ne sera pas nécessairement en votre faveur alors que le juge sera sévère avec vous. Une raison de plus de maintenir vos ambitions sous contrôle.

Amour – Sentiments

Tout suggère que ce sera un temps où vous éprouverez plus de difficulté à exprimer vos émotions et on aura plus de difficulté aussi à percer votre armure, ce qui pourrait inciter de vieux problèmes à refaire surface, sinon une peine d'amour pourrait vous obliger à revoir votre façon d'aimer, d'être en couple ainsi que de démontrer de l'affection. Toutefois, si vous êtes de tempérament jaloux, vous tendrez à vous imaginer bien des choses au sujet de l'être aimé alors que votre imagination déformera la réalité. Évitez d'entretenir une pensée négative. Néanmoins, voilà un temps où non seulement votre partenaire de vie sera plus replié sur lui-même, mais vous ne serez pas à l'abri non plus qu'un différend possible survienne entre vous et votre chéri, ou encore avec un de vos enfants, parents ou amis. Or, faites un examen de conscience au lieu de réagir. Si vous êtes célibataire, il est possible que vous ayez plus de difficulté ou que vous soyez plus réticent à vous engager dans une relation stable, comme si vous aviez peur de perdre quelque chose au change en formant un couple. Voilà pourquoi il n'est pas impossible non plus que vous puissiez mettre un terme à une relation. En revanche, attention de succomber toutefois plus facilement à l'excitation du flirt.

Famille

Voilà une période où vos enfants tendront à négliger leurs tâches ou encore leurs responsabilités, ou est-ce vous qui tendrez à exiger plus d'eux; période où vous serez plus exigeant. Il n'en reste pas moins que les gens tendront aussi à vous en demander plus qu'ils ne seront prêts à vous donner en retour. Pas surprenant que vous puissiez subir un démêlé avec votre entourage familial ou amical puisque ce sera une phase où les gens près de vous tendront à remettre en question votre autorité, votre manière de vous adresser à eux et votre direction parfois rigide et sans compromis. Quoi qu'il en soit, soyez informé que l'un de vos enfants risque de dépasser la limite permise sur sa carte crédit sans se soucier des conséquences et vous vous verrez dans l'obligation de le réprimander de toute urgence. Évitez aussi tous les changements domiciliaires alors qu'ils ne serviront pas bien vos intérêts.

Santé

Non seulement ce sera un temps où vous serez moins ambitieux, ou trop, mais vous serez également porté à plus vous laisser aller et fort possiblement vous serez plus fatigué aussi. Or, si un bobo se présente, réglez-le rapidement, surtout que votre énergie sera instable. Soyez également prudent lors de vos déplacements et attention aux chutes possibles. Il sera de plus avisé d'être tout aussi vigilant lorsque vous manipulerez des objets dangereux. Vous ne serez pas à l'abri non plus d'un incident fâcheux ou qu'un bête accident se produise, telle une chute qui pourrait vous occasionner une vilaine blessure. Quoi qu'il en soit, faites attention aussi aux infections possibles. Et l'idée que vous puissiez éprouver plus d'ennuis avec vos genoux ou vos joints sera aussi possible. Moindrement, attendez-vous à quelques conflits possibles, sinon des changements de dernière minute et/ou des retards qui perturberont vos activités. Pas étonnant que des tensions pourront s'accumuler !

L'ÉCLIPSE SOLAIRE PARTIELLE DU 30 AVRIL EN TAUREAU – VOTRE IXE MAISON NATALE

L'éclipse nouvelle lune en Taureau vous égaiera et promet d'être un temps des plus intéressants. Non seulement cette éclipse ne vous fera pas la vie dure, on peut même confirmer que la santé et la sécurité devraient aussi être assurées. N'empêche, il sera tout de même avisé d'éviter de commencer quoi que ce soit de nouveau pendant la période qui précède et suit d'éclipse – rien avant la mi-mai, idéalement. Entre-temps, l'éclipse solaire exposera les ascendants Taureau, Lion, Scorpion et Verseau à un état de santé déficient. La santé générale pourrait chuter. Il sera suggéré d'observer aussi les consignes en place des autorités et des médias. Selon toute probabilité, vous ne devriez rien ressentir de déplaisant à cause de cette éclipse qui en est une partielle, soit mineure en d'autres mots. Il n'en demeure pas moins que la période contrarie les déménagements, les changements d'emploi, les prêts et emprunts d'argent, et toutes les nouveautés et innovations. D'ailleurs, la routine quotidienne tendra à vous sécuriser.

Les thèmes de la neuvième maison comprennent entre autres l'enseignement et les hautes études, la philosophie et la religion, les affaires juridiques et les longs voyages, tant ceux faits physiquement qu'en rêve, qui vous permettent d'explorer des lieux, des personnes et des choses qui sont en dehors de votre environnement normal. Vous vous sentirez probablement plus agité pendant cette éclipse si vous ne prenez pas de mesures pour satisfaire vos intérêts dans un ou plusieurs de ces domaines. Voici des exemples d'initiatives ou de nouveaux départs que vous pourriez entreprendre : faire un voyage ainsi que planifier vos prochaines vacances pour inclure une expérience éducative ; étudier une langue étrangère de même que commencer un nouveau cours universitaire. Favorable aussi pour tenir des discussions profondes et philosophiques ainsi que vous impliquer davantage dans votre foi, dans votre religion ou en chercher une nouvelle. Misez aussi sur cette période écliptique pour débuter un programme de méditation pour une orientation spirituelle intérieure. Le temps se prêtera bien aussi pour finaliser un contrat juridique ainsi que lancer une procédure judiciaire, mais plus après la mi-mai. Entre-temps, profitez également de cette période pour interviewer un nouvel avocat, si c'est le cas, ou même un enseignant qu'un conseiller spirituel.

P.-S. Vous êtes encouragé à prendre connaissance de tout ce qui est écrit au chapitre intitulé « Les éclipses de 2022 » pour mieux vous familiariser avec toutes les mises en garde à respecter lors de toutes les éclipses.

LES POSITIONS LUNAIRES ET VOUS

À la fin du livre, vous trouverez le tableau des positions lunaires pour chaque jour de l'année 2022. Pour mieux tirer profit de la Lune au quotidien ainsi que connaître le rôle qu'elle jouera sur vos humeurs, lesquelles vont influer sur votre jugement et sur vos actes, référez-vous au chapitre intitulé « Méthode d'interprétation du calendrier des Lunes ».

En général, quand la Lune passe en Taureau, en Cancer, en Vierge, soit votre signe solaire ou votre ascendant natal, en Scorpion et en Capricorne, vous êtes en forme. Ces énergies, surtout celles du Taureau, du Cancer et du Capricorne, vous placent en position de force. Là où vous devriez être prudent et où il serait préférable de prendre du recul, c'est lorsque la Lune se trouve en Bélier, en Gémeaux, en Sagittaire et en Poissons.

Les divers passages de la Lune ne sont jamais neutres, même ceux qui ne sont pas mentionnés ci-dessus. S'il y a des moments pour l'action quand la Lune est néfaste, s'il faut prendre du recul quand elle ne l'est pas, les autres jours représentent, la plupart du temps, un mouvement vital plus lent.

♎

Balance

24 septembre au 23 octobre

LES DIFFÉRENTS ASPECTS DE VOTRE PERSONNALITÉ

Balance – masculin, cardinal, air

En tant que natif de ce signe, vous aimez tout ce qui est beau, tout ce qui est juste, tout ce qui est équitable, tout ce qui est harmonieux, et vous êtes aussi une personne donnant-donnant sans fausse modestie. Un signe plus charmant que le vôtre serait difficile à trouver. Les personnes nées sous votre signe aiment entreprendre des choses, recevoir chez elles tous ceux qui leur sont chers et socialiser est très important pour elles.

Avec Vénus comme planète maîtresse, vous êtes le spécialiste des belles manières, de la courtoisie et vous adorez échanger de vive voix avec les autres. Vous faites partie de ces gens qui détestent vivre seuls et vous êtes parfois porté à sacrifier vos propres besoins et vérités dans le seul but de ne pas vous retrouver seul. J'irais même jusqu'à dire que vous êtes même prêt à acheter la paix pour ne pas avoir à faire face à la solitude.

Pacifique et diplomate-né, bien peser le pour et le contre de toutes les situations ainsi que leurs options est une de vos grandes spécialités, et maintenir un équilibre intérieur dans la vérité absolue est l'une de vos tâches les plus ardues.

CE QUI VOUS DIFFÉRENCIE DES AUTRES NATIFS DE VOTRE SIGNE

En tant que natif du 1er décan (du 24 septembre au 3 octobre), gentille Vénus est doublement importante dans votre thème alors qu'elle est votre planète maîtresse, mais c'est également elle qui a aussi la gouvernance en ce qui a trait à la Triplicité d'Air qu'est votre signe solaire.

Quant à la Lune, celle-ci est tout aussi importante puisqu'elle régit votre décan. Voilà qui explique pourquoi vous avez tendance à attirer à vous des personnes complexes et des situations mystérieusement enchevêtrées.

L'influence lunaire sur ce décan tend à engendrer une personne courtoise, raffinée et élégante. Elle met aussi en valeur vos attributs physiques et fait de vous une personne qui apprécie la belle vie. Autant l'énergie de la Lune vous rend empathique envers tout un chacun, votre capacité à détecter ce que les personnes veulent est une forme de pouvoir, puisque vous pouvez l'utiliser à votre avantage. Profitez-en pour mettre en valeur votre imagination fertile là où cela peut faire le plus de bien. Il servira vos intérêts aussi de vous entourer de gens positifs et de belles choses.

En tant que planète maîtresse de votre signe, Vénus comme telle vous donne de la diplomatie et un talent inné pour les relations publiques. Votre besoin de justice et d'équilibre est infini ainsi que votre désir de fidélité. Bien que vous ayez en horreur toute restriction, il y a tout de même des règles en place que vous devez respecter.

Prenant en considération que Vénus régit à la fois votre signe solaire et votre décan, elle ajoute un charme romantique à votre personnalité. Parfois très capricieux que tout aussi futile, vous vous révélez faire partie des personnes qui sont entièrement gouvernées par leurs sentiments, sans compter que vous êtes le plus impressionnable comparativement aux deux autres décans.

Étant une personne en perpétuelle recherche d'harmonie et d'équilibre dans votre vie, vous tendez à analyser constamment les deux côtés de la médaille et parfois à votre grand détriment. Vous établissez des normes tellement élevées pour vous-même et pour les autres que cela ne rend pas votre tâche plus facile pour mieux concrétiser vos objectifs.

Puisque la droiture et la justice sont importantes et primordiales à vos yeux, vous avez tendance à être un bon juge des gens. Toutefois, quand les autres vous jugent, ils ne sont pas toujours justes dans leurs suppositions.

Rien ne dit que votre vie sera facile alors que sensiblement, vous aurez à faire un effort diligent pour répondre à toutes les demandes qui vous seront imposées, tant par votre famille que par votre partenaire vie, ou vos associés si c'est le cas. Mais si vous bannissez de votre vie tous les doutes et les pensées négatives, celle-ci en sera davantage facilitée.

Bohème mais avec goût, raffiné sans nécessairement être snob, vous pouvez être un amant ou une amante stimulant(e) s'il vous est donné de rencontrer la bonne personne.

Puisque les relations sont importantes à vos yeux, vous avez tendance à privilégier les besoins d'autrui avant les vôtres. Cependant, aussi gentil et coopératif que vous soyez, si vous êtes maltraité, si on vous pousse trop loin, vous pouvez devenir un ennemi redoutable. Il en va de même en amour comme en amitié alors que vous n'êtes jamais celui ou celle qui initie l'infidélité, mais si on vous trahit, vous serez sans merci et vous rendrez votre propre justice.

En amour, vous êtes attiré par des gens qui partagent vos valeurs. Si vous vous mariez, choisissez une personne loyale, affectueuse, intelligente, qui aime s'amuser, qui a bon goût, responsable, sérieuse, constante et financièrement sécurisée.

En tant que natif du 2e décan (du 4 au 13 octobre), vous êtes sous la protection de Vénus, mais votre décan est régi par Saturne et secondairement par Uranus pour faire suite à la Triplicité d'Air qu'est votre signe solaire. Si vous mettez sagement à profit ces énergies à bon escient, vous pourrez apporter un merveilleux équilibre dans votre vie.

Saturne et Uranus, particulièrement influentes dans votre thème natal alors qu'elles vous donnent un amour de la liberté, ceci explique pourquoi vos relations ne sont pas toujours faciles, puisque vous aimez vivre selon vos propres règles, mais vous avez parfois tendance à confondre tant l'être cher que vos collaborateurs.

Courageux et audacieux, alors qu'à d'autres moments vous pouvez être tranquille et réservé, votre liberté personnelle et intellectuelle est importante pour vous.

Vous avez un caractère dualiste. D'une part, vous pouvez être intelligent, accueillant et tout aussi imaginatif alors que, d'autre part, vous pouvez être ferme, indépendant et têtu.

Les relations sont importantes pour vous, mais vous gardez la plupart d'entre elles à un niveau assez superficiel. Extrêmement émotif, vous devez apprendre à mieux maîtriser le monde des émotions, au risque de vous rendre malade.

Beaucoup plus sérieux et conscient socialement comparativement aux deux autres décans, voilà qui fait de vous une personne humaniste qui possède un fort sens des responsabilités envers votre prochain, tout en vous sentant toutefois peu sûr de vous-même. Vous êtes de loin le plus ouvert aux changements et aux idées originales.

Autant Saturne vous donne la capacité de terminer la plus ardue des tâches, il est approprié de mentionner aussi qu'Uranus ajoute entrain et tolérance aux tendances conservatrices qu'est Saturne. Dans le temps de le dire, vous pouvez être la personne la plus gentille autant qu'un faiseur d'histoires qui exaspère tous ceux qui l'entourent.

Rabat-joie de nature, si vous maintenez vos priorités dans l'ordre et que vous évitez de vous disperser, vous pourrez bien réussir dans la vie. D'ailleurs, en destinée, vous semblez être appelé à jouer un rôle omniprésent et vous êtes aussi doué d'une grande conscience professionnelle, sociale et morale. Vous prenez plaisir également à vous exprimer artistiquement et vous pourriez même en tirer profit grâce à votre créativité.

Aussi inventif, indépendant et tolérant des autres que vous êtes, vous pouvez être tout aussi compliqué pour autant. Une partie de vous tient à prôner les traditions alors que l'autre partie de vous n'en a rien à faire.

Rebelle romantique dans l'âme, en amour, vous aspirez à la fidélité et vous avez une facilité à comprendre l'être aimé avec acuité. N'appréciant guère la solitude, mais la recherchant, sans doute par instinct de rédemption, vous vous devez de toujours être au courant de tout ce qui se passe autour de vous et dans le monde. Si vous vous mariez, choisissez une personne qui est tendre et protectrice, et pour qui le foyer est une priorité.

En tant que natif du 3e décan (du 14 au 23 octobre), votre planète maîtresse est Vénus, mais votre décan est toutefois régi par Jupiter et secondairement par Mercure pour faire suite à la Triplicité d'Air qu'est votre signe solaire. Voilà donc qui fait de vous un bon vivant, quelqu'un qui a un esprit logique et qui tend à analyser toutes ses expériences. Bavard et agrémenté d'un vif sens de l'humour que nul ne peut nier, vous avez une personnalité sociable à laquelle on ne peut résister. Vous êtes aussi un ami fidèle.

En ce qui concerne Mercure, cette planète vous alloue un esprit agile ainsi que des goûts éclectiques. C'est ce qui fait d'ailleurs de vous une personne fascinante. Vif d'esprit et tout aussi adaptable de nature, cela explique également ce besoin constant de stimulation mentale. Fort heureusement que Mercure vous donne tout de même le don de vous sortir des situations les plus loufoques ou délicates.

Quant à Jupiter, cette planète vous octroie de la tolérance ainsi qu'un penchant pour l'exploration. Elle laisse présager une destinée heureuse dans l'abondance, mais marquée par beaucoup de soucis, pour et par autrui.

Créatif et intelligent, veuillez choisir un emploi qui met à profit votre créativité ainsi que votre originalité. À cet effet, vous pourrez exceller dans le domaine de la vente, des relations publiques, dans la radiodiffusion ou tous les autres emplois qui vous mettent en contact avec le public et qui récompensent votre rapidité d'esprit.

Aussi affable, sociable, sympathique, amical et profond que vous soyez, vous tenez obstinément à votre vie privée, sans compter que vous gardez beaucoup de choses à l'intérieur de vous-même. Indiscutablement, vos capacités mentales surpassent de loin votre côté émotionnel.

Même si vous êtes une personne ouverte aux idées nouvelles et originales, vous tenez sans démordre aux traditions que vous aimez et chérissez, mais vous avez aussi en horreur toutes les restrictions.

Votre profondeur intellectuelle et votre magnétisme sexuel évidents attirent à vous de nombreux types de personnes. Vous aimez le risque, voire l'aventure. Voilà qui explique pourquoi vous pouvez facilement vous ennuyer quand il s'agit de votre vie amoureuse. Toutefois, une fois stabilisé, vous vous montrez généreux, bienveillant et bon pourvoyeur pour votre famille.

Si vous vous mariez, choisissez une personne qui est drôle, intelligente et légère à gérer, d'autant plus que vous recherchez une relation de compagnonnage fraternel plus que n'importe quoi d'autre. En retour, surveillez votre franchise directe qui manque un peu de diplomatie, mais, plus que tout, méfiez-vous de votre tendance à dire aux gens leurs quatre vérités, ce qui ne vous vaudra pas que des amis.

CE QUE LES ASTRES VOUS RÉSERVENT EN 2022

Jupiter en Poissons – du 29 décembre 2021 au 10 mai 2022 et du 28 octobre au 20 décembre 2022 – votre VIe maison natale

Jupiter en Poissons, qui traverse le sixième signe du vôtre, va faire un grand voyage alors qu'il bouclera une étape importante de votre évolution personnelle. La Grande Bénéfique est dans une position complexe en Poissons, mais également dans le sixième signe du vôtre, votre soleil, ou l'ascendant natal si c'est le cas, et jouera un rôle capital en ce qui concerne les événements positifs et négatifs susceptibles de se produire cette année. Jupiter, ainsi positionné dans la sixième maison à partir de votre signe solaire et/ou de votre ascendant natal, a un symbolisme commercial important et, du même coup, jouera sur vos finances. Jupiter qui a atteint le dernier signe du zodiaque, il est la somme des douze dernières années. Les expériences et la maturité acquises vous permettront de mieux vous situer. Vous connaissez vos limites, mais également celles des personnes avec qui vous êtes sur le point de faire des affaires. N'attendez pas l'impossible non plus alors que l'étape du rêve et du risque est dépassée, vous êtes dans le réel et dans la planification à long terme. Étrangement, ce que vous entreprenez en 2022 aura toutes les chances de pouvoir suivre une nouvelle progression qui peut durer six ans avec, naturellement, de légers changements de parcours auxquels vous vous adapterez plus facilement qu'il y a dix ou douze ans.

Secteur par excellence de votre thème natal qui régit votre quotidien, les employés, les animaux domestiques ainsi que la santé, on peut confirmer que vous bénéficierez du passage de Jupiter. D'ailleurs, les corvées quotidiennes vont vous sembler moins lourdes et vous pourriez même avoir un certain plaisir à les réaliser en les voyant sous un autre jour. Quant aux conditions de travail, elles seront également améliorées et il est plus que possible que vous puissiez obtenir une promotion dans votre travail. En plus de vous sentir valorisé, votre rendement n'en sera que meilleur. Pas surprenant que des débouchés sur divers projets d'avenir réjouissants seront au rendez-vous. Il va sans dire que c'est l'année pour vous mettre en avant et vous promouvoir, surtout que vous allez être plus conscient de vos qualités et de vos défauts, ce qui en retour vous permettra d'éliminer facilement la compétition. Mon conseil: ne perdez pas de vue que c'est une bonne période pour l'amélioration de vos conditions de travail. À coup sûr, c'est le moment ou jamais de les changer et d'aller de l'avant. Quant à la santé, ce sera la joie ! On peut confirmer que votre vitalité n'en sera que meilleure et votre joie de vivre sera aussi au rendez-vous. Si vous étiez malade par le passé, votre état de santé ira en s'améliorant. De toute façon, vous aurez envie de bouger, de faire du sport de même que suivre un régime pour vous sentir mieux encore. Soulignons également que vos animaux domestiques seront aussi sous une bonne étoile pour toute la période et vous aurez envie de les cajoler. Si vous n'en avez pas encore, il est possible que vous désiriez en avoir un si vous les aimez ou n'êtes pas allergique à ces derniers, bien entendu.

Jupiter-Neptune conjoint en Poissons le 12 avril 2022 : Une chance de venir en aide à quelqu'un dans le besoin émergera. Pensez à donner un coup de main à un être cher qui a du mal à relever un défi. Vos efforts positifs pour aider à alléger le fardeau de cette personne feront toute la différence pour elle et mettront ses pas sur la bonne voie vers une vie plus saine et plus heureuse. Cela dit, il serait sage aussi de faire faire un bilan de santé, d'éviter de trop manger et de contrôler toute tendance extrémiste à améliorer vos performances, et ce, quels que soient les champs d'activité explorés.

Saturne en Verseau – toute l'année – votre V^e^ maison natale

Votre envie de vous amuser et de faire des choses qui vous apportent de la joie et du bonheur va augmenter à la suite du passage de Saturne en Verseau. Cette planète va vous guider vers de nombreuses opportunités pour faire exactement cela, au moins de temps en temps. Essayez cependant de concentrer vos pensées davantage sur l'avenir que sur le présent. L'année 2022 en est une pour éveiller votre vision intérieure, vous permettant ainsi de faire de grands projets qui pourront changer votre vie alors qu'avec Saturne en Verseau, c'est du solide. En plus de ressentir ses influx, toujours un peu rigoureux cependant, vous aurez d'intéressants retours sur le long terme. D'ici là, vous aurez probablement entrepris, ou vous allez entreprendre quelque chose qui fera appel à votre créativité et si cela prend du temps, comme tout ce qui se fait sous l'influence de Saturne, ce sera à terme une vraie satisfaction. Quels que soient vos objectifs, vous pourrez les atteindre, car vous vous concentrerez dessus et ne lâcherez pas le morceau.

Saturne sous l'égide du Verseau, préparez-vous puisqu'il va y avoir du changement dans l'air ! De vieux schémas se déferont au profit de nouveaux et une progression, un peu au ralenti, certes, sera à prévoir. Lentement mais sûrement. D'ailleurs, côté boulot, il faudra tenir compte du temps, de la durée puisqu'un projet vous demandera de faire preuve de patience et de persévérance, et ce sera dans vos cordes puisque ce sont justement les qualités que Saturne tendra à vous apporter. En d'autres mots, vous n'aurez pas beaucoup d'efforts à faire pour être patient.

Saturne qui occupe le signe ami du Verseau, certains d'entre vous sentiront qu'ils ont atteint un équilibre, une stabilité auxquels ils aspiraient depuis très longtemps déjà. Ce sera dû à l'amour pour les uns, à un amour solide et qui éloignera leurs nombreuses inquiétudes habituelles ou, pour les autres, à un travail dans lequel ils s'épanouiront.

Si c'est l'amour, voilà que Saturne en Verseau vous laissera libre de tomber amoureux d'une personne plus âgée ou plus expérimentée que vous. Toute histoire d'amour ou de grossesse commencée pendant le passage de Saturne en Verseau vous apportera un surplus de nouvelles responsabilités. Souvenez-vous de cela lorsque vous aurez à prendre des décisions. Il n'en demeure pas moins qu'il se pourrait que votre rythme de vie soit plus ralenti par Saturne, surtout si vous êtes dans la création ou si vous désirez avoir un enfant. Votre projet, votre idée, bref, ce que vous voulez mettre en place prendra le temps qu'il faudra, mais vous y arriverez à force de persévérance et de confiance en vos capacités. Par ailleurs, si vous décidez de démarrer une affaire sentimentale et/ou professionnelle sous cette conjoncture, vous pouvez être sûr que cela va durer… mais soyez informé que tout indique qu'il est possible que vous puissiez avoir des idées, sinon des intérêts qui tendront à aller à l'encontre de certains membres de votre famille.

Jupiter en Bélier – du 10 mai au 28 octobre 2022 et du 20 décembre 2022 au 16 mai 2023 – votre VIIe maison natale

Le 10 mai 2022, Jupiter entame une brève incursion dans le Bélier, là où cette planète y restera jusqu'à la fin du mois d'octobre, et de retour à nouveau dans le même signe pas plus tard que le 20 décembre prochain. C'est tout comme si le destin venait vous toucher l'épaule et vous donner un aperçu de ce que le futur a en réserve pour vous.

Cette période sera propice aux associations, aux partenariats et au couple. Jupiter va apporter à ce secteur de votre thème une expansion de la vie associative. Dès lors, de nouveaux projets pourront être mis en place, sinon des contrats en attente pourront enfin voir le jour. Votre façon d'être sera plus détendue et une plus grande confiance en vous vous permettra d'éveiller la sympathie des gens autour de vous et de rendre plus efficaces vos contacts avec autrui, ce qui apportera de nouvelles possibilités dans votre vie relationnelle. Le couple, s'il existe, pourra jouir d'une expansion favorable à l'harmonie. Ce sera l'année pour s'entraider mutuellement et partager son affection. Quant aux célibataires de votre signe, ce sera le moment parfait pour rencontrer une personne avec laquelle faire un bout de chemin ou même pour concrétiser une liaison déjà établie. Mon conseil: pendant cette phase, le rapport avec l'autre sera important. Ne restez pas confiné chez vous si vous êtes seul, car c'est le moment de sortir et de voir du monde puisque votre vie pourrait prendre un tout nouveau départ.

LES PHASES RÉTROGRADES DE MERCURE EN 2022

Mercure rétrograde en Verseau – du 14 janvier au 3 février – votre Ve maison natale

Climat général

L'ennui hivernal risque de devenir de plus en plus lourd à porter à mesure que vous ressentirez la passion de vivre en vous. Vous aurez le goût de vous investir dans un ou plusieurs petits projets, mais ça risque de coûter cher si vous ne vous contrôlez pas. À cet effet, vous tendrez à vous créer un besoin de posséder le dernier gadget électronique qui vous tombera dans l'œil. Attention de le regretter plus tard quand vous vous rendrez compte de l'inutilité de cette prétendue merveille. En toute réalité, l'estime personnelle est l'élément fondamental dans le développement de soi. Veillez donc à vous entourer de gens qui vous aiment et n'essayez pas de vous faire apprécier par d'autres qui ne partagent pas vos valeurs; avec ceux-ci, vous pourriez faire tous les efforts inimaginables, ils n'auront pas davantage de reconnaissance à votre égard. Un bon ménage dans votre cercle d'amis s'imposera, ne serait-ce que pour mettre les efforts à la bonne place. Et si vous avez rencontré une personne récemment, il est possible que cette expérience ne se déroule pas tel que vous l'aviez espéré, et ce, même si vous présagiez que c'était l'amour avec un grand A; une rupture pourra s'en-suivre ou ce ne sera qu'une infatuation passagère. Mercure rétrograde, il est plus difficile de savoir si c'est le vrai amour ou un amour passager. Or, n'allez pas vous embarquer dans une relation sans être certain que les atomes crochus sont au rendez-vous alors que ça pourrait vous jouer un tour. Attention de faire l'objet d'une fascination soudaine et irréversible contre laquelle vous ne pourrez pas lutter. Mon meilleur petit conseil : abstenez-vous de vous commettre ou de faire des promesses à long terme.

Travail – Finances

Rien n'est jamais parfait dans la vie et vous aurez au cours de cette période un tas de détails à régler. Ils se seront amoncelés et comme vous ne pourrez les ignorer ni les jeter dans la corbeille, vous n'aurez d'autre choix que de les prendre les uns après les autres et de trouver des solutions. Autant votre efficacité tendra à impressionner certainement vos patrons, ne vous attendez pas à des éloges pour autant ; ces derniers tendront à vous regarder aller jusqu'au bout avant de dire un traître mot. Entre-temps, vous vous questionnerez toujours sur la pertinence de votre travail et surtout sur la satisfaction de vos patrons. Quoi qu'il en soit, il ne serait pas étonnant que vous ayez à apporter du travail à la maison ou que vous vous exécutiez très souvent à partir de chez vous. Soulignons que ce sera un temps où vous éprouverez davantage de difficulté à supporter le désordre ; ça vous agacera au plus haut point parce que vous serez constamment à la recherche d'un équilibre et d'une harmonie qui se refléteront non pas uniquement dans vos amours, mais aussi dans vos affaires. Peu importe votre situation, vous pourriez vous sentir à la croisée des chemins en ce qui concerne votre vie professionnelle. Peut-être même que certains collègues au travail vous feront la vie dure. Ce sera véritablement le signe qu'il est grand temps de vous respecter et de vivre de nouveaux défis. Vous pourriez hésiter un peu avant de passer à l'action, le temps de vous gonfler à bloc, de vous motiver et de rehausser votre estime personnelle. Entre-temps, l'idée d'investir dans un cours par correspondance vous rapportera grandement à moyen terme sinon avoir votre propre entreprise pourrait germer au point de commencer à installer votre bureau à la maison avec tous les équipements nécessaires. L'incertitude d'un tel choix est souvent angoissante, mais rapidement vous réaliserez que vous avez pris la bonne décision.

Amour – Sentiments

Puisque vous risquez d'être plus distrait et perturbé émotionnellement, prenez garde de ne pas faire de gaffes alors que vous vous en voudriez de ne pas avoir été plus sage, réfléchi ou pragmatique. Néanmoins, ne soyez pas surpris que votre chéri soit moins communicatif, plus introverti ou qu'il/elle vous reproche de l'être. Suivant que vous serez porté à agir d'une manière plus détachée, cette nouvelle attitude risque d'engendrer un sentiment d'insécurité chez l'être aimé. Attendez-vous à une vive réaction de sa part ou de vous-même. Phase où les états d'âme seront plus présents. Si vous êtes célibataire et que vous êtes ouvert à rencontrer, demandez à vos proches de regarder autour d'eux s'ils ne connaissent pas quelqu'un dans la même situation que vous ; ces derniers seront les plus propices à vous faire rencontrer l'amour. N'hésitez donc pas à entreprendre une vie sociale plus active et à vous investir dans de belles activités régulièrement avec vos amis. Toutefois, n'essayez pas d'aller trop vite en affaires alors que ça ne pourra que nuire à l'évolution de cette relation potentielle ; lentement mais sûrement, comme on dit si bien !

Famille

Si vous êtes parent, vous serez plus porté à projeter vos erreurs de jugement sur vos enfants et ferez tout en votre pouvoir pour les empêcher de commettre les mêmes erreurs. Autant vous chercherez à les prévenir, sachez que la vie est ainsi faite et qu'à travers l'expérimentation d'une épreuve ou d'un bienfait, on acquiert la sagesse, on grandit, on se renforce.

Santé

Il est possible que votre organisme se soit intoxiqué au cours du dernier mois et que vous décidiez d'entreprendre un régime drastique qui vous fera le plus grand bien. Avant, pendant et après celui-ci, votre système immunitaire sera plus fragile. Or, une bonne hygiène de base et beaucoup d'eau vous aideront à demeurer dynamique.

Mercure rétrograde en Gémeaux – du 10 mai au 3 juin – votre IXe maison natale

Climat général

De deux choses l'une : ou vous partirez en voyage ou vous planifierez vos prochaines vacances de façon qu'elles soient mémorables. Cependant, prenez garde qu'un délai vienne gâcher celles-ci ou que votre crainte de prendre l'avion ne vous fasse opter pour un voyage en voiture, ce qui vous permettra cependant d'établir un contact plus près des gens et de connaître davantage de régions que vous traverserez. Voilà qui sera un temps aussi où les questions juridiques pourraient occuper votre temps et votre pleine attention. Une simple chose comme ne pas mettre le bon montant d'argent dans le parcomètre pourrait vous causer des ennuis et si vous êtes de ces personnes qui ignorent leurs contraventions de stationnement en espérant qu'elles disparaîtront, elles finiront maintenant par vous hanter avec une vengeance. Et si vous vous retrouvez devant les tribunaux pour quelque chose qui semble insignifiant, évitez de prendre un risque. Essayez de faire remettre votre cause, idéalement début juillet, alors que Mercure sera sorti de sa phase post-rétrograde. D'ici là, l'idée que vous ayez besoin plus que jamais de comprendre le comment et le pourquoi de vos angoisses et des peurs qui vous habitent, et de trouver un moyen de les rationaliser pour les désamorcer sera possible.

Travail – Finances

Voilà une période où les gens seront davantage portés à se plaindre de tout et de rien. Il en sera de même lorsque vous n'arriverez pas à trouver la réponse à un problème, vous en ferez une affaire personnelle de la trouver. Cette quête de connaissances vous amènera vers une source d'informations bien plus intéressantes que vous ne l'auriez cru. Malgré le climat d'instabilité qui prévaudra autour de vous, vous saurez tirer fort bien votre épingle du jeu. Vous arriverez même à transformer certaines situations ambiguës à votre avantage. Vous devrez agir avec circonspection puisqu'en prenant des risques, en dépensant sans réfléchir et en faisant confiance au premier venu, vous vous exposeriez à d'amers désagréments, et si vous défiez toute autorité en place, des sanctions pourront être prises à votre encontre. Préparez-vous aussi à avoir à faire des heures supplémentaires sans nécessairement être rémunéré pour celles-ci. Et si vous travaillez à forfait, n'allez pas être surpris qu'un projet puisse être mis en suspens, au rancart ou il sera moins payant qu'à l'habitude. En contrepartie, vous ne pourrez choisir meilleur temps pour suivre un cours intensif, question de vous mettre au parfum d'une nouvelle technologie nécessaire au développement de l'entreprise pour laquelle vous travaillez. Il ne serait pas surprenant que vous ayez aussi à approfondir vos connaissances d'une langue seconde afin de résoudre des complications possibles à l'étranger ou avec des clients d'une autre origine ou encore qui réside dans une ville différente de la vôtre. Si vous êtes en commerce, méfiez-vous des personnes qui ont les doigts longs ; un filou pourrait vous voler et/ou serez-vous dupé par un de vos employés. Si c'est vous qui avez fraudé et/ou fait de la fausse représentation, si vous avez vendu un mauvais produit ou rendu un piètre service, vous aurez des comptes à rendre.

Amour – Sentiments

Voilà un temps où vous serez davantage porté à fuir dans votre travail, ce qui risque de ne pas faire trop plaisir à votre partenaire de vie. Alors que tout se tassera bien financièrement, ne laissez pas filer le bonheur qui vous tend la main. Or, cessez de penser qu'on essaie constamment de vous manipuler. Le temps est venu d'ouvrir les valves pour exprimer ce qui ne va pas entre vous deux. Pour recevoir l'amour, il vous faut également le faire circuler en retour. N'empêche, vous ne serez pas à l'abri d'une mésentente possible avec l'élu de votre cœur et/ou d'une brouille avec un bon ami, mais rien de dramatique non plus. Pour mieux mettre fin à vos petites chicanes, assurez-vous de garder les lignes de communication ouvertes. Vous serez vite pardonné et vos liens se resserreront à nouveau. Toutefois, puisque vous serez trop souvent parti à cause de votre travail, pour vous faire pardonner, il faudra être créatif afin de ramener l'harmonie dans votre couple et de grâce, n'allez pas parler des comptes à payer ni de vos multiples responsabilités alors que ça ne pourra que miner la magie du moment. Si vous êtes célibataire, il est possible que vous décidiez de vous isoler davantage, de vivre seul au cours de cette période. Autant vous serez habité par cette morosité, même si vous ne recherchez pas nécessairement la compagnie de quelqu'un de spécial dans votre vie, trouvez le moyen de vous ouvrir aux personnes près de vous, question de faire un brin de causette à l'occasion, ce qui ne pourra que vous être salutaire. Pesez bien vos mots pour ne pas déplaire à votre entourage qui risque d'être un peu plus susceptible. Il vaudra mieux mettre des gants blancs et agir prudemment au lieu de risquer la chicane alors que le monde semblera plus maussade, plus déprimé.

Famille

Si vos parents demeurent au loin, un des deux pourrait traverser une impasse plus difficile dans sa vie. Si cette personne n'a pas été sage dans la vie, elle aura tout intérêt à surveiller sa santé. Il est possible qu'elle ait besoin de vos services. Ce pourrait être aussi un frère ou une sœur, sinon assurez-vous d'être courtois durant vos échanges avec un voisin pour mieux éviter une prise de bec. En tant que parent d'adolescents, ils seront extrêmement grouillants et vous aurez parfois du mal à comprendre ce qui se passe en eux. Si l'un de ces derniers pratique un sport de compétition, il aura intérêt à bien se protéger suivant qu'il ne sera pas à l'abri de se blesser, ne serait-ce qu'un bras écorché. Il n'est pas impossible non plus qu'il éprouve des difficultés scolaires et vous demande de l'aider possiblement en lui « payant » des cours privés. Vous serez surpris de constater qu'il prend enfin son avenir au sérieux. Même si vous devez vous priver, vous n'hésiterez pas à retenir les services d'un professeur.

Santé

Si un malaise persiste, par prudence, passez un examen médical. Vous ne serez pas à l'abri non plus d'une légère infection quelconque. Évitez aussi d'être pressé ou épuisé quand vous prenez le volant puisqu'un accrochage est toujours si vite arrivé et plus encore si vous prévoyez voyager au loin. Attention, risque de surpoids possible !

Mercure rétrograde en Balance – du 9 septembre au 2 octobre – votre Ire maison natale

Climat général

Pour les uns, cette phase vous permettra de découvrir qui sont vos vrais amis et qui sont ceux qui ne vous ont strictement rien apporté. Les gens qui sont authentiques n'essaieraient jamais de vous changer. Ils vous acceptent tel que vous êtes, ils vous aiment comme vous êtes. Ils savent quels sont vos défauts et ils sont capables de vous faire rire en vous les remettant sur le nez ; vos points sombres ne les dérangent pas, ne détruisent pas l'amitié qu'ils ont pour vous. Ils reconnaissent en vous vos qualités, votre force morale, votre âme. D'ailleurs, il y a un ménage dans ce coin de votre vie qui vous demande d'être attentif. Ne chassez pas pour autant des personnes que vous connaissez depuis longtemps parce qu'elles ne vous approuvent pas pour un geste que vous venez de faire. Certaines seront si susceptibles et leur vanité si ébranlée qu'elles pourraient commettre l'erreur de couper les ponts avec quelqu'un d'honnête, de sensé et de sage. Alors que vous serez animé par beaucoup d'idées et de nombreuses nouvelles initiatives à proposer, il sera donc normal que vous puissiez rencontrer un obstacle à l'occasion. Néanmoins, vous réussirez à faire les choses à votre manière et vous imposerez la cadence. Vous pourriez également vous sentir bousculé pour prendre certaines décisions et/ou pour faire des pas significatifs dans vos différentes activités, mais la réflexion sera de mise. Vous pourrez certainement élaborer également des plans pour vos projets, mais il sera peu probable que vous puissiez jeter la première pelletée de terre.

Travail – Finances

Il est possible que tous vos projets et même certaines tâches doivent être mis sur la glace pour une raison ou une autre sinon peut-être serez-vous coincé en plein cœur d'un conflit de travail dans lequel vous devrez inévitablement vous impliquer. Vous prendrez part au combat et vous aurez les arguments nécessaires pour faire quelques gains intéressants, mais ce sera surtout lorsque Mercure aura repris sa marche directe que vos affaires débloqueront. D'ici là, il faudra pratiquement porter des gants blancs pour vous parler, surtout quand il sera question d'argent, de budget ou d'un changement à apporter dans votre entreprise ou dans vos fonctions. Mais soyez sur vos gardes alors qu'une personne bien rusée dans votre entourage réussira, malgré votre méfiance, à vous soutirer quelques dollars. Alors que vous vous étiez juré de ne plus faire de prêt, surtout pas à quelqu'un ne gagnant pas sa vie régulièrement, vous succomberez. Cela dit, prudence avec vos différents achats lors de cette période alors qu'il est possible que vous ayez à vous obstiner un peu pour vous faire rembourser ou encore pour obtenir entière satisfaction. Entre-temps, il y aura sensiblement des signatures de papiers à finaliser. Assurez-vous qu'aucun détail ne vous échappe et veuillez doublement tout vérifier pour être sûr que tout est en bon ordre et répond à vos attentes et besoins. Malgré tout, une certaine désorganisation sera possible, mais rien que vous ne pourrez régler avec brio. Et si vous avez perdu un emploi au cours des mois précédents, passez à l'application de ce qui a été si bien planifié et organisé. Les démarches que vous mettrez de l'avant en ce moment même vont donner des résultats espérés éventuellement. Soyez créatif dans votre approche et faites tout en votre pouvoir pour vous faire remarquer et ressortir du groupe. Attention d'en faire trop et de gâcher vos chances de réussite. Apprenez à bien équilibrer vos initiatives.

Amour – Sentiments

La plupart de ceux qui vivent sous le même toit que vous s'entendront bien ; vous trouverez le temps de rire, vous vous efforcerez de protéger et d'agrémenter cette vie de couple. Mais si vous êtes sur un pied de guerre, dites-vous que votre combat ne conduira nulle part et que vous et l'autre serez en train de vous détruire. Si le temps a, selon vous, usé les beaux sentiments, pourquoi ne pas réapprendre à voir votre bien-aimé avec ces yeux tendres que vous aviez quand vous ne le connaissiez pas encore très bien. Ce n'est pas parce que vous connaissez les habitudes de l'autre que vous avez pénétré son âme. Si vous êtes célibataire, vous tendrez à scruter et à juger ceux qui vous approcheront ; pourtant, vous voudriez bien que cette rencontre fonctionne, mais au fond, vous aurez plus peur qu'on prenne le contrôle sur vous !

Famille

Attendez-vous à ce que vos grands enfants prennent des décisions devant lesquelles vous n'aurez plus qu'à vous incliner. Si, d'après vous, ils commettent une erreur, que pouvez-vous y faire sinon d'être là quand viendra le temps de vous demander conseil. Et en dépit que certaines situations que vivent vos enfants vous apparaissent d'abord très différentes de ce que vous avez jadis vécu vous-même, si vous analysez de plus près ce qui se produit, il vous sera possible de faire un parallèle avec une expérience que vous avez vécue au même temps, dans la même saison de votre vie.

Santé

Le stress pourrait être responsable de certains de vos maux de tête. Essayez d'éviter la surconsommation de médicaments pour apaiser la douleur. Un régime alimentaire s'imposera, surtout lorsque le stress dominera, sinon attendez-vous à des brûlements d'estomac qui risquent d'être assez déplaisants. Si vous souffrez d'un mal chronique, d'un quelconque malaise, si vous êtes atteint d'une maladie, quelle qu'elle soit, si vous êtes allé voir plusieurs médecins afin d'obtenir des opinions, voilà que cette fois vos démarches vous permettront de rencontrer celui ou celle qui aura vraiment votre santé à cœur. Et si vous n'avez aucun problème, n'en cherchez pas; demeurez tout de même à l'écoute de votre corps. Autant vous aimerez être constamment en plein contrôle, autant vous serez peu tolérant envers les autres, ce qui pourrait vous valoir au bout du compte des ennuis ou des pépins possibles. Attention aux coups de tête!

Mercure rétrograde en Capricorne – du 29 décembre 2022 au 18 janvier 2023 – votre IVe maison natale

Climat général

Voilà une phase où les agents perturbateurs seront nombreux autour de vous, ce qui pourra rendre l'ambiance particulièrement tendue. L'amour, les enfants et le foyer seront une grande source de distraction. Vous devrez faire des efforts monstres, sinon trouver un endroit où votre solitude sera assurée pour espérer retrouver toute la détermination nécessaire pour assumer la totalité de vos responsabilités et aspirer à un futur meilleur. Non seulement durant cette période vous serez plus indécis et/ou radical dans vos comportements, vous aurez tendance aussi à vous replier davantage sur vous-même. En plus de vous sentir angoissé, voilà que la tension nerveuse risque de vous déranger plus qu'à l'habitude. Méfiez-vous, alors que par moments vous serez plus porté également à donner des conseils et parfois même à devenir assez moralisateur à vos heures à l'égard des autres parents, de vos enfants devenus adultes et même de vos amis. Cette attitude ne sera pas appréciée.

Travail – Finances

Il est plus que probable que si vous travaillez de la maison, vous soyez affligé par une situation à corriger, sinon, si vous travaillez dans un environnement à bureaux, il n'est pas exclu que l'entreprise pour laquelle vous exercez déménage. Ce pourrait être aussi un déménagement qui s'annonce en raison de votre occupation. D'une manière ou d'une autre, vous serez gagnant sur toute la ligne. Entre-temps, l'abolition de poste et d'autres types de problèmes dans votre milieu de travail seront à prévoir. Plutôt que de vous laisser abattre, veuillez rester motivé à ne pas subir de conséquences désastreuses. C'est en prenant les grands moyens que vous aurez bien plus de chances de vous en sortir. Pourquoi ne pas proposer plutôt des projets qui protégeront votre emploi ou vous ouvrir à des idées nouvelles. Quoi qu'il en soit, il vous sera nécessaire de vous isoler, d'œuvrer seul et de ne pas trop compter les heures de travail à investir. Avisez-vous de respecter les échéances pour vos travaux à remettre, mais n'allez pas être surpris de ne pas avoir suffisamment de temps pour tout finir. En tant que patron, dirigeant ou travailleur autonome, que votre entreprise soit toute jeune ou que vous soyez en cours de démarrage, vous devrez possiblement vous installer à la maison, du moins pour y faire vos appels importants et planifier vos journées. En réalité, vous serez dans une période de structuration ou de restructuration et il ne vous sera pas possible d'éviter cette étape et de vous organiser différemment, de consacrer du temps et de nombreux efforts à l'organisation de votre entreprise plutôt qu'aux véritables tâches. Bien sûr, il ira de votre intérêt de ne pas prendre de risque inutile avec vos sous pour l'instant. Quant aux grandes entreprises, vous ne serez pas à l'abri de difficultés avec les syndicats sinon certaines de vos négociations risquent d'être houleuses et non concluantes. N'allez pas être surpris non plus d'avoir à faire face à certains de vos employés qui vivront quelques problèmes personnels assez importants; il faudra faire preuve de compassion et d'empathie, mais surtout, n'ignorez pas leur situation.

Amour – Sentiments

Si vous avez une vie familiale très active, il va de soi que ce ne sera pas ce qu'il y aura de plus stimulant pour vivre des moments intimes passionnants, plus particulièrement au cours de cette phase alors que le retour à la routine semblera vous rendre plutôt distant de vos sentiments, ce qui risque d'entraîner chez vous un puissant désir de liberté, de rencontrer quelqu'un qui n'a pas de contraintes et avec qui vous vivriez pleinement l'amour et la passion. Mais plutôt que de passer à l'action, c'est en paroles que vous devriez aborder le sujet avec l'être aimé afin de comprendre et de chercher des solutions pour retrouver le goût de vous aimer avec conviction. N'empêche, les tâches ménagères et les responsabilités familiales seront au cœur de bien des conflits à un moment donné pendant cette phase. En fait, c'est parce que vous aurez un franc besoin de liberté, de sortir de la maison, de faire des activités en couple, en famille ou même seul. Toutefois, vos responsabilités vous retiendront et puisque l'autre sera si peu enclin à faire sa part, vous ruminerez un peu trop cette frustration, peut-être au point où vous imaginerez votre fuite. Le simple fait de démontrer une volonté de quitter la maison permettra de bien faire sentir votre malaise à votre partenaire afin de régler le problème entre vous. Si vous êtes célibataire, avant même de penser à faire des rencontres, vous devrez mettre un terme à toutes vos relations précédentes. Qu'il s'agisse de simples fréquentations ou d'une longue relation qui s'est terminée, votre cœur ne sera pas nécessairement prêt à s'ouvrir à nouveau. Or, vous aurez besoin de vous rebâtir une vie de célibataire, de trouver un bien-être avec vous-même et ce n'est qu'à partir de ce moment que vous serez plus en mesure d'aimer à nouveau, mais rien avant la fin de janvier 2023, ça, c'est sûr !

Famille

Les choses risquent d'être compliquées à la maison. Non seulement les enfants ne voudront pas participer aux tâches ménagères et n'en feront qu'à leur tête, mais ça risque d'être assez explosif aussi par moments comme climat régnant ! Et même si vos enfants ne restent plus chez vous, ils tendront à devenir aussi exigeants qu'ils l'étaient dans leur enfance. Et en ne voulant pas mettre d'huile sur le feu, vous tendrez davantage à acquiescer immédiatement à leurs demandes même si cela ne vous conviendra pas du tout.

Santé

Le stress quotidien, le stress familial, bref, vous aurez l'impression de les subir tous dans un même temps. Vous devrez y aller une étape à la fois et mieux coordonner votre vie en général pour vous permettre d'arriver dans le temps. Tout ce stress ne pourra que vous causer des troubles digestifs et certains nerfs pourront se coincer, limitant vos mouvements. Attention à la fatigue qui vous guette ! Ne laissez pas votre impatience avoir le meilleur de vous-même non plus. Problèmes osseux possibles.

LA PHASE RÉTROGRADE DE VÉNUS EN 2022

Vénus rétrograde en Capricorne – du 19 décembre 2021 au 29 janvier 2022 – votre IVe maison natale

Climat général

Vénus, qui vous boudera à partir du 19 décembre et possiblement même une semaine avant cette date, tendra, par conséquent, à vous rendre un peu plus introspectif, sinon elle vous poussera à vous retirer dans votre petit coin bien emmitouflé dans votre doudou. Aussi vous sentirez un certain déphasage avec les autres. En d'autres mots, vous aurez souvent l'impression d'être un pas en avant, d'avoir une pensée plus évoluée ou une manière de vous comporter plus mature.

Travail – Finances

Négociateur très habile, vous êtes en quelque sorte le maître des compromis. Vénus en mode rétrograde, vous pourriez avoir une pression sur les épaules pour conclure une négociation, une transaction ou autres ententes avant Noël. Ne soyez pas étonné non plus que le bureau ferme ses portes de manière assez inhabituelle pour la période du temps des Fêtes, sinon vous pourriez vous retrouver en pleine implantation d'un nouveau système informatique au travail. Moindrement, voilà qui présage aussi une période porteuse de changements, de mutations possibles, de renouveaux et/ou de réorganisations. Évitez de vous inquiéter outre mesure, vous vous retrouverez avec de bien meilleures fonctions par la suite. Petit conseil : il pourrait être rentable pour vous d'investir dans des sociétés qui vendent des items de valeur nostalgique, comme des pièces de collection d'une époque révolue. À y repenser !

Famille

Une nouvelle affection pour vos proches naîtra dans votre cœur. Vous pourriez donc décider d'organiser une réunion pour les membres de votre famille que vous n'avez pas vus depuis un certain temps et votre foyer pourrait devenir le lieu de rencontre d'innombrables tantes, oncles, cousins, cousines. Cela dit, certains d'entre eux auront un comportement agressif, ce qui vous blessera. Établissez vos limites et ne vous en laissez pas imposer, même si certains mériteraient d'être remis à leur place. En dépit que certains proches puissent parfois être irritables, n'en faites pas toute une histoire ni un drame si on n'est pas en accord avec vous. Misez plutôt sur cette période pour renouer avec les traditions et les racines familiales, et les réexaminer pour mieux en tirer profit. Néanmoins, attendez-vous à certains délais qui risquent de vous frustrer à cause de quelque chose de personnel ou en lien avec une situation familiale ou domestique. Idéalement, fuyez tous les changements majeurs dans votre vie familiale. N'allez pas vous ingérer non plus dans des arguments familiaux. Au contraire, prenez note de vos bons points et efforcez-vous de résoudre vos petites fautes ou ce qui cloche, ou encore ce qui accroche chez vous. Entre-temps, vous pourriez envisager d'entamer des recherches sur l'arbre généalogique de votre famille afin de découvrir qui étaient vos ancêtres, et vous pourriez même aller jusqu'à obtenir un test d'ADN pour bien vérifier votre ascendance et vos origines ethniques. Vos pensées pourraient aussi se tourner vers le quartier de vos jeunes années. Une visite nostalgique à cette vielle maison et/ou la ferme familiale ainsi que marcher dans les rues que vous avez parcourues il y a longtemps pourraient aussi faire partie de vos projets au cours de la période des Fêtes.

Amour – Sentiments

Voilà qui risque de vous donner du fil à retordre si votre couple bat de l'aile depuis un certain temps ou plusieurs années. Tout à coup, vous n'arriverez plus à garder votre tête dans le sable et vos élans passionnels tendront à se refroidir. Si vous êtes célibataires, bien que vous sortir de la maison ne sera pas facile, attention alors que vous serez davantage porté à idéaliser une nouvelle conquête jusqu'à ce qu'il ou elle se révèle sous son vrai jour. D'une manière ou d'une autre, vous ne ferez pas vraiment d'efforts pour vous placer dans une position favorable aux rencontres durant cette phase. Et si vous avez une jeune famille sur les bras, ce ne serait pas mauvais de prévoir une belle escapade, tout le monde ensemble, pour briser la routine et conserver une belle spontanéité dans votre couple. D'ailleurs, vos préoccupations concernant un ou plusieurs membres de votre famille pourraient gêner vos rapports intimes. Prenez le temps de faire la part des choses vu que vous n'avez sûrement pas envie de vous faire du souci au sujet de votre vie de couple en plus de cela.

Santé

Alors que la santé commence à la table, la fraîcheur de vos aliments est tout aussi importante. Prenez donc toutes les mesures nécessaires suivant que vous ne serez pas à l'abri d'un empoisonnement possible. Surveillez donc attentivement les dates de péremption sur les emballages.

LA PHASE RÉTROGRADE DE MARS EN 2022

Mars rétrograde en Gémeaux – du 30 octobre 2022 au 12 janvier 2023 – votre IXe maison natale

Vous serez porté à douter plus de vous-même et trouverez le temps difficile à vivre et lourd par moments. Vous pourriez tout autant vous sentir parfois déstabilisé par l'envergure des défis à relever, ce qui pourrait vous pousser davantage à riposter. Toutefois, prenez votre mal en patience, ressaisissez-vous avant de vous mettre les pieds dans les plats. Apprenez à mieux gérer toutes les dissonances. Puisque ce sera un temps où vous vous sentirez parfois déstabilisé par l'envergure des défis à relever, il se pourrait que vous soyez plus porté aussi à vous exprimer avec fougue, à être violent, voire agressant, et même porté à disséquer les paroles de votre interlocuteur et à analyser ses intentions avec minutie, et vous jugerez également normal d'imposer votre vision des choses. Les autres, et vos proches aussi, ne feront pas toujours tous les compromis nécessaires pour satisfaire vos exigences. Au contraire, ils tendront à vous contredire. Or, apprenez à calmer votre besoin de tout contrôler et montrez-vous plus tolérant envers autrui, sinon certaines gens risquent de mal le prendre et de vous retourner du tac au tac cette même énergie. Lorsqu'on vous choque et/ou qu'on vous intimide, afin de mieux surmonter votre colère, laquelle après coup sera toujours douloureuse pour vous même quand elle sera justifiée, prenez vos distances. Clarifiez ce que vous dites et ce que vous faites, mais ne soyez pas abrasif ou imposant.

Travail – Finances

Alors que votre attitude réfractaire en fera réfléchir plus d'un en position de pouvoir ou d'autorité, il ira de votre intérêt de modérer vos emportements. Évitez de vous laisser déstabiliser par la compétition. Le travail nécessitera un surplus d'énergie et vous devrez faire preuve d'une méticulosité extrême, ce qui sera exigeant. Toutefois, il est possible que vous n'arriviez pas à bien gérer le stress au travail et que ça joue sur vos humeurs.

Il est probable que vous éprouviez aussi beaucoup plus de difficulté à accepter certaines limitations. N'empêche, attendez-vous d'avoir à faire des pirouettes pour rencontrer votre budget et pour gérer vos finances. Si ce n'est pas le cas, voilà qu'un projet pourrait vous effaroucher à un tel point que vous vous trouverez toutes les raisons pour ne pas le mener à temps. Moindrement, un projet pourrait aussi vous obliger à prendre du recul, le temps d'y voir clair. Quoi qu'il en soit, un changement majeur est à prévoir au secteur professionnel et il se pourrait aussi que vous ayez à faire un choix professionnel déchirant. D'ici là, une relation d'affaires et/ou un client pourrait chercher à fuir ses obligations financières, sinon les tensions professionnelles seront tellement importantes qu'un patron ou encore une tête dirigeante s'entêtera à vouloir tout contrôler, ce qui risque de provoquer en retour de vifs dérangements dans l'équipe de travail. Attendez-vous à ce que des personnes près de vous viennent entraver le travail des autres. Des manigances pourront aussi se tramer dans l'ombre ou encore dans les coulisses du pouvoir. Il vaudra mieux ne pas vous insurger alors que ce sera courir à votre perte. En attendant, hormis que vous aurez l'impression que vous n'arrivez pas à faire de l'argent, à bien gagner votre vie ou encore que vous considérerez que votre salaire n'est pas à la hauteur de vos compétences ou de vos ambitions, ce sera également une période où les irritants matériels seront nombreux tels qu'une dépense imprévue, un règlement difficile à obtenir, et plus encore ; une raison de plus d'être sage et avisé lors de votre magasinage. À cet effet, évitez tous les achats faits sur l'impulsion du moment. Attention aussi d'égarer un dossier et/ou un compte à régler. En revanche, si vous êtes dans le processus de mettre en action une campagne publicitaire, vous aurez à revisiter certains détails avant de pouvoir aller de l'avant avec celle-ci. Par contre, si vous êtes interpellé de vous impliquer davantage dans des politiques étrangères ou nationales, ce ne sera pas chose facile. Cela dit, si vous avez envoyé votre livre à une maison d'édition récemment, il est tout probable que vous aurez au moins un passage à réécrire, sinon une bonne partie du texte. Rien de dramatique non plus, juste une question de peaufiner ou de clarifier certaines choses ou certains passages.

Amour – Sentiments

Voilà un temps où l'énergie sexuelle sera puissante et devra être contenue. D'ailleurs, attention aux aventures amoureuses qui seront plus tentantes. Quant à vos amours, votre relation amoureuse risque d'être plus ou moins satisfaisante ; soit qu'on vit une solitude à deux ou qu'on a l'impression que l'autre n'est pas réceptif à nos besoins, et vous ne vous sentirez plus vraiment aimé ou amoureux. Il se pourrait également que vous preniez les difficultés amoureuses un peu trop au sérieux. Cessez de tout dramatiser, apprenez à lâcher prise un peu alors que vous saurez en rire après-coup. Néanmoins, la désorganisation du partenaire de vie, ou même d'un associé si c'est le cas, pourrait devenir un problème important à régler. Si ce n'est pas le cas, il est possible que vous puissiez découvrir qu'un collègue souffre de dépendance affective et cela vous sera insupportable.

Famille

Si vous songez à voyager, il sera futile de planifier un voyage, tant d'affaires que de plaisance, suivant que votre patience risque d'être mise à rude épreuve. Et si vous faites fi de cette mise en garde, vous ne serez pas à l'abri d'arguments possibles avec les gens que vous irez visiter. Ce sera d'ailleurs comme un signe avant-coureur de ne pas y aller ; restez plutôt chez vous ! De préférence, songez plutôt à planifier de faire ce voyage début octobre 2022, sinon début février 2023 afin de mieux minimiser d'encourir de sérieux ennuis ainsi que tous les problèmes possibles. Pour ce qui des autres qui ne peuvent partir en voyage, demeurez vigilant lors de vos allées et venues à votre travail, particulièrement ceux faits sur la route. Moindrement, attendez-vous à ce que les déplacements soient plus au ralenti ou qu'il y ait une surabondance de circulation.

Santé

Attendu que ce sera un temps où vous serez moins ouvert d'esprit, moins énergique, si vous avez été malade par le passé, voilà que vous aurez beaucoup plus de difficulté à guérir plus vite maintenant. Il n'en demeure pas moins que ce sera une période où vous serez davantage tiraillé par une grande impatience alors que votre besoin de reconnaissance et d'affirmation personnelle vous poussera à vouloir vous surpasser, à donner priorité à vos propres intérêts. Profitez plutôt de cette période pour faire le grand ménage de toutes ces émotions accumulées et vous permettre par la même occasion un certain mieux-être. Prenez également le temps de bien analyser les portes de sortie possibles et faites confiance à votre instinct. Entre-temps, si vous ressentez quelques malaises, n'attendez pas pour consulter votre médecin. Attention également à ce que votre nerf sciatique ne vous cause pas des ennuis, mais plus que tout, assurez-vous de garder un œil vigilant sur vos voies respiratoires. Et puisque vous serez davantage porté à prendre des risques inutiles dans certaines situations, sachez que votre coordination physique et mentale ne sera pas toujours en harmonie. Veuillez donc ralentir le pas, la cadence, prenez cela un peu plus mollo et conduisez prudemment aussi. D'ailleurs, il sera recommandé de laisser les autres conduire. En attendant, attention à un accident possible lors d'un cours de danse, d'aérobie, de Pilates ou même lorsque vous courez, faites du vélo, manipulez de la machinerie lourde ainsi que tous les objets contondants. Sans contredit, ce sera une période où votre stress tendra à croître progressivement !

L'ÉCLIPSE SOLAIRE PARTIELLE DU 30 AVRIL EN TAUREAU – VOTRE VIIIE MAISON NATALE

Puisque cette l'éclipse solaire partielle en Taureau ne vous touchant guère, vous serez donc en forme physiquement à moins d'avoir un ascendant Taureau, Lion, Verseau ou Scorpion. Ce sont les signes qui seront le plus touchés par la baisse de résistance physique durant cette période d'éclipse. Or, assurez-vous d'être dans le meilleur état de santé possible et évitez de vous croire invincible alors que nul ne l'est. En cas de problème, même mineur, ne laissez pas traîner les choses. Dernier petit conseil : il serait préférable de ne rien changer d'important, de ne pas effectuer des travaux d'envergure ni toutes les transformations personnelles ou professionnelles ; il vaudra mieux attendre que le ciel se calme, soit rien avant la mi-mai.

Entre-temps, l'une des principales préoccupations de la huitième maison est celle des ressources communes. Les actifs que vous partagez avec un associé ou les dettes que vous avez contractées en sont deux exemples. Votre initiative ou « nouveau départ » ici pourrait être une étape positive pour réduire, sinon éliminer vos dettes. Vous devriez peut-être revoir vos polices d'assurance ainsi que faire un plan successoral sinon régler une question fiscale. Y a-t-il quelque chose à voir en rapport avec votre contrat de mariage ou suivant un accord de partenariat en ce qui a trait aux actifs qui, selon vous, nécessitent une discussion, sinon des éclaircissements ? Il est temps d'en parler ! Veuillez prendre des mesures soigneusement réfléchies pour améliorer votre situation qui tiennent compte de l'autre personne impliquée.

D'autres thèmes de la huitième maison sont la maîtrise de soi et les intérêts occultes profondément psychologiques ou cachés. Vous pourriez également bénéficier d'une autodiscipline accrue. Une raison de plus de miser sur cette période pour prendre des mesures dès maintenant afin de contrôler une habitude indésirable que vous aimeriez rompre. Votre capacité de maîtrise de soi pourrait aussi augmenter en vous plongeant dans un nouveau programme d'études en métaphysique ou en psychologie, si ça vous interpelle, bien entendu.

P.-S. Vous êtes encouragé à prendre connaissance de tout ce qui est écrit au chapitre intitulé « Les éclipses de 2022 » pour mieux vous familiariser avec toutes les mises en garde à respecter lors de toutes les éclipses.

LES POSITIONS LUNAIRES ET VOUS

À la fin du livre, vous trouverez le tableau des positions lunaires pour chaque jour de l'année 2022. Pour mieux tirer profit de la Lune au quotidien ainsi que connaître le rôle qu'elle jouera sur vos humeurs, lesquelles vont influer sur votre jugement et sur vos actes, référez-vous au chapitre intitulé « Méthode d'interprétation du calendrier des Lunes ».

En général, quand la Lune passe en Gémeaux, en Lion, en Balance, soit votre signe solaire ou votre ascendant natal, en Sagittaire ou en Verseau, vous êtes en forme. Ces énergies, surtout celles du Gémeaux, du Sagittaire et du Verseau, vous placent en position de force. Là où vous devriez être prudent et où il serait préférable de prendre du recul, c'est lorsque la Lune se trouve en Bélier, en Cancer, en Capricorne.

Les divers passages de la Lune ne sont jamais neutres, même ceux qui ne sont pas mentionnés ci-dessus. S'il y a des moments pour l'action quand la Lune est néfaste, s'il faut prendre du recul quand elle ne l'est pas, les autres journées représentent, la plupart du temps, un mouvement vital plus lent.

♏

Scorpion

24 octobre au 22 novembre

LES DIFFÉRENTS ASPECTS DE VOTRE PERSONNALITÉ

Scorpion – féminin, fixe, eau

Vous avez bien mauvaise réputation et pourtant, elle n'est absolument pas fondée. Il n'y a pas de bons ni de mauvais signes ; chacun a ses qualités et ses défauts. Toutes ces rumeurs qui circulent sur votre compte viennent sûrement de gens ou d'astrologues qui vous avaient en aversion. Quant à moi, je vous apprécie énormément !

Détective-né, vous avez l'art d'être stratégique. Vous êtes une personne qui passe au crible chaque situation à la recherche d'indices subtils que vous analyserez et que vous scruterez afin de bien déterminer ce qui se passe réellement.

Très doué pour envoyer des messages tout aussi fins, avisés, subtils que pénétrants aux personnes près de vous, vous pouvez être tout autant manipulateur, insaisissable, imperceptible que doué pour modifier une situation à votre avantage avec les mots et les gestes justes.

Constamment en quête d'intimité, d'intensité et quasiment toujours en situation de crise, vous êtes tout autant capable de vous consacrer profondément à un défi, à une mission difficile à accomplir ou à remplir tellement vous êtes plein de ressources.

Aussi impitoyable, implacable, obsessif et jaloux que vous soyez, il faut se rappeler qu'en tant que signe fixe d'Eau, vous avez l'art de ressentir les choses fortement et pour longtemps. Avec vous, c'est tout ou rien, pas de demi-mesures, ça passe ou ça casse.

CE QUI VOUS DIFFÉRENCIE DES AUTRES NATIFS DE VOTRE SIGNE

En tant que natif du 1er décan (du 24 octobre au 2 novembre), vous êtes régi par Mars et secondairement par Pluton pour faire suite à la Triplicité d'Eau qu'est votre signe solaire. Voilà qui fait de vous une personne calme en apparence, mais intense à l'intérieur.

L'influence de ces deux planètes potentielles sur votre signe et sur votre décan vous donne de l'énergie, de la passion, du courage et vous êtes quelqu'un qui tend à être impulsif de nature. Vous pouvez être tout aussi compétitif qu'arrogant lorsque vous avez une idée en tête ou lorsque vous voulez quelque chose qui vous tient à cœur.

Fort émotif, très déterminé et ayant des opinions arrêtées, selon ce que vous en faites, vous vivrez des expériences peu communes – tant agréables que désagréables. Même si votre vie n'est pas toujours des plus roses ou des plus faciles, vous faites tout en votre pouvoir, du moins en ordre général, pour répondre aux demandes et aux attentes qui concernent votre famille et votre travail.

Attiré par les gens et les choses qui sont mystérieux, vous avez cette facilité à lire les personnes et les situations. Vos nombreux talents de détective, qui sont d'ailleurs inégalés, vous seront d'une grande utilité dans la vie, mais vous devez apprendre à faire plus confiance à vos premières impressions, d'autant plus qu'elles sont rarement erronées. Assurez-vous donc de canaliser vos énergies de façon positive.

Magnétique et manipulateur, vous êtes une personne qui a de l'ambition, est compétitive et hautement organisée. Aussi judicieux et rusé que vous soyez, votre esprit tend à se perturber facilement aux moindres contraintes ou conflits. Heureusement que vos réserves d'énergie vous soutiennent en cas de crise.

Les gens nés sous votre décan sont les plus susceptibles dans la vie d'exercer en tant qu'explorateurs, sinon vous pouvez bien réussir dans les forces armées ou en tant que policier. Moindrement, une carrière athlétique est tout aussi possible.

Charmeur redoutable, vous attirez l'attention partout où vous passez alors que vous ne laissez personne indifférent. Précisons le rôle capital que joue la sexualité dans votre vie. Positif, vous savez vous défouler sans nuire à personne ; négatif, vous devez imposer votre volonté en tout et partout. Il vous faudra un bon dérivatif pour remédier à ce trop-plein d'énergie.

Tout aussi ardent qu'impulsif, vous êtes jaloux avec ceux que vous aimez. Il vaudra mieux que les personnes qui partagent votre vie ne vous blessent pas, car votre vengeance risque d'être terrible et sans merci.

Dans le couple, vous recherchez quelqu'un de stable, de terre-à-terre et qui est capable de vous apprendre à apprécier et à jouir du moment présent. Sur le plan intime, vous recherchez la passion. Si vous vous mariez, choisissez un compagnon de vie qui est loyal, apte à garder tous vos secrets et à l'aise de vous laisser prendre les commandes.

En tant que natif du 2e décan (du 3 au 12 novembre), Pluton et Mars sont vos planètes maîtresses. Quant au Soleil, il a la maîtrise de votre décan, mais Neptune et secondairement Jupiter exercent toutes deux une influence importante dans votre thème pour faire suite à la Triplicité d'Eau qu'est votre signe solaire. Voilà qui fait de vous une personne qui a un côté intuitif très développé et des capacités psychiques fort remarquables. Cela peut expliquer pourquoi vous êtes friand de sciences occultes. Si vous savez utiliser vos connaissances et vos attributs à bon escient, vous pourrez vous créer une belle vie.

Pour ce qui est de l'influence céleste du Soleil sur votre décan, ce luminaire fait de vous un individu qui a deux natures distinctes : vous êtes tantôt timide et réservé, tantôt fier, sensuel et tendre avec les gens qui vous entourent. Quant à Neptune, elle contribue largement à l'imagination fertile qui vous habite. Cependant, autant vous pouvez poursuivre activement votre but, autant, dans le temps de le dire ou comme par magie, vous vous laissez distraire de votre objectif. N'empêche, vous pourrez très bien réussir tant dans une carrière médicale que travailler dans toutes les autres professions liées au domaine de la santé.

Doué pour les travaux de grande envergure, vous pouvez très bien vous réaliser en tant que marin, artiste ou comme commis de bureau, puisque votre efficacité est sans limites. Vous y mettez toutes les énergies indispensables pour atteindre vos buts alors que le travail ne vous fait pas peur. Votre ténacité et votre persévérance sont à la hauteur de votre force de caractère et de votre acharnement à réussir.

Vous faites partie des Scorpions les plus imaginatifs comparativement aux deux autres décans, mais les plus vulnérables aussi émotionnellement.

À cet effet, vous avez tendance à vous accrocher aux choses du passé. Vous avez également cette tendance naturelle à confondre les personnes qui vous entourent ainsi que votre partenaire de vie en envoyant des messages contradictoires. Soyez plus net, plus précis dans ce que vous véhiculez comme informations.

Bien que vous puissiez être très sympathique à vos heures, vous souhaitez tout de même maintenir privée une grande partie de votre vie.

Autant la famille peut être très importante à vous yeux, autant vous n'êtes pas particulièrement démonstratif.

En amour, vous donnez sans compter, vous vous livrez avec ardeur et passion, mais vous êtes tout autant possessif que jaloux. La fidélité est très importante à vos yeux. Dans la vie, vous êtes attiré par des personnes originales, intelligentes et idéalistes. Si vous décidez de vous marier, choisissez une personne qui est loyale, fidèle et qui peut combler vos intarissables désirs, mais méfiez-vous de votre légendaire jalousie ou de ce besoin de vouloir posséder complètement l'être aimé.

Bien que vous ayez une forte constitution physique et une bonne santé, votre point faible, pour vous comme pour tous ceux de votre signe, est situé au niveau de la région des organes génitaux.

En tant que natif du 3e décan (du 13 au 22 novembre), vous êtes sous la tutelle de Pluton, soit votre planète dominante en astrologie moderne, mais votre décan est régi par Vénus et secondairement par la Lune pour faire suite à la Triplicité d'Eau qu'est votre signe solaire. Voilà qui fait de vous une personne qui a tout un caractère, qui est fortement instinctive, et vous êtes également émotif et sympathique à vos heures. Vous êtes de loin plus compétent et plus impressionnant que les deux autres décans tellement vous êtes animé d'un talent créatif.

Quant à l'influence lunaire, celle-ci vous donne la sensibilité et la capacité d'être à l'écoute de votre environnement. Pour ce qui est de Vénus, mal à l'aise dans ce décan agressif, elle vous donne tout de même un penchant pour la romance et pour tout ce qui est beau. Cela explique pourquoi les gens sont attirés par votre bonne nature et par votre côté charmeur. Toutefois, cela n'empêche pas vos relations d'être difficiles, surtout si les gens vous tiennent pour acquis.

Si vous savez sublimer vos instincts primaires et dévastateurs, vous pourrez atteindre de rares sommets de perfection, tant physiquement, moralement, mentalement que spirituellement.

Vous avez une gentillesse particulière qui peut vous être fort utile et appréciable dans votre vie personnelle et professionnelle. Même si votre vie n'est pas toujours des plus roses ou des plus faciles, vous n'êtes pas du genre à baisser facilement les bras pour autant et tout abandonner.

Puisque votre perspicacité vous servira bien dans la vie, vous pouvez très bien réussir en tant que médecin, infirmier, travailleur social, psychiatre, psychologue, chef cuisinier ou, encore, exercer dans toute profession qui implique tant les femmes que les enfants. Moindrement, choisissez un travail qui récompense votre créativité et votre amour de la vérité. Vous pouvez également vous accomplir merveilleusement à travers la musique, l'écriture, les loisirs et toutes les activités culturelles.

Puisque vous êtes animé d'une énergie presque sans limites et que vous pouvez tout autant travailler dur et être tout aussi doué pour les affaires d'argent et le commerce, vous saurez aussi bien faire votre marque dans le domaine de la vente.

Sensible et très profond, vos émotions sont puissantes et hautement explosives par moments. Tout au long de votre vie, vous serez porté à nouer, malheureusement, des contacts avec des gens insolites. Puisque vous êtes quelqu'un de nature hypersensible, vos sentiments risquent d'être plus facilement blessés. Il vaudra mieux apprendre rapidement à vous protéger.

Il est tout probable que votre mère ait eu une grande influence dans votre vie. Porté à materner ceux qui vous sont chers, vous vous attendez à ce que les gens en fassent tout autant pour vous.

Autant vous pouvez être un ami loyal et un amoureux fidèle, si jamais on trahit votre confiance, vous ne pourrez faire confiance de nouveau à cette personne.

Aussi mystique que séduisant que vous êtes, votre intelligence et votre vivacité d'esprit font de vous un compagnon de vie fort délicieux; cependant, vous tenez obstinément à votre liberté intellectuelle.

Étant le natif le plus passionné et le plus généreux des deux autres décans, si vous décidez de vous marier, choisissez une personne qui vous ressemble et qui est tout aussi passionnée et volontaire que vous l'êtes. Par contre, en destinée, vous ne serez pas à l'abri de sombres drames possibles que vous saurez cacher soigneusement. Ce n'est pas facile de concilier passion et amour du cœur!

CE QUE LES ASTRES VOUS RÉSERVENT EN 2022

Jupiter en Poissons – du 29 décembre 2021 au 10 mai 2022 et du 28 octobre au 20 décembre 2022 – votre Ve maison natale

Chaque fois que Jupiter change de signe, chaque année, son passage a une influence considérable sur votre comportement, mais aussi sur votre manière de vivre à la fois les événements et les revirements sociaux. On l'appelle la Grande Bénéfique, alors qu'elle est le consentement, l'acquiescement ; elle permet aux justes de faire justice ou aux innocents injustement accusés d'obtenir justice ! Jupiter est théâtral, démonstratif ; son action est rapide et évidente. Jupiter n'aime pas la routine ; même s'il est spontané, il a l'irréflexion en horreur.

Jupiter en Poissons dès l'ouverture de la nouvelle année, et en bon aspect avec votre signe solaire, ou votre ascendant natal si c'est le cas, en plus d'être un signe d'Eau comme celui du Poissons, où Jupiter est exalté, non seulement elle atteint sa pleine puissance, mais elle est aussi la somme des onze dernières années précédentes, le couronnement de l'œuvre ou du travail accompli. Si Jupiter accepte le rêve, elle insiste pour que vous le réalisiez, elle ne tolère pas la paresse, la négligence ni la malhonnêteté ! Cela dit, on peut comparer son association à votre signe d'Eau, à tous les océans de la planète que l'on déménagerait les uns à côté des autres ! Il y aurait alors l'eau d'un côté et la terre de l'autre ! Or, ou il faudra savoir nager ou avoir un bon bateau et être un capitaine sachant naviguer beau temps, mauvais temps !

Domaine par excellence de votre thème natal qui régit vos amours, vos enfants et/ou ceux que vous considérez comme étant vos enfants, vos spéculations, vos créations, vos activités récréatives et vos vacances, le passage de Jupiter vous promet maints moments de détente, de joie et d'inoubliables plaisirs et souvenirs. Premièrement, les amours et la vie amoureuse seront sous le charme de la Grande Bénéfique. Si votre cœur est libre, vous pourriez le voir comblé par quelqu'un de tout à fait spécial. À tout le moins, le temps se prêtera bien aux amusements légers, aux divertissements de toutes sortes, mais il faudra être vigilant pour ne pas vous laisser entraîner dans des aventures sans lendemain, surtout si votre but ultime est de trouver un partenaire de vie. Mon conseil : l'amour est une bonne chose lorsqu'il est pur et que ses fruits sont toujours beaux, mais lorsqu'il est entaché par la souffrance d'autrui, il ne peut jamais s'épanouir.

Il est alors vain et sans but. Toutefois, si votre cœur est pris et que le nid est déjà fait, ce seront surtout les enfants qui vous souriront pendant ce passage de Jupiter. Il en sera de même pour ceux qui sont ouverts à l'idée de vouloir adopter un enfant abandonné, outre-mer ou non. Et si rien de tout cela ne vous rejoint, il n'en reste pas moins que votre créativité sera en hausse. Par conséquent, les artistes de métier nés sous votre signe auront le vent en poupe ; cependant, évitez de vous surestimer alors que le résultat n'en sera que décevant. En revanche, ceux de votre signe qui tenteront leur chance aux jeux de hasard, aux jeux de société ou d'argent auront de bonnes chances de remporter un prix s'ils restent dans des limites raisonnables.

Jupiter-Neptune conjoint en Poissons le 12 avril 2022 : Passez du temps à vous connaître et vous découvrirez que vous aimez simplement votre propre compagnie. Vous êtes la personne la plus fascinante de votre cercle social et vous le savez ! En attendant, éloignez-vous de l'agitation de la foule, au moins temporairement. Et en apprenant ce qui vous motive, vous deviendrez beaucoup plus satisfait et même plus sûr de vous. Cela dit, prenez garde de ne pas être trop généreux ou trop indulgent avec vos enfants ; il ne faudrait pas non plus dépenser imprudemment pour satisfaire leurs rêves de prospérité. Misez aussi sur cette période pour accroître votre capacité d'expression personnelle dans une voie artistique, romanesque, sociale ou spirituelle.

Saturne en Verseau – toute l'année – votre IVe maison natale

De nature, vous êtes quelqu'un qui croyez en vous-même. Une fois que vous arrivez à une conclusion ou que vous vous forgez une opinion, vous changez rarement, voire jamais d'avis. En 2022, vous pourriez devenir plus obstiné que d'habitude, et ce, plus encore lorsque vous aurez l'impression que vos proches vous freinent. Vous avez la capacité d'être plus ouvert d'esprit. Veuillez donc tourner vos pensées vers l'extérieur plutôt que vers l'intérieur. Il n'en demeure pas moins, Saturne en Verseau au secteur de votre thème personnel qui parle de votre famille, de vos racines et de votre passé, et qui gère aussi la maison et ses habitants en tant que représentante du passé, voilà qui va mettre au premier plan une situation qui tend à se recréer, à se reproduire tous les sept ou quatorze ans et qui vous fragilise, vous rendant ainsi plus vulnérable aux agressions extérieures.

Saturne, très traditionaliste et conservatrice, vous incite à résister au changement ou en tout cas à vous en préserver. Mais l'intéressant avec cette planète, c'est qu'il y a toujours une leçon à en tirer, quelque chose à apprendre sur soi qui fait mûrir et qui vous rend plus fort moralement. Or, n'allez surtout pas en vouloir à la terre entière si vous avez une épreuve à affronter. À terme, vous pourrez faire l'inventaire, tant du positif que du négatif, et si le négatif l'emporte, c'est que vous aurez été confronté à une inéluctable perte. D'ailleurs, la maladie d'un parent, sinon la perte d'un emploi pourrait provoquer cette perte provisoire d'équilibre intérieur.

En dépit que la vie risque de devenir plus compliquée, profitez-en pour apporter un plus grand équilibre à votre vie familiale et personnelle. Misez sur l'équité en tout. N'essayez pas de contrôler les autres et ne les laissez pas non plus vous contrôler ni vous manipuler. Chérissez votre indépendance ! Saturne vous encourage également à mettre plus d'ordre dans vos arrangements domestiques. N'allez donc pas laisser qui que ce soit emménager avec vous ou chez vous, car cette personne vous accablera de nouveaux problèmes. Attendez-vous à vous sentir aussi privé de quelque chose ou à avoir peur de le perdre, que ce soit votre travail ou un membre de votre famille qui est malade. On est en droit de penser que quelque chose ne va pas dans la famille ou à propos de votre lieu de vie. Or, songerez-vous peut-être à déménager, et si c'est le cas, ce sera plus par obligation que par envie. À moins qu'un bien en indivision ne vous déchire les uns les autres, on voit cela dans beaucoup de familles, vous n'êtes pas seul…

Quant au boulot, voilà qui risque d'amplifier vos ambitions, tout en ne vous donnant pas les moyens de les réaliser. Prenez tout votre temps et n'allez pas vous mettre de la pression sur le dos ni la transposer sur ceux qui travaillent à vos côtés. Pour faire du bon travail, vous devrez maintenir un dialogue positif avec vos collaborateurs et/ou vos employés, c'est une des conditions pour que cela se passe bien. Et ne leur criez pas dessus si, selon vous, ils ne sont pas assez rapides. Mais il se pourrait que ce soit sur vous qu'on crie parce que vous semblerez nonchalant, vous aurez l'air de ne pas prendre le travail à cœur, ce qui ne sera pas tout à fait exact. Il n'en demeure pas moins, Saturne en Verseau vous dit de ralentir, de vous poser et de construire sur du solide. Peut-être vous lancerez-vous dans un achat immobilier, sinon désirez-vous fonder une famille. Certains chercheront à investir dans la pierre ou dans la terre, mais vous n'aurez que des obstacles sur votre route. Malgré que tout sera possible, cependant attention, alors que vous tendrez à ne pas vous y prendre nécessairement de la bonne manière et certains traits de votre caractère pourraient aussi jouer contre vous, en particulier un fort désir d'indépendance. Ainsi, d'un côté, vous voudrez partager votre vie avec quelqu'un et de l'autre, vous voudrez votre liberté… Il va falloir un choix, sinon trouver un autre mode de relation.

Jupiter en Bélier – du 10 mai au 28 octobre 2022 et du 20 décembre 2022 au 16 mai 2023 – votre VIe maison natale

Le 10 mai 2022, Jupiter entame une brève incursion dans le Bélier, là où cette planète y restera jusqu'à la fin du mois d'octobre, et de retour à nouveau dans le même signe pas plus tard que le 20 décembre prochain. C'est tout comme si le destin venait vous toucher l'épaule et vous donner un aperçu de ce que le futur a en réserve pour vous.

Secteur par excellence de votre thème natal qui régit votre quotidien, les employés, les subalternes, les animaux domestiques et la santé bénéficieront du passage de la Grande Bénéfique. Or, les corvées quotidiennes vous sembleront moins lourdes et vous pourrez même avoir un certain plaisir à les réaliser en les voyant sous un autre jour. Les conditions de travail en seront également améliorées et vous pourrez même obtenir des promotions dans votre travail. Chose certaine, vous vous sentirez plus valorisé et votre rendement n'en sera que meilleur, ce qui débouchera sur nombreux projets d'avenir réjouissants.

Il n'y a pas de doute, ce sera le moment de vous mettre en avant et de faire votre propre promotion ; vous saurez enfin quels sont vos qualités et vos défauts, et cela vous permettra d'éliminer la compétition. Mon petit conseil : ne perdez pas de vue que c'est une bonne période pour l'amélioration de vos conditions de travail. C'est le moment ou jamais de les changer et de bouger.

Côté santé, ce sera la joie ! À cet effet, on peut confirmer que votre vitalité n'en sera que meilleure et votre joie de vivre sera au rendez-vous. Or, si vous étiez malade par le passé, votre état de santé ira en s'améliorant et, de toute façon, vous aurez envie de bouger, de faire du sport ou de suivre un régime pour vous sentir mieux encore. Quant à vos animaux domestiques, ils seront aussi sous une bonne étoile pour toute la durée de la période et vous aurez envie de les cajoler. Si vous n'en avez pas encore, il est possible que vous désiriez en posséder un, si vous les aimez, bien entendu.

LES PHASES RÉTROGRADES DE MERCURE EN 2022

Mercure rétrograde en Verseau – du 14 janvier au 3 février – votre IVe maison natale

Climat général

L'heure des choix est arrivée! Il est possible que vous ayez pris plusieurs décisions au cours des dernières semaines pour apporter des changements importants à votre vie qui ne peut être qu'un simple long fleuve tranquille. Vous avez une nature bien plus occulte que la moyenne des gens en règle générale, et c'est probablement vers cette philosophie que vous tâcherez d'approfondir vos connaissances, tout en adoptant un mode de vie plus spirituel et plus communicatif. Il s'agira en quelque sorte de votre autothérapie, vous aurez constamment besoin de remettre en question vos choix et vos idéologies afin de les confronter à la réalité. Ce sera aussi une phase où vous serez plus provocateur par nature et tenterez d'imposer davantage votre autorité. En plus de vous sentir nerveux, vous aurez du mal à bien gérer votre énergie, mais par moments, vous serez tout aussi survolté tandis qu'à d'autres vous serez obligé de vous pousser dans le dos. Vous serez tout aussi susceptible de vous mettre en colère à un moment où justement vous n'auriez pas dû perdre votre sang-froid. Soit que vous chercherez à avoir constamment raison, ce qui risque de vous occasionner bien des ennuis possibles, sinon chercherez-vous à taire vos émotions, vos peines, vos déceptions et vos frustrations en exerçant un contrôle rigide sur vous-même. Mais ça risque de sauter tôt ou tard. Apprenez à mieux verbaliser ce qui vous rend si prompt à sauter une coche. Trouvez un exutoire à cette rage intérieure. Évitez de sombrer dans le négatif et de vous laisser tourmenter par vos démons intérieurs ainsi que penser que les autres vous retiennent et/ou vous empêchent de vivre pleinement la vie rêvée.

Travail – Finances

Vous amorcerez certainement une phase de transition qui vous obligera à rester assez souvent à la maison pendant cette période rétrograde, entre autres pour vous occuper de votre famille. Et ce sont peut-être même vos propres enfants qui vous inspireront pour votre prochain emploi – un poste qui demandera une approche plus humaine et qui peut combler les besoins de base des gens. Or, l'idée que vous réussissiez à vous créer un revenu d'appoint à la maison sera possible, sinon vos employeurs pourraient vous offrir la possibilité de travailler à partir de chez vous si cela vous enchante. Et si vous démarrez votre petite entreprise, votre enthousiasme pourrait connaître une certaine déception vers le début du mois de février, rien de dramatique, seulement une petite désillusion. Au début, il est normal que les dépenses dépassent largement les revenus ; cependant, un peu de patience corrigera vite la situation et une clientèle abondante arrivera bientôt. À l'inverse, au bureau, il faudra jouer du coude pour accéder à une meilleure position. Du moins, vous devrez légèrement insister auprès des ressources humaines pour qu'on vous accorde des avantages sociaux qui vous aideront d'un point de vue financier. Vous pourriez également réussir à changer d'échelle salariale. D'ici là, il ne serait pas étonnant que vous disiez votre façon de penser à votre patron ou à un client. Curieusement, ce comportement vous apportera pratiquement de l'avancement, du moins une toute nouvelle confiance en vous.

Amour – Sentiments

L'être aimé pourrait commencer à se plaindre de votre absence et l'inverse sera tout aussi possible. Or, vous devrez sortir de votre bulle pour vivre un peu de passion ensemble. Pour vous rapprocher, il faudra vous accorder des moments d'intimité à la maison et si vous avez des enfants, il faudra vous enfermer dans votre chambre à coucher pour les vivre. Mais avant que la passion puisse vous donner les ailes pour aimer pleinement, il faudra bien aménager votre petit nid d'amour ; votre enthousiasme intime doit refléter une ambiance romantique pour vous inspirer de beaux moments. Si vous êtes célibataire, votre cœur ne s'ouvrira pas facilement à l'amour, surtout s'il a été blessé dans le passé. Par contre, très sensible aux grands charmeurs, vous aurez de puissants besoins de tendresse qui vous feront ouvrir votre cœur et votre corps au premier qui saura exprimer des mots d'amour. Cependant, la déception risque d'être davantage au rendez-vous que le grand amour comme tel. Malgré que certaines personnes puissent vous manifester de l'intérêt, prenez le temps de bien réfléchir avant d'accepter la moindre invitation. D'ici là, il est possible que vous puissiez revoir un ex ou un ami de longue date pour qui vous aviez déjà ressenti de puissants sentiments. Peut-être qu'il ne serait pas mauvais de vous laisser guider par votre cœur plutôt que par la méfiance, surtout pendant la durée de cette phase rétrograde.

Famille

La famille prendra toute la place durant cette période. Elle comptera sur vous pour accomplir certains miracles. Si vos parents sont âgés, il est possible que vous ayez à en prendre soin, quitte à déménager près d'eux ou même à les installer chez vous. On pourra aussi parler du retour de l'enfant prodigue. Un de vos enfants aura besoin de votre soutien et de revenir s'installer à la maison un moment; vous l'accueillerez à bras ouverts. Le goût de repeindre votre demeure vous prendra et il ne vous en faudra pas plus pour passer à l'action. N'allez pas négliger non plus un problème de structure ou de plomberie; il sera nécessaire de faire faire les travaux rapidement. Et même s'il ne s'agira que d'une réparation temporaire, cela vous évitera un chantier dans la maison.

Santé

Le stress et l'alimentation ne feront pas bon ménage. Vous aurez l'impression d'avoir le poids du monde sur vos épaules. Apprenez à lâcher prise quant à vos responsabilités pour mieux pouvoir retrouver la joie de vivre et vos problèmes digestifs disparaîtront comme par enchantement.

Mercure rétrograde en Gémeaux – du 10 mai au 3 juin – votre VIIIe maison natale

Climat général

Beaucoup d'éléments se bousculeront autour de vous, et ce, de façon très précipitée par moments. Votre quotidien semblera vouloir changer radicalement, aussi bien professionnellement que personnellement. À cet effet, une personne avec laquelle vous êtes en relation intime pourrait vous en faire voir de toutes les couleurs et même vous rendre fou à cause de son comportement erratique. Celle-ci tendra à être heureuse et triste dans la minute qui suivra, affectueuse le matin et distante le soir. Mais qui sait, c'est peut-être vous qui tendrez à envoyer des signaux contradictoires. Veuillez donc vous accorder à vous-même ainsi qu'à l'être aimé un temps de répit, ça ne pourra qu'alléger l'atmosphère.

Travail – Finances

Le climat dans lequel vous évoluez tendra à manquer de stabilité, ce sera tout ou rien. Parfois, vous aurez plus de travail que vous ne pourrez en prendre, puis tout à coup, vous vous retrouverez à ne rien faire. Pour ne pas mettre en danger votre situation financière, il serait sage de fuir les beaux parleurs et les affaires trop alléchantes pour être vraies. Un arrêt de travail, une perte d'emploi et/ou des suppressions de postes temporaires seront tous possibles. Malgré tout ce qui pourrait en découler, vous ne serez peut-être pas nécessairement fâché de vous retrouver à la maison pour la saison estivale. Non seulement vous n'aurez pas à vous battre pour fixer vos vacances, vous pourrez toujours en profiter pour revoir en totalité vos objectifs de carrière afin de vous permettre une réorientation assez rapide selon les circonstances. Ceci dit, si vous faites partie de ces personnes déprimées ou constamment découragées, voilà un temps où vous risquez de penser continuellement que les autres sont injustes à votre égard. Questionnez-vous plutôt à savoir ce que vous avez fait pour eux qui ferait en sorte qu'ils seraient motivés de vous venir en aide, de vous encourager, de vous soutenir dans vos initiatives. Quoi qu'il en soit, évitez les grosses équipes de travail, sachez vous faire plus confiance et laissez-vous guider par vos intuitions. C'est en étant laissé seul à vous-même que vous aurez bien plus de chances d'être animé d'éclairs de génie. Sur une note finale, sachez que la question de l'argent sera toujours ce qui fera en sorte que vous réaliserez ou non un projet. Or, avant d'en abandonner un, cherchez plus loin.

Amour – Sentiments

Beaucoup de sérieux dans l'air, mais également beaucoup de conviction face à vos sentiments. Voilà donc une période où les questions affectives seront certainement débattues alors que vous aurez besoin de votre dose de tendresse. Mais quand cela fera défaut, vous ne serez pas des plus contents. Faites preuve de sagesse étant donné que ça aura bien plus de chances de servir vos intérêts que de vous entêter bêtement contre l'être aimé. En toute réalité, c'est son écoute que vous recherchez le plus! Par contre, vous avez la manie de croire que l'on vous devine comme vous devinez l'autre, ce qui n'est pas nécessairement le cas. Pas surprenant qu'il puisse y avoir des tensions dans votre couple qui surgiront à la suite d'un détail insignifiant, et de là se déclenchera tout un différend entre vous deux. L'heure sera donc aux explications au sujet de ce que l'un et l'autre ont vraiment envie de partager. Veuillez exprimer vos pensées pour mieux être compris alors que les points d'interrogation ne feront que donner libre cours à une quelconque interprétation, tant chez l'un que chez l'autre. Si vous êtes célibataire et, croyez que vous ne tomberez plus jamais amoureux, dites-vous que plus vous vous débattez avec cette idée, plus elle a d'emprise et plus vos raisons de la repousser se maintiendront. N'empêche, ce sera un temps où votre solitude sera plus lourde et pénible à gérer. Même si la réalité d'une vie à deux apporte avec elle des contrariétés, elles seront de loin préférables à la souffrance de cet isolement que vous tendez à vous imposer. Cessez de reculer devant l'engagement parce que vous craignez d'être blessé à nouveau, et ce, après vous être donnés corps et âme. Entre-temps, il est possible que certains natifs de votre signe puissent revoir un ex et en soient profondément troublés. Toutefois, cette rencontre n'exclura pas la possibilité d'une aventure d'un soir. Par la suite, tous deux rentreront chez eux. Cette histoire sera terminée et cela n'aura jamais été aussi vrai. Si rien de tout cela ne se produit pour vous, vous ferez sûrement un peu de ménage dans vos relations et n'hésiterez pas à prendre du recul également par rapport à ceux qui veulent tout avoir sans rien offrir en retour.

Famille

Même dans les meilleures familles, il est rare qu'il n'y ait pas un trouble-fête. À cet effet, un de vos enfants risque de commettre un mauvais coup et vous ne pourrez vous empêcher de parler à voix haute. Les échanges n'iront pas de bon train et c'est peu dire. Ils seront tantôt hardis, tantôt peu plaisants à gérer. Il faudra que vous trouviez moyen d'excuser le geste. La justice pourrait aussi avoir à intervenir. Si vos enfants sont de jeunes adultes et qu'ils vivent toujours sous votre toit, l'heure est venue qu'ils volent de leurs propres ailes. Alors qu'il s'agit d'une fierté pour vous, il n'en demeure pas moins que cela laissera un vide dans la maison – un vide auquel vous n'étiez pas préparé, même si c'est vous qui aurez fait les démarches pour qu'ils obtiennent ce qu'il y a de meilleur.

Santé

Alors que la santé n'est pas uniquement dans votre assiette, attention comment vous abordez la vie. Or, si vous entretenez une vision positive de la vie, vous aurez bien plus de chances de récolter le fruit de ce que vous aurez pensé (semé). Néanmoins, méfiez-vous des coups de chaleur !

Mercure rétrograde en Balance – du 9 septembre au 2 octobre – votre XIIe maison natale

Climat général

Voilà qui laisse présager de longues périodes de doute si vous angoissez pour tout ! Les moindres petits « bobos » tendront à se transformer soudainement dans votre imagination en une maladie terrible ! Certains natifs de votre signe recherchent la douleur morale comme compagnon de route, ils ont trouvé ce sens à leur vie ; cela leur donne un prétexte pour lutter, mais parfois aussi pour se soustraire à certaines responsabilités. D'autres Scorpions sont sages, ils ont atteint une certaine sérénité. Ceux-là, depuis longtemps, ont appris à faire confiance à la vie, aux personnes qui les entourent. Quand ils ont été trompés, trahis, ils n'en restent pas là, ils poursuivent leur route avec autant d'ardeur parce qu'ils savent que ce n'était qu'une erreur de parcours ; l'obstacle devant eux n'était qu'un autre moyen d'éprouver leur foi, leur force pour se dépasser une fois de plus. Si vous êtes un confident parce que vous savez écouter, il est possible que vous ayez à aider un ami qui traverse une période creuse dans sa vie. Il a perdu son identité et vous lui prouverez qu'il est toujours le même ; souvent l'âme souffre parce qu'elle a besoin de grandir. En dépit qu'il y ait probablement beaucoup de confusion en général dans l'air au cours de cette période, il est possible qu'il vous arrive, sinon à vos proches, mille et une péripéties plus cocasses les unes que les autres. N'empêche, cette situation sera extrêmement inspirante pour la création d'une œuvre artistique, notamment l'écriture d'un livre ou encore d'un recueil de nouvelles qui vous permettra d'extérioriser beaucoup d'émotions.

Travail – Finances

Voilà un temps où vous serez accaparé par votre travail. Veuillez mettre toutes vos qualités de l'avant afin de mieux pouvoir accomplir ce que vous ressentez et ce que vous devez faire. S'il est question de signer un contrat, soyez assez habile pour demander et même exiger un peu plus que ce que l'on vous offre, et n'allez rien officialiser avant que Mercure ait repris sa marche directe. D'ici là, ce sera un peu comme une frénésie. Poursuivez votre idéal, mais plus que tout ne le quittez pas des yeux ! Pour ceux qui débutent dans leur vie ou encore ceux qui viennent tout juste de prendre un tournant professionnel, prenez les choses lentement mais sûrement. Or, donnez tout ce que vous avez et, plus vite que vous ne le pensez, vous serez rassuré sur vos compétences. En contrepartie, si vous êtes à la recherche d'un emploi, il est possible que l'on puisse vous faire passer quelques entrevues avant de vous accorder un poste ; du moins, il y aura une période de probation qui risque de vous sembler interminable. En tant qu'employé, vous constaterez que les collègues et les patrons tendront à être plus anxieux. N'allez pas faire comme eux et tomber dans le même piège. Occupez plutôt votre temps à votre idéal, à vos ambitions. Et n'allez surtout pas perdre votre précieux temps avec des gens qui n'auront rien de positif à vous apporter alors qu'il y a toujours de ces personnes qui se nourrissent aux dépens des autres. Mêlez-vous de ce qui vous regarde tout en respectant les échéances prescrites et lors de vos discussions, usez de diplomatie en tout temps et restez silencieux si une proposition vous est faite et qu'elle ne fait pas votre bonheur. N'empêche, évitez de laisser les gens continuer à profiter de vos compétences ; on doit mieux vous rémunérer. De toute façon, vous êtes si tenace et professionnel qu'on vous accordera ce qui vous est dû, mais il y a de fortes chances que vous aurez à mettre sur la glace un de vos projets.

Amour – Sentiments

L'incompréhension pourrait régner dans votre union, du moins il pourrait y avoir une distance et une froideur qui vous empêchera de vivre pleinement votre amour. Peut-être qu'il s'agira d'une question de santé, mais votre partenaire et vous-même risquez de ne pas être en mesure d'échanger la moindre affection. Il faudra attendre que Mercure reprenne sa marche directe avant d'ouvrir le dialogue sur vos besoins affectifs mutuels et de retrouver le désir de vous aimer avec conviction. Si vous êtes célibataire, malgré le fait que de nombreux prétendants puissent communiquer avec vous, il ne serait pas étonnant que vous ne leur accordiez que peu d'attention. Vous pourriez aussi être moins en forme et préférerez le confort de votre foyer. Vous repousserez donc sans cesse les rendez-vous que vous ne jugerez pas prioritaires.

Famille

Ce seront surtout vos grands qui vous donneront des soucis. Vous aurez peut-être pris l'habitude de décider à leur place, ce qu'ils n'aiment pas. Il est possible que l'un d'eux soit aveuglément tombé en amour et sur le point de commettre une bêtise ; il délaisse déjà ses études et parle d'aller sur le marché du travail alors que sa scolarité est incomplète. Acceptez l'amour fou qu'il vit en dedans, c'est sérieux pour lui/elle, c'est toute sa vie qui bascule. Malencontreusement, vous ne pourrez lui épargner sa première peine d'amour ; il/elle doit apprendre à panser ses propres plaies. Cela dit, montrez-lui que vous serez toujours là quoi qu'il advienne ainsi vous saurez le calmer, le rassurer. Et si vous consentez à ce qu'il vive l'expérience du grand amour, il y aura alors plus de chances pour qu'il poursuive ses études. Si vous vous y opposez, vous le provoquerez à se rebeller contre votre autorité et serez traité ainsi comme quelqu'un qui ne comprend rien et peut-être même qui n'a pas de sentiments.

Santé

Si une épaule ou vos bronches vous font souffrir, cessez de remettre votre rendez-vous chez le médecin. Vous avez beaucoup de pain sur la planche, ce n'est pas le temps de vous effondrer. Si vous travaillez intellectuellement et que vous ne faites que très peu d'exercice, un problème musculaire pourrait surgir. Avant qu'il se manifeste, pourquoi ne pas faire de l'entraînement physique ? Évitez les excitants de même qu'adopter une attitude négative ou un dégoût de la vie. Dépression passagère possible !

Mercure rétrograde en Capricorne – du 29 décembre 2022 au 18 janvier 2023 – votre IIIe maison natale

Climat général

Voilà une période où vous serez davantage préoccupé mentalement par vos affaires. Par surprenant que vous soyez porté à travailler beaucoup trop ou vous n'aurez tout simplement pas le choix, mais faites très attention à l'épuisement de votre système nerveux qui vous guette ! Profitez-en pour méditer à l'occasion, ce qui vous fera le plus grand bien, et à votre organisme aussi. Malgré tout, les responsabilités familiales s'imposeront d'elles-mêmes, particulièrement si vous avez été trop permissif au cours des dernières semaines ; vos enfants s'attendront à ce que vous le soyez encore, et ce, même si ceux-ci sont grands. Ils exigeront de vous encore et encore de la bonté, de la générosité et comme vous avez peine à leur refuser quoi que ce soit, vous pourriez vous retrouver dans une situation précaire financièrement, ou autre. Il ne serait pas étonnant non plus que vous ayez quelques travaux d'urgence à effectuer sur votre maison. Heureusement, vous devriez être en mesure de trouver le bon entrepreneur à bon prix, ce qui fera augmenter éventuellement la valeur de votre propriété.

Travail – Finances

Quoi de mieux qu'une bonne restructuration dans une entreprise pour y trouver son compte et se frayer un chemin vers de meilleures conditions de travail ! Il est évident que ça ne se fera pas en toute simplicité et qu'il est même possible que votre salaire soit affecté, tout comme votre horaire. Le déroulement pourra sembler chaotique de prime abord, sauf que vous devrez avoir à l'esprit que la fin justifie les moyens. Alors il n'est pas impossible que l'on exige de vous quelques concessions, mais le jeu en vaudra la chandelle. En tant que dirigeant, et même travailleur autonome, si vous êtes au sein d'une grande société, cette phase présage un temps de suppressions possibles ; votre poste ne sera certainement pas affecté, mais il est très possible que l'on coupe du personnel. Vous devrez probablement travailler avec des équipes plus réduites et vous réorganiser autrement. Bref, faire plus avec moins au bout du compte. N'allez pas être surpris non plus d'encourir quelques difficultés en ce qui a trait à certaines négociations en cours. Vous parviendrez à décrocher éventuellement une entente, mais beaucoup plus après que Mercure aura repris sa marche directe. D'ici là, si vous êtes payé à forfait, il est très possible que vous traversiez une période où vos services ne seront pas autant en demande, sans compter qu'il sera plus difficile de nouer de nouveaux contacts ainsi que tisser des liens avec des gens influents, alors que l'on risque d'être plus insensible à vos belles paroles. Chose certaine, l'atmosphère sera lourde au travail et les gens seront plus détachés et même indifférents par moments. Attendez-vous aussi à ce que des projets soient mis en suspens, mais plus que tout, veuillez être bien préparé pour mieux contrer tout imprévu et pour ne pas perdre la face.

Amour – Sentiments

C'est toujours important de se parler, de communiquer ses sentiments ainsi que ses émotions à l'autre, de partager ses désirs, ses ambitions et ses rêves, de développer sa passion en fonction de la réalité du moment présent. Toutefois, voilà un temps où vous aurez cette tendance et cette capacité de « cérébraliser » votre relation, de la mettre en perspective afin de mieux l'analyser. Eh oui, vous trouverez de nombreuses solutions à vos petits problèmes, mais par la suite, le temps viendra de voir votre relation avec le cœur, et là vous pourriez oublier les grandes théories récemment élaborées. En fait, une fois que vous comprendrez les problèmes, vous aurez une bonne partie de la solution entre les mains et le temps vous aidera pour le reste. Malgré que ça risque d'être un temps difficile pour le couple, avec votre flair, avec votre sixième sens bien développé, vous ferez en sorte de connaître des moments plutôt assez chaleureux et remplis de tendresse et d'affection. Vous aurez besoin de sentir l'autre vous aimer profondément avec des marques d'affection. Mais si vous vous êtes éloignés l'un de l'autre, il n'est pas impossible que l'un de vous deux vive une relation extraconjugale, histoire de s'enlever un peu de pression sur le cœur momentanément. Si vous êtes célibataire, il y aura bien une personne parmi toutes qui se démarquera ; cependant, l'engagement ce ne sera pas pour demain matin, et méfiez-vous de ceux qui seront trop pressés en ce sens également.

Famille

Une histoire de cœur pourrait perturber passablement un de vos enfants ou encore il s'agira de difficultés financières qui occuperont son esprit, surtout si son propriétaire commence à le menacer au sujet du loyer. Malgré ces perturbations, son esprit restera vif et très analytique, ce qui lui permettra de saisir la teneur du problème ainsi que de trouver une solution pour parer à cette situation. Il n'en demeure pas moins que vos enfants éprouveront plus de difficulté à exprimer tout ce qui leur tient à cœur. D'ailleurs, s'ils sont aux études, un de ceux-ci pourrait éprouver plus d'ennuis à assimiler la matière enseignée. Peut-être devrait-il songer à retenir les services d'un professeur privé.

Santé

Voilà un temps où vous bénéficierez d'une grande protection contre les attaques hivernales, les microbes généralement actifs durant l'hiver, pour autant que vous fassiez preuve d'une certaine prudence. Il est clair que si vous sortez mal habillé par grand froid, vous ne vous en échapperez pas. En préconisant de saines habitudes, vous y trouverez beaucoup de vigueur et d'énergie, suffisamment pour remplir vos fonctions, vos responsabilités et vos loisirs. N'empêche, attention aux chutes et aux accidents alors que vous pourriez vous briser un os et ainsi perdre une partie de votre mobilité; problèmes osseux possibles, surtout au niveau du genou. Méfiez-vous aussi d'un accrochage possible, mais plus que tout, attention à l'anxiété qui vous guette!

LA PHASE RÉTROGRADE DE VÉNUS EN 2022

Vénus rétrograde en Capricorne – du 19 décembre 2021 au 29 janvier 2022 – votre IIIe maison natale

Climat général

Alors que vos pensées tendront à se tourner vers les affaires inachevées du passé, ne soyez pas tenté de jouer au jeu du blâme. Rappelez-vous plutôt que vous n'êtes qu'un humain et que les humains font des erreurs. Il y a très peu de gens qui traversent la vie sans regret, qui n'ont pas eu peur de leurs actes passés. Même en dépit de Vénus qui rétrograde, le temps des Fêtes sera beau en ce qui vous concerne. Toutes les pensées pessimistes disparaîtront de votre esprit comme par magie. Vous vous lèverez tôt le matin heureux de commencer les activités que vous aviez prévues pour la journée. Lorsque votre tête touchera l'oreiller à l'heure du coucher, vous vous enfoncerez dans un profond sommeil avec un sentiment de paix et de satisfaction. Il n'en demeure pas moins qu'il est possible que certaines gens ne veuillent pas ou ne se sentent pas à l'aise de partager leurs informations personnelles. Rien à dramatiser, bien au contraire, misez sur cette phase pour passer en revue les événements récents et tous les liens passés, et à rechercher la sécurité dans vos relations. Puisque vous n'êtes pas nécessairement quelqu'un qui aime les foules ainsi que les réunions qui rassemblent beaucoup de monde, tant dans un contexte professionnel que personnel, vous pourriez presque angoisser à l'idée d'avoir à participer aux différentes réunions des prochaines semaines. Vous en aurez vitement assez de parler du mauvais temps, de vos petits bobos et des contraintes professionnelles de tout un chacun. Vous ne supporterez plus les conversations banales. Vous aurez besoin d'aborder des sujets plus profonds et de briser la glace avec quelques membres de votre clan. Et s'il y a la moindre tension entre certaines personnes, vous ne pourrez choisir meilleur moment pour crever l'abcès.

Travail – Finances

Voilà un temps où les gens et vous-même serez moins transparents et peu ouverts à partager vos émotions ainsi que toute information ; faites un effort consciencieux pour être plus ouvert aux autres. Vous pourriez également vous sentir un peu coincé financièrement. L'idée que vous puissiez être appelé à prendre part à d'importantes négociations où l'argent s'avérera le point problématique est possible. Curieusement, c'est probablement le *statu quo* qui l'emportera et qui vous permettra de progresser significativement. De toute manière, avec les Fêtes qui s'amorcent, il sera préférable de reporter tous les aspects plus compliqués à l'an prochain. Vous auriez intérêt aussi à respecter les consignes en place, car un rappel à l'ordre ou une contravention vous mettraient hors de vous-même. Petit conseil : il pourrait être avantageux pour vous d'investir dans toutes les entreprises qui promeuvent le bien-être mental, possiblement en vendant des CD et des DVD de méditation ou d'affirmation quotidienne.

Famille

Il se pourrait que l'un de vos voisins, d'ordinaire gentil, se transforme en une espèce de contrôlant fini, sinon il sera possiblement qu'un membre de votre clan familial se transforme soudainement au point où vous n'aurez peut-être pas d'autre choix que de prendre vos distances ou de revoir et corriger vos interactions avec celui-ci. Vous pourriez même décider de ne pas l'inviter à votre réception du temps des Fêtes !

Amour – Sentiments

Voilà une période où vous n'arriverez pas à vous situer sentimentalement : soit vous aimez trop par moments ou plus du tout à d'autres instants cette personne nouvellement entrée dans votre vie. Cette désynchronisation des émotions, du ressenti amoureux tend à émerger lorsque Vénus rétrograde. Cette dysfonction a pour but de vous faire prendre conscience de ce qui bloque votre désir d'engagement réel. Appréciez-vous plus particulièrement les plaisirs que procure la nouveauté amoureuse au lieu d'une vie à deux routinière que vous jugez vouée à l'ennui. Si vous formez un couple très amoureux, il est possible que l'être aimé vous reproche votre incapacité à vivre le moment présent, à profiter au maximum de votre intimité ou vos hésitations à vous engager dans un projet amoureux tel un mariage… peut-être ! Analysez bien les motifs qui vous empêchent de dire « Oui, je le veux. » En revanche, si vous êtes en couple avec quelqu'un d'une autre origine, il est possible que vos différences culturelles se manifestent plus particulièrement pendant la période des Fêtes, surtout si vous avez de jeunes enfants. Croyez-moi, vous aurez besoin d'ouvrir le dialogue. Et en dépit que vos conversations soient habituellement élaborées, durant cette phase vous n'arriverez pas nécessairement toujours à vous comprendre sur le fond. Vous pourriez avoir besoin de prendre un petit recul, de vous isoler un peu plus pour mieux comprendre les fondements de votre relation. Quant aux célibataires de votre signe, vous préférerez nettement garder votre liberté même s'il n'est pas désagréable d'avoir une personne avec qui prendre part aux différentes réunions. Toutefois, il est possible que vous ayez à cicatriser une profonde blessure avant même d'envisager de faire de nouvelles rencontres. N'empêche, vous pourriez entretenir la conversation avec une certaine personne avec qui vous fondez peut-être un peu d'espoir, mais qui ne représentera finalement qu'un soutien émotionnel pour vous.

Santé

Le stress sera actuellement et véritablement votre ennemi numéro un et il se fera sentir avec un peu plus de vigueur durant cette période. Vous pourriez également souffrir d'insomnie sévère qui vous empêchera de fonctionner normalement. En revanche, cette situation risque de vous rendre beaucoup plus vulnérable aux petits microbes du rhume et de la grippe. Protégez-vous bien !

LA PHASE RÉTROGRADE DE MARS EN 2022

Mars rétrograde en Gémeaux – du 30 octobre 2022 au 12 janvier 2023 – votre VIIIe maison natale

Climat général

Tout suggère que ce sera un temps où vous tendrez à lever l'index avec insistance sans vous soucier de la réaction des gens autour de vous. Vous serez même porté à exprimer haut et fort vos opinions et vous les défendrez avec passion. Cependant, certaines gens près de vous n'adhéreront pas nécessairement à votre façon de penser ou de voir les choses. Par conséquent, ce doigt accusateur et mécontent pourra vous attirer maints ennuis relationnels importants si vous n'y prenez pas garde. Demeurez respectueux et ouvert aux opinions des personnes qui vous entourent puisqu'elles vous apporteront des arguments de taille qui en vaudront la peine. Prenez garde également à votre impatience ainsi que d'être trop critique, mais plus que tout, méfiez-vous de votre tendance à vouloir réformer le mode de fonctionnement de l'entreprise pour laquelle vous travaillez, d'un employé et/ou de la famille d'une manière intransigeante.

Travail – Finances

La situation s'annonce plutôt périlleuse en ce qui concerne vos sous. Voilà pourquoi il sera conseillé de garder la ligne de communication ouverte avec les personnes près de vous afin de pouvoir discuter librement sur des points sensibles liés à l'argent et même au sexe. Profitez de cette phase pour revisiter, pour inventorier, pour réévaluer vos finances et même pour fixer aussi les dommages et intérêts d'une cause en litige. En revanche, il sera vivement déconseillé de solliciter un prêt. Tout ce qui relève des questions d'argent risque de stagner et des investissements qui connaissaient une croissance pourraient soudainement décroître rapidement, du moins en termes de profits. Il vaudra donc mieux éviter toutes les actions faites sous l'impulsion du moment et plus encore en ce qui a trait à la façon de gérer votre portfolio. Profitez-en aussi pour revisiter vos finances familiales et vos comptes conjoints, et tenez-vous au courant des finances et des dépenses de votre partenaire de vie, ou votre associé si tel est le cas. Il ira de votre intérêt également de vous assurer que toutes vos assurances sont à jour et qu'elles répondent bien à vos attentes et à vos besoins. Quant à votre travail, vous tendrez à vous montrer plus perfectionniste, plus exigeant et rendrez la vie impossible à votre équipe de travail, vos collègues ou vos associés, si c'est le cas. Vous pourriez également être porté à vous questionner beaucoup plus sur vos motivations et vos ambitions professionnelles ainsi que sur vos affaires, et ainsi de suite. Ce questionnement vous portera d'ailleurs à prendre une décision qui en surprendra plusieurs. Entre-temps, des opportunités se feront vôtres ; cependant, vous aurez à travailler plus fort pour les faire se matérialiser ou pour les mériter. Ne manquez pas non plus de tirer profit de cette période pour dénicher des façons en vue d'améliorer l'état de vos finances, de votre carrière, de votre réputation et de votre vie intime. N'empêche, vous ne serez pas à l'abri à ce que certains blocages refassent surface, mais heureusement, ces ennuis se transformeront éventuellement en éléments positifs. D'ici là, un patron pourrait vous faire subir son autorité, sinon aurez-vous l'impression que les personnes en autorité fuient leurs responsabilités, et ce faisant, vous devrez endosser à leur place sans pour autant recevoir le salaire, la reconnaissance ni tous les bénéfices liés à une telle fonction. Quant aux ententes d'affaires prises avec toute entreprise, un décideur ou même un patron pourrait vouloir se défaire de son engagement et l'argent promis pourrait être remis en question. Vous ne serez pas à l'abri non plus qu'un revirement se produise et que vous soyez dans l'obligation d'avoir à vous tourner vers la loi ou la justice pour faire respecter toutes les ententes prises ou même vos droits. Si c'est le cas, armez-vous de patience et n'allez pas sombrer dans un déséquilibre émotionnel alors que ça ne ferait qu'affaiblir votre force d'action. Entre-temps, vous aurez peut-être à remplacer un absent au travail, surtout si vous êtes temporaire, alors qu'avec le temps vous prendrez sa place puisque ce dernier quittera son emploi. D'ici là, prenez garde à votre impatience et/ou d'être trop critique. Et si vous êtes en affaires, non seulement méfiez-vous des vendeurs, mais prenez garde aussi puisque les fraudeurs auront la main haute. Non seulement vous ne serez pas à l'abri qu'une personne se montre malhonnête financièrement, qu'on s'en prenne à vos sous et/ou à vos placements d'argent ; prenez bien le temps d'examiner les tenants et les aboutissements de tous vos placements et soyez tout aussi prudent dans la façon de gérer votre portfolio. Assurez-vous aussi que tous vos comptes sont bien payés avant leur date d'échéance.

Amour – Sentiments

Voilà qui va ôter tout enthousiasme concernant votre intimité et les partages avec les autres. Les difficultés sexuelles tendront à devenir plus obsédantes et risquez ainsi d'expérimenter des ennuis dans votre vie intime. Vous pourriez aussi vous tourner vers d'anciennes relations pour trouver une solution. Non seulement l'éclat social du partenaire de vie risque de décliner, mais la prestance que vous colliez à son statut disparaîtra aussi. Ce sera un temps où la réalité des vrais sentiments que vous portez à son égard vous rattraperont. Si vous êtes célibataires et qu'il vous ait donné une occasion de rencontrer quelqu'un, il est possible que cette personne ne réponde pas à vos attentes. Sans pour autant vous en faire, vous passerez tout simplement à un autre appel qui sera forcément meilleur. D'ici là, votre vie sociale a bien des chances d'être mise en veilleuse. Cela dit, attention qu'un ami se serve de vous pour redorer son blason ; il est possible que vous ayez à prendre vos distances. Et même si des vérités ne seront pas toujours faciles à regarder en face, vous aurez l'impression d'avoir été piégé dans une situation dont vous vous seriez bien passé. Ce sera peut-être aussi le retour d'un ex ou même d'une ancienne relation avec qui ça s'était mal fini, sinon un amant ou vous-même pourriez devenir trop intense ainsi qu'obnubilé par des idées obsédantes. L'idée ici est de revoir, de canaliser et d'apprendre à mieux vivre vos émotions.

Famille

Rien de plus éclatant ici non plus puisque la famille pourrait aussi vous faire sentir coupable. Les dettes, les ressources partagées, sinon une situation financière exigeront votre pleine attention ; veuillez doublement tout vérifier. Il est tout aussi possible que votre propriété nécessite une réparation majeure à cause d'une catastrophe naturelle imprévisible.

Santé

Vous n'aurez d'autre choix que de changer votre façon de vivre. Par conséquent, il vaudra mieux éviter de vous laisser tenter par les plaisirs faciles, la démesure ou pour la seule satisfaction de vos sens alors que physiquement et intellectuellement, il sera avisé de ralentir le pas ou du moins de vous accorder des pauses pour récupérer vos énergies que vous tendrez à dépenser sans compter. Et si vous faites fi de ces recommandations, tout ou tard vous aurez à vous préoccuper de votre santé alors qu'un symptôme vous obligera à consulter. Chemin faisant, vous aurez sûrement à changer votre façon de vivre au quotidien. D'ici là, la maladie d'un proche et/ou d'un enfant vous obligera à vous retirer. Il sera donc suggéré d'en prendre moins sur vos épaules. De plus, des obligations pourront vous être imposées par les autres. Et si vous tenez à continuer de jouir de ce que la vie a de meilleur à vous offrir, méfiez-vous où vous mettrez les pieds alors qu'un bête accident est si vite arrivé. Soulignons aussi que les dépendances, les peurs et les phobies seront vives pendant cette phase. Misez sur cette période pour faire un travail sur vos colères refoulées et apprenez à les extérioriser de façon positive.

L'ÉCLIPSE SOLAIRE PARTIELLE DU 30 AVRIL EN TAUREAU – VOTRE VIIE MAISON NATALE

L'éclipse solaire partielle au Taureau, soit votre signe opposé, sera plus délicate. Faites attention à votre santé, à votre cœur, à votre dos et à vos yeux, ceux-ci étant les points les plus délicats en ce temps d'éclipse. Et en cas de fatigue intense ou chronique, de vagues malaises inhabituels pourraient être possibles. Or, consultez au besoin, vous serez rassuré et saurez exactement à quoi vous en tenir. Autant que possible, on ne se fait pas opérer pendant une éclipse. Mais si les circonstances l'exigent, il faut ce qu'il faut, et on espère que le chirurgien sera sous de bons augures. Les ascendants Lion, Scorpion, Verseau et Taureau ont intérêt à suivre ce conseil, lequel ne peut causer de tort. Fuyez tout risque inutile et prévoyez moins d'activités épuisantes, mais plus que tout, ménagez vos forces au cas où l'on aurait besoin de vous.

Puisque cette éclipse nouvelle lune mettra l'accent sur vos importantes relations individuelles, elles peuvent être définies comme celles que vous entretenez avec votre partenaire de vie, ou votre partenaire d'affaires réel ou potentiel si c'est le cas, sinon votre compétiteur dans un concours ou suivant un différend possible. Un nouveau thème de départ pour cette maison suggère que vous pourriez également prendre l'initiative de tout ce qui pourrait être nécessaire pour améliorer vos relations. Il n'en demeure pas moins, rivalisez équitablement. Ayez cette conversation de cœur à cœur. Prenez votre part de responsabilité pour un engagement antérieur qui maintenant doit être modifié. Veuillez définir aussi la date qui conviendra aux deux parties. D'ici là, misez sur cette période pour participer à des événements sociaux où vous pourriez rencontrer des partenaires potentiels. Négocier un accord commercial s'y prêtera bien aussi. Concluez celui-ci dans la seconde partie du mois de mai. D'ici là, veuillez coopérer et trouvez moyen de faire un compromis. Profitez-en aussi pour inviter l'être aimé à une agréable soirée sociale.

P.-S. Vous êtes encouragé à prendre connaissance de tout ce qui est écrit au chapitre intitulé « Les éclipses de 2022 » pour mieux vous familiariser avec toutes les mises en garde à respecter lors de toutes les éclipses.

LES POSITIONS LUNAIRES ET VOUS

À la fin du livre, vous trouverez le tableau des positions lunaires pour chaque jour de l'année 2022. Pour mieux tirer profit de la Lune au quotidien ainsi que connaître le rôle qu'elle jouera sur vos humeurs, lesquelles vont influer sur votre jugement et sur vos actes, référez-vous au chapitre intitulé « Méthode d'interprétation du calendrier des Lunes ».

En général, quand la Lune passe en Cancer, en Vierge, en Scorpion, votre signe solaire ou votre ascendant natal, en Capricorne et en Poissons, vous êtes en forme, vous êtes à votre meilleur. Ces énergies, surtout celles du signe du Cancer, de la Vierge, du Scorpion et du Capricorne, vous placent en position de force. Là où vous devriez être prudent et où il serait préférable de prendre du recul, c'est lorsque la Lune se trouve en Bélier, en Taureau, en Lion et en Verseau.

Les divers passages de la Lune ne sont jamais neutres, même ceux qui ne sont pas mentionnés ci-dessus. S'il y a des moments pour l'action quand la Lune est néfaste, s'il faut prendre du recul quand elle ne l'est pas, les autres journées représentent, la plupart du temps, un mouvement vital plus lent.

♐

Sagittaire

23 novembre au 20 décembre

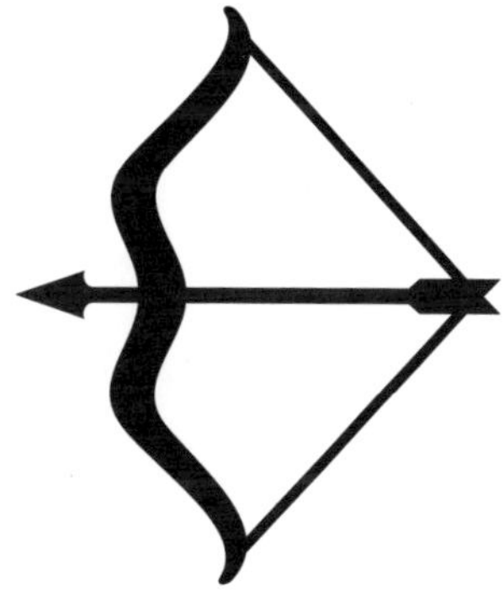

LES DIFFÉRENTS ASPECTS DE VOTRE PERSONNALITÉ

Sagittaire – masculin, double, feu

Vous êtes une personne dont l'enthousiasme se répand tout aussi vite qu'un feu de paille. Vous avez également tendance à ne jamais être satisfait ou content, et vous vous questionnez à savoir s'il y a toujours quelque chose de mieux ailleurs.

Curieux, instable, aventurier dans l'âme, vous ne tenez pas longtemps en place. Vous détestez la routine alors que vous êtes un esprit né pour être libre, généreux et tout aussi optimiste. Vous avez besoin de vous sentir libre pour avancer dans la vie et vous avez en horreur toute restriction alors que vous êtes de ceux qui apprennent dans le feu de l'action.

Excessif et permissif, vous adorez toutes les activités de plein air ainsi que les cultures différentes de la vôtre.

Aussi friand que vous êtes de prêcher aux autres vos vérités, vous croyez tout autant au pouvoir du rire jusqu'à vous ridiculiser vous-même pour solliciter un sourire.

CE QUI VOUS DIFFÉRENCIE DES AUTRES NATIFS DE VOTRE SIGNE

En tant que natif du 1er décan (du 23 novembre au 2 décembre), Jupiter est votre planète maîtresse alors que Mercure régit votre décan. L'influence de cette dernière planète tend à engendrer une personne intelligente, originale, généreuse et d'une extrême indépendance. Autant vous aimez vous sentir libre, vous pouvez à certains moments être tout aussi impulsif que porté à dire tout ce qui vous passe par la tête. On ne peut le nier, vous luttez ardemment pour votre liberté et votre indépendance. Pour ce qui est de Jupiter, elle fait de vous un individu sociable qui prend plaisir à explorer tout ce qui ouvre de nouveaux horizons à l'esprit et à l'élargissement du champ de conscience. Autant vous êtes animé d'opinions et de goûts bien arrêtés, vous êtes tout autant attiré par les personnes qui sont brillantes et amusantes.

Aussi bavard, sociable, agité, optimiste et divertissant que vous puissiez être sous l'influence jupitérienne, si vous vibrez négativement, alors là, vous serez indolent, calomniateur et manipulateur.

Ouvert d'esprit, expressif, curieux, parfois bizarre et changeant, vous suivez les mouvements incessants de votre cerveau. Pas surprenant que vous soyez très friand de connaissances et de vérités.

Vous avez le don de faire bonne impression chez les gens, puisque vous êtes sincère, confiant et tout aussi digne de confiance, ce qui vous servira bien dans tous les domaines de la vie.

Votre désir de vivre pleinement votre vie peut cependant vous causer certains problèmes, surtout si vous prenez trop d'engagements en même temps. Il vaudra mieux vous concentrer sur un ou deux buts spécifiques de sorte que vous ne vous dispersiez pas trop ou ne brûliez pas la chandelle par les deux bouts.

Puisque vous êtes constamment sollicité de toutes parts, il sera avisé de vous réserver des moments de solitude pour mieux pouvoir méditer en paix et, bien entendu, vous refaire spirituellement.

Cultivé, philosophe à vos heures et explorateur-né, vous avez un intérêt marqué pour les hautes études. Voilà pourquoi vous pourriez très bien réussir dans le domaine de l'enseignement, sinon vous pourriez exceller tout aussi bien en tant que commis-vendeur ou agent de voyages.

Conquérant-né et fringant en amour, vous estimez les relations sulfureuses. Puisque vous avez un goût prononcé pour les relations amoureuses charnelles, vous tendez à endosser le rôle de l'amant idéal, car vous savez surprendre avec panache.

Sous l'influence mercurienne, vous êtes l'amoureux idéal étant donné que vous êtes rempli d'affection et de considération pour votre partenaire. Attiré par tout ce qui est étranger et exotique, si vous décidez de vous marier, choisissez une personne qui sera affectueuse, mais qui pourra aussi suffire à ses propres besoins.

En tant que natif du 2e décan (du 3 au 12 décembre), c'est à Jupiter qu'en revient la gouvernance suivant qu'elle est votre planète maîtresse, mais c'est la Lune qui régit votre décan. D'instinct, vous recherchez la popularité et la gloire. Tous les contacts avec le public et la foule vous sont indispensables. La famille est très importante à vos yeux, même si vous n'êtes pas particulièrement affectueux ou démonstratif de nature.

Mars, jouant également un rôle clé pour faire suite à la Triplicité de Feu qu'est votre signe solaire, il vaudra mieux être sur vos gardes, puisque votre impatience et vos comportements irresponsables pourraient vous causer de sérieux ennuis.

Cet amalgame d'énergie martienne et lunaire vous donne un goût très prononcé pour l'aventure. Cela explique également pourquoi vos émotions et vos états d'âme sont tous aussi imprévisibles. Votre humeur fluctue rapidement. Pour être plus efficace dans la vie, il servira vos intérêts de maintenir un meilleur contrôle de vos émotions et d'éviter les gens ainsi que toutes les choses qui vous distraient de vos objectifs. Être sensible et attentif aux sentiments et aux besoins des gens près de vous servira bien aussi vos intérêts.

Mars, particulièrement influent dans votre thème natal, vous octroie toute l'énergie nécessaire que vous pouvez utiliser à bon escient et selon vos désirs. Cependant, puisque vous êtes agité et nerveux par nature, prenez garde étant donné que vous êtes aussi le plus vulnérable des deux autres décans aux accidents de toutes sortes.

Aussi indépendant et intelligent que vous puissiez être, veuillez mettre à profit cette énergie de façon positive en vue d'améliorer votre vie et celle des gens près de vous. Mettez l'accent sur des activités constructives afin de mieux tirer parti de toutes vos capacités. Évitez de vous disperser ou d'abuser trop de votre énergie alors que vous diminuerez vos chances de réussir dans la vie.

Brillant, pragmatique et très rapide sur vos patins, vous excellez avec adresse et plus encore lorsque cela concerne les transactions d'affaires. Vous pouvez très bien réussir dans la restauration, l'immobilier ou dans une garderie pour enfants. Moindrement, veuillez rechercher les métiers et les professions qui ont du panache, de l'envergure, sinon vous serez mécontent et malheureux.

Spontané, énergique et aventureux dans l'âme, on n'a pas le temps de s'ennuyer avec vous. N'étant pas de tout repos non plus, voilà qui confirme pourquoi les débuts des relations sont difficiles alors que votre esprit d'indépendance vous empêche de vous attacher.

En amour et sous l'influence lunaire, vous désirez être aimé, compris et estimé à votre juste valeur pour mieux être en mesure de révéler tous vos sentiments les plus sincères. Mais aussi passionné et fougueux que vous soyez sur le plan sentimental, vous tenez beaucoup à votre autonomie.

Même si vous prenez plaisir à explorer de nouveaux endroits et à vivre de nouvelles expériences, vous tendez à vous blaser facilement. Si vous vous mariez, choisissez un partenaire qui est affectueux, volontaire, qui a de l'ambition autant que vous et qui est tout aussi responsable que vous, car vous aurez ainsi plus de chances de vivre une relation durable et solide.

En tant que natif du 3e décan (du 13 au 20 décembre), vous êtes sous la tutelle de Jupiter alors que Saturne est la planète maîtresse de votre décan. Mal à l'aise dans ces degrés jupitériens, il est possible que vous ayez une destinée lourde de conséquences à porter. Puisque le Soleil influence votre décan, pour faire suite à la Triplicité de Feu qu'est votre signe solaire, celui-ci vous donne de la dignité, de l'ambition, mais aussi de l'autorité. Cela fait de vous un meneur d'hommes et de femmes. Vous êtes sans contredit un leader-né dans l'âme et quelqu'un capable de grandes réalisations.

Le Soleil, donneur de vie par excellence, fait de vous un être ambitieux, généreux et tout aussi chaleureux. D'ailleurs, beaucoup de personnes admirent votre personnalité stimulante.

Quant à Saturne, elle vous donne toute la détermination et la discipline nécessaires pour bien cibler vos visées. Animé d'un talent naturel pour bien organiser vos activités, veuillez mettre à profit cette énergie dans des activités honorables qui peuvent améliorer votre réputation et votre capacité à faire le bien autour de vous.

Cet amalgame d'énergie solaire et saturnienne, influente dans votre thème natal, fait que la vie vous est parfois difficile et lourde à supporter. Fort heureusement, vous n'êtes pas de ceux ni de celles qui baissent les bras facilement. Bien au contraire, abandonner ne fait pas partie de votre vocabulaire.

Puisque vous êtes plus sérieux, digne de confiance, poli, sage et ambitieux que les deux autres décans, votre dignité et votre magnétisme personnel vous servent bien, tant dans les affaires que dans votre vie privée. Cependant, on ne peut nier que de temps à autre, les gens se sentent mal à l'aise en votre présence alors que vous tendez à être assez direct et franc dans votre parler.

Foncièrement indépendant, vous menez votre vie selon vos certitudes et vos désirs. D'ailleurs, l'influence saturnienne sur votre décan vous pousse à vous réaliser dans le monde des affaires préférablement, étant donné que vous avez un talent inné pour bien administrer vos entreprises, sinon vous avez besoin d'un travail qui récompense votre amour de la vérité. Vous pourrez très bien exceller aussi dans une profession en tant qu'enseignant ou tout autre emploi où vous êtes en contact avec le public. Il va de soi que la politique, les contingences matérielles et l'argent vous touchent plus que d'autres de votre signe.

Réputé pour être un ami fidèle et un partenaire loyal, si vous vous sentez toutefois incompris par l'élu de votre cœur, vous pourriez chercher de l'attention ailleurs.

En amour et sous l'influence saturnienne, vous êtes peu porté à vous abandonner à des passions fulgurantes alors que vous préférez de loin la stabilité et la sécurité d'un compagnon de vie parfois plus âgé que vous.

Si vous décidez de vous marier, veuillez choisir une personne sensible, tendre et protectrice, mais vous aurez à faire les premiers pas, courir même après elle, la séduire tout en la laissant libre, car si vous tentez de l'attacher, vous vous exposez à la perdre.

CE QUE LES ASTRES VOUS RÉSERVENT EN 2022

Jupiter en Poissons – du 29 décembre 2021 au 10 mai 2022 et du 28 octobre au 20 décembre 2022 – votre IVe maison natale

Vous êtes né d'une planète lourde, énorme, la plus grosse, Jupiter, dont on dit qu'elle est la Grande Bénéfique, mais aussi la démesure. On pourrait comparer Jupiter à une inflation et Saturne à une sévère restriction. Jupiter en Poissons, quatrième signe du vôtre, il y a ici une double exaltation de Jupiter – il ne peut occuper plus de place ! Ce quatrième signe est donc en fait une maison astrologique importante alors qu'elle vous ramène vers vos racines ou les arrache pour toujours. Ce quatrième signe est une sorte d'opposition aux politiques déjà existantes. Or, c'est une invitation à jouer votre rôle social avec plus d'ardeur dans la communauté dont vous faites partie. Jupiter, qui a en horreur la malhonnêteté, l'injustice, le mensonge, et si, en 2022, on salissait votre réputation, vous feriez un tel tapage que votre cause serait entendue jusqu'à l'autre bout du monde ! Jupiter n'aime pas se cacher et si vous êtes un Sagittaire dit effacé, craignant la confrontation, les événements seront tels que vous serez obligé de sortir de votre tanière et d'exprimer cette force jupitérienne avec laquelle vous êtes né, avec laquelle vous vivrez jusqu'à la fin de vos jours. On pourrait comparer votre refus d'apporter votre participation au monde à un médecin fou qui s'injecte des virus ! Ne vous empoisonnez pas la vie en vous isolant, vous êtes né sociable !

Jupiter qui occupe une position extrêmement complexe par rapport à votre signe du zodiaque, il sera difficile de décrire tous ses effets et ses rebondissements. Mais soyez assuré que vous allez passer une année 2022 très mouvementée et ses secousses seront parfois semblables à un gros tremblement de terre ! Tout probable qu'à la fin de 2022, vous serez essoufflé par tous ces changements que vous aurez été contrait de faire. C'est par contre l'année idéale pour apprendre à être plus juste et plus lucide que jamais vous ne l'avez été ! Jupiter en Poissons vous indiquera les limites à ne pas dépasser ou vous fera voir clairement le mur que vous avez construit entre vous et les autres, entre vous et le monde, un mur qu'il faut maintenant abattre.

Secteur de votre thème personnel qui régit en autres votre foyer, la maison, la famille, vos racines et vos parents, s'il n'y a pas de dissension au sein de votre clan familial, le climat régnant devrait connaître une période d'harmonie. L'ambiance sera saine et les échanges avec vos proches seront heureux. D'ailleurs, les problèmes avec les parents pourraient se résoudre comme par magie. Profitez-en donc, si nécessaire, puisque l'occasion ne se produira pas avant 12 ans.

Bizarrement, il est possible également qu'à cette période, vous soyez intéressé par vos racines au plus haut point. En réalité, vous allez essayer tout simplement de voir d'où vous venez et quelles sont vos origines.

Dans un tout autre ordre d'idées, voilà un temps où vous vous trouverez bien dans votre foyer et l'ambiance sera à la détente. L'idée que vous puissiez aussi avoir envie de déménager, de faire un nid plus adapté à vos nouvelles aspirations qu'agrandir votre habitat, et tout ceci se passant sous de bons auspices, sera tout aussi possible. Hormis que tout ira bien au foyer, n'oubliez pas pour autant d'aller travailler suivant que vous ne serez pas à l'abri d'une mésaventure possible. Fort heureusement que votre bien-être familial vous rendra moins combatif. Ne vous endormez pas sur vos lauriers, mais demeurez tout de même à l'écoute de votre entourage. Et pour ne pas perdre pied, il vous suffira de maintenir le statu quo. Mon conseil: veuillez profiter de l'ambiance familiale harmonieuse pour définir vos désirs intimes ainsi que pour commencer à les réaliser. Dans le cas d'un foyer en désaccord, la situation sera vite clarifiée, mais pas toujours dans le sens souhaité. Parfois la rupture peut être la solution la mieux adaptée.

Jupiter-Neptune conjoint en Poissons le 12 avril 2022: Vous pourriez être une source d'inspiration pour votre famille, car vos ressources intérieures pourront être exactement ce dont vous avez besoin pour montrer aux membres de la famille que la vie est plus qu'une existence banale. En travaillant ensemble, vous et vos proches pourrez apprendre de nouvelles choses et relever de nouveaux défis qui amélioreront la vie et les intérêts de chacun d'entre vous.

Saturne en Verseau – toute l'année – votre IIIe maison natale

Saturne en Verseau, voilà l'année où l'attention sera surtout mise sur vos pensées, sur vos attitudes et sur vos communications. Non seulement ce ne seront pas les idées qui vous feront défaut, attendez-vous à apprendre de nouvelles choses, à prendre de bonnes décisions et même à améliorer votre style de communication. Pour certains, vous allez devenir plus matures! Pour d'autres, votre apparence physique et la façon dont vous abordez de nouvelles personnes et situations seront plus importantes en 2022. Vous voudrez «explorer de nouveaux mondes étranges» et rechercherez de nouvelles expériences exotiques. Certes, ce ne sera absolument pas le moment de vous censurer, mais plutôt le temps de rêver grand, de nourrir de nouvelles pensées et de chercher des moyens de transformer ces pensées en réalité. Laissez libre cours à votre imagination et coloriez en dehors des lignes. En revanche, votre sentiment de liberté ne sera certes pas aussi important. On est même en droit de penser que vous vous sentirez privé de votre liberté ou, à tout le moins, qu'elle sera amoindrie et qu'il y aura rapidement de la révolte dans l'air. Malgré tout, Saturne pourrait, pour une fois, jouer un rôle positif et structurant dans votre vie. Il ne s'agira pas d'une chance ni d'une facilité, mais de vos compétences qui seront apparemment bien utilisées. Toutefois, Saturne n'est pas tout à fait elle-même dans ce signe qui correspond aux révoltes, au refus des conventions et des freins que souvent cette planète impose, mais vous serez bien servi, car celle-ci vous aidera à mettre de l'ordre dans votre pensée et dans un travail de nature intellectuelle, comme l'écriture d'un livre, d'une thèse ou d'un mémoire. La présence de Saturne pourrait aussi vous aider à mieux gérer votre stress. Vous aurez néanmoins la possibilité qu'elle joue un rôle apaisant. Vous aurez en tout cas la possibilité de vous contrôler, à vous de l'utiliser ou non. Par ailleurs, vous aurez également envie de faire le tri dans votre entourage, de mettre de la distance avec certaines personnes.

Puisque vos pensées, vos voisins, vos parents, votre attitude et vos communications seront mis en valeur pendant la durée due passage de Saturne en Verseau, il est possible que vous puissiez parfois vous sentir confus au sujet de certaines personnes, sinon à propos de certains problèmes et vous pourriez encourir également des ennuis ou des problèmes avec votre véhicule, votre ordinateur, votre téléphone ou tout autre appareil et gadget électronique. L'idée qu'un voisin ou qu'un de vos parents risque d'être plus difficile à gérer ou sera tout simplement malhonnête est également possible, et n'allez pas vous laisser berner non plus par un escroc.

Quel que soit le secteur que Saturne occupe, et en dépit des aspects positifs auxquels vous aurez droit, Saturne créera toujours un souci là où elle se trouve. Elle sera donc dans le secteur qui représente votre intellect, mais aussi vos proches, vos frères et vos sœurs, cousins, oncles, tantes, etc. Il se peut donc que vous ayez des ennuis avec l'un d'entre eux, ou parfois avec un voisin qui ne vous veut pas du bien.

Saturne en Verseau (un signe de mouvement), vous apprécierez les changements qui s'annoncent, même s'ils seront parfois imposés de manière autoritaire. Toutefois, avec Saturne en Verseau, il faudra aussi faire du tri, surtout dans votre entourage proche, souvent composé de gens qui profitent de vous et de votre disponibilité.

Jupiter en Bélier – du 10 mai au 28 octobre 2022 et du 20 décembre 2022 au 16 mai 2023 – votre V^e^ maison natale

Le 10 mai 2022, Jupiter entame une brève incursion dans le Bélier, là où cette planète y restera jusqu'à la fin du mois d'octobre, et de retour à nouveau dans le même signe pas plus tard que le 20 décembre prochain. C'est tout comme si le destin venait vous toucher l'épaule et vous donner un aperçu de ce que le futur a en réserve pour vous.

Domaine par excellence de votre thème natal qui régit vos amours, vos enfants ainsi que ceux que vous considérez comme étant vos enfants, vos créations, vos activités récréatives, vos spéculations et vos vacances, le passage de la Grande Bénéfique vous promet de nombreux moments de détente, de joie ainsi que d'inoubliables plaisirs et souvenirs. Premièrement, les amours et la vie amoureuse seront sous le charme de Jupiter. Or, si votre cœur est libre, vous pourriez le voir comblé par quelqu'un de tout à fait spécial. Non seulement votre cœur sera doué pour les amusements légers et les divertissements de toutes sortes, il faudra quand même être vigilant pour ne pas vous laisser entraîner dans des aventures sans lendemain, d'autant plus si votre but ultime est de trouver un partenaire de vie. Mon conseil : l'amour est une bonne chose lorsqu'il est pur et que ses fruits sont toujours beaux, mais lorsqu'il est entaché par la souffrance d'autrui, il ne peut jamais s'épanouir. Il est alors vain et sans but.

Cela dit, si votre cœur est pris et que le nid est déjà fait, ce seront surtout les enfants qui vous souriront durant ce transit jupitérien. Un temps idéal aussi pour tous ceux qui seront ouverts à l'idée de vouloir adopter un enfant abandonné, outre-mer ou non. Une autre de vos facettes pourra se révéler, soit celle de votre créativité. Or, les artistes de métier nés sous votre signe auront vraiment le vent en poupe, mais évitez tout de même de vous surestimer, car le résultat ne sera pas aussi prometteur que bon.

Prenant en considération que vous aimerez davantage vous distraire, certains d'entre vous tenteront leur chance aux jeux de hasard, aux jeux de société ou d'argent où ils auront de bonnes chances de remporter un prix des plus intéressants s'ils restent dans des limites raisonnables, bien entendu, (c'est le domaine des amusements et non des placements !...).

Sur une note finale, lors du passage de Saturne en Verseau, et il se trouve qu'elle formera un bon aspect avec Jupiter en Bélier (mai à octobre 2022 et fin décembre 2022 à mi-mai 2023), vous assurant ainsi un équilibre, tant avec votre entourage professionnel que personnel. Or, l'idée que vous puissiez prendre des distances avec certaines gens que vous trouverez trop superficiels est possible. Vous aurez besoin en effet de liens plus solides et de relations que vous pourrez approfondir. Cette position de Saturne sera également favorable aux études, aux apprentissages et tout ce que vous apprendrez vous servira pendant longtemps, et plus encore si vous faites partie du deuxième décan.

LES PHASES RÉTROGRADES DE MERCURE EN 2022

Mercure rétrograde en Verseau – du 14 janvier au 3 février – votre IIIe maison natale

Climat général

Voilà une période où vous serez moins rationnel qu'à l'habitude même si, en général, vous l'êtes. Il y aura ce côté de vous qui tendra à vouloir se mettre plus en évidence, ce qui ne servira pas nécessairement vos meilleurs intérêts. Vous tendrez aussi à vous emporter, à vous précipiter sans réfléchir ainsi qu'à être d'humeur prompte et impulsive, ce qui risque d'occasionner de multiples complications inutiles. Vous éprouverez également plus de difficultés à exprimer le fond de votre pensée ou vous vous embourberez à chercher les mots justes et corrects qui exprimeront ce que vous voulez transmettre comme message. Mais attention, alors que vous serez plus porté aussi à dire tout ce qui vous passera par la tête sans avoir vraiment réfléchi avant. À l'inverse, vous pourriez aussi vous replier davantage sur vous-même et préférerez garder vos distances, ou vous ne serez pas porté à donner beaucoup d'explications, préférant ainsi laisser le mystère planer sur vos véritables intentions. Il n'en demeure pas moins que dans les deux cas, vous serez plus acharné et vous vous montrerez parfois combatif et rébarbatif, mais sachez que la conciliation aura bien meilleur goût lors de vos conversations et de vos négociations.

Travail – Finances

L'hiver, les déplacements sont toujours plus compliqués et vous ferez tout ce qui est en votre pouvoir pour rester à la maison. Vous pourriez donc développer ainsi votre bureau à domicile, et ce, en accord avec votre patron, mais ne vous attendez pas à ce qu'il vous dise oui tout de suite, car il y aura possiblement pas mal de négociations en cours. Il n'en demeure pas moins que ce sera quelque chose que vous ferez dès que Mercure aura repris sa marche directe. Entre-temps, il ne faudra surtout pas vous décourager par les importants changements et les apprentissages que vous devrez faire pour mettre en avant vos objectifs. N'empêche, il est possible qu'il y ait une petite période de confusion au travail ou à la maison qui vous isolera un peu et vous obligera à prendre certaines dispositions particulières et à négocier sérieusement pour que les affaires reprennent une direction plus intéressante. Or, qu'il s'agisse de votre propre affaire ou d'un projet qui vous tient à cœur, vous aurez tout à gagner en vous exprimant ouvertement et en faisant le moins de compromis possible, et ce, même si les résultats se feront attendre. La prudence sera nécessaire puisque vous serez plus influençable devant les beaux discours, ce qui pourrait vous inciter ainsi à prendre de mauvaises décisions, mais d'autant plus parce que vous serez pressé d'accomplir de grandes choses, d'aller de l'avant dans la vie et de mener plusieurs projets de front. Toutefois, attendez-vous d'avoir à reculer un peu avant de pouvoir reprendre votre élan. Et si vous êtes tenté de déménager, de vendre, de louer ou d'acheter une propriété, il faudra bien étudier la question étant donné qu'il ne serait pas impossible que vous ayez à retourner sur la planche à dessin. Attention aussi à tout ce qui est trop beau pour être vrai et veillez à ce que tout soit en bon ordre ! En revanche, si c'est dans vos plans de reprendre la voie des études, il y aura de nombreux détails à régler ; vos cours ne correspondront pas à vos besoins ou vous devrez apporter quelques changements à la dernière minute.

Amour – Sentiments

Le dialogue est l'une des meilleures solutions pour éviter les conflits, les tensions et les froids dans une vie de couple. Vous aurez beau être rempli de bonnes intentions pour amorcer la conversation, mais les frustrations risquent de prendre rapidement le dessus et vous serez tous deux en pleine dispute stérile, à l'opposé de ce que vous auriez souhaité. Laissez un peu plus de place au silence et de meilleurs sentiments s'installeront d'eux-mêmes, sans pression ! D'ici là, il est possible que votre vie de couple puisse être remise en question. Vous aurez besoin de vous sortir de la routine – elle qui enlève la passion et ternit la libido. Fort heureusement, vous ne serez pas seul à comprendre qu'il faut du changement dans votre union et qu'un peu de piquant serait nécessaire pour réaliser que le but de votre union est toujours de partager l'amour et les sentiments. Ce seront possiblement les événements ainsi que l'ambiance entourant la fête de l'amour (La Saint-Valentin) qui viendront stimuler la recherche de solutions afin de raviver la flamme entre vous. Si vous êtes célibataire, vous gagnerez en popularité ! Vous aurez amplement le droit de jouer avec votre pouvoir de séduction, vous accordant ainsi des heures de plaisir. Le grand amour ne sera pas nécessairement au rendez-vous, mais vous accroîtrez considérablement votre réseau social derrière votre ordinateur et les prétendants se bousculeront pour vous inviter à sortir.

Famille

En plus que l'entente entre les enfants sera plus ardue, vous pourriez également être attablé avec des amis grossiers de vos enfants qui montreront un manque flagrant d'éducation. Vous vous demanderez bien où s'est cachée leur intelligence. Un ami, un proche ou l'être aimé pourrait se raconter des histoires de même qu'agir de manière égoïste et en retour, l'atmosphère au foyer risque d'être plus difficile lors de vos échanges.

Santé

Une poignée de main, une accolade, sinon un baiser et voilà, vous aurez ouvert toute grande la porte aux différents microbes. Rassurez-vous, il ne s'agira probablement que d'un rhume ou d'une grippe, mais il ne faudra quand même ne pas prendre cela à la légère, autrement l'infection s'installera et vous aurez besoin d'une dose massive d'antibiotiques. Le manque d'exercice tendra également à fragiliser votre système immunitaire. Puisque vos poumons seront la porte d'entrée de divers microbes, il sera suggéré de porter un foulard, surtout si vous faites des activités à l'extérieur par temps froid, alors que vous pourriez facilement vous irriter les voies respiratoires. Attention, accouchement long et difficile possible si vous êtes enceinte.

Mercure rétrograde en Gémeaux – du 10 mai au 3 juin – votre VIIe maison natale

Climat général

Des idées de vengeance sur un ancien ennemi pourraient vous venir à l'esprit. Vous pourriez commencer à penser sérieusement à vous venger de quelqu'un qui vous a fait du tort sur votre lieu de travail, qui vous a escroqué ou qui vous a brisé le cœur. Avant de vous engager sur la sombre route de la vengeance, prenez du recul. Même si vous êtes blessé et/ou meurtri par les actions d'une autre personne, croyez-moi, la vengeance n'effacera pas tout le mal qui vous aura été fait. Faites-vous une grande faveur : réfléchissez à ce qui vous fait vraiment sourire, puis efforcez-vous de vous rendre heureux puisque vous seul avez le pouvoir de changer les choses.

Travail – Finances

Votre vie risque d'être mal synchronisée par moments au cours de cette période. Les événements seront loin d'obéir aux scénarios que vous aviez prévus sans compter que vos finances laisseront elles aussi à désirer. D'ici à ce que tout se tasse, vous aurez à marcher sur des œufs et méfiez-vous aussi de toutes les erreurs de jugement. L'instabilité, les retards et les frustrations que vous vivrez auront de quoi vous mettre les nerfs en boule. Vous hésiterez entre différentes options et vous n'arriverez pas à vous décider, probablement parce que le moment ne sera pas approprié. Continuez à protéger vos biens et votre argent contre les gens mal intentionnés et, lors de vos déplacements, soyez prudent au volant. Si vous ne voulez pas être en retard, partez plus tôt alors que vous ne serez pas exempt de vous retrouver dans un embouteillage monstre. Si vous occupez un poste de contrôle ou si vous êtes un chef de section, il est possible qu'un employé ou un collègue s'oppose à vos méthodes de production et qu'il vous critique. Autant vous détestez les gens qui vous marchent sur les pieds, ça risque de ne pas tourner rond avec vous, et l'autre s'en relèvera difficilement puisque vous êtes réputé pour ne pas avoir la langue dans votre poche. Il sera de loin avisé de modérer vos emportements alors que la diplomatie finit toujours par avoir meilleur effet que la colère. Si vous œuvrez dans le domaine des communications et qu'il y a des gens bavards dans votre milieu de travail, méfiez-vous de vos réactions parfois un peu trop promptes face à divers collègues qui, en moins de deux, pourront vous faire mauvaise réputation. Et si vous travaillez dans le domaine des communications, dans les systèmes de téléphonie, en audiovisuel et dans tout ce qui concerne la machinerie, il est plus que probable que vous serez débordé. Et si vous êtes professeur de métier, il est possible que vous soyez dérangé par des contestations étudiantes, notamment dans les écoles secondaires et les cégeps. Cela pourra aller du fait le plus banal à une très grande violence, telle que la destruction de propriétés scolaires. Il est possible également qu'il y ait de la protestation contre certaines mesures d'ordre politique ou suivant des décisions gouvernementales sur le coût des cours. Et si votre contrat de travail arrive à échéance, il est possible qu'il puisse tarder à être renouvelé. Ce ne sera pas le temps idéal non plus pour soumettre une demande d'augmentation de salaire ni pour solliciter un poste ouvert. Pour ce qui relève du domaine de la vente, voilà qu'il semblera particulièrement affecté et devant nombre de vos clients, votre discours tendra à ne pas être toujours le même et une confusion pourrait s'installer. Or, n'allez surtout pas penser que vous pourrez signer avec un gros client à long terme facilement. Bien au contraire, pour y parvenir, vous devrez faire beaucoup de travail en heures supplémentaires ou en rapporter à la maison, an grand dam de votre famille. Bien qu'il ne s'agisse pas non plus de l'une de vos arènes de négociations préférées, il faudra vous y mettre puisque la saison du golf sera en pleine essor. Il faudra plus d'une partie pour arriver à obtenir un nouveau et très gros contrat qui vous permettra d'occuper votre poste, sinon de faire survivre votre entreprise. Néanmoins, n'allez rien prendre à la légère ou pour acquis !

Amour – Sentiments

Les choses tendront à ne pas tourner rond. Quand ce ne sera pas le dialogue qui laissera à désirer, ce sera le comportement de votre chéri qui vous irritera ou vous inquiétera. Pensez donc un peu plus à vous et faites-vous une carapace. Quant aux célibataires, il sera plus facile de tomber dans le panneau et de trouver mille et une raisons de ne pas vous lier ; vous avez sans doute besoin de vous sentir libre, mais pour préserver votre équilibre, demeurez ouvert à éventuellement dire oui à l'amour. Et n'allez surtout pas faire comme si ce n'était pas important pour vous.

Famille

Attendez-vous à un surplus de responsabilités, rien à dramatiser, mais il faudra vous en acquitter tout en voyant aux besoins et sentiments des vôtres. Un de vos enfants pourrait avoir de drôles de fréquentations ; il sera bon d'y voir. Il est possible aussi que l'un de vos plus jeunes enfants rentre de l'école avec quelques ecchymoses ; il sera sage que vous alliez au fond des choses. Assurez-vous qu'il n'a pas été victime de taxage ni de brutalité. Entre-temps, si vous vivez en famille reconstituée, ce ne sera pas une période paisible. À titre d'exemple, un ex-conjoint qui n'a pas la garde des enfants pourrait vous réclamer de l'argent ou, encore, déçu d'avoir été laissé, même après des années, il vous appellera sans cesse. Son seul et unique but sera de vous faire la vie dure. En dépit qu'il sera plus difficile de maintenir l'équilibre pendant cette période, il faudra faire un gros effort supplémentaire pour y parvenir. En attendant, il est à souhaiter que vous ayez planifié vos vacances estivales au préalable, sinon vous risquez de voir vos plans être modifiés.

Santé

Vous ne serez pas à l'abri de ressentir une faiblesse que vous n'avez jamais sentie par le passé. Demandez à votre médecin de vous faire passer un test sanguin afin de bien vérifier votre état physique. Un dérèglement possible pourrait se produire sous l'effet d'un stress prolongé. Prenez soin de vous et réservez-vous du temps pour refaire votre plein d'énergie ! Il sera suggéré aussi de surveiller votre consommation de café ou de thé. Et si vous suivez un régime, attention d'être trop strict avec vous au risque de vous affaiblir. Prônez plutôt la modération en tout. Si vous êtes sous médication, vérifier bien l'ordonnance qu'on vous remet puisqu'une erreur pourrait se glisser.

Mercure rétrograde en Balance – du 9 septembre au 2 octobre – votre XIe maison natale

Climat général

Voilà un temps où vous risquez de vous sentir plus à plat, soit davantage au bout de votre rouleau comme on dit si bien. Même si vous êtes destiné à vivre des déceptions possibles, ne baissez surtout pas les bras puisque vos pronostics futurs semblent être très prometteurs. Néanmoins, méfiez-vous de vos visions apocalyptiques ! Vous pourriez être porté à voir le pire alors qu'au-dedans ce sera la confusion. Vous aurez mille bonnes raisons de faire certains gestes dont vous n'êtes pas vraiment persuadé qu'il s'agira des meilleures choses à faire. Vous entreverrez les conséquences, mais vous ne les analyserez pas assez. Attention, suivant que vous serez à la recherche d'un plaisir que vous tendrez à définir mal. Sur votre route, des amis vous aiment et seront assez honnêtes pour vous dire que vous exagérez. La vie ne se déroulera pas toujours tel que vous le voudriez et le ciel astral vous invitera à méditer avant de prendre toute décision qui bousculerait complètement votre vie et celle de ceux qui vous entourent. Néanmoins, attendez-vous à un surplus de confusion durant cette période. Voilà qui explique pourquoi vous aurez besoin de bouger et d'évacuer assez régulièrement un trop-plein d'énergie ou d'émotions ; n'hésitez pas à trouver un ami avec qui fréquenter un centre de conditionnement physique alors que vous vous permettrez enfin de lâcher votre fou un peu plus souvent dans ce genre d'environnement.

Travail – Finances

La productivité constituera le cœur de la vie elle-même lors de cette période. Vous ne saurez pas pourquoi vous ressentez autant de pression, mais elle sera présente, lourde à gérer et moralement épuisante. Fort possible que ce sera à cause de votre insécurité matérielle qui ne cessera de tenailler vos tripes. Toutes sortes de réactions seront possibles. Évitez de laisser vos démons intérieurs avoir le meilleur de vous-même. N'empêche, il ne serait pas étonnant que vous ayez d'importantes discussions avec un groupe ou alors vous devrez organiser un événement qui rassemblera pas mal de monde. Les gens seront probablement assez difficiles à joindre en premier lieu et les confirmations arriveront au compte-gouttes. Mais dès le début du mois d'octobre, soit une fois que Mercure aura repris son mouvement direct, les choses s'activeront à votre plus grand bonheur et satisfaction. À cet effet, de nouvelles opportunités, sinon un coup de chance de démontrer vos talents et vos habiletés vous sera donné, mais il est possible que vous soyez plus tenté d'y mettre vos conditions et d'exploiter davantage la confiance qu'on vous témoigne. Attention de dépasser les limites permises et à la fin, de ne vous retrouver qu'avec la moitié de ce qui devait être au départ. Ne soyez pas trop gourmand. Faites d'abord la preuve des compétences que vous énoncez. Et si vous êtes créatif, vous aurez l'occasion de mettre votre talent de l'avant. Vos idées et vos propositions seront notées, le crédit vous reviendra et la voie du succès s'ouvrira plus largement qu'elle ne l'était. L'allée à suivre sera belle et claire, il n'est pas pour l'instant nécessaire que vous exploriez la suite. Allez jusqu'au bout de ce que vous voulez éventuellement voir se réaliser et laissez le temps faire les choses.

Amour – Sentiments

Si votre couple n'est pas solide, si vous n'êtes pas encore certain d'être aimé, si vous pensez que l'autre ne vous aime pas assez, d'abord vous cultivez l'angoisse et ensuite vous vous éloignez de ce qu'est l'amour véritable. Si depuis trop longtemps vous ne partagez plus vos idées et vos rêves, s'il vous reste encore assez d'amour pour l'autre, demandez-lui de s'asseoir avec vous et calmement et honnêtement dites-lui ce que vous attendez encore de lui et ce que vous n'attendez plus maintenant, alors que vous le connaissez mieux. Il faut parfois un tel moment pour se redécouvrir l'un l'autre. Ne ratez donc pas cette chance de le faire ! Si vous êtes célibataire et que vous n'avez pas encore fait votre choix, vous serez un peu las de courir et d'espérer la rencontre de l'âme-sœur ou de cette fameuse perle rare de vos rêves. Certains pourraient aussi succomber à une attraction pour quelqu'un qui est déjà amoureusement engagée. Et si vous consentez à une telle liaison, c'est qu'au plus profond de vous-même vous n'avez pas envie de vous donner entièrement dans une relation. Or, à un certain moment, l'autre ne sera pas disponible quand vous le serez et vous déciderez que c'est déjà la fin, et tout probablement une fois que Mercure reprendra son mouvement direct, soit début octobre.

Famille

Vous serez tenté, et d'autres de votre signe, d'intervenir auprès d'un membre de la parenté qui, selon vous, est sur une mauvaise pente ou ne fréquente pas les bonnes personnes. Dès que vous vous rendrez compte que vous donnez des conseils à qui n'a pas à en recevoir de vous, reculez. Si vous insistez, vous sèmerez la zizanie. Si vous avez de jeunes enfants, il se peut qu'ils se plaignent de vos absences et qu'ils fassent un petit chantage pour vous punir d'être si peu attentif à leurs besoins. Ne soyez pas surpris qu'ils vous demandent de leur acheter un de ces gadgets à la mode, et pour vous faire pardonner votre invisibilité, vous pourriez flancher. Avant de vous précipiter à faire l'achat du bidule, demandez-vous si c'est la bonne chose à faire. Si vos enfants sont grands, il risque d'y avoir des tensions possibles, des explications à adresser afin que tout rentre dans l'ordre. Les mauvaises surprises, leurs sautes d'humeur et/ou leurs déprimes périodiques pourraient être plus présentes pendant cette phase rétrograde.

Santé

Le stress sera véritablement un problème chronique et vous aurez peut-être un peu de difficulté à dormir. Évidemment, la fatigue pourra s'accumuler et vous pourriez ressentir quelques petits malaises sans compter que votre pression pourrait grimper en flèche. Peut-être serait-il sage de votre part de recevoir quelques bons massages, du moins accordez-vous quelques instants de détente à l'occasion. Si vous avez un problème de santé et que les douleurs persistent, voyez votre médecin aussitôt!

Mercure rétrograde en Capricorne – du 29 décembre 2022 au 18 janvier 2023 – votre IIe maison natale

Climat général

Voilà qui annonce une phase où vous risquez de traîner un peu plus de la patte, rien de grave non plus, mais il n'en demeure pas moins que vous ne serez pas dans votre assiette et vous manquerez de motivation. En dépit que vous accusiez davantage un manque de volonté, n'allez pas baisser les bras puisque tout sera au beau fixe sous peu. D'ici là, intellectuellement vous fonctionnerez plus au ralenti. Même si rien de spectaculaire ne se passera dans votre vie, il est plus que probable aussi que rien ne se déroulera comme prévu, sans compter que certaines personnes près de vous tendront à être plus agitées, nerveuses et/ou maladroites, et ça risque de vous jouer de vilains tours, surtout en ce qui a trait aux échanges et aux communications ; toutes tensions ou incompréhensions entraîneront un changement d'attitude avec ces gens. Bien entendu, vous ne réussirez pas toujours à faire passer vos messages et/ou à vous faire comprendre. Et l'idée que vous puissiez également subir les affronts d'un frère, d'une sœur, d'un ami ou d'un proche alors que la dynamique relationnelle fera plus défaut est également possible. Entre-temps, des amis sinon des collègues pourront être plus envieux et n'allez pas être surpris que l'un de ces derniers tende à avoir une attitude plus fermée. Il vaudra donc mieux faire attention à ce que vous dites au risque d'effriter quelques egos sensibles au passage.

Travail – Finances

Qui n'a pas d'objectif de carrière, sinon quelques ambitions et une certaine passion d'entreprendre sa voie professionnelle privilégiée, particulièrement pour le Sagittaire, signe qui cherche continuellement l'avancement, la progression, la croissance et aussi l'expansion. Justement, pour faire face à des obligations financières contraignantes, vous serez certainement obligé de faire de nombreuses heures supplémentaires ainsi qu'élaborer des projets qui vous permettront de combler votre manque à gagner. En tant que patron, dirigeant et travailleur autonome, assurez-vous de bien vérifier votre comptabilité et tous autres trucs concernant l'impôt et l'administration : il y a bien des chances que le fisc vienne faire quelques vérifications. Évidemment, si vos affaires sont en ordre, vous ne connaîtrez aucun problème, mais si vous leur devez un peu d'argent, trouvez moyen d'en venir à un arrangement. Malgré toutes les situations assez complexes, vous serez tout de même relativement chanceux pendant cette période concernant vos finances. Toutefois, une somme que vous attendiez ou qui vous était due ne pourra vous être rendue pour une raison quelconque et il est même possible que l'on vous tourne le dos sans raison valable. L'idée qu'une prime et/ou un contrat payant dont vous étiez en attente tardera à rentrer ou sera mis en suspens, mais tout se résorbera dès que Mercure aura à nouveau repris sa marche directe. D'ici là, alors que vous n'aurez pas autant de veine en affaires pendant cette période, soyez plus prudent dans vos démarches et assurez-vous d'investir votre argent seulement dans des placements sûrs.

Amour – Sentiments

Vous aimez certainement votre famille et vos enfants, mais c'est tout à fait normal de sentir par moments le besoin de vous éloigner d'eux. En effet, plus grande sera votre famille, plus fort sera votre désir d'évasion, et ça inclura l'être aimé. Loin de vous l'idée de refaire votre vie avec quelqu'un d'autre, mais voilà un temps où vous aurez besoin de prendre une certaine distance. En fait, il s'agira seulement de remettre vos sentiments à leur place puisqu'il y aura des fois où vous ne saurez pas trop pourquoi vous ressentez telle ou telle sensation. Ce n'est qu'une fois que Mercure aura repris son cours normal que vous serez en mesure de discuter plus sérieusement avec l'être aimé, mais d'ici là, vous ne saurez pas trop ce que vous voulez et celui-ci devra être des plus patients avec vous. À titre d'exemple, un de ces beaux matins, vous pourriez vous réveiller avec l'idée de déménager et de vous acheter un château tandis que la journée suivante, vous vendriez tout pour faire le tour du monde avec un simple baluchon. Cette douce folie pourra être assez stimulante sur votre couple, pour autant que vous ne signiez aucun papier et que cela reste dans votre imaginaire. Cependant, si vous franchissez certaines étapes, vous toucherez le point de non-retour et vous vous engageriez ainsi dans quelque chose qui risque d'être trop dur à supporter pour le couple. Autant la vie de château peut être accessible, mais la vraie question sera quels sont les sacrifices à faire ? Si vous êtes célibataire, ce sera principalement dans le confort de votre foyer que vous pourrez établir quelques contacts avec des gens intéressantes, plus probablement des étrangers ou des personnes qui vivent dans une ville différente d'où vous résidez, alors que l'aspect international est très stimulant pour le Sagittaire, peu importe de quoi il s'agit. Cependant, il est peu probable que l'amour se développera, mais au moins une grande amitié surgira.

Famille

Comme bien du monde, il est possible que vous ayez commis quelques excès avec votre carte de crédit et l'heure de payer les comptes sera arrivée et cela tombera bien puisqu'il est possible que votre patron vous propose de faire des heures supplémentaires pour lesquelles vous serez bien rémunéré. Bien que vous ayez à faire d'importants efforts, cela ne vous gênera nullement et vous apprécierez fortement ce que vous faites. D'ailleurs, ces tâches supplémentaires auront un impact positif sur votre carrière à long terme. Attendez-vous tout de même à des restrictions possibles.

Santé

Attention de vivre quelques hauts et bas sur le plan énergétique. L'abus de nourriture, de boisson ainsi que les excès en tous genres contribueront largement à une hausse du stress chez vous, et ce, même si en premier vous cherchiez à vous détendre. Si votre intention de faire plus d'activité physique est sérieuse, passez à l'action dès maintenant, alors que ça vous aidera à renforcer votre système immunitaire et à être moins sensible aux petits virus.

LA PHASE RÉTROGRADE DE VÉNUS EN 2022

Vénus rétrograde en Capricorne – du 19 décembre 2021 au 29 janvier 2022 – votre IIe maison natale

Climat général

Voilà un temps où vous serez davantage porté à examiner attentivement ce sur quoi vous dépensez vos sous pour voir si vous mettez à profit votre capital de la manière qui vous convient le mieux, et vous serez désireux d'utiliser vos économies pour vous offrir un mode de vie plus confortable. Si votre canapé s'affaisse et qu'il est dû pour être changé, vous pourriez envisager de le remplacer, un sur lequel vous et vos invités pourrez vous asseoir confortablement, sinon vous pourriez vous acheter des paquets de pots-pourris et les placer à différents endroits dans votre demeure, question de créer une ambiance festive, surtout que la période du temps des Fêtes s'installe pour de bon. Ce sera également un temps où les natives de votre signe seront davantage portées à s'acheter des parfums alors qu'en revanche, les hommes tendront surtout à s'approvisionner en produits de beauté, tels que de l'après-rasage. Sentir bon pourra devenir aussi important pour vous que d'avoir l'air bien ! Le fait de réorganiser aussi votre situation fiscale et vos valeurs personnelles contribuera à améliorer votre sort. D'ailleurs, l'idée que quelque chose ou qu'une personne vous motive à entreprendre un examen approfondi de vos finances et vous incite à faire des choix difficiles est à prévoir, mais rien que vous ne pourrez gérer avec brio.

Travail – Finances

Voilà un temps où vous tendrez davantage à penser que vous n'êtes pas rémunéré à votre juste valeur ou bien une occasion ou une promesse d'augmentation de salaire ne se présentera pas, sinon elle aboutira à un échec. Aller au fond des choses pour être informé sur les vraies raisons qui se cachent derrière cette décision sera votre priorité. Soit que l'entreprise traverse une mauvaise période financière, soit que vos performances ont été mal jugées. Vous serez alors en mesure d'éclaircir et de rectifier la situation afin qu'elle tourne à votre avantage. Il ne serait pas étonnant non plus que vous puissiez être responsable de toutes les urgences au bureau. Entre-temps, si vous êtes un jeune entrepreneur ou à votre compte, vous aurez tous les atouts pour vous développer une clientèle importante, mais vous ne serez peut-être pas encore prêt à répondre à toutes les demandes. Or, vous n'aurez d'autre choix que de déléguer. Cela dit, assurez-vous que les collègues arrivent à vous suivre et à offrir le même service. Entre-temps, n'allez pas être surpris de devoir sacrifier une certaine somme d'argent, une partie de vos commissions ou de vos profits par exemple. N'empêche, le temps se prêtera beaucoup mieux aux économies que faire des achats majeurs. Profitez-en pour être créatif dans votre façon de mettre des sous de côté. Autant le temps ne se prêtera pas aussi bien pour l'achat d'items majeurs, autant le moment sera bien choisi pour dénicher une aubaine pour des vêtements. Petit conseil : avec Vénus en mode rétrograde, vous pourriez avoir une deuxième chance d'investir dans une entreprise financière que vous aviez précédemment abandonnée. Or, cette fois-ci, réfléchissez longuement avant de décider de décliner.

Famille

Votre carte de crédit ne dérougira pas pendant cette période de réjouissances. Il y aura sûrement de nombreuses dépenses qui n'étaient pas prévues. Il sera donc très important de bien prévoir le tout pour les différentes réceptions, notamment un endroit convenant à tous et suffisamment grand. Assurez-vous aussi que les gens contribuent, vous ne voudriez pas assumer seul ces frais ! En plus que les factures associées aux dépenses du temps des Fêtes risquent d'être plus salées que prévu, le secteur de la famille tendra à se perturber dès la seconde partie du mois de décembre. En toute réalité, c'est comme si un peu tout le monde cherchait à régler ses comptes concernant certains événements passés, sinon les critiques fuseront de partout et vos amis s'accuseront à qui mieux mieux. Et si voyager au loin fait partie de vos plans durant la période Noël/Jour de l'An, n'attendez surtout pas à la dernière minute pour préparer toutes vos affaires. Peut-être y aura-t-il de la paperasse à régler avant votre départ, ne serait-ce que de mettre à jour votre passeport.

Amour – Sentiments

Voilà un temps où vous pourriez éprouver une certaine tristesse par moments, certes, mais vous assumerez assez bien vos hauts et vos bas. N'empêche, une baisse possible de libido assez significative est possible, mais ce ne sera pas une raison pour remettre en cause l'amour qu'il y a entre vous. Sans contredit, ce seront définitivement des éléments extérieurs qui perturberont l'harmonie dans votre couple. Toutefois, sachez que ceux-ci s'estomperont graduellement pour faire de nouveau place à une certaine normalité dans vos rapports. D'ici là, vous ne serez pas à l'abri d'un ennui ou d'une prise de bec avec un proche. Si vous êtes célibataires, il va de soi, plusieurs parmi vous chercheront désespérément l'amour avant les Fêtes, question de ne pas se retrouver seuls pendant toute la période du temps des Fêtes. Il s'agira principalement de gens qui vivent une sorte de désespoir, possiblement qui ne sont pas guéries de leur dernière séparation ou qui ne sont pas parfaitement saines psychologiquement. Il n'en demeure pas moins que la prudence devra donc être de mise si vous cherchez l'âme sœur activement. Par contre, si ça ne fait pas partie de vos plans immédiats, un ex-amoureux pourrait vous venir à l'esprit ou encore déciderez-vous sur l'impulsion du moment d'entrer en contact avec cette personne. Avant de faire quoi que ce soit sous le coup de l'émotion, il serait très sage de votre part de vous remémorer tous ces événements qui ont fait en sorte que cette relation a pris fin par le passé.

Santé

Voilà une période où il faudra faire attention à vos portions, car en vous empiffrant, vous ne nuiriez qu'à vos progrès et vous grèveriez votre silhouette. Si vous suivez un régime amaigrissant, il vous sera fortement suggéré de redoubler de prudence alors que les tentations de tricher seront grandes durant la période du temps des Fêtes. Et comme vous êtes une personne assez excessive de nature, vous pourriez reprendre tout le poids que vous aviez perdu. Ce sera surtout très difficile sur votre moral en premier lieu, mais il pourrait y avoir des conséquences éventuelles sur votre santé globale. Ceci dit, résistez malgré les difficultés !

LA PHASE RÉTROGRADE DE MARS EN 2022

Mars rétrograde en Gémeaux – du 30 octobre 2022 au 12 janvier 2023 – votre VIIe maison natale

Climat général

Vous ne serez pas aussi généreux de votre personne et vous serez même porté à vous rebeller contre tout un chacun, en ce sens que vous ne serez pas tout à fait d'accord avec leurs manières de procéder. Vous voudrez vous séparer à tout prix du pouvoir que ces personnes exercent sur vous, mais il est tout probable aussi que vous puissiez vous sentir piégé par des circonstances de la vie et devrez répondre contre votre gré. Quoi qu'il en soit, sachez que vous aurez des comptes à régler et/ou des explications honnêtes à donner. D'ici là, l'attention sera plus sur vos relations, veuillez donc être plus sensible aux besoins des personnes qui vous sont chères ainsi qu'à ceux de vos associés, mais plus encore lorsque vous ferez quelque chose qui puisse les affecter personnellement; veuillez plutôt priser leurs bons côtés et si des conflits surviennent, sachez régler ces derniers dans le calme et d'une manière raisonnable. Cela dit, il ira de votre intérêt de bien peser le pour et contre avant de vous engager dans toute relation ou association sérieuse. Attention aussi à la tension qui pourrait s'installer dans vos relations, et ce, tant émotionnelle que professionnelle.

Travail – Finances

Alors que vous sentirez plus le fardeau de vos responsabilités, tant professionnelles, familiales, amicales, d'affaires, artistiques que politiques, ce transit rétrograde de Mars risque d'affecter vos amitiés et vos relations avec un de vos collègues. Faites tout en votre pouvoir pour bien protéger ces liens qui vous unissent en étant plus sensible à leurs besoins et à leurs sentiments, toutefois, ça n'exclura pas la possibilité que vous puissiez vivre quelques conflits ou mésententes sur différents points avec un de ces derniers. Pas étonnant non plus que vous puissiez mettre un terme à une association, sinon à un contrat d'association ou de travail parce que l'entreprise ou le partenaire d'affaires ne se sera pas montré à la hauteur ou n'aura pas été loyal, ou encore il n'aura pas rempli ses engagements. Quoi qu'il en soit, n'allez pas vous lancer dans un partenariat d'affaires. Et afin de vous épargner le pire, n'allez pas non plus mettre en marché un produit, un service ou un projet, sans quoi vous risqueriez de rester dans l'ombre. Au contraire, misez plutôt sur cette période pour trouver une solution et pour amender tous vos ennuis légaux ou juridiques en suspens. N'empêche, vous risquez très bien de vous retrouver sur le qui-vive professionnel puisque l'on ne peut pas dire non plus qu'au travail tout baignera dans l'huile. Bien au contraire, la pression sera grande et vous ne saurez pas au juste ce que vous voulez, sinon vous accuserez plus un manque de motivation. Quoi qu'il en soit, assurez-vous de suivre les règles de l'entreprise qui emploie vos services même quand elles ne feront pas votre bonheur. Entre-temps, prenez garde alors que non seulement des gens près de vous risquent de vous mettre au défi ou ils initieront une chicane; vous éprouverez probablement aussi plus d'ennuis à bien gérer la compétition. De toute évidence, vos rapports avec les autres seront plus aggravants alors que chacun voudra avoir raison, sinon avoir son propre mot à dire suivant toutes les décisions communes ; apprenez à être diplomate alors que ça servira mieux ainsi vos intérêts. Néanmoins, quelques tensions possibles dans le secteur de vos activités sont à prévoir, surtout que les dossiers ne s'empileront pas sur votre bureau. Il y aura même possibilité de rumeur de fermeture de l'entreprise ou de grève possible. Votre insatisfaction se traduira par de l'impulsivité, ce qui risque de vous faire commettre une bévue. Allez-y un peu plus doucement et réfléchissez avant de poser un geste important. Sur une note finale, il est possible que vous puissiez aussi être témoin qu'un patron, une tête dirigeante sinon un responsable abuse de son autorité. Pire, cette personne pourrait même fuir ses responsabilités !

Amour – Sentiments

Voilà un temps où vos relations intimes vont requérir votre pleine attention. Si vous avez négligé l'être aimé ou toute autre personne près de vous, veuillez prendre cet avertissement au sérieux, mais si vous avez tout fait en votre pouvoir pour connecter avec cette personne, cessez de bannir tout sentiment de non-confiance en vous et, qui sait, peut-être que la source du problème provient d'ailleurs. Il n'en demeure pas moins qu'il ira de votre intérêt d'être doux et gentil si des conflits devaient survenir et rappelez-vous que chaque personne sera sous une pression différente. D'ailleurs, il est possible que l'être aimé puisse subir des changements de vie importants et que vous ayez à vous ajuster. Il est également possible qu'une situation personnelle que vous aviez cru réglée par le passé refasse surface et vous aurez besoin à présent de vous en acquitter une fois pour toutes. Cependant, puisque ce sera une période où vous vous opposerez à tout changement, que ce soit d'apporter des changements qui s'imposent dans votre comportement ou que vous refusiez d'ouvrir votre cœur et votre esprit au changement, n'allez donc pas être surpris si le partenaire de vie se sent plus négligé alors que possiblement il s'attendait à ce que vous vous impliquiez plus dans votre relation. Chose certaine, ce sera un temps où l'on vous trouvera plus insoumis, plus insaisissable ainsi que peu motivé. Apprenez à vous adapter au lieu de vous rebeller. N'empêche, attendez-vous à des défis possibles suivant que vous trouverez que votre partenaire de vie, ou l'associé si c'est le cas, prendra un peu trop d'espace à votre goût et que tout convienne à sa guise, alors qu'en retour vous serez porté à vous faire du sang de cochon. La meilleure option sera de vous questionner sur ce qui se passe avec ce dernier et de mettre un peu plus d'eau dans votre vin, de part et d'autre, alors que vous ne pourrez régler seul ce problème. Évitez de faire des suppositions et/ou de foncer tête première alors qu'une attitude objective devrait être prônée et plus de conversation, ce qui pourra améliorer grandement ainsi votre situation. Entre-temps, prenez garde alors que vous pourriez être victime d'une attraction physique hors de l'ordinaire, une passion amoureuse qui pourrait s'avérer nocive à long terme, sinon certains événements fortuits vont vous obliger à voir l'aspect authentique d'un nouvel élu plutôt que de vous arrêter à son apparence physique.

Quant à vos relations amicales, elles risquent de mal tourner alors que vous vous questionnerez sur les intentions réelles d'une de celles-ci. Attendez-vous à ce que certains problèmes occasionnels surviennent. Si rien de tout cela ne vous interpelle, un ami que vous chérissez risque d'être plus difficile à gérer ou se sentira-t-il négligé par vous. Quoi qu'il en soit, il faut vous concentrer sur des solutions et réorganiser l'énergie que vous utilisez avec l'être aimé. Il est temps de vous poser la question sur ce que vous attendez de votre couple, de vos relations. D'ailleurs, vous ferez un très bon travail ce faisant. Vous allez trouver d'autres moyens d'améliorer vos relations avec l'être aimé ou suivant tous les autres partenaires potentiels. Dites-vous bien que si vous provoquez des situations tendues, il vous faudra considérer votre rôle dans ces situations et améliorer votre comportement. Maintenant la balle est dans votre cour, à vous de faire à votre tête ! Mais dites-vous que vous pourrez apprendre beaucoup sur vos rapports avec l'autre en ce moment ; améliorez ces rapports par un nouveau comportement. Et si vous êtes à la source du conflit, réfléchissez à votre rôle dans cette histoire et changez vos manières, et bien entendu, votre comportement !

Famille

Vous réaliserez, du moins à certains égards, que les relations familiales vont être difficilement conciliables. Il vous sera donc suggéré n'intervenir dans un conflit familial important que si, préalablement, vous recevez l'assentiment d'une figure d'autorité parentale, mais dites-vous bien que quelqu'un détiendra le pouvoir décisionnel dans une histoire de famille plutôt compliquée. D'ici là, soyez informé qu'un proche pourrait traverser une épreuve difficile dans sa vie ou sera frappé par la maladie. Si ce n'est pas le cas, vous pourriez décider de couper les ponts avec des personnes de la famille ou même avec des proches. Moindrement, vous tendrez à tenir tête aux gens qui vous entourent, tout autant votre paternel, ainsi que défier son autorité ou l'autorité en général, de même que refuser de répondre à leurs attentes. Quoi qu'il en soit, sachez que vous ne serez pas à l'abri qu'un de vos appareils ménagers vous cause des ennuis, sinon qu'il vous fasse défaut et que vous vous retrouviez dans l'obligation de délier les cordons de votre bourse pour le remplacer ou le réparer.

Santé

Voilà une période où lorsque le temps viendra de devoir faire un choix, de prendre des décisions importantes ainsi que de relever un défi de taille, non seulement vous hésiterez à passer à l'attaque, mais vous serez porté aussi à ressentir de l'inquiétude, ce qui pourrait en retour affecter votre bien-être physique. Une raison de plus pourquoi il sera avisé de faire un peu plus attention à votre alimentation, mais méfiez-vous aussi d'une trop grande privation. Faites preuve de modération et vous pourrez ainsi vous prémunir contre toutes les blessures possibles. Et lorsque vous pratiquez votre sport favori ou quand vous faites de l'exercice, soyez prudent en tout temps et évitez d'abuser de vos forces ainsi que prendre des risques inutilement. Il sera sage de votre part de redoubler de prudence pour mieux vous éviter ainsi un bête accident de même qu'un incident fâcheux. Vous ne serez pas à l'abri non plus de souffrir d'une fatigue extrême ainsi qu'éprouver un fort sentiment de solitude ou d'abandon, ce qui risque ainsi de provoquer un déséquilibre émotionnel faisant ressurgir un mal dont vous ne souffriez plus, sinon vous pourriez éprouver un problème rénal si vous vous nourrissez mal. Chose certaine, vous serez plus porté à être trop sévère envers vous-même. Sur une note finale, il est possible que vous puissiez ressentir constamment une douleur au niveau de vos hanches, alors consultez au besoin puisqu'il y a une solution, mais si vous remettez sans cesse, vous courez le risque que le problème puisse non seulement s'aggraver, mais aussi qu'avec le temps il puisse s'étendre jusque dans vos genoux.

L'ÉCLIPSE SOLAIRE PARTIELLE DU 30 AVRIL EN TAUREAU – VOTRE VI^E^ MAISON NATALE

L'éclipse solaire partielle en Taureau vous étant neutre, rien de particulier à signaler ici pour vous. Vous l'aurez bien mérité, mais quand même, ce sera un coup de chance de ne pas être touché négativement par ces démonstrations naturelles mais parfois inquiétantes que sont les éclipses.

Sans paniquer ni vous énerver, il y aura lieu quand même de voir à votre santé en évitant de donner dans toutes les grandes entreprises nouvelles pendant la période d'éclipse.

Cette éclipse partielle mineure affectera à la baisse la santé des natifs de votre signe qui ont le Taureau, le Lion, le Scorpion ou le Verseau à l'ascendant. Rien de grave, mais traitez tout malaise sans retard. Consultez au besoin. N'allez pas non plus innover ainsi que chercher noise à quiconque, mais plus que tout, tenez-vous-en à la routine puisque ça aura pour effet de vous sécuriser ainsi que ceux que vous aimez. Suivre ces recommandations vous donnera une longueur d'avance sur le destin en ce printemps imprévisible. Remerciez la Providence et priez pour que ça dure.

Entre-temps, les préoccupations de la sixième maison sont votre travail quotidien, vos collègues et votre environnement de travail, tout service que vous rendez pour les autres et aussi votre santé. Ce serait un excellent moment pour prendre l'initiative d'améliorer l'un de ces domaines. Voici quelques idées qui pourraient s'appliquer à ces thèmes. Misez sur cette période pour démarrer un nouveau projet de travail, mais plus après la mi-mai. Propice aussi pour faire le premier pas vers l'établissement d'une relation plus harmonieuse avec un collègue, un patron ou un employé. Considérez comment vous pourriez être un membre plus efficace de l'équipe.

Sur une note finale, pour ne pourrez choisir meilleur moment pour organiser votre espace de travail, nettoyer ce bureau en désordre. Idéal aussi pour suggérer une idée que vous avez eue pour améliorer l'efficacité. Faites-en tout autant pour élaborer un plan de travail pour les mois à venir. Le temps se prêtera bien aussi pour faire faire votre bilan de santé annuel que vous n'avez cessé de reporter. Profitez-en également pour amorcer ce régime, vous enrôler dans un programme d'exercice ainsi qu'arrêter de fumer. À tout le moins, saisissez l'occasion pour aider quelqu'un en besoin.

P.-S. Vous êtes encouragé à prendre connaissance de tout ce qui est écrit au chapitre intitulé « Les éclipses de 2022 » pour mieux vous familiariser avec toutes les mises en garde à respecter lors de toutes les éclipses.

LES POSITIONS LUNAIRES ET VOUS

À la fin du livre, vous trouverez le tableau des positions lunaires pour chaque jour de l'année 2022. Pour mieux tirer profit de la Lune au quotidien ainsi que connaître le rôle qu'elle jouera sur vos humeurs, lesquelles vont influer sur votre jugement et sur vos actes, référez-vous au chapitre intitulé « Méthode d'interprétation du calendrier des Lunes ».

En général, quand la Lune passe en Bélier, en Lion, en Balance et en Sagittaire, votre signe solaire ou votre ascendant natal, vous êtes en forme. Ces énergies, surtout celles du Bélier, du Lion ainsi que celles de votre signe (Sagittaire) vous placent en position de force. Là où vous devriez être prudent et où il serait préférable de prendre du recul, c'est lorsque la Lune se trouve en Gémeaux, en Vierge, en Poissons et parfois en Scorpion.

Les divers passages de la Lune ne sont jamais neutres, même ceux qui ne sont pas mentionnés ci-dessus. S'il y a des moments pour l'action quand la Lune est néfaste, s'il faut prendre du recul quand elle ne l'est pas, les autres journées représentent, la plupart du temps, un mouvement vital plus lent.

♑

Capricorne

21 décembre au 20 janvier

LES DIFFÉRENTS ASPECTS DE VOTRE PERSONNALITÉ

Capricorne – féminin, cardinal, terre

Régi par Saturne, votre planète maîtresse, il faut du temps pour bien vous connaître alors que vous vous montrez généralement assez réservé et retenu, sans compter que vous êtes froid d'approche.

De nature, vous avez tendance à vouloir construire quelque chose, à vouloir ériger des structures et à vous créer une carrière. D'ailleurs, vous aimez mettre en action une organisation et en faire une entreprise familiale, surtout que vous êtes doué pour gérer n'importe quoi.

Vous faites partie de ces gens qui imposent leur autorité. Prudent et discipliné, vous aimez établir les règles et vivre selon celles-ci. Vous aimez que vos investissements rapportent sur ce que vous avez investi et vous n'avez aucune fausse modestie.

Le sens de la propriété et des traditions est très fort chez vous. Vous souhaitez vous en tenir aux bonnes vieilles manières qui ont su faire leurs preuves par le passé et le respect des gens âgés est tout aussi primordial chez vous.

CE QUI VOUS DIFFÉRENCIE DES AUTRES NATIFS DE VOTRE SIGNE

En tant que natif du 1er décan (du 21 au 31 décembre), vous êtes régi par Saturne. En ce qui a trait à la Triplicité de Terre qu'est votre signe de naissance, c'est à Saturne qu'en revient la maîtrise. Cette double influence saturnienne vous octroie une nature rigide et conservatrice. Stable et tout aussi patient, voilà des atouts précieux pour bien réussir dans la vie.

Jupiter, mal à l'aise dans ces degrés et qui règne en main de maître sur votre décan, cela vous donne la possibilité de mettre de l'équilibre et de l'ordre dans votre vie. Cette planète fait de vous une personne qui a énormément d'ambition, persévérante et qui vise tant le succès social que professionnel que vous savez obtenir grâce à votre travail acharné et à votre sens de l'organisation.

Vous êtes de ces gens qui ont l'art de tirer profit de toutes les nouvelles idées et méthodes pour mieux atteindre le seuil de leurs ambitions, sans pour autant abandonner toutes les traditions qui vous sont chères et précieuses.

Pour mieux exceller et réussir dans la vie, il sera fortement suggéré de vous fixer un objectif spécifique et de ne pas y déroger, tant que vous ne l'aurez pas atteint. Ayez l'œil ouvert, usez de votre perspicacité pour démasquer les profiteurs, les usurpateurs et les manipulateurs. Ne laissez personne vous embarquer dans des affaires louches ou trop belles pour être vraies alors que vous risquez d'en payer la note et elle sera salée. Tous les liens tissés, tant amicaux que professionnels, vous seront significatifs et importants dans la vie.

Grand travailleur-né, prudent et calculateur dans l'élaboration et la réalisation de vos objectifs, votre sang-froid et la maîtrise de vous-même vous donneront toutes les capacités nécessaires pour bien organiser ce que vous voulez accomplir dans la vie. Méfiez-vous cependant, car certaines personnes près de vous pourraient croire que vous êtes une personne qui se prend pour une autre ou encore que vous êtes tout simplement arrogant par nature.

Vous êtes plus farouche et sélectif que vous en avez l'air. Aussi à l'aise que vous pouvez l'être devant un groupe, vous l'êtes moins en tête-à-tête. Vous avez besoin de temps pour accorder votre confiance et votre cœur. D'ailleurs, en tant que natif de ce décan, vous êtes plus sérieux et réservé comparativement aux deux autres décans de votre signe. Ainsi donc, vous tendez à garder vos émotions plus sous contrôle.

Sentimentalement, vous êtes timide et très fidèle, mais très empressé une fois qu'on a su mériter votre confiance. N'empêche, vous n'êtes pas quelqu'un de passionné pour autant. Vos sentiments sont plus raisonnables et raisonnés ; tout passe par la tête avec vous.

Sous l'influence jupitérienne se manifeste un goût prononcé pour vous laisser séduire par un partenaire de souche différente de la vôtre. Puisque vous communiquez peu vos sentiments et que vous êtes peu démonstratif, si vous vous mariez, choisissez une personne enjouée, drôle, affectueuse et stable, ce qui aidera à contrecarrer votre nature réservée.

En tant que natif du 2e décan (du 1er au 10 janvier), vous êtes sous la protection de Saturne et votre décan est sous la tutelle de Mars qui règne en force dans ces degrés, et secondairement par Vénus pour faire suite à la Triplicité de Terre qu'est votre signe solaire.

Vénus, mal aisée dans ce signe, fait de vous une personne pour qui les initiatives ne font pas défaut. Dès que vous prenez une décision, vous n'êtes satisfait qu'une fois que vous avez atteint votre objectif.

Vénus vous octroie aussi une nature plus sociable qu'est le Capricorne en réalité. Elle vous donne aussi le talent, la loyauté, des idéaux élevés et un penchant pour tout ce qui est luxueux et beau. Toutefois, il sera avisé de prendre garde, puisque l'avidité risque de vous causer bien des ennuis.

Quant à Mars, cette planète vous donne l'énergie, le courage, l'endurance, la force, la confiance ainsi que tout l'enthousiasme nécessaires pour mieux définir ce que vous voulez poursuivre et atteindre en ce qui concerne vos objectifs. Vous êtes destiné à commander.

La sécurité et la loyauté sont des qualités importantes pour vous, particulièrement en ce qui concerne les finances et tout ce qui relève de la famille, mais tout autant aussi en ce qui concerne les unions et les partenariats futurs possibles.

Bourreau du travail et travailleur infatigable, vous avez tous les atouts nécessaires en main pour pouvoir fournir tous les efforts afin de pouvoir parvenir victorieusement à la concrétisation de vos objectifs.

Tenace et persévérant, il est important que vous orientiez vos énergies sur une seule chose à la fois et que vous fassiez votre bout de chemin avec gloire et honneur. Vous avez tous les talents et toutes les habiletés en main pour bien réussir en tant qu'artiste ou diplomate, mais vous pouvez également très bien exceller dans la construction ou le domaine de la finance.

Autant vous avez besoin d'une vie de famille paisible, harmonieuse et construite sur une base solide, autant les relations affectives tendent à vous effrayer, car vous êtes plus du genre à ne compter que sur vous-même. Heureusement que votre sensualité vous aide à combattre vos craintes et vos inhibitions. Cependant, ce n'est qu'avec beaucoup de temps et de patience que vous viendrez à bout de vous ouvrir et de donner votre confiance, de préférence à une personne entière et tout aussi exclusive que vous, et au caractère bien trempé, il va de soi. Assurément, les histoires d'un soir, ce n'est pas pour vous puisque vous avez besoin d'une relation stable qui dure avec un partenaire dont vous êtes fier.

Sur le plan sentimental, on peut dire que vous êtes possessif, jaloux et autoritaire, sans compter que vous pouvez être dictateur à vos heures. Si vous vous mariez, choisissez un compagnon de vie qui a du tact et de la diplomatie, qui est constant et prêt à s'engager pour la vie.

En tant que natif du 3e décan (du 11 au 20 janvier), vous êtes sous la protection de Saturne, mais votre décan est régi par le Soleil et secondairement par Mercure pour faire suite à la Triplicité de Terre qu'est votre signe solaire. Vous faites partie de ces gens qui ont un esprit très actif, ambitieux de nature, mais surtout en seconde partie de leur vie.

Pour un Capricorne, on vous trouve très accueillant et sociable. Il faut l'avouer, vous êtes plus futé que les deux autres décans, ce qui est fort appréciable. Votre cœur est bon et vous êtes tout aussi généreux par nature. Même si vous êtes d'un naturel timide et très réservé, vous êtes quand même plus sociable que les deux autres décans de votre signe alors que vous estimez les interactions sociales. Cela explique pourquoi vous aimez vous retrouver avec les élites de la société.

Le Soleil, qui joue un rôle particulièrement déterminant dans votre thème natal, vous octroie chaleur, vitalité et une nature généreuse. Même si la vie parfois est difficile et intransigeante, vous n'êtes pas de ceux qui baissent facilement les bras pour autant. Abandonner ne fait pas partie de votre vocabulaire.

Quant à Mercure, cette planète fait de vous une personne intellectuellement stable et tout aussi responsable. Logique de nature, vos réponses sont habituellement rapides, directes et pointues, laissant les gens se demander si vous n'êtes pas un peu critique. Vous aimez que les choses soient faites correctement et selon vos attentes.

Intelligent et raisonnable, mais quelque peu changeant et capricieux à vos heures, votre ambition immense et votre orgueil démesuré font qu'une réussite précoce est plus que probable, mais elle risque aussi d'être suivie d'une chute possible.

Aussi orgueilleux et égoïste que vous puissiez être, votre honnêteté compense et fait toute la différence. D'ailleurs, le succès ne vous viendra en réalité qu'après vos 42 ans.

Perfectionniste et conscient de votre valeur, vous cherchez constamment à améliorer votre sort et votre statut en visant la réussite professionnelle et la sécurité matérielle. Malgré vos bonnes intentions et votre franchise, vous êtes porté au découragement à l'occasion et, par le fait même, vous subissez involontairement votre destin. Quoi qu'il advienne, vous pourrez très bien exceller et faire votre marque dans le domaine des communications de même qu'être en commerce à votre propre compte. Vous avez également toutes les compétences requises et tout le talent nécessaire pour bien réussir en tant qu'écrivain. Le domaine de l'enseignement et être commis-voyageur sont d'autres professions qui peuvent aussi très bien vous servir.

Autant vous êtes un ami fidèle et un partenaire loyal, si vous vous sentez incompris, vous pourriez aller voir ailleurs. Charmeur à vos heures, vous craignez toutefois les ennuis et les complications d'un amour passionné et physique. C'est pour cette seule raison que vous opterez davantage pour le côté pratique de l'union conjugale.

Exceptionnellement sincère dans vos affections, si vous vous mariez, choisissez un partenaire qui respecte votre liberté et qui vous propose une relation stable. Il ou elle devra vous encourager également à exprimer vos pensées et votre créativité.

CE QUE LES ASTRES VOUS RÉSERVENT EN 2022

Jupiter en Poissons – du 29 décembre 2021 au 10 mai 2022 et du 28 octobre au 20 décembre 2022 – votre IIIe maison natale

Douze années d'expérience se sont écoulées depuis le dernier passage de Jupiter en Bélier (2011/2012). Vous avez traversé comme chacun de nous un cycle de croissance et de décroissance. Faites le tour, remontez le temps, et veillez prendre constat de tous vos accomplissements, ce qu'il en reste, et vous vous rendrez vite compte que vous avez accumulé une grande richesse de connaissances et de bonheurs. Même vos misères furent utiles, car c'est souvent dans la souffrance que le cœur s'ouvre à sa raison.

Jupiter en Poissons, troisième signe du vôtre, une alliance entre Neptune et Jupiter, alors que la Grande Bénéfique se trouve en Poissons et que Mercure régit comme telle la troisième maison astrologique. Or, si cette position donne du génie et un merveilleux sens du commerce à ceux qui sont déjà sur une piste, ceux d'entre vous qui sont cristallisés dans leurs faiblesses seront terriblement confus alors que la porte de sortie sera devant eux et ils la chercheront partout ailleurs ! Jupiter en Poissons lance à une invitation à suivre une thérapie à tous ceux qui vivent des troubles émotionnels graves. Jupiter en Poissons permettra de fouiller au-dedans avec moins de peur. Il permettra aussi de lever le voile sur vos illusions et d'affronter votre réalité. Dans son aspect créatif, Jupiter en Poissons permettra à l'artiste qui se cherche un moyen de le trouver. Jupiter en Poissons élève l'âme, l'esprit, c'est le don de soi sans se perdre de vue. L'année 2022 sera importante pour vous, pour chacun de nous puisqu'elle est la dernière étape de la dissolution sous toutes ses formes. En ce qui vous concerne, elle donne à Saturne, qui régit votre signe, plus de souplesse là où vous êtes trop rigide et plus de discipline là où vous êtes désordonné.

Jupiter de passage au secteur de votre thème personnel qui vous apporte détente et plaisir par le biais de votre entourage immédiat, frères, sœurs, cousins, cousines, oncles, tantes, etc., vos relations seront de loin meilleures avec votre voisinage, car vous serez vous-même plus compréhensif et plus tolérant. Votre état d'esprit vous permettra également d'être mieux dans votre peau et vous pourrez être fier de vous si, habituellement, vous avez quelques difficultés à vivre en harmonie avec tous vos semblables. Quant à votre ouverture d'esprit, elle sera propice à vos études et vous pourriez avoir envie aussi d'apprendre de nouvelles choses qui sortent de l'ordinaire. Comme vous serez plus détendu, tout vous semblera plus simple, mais gare à vouloir en faire trop, car vous « éparpiller » ne vous apporterait rien de plus qu'une fatigue ou un épuisement total. Néanmoins, soyez avisé que le temps se prêtera bien pour tout ce qui touche à l'écriture. Or, si le cœur vous en dit, à votre clavier et/ou à votre stylo pour certains ! Ce sera aussi un temps idéal pour vous produire en public ou pour faire de la publicité.

Quant à vos déplacements et vos voyages, ils seront placés sous une bonne étoile alors que vous pourriez faire des rencontres intéressantes. Nul doute, ce sera un temps où vous aimerez vous déplacer, car les conditions seront des plus favorables. Puisque ce sera une bonne période pour les échanges et les communications, profitez-en pour vous changer les idées. Votre envie pourrait également se diriger, peut-être, vers le renouvellement de votre véhicule. Si tel est le cas, veuillez commencer dès maintenant vos recherches, voyez quelles sont les options qui s'offrent à vous ainsi que tout ce qui vient avec l'acquisition d'une future nouvelle voiture alors que les périodes où Jupiter sera de passage en Poissons s'y prêteront très bien.

Jupiter-Neptune conjoint en Poissons le 12 avril 2022 : Augmentez les activités qui vous impliquent avec tous les groupes de gens qui partagent un intérêt particulier avec vous en accordant votre première attention aux organisations professionnelles. Si vous êtes à la retraite, un contact avec des personnes qui étaient dans votre secteur d'activité pourrait vous ouvrir de nouvelles opportunités de vous faire de nouveaux amis et même de trouver un moyen d'augmenter votre revenu de retraite. Impliquez-vous !

Saturne en Verseau – toute l'année – votre IIe maison natale

Climat général

Par nature, vous êtes quelqu'un de pragmatique et de pratique, ce qui est bien assez dit lorsqu'il s'agit de bien gérer votre planète maîtresse – Saturne, et ce, quelle que soit la maison astrologique qu'elle transite. Votre approche sensée de la vie est évidente dans votre travail, vos relations et vos finances, et elle fait bon ménage aussi avec Saturne, qui d'ailleurs est de passage au secteur de votre thème personnel qui régit vos sous, vos biens et toutes les questions de nature fiscale ou bancaire. Cela dit, gagner de l'argent pourrait devenir le centre de votre attention au cours des deux prochaines années au moins. Vous pourriez vous concentrer sur l'aspect financier de chaque problème que vous rencontrez. Allez-vous gagner plus d'argent ? Aucune garantie comme telle. Mais avec la présence de Jupiter au signe du Poissons et Saturne en Verseau, la cadence sera sensiblement plus calme en 2022, ce qui vous permettra de prendre un peu de recul et de mieux profiter des innombrables bonheurs qui s'en viennent, mais il n'en reste pas moins, souriez, petite chèvre de montagne, la bonne fortune dont vous avez profité l'année dernière se poursuit dans la nouvelle année. Entre-temps, au fur et à mesure que Pluton progressera dans votre signe, vous continuerez à mûrir et peut-être à acquérir une plus grande autorité dans le monde. De toute façon, l'argent n'est pas tout dans la vie, mais d'une grande aide, j'avoue. Avoir un revenu suffisant peut certainement vous faciliter la vie. Il n'en demeure pas moins que le passage de Saturne en Verseau se prêtera admirablement bien pour prendre de bonnes décisions concernant vos finances. Et si, à tout hasard, vous avez besoin d'un revenu supplémentaire et que vous cherchez au bon endroit, vous saurez non seulement trouver de nouvelles sources de soutien financier, mais qui sait, peut-être même émotionnel.

Saturne dans le signe-domicile du Verseau, même si elle est bien placée (exaltée), sauf qu'avec elle, il y a toujours quelques restrictions à mettre en place. Et là, il se trouve qu'elle occupe un des secteurs d'argent de votre horoscope. Il est donc possible que votre rémunération baisse ou que vos revenus diminuent suivant que le carnet de commandes ne sera pas aussi rempli que par le passé, ou que vous ayez des efforts à faire dans ce domaine. Mais c'est une probabilité, pas une certitude. Au positif, il vous sera donné l'occasion de faire quelques économies et de vous sentir davantage en sécurité. Vous pourriez également décider d'acquérir un bien, sinon d'en vendre un, une opération qui vous permettrait d'acheter autre chose, mais cela risque d'être compliqué ! Or, à ne pas prendre à la légère ! Normalement très prudent avec vos sous, Saturne pourrait vous encourager à être moins dur avec votre argent et à être plus un investisseur. Elle vous fournira juste le bon équilibre nécessaire pour vous aider à faire exactement cela. Toutefois, ça n'empêchera pas que vous puissiez encourir des hauts et des bas financiers. Laissez donc Saturne vous aider à organiser vos affaires financières. Forte en Verseau, vu que c'est son signe exalté, il va falloir gérer votre capital et ce que vous produisez avec beaucoup de sérieux, tout en trouvant des « niches » si jamais vous effectuez des placements. Veuillez miser davantage sur des investissements à long terme. Fuyez aussi toute activité à risque, tel le jeu (les paris), évitez toute conduite imprudente ainsi que vous conduire de manière inappropriée, de même que toute relation sexuelle non protégée et la consommation excessive de boissons alcoolisées ou de stupéfiants.

Jupiter en Bélier – du 10 mai au 28 octobre 2022 et du 20 décembre 2022 au 16 mai 2023 – votre IVe maison natale

Le 10 mai 2022, Jupiter entame une brève incursion dans le Bélier, là où cette planète y restera jusqu'à la fin du mois d'octobre, et de retour à nouveau dans le même signe pas plus tard que le 20 décembre prochain. C'est tout comme si le destin venait vous toucher l'épaule et vous donner un aperçu de ce que le futur a en réserve pour vous.

Secteur de votre thème natal qui régit entre autres votre foyer, la maison, la famille, vos racines ainsi que vos parents, s'il n'y a pas de dissension au sein de la famille, le climat familial devrait connaître une période d'harmonie. Non seulement l'ambiance sera saine et les échanges avec les membres de la famille seront heureux, tous les problèmes possibles avec les parents pourront aussi se résoudre comme par magie. Profitez-en si nécessaire, puisque l'occasion ne se reproduira pas avant 12 ans!... Bizarrement, il est également possible qu'à cette période, vous soyez intéressé aussi par vos racines et les histoires familiales vous passionneront au plus haut point. En réalité, vous essaierez tout simplement de voir d'où vous venez et quelles sont vos origines. Sans contredit, vous vous trouverez bien dans votre foyer et l'ambiance sera également à la détente. Mentionnons aussi qu'au cours de cette période, vous pourriez avoir plus envie de déménager, de faire un nid davantage adapté à vos nouvelles aspirations ainsi qu'agrandir votre habitat, tout ceci se passant sous de bons auspices.

Alors que tout se passera bien dans votre foyer, il ne faudra pas oublier pour autant d'aller travailler suivant que vous ne serez pas à l'abri de mésaventures possibles. Fort heureusement que votre bien-être familial tendra à vous rendre moins combatif. Il n'en demeure pas moins, n'allez pas vous endormir non plus sur vos lauriers, mais plus que tout, restez à l'écoute de votre entourage. Pour ne pas perdre pied, il vous suffira de maintenir le statu quo. Mon petit conseil: profitez de l'ambiance familiale harmonieuse pour définir vos désirs intimes et pour commencer à les réaliser.

Sur une note finale, dans le cas d'un foyer en désaccord, et ce, en début de ce transit jupitérien, la situation sera vite clarifiée, mais pas toujours dans le sens souhaité; la rupture pouvant être la solution la mieux adaptée.

LES PHASES RÉTROGRADES DE MERCURE EN 2022

Mercure rétrograde en Verseau – du 14 janvier au 3 février – votre IIe maison natale

Climat général

Ça risque d'être un temps où vous vous montrerez plus introverti qu'à l'habitude et vous aurez davantage de difficulté à faire confiance et ne serez pas facile d'approche non plus. Néanmoins, vous aurez à affronter diverses éventualités hors de votre contrôle, mais si vous vous montrez réfléchi, vous y parviendrez. À cet effet, les comptes de cartes de crédit arriveront et/ou seront déjà rentrés, ce qui pourra vous tracasser un peu plus que d'habitude. Peut-être réaliserez-vous que vous avez un peu trop abusé de l'argent en plastique ces derniers mois. Vous étiez parti dans un élan de générosité incroyable ! Toutefois, auriez-vous surestimé vos rentrées d'argent ce mois-ci ? Peu importe la réponse, vous voilà bien angoissé parce que vous, le signe de la responsabilité, vous vous retrouverez incapable de faire place. Un lâcher-prise s'imposera. Faites aussi confiance à la loi de l'attraction ; il faut demander de l'abondance pour en recevoir. Il n'y aura rien de facile et pour vaincre, il faudra nécessairement faire tous les efforts nécessaires. Entre-temps, soyez prudent dans vos déplacements en voiture et veillez à avoir en main les bonnes indications pour vous rendre à la bonne destination puisque votre esprit pourrait s'égarer assez souvent. Vous serez dans la lune et ferez pas mal de procrastination, mais il s'agira également d'un état extrêmement créatif et vous vous exprimerez assez facilement pour libérer certaines émotions. C'est aussi dans ces moments-là que vous réussirez à évaluer plus clairement vos véritables priorités dans la vie.

Travail – Finances

Même si on dit toujours qu'il est important de faire un métier qui nous plaît, il ne faut pas négliger l'aspect financier non plus. Vous avez besoin d'une certaine sécurité pour être à l'aise et vous épanouir. On pourrait vous proposer un poste absolument génial, un boulot qui cadre parfaitement avec vos objectifs de vie, mais le salaire risque de ne pas être nécessairement celui que vous espériez. Vous devrez rapidement discuter de cet aspect et trouver les solutions qui s'imposent. À l'inverse, tantôt on pourrait vous promettre une augmentation de salaire, tantôt on reculera, que de déceptions ! Fort heureusement que vous êtes un être travailleur et responsable, ce qui vous permettra de garder un bon moral malgré la situation. Le temps arrange bien les choses et vous réussirez à trouver les arguments pour que cette histoire tourne en votre faveur. Il suffira que vous attendiez d'être moins émotif pour conclure avec des conditions plus favorables pour vous et, idéalement, mieux quand Mercure aura repris sa marche directe. Néanmoins, il est possible que vous n'ayez d'autre choix que de faire intervenir votre syndicat ou carrément de rendre public le traitement que vous subissez pour renverser la situation. Vous devrez, en effet, prendre les grands moyens pour agir ! Vous commencerez à envisager certains changements de grande importance dans votre carrière, mais avant de vous précipiter dans le vide, il sera sage que vous établissiez un plan d'action et que vous visualisiez les étapes à suivre pour accéder à une situation enviable. D'ailleurs, il ne serait pas surprenant non plus que vous ayez une soudaine illumination en ce qui concerne votre propre petite affaire que vous gérez à partir de votre domicile. Il vous faudra des fonds pour mener à bien tous vos projets, c'est pourquoi vous aiguiserez votre pouvoir de négociateur en pratiquant votre anglais, ou toute autre langue, qui sera celle de vos investisseurs futurs. Il ne faudra pas vous attendre à des résultats rapides, mais faites preuve de patience parce que vous serez clairement entendu plus vite que vous ne l'imaginez.

Amour – Sentiments

Où sera donc votre amoureux ? Voilà une période où vous aurez de la difficulté à le comprendre alors que vous aurez tant besoin d'affection et de tendresse. Parfois, il arrivera comme un cheveu sur la soupe, alors que vous n'êtes pas tellement friand de surprises, mais il faudra vous y faire, surtout qu'il est possible que celui-ci doive partir à l'extérieur pour le travail un certain temps. Peut-être vous faudra-t-il apprivoiser la solitude avant que votre conjoint revienne avec un grand bouquet de fleurs pour se faire pardonner son éloignement. N'étant pas non plus la personne la plus pressée pour exprimer ses sentiments, vous tendrez plutôt à être assez réservé au niveau des émotions. Au fond, vous serez très sensible et voudrez protéger votre cœur de toute attaque extérieure. Heureusement, une situation en lien avec la Saint-Valentin, sinon grâce à l'intervention de vos amis, vous permettra d'exprimer plus ouvertement ce que vous attendez de votre partenaire dans une vie à deux. Si vous êtes célibataire et que votre séparation est relativement récente, il est possible que vous ressentiez le besoin de vous retrouver seul un moment, histoire de faire le deuil de cette relation avant d'en entreprendre une autre, surtout que votre ex aura toujours quelque chose à vous raconter pour tenter de vous reconquérir.

Famille

L'idée que vous soyez obligé d'affronter les agissements disgracieux sinon la brutalité verbale d'un proche sera possible. Des vérités ou de vieilles histoires risquent de faire surface et d'en déstabiliser plus d'un ou serez-vous témoin d'une injustice et vous ne pourrez plus taire la vérité. Il est possible aussi que l'un de vos jeunes éprouve plus de difficulté dans ses travaux écrits et/ou il mémorisera moins bien ses leçons.

Santé

Le mot détente, vous connaissez ? C'est ce dont vous aurez besoin ! Il importera que vous pensiez à vous-même et que vous vous accordiez un peu de repos. Même si c'est beaucoup vous demander, oubliez les autres et vos responsabilités. Évadez-vous vers une destination soleil ou faites une simple escapade dans un spa. Attention aux aliments trop riches ainsi que périmés, ils pourraient entraîner une infection dont vous auriez du mal à vous débarrasser. Ce sera surtout au niveau de la gorge que se feront les premiers symptômes. Un déséquilibre hormonal sera aussi possible. Mesdames, vous pourriez souffrir plus fortement de crampes menstruelles pendant cette phase.

Mercure rétrograde en Gémeaux – du 10 mai au 3 juin – votre VIe maison natale

Climat général

Tout sera à faire avec vos dix doigts, une réparation par-ci, du jardinage par-là, et de la décoration par-dessus le marché. Vous n'arrêterez pas une seconde et déterminé comme vous l'êtes, vous ne vous arrêterez qu'une fois le tout terminé. Sensiblement, vous aurez besoin de transformer votre extérieur pour qu'il réponde bien à la vision de votre intérieur. Soulignons que la question de la santé pourrait aussi être au centre de vos préoccupations au cours de cette période alors qu'une maladie que l'on croyait disparue depuis longtemps pourrait réapparaître. Si ce n'est pas le cas, vous pourriez vous réveiller un matin et découvrir que vous souffrez de douleurs lombaires, que votre genou est sensible ou que vos pieds sont enflés. Si vous n'êtes pas allé voir le médecin ou le dentiste régulièrement, vous devriez peut-être envisager un examen avant le début de cette phase rétrograde. Et si vous pensez que perdre du poids vous aidera, essayez, mais choisissez un régime alimentaire basé sur un plan facile à suivre.

Travail – Finances

Il y aura passablement de charivari autour de vous pendant cette période et voilà que vous n'apprécierez guère tout ce remue-ménage. Pourtant, vous n'aurez guère le choix de vous adapter aux nouvelles situations. Plus vite que vous le ferez, mieux ça vaudra ! N'allez pas compliquer les choses simples puisque vous aurez la fâcheuse tendance à vous obstiner avec tout le monde pour des riens parfois. Or, tout ira bien tant que vous n'exigerez pas la perfection de vous-même et d'autrui. Entre-temps, les projets de croissance auront tendance à ralentir ou même à s'arrêter complètement, probablement avec la venue de la saison estivale, cependant ce ralentissement devrait vous inciter à trouver de nouveaux clients ou d'autres débouchés à vos activités. En effet, c'est davantage vers la négociation et le partenariat que vous devriez déployer vos énergies plutôt que dans la production. Bien qu'il soit rare que vous soyez un grand consommateur et suivant que vous êtes généralement de nature prudente, si votre travail vous amène à voyager, il sera suggéré de surveiller vos dépenses puisque vous aurez des comptes à rendre. N'allez rien acheter dont vous n'avez pas absolument besoin, et si vous commettez des tricheries dans votre allocation (compte) de dépenses, elles trouveront moyen de refaire surface au moment où vous vous en attendrez le moins.

De plus, lors de vos déplacements, ne serait-ce que la journée des emplettes à faire, surveillez vos biens personnels, tels votre sac à main, votre mallette ou votre portefeuille étant donné que vous ne serez pas à l'abri d'un malfaiteur. Et si vous exercez dans le domaine de la vente, vos revenus risquent d'être en baisse alors que si c'est dans l'immobilier, certaines personnes tendront à vous faire perdre votre précieux temps. Toutefois, si vous restez dans votre coin et attendez après les autres, vous serez déçu. Inutile de rester là où ça accroche. Changez de cap et optez pour quelque chose de nouveau alors que vous vous féliciterez d'avoir agi ainsi. D'ici là, un dégât ou une perte vous obligera à débourser une somme que vous n'aurez pas planifiée ou vue venir.

Amour – Sentiments

Voilà un temps où vous risquez de tout exagérer. Il est même possible vous exprimiez votre frustration haut et fort ainsi que votre ras-le-bol d'être toujours au service de votre tendre moitié et de votre famille. Par conséquent, vous serez davantage porté à vous replier sur vous-même. Ne laissez pas votre froideur avoir le meilleur de vous-même. C'est en discutant que vous viendrez à bout de dénicher la bonne solution. Et si votre relation n'a cessé de traîner de la patte et que vous êtes sur le point de vous séparer ou que vous y pensez parfois depuis quelques années, la distance qui aura été prise avec le partenaire sera si grande que si vous ne réagissez pas maintenant et ne discutez pas avec l'être aimé, ce n'est pas vous qui partirez mais l'autre qui quittera avec fracas. Si vous êtes célibataire, vous vivrez une période où vous serez davantage dans un état d'hypersensibilité. Attention de vous amouracher d'une personne juste pour la sauver ; commencez surtout par vous sauver vous-même !

Famille

Il est possible qu'en cette période de vacances la gardienne de votre enfant ne soit pas disponible et que cela vous mette dans une bien mauvaise position. Espérons qu'un membre de votre famille accepte d'en prendre soin. N'empêche, ce sera un temps où vos enfants contesteront davantage votre autorité et seront portés à tout critiquer ; il faudra les guider afin qu'ils modèrent leurs agitations. Quant à vos grands enfants, un de ceux-ci sera porté à exagérer sa propre misère. N'allez pas vous laisser manipuler et encore moins vous faire soutirer une somme d'argent. Stoppez-le dès qu'il commencera à s'apitoyer sur son sort. Pour ce qui est de vos parents, veuillez garder un œil vigilant lorsque viendra le temps de prendre leur médication puisqu'ils pourraient commettre une erreur ou oublier un médicament ainsi que le prendre deux fois. Il sera suggéré aussi, lorsque vous déposerez leurs ordonnances à la pharmacie, de bien vérifier la posologie suggérée.

Santé

Lorsqu'on est aussi occupé que vous, vous risquez de l'être au cours de cette période et votre l'alimentation pourrait ne pas être toujours complète. Les jeunes de votre signe n'auront rien à s'inquiéter alors qu'ils sauront récupérer assez vite. Par contre, si vous êtes avancé en âge, ce ne sera pas nécessairement la même chose alors que tôt ou tard vous aurez des comptes à rendre. Or, prenez mieux soin de vous. Évitez de laisser le stress avoir le meilleur de vous-même étant donné que vos frustrations et vos craintes se manifesteront par différents petits malaises. Vous pourriez éliminer tout ça en parlant davantage, surtout que votre entourage semblera plus réceptif, mais assurez-vous de choisir les bonnes personnes. Évitez de dépasser les limites. Attention, puisque vous ne serez pas à l'abri de certaines difficultés respiratoires possibles.

Mercure rétrograde en Balance – du 9 septembre au 2 octobre – votre X^e^ maison natale

Climat général

Parmi vous, plusieurs se chercheront ! Quelle est donc la véritable signification de cette course après soi-même ? En réalité, ceux qui seront dans cet état seront confus, ils auront oublié la valeur des relations humaines, sans doute parce que très souvent ils ont été trompés. Nourrir l'idée que « tout le monde est croche », c'est passer à côté du vrai sens de la vie qui n'a d'autre raison d'être que le partage, l'échange, mais aussi l'entraide et la collaboration. Aimer quelqu'un sans motif, sans raison, sans que l'on puisse s'expliquer pourquoi, ce sont d'extraordinaires sensations et sentiments. Et si vous refusez cette part de chance, vous vieillirez mal, vous plaignant de tout. Si vous êtes de ceux-là, vous attendrez qu'on vous sauve vos angoisses. Il s'agit assurément d'un comportement enfantin ; souvent, il n'y a pas eu ou très peu d'amour dans leur jeunesse. Mais voici que vous êtes adulte et responsable. Vous êtes le maître de vos pensées et il n'est jamais trop tard pour bien penser. Si vous vous considérez comme un être sain et équilibré, des événements particuliers vous permettront de découvrir au cours de cette période que vous êtes meilleur, plus généreux que vous ne l'aviez jamais cru. Entre-temps, si vous possédez une maison, un chalet ou tout autre joujou estival de grande envergure, évidemment, vous passerez beaucoup de temps à tout remiser pour l'hiver. Vous pourriez être quelque peu frappé par une certaine nostalgie en raison de l'été qui n'est plus. Pour faire passer cette dépression saisonnière, il sera suggéré d'occuper vos dix doigts et de vous investir dans un projet qui vous aidera à passer l'hiver plus vite.

Travail – Finances

Un projet semblera stagner et demandera de revenir à la planche à dessin ; la question des finances devra être longuement débattue, d'une manière ou d'une autre. Si vous démarrez votre propre affaire, il sera important de faire un budget précis. Vous aurez sûrement à négocier avec votre banquier et sa réponse se fera attendre. Tenez bon, puisque les pronostics futurs semblent très positifs une fois que Mercure aura repris sa marche directe. Entre-temps, quel que soit votre objectif, ne laissez personne vous en détourner. Si vous êtes en commerce, il faudra vous attendre à des changements, mais ceux-ci serviront bien vos intérêts à la longue. Et si, dans le secteur où vous travaillez, vous avez des patrons exigeants, ne vous attendez surtout pas à ce qu'on vous traite en douceur ! Malheureusement, ceux qui sont au pouvoir à présent auront peur de perdre leur poste de maître ! Leur attitude n'en sera pas une de clémence, ils exigeront la productivité et plus vite que vous ne pourrez leur fournir ! Un peu de patience, tout sera au beau fixe sous peu. D'ici là, si vous avez contracté des dettes et que vous avez essayé de débattre votre cas afin de minimiser vos paiements, vous penserez y réussir, mais dès que Mercure reprendra sa course directe, vous serez obligé de vous plier aux recommandations qui vous seront faites.

Amour – Sentiments

Il semblera y avoir un peu plus d'ambiguïté durant cette période. Vous aurez besoin d'une certaine forme de stabilité. Toutefois, il est possible que l'un des partenaires soit souvent à l'extérieur de la maison pour des raisons professionnelles ou autres et, par conséquent, vous n'aurez pas toujours du temps de qualité à accorder à l'être aimé. Il sera important de garder une certaine proximité, du moins d'échanger quelques mots d'amour de temps à autre pour mieux parer à cet éloignement qui tendra à se faire sentir de plus en plus lourd pour votre chéri, autrement la tentation d'aller voir ce qui se passe ailleurs pourrait se faire plus présente. N'attendez pas d'être au beau milieu d'un tremblement de terre ou d'avoir à lutter contre un terrible ouragan pour réagir. Il faut se parler ouvertement, ne pas jouer avec les mots et ne pas avoir peur des conséquences. Votre bonheur et celui de votre partenaire dépendent de l'ouverture que vous aurez face à cette nouvelle vie que vous devrez vivre ensemble. Si vous êtes célibataire, vous tendrez à accorder la priorité à vos proches, surtout à vos enfants si vous en avez. Même si vous tentez de planifier un premier rendez-vous avec une personne récemment rencontrée, il risque d'être annulé à la dernière minute pour une histoire de famille ou de travail. Cela dit, un peu de solitude sera aussi apprécié alors que vous ressentirez le besoin de faire le point sur vos sentiments, surtout si vous avez vécu une rupture dans les derniers mois. En revanche, si vous avez maintenu la paix avec un ex-conjoint, si les fréquentations ont recommencé, vous serez tenté de faire des plans, peut-être trop. Attention, ne pressez pas les événements, ça ne pourra que se retourner contre vous.

Famille

D'une ultra-protection résulte un manque de confiance en votre enfant. Il est bien certain que lorsqu'ils sont petits, ils ont nécessairement besoin de votre présence, de vos attentions, d'une qualité de temps. Quand ils grandissent et qu'ils atteignent l'âge des décisions, si vous les avez couvés jusqu'à l'étouffement, ils tendront à aller d'une hésitation à l'autre. En cette phase, vous verrez clairement si vous leur avez enseigné l'autonomie, l'assurance ou la peur ; c'est face aux événements de leur âge dont ils vous parleront que vous pourrez en arriver à une conclusion. De là, vous pourrez rectifier s'il y a lieu. Quel que soit l'âge de vos enfants, ils demeureront vos enfants ; vous, en tant que parent, êtes toujours aussi important. Si vous avez une famille reconstituée, des parents voudront vous conseiller. De grâce, surtout s'ils n'ont jamais vécu votre situation, ne les écoutez pas alors que vous ne seriez que plus confus. Et si votre famille est traditionnelle, vous ne serez pas à l'abri qu'un petit vent vienne agiter vos jeunes ou est-ce vous qui serez plus impatient et qui tendrez à amplifier le bruit qu'ils font quand ils jouent ensemble.

Santé

La vie tendra à vous lancer un avertissement en ce qui a trait à votre santé. Ne laissez pas un malaise ruiner les bons moments de la vie, consultez au besoin ! Attention à un problème de fémur possible et surveillez aussi vos reins qui seront plus fragiles.

Mercure rétrograde en Capricorne – du 29 décembre 2022 au 18 janvier 2023 – votre Ire maison natale

Climat général

Il est possible que vous ne puissiez fuir aussi facilement vos responsabilités familiales pendant cette phase. D'ailleurs, par moments, vous les trouverez passablement assez lourdes à gérer sans compter que votre patience risque d'être limitée. Vous serez aussi plus nerveux et même porté à dépenser d'une manière plus compulsive, ce qui ne vous ressemble pas alors que vous êtes si raisonnable habituellement. Croyez-moi, il servira beaucoup mieux vos intérêts de vous en tenir à la routine et de garder les yeux grands ouverts. N'empêche, vous serez porté à vouloir tout contrôler, et ce, plus qu'à l'habitude, en vue de minimiser des pertes possibles. Tout suggère que vous serez plus que déterminé aussi à faire valoir votre point de vue, et ce, à tout prix et quelle qu'en soit la conséquence, si ce n'est juste pour gagner. Attention toutefois, alors que ce genre d'attitude sera à déconseiller.

Travail – Finances

Voilà une phase où votre emploi occupera la majeure partie de votre attention. Il y aura des changements structurels qui demanderont beaucoup de concentration et de disponibilité. Il ne serait pas étonnant non plus que vous rentriez à la maison bien plus tard que d'habitude, ce qui ne va pas favoriser nécessairement la conciliation travail-famille. Il ne sera probablement pas facile non plus d'arriver à tout faire alors que le temps vous manquera pour exécuter vos travaux dans les délais prescrits, mais fort heureusement, grâce à votre persévérance, vous trouverez moyen de respecter vos engagements et plus encore une fois que Mercure aura repris sa marche directe. Entre-temps, vous ne serez pas à l'abri d'encourir des frictions possibles avec un de vos patrons, sinon vous pourriez vous sentir plus incompris par celui-ci alors que vous aurez le pressentiment que vous ne pourrez jamais progresser dans les échelons de l'entreprise. Malgré tout, une montagne de travail vous attend qui, en retour, risque de taxer votre santé, surtout si vous tentez de brûler la chandelle par les deux bouts. En tant que patron, dirigeant et travailleur autonome, vous n'arriverez probablement pas à tirer les ficelles à partir de votre bureau ; vous devrez impérativement mettre la main à la pâte, concevoir les projets, en analyser tous les détails et participer à tous les travaux et à toutes les étapes de leur développement. D'ailleurs, cette implication vous permettra d'en tirer un revenu. Autrement, l'ensemble risque de manquer de cohérence, sinon vos clients ne vous feront confiance que si vous êtes directement impliqué.

Amour – Sentiments

Les grands projets tendent à stimuler un peu plus la passion entre deux personnes et ils augmentent l'intérêt d'être ensemble et les obligent ainsi à regarder dans la même direction, mais ils sont aussi porteurs d'un peu d'angoisse et de la crainte de l'échec. Il n'en demeure pas moins que c'est dans ce genre de circonstance que l'on peut mesurer pleinement l'intensité des sentiments de l'un envers l'autre. Au début de cette phase rétrograde, le temps vous manquera pour simplement vous aimer ; par la suite, vous aurez sans arrêt tendance à tâter le pouls de la relation, à essayer de sentir l'amour qui existe entre vous. Pour ce qui est de l'affection et de la tendresse dans votre couple, essayez de chercher la profondeur et non la quantité. N'empêche, vous ne serez pas à l'abri de quelques déceptions possibles, car vos attentes ne pourront être totalement comblées. Bien que vous ayez fortement besoin de tendresse, d'affection et de vivre certaines nuits d'amour torrides ou de simples soupers à la chandelle à l'occasion, la plupart du temps votre partenaire devra vous laisser tomber pour diverses raisons, ce qui aura pour effet de vous décourager. C'est alors que vous commencerez à exiger des comptes à l'autre, histoire de vérifier si l'amour existe toujours entre vous. Si vous êtes célibataire, ce ne sera pas vraiment la période pour développer une relation alors que vous tendrez à ignorer ou à remettre en question vos fréquentations, et si vous êtes seul, vous attendrez que Mercure ait repris sa marche directe avant de penser à chercher activement l'amour, ce qui servira ainsi beaucoup mieux votre cause et votre bonheur.

Famille

Il n'est pas impossible qu'au cours de cette phase, vous puissiez subir la froideur et le détachement d'un proche qui s'estimera au-dessus des lois et des codes moraux de la famille. Soulignons que vous ne serez pas à l'abri non plus d'un petit vol possible, mais qui pourra être évité si vous demeurez vigilant. Ce sera aussi un temps où vous tendrez à faire vos courses et vos emplettes avec beaucoup plus de négligence, soit vous n'achèterez pas les bonnes choses et/ou vous tendrez à vous les procurer en double. Assurément, ce sera une phase où vous serez porté à plus agir à contre-courant, sans compter que vous serez davantage porté aussi à faire la morale aux autres. Tâchez de ne pas trop prêcher dans le désert et gardez-vous de dire aux autres tout ce qu'ils devraient faire.

Santé

Il vous sera avisé de faire moins d'abus et de revenir à une diète plus rigoureuse pour retrouver un bien-être physique et psychique. Exercice et saine alimentation seront de rigueur, mais attention aussi aux blessures possibles. Vous devriez vous investir dans des exercices faits avec douceur et de bien vous étirer avant de les entreprendre. Il ne faudrait pas raviver de vieilles blessures ni provoquer de l'inflammation dans vos articulations. Une grande sensation de fatigue et des maux de tête assez violents seront possibles aussi durant cette phase. Vous devrez également être prudent puisque vous pourriez être victime d'un accident, sinon d'un accrochage possible. Tâchez de vous tenir loin des plaques de glace qui vous feront perdre l'équilibre. Attention, fragilité possible de l'estomac!

LA PHASE RÉTROGRADE DE VÉNUS EN 2022

Vénus rétrograde en Capricorne – du 19 décembre 2021 au 29 janvier 2022 – votre Ire maison natale

Climat général

Ce sera définitivement votre temps pour briller de tous vos feux! La présence de Vénus dans votre signe solaire, ou votre ascendant natal si c'est le cas, vous baignera dans une aura de vibrations séduisantes et vous rayonnerez une personnalité positive et heureuse aux yeux de tous. Malgré le fait que quelques préoccupations familiales ou professionnelles puissent vous éloigner de la magie du temps des Fêtes, vous en aurez possiblement beaucoup sur les bras, sans compter que le temps sera une denrée rare. Si vous êtes responsable d'une ou de plusieurs réceptions, il importera que vous déléguiez certaines tâches, autrement vous n'arriverez pas à joindre les deux bouts. Vous méritez bien d'en profiter tout autant que les autres !

Travail, affaires, finances

Voilà une période où il est possible que vous ne fonctionniez pas à votre meilleur alors que votre performance habituelle ne sera pas ce qu'elle est en général. Si quelque chose vous préoccupe mentalement ou si vous ne vous sentez pas bien, vous risquez d'être plus froid, réservé, suspicieux envers les autres, et ce, tant avec votre famille que vos collègues. Faites un effort pour être plus ouvert d'esprit. Entre-temps, il sera fortement avisé d'éviter l'achat d'items majeurs ou importants durant cette période. Vénus qui rétrograde, voilà qui risque aussi de retarder certaines de vos réalisations, tant personnelles que professionnelles. Il peut s'agir également de quelque chose ou de quelqu'un du passé qui vous aidera à avancer vers vos objectifs. D'ici là, l'idée d'une dépense imprévue qui chamboulera temporairement votre budget sera possible. Afin de ne pas envenimer votre situation, restez loin des affaires trop belles pour être vraies et prenez garde aussi aux contraventions possibles. Néanmoins, il ne serait pas étonnant non plus que vous vous retrouviez avec un peu moins de travail, mais rien qui vous empêchera d'envisager de belles vacances pour la période des Fêtes. Mais la possibilité qu'une tâche en particulier finisse par prendre un peu de retard et que vous risquiez de devoir rentrer au bureau même entre Noël et le jour de l'An sera également possible. Par contre, si vous êtes en arrêt de travail, pourquoi ne pas songer à planifier des entretiens d'embauche, car les employeurs potentiels seront plus susceptibles que d'habitude de vous voir sous un jour favorable et vous pourriez finalement dénicher ce poste rêvé. Petit conseil : vous pourriez réussir à investir dans des entreprises qui fabriquent des produits pour les cheveux, les ongles et la peau.

Famille

Un membre de votre clan familial risque de vous faire des siennes sans compter que des divergences d'opinion tourneront surtout autour de l'argent : manque à gagner, dépenses exagérées pour la maison ou pour les réceptions du temps des Fêtes. Bref, vous aurez l'impression de perdre quelque chose en donnant votre approbation et/ou en vous opposant. En personne responsable, vous tendrez à porter tous les fardeaux sur vos épaules. Vous risquez même de vous retrouver complètement absorbé par tous les problèmes ou chicanes de famille, et vous vous ferez un sang d'encre pour les uns et les autres. Malgré tous ces ennuis et inconvénients, vous aurez à cœur le bien de vos proches et de vos amis, et vous ouvrirez votre maison pour recevoir et faire la fête.

Relations, sentiments, amour

Autant votre popularité ne cessera de croître, le temps sera une denrée assez rare pour les amoureux en cette période de l'année. Il ne sera pas toujours facile de vous permettre un week-end ensemble ou une belle soirée pour y vivre pleinement votre amour. Il serait donc important de vous parler au moins assez régulièrement de vos sentiments mutuels, ne serait-ce que pour vous assurer qu'ils existent encore malgré le fait que vous n'ayez pas toujours le temps de vous les démontrer. Pour certains d'entre vous qui êtes en couple, vous risquez d'éprouver le besoin de jouer cartes sur table et de faire le point. Allez-y mollo, c'est tout de même la période du temps des Fêtes et des réjouissances. Saisissez plutôt ce moment inouï pour renouer avec tous vos bons amis. Si vous êtes célibataire, suivant que ce ne sera pas véritablement le meilleur moment pour dénicher l'âme sœur ou encore cette perle rare de vos rêves alors que, en règle générale, ceux qui sont en quête d'amour durant cette phase risquent souvent d'être plutôt du genre dépendant affectif, ce qui n'est pas toujours souhaitable. Or, n'allez pas être surpris si un prétendant ne cesse de vous relancer même après que vous lui aurez clairement fait savoir que vous n'êtes pas intéressé à développer une relation amoureuse avec lui ou elle. Mais, si vous êtes très sérieux à l'idée de rencontrer, sortez et mêlez-vous aux gens autant que possible alors qu'un prétendant romantique pourrait se présenter au moment où vous vous en attendrez le moins. Acceptez donc toute invitation sociale qui se présente à vous. En revanche, avec Vénus qui rétrograde, vous pourriez aussi être tenté de trouver à redire sur votre apparence ou celle des personnes qui vous reluquent. Avant de vous lancer tête première et de vous refaire une beauté, songez plutôt à vous faire faire une nouvelle coupe de cheveux alors que ça suffira à changer votre image ainsi que le mal de place. Il n'en demeure pas moins que hormis le fait que votre personnalité rayonnera de façon attrayante, un examen approfondi des événements passés et/ou pour ce qui est de vos amours ne pourra que contribuer largement à votre pleine satisfaction de vous-même et de vos actions passées.

Santé

Il sera important que vous ne négligiez pas trop vos heures de sommeil et que vous preniez tout le repos dont vous avez besoin, autrement vous risqueriez d'affaiblir votre système immunitaire, vous rendant ainsi plus vulnérable aux divers microbes que l'on s'échange généralement pendant la période du temps des Fêtes.

LA PHASE RÉTROGRADE DE MARS EN 2022

Mars rétrograde en Gémeaux – du 30 octobre 2022 au 12 janvier 2023 – votre VIe maison natale

Climat général

Voilà une période où vous tendrez plus à perdre goût aux responsabilités du quotidien et vous pourriez être porté aussi à laisser tomber les tâches ménagères, à avoir envie d'abandonner un régime, sinon ce seront des projets de travail qui ne vous emballeront plus. Non seulement ce sera un temps où le travail ne satisfera plus, mais toutes les nouvelles initiatives sembleront inutiles, moins excitantes. Vous ne trouverez pas de solutions aux conflits ni aux problèmes. Ce sont trois mois où vous couvrirez une déprime au regard de tout ce qui est votre quotidien. Veuillez revoir tranquillement votre agenda et la façon dont vous vous organisez. N'allez pas laisser la frustration grandir au boulot et réévaluez votre emploi du temps. Pour certains, il s'agira d'un problème de santé qui viendra cacher autre chose. Travaillez sur votre emploi du temps, rendez-le plus cohérent, plus fluide. Triez les infos concernant votre santé et votre travail de façon à pouvoir y voir plus clair et, surtout, à pouvoir anticiper avec assez de temps les événements prévus. Soulignons que ce peut être également un problème de santé pour l'un de vos animaux domestiques.

Travail – Finances

Attendez-vous d'avoir à relever des défis et de vivre des hauts et des bas au niveau professionnel alors que tout suggère que ce sera une période erratique en ce qui concerne votre travail et pour ce qui est de vos obligations qui, d'ailleurs, tendront à être assez frustrantes par moments. Soit que vous en aurez trop à faire ou qu'il y aura des problèmes que vous ne réussirez pas à résoudre. Et les arguments et les conflits qui en découleront émaneront plus de vos incompréhensions, de votre entêtement à ne pas vous ouvrir aux compromis. Faites l'effort de ne pas vous laisser emporter par les frustrations du moment, ce qui n'est jamais chose facile. Essayez de mieux les verbaliser de même que vos émotions au lieu de les laisser grandir et ainsi déranger votre santé.

Malgré que vous puissiez vous sentir déstabilisé par moments, cela ne devrait pas vous empêcher de faire montre d'une grande ouverture d'esprit tout en respectant aussi les exigences des personnes responsables (en charge). Il sera particulièrement important aussi que vous accomplissiez votre travail avec savoir-faire et que vous compreniez vraiment ce que vous êtes appelé à produire, à réaliser ou à développer, sinon vous aurez de nombreuses complaintes de la part de votre patron et/ou d'une tête dirigeante. Abstenez-vous de répondre à leurs interférences par de l'irritabilité et/ou de l'agressivité, mais plus que tout, n'allez pas claquer la porte alors que ça ne pourra que nuire à votre crédibilité professionnelle. Et même si vous faites tout votre possible pour gérer ce surplus de travail, ne vous attendez surtout pas à recevoir une marque d'appréciation de la part de vos supérieurs. Or, veuillez donc tout simplement vous acquitter de vos tâches et n'essayez pas d'en faire plus que ce qu'on attend de vous. Il sera également avisé, du moins dans la mesure du possible, d'éviter de vous commettre et n'allez pas accepter non plus de nouvelles responsabilités, puisque vous en aurez plein les bras à vous tenir occupé. Entre-temps, si vous encourez un problème avec un de vos collègues, n'allez pas surréagir ni vous blâmer personnellement alors que la source du problème proviendra tout simplement d'une divergence d'opinion. Et si ce n'est pas le cas, attendez-vous à des frictions possibles avec une personne près de vous. Tout cela risque aussi de produire une confusion qui pourrait vous amener à prendre des décisions draconiennes.

Sur une note finale, la mauvaise gérance de vos finances pourrait finir par se faire sentir à plusieurs niveaux alors que vous aurez à vous ajuster aux problèmes de liquidités ou de baisse de budget qui se présenteront, suivant que tout suggère que votre situation financière sera plus précaire et que vous devrez vous montrer extrêmement flexible et prêt à vous investir pour vous sortir de cette impasse. Cependant, il est tout aussi possible que certains arrérages vous soient remboursés et tout ce dédommagement pourrait provenir de sources diverses tel un réajustement de salaire, ou autres, ce qui allégera très certainement votre fardeau. Entre-temps, vous ne pourrez choisir meilleur moment pour rattraper le temps perdu ainsi que pour élaborer des projets futurs, mais pas nécessairement favorables toutefois pour les mettre en action maintenant, du moins idéalement plus après le début du mois de février 2023.

Amour – Sentiments

Alors que les natifs de votre signe ont de grandes ambitions et souhaitent régner sur la première marche du podium, cette rétrogradation risque donc de vous rendre plus irritable par moments et aussi déclencher de grosses colères si par malheur quoi que ce soit, l'amour inclus, vous empêche d'atteindre l'un de vos objectifs. Attendez-vous à une certaine froideur de la part de votre partenaire de vie qui ne sera pas forcément très porté à accorder une grande importance à vos sentiments.

Famille

Tout suggère que ce sera une période où il est possible que vous soyez plus perturbé par des problèmes familiaux ou est-ce une personne près de vous qui aura des ennuis de santé. Quoi qu'il en soit, les relations qui impliquent vos frères et sœurs pourront être plus tendues, chacun culpabilisant l'autre à qui mieux mieux, sinon une division se produira qui vous séparera désormais. Si rien de tout cela ne vous rejoint, n'allez pas être surpris que certaines personnes près de vous tendront à agir sans réfléchir. Une raison de plus de rester sur vos gardes, surtout en ce qui a trait aux promesses faites qui ne seront pas tenues. Et si vous êtes étudiant ou si vous suivez des cours pour parfaire vos connaissances ainsi que vouloir vous enrichir d'une technique ou d'une formation spécialisée, il est plus que possible que vous serez en désaccord avec les enseignements du formateur.

Santé

Non seulement votre seuil d'énergie risque de vous faire plus défaut pendant la durée de cette phase, mais il en sera de même pour ce qui est de votre vigueur, de votre taux de résistance physique et de votre courage. Misez donc sur cette période pour vous ressourcer, pour entreprendre un programme d'exercices physiques ainsi que faire des randonnées à pied. N'empêche, demeurez vigilant en tout temps. Et bien que vous soyez un peu plus suractivé durant cette phase, cela ne voudra pas dire de rester là à ne rien faire ni d'être passif-agressif non plus. Au contraire, ne vous laissez surtout pas abattre. Profitez-en plutôt pour vous tenir occupé et restez en bonne condition physique. Mais puisque vous tendrez à vous surmener et à pousser si fort la machine, vous risquez de battre de l'aile plus vite que vous ne le pensez, d'autant plus que ce sera un temps où vous serez davantage vulnérable au virus et aux contagions de toutes sortes. Il sera fortement avisé aussi de demeurer vigilant en tout temps lors de vos déplacements aller-retour au travail ou lorsque vous visiterez le cabinet de votre médecin ou celui de votre vétérinaire ainsi que toutes les autres institutions médicales alors que vous ne serez pas à l'abri d'un accident ou d'un incident possible. Veuillez être tout aussi prudent afin de ne pas tomber non plus. Entre-temps, sachez que si vous avez débuté un régime pendant cette période rétrograde, celui-ci ne fonctionnera pas. En revanche, n'allez pas non plus vous infliger des restrictions excessives. Soyez plutôt raisonnable dans vos portions plutôt que de vous imposer de suivre ce régime à la lettre. N'empêche, il faudra faire attention à la gourmandise qui vous guette ! Prenez garde alors que vous pourriez développer aussi des problèmes osseux ou intestinaux. Vous serez sans doute plus nerveux aussi. Or, attention aux maux possibles avant que vous compreniez qu'il est temps de vous détendre. Cessez aussi de vous inquiéter pour des riens !

L'ÉCLIPSE SOLAIRE PARTIELLE DU 30 AVRIL EN TAUREAU – VOTRE V^E^ MAISON NATALE

Suite à l'éclipse solaire partielle en Taureau, voilà que les deux sexes seront épargnés et c'est tant mieux, à moins que vous ayez un ascendant Taureau, Lion, Scorpion ou Verseau. Si tel est le cas, réglez tout problème de santé physique se manifestant entre avril et la fin mai. Ainsi vous serez sûr de ne pas avoir à subir les conséquences d'une négligence. En principe, vous tiendrez la forme et serez capable de voir à vos propres affaires. Le mieux serait d'en faire le moins possible… Et comme toujours, en période d'éclipse, on n'entreprend rien de nouveau qui ait une grande importance dans sa vie puisque les échecs, quasi inévitables, nous prouvent qu'il vaut mieux ne rien amorcer en ce temps peu profitable pour tous. Ainsi donc, la période de plans et de projets, de stabilisation des énergies existantes et de tranquillité relative reposant sur toute action mille fois répétée donc sécuritaire, soit la routine, ira sans trop d'anicroches. Il n'en demeure pas moins que si des offres intéressantes vous sont faires, assurez-vous de les étudier attentivement et ne signez rien, idéalement, avant la mi-mai.

En astrologie, la cinquième maison s'intéresse à la façon dont vous exprimez votre individualité et votre créativité personnelle, et à la façon dont vous donnez de l'amour. Sous cette éclipse nouvelle lune, vous aurez l'élan nécessaire pour augmenter votre seuil d'énergie ainsi qu'entamer ce nouveau départ. Or, profitez-en pour vous lancer dans quelque chose que vous aimez vraiment, ou pensez que vous pourriez aimer, et qui vous donnera l'occasion de vous exprimer. Essayez ce nouveau métier ou cette nouvelle forme d'art et participez à des activités sportives ou récréatives. À tout le moins, trouvez un moyen de briller. Mettez-vous en avant alors que vous pourriez même dénicher un nouvel amour de même qu'avoir un nouveau plaisir à partager avec votre amoureux actuel. Et puisque vos enfants sont également un résultat très significatif de votre créativité personnelle, ce nouveau départ pourrait donc impliquer aussi votre soutien pour leurs activités.

P.-S. Vous êtes encouragé à prendre connaissance de tout ce qui est écrit au chapitre intitulé « Les éclipses de 2022 » pour mieux vous familiariser avec toutes les mises en garde à respecter lors de toutes les éclipses.

LES POSITIONS LUNAIRES ET VOUS

À la fin du livre, vous trouverez le tableau des positions lunaires pour chaque jour de l'année 2022. Pour mieux tirer profit de la Lune au quotidien ainsi que connaître le rôle qu'elle jouera sur vos humeurs, lesquelles vont influer sur votre jugement et sur vos actes, référez-vous au chapitre intitulé « Méthode d'interprétation du calendrier des Lunes ».

En général, quand la Lune passe en Taureau, en Vierge, en Scorpion, en Capricorne, votre signe solaire ou votre ascendant natal, et en Poissons, vous êtes en forme, vous êtes à votre meilleur. Ces énergies, surtout celles du Taureau, de la Vierge, du Scorpion et du Capricorne, soit votre signe, vous placent en position de force. Là où vous devriez être prudent et où il serait préférable de prendre du recul, c'est lorsque la Lune se trouve en Bélier, en Cancer, en Balance, en Lion, en Gémeaux.

Les divers passages de la Lune ne sont jamais neutres, même ceux qui ne sont pas mentionnés ci-dessus. S'il y a des moments pour l'action quand la Lune est néfaste, s'il faut prendre du recul quand elle ne l'est pas, les autres journées représentent, la plupart du temps, un mouvement vital plus lent.

Verseau

21 janvier au 19 février

LES DIFFÉRENTS ASPECTS DE VOTRE PERSONNALITÉ

Verseau – masculin, fixe, air

Vous avez tendance à être contradictoire et imprévisible. Avec Uranus comme planète maîtresse, vous pouvez être tout aussi tumultueux à vos heures, sans compter que votre liberté est primordiale dans votre vie.

Humaniste par excellence, votre bonté tend à se retourner facilement contre vous alors que vous êtes souvent victime de profiteurs, de parasites, de faux amis qui abusent carrément de vous et de vos largesses.

Doué pour les inventions de tous genres et reconnu pour votre côté avant-gardiste, vous avez la facilité d'influencer la masse. Vous êtes de ces gens qui créent leurs propres règles, qui se battent pour des causes désuètes et qui délibérément brisent les règles et les traditions établies, puisqu'ils sont friands de changement.

Les revers de situation sont votre spécialité. Voilà qui peut expliquer pourquoi les autres vous perçoivent comme étant erratique, rebelle, instable et sur qui on ne peut pas compter. Cependant, lorsque l'énergie d'un Verseau s'active, vous pouvez tout aussi bien vous consacrer à une cause ou à un idéal intellectuel avec une telle fermeté et une telle constance que c'en est désarmant.

CE QUI VOUS DIFFÉRENCIE DES AUTRES NATIFS DE VOTRE SIGNE

En tant que natif du 1er décan (du 21 au 31 janvier), Uranus est la planète maîtresse de votre signe, mais votre décan est sous la tutelle de Vénus et secondairement de Saturne, dont celle-ci est dite exaltée dans votre signe.

Ce duo d'énergie, Saturne et Uranus, vous donne de la dignité, de la créativité et vous avez en plus l'art de créer l'ordre là où régnait le chaos.

Quant à Vénus, elle vous donne une appréciation pour tout ce qui est beau, pour tout ce qui est luxueux. Même si votre tenue vestimentaire laisse parfois à désirer, vous n'en pensez pas moins. Il faut dire que ce sont surtout les hommes de ce décan qui tendent le plus à se laisser aller, soit par manque d'intérêt ou par désir d'être différents ou, encore, dans certains cas, de choquer carrément.

Uranus, qui joue un rôle déterminant dans votre horoscope, fait de vous quelqu'un qui a une forte personnalité ainsi qu'une nature originale accentuée d'exceptionnelles connaissances et d'aptitudes inventives. Elle vous donne aussi des idées brillantes, progressistes, avant-gardistes, sans compter que vous êtes attiré par des personnes qui sont différentes, peu ordinaires et animées d'expériences peu communes.

Vous avez besoin de stimulation mentale fréquente et vous souhaitez contrôler toute situation dans laquelle vous êtes impliqué. Vous avez aussi beaucoup de volonté et d'endurance, et vous aimez également être perçu comme une autorité.

Rebelle et conservateur dans un même temps, vous n'observez que les traditions qui ont de la valeur à vos yeux. Nerveux et précurseur, votre processus de pensée est unique en son genre et les personnes en viennent à respecter vos idées. Amical, curieux et honnête envers ceux qui vous entourent, vous vous attendez à ce qu'on vous traite de la même façon.

Intelligent et polyvalent, ces traits vous seront très utiles, tant dans votre vie privée que professionnelle alors que vous pourrez briller de toutes vos couleurs en vous exerçant dans un travail constructif qui vous permettra de définir votre propre horaire tout en mettant à profit vos talents, habiletés, compétences et intérêts.

Il importe d'utiliser à bon escient toutes les idées et méthodes nouvelles dans le but de mieux réaliser vos ambitions, sans pour autant mettre de côté certaines pratiques qui ont fait leurs preuves.

Il est possible que, dans votre vie, une aide ou un gain financier puisse se concrétiser grâce à un associé, un ami, la belle-famille ou par l'intermédiaire d'un voyage et/ou en ce qui concernera un projet d'éducation.

Vulnérable sentimentalement, vous avez tendance à cacher vos sentiments, mais vous les exprimez par des marques d'affection et de tendresse.

Cela n'empêche pas que la famille occupe une place très importante dans votre vie.

L'amour ainsi que parfois même le manque d'amour sont, en destinée, deux de vos préoccupations principales, mais davantage chez la gente féminine. Apprenez à exprimer vos remous intérieurs alors que cela vous fera le plus grand bien.

Votre profonde sensualité vous pousse à vivre pour les sensations fortes et pour les contacts charnels. Si vous vous mariez, choisissez un compagnon de vie qui est tout aussi entier que vous, passionné et qui saura enrichir votre vie par ses idées positives.

En tant que natif du 2e décan (du 1er au 10 février), vous êtes sous la gouvernance d'Uranus et de Saturne, mais votre décan est sous la maîtrise de Mercure. Voilà qui vous donne un esprit organisé et calculateur. Autant vous aimez communiquer vos pensées, autant vous vous frustrez facilement lorsque les gens ne peuvent pas les saisir ou comprendre vos visions avant-gardistes.

Aimable et confiant en vos propres moyens, ces qualités vous mèneront loin dans la vie. Intelligent, polyvalent et doté d'un tempérament indépendant, ces traits vous seront également très utiles et appréciables, tant dans votre vie privée que professionnelle.

La double influence mercurienne, pour faire suite à la Triplicité d'Air de votre signe solaire, exerce un effet profond sur vos intérêts et sur vos aptitudes. Bref, vous êtes capable de faire beaucoup de choses et il est probable que vous aurez plus d'une carrière au cours de votre vie, d'autant plus que vous avez l'intelligence ainsi que l'art de bien planifier et d'effectuer toutes les tâches complexes.

Plus intuitif, plus cérébral et plus intellectuel que ceux des deux autres décans, vous pourrez très bien exceller dans toute occupation qui demande de l'imagination.

Créateur-né, artiste-né, vous faites partie de ces gens qu'on rencontre le plus dans les milieux du cinéma, de la radio et de la télévision. L'ordinateur n'a pas de secrets non plus pour vous.

Déterminé et habile de vos mains, vous pourrez briller de tous vos feux dans un travail qui encourage vos multiples talents et habiletés. D'ailleurs, vous faites partie des natifs du Verseau qui sont les plus susceptibles d'être des hommes de politique, des écrivains ou des enseignants. Cependant, vous aurez à lutter fermement pour arriver à vos buts.

Si vous savez bien cibler vos visées, vous réussirez tout ce que vous entreprendrez grâce à votre merveilleuse ingéniosité sans bornes et votre sens des responsabilités. En revanche, il importera que vous puissiez exercer dans un travail constructif où vous pourrez mettre à profit vos nombreuses capacités, mais également dans un environnement qui vous permettra de définir votre propre horaire. Vous vous devez aussi d'apprendre à ne pas vous fier qu'aux apparences.

Puisque Mercure exerce une influence importante sur vos opinions, sur vos champs d'intérêt et sur vos capacités, vous pourrez tirer profit de nouvelles perspectives à travers des études, des voyages, de la lecture ainsi que par l'intermédiaire de gens de cultures différentes de la vôtre.

Autant vous êtes habité par une force intérieure implacable, autant vous tendrez à éviter de prendre trop de responsabilités sur vos épaules. Il n'en reste pas moins que vous prenez plaisir à vous enrichir de nouvelles connaissances ainsi qu'à développer cet esprit brillant qu'est le vôtre

En amour et sous les influences mercurienne, saturnienne et uranienne, il va de soi que vos démonstrations affectives sont empreintes de délicatesse sans compter que vous avez aussi un constant besoin de communion intellectuelle et spirituelle avec l'être aimé. Par conséquent, votre charme sans équivoque et votre goût d'être libre vous attireront des personnes qui veulent un partenaire de vie pas comme les autres et qui ne sera pas possessif non plus, mais également qui ne se cramponnera pas à l'autre sans cesse. L'individu qui voudra gagner votre cœur et garder votre amour devra avant tout être un ami, mais également quelqu'un qui respectera votre besoin de liberté.

En tant que natif du 3e décan (du 11 au 19 février), Uranus joue un rôle de premier plan dans votre thème natal puisqu'elle est votre planète maîtresse. En ce qui concerne votre décan, ce dernier est régi par la Lune et secondairement par Vénus pour faire suite à la Triplicité d'Air qu'est votre signe solaire. Saturne joue aussi un rôle clé alors qu'elle est dite exaltée dans votre signe.

Pour ce qui est de la Lune, cette planète vous octroie de forts instincts et émotions, et elle fait aussi de vous une personne intuitive, compatissante, sensible et profonde. Changeant et également plus instable, vous êtes toutefois le plus fantaisiste des trois décans de votre signe.

Quant à Vénus, elle vous donne du charme, de la beauté ainsi que du *sex-appeal,* et une appréciation marquée pour les belles choses de la vie. Vous dégagez également un tel charisme, voilà pourquoi les gens sont attirés vers vous. En dépit de tout cela, vous avez quand même besoin de vos moments de solitude, sans compter qu'il importe pour vous que vous restiez en contact avec le côté spirituel de votre nature.

Sensible, intuitif et plein de compassion, vous avez des goûts bien arrêtés. Bref, vous voulez que les choses soient faites correctement, ce qui signifie à votre manière. Vous pourrez bien exceller dans la vie en tirant profit d'emplois ou d'activités qui traitent avec le public, la foule, les femmes, les enfants, l'immobilier, la science, les produits cosmétiques.

Vous pourrez également atteindre une position enviable, surtout si vous exercez dans la conception et le design de bijoux, en tant que styliste, chef de cuisine, acteur, animateur de radio, acteur, médecin vétérinaire, esthéticienne ou astrologue, ce qui vous servira bien d'autant plus si vous savez mettre à profit vos multiples talents, compétences et habiletés à bon escient.

Puisque vous êtes plus émotif et plus romantique que les deux autres décans de votre signe, votre nature agitée est parfois difficile à gérer pour les autres étant donné que vous êtes en quête d'excitation et que vous tendez à changer d'opinion assez souvent. On peut même confirmer que vous êtes d'humeur inégale.

Romantique et sensible, vous affichez des tendances très poussées à la rêverie et à la contemplation. Il faut dire que vous n'êtes pas toujours très pratique et que parfois, vos rêves dépassent souvent vos réalisations. Veuillez ne pas laisser votre imagination prendre le pas sur la raison, même si ce ne sera pas nécessairement facile en périodes de Pleine Lune et d'éclipse Lunaire. Avec un peu plus de discipline, vous pourrez en venir à bout.

Sous l'influence lunaire, le domaine sentimental vous influence plus particulièrement alors que vous désirez être aimé et apprécié à votre juste valeur. Vous aspirez avant toute chose à obtenir la tendresse et l'affection de l'être aimé.

Sensuel et imaginatif, il importe qu'une atmosphère tendre et chaleureuse abrite votre refuge, votre havre de paix afin que vous puissiez mieux exprimer en toute sécurité vos sentiments les plus profonds.

Côté cœur, les gens qui vous entourent sont très attirés et intrigués par votre nature libertine. Effectivement, vous pouvez être parfois fougueux et un peu volage à vos heures. Mentionnons que les conventions, ce n'est pas pour vous. Malgré tout, vous souhaitez une relation durable et solide.

Si vous décidez de vous marier ou de vivre en couple, veuillez choisir une personne qui est énergique, entreprenante, qui sait ce qu'elle veut, mais qui respectera aussi votre besoin de liberté.

CE QUE LES ASTRES VOUS RÉSERVENT EN 2022

Jupiter en Poissons – du 29 décembre 2021 au 10 mai 2022 et du 28 octobre au 20 décembre 2022 – votre IIe maison natale

En 2021, vous avez entamé un nouveau cycle, il est à souhaiter qu'il y ait eu un commencement, que ce soit en affaires, en amour ou autre. En 2022, vous aviez pour mission de le faire prospérer. Jupiter, qui va traverser à présent le deuxième signe du vôtre, symbolise les doubles profits, les deux contrats, les doubles voyages et, oui, les doubles réussites aussi, etc. S'il y a double, il peut aussi y avoir dualité ou choix entre deux bonnes choses ou deux mauvaises, ça dépend de quel côté de la clôture vous vous tenez. Jupiter en Poissons, c'est une invitation au cœur de ce qu'il y a de plus étrange où se côtoient magie et réalité, beauté et laideur, vérité et mensonge. Il vous restera à choisir entre ces opposés ! Il n'en demeure pas moins que vous êtes invité à la sagesse, à une implication sociale en commençant par aider ceux qui souffrent, qui sont dans le besoin. Il n'est pas nécessaire de quitter votre famille et de partir à l'autre bout du monde pour être secourable. Regardez autour de vous… c'est juste à côté !

Le passage de la Grande Bénéfique au secteur de votre thème personnel qui régit vos acquis, vos finances, vos biens et meubles vous promet une amélioration sensible de ces domaines. Ce transit jupitérien sera porteur de rentrées d'argent possibles. À cet effet, des profits amélioreront votre quotidien et vous inclineront à faire des projets d'investissement ou d'acquisition. Ce sera la période pour les investissements, pour les transactions, pour les achats ou les ventes, que pour régler tous problèmes restés jusque-là sans solution. Assurément, le climat sera plus que propice à la libération de vos préoccupations budgétaires. Soulignons que ce sera également un temps où vous serez plus enclin à la générosité envers vos amis et vous-même. Pas surprenant que vous puissiez succomber à l'envie de vous payer enfin cette « petite gâterie » dont vous rêviez, mais attention de dépenser plus que vos moyens ne vous le permettent, car une fois l'euphorie passée, vous le regretteriez. Mon conseil : vérifiez que les rentrées d'argent, l'aboutissement des projets et les espérances financières soient garantis avant d'en dépenser les bénéfices.

Jupiter-Neptune conjoint en Poissons le 12 avril 2022 : Un coup de pouce ou une aide financière pourrait vous venir de façon inattendue, peut-être sous la forme d'une augmentation de salaire, d'une promotion ou d'un prix. Alternativement, une vieille pièce de monnaie ou un héritage familial pourrait aussi s'avérer plus précieux que vous ne le pensiez, alors regardez autour de vous pour voir si vous avez des choses de valeur cachées dans votre grenier. Si vous dénichez de vieilles actions ou trouvez des obligations enfouies sous la poussière, ne présumez pas qu'elles sont sans valeur. Vérifiez-les ! Cela dit, faites attention aux gestes grandiloquents et de dépenser sans compter pour des aventures idéalistes.

Saturne en Verseau – toute l'année – votre Ire maison natale

Pour vous, une vie réussie est celle dans laquelle vous êtes fier de vous et avez le temps d'être avec vos amis. L'année 2022 est l'une des plus importantes de votre vie. Saturne dans votre propre signe, vous pourrez donc progresser en démontrant vos meilleurs atouts et capacités. Laissez votre lumière intérieure briller ! Ce sera un temps où vous serez aussi plus préoccupé par tout ce qui vous concerne en tant qu'individu, mais également en ce qui a trait à vos propres besoins. C'est l'année pour réfléchir sérieusement à la façon d'améliorer votre bien-être, tant physique qu'émotionnel, puis de vous consacrer entièrement à cela. Mentionnons que votre apparence et la façon dont vous abordez les nouvelles personnes ou tous les nouveaux intérêts seront particulièrement importantes aussi durant la prochaine année. Or, comportez-vous en professionnel que vous êtes et habillez-vous selon les convenances, soit le genre de personne qui réussit dans la vie.

Saturne dans votre signe, une sorte de renoncement, de perte d'illusion – avant de vous aider à vous construire plus solidement, vous devrez davantage être en phase avec la réalité ; l'idéal s'effacera devant vous. Au plan physique, beaucoup noteront de la fatigue et encore plus si vous faites partie du deuxième décan, alors que les autres natifs de votre signe pourraient s'en sentir plus démotivés. Si vous sentez que quelque chose ne tourne pas rond, ou si vous êtes déprimé, n'hésitez pas à consulter et aussi à déléguer vos obligations, provisoirement du moins. L'idée qu'il puisse y avoir de la tristesse à cause d'un changement et/ou d'un retournement de situation imprévu sera à prévoir. Toutefois, la rupture, de quelque nature soit-elle, ne sera jamais vraiment définitive ; attendez-vous à de nombreux allers et retours !

Bien qu'on puisse penser que le passage de Saturne dans votre signe soit un flop, et il est vrai que ce n'est pas une planète de joie ni de facilité, bien au contraire, tout tend à devenir plus lourd et on a l'impression que rien n'avance ; loin de là, on recule. Mais pourquoi cette impression de stagner, de reculer ? Simplement parce que Saturne est le maître de vos ambitions et que, sous son influence, vous aurez sensiblement un important objectif à atteindre. Peut-être même que vous l'aurez atteint et que n'ayant plus rien à conquérir, vous serez tout désarmé. Quoi qu'il en soit, avec Saturne, rien n'est jamais simple, le passé fait retour dans le présent, dans la mesure où Saturne représente nos expériences, ce que la vie nous a appris ou ce que nous avons refusé d'apprendre. Dans ce cas, le plat vous sera resservi et plus le temps passera, plus il sera difficile à avaler !

Évidemment, avec Saturne dans votre signe, on peut penser aussi à certaines épreuves… telles qu'en amitié par exemple. Or, l'un de vos amis, et Dieu sait qu'ils sont toujours nombreux et importants pour les natifs du Verseau, risque de s'en aller d'une manière ou d'une autre et il vous manquera. Mais il se peut également que vous ayez des ennuis ou des difficultés avec un projet (le Verseau, signe des projets par excellence) qui ne marchera pas aussi bien que vous le pensiez ou que vous l'aviez prévu. Toutefois, selon ce que fait la planète Saturne dans votre thème de naissance, non seulement un désir envahissant de réussir se manifestera, mais vous pourriez également réaliser l'une de vos ambitions et même gagner un statut si convoité que vous aurez peur de le perdre !

Côté travail, votre savoir, votre expérience, votre rigueur pourraient être, en ces temps qui courent, très appréciés. À cet effet, il est possible qu'il vous soit donné l'occasion d'atteindre un but, un objectif que vous visiez depuis longtemps (Saturne) et que vous en ayez d'excellents échos pour votre réputation, d'autant plus que vous saurez vous canaliser et ne pas vous croire au-dessus des autres. Gardez les pieds sur terre et ce sera précisément grâce à toutes vos expériences passées que vous aurez des chances de voir un rêve, un désir sinon un souhait se concrétiser à votre plus grand plaisir et bonheur.

Jupiter en Bélier – du 10 mai au 28 octobre 2022 et du 20 décembre 2022 au 16 mai 2023 – votre IIIe maison natale

Le 10 mai 2022, Jupiter entame une brève incursion dans le Bélier, là où cette planète y restera jusqu'à la fin du mois d'octobre, et de retour à nouveau dans le même signe pas plus tard que le 20 décembre prochain. C'est tout comme si le destin venait vous toucher l'épaule et vous donner un aperçu de ce que le futur a en réserve pour vous.

Son passage au secteur précis de votre thème personnel vous apportera détente et plaisir par votre entourage immédiat : frères, sœurs, cousins, cousines, oncles, tantes, collègues, voisins, etc. Cela dit, vos relations seront meilleures avec votre voisinage, car vous serez vous-même plus compréhensif et plus tolérant. Et votre état d'esprit vous permettra d'être mieux dans votre peau et vous pourrez ainsi être fier de vous si, habituellement, vous avez quelques difficultés à vivre en harmonie avec tous vos semblables.

Votre ouverture d'esprit sera propice aussi aux études, surtout si c'était quelque chose auquel vous songiez, puisque vous pourriez même avoir envie d'apprendre de nouvelles choses qui sortent de l'ordinaire. Comme vous serez ainsi plus détendu, tout vous semblera plus simple, mais attention à vouloir en faire trop, car vous « éparpiller » ne vous apporterait rien de plus qu'une fatigue inutile ou encore un épuisement total. Il n'en demeure pas moins que le temps se prêtera bien pour tout ce qui touche l'écriture. Alors, si le cœur vous en dit, à votre clavier ou à votre stylo pour certains ! Ce sera également le moment ou jamais de vous produire en public ainsi que de faire de la publicité.

En ce qui concerne les déplacements et les voyages, ils seront placés sous une bonne étoile. À cet effet, vous pourriez faire des rencontres des plus intéressantes. Ce sera aussi une période où vous aimerez vous déplacer, car les conditions s'y prêteront bien. Et puisque ce sera une bonne période pour les échanges et les communications, profitez-en pour vous changer les idées. Entre-temps, soyez également informé que votre envie pourrait aussi se diriger, possiblement, vers le renouvellement de votre véhicule. Si c'est le cas, croyez-moi, ce sera le bon moment de l'année pour le faire, d'autant plus que vous pourrez compter sur le soutien de la Grande Bénéfique qu'est Jupiter. Or, inutile de vous dire que je vous souhaite de trouver votre voiture de rêve !

LES PHASES RÉTROGRADES DE MERCURE EN 2022

Mercure rétrograde en Verseau – du 14 janvier au 3 février – votre Ire maison natale

Climat général

Voilà une phase où votre personnalité charismatique risque de paraître moins sincère ou quelque peu forcée par moments. Vous tendrez à broyer aussi davantage du noir et à vouloir revivre le passé, et vous serez aussi plus imprévisible qu'à l'habitude. Tout suggère qu'il vous sera plus difficile de donner votre entière attention, ce qui pourra aggraver vos relations avec votre partenaire et les personnes près de vous alors que vous serez plus flou et moins concret dans vos explications, dans l'élaboration de vos idées et de vos projets et vous le constaterez lorsque certains interlocuteurs s'interrogeront sur ce que vous cherchez à dire exactement et qu'on vous demandera d'expliquer le fond de votre pensée, sinon de définir plus clairement ce à quoi vous voulez en venir. Il y aura beaucoup d'action et il ne sera pas toujours facile de coordonner tout le monde, surtout que vous serez confronté à certains choix et vous aurez besoin de temps pour peser le pour et le contre. Mais rempli d'initiatives comme vous l'êtes, vous n'allez pas hésiter longtemps avant de passer à l'action. Toutefois, avant de prendre la moindre décision, il faudra impérativement consulter certaines gens et considérer leurs opinions. Heureusement, dès que Mercure aura repris sa marche directe, vous obtiendrez les informations qui vous manquaient pour aller de l'avant.

Travail – Finances

Vous êtes un individu pragmatique, sérieux et ordonné, et avez aussi des moments de lâcher-prise et de douce folie. Certaines passions tendront à vous coûter cher et il vous faudra constamment surveiller vos dépenses à ce sujet pour mieux faire face à vos responsabilités. Entre le rêve et la réalité, il y a un pas à franchir qui ne sera pas toujours clair et, parfois, lorsqu'on passe du rêve à la réalité, on n'y trouve que des déceptions. Que faudra-t-il faire dans ce cas ? L'être habituellement raisonnable que vous êtes arrivera à faire la part des choses et à profiter pleinement du meilleur des deux mondes avec encore un peu de patience. Par exemple, si vous rêvez de faire un voyage prochainement, vous n'aurez qu'à faire vos comptes ainsi que demander un congé à votre employeur et partir dès que Mercure reprendra son cours normal. D'ici là, il est possible que vous soyez responsable d'organiser de multiples événements qui vont rassembler beaucoup de monde. Il est possible également que vous ayez à contacter individuellement les gens, ce qui accroîtra considérablement votre charge de travail. Vous passerez vos journées au téléphone ou à répondre à un nombre volumineux de courriels. Vous développerez de nouvelles méthodes de travail pour être plus efficace et obtenir davantage de réponses positives. Il faudra également prendre le temps de négocier fermement pour bien conclure une entente. Dès histoires de gros sous vont demander une attention toute particulière de votre part et vous devrez apaiser aussi le chaos qui les entoure. Il est possible aussi que vous puissiez découvrir une erreur ou même une fraude financière et vous serez sûrement seul à vous lever pour dénoncer cette affaire. En fin de compte, vous réussirez à faire de grandes économies d'échelle. Et si vous faites un travail manuel, vous ne serez pas à l'abri qu'un bête accident et/ou un fâcheux incident se produise.

Amour – Sentiments

Original de nature, vous saurez attirer les regards dans votre direction par moments. Votre côté sociable vous fera renvoyer de simples sourires à quiconque vous fera de belles avances, mais votre partenaire manifestera quelques réactions de jalousie. Il ou elle pourrait montrer une sorte de possessivité. Il suffira de vous parler ouvertement pour retrouver l'harmonie entre vous. Vous aurez besoin de voir, de toucher et de sentir. Le plaisir des sens sera décuplé. Bien entendu, la fête de l'amour sera d'une grande inspiration et vous aurez besoin d'une certaine sécurité affective. Et même si vous êtes assez indépendant de nature, une sorte de confirmation en ce qui a trait à l'engagement de votre partenaire dans votre relation sera grandement appréciée. Si vous êtes célibataire, tout est si simple quand vous êtes seul, pourquoi quitter ce mode de vie qui a tendance à vous aller comme un gant par moments ? Même pour le signe le plus indépendant du zodiaque que vous êtes, les sentiments seront assez puissants pour changer d'avis, ne serait-ce que par sécurité. La perle rare de vos rêves ne sera pas encore disponible pendant cette phase, mais cela ne vous empêchera pas de mûrir profondément le concept d'une vie à deux et de créer des occasions de faire des rencontres.

Famille

Le comportement fantasque d'une personne de votre entourage immédiat tendra à vous taper royalement sur les nerfs. Laissez-la faire alors qu'elle se lassera rapidement de son petit manège. L'idée qu'un problème de communication puisse se manifester avec un ami ou avec tous les groupes auxquels vous adhérez sera aussi possible. Quoi qu'il en soit, vous auriez intérêt à demeurer sur vos gardes surtout lorsque vous rendrez service à qui que ce soit, alors qu'il est possible que l'on puisse décider d'intenter une poursuite en justice contre vous. Par conséquent, il sera fortement suggéré d'être très sélectif avec les gens que vous choisirez de venir en aide.

Santé

Une bonne santé est une question d'équilibre. Vous devrez bien doser les différentes sphères de votre vie pour conserver une excellente vitalité. Or, soyez prudent lorsque vous vous retrouverez à l'extérieur et faites attention de ne pas mettre les pieds sur une plaque de glace. Vous pourriez aussi être légèrement maladroit et vous cogner. Demeurez attentif ! Et si vous avez négligé votre alimentation ou l'exercice physique ces derniers temps, vous constaterez que certains vêtements seront plus serrés. Avant d'entreprendre un régime ou d'essayer un produit révolutionnaire, assurez-vous de faire votre petite enquête. Vous ne voudriez pas vous mettre en situation de péril.

Mercure rétrograde en Gémeaux – du 10 mai au 3 juin – votre Ve maison natale

Climat général

Une certaine folie risque de vous accaparer au cours de cette période et vous aurez envie de crier votre bonheur, d'exprimer haut et fort vos joies et vos peines, mais lorsque vous regarderez autour de vous, vous pourriez avoir tendance à vous retenir et à refouler votre excentricité si propre à votre signe. Gardez-vous de sombrer dans les excès, vous n'avez pas besoin d'excitants (d'alcool) pour faire des folies, vous êtes bien plus agréable et intéressant lorsque vous avez toute votre tête. N'empêche, voilà qui risque d'être un temps plus difficile pour trouver un exutoire à votre créativité, sans compter que votre inspiration pourra soudainement vous faire plus défaut. L'idée de composer un poème, d'écrire une lettre d'amour ainsi qu'envoyer un mot à un ami pourrait vous remplir de terreur. N'allez pas forcer le processus créatif. Et si vous avez besoin d'envoyer une lettre ou un courriel à quelqu'un et que les mots ne vous viennent pas à l'esprit, gardez ça simple, mieux encore, achetez une carte, signez-la et postez-la.

Travail – Finances

Soit que vous serez animé d'idées ou tendrez à ruminer des idées noires, et si négatives que vous gaspillerez ce précieux temps qui passe à faire quelque chose qui servirait bien mieux vos intérêts. N'empêche, l'exécutant silencieux, ce n'est pas vraiment de votre ressort alors que vous avez toujours votre opinion à exprimer et vos conditions à imposer, mais durant cette phase, c'est surtout votre silence qui sera votre meilleur moyen de communication et grâce à une bonne part d'intuition, vous en viendrez qu'à faire des ventes, des ententes, sinon à signer des contrats très intéressants. Malgré tout, prudence avec l'argent, car vous pourriez être victime de vol ou d'une étourderie qui pourrait vous coûter cher. Tout suggère également qu'un important projet pourra se matérialiser éventuellement après de longues et intenses négociations auxquelles vous devrez être attentif à tous les détails et à la moindre virgule du contrat, et à concevoir qu'il y aura bien des choses qui changeront, ce qui ne sera pas toujours aisé. Il s'agira sensiblement de quelque chose qui parlera pour les années à venir et vous devrez tout probablement vous serrer la ceinture jusqu'au début février. Tenez bon puisqu'à long terme, vous connaîtrez un succès. D'ici là, les choses risquent de ne pas aller toujours à votre goût. Des retards, des pépins de toutes sortes et des dépenses imprévues vous contrarieront sérieusement. Le pire dans tout cela, c'est lorsque vous essaierez d'en parler, on vous traitera de tous les noms ou on fera carrément la sourde oreille. Gare aux voleurs et filous ainsi qu'aux dégâts matériels possibles.

Amour – Sentiments

Si vous êtes en amour depuis peu et que vous sortez à peine d'une relation, il est plus que possible que vous deviez régler des problèmes ou, du moins, avoir à mettre au clair certaines affaires avec un ex-amoureux qui tendra à revenir à la charge et qui fera de l'ombre sur votre bonheur. Il est rare que les situations soient des plus reluisantes avec les ex, surtout lorsqu'il est question d'argent. Vous prendrez donc votre courage et vous irez peut-être pour la première fois jusqu'au bout de la question qu'on vous pose. Si c'est votre partenaire qui est dans cette situation, vous attendrez patiemment qu'il ait réglé ses problèmes et vous serez là quand il aura besoin de se confier. Il n'en demeure pas moins que vous ne serez pas à l'abri de tensions, d'une séparation et/ou d'un divorce au cours de cette phase alors que votre situation sentimentale pourra changer du tout au tout. D'ailleurs, votre destin tendra à prendre un chemin tout autre que celui que les événements laissaient supposer. Alors que ce sera aussi la période des mariages et des engagements sérieux, vous qui avez trop souvent un esprit logique et assez cartésien en plus de cela, vous serez le premier à critiquer sur les dépenses liées à une telle cérémonie. Mais vous aurez également l'idée de génie pour trouver une solution de rechange tout aussi spectaculaire, tout en étant bien conforme à vos aspirations et pour ce qui est du budget alloué. Quoi qu'il en soit, attendez-vous à un léger surplus budgétaire. Heureusement, un surplus de travail vous permettra de vous l'offrir ces beaux moments. Évitez à tout prix aussi de ne songer qu'au côté matériel puisque non seulement vous serez dans l'erreur totale, mais vous risquez aussi de passer à côté du plus beau moment de votre vie et vous ne voudriez pas blesser votre perle rare.

Famille

Voilà un temps où vous tendrez à prendre trop à cœur les problèmes des autres et vous vous oublierez fréquemment. Apprenez à faire la part des choses. Et si vous avez l'intention de faire l'achat d'une propriété, soyez vigilant. Attention d'être attiré par une maison au-dessus de vos moyens. Évitez de vous perdre dans la démesure. Et si déménager ne fait pas partie de vos plans immédiats, possiblement que vous songerez à peindre l'extérieur de la maison sinon une des pièces de votre demeure.

Santé

Si vous êtes jeune, vous pouvez vous permettre un ou deux abus à l'occasion alors que les conséquences ont plus de chances d'être minimes à votre âge. Par contre, si vous êtes avancé en âge, votre cœur ne sera pas toujours à la hauteur de vos attentes. Évitez donc de pousser à fond votre corps. Il faut apprendre à être plus modéré et ce sera également vrai au sujet du stress. Or, si vous pratiquez un sport qui demande beaucoup d'endurance, tant dans vos jambes que dans vos hanches, par exemple de la bicyclette, soyez plus prudent puisque vous ne serez pas à l'abri d'une entorse. Bien entendu, il sera suggéré aussi d'éviter tous les excès. Problèmes sexuels possibles.

Mercure rétrograde en Balance – du 9 septembre au 2 octobre – votre IXe maison natale

Climat général

Il faudra prendre les retards avec beaucoup de calme et de sagesse. Si vous n'y êtes pas entraîné, ce sera une période un peu plus difficile et si vous avez une nature un peu agressive, rebelle ou contestataire, vous tendrez à vous attirer des problèmes. Si vous ne savez pas vivre dans le moment présent, ses contrariétés qui ne durent quand même jamais éternellement, vous devrez vous questionner sur vous-même et sur ce qui vous rend tellement négatif si vous tenez à ce que cette phase soit la plus agréable possible. Et si vous le faites honnêtement, vous trouverez des réponses ; vous serez devant des évidences que vous ne changerez pas parce qu'elles seront imprévisibles, mais vous aurez le choix entre une attitude de rejet de la vie ou l'acception pacifique de changer ce qui au moins peut l'être. Soulignons aussi qu'au cours de cette phase, vous ferez des rêves tantôt troublants, tantôt magnifiques ; ils tendront à contenir un germe de votre avenir. Si vous avez déjà fait des recherches sur ce sujet, il vous sera facile de reconnaître ce qui est, ce qui n'est qu'illusions, ce qui est fumisterie et ce qui est votre réalité. Bien que ça risque de piétiner d'insatisfaction dans votre vie, fuir la réalité ou vous plaindre n'arrangera rien du tout. Prenez-vous plutôt en main, tenez le fort et dites-vous que sous peu, les choses redeviendront au beau fixe. D'ici là, misez sur cette période pour faire du grand ménage dans vos fréquentations. C'est en éliminant les profiteurs, les menteurs, les beaux parleurs et les petits faiseurs que vous pourrez ainsi vous libérer de tous ces semeurs de trouble et faire en sorte que les bonnes personnes qui ont les idées claires et remplies de bonnes intentions viennent à vous.

Travail – Finances

Voilà qui présage une phase de sournoiseries. Préparez-vous à vivre un temps un peu plus chaotique et à être assigné à de nouvelles fonctions ou tâches possibles. Sans doute devrez-vous être initié à d'autres techniques de travail, à d'autres appareils ou ordinateurs plus sophistiqués. Ce sera assurément un temps où vous serez débordé. Fort heureusement que vous avez cette faculté de refaire votre plein d'énergie très rapidement ; il n'en demeure pas moins que vous aurez à mener une lutte pour vous affirmer dans votre carrière puisque la compétition risque d'être serrée et vous aurez à vous retrousser les manches et mettre la main à la pâte la plupart du temps si vous tenez à être le meilleur qui gagne. Il faudra mettre toutes vos énergies pour réussir ce que vous avez entrepris. Malgré tout, un projet devra patienter un peu. Il faudra donc accumuler plus d'informations avant de l'entreprendre. Et si, toutefois, vous touchez à l'international, il est clair que vous devrez avoir les conseils d'un bon avocat, du moins les recommandations d'un professionnel ou d'une personne de confiance, d'où l'importance de prendre le temps de bien faire les choses et de vous assurer d'avoir les connaissances nécessaires pour aller de l'avant. En revanche, si vous n'avez pas d'emploi depuis quelques mois, vous songerez sérieusement à vous lancer à votre compte. Vous commencerez au bas de l'échelle, avec juste de quoi vivre, seulement gardez confiance et poursuivez votre idéal. Les jours où la clientèle sera rare, améliorez le local, faites votre promotion, organisez votre temps de façon à ce qu'il soit constructif. Vous allez ainsi créer une énergie et également attirer des gens qui réclameront vos services ou vos produits. D'ici là, n'allez pas hésiter non plus à vous engager dans une action sociale qui aurait des répercussions intéressantes sur votre travail.

Amour – Sentiments

Il y aura beaucoup d'émotions dans l'air et il sera important de bien surveiller vos mots pour ne pas blesser inutilement votre partenaire. Il est possible aussi que celui-ci manque de délicatesse par moments. L'idée que l'un de vous deux puisse recevoir des avances d'un pur étranger sera aussi possible, ce qui pourra ouvrir le sujet concernant la fidélité dans le couple. Hormis que vous ne serez pas à l'abri de tensions possibles, ce ne sera rien que vous ne pourrez régler à l'amiable. Et s'il y avait un problème avec un ex-amoureux, les pourparlers seront bien engagés. Vous vous parlerez civilement. Si vous êtes célibataire, les prétendants ne manqueront pas ! Les rendez-vous seront nombreux, mais vous ne vous déciderez pas à faire un choix. Il y aura constamment un défaut que vous soupçonnerez chez l'autre qui pourrait considérablement vous déranger si vous étiez plus lié et vous tendrez aussi à tout exagérer ! Vous mettrez votre sensibilité de côté en voulant être lucide, en ne voulant pas vous tromper. Personne n'est parfait, pas même vous. Par contre, il se trouvera bien des gens intéressants à côté desquels vous passerez en vous butant à un système de sélection plutôt dur !

Famille

Si vous et votre partenaire de vie avez des enfants, il est très possible que des conflits puissent survenir ; chacun voudra protéger son territoire et s'approprier l'attention des deux conjoints, ou l'un des deux sera rejeté parce que l'enfant n'aura pas été préparé à cette nouvelle vie. Et si vous êtes porté à vous mettre en colère, dites-vous à l'avance, et ce, dès le début de cette phase rétrograde, que vous ferez tout pour l'éviter. Si vous n'avez aucune connaissance sur la famille reconstituée, il existe de très bons livres sur le sujet, ce qui vous aidera à passer cette petite crise de clan ! En tant que parent, vous serez moins patient et/ou vous n'écouterez qu'à demi ce que vous disent vos enfants. Et si vous n'êtes pas attentif pour autant, vos adolescents s'organiseront pour vous tirer de vos problèmes afin que vous vous occupiez des leurs. Quant aux petits d'âge préscolaire, eux aussi auront des réactions ; ils écouteront moins lorsque vous leur parlez, ce sera leur manière à eux de vous punir de la distance que vous prenez face à eux. N'allez pas en faire tout un plat non plus, mais heureusement que les choses seront au beau fixe pas plus tard qu'à la mi-octobre. D'ici là, tenez bon !

Santé

Vous serez plus émotif que vous le laisserez paraître. Il viendra un temps où tout ce refoulement se transformera en de petits malaises pour vous signifier que votre organisme se gruge et s'use. Évitez de négliger les divers signaux de votre corps.

Mercure rétrograde en Capricorne – du 29 décembre 2022 au 18 janvier 2023 – votre XIIe maison natale

Climat général

Pendant cette phase, vous serez généralement distrait. Pour diverses raisons, vous aurez peine à vous entendre avec certaines personnes ; l'être sociable que vous êtes habituellement aura besoin d'un peu de recul et peut-être même de repos. En fait, votre plus grand rêve sera probablement de vous évader avec un bon livre, de vous enfermer à double tour dans la maison ou d'avoir les deux pieds dans le sable chaud en solo si l'occasion vous le permet. Vous aurez besoin de temps pour réfléchir à tout et à rien, et ce sera une excellente période pour songer à entreprendre de la méditation ou suivre des cours à saveur artistique. Bref, lâchez prise sur le plan cérébral et laissez-vous transporter davantage par vos intuitions et par vos sensations. N'empêche, ce sera un temps où vous serez plus difficile à comprendre et à saisir et vous tendrez également à susciter bien des points d'interrogation chez les autres, et vous en serez parfaitement conscient. C'est vraiment à se demander si vous ne le ferez pas exprès pour vous attirer ce genre d'attention. Bien que vous puissiez encourir des hauts et des bas, sachez que cette phase rétrograde vous permettra aussi de réaliser comment sincères sont vos amis et les personnes qui vous entourent.

Travail – Finances

Voilà un temps où l'aspect de la santé semblera être dominant pendant cette phase dans votre milieu professionnel. Certains jours, vous pourriez devoir prendre congé pour soigner un vilain rhume et à d'autres moments, vous devrez prendre en charge les tâches de vos collègues qui seront restés à la maison. Si vous craignez un peu pour votre emploi en raison de la conjoncture économique, ce ne serait pas une mauvaise idée non plus d'entreprendre une formation qui pourrait vous conduire à une carrière plus solide dans un proche avenir. D'ici là, n'ayez crainte, vous trouverez toujours les moyens de vos ambitions. D'ailleurs, ne dit-on pas qui ne risque rien n'a rien ! Vous aurez fortement besoin d'avancement et peut-être même de changements profonds, mais ce n'est pas en attendant que la vie le fasse pour vous que vous aurez le poste qui vous convient, et c'est encore moins en claquant des doigts que tout se mettra en place comme par enchantement. Tâchez de réunir les bons arguments avec preuves à l'appui et aller voir vos patrons, ils ne sauront refuser vos demandes. Ce sera la même chose pour l'obtention d'une promotion ; vous aurez même le droit de tenter votre chance vers une autre entreprise. Tous les changements vous seront favorables. En tant que dirigeant et travailleur autonome, des associés ou d'importants clients commenceront à vous taper sur les nerfs, au point où vous pourriez réfléchir à une manière de vous passer d'eux. Par contre, il ne sera pas souhaitable de passer aux actes pendant cette phase ; retirez-vous doucement pour éviter les confrontations et observez la situation le plus calmement possible. Vous serez certainement récompensé pour votre patience bien assez tôt.

Amour – Sentiments

Que se passe-t-il dans votre cœur ? Le savez-vous vous-même ? Voilà un temps où vous ne serez pas véritablement passionné par votre relation et vous douterez peut-être même de vos propres sentiments à l'endroit de votre partenaire. Mais peut-être vous sentirez-vous mis de côté, abandonné par moments, et vous ne saurez probablement pas comment réagir à cette situation. Vous pourriez même être tenté de verbaliser votre frustration, mais dites-vous que ce n'est pas ça qui fera renaître la passion dans votre relation. Bien au contraire, vous mettriez plutôt de l'huile sur le feu. La patience sera de mise et la réflexion à l'honneur en ce moment.

Sensiblement, vous aurez sans doute besoin d'air, de voir de monde, de vous amuser et de faire des activités afin de décrocher de la triste réalité du quotidien. Vous pourriez faire tout cela seul ou en couple. Évidemment, il est possible que votre partenaire soit casanier ou encore très jaloux lorsque vous partirez fréquenter vos amis, mais c'est bien la dernière chose à faire à un Verseau que de l'attacher et le brimer dans sa liberté. Et vous n'aurez pas de remords de conscience en brisant une relation malsaine. Tout le contraire sera possible également alors que l'être aimé pourra très bien être celui ou celle qui vous entraînera dans de nombreuses activités et cela relancera certainement tout l'amour que vous éprouverez l'un pour l'autre. Si vous êtes célibataire et que tout récemment vous avez fait des rencontres plutôt décevantes les unes après les autres, cela risque de se dérouler dans le même sens pendant cette phase. D'ailleurs, si vous entretenez à ce jour quelques communications avec certaines de ces personnes pour voir jusqu'où ça ira, vous prendrez probablement la décision de mettre un terme à vos fréquentations présentes afin d'être véritablement disponible pour l'âme sœur qui aura toutes les chances de se manifester une fois que Mercure aura repris son mouvement direct.

Famille

Étape par étape, succès après succès, votre enfant ou vous-même finirez bien par obtenir votre diplôme, surtout si vous avez décidé de faire un retour aux études, mais il vrai que cela pourra sembler long avant de le décrocher. D'ailleurs, il est possible que des membres de votre famille tentent de vous décourager dans le choix de vos études en vous signalant qu'il ne vous sera peut-être pas facile d'y faire fortune. Écoutez votre cœur, l'important est que vous soyez heureux alors que l'abondance suivra.

Santé

Vous serez véritablement bombardé par des micro-organismes durant cette phase rétrograde. Attention de ne pas affaiblir inutilement votre système immunitaire à cause de l'alcool ou autres.

LA PHASE RÉTROGRADE DE VÉNUS EN 2022

Vénus rétrograde en Capricorne – du 19 décembre 2021 au 29 janvier 2022 – votre XIIe maison natale

Climat général

Voilà une période où vous tendrez à plus repousser les autres et vous serez même porté à vous replier davantage sur vous-même, ce qui risque de vous rendre plus méfiant ; pas surprenant que vous soyez alors porté à faire bande à part. Néanmoins, Vénus rétrograde, vous pourriez aussi être davantage porté à explorer la foi religieuse que vos parents ou tuteurs ont suivie. Par contre, si votre famille d'origine n'a eu aucun apprentissage spirituel, il est possible que vous alliez réfléchir au pourquoi c'est le cas et que vous demandiez à vos proches ou à vos parents de vous donner leur avis. Néanmoins, misez sur cette période pour amorcer une quête personnelle du sens à donner à votre vie et de la manière de surmonter votre karma pour idéalement atteindre cette croissance évolutive. Vous pourrez toujours en profiter aussi pour mettre de l'ordre dans vos sentiments, tant envers vous-même qu'envers les autres, et pour vous fixer des limites. En attendant, qu'il s'agisse de vous porter volontaire pour recevoir la famille, faire du bénévolat ou même tenir une réception durant la période du temps des Fêtes, vous risquez de vous épuiser inutilement. N'allez surtout pas vous croire invulnérable non plus ! Il n'en demeure pas moins qu'en 2022, vous pourriez préférer de loin passer les festivités et les réjouissances au lit à la suite d'un épuisement possible. Étant aussi une personne assez imprévisible, vous pourriez aussi décider à la toute dernière minute d'aller passer les Fêtes dans un endroit exotique ou autres. Chanceux !

Travail – Finances

Non seulement les activités se succéderont à un rythme frénétique, mais prenez garde de subir aussi une perte quelconque. Il ne serait pas étonnant non plus que vous puissiez amorcer quelques changements assez drastiques peu avant la période du temps des Fêtes. De votre propre chef, vous pourriez également très bien tirer votre révérence et amorcer une toute nouvelle carrière dès le début de 2023. Si ce n'est pas quelque chose que vous contemplez, mais que les choses ne se passent pas exactement tel que vous le souhaitiez au travail, vous pourriez être davantage porté à vous rebeller. Il va sans dire également que vos relations d'affaires risquent de se retrouver au cœur de vos préoccupations professionnelles ; discrétion, bouche cousue et modestie vous feront gagner le respect de vos clients, associés ou distributeurs. D'ailleurs, soyez informé qu'une figure d'autorité, tel un patron par exemple, vous permettra de reprendre contact avec la nouvelle réalité professionnelle qui se dessine depuis quelque temps. Petit conseil : il pourrait être avantageux pour vous d'investir dans des sociétés qui produisent des objets religieux tels que des chapelets, des livres ou des revues de nature spirituelle ou même ésotérique.

Famille

Si vous avez de jeunes enfants, il ne serait pas mauvais de faire des activités avec eux. N'empêche, un de vos enfants risque de faire la forte tête, sinon il est possible que vous puissiez encourir un problème familial quelconque. Une chose importante à mentionner également est de vous assurer que l'on respecte votre bulle ! Soyez informé aussi qu'un proche pourrait vivre une situation très instable.

Amour – Sentiments

Vous êtes encouragé à faire contre mauvaise fortune bon cœur. Par conséquent, si vous avez vécu divers problèmes importants au sein de votre couple, veuillez décider de remettre le compteur à zéro, de vous pardonner pour repartir d'un nouveau pied. Alors que les gens près de vous étaient sous l'impression que tout allait pour le mieux entre vous et l'être aimé, il n'en demeure pas moins qu'il est possible que vous ayez à prendre un petit recul pour ce qui est de votre relation. Peut-être est-ce une question de santé ou un état quelque peu dépressif chez l'un ou l'autre qui vous fera vivre une période un peu moins palpitante. Si vous êtes célibataire, il sera avisé de garder un œil vigilant aux alentours de votre milieu de travail puisqu'il est possible qu'une personne n'aura surtout pas envie de passer les Fêtes seule, tout comme vous ! Et celle-ci sera prête à vivre de beaux moments sans toutefois précipiter la relation dans des promesses précoces d'engagement. Il ne serait pas étonnant non plus que cette personne vous demande de ne pas ébruiter la relation pour éviter des histoires de conflit d'intérêts par exemple. Possibilité d'un amour secret ou tenu caché !

Santé

Voilà qui sera une excellente phase pour vous prendre en main et pour amorcer une nouvelle tranche de votre vie. Il n'est tout de même pas impossible que votre corps vous lance un signal d'alarme assez strident, vous clouant ainsi au lit avec une grande fatigue ; quelques périodes de repos bien mérités, voire même obligatoires, et vous serez à nouveau sur pied. Afin de minimiser que cette situation ne se produise, il sera suggéré de vous réserver amplement de temps de repos pour vous-même et ainsi refaire votre plein d'énergie.

LA PHASE RÉTROGRADE DE MARS EN 2022

Mars rétrograde en Gémeaux – du 30 octobre 2022 au 12 janvier 2023 – votre V^e^ maison natale

Climat général

Voilà un temps où vous serez davantage poussé à vous extérioriser et à montrer au monde entier qui vous êtes et à exprimer plus spontanément, sinon de manière agressive, ce que vous aimez et détestez. Ce sera, incontestablement, un temps où vous saisirez des vérités qui échapperont à bien des gens près de vous. Lors de cette rétrogradation, vous pourriez également ressentir un sérieux manque de productivité, une certaine introversion, sinon un manque de spontanéité dans votre affirmation personnelle. En fait, votre attention sera plus dirigée vers votre XIe maison – soit dans la volonté de vous affirmer socialement et le besoin de vous investir dans des projets collectifs ainsi que sociaux. N'empêche, des inconvénients non négligeables seront à prévoir pendant cette période. Vous pourriez constater que même la relation la plus délicieuse, et dont le sexe est tout simplement exquis, ne sera pas suffisante pour vous maintenir attaché à cette relation amoureuse qui, d'ailleurs, laisse possiblement à désirer depuis un certain temps déjà et dont il est possible aussi que vous ayez à ce jour encouru divers problèmes.

Travail – Finances

Tout suggère que la compétition sera plus féroce et vous vous retrouverez souvent au cœur de la tourmente. L'idée que des conflits entretenus par des jaloux sinon des envieux puissent venir aux oreilles de vos supérieurs et que des mesures soient mises en place est chose possible. Vous vous retrouverez donc, malgré vous, au centre de la controverse. Essayez de trouver un moyen non agressant de régler le cas. Quant aux finances, elles sembleront plus instables ; vous ne manquerez pas d'argent, mais il faudra vous ajuster. Et tous les travaux faits à la hâte devront très probablement être repris. Or, lorsqu'il se présentera des dossiers plus complexes à bien gérer, prenez tout le temps nécessaire d'examiner chaque petit détail au risque d'être réprimandé ou d'avoir à refaire le travail, sinon de remettre en cause vos compétences et votre savoir-faire. Une raison de plus de ne pas prendre de risque dans toutes affaires spéculatives, surtout que ce sera un temps où vous vous sentirez plus engagé par qui que ce soit qui vous dira avoir une idée pour devenir riche subitement. Soyez prudent et assurez-vous que les idées spéculatives aient bien été vérifiées au préalable, alors que tout laisse croire que vous serez déçu au bout du compte. En réalité, il serait préférable de ne pas vous impliquer dans une telle combine. Or, évitez tous les investissements risqués au risque de vous en mordre les doigts et d'encourir des pertes et des déceptions possibles. Il en ira de même si une offre professionnelle vous est faite. Puisqu'il faudra faire un choix judicieux, ce qui sera extrêmement difficile, il importera d'avoir les idées claires pour prendre la bonne décision. Si rien de tout cela ne vous interpelle, qui sait, peut-être déciderez-vous de vous lancer tête première dans un projet sans avoir vraiment pris le temps de réfléchir à votre implication et qu'après coup, vous décidiez de faire marche arrière suivant que vous éprouverez plus de difficulté à bien mener vos projets, sinon à bien les coordonner.

Parlant de coordination, il sera recommandé d'être prudent et vigilant lorsque vous vous retrouverez derrière le volant, et plus encore si vous avez à conduire un véhicule lourd. Il en ira de même si vous avez besoin d'une voiture pour gagner votre vie alors que perdre votre permis de conduire ne vous serait d'aucune utilité. Il sera également avisé de respecter le Code de la route et attention aux ennuis possibles avec la loi, la police, la justice suivant que vous ne serez pas à l'abri d'une contravention. Et si vous deviez avoir des ennuis avec la justice ou que vous vous retrouviez au centre d'une mésentente professionnelle, justice vous sera rendue. N'empêche, n'allez pas lésiner non plus avec les lois sur la sécurité au travail.

Parlant de travail, si vous êtres un sportif de métier et/ou que vous vous entraînez, prenez garde alors que vous pourriez subir une blessure dont vous vous souviendrez longtemps. Soyez donc très vigilant. En revanche, si vous êtes un artiste, ce sera un temps où la créativité sera stimulée par la prise de risque, mais les rênes du pouvoir appartiendront au public. Entre-temps, un poste de pouvoir pourrait vous échapper pour une raison ou pour une autre. Possiblement que vous aurez négligé l'objectif de service relié à toute fonction de pouvoir. Quoi qu'il en soit, abstenez-vous de faire mauvais usage du pouvoir. Soyez avisé aussi qu'il est possible que l'entreprise pour laquelle vous exercez implante de nouvelles méthodes de travail à intégrer, à apprendre et à mettre de l'avant, sinon un nouveau système informatique dont il faudra vous adapter.

Amour – Sentiments
Attention de vous érailler plus qu'à l'habitude en amour alors que non seulement les relations amoureuses tendront à s'intensifier pendant cette période, mais ce sera pire encore si ça ne se passe pas comme vous le désirez et/ou que vous ne respectez pas votre parole. Les sentiments et les émotions tendront à s'exprimer davantage avec force, de manière spontanée, et parfois brusque. Vous tendrez même à mettre à profit votre volonté pour obtenir la reconnaissance, l'approbation sinon l'amour. Hormis que la force physique et la volonté de vaincre ou de gagner renforcent la confiance en soi, attention de projeter vos frustrations sur l'être aimé. Évitez de tenir les autres pour acquis alors que ça n'augure jamais rien de bon ainsi qu'être vous-même tenu pour acquis. Profitez-en plutôt pour rectifier votre tir relationnel afin de corriger votre approche amoureuse. D'ailleurs, serait-il possible que vous soyez plus présent pour vos amis que pour l'être cher? Quoi qu'il en soit, soyez informé que vous pourriez recevoir une déclaration d'amour, et ce, qu'importe si votre cœur est libre ou engagé. Et si vous êtes en couple et que tout va pour le mieux, respectez votre engagement conjugal et faites preuve de loyauté, sinon vous pourriez être pris en flagrant délit d'adultère et vous ne pourrez pas faire marche arrière.

Quant aux célibataires de votre signe, des hésitations ou des rendez-vous manqués tendront à vous faire perdre votre enthousiasme pour une liaison, surtout que vous n'arriverez pas à exprimer clairement ce que vous désirez. Par contre, une chose est sûre, vous souhaiterez être aimé plus qu'aimer. Cependant, gare à l'emballement pour toute nouvelle connaissance alors que cela risque de ne pas durer. N'empêche, une de ces rencontres risque de vous placer hors de votre zone de confort, possiblement à cause d'une grande différence d'âge en amour ou ce sera une relation passive-agressive. Si c'est le cas, espérons que vous avez appris de vos erreurs passées.

Malgré cela, une personne que vous fréquentiez risque de s'être détachée et vous allez possiblement vouloir mettre un terme à la relation. Toutefois, vous pourriez essayer de rétablir cette situation quelque part en février 2023. D'ici là, vous éprouverez une certaine difficulté à vous rapprocher d'aussitôt vers cette personne. Qui sait, peut-être qu'elle ne vous apparaîtra plus aussi gentille, aussi romantique ainsi qu'aussi excitante que par le passé. Il n'en demeure pas moins que vous serez excessivement préoccupé par toute relation amoureuse qui n'avance pas ou plus. Non seulement une différente approche sera nécessaire, mais il faudra analyser de façon pragmatique ce qui se passe.

Et si vous êtes enceinte ou si vous êtes impliqué avec une personne qui est enceinte, il sera fortement avisé de ne rien faire qui puisse mettre votre vie et celle de votre nouveau-né en danger. Ne prenez aucun risque inutilement. D'ailleurs, cette mise en garde s'appliquera aussi en ce qui a trait aux jeux de hasard puisque vous risquez davantage d'encourir des pertes ainsi qu'une déception possible.

Famille

Non seulement une confrontation avec la famille est possible, mais votre relation avec un de vos enfants pourrait aussi devenir très compliquée. Faites très attention de ne pas perdre votre sang-froid. Il vaudrait mieux réfléchir sans complaisance à ce qui peut être changé dans votre comportement, mais aussi dans le sien. N'empêche, n'allez pas être surpris si certains membres de votre famille vous accusent d'assumer votre rôle de parent avec une grande dureté, ou est-ce vous qui trouverez la dictature familiale difficile à vivre. Quoi qu'il en soit, misez sur cette période rétrograde pour bien guider tous vos enfants et n'allez surtout pas agir non plus par la violence avec ces derniers. Vous vous devrez absolument d'apprendre à contenir une telle énergie au risque d'en subir les conséquences de vos décisions ainsi que celles de vos actions. Et le fait de vous sentir plus fatigué n'aidera pas non plus votre cause. Malgré tout, attention à votre seuil d'irritabilité qui risque d'être plus fragile durant cette phase. La possibilité de la perte d'un être cher ne sera pas malheureusement exclue non plus dans cette équation.

Santé

Voilà une période où vous devriez vous méfier de l'impression de grande vitalité que vous ressentirez, puisque vous devriez prendre le temps de vous reposer, de garder l'équilibre en tout. N'allez pas faire fi de cette mise en garde étant donné que vous ne serez pas à l'abri de moments de fatigue qui vous menacent. Mais advenant le cas, vous récupérerez tout de même rapidement. Profitez-en quand même pour vous la couler plus mollo et refaire ainsi le plein de vos énergies. Alors que vous ressentirez le besoin d'être plus physiquement actif qu'à l'habitude, il sera fortement avisé de ne prendre aucun risque inutilement. Or, demeurez prudent dans vos activités sportives et tous les jeux de compétition. Évitez aussi de laisser votre dynamisme avoir le meilleur de vous-même. Prenez note que cette recommandation s'appliquera tout autant lors de vos pratiques sexuelles. Quant à vos randonnées à pied ou pour ce qui est de faire des exercices, la modération aura bien meilleur goût. N'empêche, soyez avisé que l'être cher tendra à néglige davantage sa santé. Non seulement il la prendra de haut comme si rien de grave ne pouvait l'atteindre, mais en toute réalité, il jouera avec le feu inutilement.

L'ÉCLIPSE SOLAIRE PARTIELLE DU 30 AVRIL EN TAUREAU – VOTRE IVE MAISON NATALE

L'éclipse nouvelle lune en Taureau vous sera plus délicate, car elle vous touchera par un carré à votre signe solaire, ou votre ascendant natal si c'est le cas. Rien de tragique, rassurez-vous. N'empêche, soyez plus attentif aux symptômes et avertissements que vous donne votre corps. Les endroits sensibles sont : le cœur, les yeux, le dos, le cou, la gorge, les seins et la poitrine ainsi que les glandes, surtout sexuelles et thyroïde. Vous trouvant dans une période de largesse et de magnificence, vous devrez agir soit avant la mi-avril ou après la mi-mai dans ce qui importe. Effectuer tout grand changement entre ces dates pourrait s'avérer des plus catastrophiques. Ne le faites surtout pas ! Établissez plutôt des plans et des projets et étudiez-les sérieusement avant de signer tous les contrats ou papiers officiels engageant votre responsabilité. Pensez-y bien et faites voir par un notaire ou un avocat en cas de litige ou de conflit grave ; veuillez attendre pour des moments plus propices à l'action, soit après la mi-mai idéalement, ne vous causera aucun tort, sachez-le bien. Mais quoi que vous en pensiez, agir en période d'éclipse dans des choses importantes de la vie est toujours mauvais. À vous d'y croire ou non. Chose certaine, le temps saura faire la preuve que les avertissements que vous donnent le Soleil et la Lune quand ils s'éclipsent serviront à quelque chose.

Puisque cette éclipse solaire affecte votre signe par quadrature, celle-ci étant tout de même partielle soit mineure, elle est donc moins pénible qu'une éclipse solaire totale, mais il faut prêter attention à votre santé et à votre sécurité personnelle. Au moindre malaise, n'hésitez pas à consulter un professionnel de la santé qui vous guidera sur le chemin du rétablissement. Il n'en demeure pas moins que, en tant que Verseau, vous êtes un cas particulier. Très souvent asymptomatique, vous êtes insensible aux avertissements du corps. Quel que soit votre ascendant, le fait d'être mal dans votre peau doit éveiller le désir d'investiguer pour circonscrire le mal, s'il y a lieu. Prévoyant, vous couperez les ailes au vent mauvais. Soutenu par la foi, vous stopperez le mal et vivrez en paix. C'est mon souhait pour vous.

Or, n'allez rien commencer de nouveau, privilégiez la routine sécurisante alors que c'est ce qu'il y aura de mieux à faire en cette période d'éclipse.

P.-S. Vous êtes encouragé à prendre connaissance de tout ce qui est écrit au chapitre intitulé « Les éclipses de 2022 » pour mieux vous familiariser avec toutes les mises en garde à respecter lors de toutes les éclipses.

LES POSITIONS LUNAIRES ET VOUS

À la fin du livre, vous trouverez le tableau des positions lunaires pour chaque jour de l'année 2022. Pour mieux tirer profit de la Lune au quotidien ainsi que connaître le rôle qu'elle jouera sur vos humeurs, lesquelles vont influer sur votre jugement et sur vos actes, référez-vous au chapitre intitulé « Méthode d'interprétation du calendrier des Lunes ».

En général, quand la Lune passe en Bélier, en Gémeaux, en Balance, en Sagittaire et en Verseau, votre signe solaire ou votre ascendant natal, vous êtes en forme. Ces énergies, surtout celles du Gémeaux, de la Balance, du Sagittaire et du Verseau, vous placent en position de force. Là où vous devriez être prudent et où il serait préférable de prendre du recul, c'est lorsque la Lune se trouve en Taureau, en Lion, en Scorpion et en Capricorne.

Les divers passages de la Lune ne sont jamais neutres, même ceux qui ne sont pas mentionnés ci-dessus. S'il y a des moments pour l'action quand la Lune est néfaste, s'il faut prendre du recul quand elle ne l'est pas, les autres journées représentent, la plupart du temps, un mouvement vital plus lent.

♓

Poissons

20 février au 20 mars

LES DIFFÉRENTS ASPECTS DE VOTRE PERSONNALITÉ

Poissons – féminin, double, eau

De tous les signes, vous êtes le plus sensible et le plus vulnérable, sans compter que vous êtes porté à vous décourager plus facilement et à baisser les bras après le premier échec.

Romantiques et très rêveuses de nature, les personnes nées sous votre signe ont une grande facilité à s'isoler émotionnellement et à quoi que ce soit qu'elles s'exposent.

De réputation, vous êtes d'une compassion ultime et vous avez tendance à vouloir fuir la réalité. Vous faites partie de ces personnes qui ressentent les choses, tant pour le meilleur que pour le pire. Voilà pourquoi vous avez besoin d'un temps de répit par moments pour mieux gérer tout ce bagage d'émotions et rassembler vos idées. Vous exposer devant les autres, devant la masse, est très exigeant pour vous.

Déjà que vous avez tendance à attirer à vous des personnes et même des animaux de nature nécessiteuse ou dépendante, vous devez absolument faire attention de ne pas être victime de votre générosité en voulant sauver tout le monde. Vous avez aussi tendance à ne voir que le meilleur chez tout un chacun et dans toute situation, et par conséquent, vous risquez d'être éventuellement déçu lorsque la réalité s'installera. Il sera donc primordial que vous gardiez les deux pieds bien ancrés dans la réalité.

CE QUI VOUS DIFFÉRENCIE DES AUTRES NATIFS DE VOTRE SIGNE

En tant que natif du 1er décan (du 20 au 29 février), votre signe natal est gouverné par Neptune et secondairement par Jupiter alors que cette planète est dite exaltée dans votre signe. Pour ce qui est de votre décan, c'est Saturne qui en a la maîtrise.

Dans un temps, Neptune vous donne une imagination riche et une spiritualité innée, mais n'impliquant pas nécessairement un ou des liens religieux formels.

Quant à Saturne, elle vous rend plus sérieux, plus réservé, parfois plus solitaire que d'autres natifs de votre signe. Elle vous donne aussi de la dignité, vous aide également à mettre de l'ordre et de la structure dans vos idées et dans vos ambitions.

En destinée, le père, votre nourricier, ou celui qui en tiendra lieu, jouera toujours un rôle particulièrement déterminant de par son influence capitale sur les choix que vous ferez, tant dans votre vie intime que dans votre métier ou votre carrière.

Vous êtes de ces personnes qui ont besoin d'un mode de vie paisible qui puisse leur permettre de mieux mettre à profit leurs multiples talents, compétences et habiletés de manière positive. Voilà pourquoi vous pourriez très bien exceller dans le domaine des arts et du théâtre, de la chimie, des sciences, de la musique, dans la recherche, dans une profession médicale, en tant que travailleur social ou dans l'industrie du pétrole. Or, ne manquez pas de cultiver vos meilleurs traits et vos nombreuses capacités pour bien servir vos intérêts.

Autant que rire et profiter à fond de ce que la vie a à vous offrir soit important à vos yeux, l'influence de Saturne sur ce décan fait de vous une personne sensible, mystique et fortement encline à éprouver de l'anxiété et/ou à poursuivre un idéal irréalisable. Trop réceptif aux influences des personnes qui vous entourent, vous manifestez aussi certaines tendances à fuir vos responsabilités.

Des trois décans, c'est assurément le vôtre qui éprouve le plus de difficulté à gérer et à comprendre ses émotions. Introverti à l'extrême, vous vous enfermez dans votre tour d'ivoire. On pourrait même croire que vous êtes égoïste, mais lorsqu'on apprend à mieux vous connaître, on découvre finalement que vous êtes de ces personnes très dévouées et que vous possédez également un cœur en or.

Intuitif et perceptif, vous possédez de grandes habiletés psychiques. Ne manquez pas de mettre à profit votre clairvoyance innée ainsi que vos qualités médiumniques pour mieux neutraliser vos ennemis, soigner et guérir ceux qui sont dans le besoin, et mieux apprendre et enseigner aux intéressés.

Il importe de dire également que vous devenez parfois tellement confus et renfermé sur vous-même que vous en venez à craindre de réaliser vos propres désirs. Il sera donc primordial de faire attention de ne pas être votre pire ennemi ni de vous saboter personnellement.

En amour, vous êtes un romantique-né et vous avez des idéaux élevés en ce qui a trait à votre vie et à votre destinée amoureuse. La personne qui voudra gagner votre cœur et garder votre amour aura à respecter votre nature sensible. Très fidèle, si vous vous mariez, choisissez un compagnon de vie qui est protecteur, tendre et tout aussi sensible que vous l'êtes. Cependant, beaucoup de natifs de votre signe préfèrent le célibat ou choisissent un ou une partenaire plus âgé(e) qui leur offrira la sécurité matérielle et la stabilité.

Aussi solitaire, lucide et exigeant que vous puissiez être, vous êtes tout aussi capable de refouler vos sentiments et vos émotions, et même d'émettre des jugements assez tranchants sur les gens qui vous déçoivent. Il vaudra donc mieux apprendre vite et jeune que toute vérité n'est pas bonne à dire et si la franchise est une vertu appréciée, la diplomatie en est une à cultiver également.

En tant que natif du 2e décan (du 1er au 10 mars), vous êtes sous la protection de Neptune, mais votre décan est régi par Jupiter et secondairement par la Lune pour faire suite à la Triplicité d'Eau qu'est votre signe solaire. Cet amalgame d'énergie ajoute et amplifie le côté sensible et hautement émotionnel de votre nature.

Cette triple influence est également un atout majeur alors qu'elle vous donne toute la capacité de mieux définir vos objectifs élevés, mais également de les atteindre tout en mettant à profit votre riche imagination. Mentionnons aussi que vous avez le don d'inspirer les autres à faire de leur mieux.

Puisque vous êtes de ces gens privés par nature, vous préférez de beaucoup éviter toutes les confrontations et tous les conflits possibles. Voilà pourquoi il servira bien vos intérêts d'éviter à tout prix toutes les personnes toxiques ou hectiques qui tendent à vous vider de vos énergies.

Étant un mélange d'explorateur-né et de nourricier, la personne qui partage votre cœur de même que vos enfants tiennent une place importante à vos yeux et dans votre vie. D'ailleurs, tout ce qui relève de votre vie domestique l'est également, même si certains ajustements liés à celle-ci peuvent vous être difficiles à faire à l'occasion. Voilà pourquoi il importe que vous soyez un modèle fort et sensible aux besoins et aux attentes des gens près de vous afin qu'ils puissent mieux se développer à leur juste valeur et selon leur plein potentiel.

Optimiste, expansif et plein d'idées pratiques, vous avez toutes les chances de voir vos rêves se réaliser, mais vos sautes d'humeur pourront vous faire perdre confiance en vos capacités de pouvoir les poursuivre. N'empêche, vous pourrez quand même très bien réussir votre vie en tant que conseiller, historien, écrivain ou enseignant. Il va de soi aussi que beaucoup d'artistes, de musiciens et d'acteurs émergent de votre décan.

Des trois décans, vous faites partie de ceux qui sont les plus conscients de la fragilité de leurs émotions alors que vous luttez constamment pour les garder sous contrôle. Vous êtes aussi enclin à vous sacrifier, voire à vous laisser bafouer par vos proches, d'autant plus que vous êtes très vulnérable par nature. En revanche, vos sentiments risquent d'être facilement blessés. Il faudra apprendre à mieux vous protéger.

Sous l'influence jupitérienne, votre vie, votre santé ainsi que vos affaires sont de loin considérablement meilleures pour les natifs du premier et du troisième décan, mais précisons aussi que vous êtes essentiellement matérialiste et jouisseur, et que vous aimez la vie passionnément.

Charmant, séduisant et enjôleur comme pas un, vous obtenez à peu près tout ce que vous désirez dans la vie. En amour, vous aimez combler votre partenaire de menues attentions et de démonstrations enthousiastes pour assurer son bonheur, mais aussi son confort. Cependant, sous l'influence bienveillante et dévouée de la Lune, vous êtes facilement impressionnable et tout aussi affecté par la moindre contrariété.

Porté sur les passions amoureuses, il est probable que vous aurez de nombreuses aventures sentimentales, et ce, même si pour vous, le mariage revêt une grande importance. Si vous vous mariez, choisissez un compagnon de vie qui a le sens de l'humour, volontaire, ambitieux et responsable.

En tant que natif du 3e décan (du 11 au 20 mars), vous êtes régi par Neptune et votre décan est sous la protection de Mars et secondairement de Pluton pour faire suite à la Triplicité d'Eau qu'est votre signe solaire. Cela fait de vous une personne ayant beaucoup de volonté, d'énergie, de courage et d'endurance. Vous êtes aussi pourvu d'une intuition et d'une prise de conscience psychologique fort remarquables.

La combinaison d'énergie Mars et Pluton vous expose à une certaine violence en raison de votre nature provocatrice sous des dehors doux et rêveurs. Elle vous donne aussi une capacité énorme de survivre à toute épreuve que la vie mettra sur votre route. Toutefois, demeurez très prudent, surtout en tant que jeune personne, alors que la flamme intérieure brûle tout ce qu'elle touche et plus encore les feux rouges.

Bien que vous ayez à expérimenter des défis, ce ne sera rien que vous ne pourrez maîtriser et/ou gérer avec brio. Pour mieux vous aider à traverser ces épisodes, il sera suggéré de nourrir le côté spirituel de votre nature par l'intermédiaire d'activités qui vous aident à vous calmer telles que par la méditation, le yoga, la prière, la musique ainsi que par toute lecture qui puisse vous inspirer.

Puisque les natifs de ce décan sont plus intenses comparativement aux deux autres décans, suivant que Mars et Pluton tendent à vous accabler, il ira de votre intérêt de garder sous contrôle votre seuil d'énergie et votre intensité naturelle de sorte que vous puissiez mieux propager la paix et la stabilité, tant envers les membres de votre entourage immédiat qu'envers vos collègues et toutes les relations avec qui vous faites des affaires. Toutefois, cela ne veut pas dire non plus que vous ne serez pas à l'abri d'encourir certains bouleversements dans votre vie.

Toutes ces émotions et tous ces mauvais souvenirs, logés dans votre inconscient, dans votre for intérieur, exercent une grande pression sur vous et suivant laquelle il est possible que vous éprouviez une énorme difficulté à vous en libérer. Toutefois, ce sont toutes ces nombreuses et diverses expériences émotionnelles qui vous ont forgé à être plus fort et plus résistant. Apprenez à les accueillir avec sérénité !

Alors que tout vous incite à agir de façon courageuse et de manière déterminée, l'influence des planètes Mars et Pluton fait de vous un individu qui aime s'engager dans des activités audacieuses et/ou des carrières à haut risque. Voilà pourquoi vous pouvez très bien réussir en tant que conducteur d'automobiles de course. Il va de soi que vous pourrez tout autant faire votre marque dans la vie en tant que soldat des forces armées, explorateur ou chercheur.

Souvent parti de rien dans la vie, vous ne pourrez atteindre en destinée des sommets inégalés que si vous savez mettre à profit votre troisième œil ainsi que votre don de clairvoyance, de clairsentience, de clairaudience ou de clairconnaissance alors qu'en retour, vous pourrez souvent vous éviter le pire.

Il est vrai de dire aussi que vous n'avez pas choisi le plus rassurant des signes ni le plus choyé des décans. Les épreuves et les handicaps physiques et moraux qui vous échoient ne surpasseront jamais votre immense courage alors que vous faites partie de ces gens qui s'affranchissent coûte que coûte de toutes les intempéries possibles. Rares sont ceux de votre décan qui se suicident malgré leur lot d'épreuves.

L'amour exerce une influence majeure dans votre vie, tant pour le meilleur que pour le pire. Les influences de Mars et Pluton vous poussent à rechercher les sensations fortes et les démonstrations chaleureuses. Cependant, aussi ardent et passionné que vous soyez, vous êtes incapable de concevoir l'infidélité de votre partenaire de vie.

Romantique-né, vous avez des idéaux élevés en ce qui concerne votre vie et pour ce qui est de votre vie amoureuse. D'ailleurs, dans le couple, vous avez un faible pour les gens raffinés, pondérés et paisibles. Si vous décidez de vous marier, choisissez un compagnon de vie qui est sociable et qui saura respecter votre nature sensible.

CE QUE LES ASTRES VOUS RÉSERVENT EN 2022

Jupiter en Poissons – du 29 décembre 2021 au 10 mai 2022 et du 28 octobre au 20 décembre 2022 – votre Ire maison natale

Jupiter dans votre signe, vous devriez fêter l'événement, après tout, il n'est de passage que tous les douze ans. Jupiter est un grand justicier, un sage, et surtout en Poissons où il est exalté, il ne peut être plus puissant. Jupiter vous permettra donc d'exprimer la totalité de votre être. D'ailleurs, si vous êtes un créateur de métier, vous aurez des idées originales. Sans doute certaines d'entre elles seront-elles plus difficiles à faire accepter ; on a critiqué d'autres génies avant vous. Mais par la magie de Jupiter, si vous avez foi en ce que vous faites, un événement hors de l'ordinaire vous mettra en piste, sinon des gens qui s'attarderont à ce que vous faites vous aideront comme ça, gratuitement, sans même vouloir une part de votre gâteau.

Jupiter en Poissons n'a rien de banal. Lorsqu'il était de passage en Verseau en 2021 -soit dans le douzième signe du vôtre, il a été la somme et le résultat de tout ce qui fut accompli au cours des derniers douze ans. Qu'avez-vous fait de votre temps, de votre vie, de vos talents ? S'il y a cinq ou dix ans, vous avez travaillé sur un projet et qu'il n'a pu se concrétiser à ce jour, c'est maintenant que vous verrez que rien ne se perd dans cet univers. Ce fameux projet est resté suspendu entre ciel et terre, et un beau jour de 2022, vous l'aurez cette occasion ainsi que le bonheur de réaliser votre rêve jusqu'au bout. Entre-temps, si vous êtes jeune et que vous n'en êtes qu'au deuxième tour de Jupiter en Poissons, ce qui vous donnerait environ vingt-quatre ans, vous entrez dans la vie et votre principal bagage est le désir de réussir. Or, si vous avez de grandes vues, un idéal, prenez le chemin qui vous y conduira. Les circonstances seront telles qu'il vous sera possible de trouver un raccourci vous permettant de vivre la première étape de ce grand destin que vous visionnerez à l'intérieur de vous. En revanche, si vous êtes au troisième tour de Jupiter en Poissons, ce qui vous donne environ trente-six ans (vous pouvez avoir un peu plus, un peu moins), vous avez déjà une expérience et sans doute avez-vous fait votre choix de carrière. Le moment est venu pour vous de vous élancer plus fort qu'avant. Ayez de l'audace ! Si c'est une promotion que vous désirez, prenez rendez-vous avec votre patron et parlez-lui de vos ambitions, il vous écoutera attentivement et avec plus d'intérêt que vous ne l'imaginez. Par contre, si vous faites partie de ceux qui ne sont pas heureux dans ce qu'ils font, il est encore temps de changer de cap, vous aurez du courage et la capacité de vivre votre rêve. Rien n'est impossible à celui qui croit. Jupiter ne ressemble pas à la lampe d'Aladdin et ce n'est pas non plus une pierre magique que l'on frotte et qui fait apparaître le succès ou l'argent au moindre commandement. Au contraire, Jupiter, c'est un stimulant, un protecteur, un guide. Or, la Grande Bénéfique Jupiter multipliera vos chances de vous réaliser et de réussir si vous passez à l'action dès maintenant. D'ailleurs, vous sentirez venir la chance : le soleil vous sourira, ce qui vous donnera un surplus de confiance en vous-même. Cet optimisme vous fera entreprendre de nombreuses nouvelles choses. Vous serez, à cette période, ce que l'on pourrait appeler « positif » et cela vous attirera la sympathie de votre entourage. Sachez bien la mettre à profit, mais n'en abusez surtout pas ! Voilà qui sera également un temps où vous serez plus tolérant, plus épanoui, plus enthousiaste. Faites cependant attention à votre ligne, car l'expansion que promet la Grande Bénéfique pourrait aussi se faire sentir sur votre tour de taille. Pas de panique pour autant ! Sachez juste apprendre à vous aimer tel que vous êtes et acceptez avec joie ces moments heureux qui vous ramèneront la santé si elle était un peu défaillante. Toute cette euphorie ne doit pas vous amener non plus à voir trop grand dans tous les sens du terme. Abstenez-vous d'empiéter sur le terrain du voisin et demeurez réaliste. Fuyez les pièges d'une trop grande confiance en vous qui vous ferait tenter des coups de poker dangereux, surtout que cette année, la vanité vous guette. N'allez pas vous illusionner trop non plus puisque toutes les belles choses pourraient se révéler creuses et sans lendemain, d'où un risque de déception. Mon conseil : restez lucide, gardez les pieds bien ancrés dans la réalité, profitez des bons moments, ayez foi en ce que vous faites ou voulez faire, et tout se passera pour le mieux.

Jupiter-Neptune conjoint en Poissons le 12 avril 2022 : Une ou plusieurs grandes et belles surprises vous attendent et c'est formidable, car vous allez être emballé par les nouveaux changements qui prendront place dans votre vie. Et si vous vous ennuyez un peu en regardant la même vieille vue à l'extérieur de votre fenêtre, veuillez songer à partir à la découverte d'une nouvelle partie de votre contrée ou de votre pays. Vous pourriez même vous retrouver aussi dans une autre partie du globe. Assurez-vous d'agir sur la base de votre véritable expérience personnelle plutôt qu'en fonction des apparences.

Saturne en Verseau – toute l'année – votre XIIe maison natale

Nul ne peut le nier, la gentillesse envers les autres vous vient facilement et vous avez souvent une compréhension intuitive de ce que les autres pensent. Autant cela semble être un cadeau du ciel, cela peut parfois être aussi un défi en soi, ce qui est particulièrement vrai suite au passage de Saturne dans votre XIIe maison solaire ou votre ascendant natal si c'est le cas. Le fait est que vous ne voulez peut-être pas nécessairement faire face à ces intuitions, et Saturne, dans cette position particulière de votre thème personnel, pourrait vous faire naviguer dans son côté obscur par moments.

Mais ce n'est pas une mauvaise chose en soi alors qu'il y aura toujours quelque chose à apprendre ici et là. Or, soyez des plus attentifs. Entretemps, Saturne en Verseau, voilà qui est sûr d'activer votre subconscient, mais aussi de raviver votre âme puisque vous serez davantage plus susceptible que d'habitude d'accorder votre bienveillance aux autres et de faire ce que vous pouvez pour ainsi rendre le monde meilleur. Or, faire du bénévolat, travailler pour un organisme communautaire ainsi que servir de la nourriture dans une soupe populaire et/ou simplement aider un voisin qui traverse un temps plus difficile dans sa vie devra être votre mot d'ordre en 2022, alors que tout acte de charité sera remboursé d'une manière que vous ne pouvez imaginer. D'ici là, il est possible que vous puissiez préférer passer plus de temps à vous reposer ainsi que faire des activités tranquilles par vous-même. Misez donc sur le passage de Saturne en Verseau pour vous aider aussi à apporter plus de structure et d'ordre à votre vie spirituelle. Et si vous restez concentré, vous pourriez peut-être même combler certains besoins non satisfaits à ce jour. Idéal aussi pour nourrir le côté spirituel de votre nature.

Sur une note finale, Saturne en Verseau, soit votre signe d'ombre par excellence, ce ne sera pas anodin car vous allez probablement, encore une fois grâce à l'aide d'un tiers, et peut-être d'un thérapeute, pouvoir vous libérer de ce qui vous pèse et vous maintient à un niveau que vous devriez avoir dépassé depuis longtemps. Cela ne se fera pas du jour au lendemain, j'en conçois, mais vous aurez à peu près plus de douze mois devant vous, mais il faut vous dire aussi que si vous n'avancez pas, c'est peut-être qu'inconsciemment, vous ne le voulez pas. Et comme vous ne pouvez pas agir sur votre inconscient, vous risquez d'être désemparé. C'est pourquoi en parler avec un professionnel vous aidera.

Jupiter en Bélier – du 10 mai au 28 octobre 2022 et du 20 décembre 2022 au 16 mai 2023 – votre IIe maison natale

Le 10 mai 2022, Jupiter entame une brève incursion dans le Bélier, là où cette planète y restera jusqu'à la fin du mois d'octobre, et de retour à nouveau dans le même signe pas plus tard que le 20 décembre prochain. C'est tout comme si le destin venait vous toucher l'épaule et vous donner un aperçu de ce que le futur a en réserve pour vous.

Le passage de Jupiter au secteur de votre thème natal qui régit vos acquis, vos biens et meubles, vos finances, vous promet une amélioration sensible de ces domaines. Ce transit sera porteur de rentrées d'argent possibles, des profits amélioreront votre vie au quotidien et vous inclineront à faire des projets d'investissement ou d'acquisition. Nul doute, ce sera une bonne période pour les investissements, les transactions, les achats ou les ventes et pour régler les problèmes restés jusque-là sans solution. Le climat sera donc plus que propice à la libération de vos préoccupations budgétaires. N'empêche, vous serez plus enclin à la générosité envers vos amis et envers vous-même. Pas surprenant que vous puissiez succomber à l'envie de vous payer enfin cette « petite gâterie » dont vous rêviez depuis si longtemps… Mais attention à ne pas dépenser plus que vos moyens vous le permettent, car une fois l'euphorie passée, vous le regretteriez. Mon conseil : vérifiez que les rentrées d'argent, l'aboutissement des projets et les espérances financières soient garantis avant d'en dépenser le bénéfice.

LES PHASES RÉTROGRADES DE MERCURE EN 2022

Mercure rétrograde en Verseau – du 14 janvier au 3 février – votre XIIe maison natale

Climat général

Normalement, vous êtes plus spirituel que la moyenne, vous croyez fermement à une force supérieure qui permet la corrélation et la cœxistence de tout ce qui existe dans l'Univers. Sans remettre en question vos convictions, vous chercherez des solutions plus pratiques et concrètes sur le plancher des vaches aux problèmes de la société qui sont également les vôtres. Ce sera une période où vous tendrez à vous sous-estimer davantage d'une telle manière que vous hésiterez bien souvent à vous lancer dans le feu de l'action, sinon il est possible que vous soyez plus dépressif et plus confus qu'à l'habitude et vous donnerez plus d'importance à vos peurs et à vos hésitations. On pourra noter aussi une démotivation plus marquée chez vous et le stress sera plus présent. Et vu que vous vous retrouverez plus souvent qu'à l'habitude dans l'obligation de faire des choix, attention d'éprouver plus de difficulté à distinguer le vrai du faux, et ce, tout autant en ce qui concerne les personnes qui vous entourent, et ainsi vous faire avoir. Demeurez à l'écoute de vos moindres emportements pour mieux contrecarrer ce genre de situations possibles. De plus, il servira bien vos intérêts d'adoucir un peu vos jugements, parfois critiques, pour mieux servir les autres ou votre cause. Méfiez-vous aussi des gens malintentionnés qui chercheront à vous impressionner ou à vous jeter de la poudre aux yeux pour mieux vous manipuler.

Travail – Finances

Même si vous déborderez de vitalité et aurez des idées à n'en plus finir ainsi que vous proposerez toutes sortes d'initiatives, il n'en demeure pas moins que vous aurez tendance à ne pas finir ce que vous entreprendrez, sans compter que Mercure qui rétrograde risque de vous apporter un peu plus de confusion dans cette équation. Vous pourriez donc laisser bon nombre de choses derrière vous. N'empêche, parfois il est nécessaire de prendre un peu de recul pour avoir un meilleur éclairage de la situation. Quoi qu'il en soit, vous pourriez aussi vous sentir totalement plus déconnecté de votre habileté à prendre une décision éclairée à présent. Ce sera possiblement avec la porte de votre bureau fermée que vous parviendrez à vous concentrer de même qu'à travailler sur vos principaux dossiers. Vous aurez besoin de réunir toutes vos idées avant de les mettre en application. Ne dit-on pas que chaque grande réalisation a d'abord pris naissance dans un rêve ? Laissez-vous guider par votre intuition ou par votre imagination, elle saura vous guider dans la bonne direction même si une réorientation de carrière pourra se dessiner devant vous. D'ici là, il est possible que vous soyez aux prises avec des collègues qui étirent leurs vacances ou n'arrivent pas à reprendre le rythme. Vous serez donc obligé de faire le travail à leur place. Vous ne serez pas à l'abri non plus qu'un patron, employé, client ou collège, hurleur par nature, déstabilise l'atmosphère régnante et que vous ayez la lourde tâche de lui dire tout haut ce que les autres pensent tout bas de son attitude à la fois irrespectueuse et décadente. Cette personne n'appréciera pas votre intervention. Veuillez donc agir avec circonspection. Attention aussi qu'une personne cherche à faire briller ses idées en s'inspirant des vôtres. Et si vous êtes à votre compte, voilà un temps où la solitude sera souvent la plus grande difficulté à surmonter et il vous faudra apprivoiser cette réalité.

Amour – Sentiments

Voilà une période où la santé du partenaire ainsi que la vôtre pourraient freiner les ardeurs passionnelles. Heureusement, ce ne sera pas que partie remise, vous retrouverez le désir dès que Mercure reprendra sa marche directe et une douce folie vous permettra de vous aimer comme au premier jour. Votre amoureux ou vous-même réussirez à créer une belle atmosphère romantique et ainsi vous mettrez au premier plan votre relation amoureuse pour un petit moment. Si vous êtes célibataire, votre travail ou votre santé vous invitera à rester davantage à la maison. Cependant, une fois que Mercure aura repris son mouvement direct, un prétendant réussira possiblement à attirer votre attention de manière assez surprenante. Et même si vous ne ressentirez pas une puissante attirance, vous lui rendrez son sourire et pourriez accepter aussi une petite invitation par politesse. Il saura tout de même vous faire passer un bon moment. Toutefois, il est possible que vous décrochiez tout aussi rapidement lorsque vous constaterez que cette personne est des plus banales… Votre intérêt s'évanouira sans même subir la moindre blessure.

Famille

Des membres de votre famille tendront à exercer une énorme pression sur vous et vous n'apprécierez pas leur manque de réflexion et de compassion. Quant à vos jeunes enfants, ils tendront à se montrer plus maladroits, et ce, tant en paroles qu'en gestes, et ils s'attireront diverses complications relationnelles. Il n'est pas impossible non plus que vous vous retrouviez dans la position inconfortable de devoir choisir entre un frère, une sœur ou un parent que vous aimez et respectez au détriment de certains autres proches et ainsi prendre position, ce qui ne sera pas toujours chose facile, mais parfois on n'a pas le choix d'agir ainsi. Vous risquez d'être plus perturbé par ce genre d'événement, mais aussi par des problèmes familiaux existants. N'empêche, entre-temps, l'idée qu'une personne près de vous puisse encourir un ennui de santé sera aussi possible, sinon un frère, une sœur, un enfant ou un parent tendra à agir d'une manière égocentrique et/ou hostile. Attention au manque de jugement.

Santé

Voilà une période où il faudra faire attention à votre santé qui sera plus fragile. Vous aurez besoin de récupérer une bonne partie de cette phase avant de retrouver toute votre vitalité. Vous tenterez de vous *booster* en reprenant l'exercice, mais les résultats ne seront pas au rendez-vous. Fatigue chronique et surdose de médicaments risquent aussi d'avoir un certain impact sur votre moral, sur vos peurs et sur vos angoisses. En revanche, vous serez en excellente position pour mettre le doigt sur le véritable bobo qui vous afflige. Vous trouverez les bons traitements ou entreprendrez une thérapie qui vous conduira vers la guérison assez rapidement. Méfiez-vous tout de même de votre hypersensibilité !

Mercure rétrograde en Gémeaux – du 10 mai au 3 juin – votre IVe maison natale

Climat général

Les réparations domestiques risquent de figurer en tête de votre liste de tâches, et cette liste pourrait s'allonger d'heure en heure. Assurez-vous d'avoir un marteau et beaucoup de clous à portée de la main ainsi qu'un balai et une serpillière. Ce n'est pas non plus uniquement dû à votre imagination, car les portes pourront se détacher de leurs charnières et les robinets laisser échapper une fuite. Conservez le numéro de téléphone de votre homme à tout faire ou de votre bricoleur favori dans un endroit où vous pourrez le trouver facilement. Si vous êtes propriétaire de votre maison, la pelouse pourra nécessiter plus d'attention que d'habitude. Ne soyez pas surpris si des visites au magasin de jardinage local soient de mise. Et si vous faites partie de ces gens qui doivent absolument déménager prochainement, vous risquez d'être particulièrement anxieux à présent. Comme tout bon Poissons, il est plus que probable que vous ne vous êtes pas cassé la tête plus qu'il le fallait, du moins jusqu'à maintenant, mais voilà que vous vous mettrez à songer à tous les détails qu'implique cet événement : changements d'adresse, de numéro de téléphone si c'est le cas, location d'un camion, etc. Alors c'est avec beaucoup d'empressement que vous vous y mettrez, mais c'est une fois dans l'action que vous arrêterez d'angoisser. Or, cessez de remettre à plus tard ce que vous pouvez faire aujourd'hui et mettez-vous au travail immédiatement. Ne vous gênez pas non plus pour donner un coup de peinture, cela aura un effet calmant sur vous.

Travail – Finances

Voilà un temps où vous risquez d'être plus intolérant envers toutes les personnes qui ne comprendront pas rapidement ce que vous leur expliquez ; pourtant, vous aurez été désigné pour enseigner la routine du boulot aux nouveaux venus. Non seulement la pression sera grande, mais à certains moments vous ne saurez plus à quel saint vous vouer. Il en ira de même pour ce qui est des collègues et/ou des employés, si c'est le cas, qui tendront à vous déranger trop souvent. Attendez-vous également à ce que les recrues craignent votre autorité. Il est tout aussi possible que vous cherchiez également de nouveaux contrats ou de nouveaux clients. N'hésitez donc pas à investir les efforts nécessaires que cela implique, mais ne vous attendez pas non plus à des résultats concrets et rapides alors que ces choses-là requièrent beaucoup de patience, mais également tout autant de la documentation et de la paperasse qui prennent un temps fou à préparer. Si vous œuvrez dans le milieu des arts ou avez un lien avec une production artistique quelconque, il pourrait y avoir une nouvelle administration et/ou une réorganisation nouvelle dans de nombreux secteurs de cette entreprise. Chose sûre, attendez-vous à divers changements administratifs au sein de l'entreprise pour laquelle vous exercez, sinon vous aurez à faire des heures supplémentaires sans nécessairement être payé pour celles-ci. Et si vous avez été malhonnête en affaires avec des clients, si vous avez truqué votre comptabilité et que vous n'avez pas payé vos taxes comme il se doit, vous pourriez avoir à en subir les conséquences. En revanche, si vous prêtez de l'argent à qui que ce soit, n'allez pas être surpris de ne pas revoir vos sous et encore moins votre emprunteur.

Amour – Sentiments

Vous ne pourrez choisir meilleur moment pour garder un œil avisé sur les affaires de votre conjoint et pour lui donner de précieux conseils au sujet de l'organisation de son travail puisqu'il/elle ne sera pas à l'abri qu'une personne que vous connaissez, soi-disant fiable, soit en fait une profiteuse ou une manipulatrice. Hormis que votre analyse et votre déduction seront possiblement considérées comme étant une intrusion, votre chéri vous confirmera sous peu à quel point vous aviez vu juste. Il aura possiblement fallu qu'il essuie une déception ou une perte pour se rendre compte de la justesse de votre jugement. Par contre, si votre relation bat de l'aile depuis un certain temps, il n'est pas impossible que l'on vous annonce que l'être aimé s'en va pour quelques semaines alors qu'il lui faudra du temps pour repenser votre union, pour se retrouver seul avec lui-même par rapport à vous. Si vous êtes seul et célibataire, voilà un temps où vous tendrez davantage à croiser l'âme en peine et à vouloir la sauver à tout prix. Si vous avez l'occasion de faire une rencontre, de vivre un amour exaltant, puisque rien n'est parfait en ce monde, questionnez-vous à savoir si cette personne est bien libérée de ses anciennes attaches sentimentales. D'ici là, il est possible que vous ayez à venir en aide à un ami. Il aura soit des problèmes financiers ou amoureux, sinon ce sera sa santé qui en prendra un coup. Il n'est pas certain que votre décision plaise à l'être aimé, surtout si vous décidez de l'inviter à venir rester chez vous pour un certain temps, mais vous aurez du mal à résister à la demande qui vous sera faite.

Famille

Vous aurez tout intérêt à garder un œil vigilant sur vos adolescents et les gens qu'ils fréquentent, et si vous avez l'habitude de les recevoir chez vous, ne soyez pas surpris si un objet de valeur disparaît. Si vous êtes jeune parent, armez-vous de patience alors que votre poupon vous réclamera un surplus d'énergie et vous aurez peut-être à passer quelques nuits blanches. Si on vous offre de vous venir en aide, ne la repoussez pas.

Santé

Si vous vous sentez constamment fatigué malgré que vos prôniez un régime de vie sain et vous vous reposiez régulièrement, mais que vous ayez toujours à ce jour la difficulté de remonter la pente, demandez à votre médecin de vous faire passer une prise de sang pour vous rassurer que tout est en bon ordre. Il sera quand même avisé de surveiller vos bronches qui seront plus vulnérables ; toute toux tenace devra être soignée sans tarder. Évitez aussi de faire trop d'exercice quand il fera trop chaud à l'extérieur ; buvez suffisamment d'eau, au risque de vous déshydrater très facilement.

Mercure rétrograde en Balance – du 9 septembre au 2 octobre – votre VIIIe maison natale

Climat général

Non seulement vous risquez de ressentir une sorte de confusion, mais vous aurez aussi l'impression de vivre continuellement mille et une péripéties. En toute réalité, vous aurez vraiment besoin de lâcher prise sur bien des choses dans votre vie et ce sera en développant une vie plus active que vous y parviendrez. Toute forme de changement ne pourra que vous être positive. Comment vivre au paradis sur terre ? À vrai dire, il n'y a pas mille recettes, c'est de faire des choses que seul un humain peut faire et être heureux de les faire. Il y a de grandes satisfactions à s'intéresser aux autres, à participer à leur progrès, à être authentique et généreux envers son prochain. Les personnes qui se tourmentent, qui n'ont pas su cultiver l'amitié, celles qui se retrouvent seules face à leur miroir, celles-là sont en enfer ! Ce qui nous est de plus cher comme don du ciel, c'est notre libre arbitre. Or, si au cours de cette phase rétrograde vous donnez libre cours à l'impulsion, si vous laissez l'instinct vous contrôler, si vous menez votre vie avec des coups de tête, vous pourriez commettre des actes regrettables et ainsi jouer contre votre propre bien-être. Portez attention à ce que vous faites étant donné que vous tendrez à être assez souvent dans la lune et ainsi commettre une gaffe, et il n'y aura pas lieu non plus de vous fâcher pour tout et rien. N'allez pas parler et encore moins écrire à propos d'un sujet sur lequel vous manquez d'information et/ou de précision. Faire semblant d'avoir des connaissances pour en mettre plein la vue sera une ruse qui ne fera pas long feu. À ne pas prendre à la légère. Néanmoins, quoi qu'il en soit, veuillez prendre note qu'un déménagement soudain pourrait également être possible durant la durée de cette phase rétrograde, et ce, tant bien personnellement que professionnellement. En bon Poissons que vous êtes, veuillez songer à prendre de l'avance pour mieux ne pas vous retrouver à tout faire à la presse et à la dernière minute.

Travail – Finances

Parlant de carrière, voilà un temps où vos heures de travail s'allongeront. Vous ne pensiez pas devoir en faire autant ! Par contre, vous gagnerez aussi plus d'argent, ce sera un plaisir indirect fort appréciable. Personne ne vit d'eau fraîche. Certains occupent un emploi à temps plein et étudient le soir. Quelques-uns seront tentés d'abandonner leurs cours, ils se trouveront mille et une bonnes raisons ! Vous étiez pourtant sûr de faire la meilleure chose qui soit pour éventuellement avoir de l'avancement. N'agissez pas sur un coup de tête en jetant vos livres et vos cahiers. Ce ne sera pas facile, mais dans quelques semaines, vous aurez passé au travers et occuperez enfin le poste que vous convoitez tant. D'ailleurs, il ne serait pas impossible que la compétition vienne vous faire une offre que vous ne pourrez refuser. Toutefois, vous auriez tout intérêt à jongler un petit moment avec cette information avant de passer à l'action, puisque des éléments sembleront se mettre en place dès que Mercure aura repris sa marche directe pour que vous vous laissiez guider par cette vague de changements qui vous transportera à bon port. D'ici là, il y aura parmi vous des natifs qui auront sensiblement l'intention de lancer leur propre entreprise. Non seulement ces derniers progresseront dans le domaine où ils s'impliqueront, s'il est nécessaire d'obtenir du financement pour élaborer leur projet, une personne qu'ils connaissent depuis longtemps pourra gracieusement intervenir et apposer sa signature au bas d'un contrat d'emprunt dans une institution bancaire. Si vous cherchez un emploi depuis plusieurs mois, il se peut que vous n'ayez pas fait beaucoup de demandes, mais comme vous vous sentez à présent acculé au pied du mur, vous allez sûrement bouger vite !

Amour – Sentiments

Il y a des moments où on se froisse dans un couple même si on s'aime beaucoup. Le petit démon qu'est l'orgueil surgit de temps à autre et veut que vous ayez raison pour flatter votre ego! Malheureusement, cela se fera au détriment de l'être aimé. Mais qui sait, peut-être est-ce vous qui vivez avec un orgueilleux? Si tel est le cas, vous vous sentirez humilié par certaines de ses remarques. Et si votre relation a de nombreuses années derrière la cravate, il est clair que vous aurez besoin d'un certain renouveau; la sexualité sera sûrement au cœur de vos discussions. Mais si vous êtes en pleine crise de couple, c'est souvent un moment de croissance pour les deux partenaires. N'allez donc pas sauter trop vite aux conclusions et plus encore si vous songez à la rupture. Quant aux célibataires, vous serez très certainement sollicité en ce qui concerne la sexualité, même si vous affichez largement que vous n'êtes pas ouvert aux histoires d'un soir. Cependant, vous pourriez être attiré par une personne qui sera à l'opposé de ce que vous êtes et représentez; ce ne pourra qu'être une aventure. Vous avez en général de puissants pressentiments, alors si vous avez l'impression que votre flirt n'est pas honnête, n'allez pas plus loin. Donnez-vous la permission de rencontrer une autre personne qui vous inspirera confiance.

Famille

Voilà une période où vous aurez bien peu de temps pour voir les membres de votre famille, surtout s'ils habitent dans une autre ville. Si vos enfants sont à l'âge où ils changent d'idée tous les trois mois ou presque au sujet de leur avenir, essayez de les comprendre. Dans ce monde, les choix sont nombreux, tant de choses les attirent, il devient alors difficile à décider. En tant que parent, vous vous sentirez nerveux juste à l'idée de penser que votre enfant n'arrive pas à identifier son devenir. Et si vous avez de jeunes enfants qui ont l'âge de tomber sur les genoux, préparez-vous à devoir faire très souvent des bisous pour guérir leurs petits bobos.

Santé

Des baisses de vitalité ici et là sont à prévoir, et plus encore si vous travaillez sans relâche, si vous ne dormez pas suffisamment et si vous mangez mal. Il n'y aura alors pas de quoi s'étonner si vous ne vous sentez plus capable de donner votre maximum. Pas facile de trouver le juste milieu, surtout si vous êtes né excessif de nature. N'allez donc pas être surpris que des douleurs vous obligent à réagir, à voir un naturopathe qui vous suggérera un régime qui fera régresser vos douleurs jusqu'à les supprimer. Attention, accident possible en ville. Méfiez-vous aussi de l'épuisement qui vous guette!

Mercure rétrograde en Capricorne – du 29 décembre 2022 au 18 janvier 2023 – votre XIe maison natale

Climat général

C'est avec surexcitation que vous entreprendrez cette phase qui devrait vous être extrêmement profitable en ce qui concerne vos amitiés, mais le fait d'entretenir une vie sociale aussi active risque d'avoir quelques conséquences puisque vous risquez de manquer de temps pour toutes vos responsabilités quotidiennes, entre autres. Essayez malgré tout de maintenir des structures pour ne pas avoir l'impression de courir sans cesse après votre queue. D'ailleurs, misez sur cette période pour évaluer vos besoins personnels et pour définir vos objectifs futurs. Toutefois, vous risquez de vous sentir plus tiraillé entre votre sens du devoir et le goût de vous amuser. Quoi qu'il en soit, attention de vous mettre en situation périlleuse avec les gens qui vous entourent. Et même si vous êtes habituellement quelqu'un de bien inspiré et que votre imagination déborde d'originalité, voilà qui ne sera pas le cas à présent, alors que non seulement vous accuserez plus un manque d'énergie flagrant, vous n'aurez pas la force non plus ni le courage de résoudre certains problèmes qui vous harassent. Avouons également que le stress tendra aussi à aveugler votre créativité. Il en ira de même pour ce qui est de vos bonnes idées alors qu'elles risquent de faire plus défaut maintenant.

Travail – Finances

Il y aura certainement un stress omniprésent pendant cette période rétrograde ; vous aurez l'impression de devoir tout faire en double ou encore de recommencer sans cesse les mêmes choses. Si vous occupez un emploi plutôt précaire, n'allez pas être surpris que votre patron ne vous accorde pas autant d'heures que vous l'auriez aimé. Malgré tout, tâchez de voir le bon côté de cette situation et de vous investir plus dans vos affaires personnelles et dans votre vie sociale. Bien que le Poissons ne soit pas toujours des plus ambitieux et déterminés, il n'en demeure pas moins qu'il bâtit constamment sa vie avec des espoirs et de grands rêves. D'ailleurs, il y a en a certains qui réussissent à les atteindre, mais cela prend une volonté de fer. Or, c'est précisément ce qui vous animera pendant cette phase. Par un heureux hasard, vous pourriez vous retrouver au bon endroit au bon moment pour obtenir le poste rêvé. Par contre, vous pourriez avoir tendance aussi à être hésitant, à craindre qu'il ne s'agisse d'un poste trop difficile à occuper pour vous, que le travail y soit trop ardu, qu'il dérange votre douce tranquillité et perturbe vos rêves. À vous de choisir entre une réalité dynamique et stimulante, et un monde de fantaisies. Entre-temps, en tant que dirigeant et travailleur autonome, il y aura des moments où il faudra montrer les dents, même si vous êtes une personne douce et gentille. Vous devrez prouver que vous n'êtes pas bonasse et que, devant des situations complexes, vous êtes capable de monter aux barricades et démontrer une certaine fermeté quand vous savez que vous avez raison. N'hésitez pas non plus à regarder du côté des grandes institutions et des gouvernements pour obtenir un appui dans le développement de vos projets. Et si vous travaillez dans un commerce de détail ou en boutique, ce sera un temps où il n'y aura pas foule à votre comptoir, mais une fois que Mercure aura repris son mouvement direct, la cohue risque de se présenter à nouveau et vous n'aurez plus le temps de vous évader dans vos rêves. Chose certaine, le stress et la performance seront exigés !

Amour – Sentiments

Votre présence sera requise dans de nombreux événements sociaux, vous obligeant ainsi à remettre les petites soirées à saveur plus romantique que votre partenaire et vous aviez préparées, ou qui font partie d'une certaine routine. Cependant, ce n'est pas ce qui affectera votre relation pour autant. Au contraire, cette attente ne pourra être que profitable puisque vos sentiments l'un pour l'autre ne pourront que grandir, mais il ne serait pas surprenant que vous deviez attendre jusqu'au début février de la prochaine année (2023) avant de vivre de nouveaux moments intimes. D'ici là, vous risquez d'être plutôt difficile à suivre pour votre partenaire, sans compter que vous risquez de dépasser les bornes par moments. Attention toutefois de démontrer trop de détachement total auprès de l'être aimé alors que celui-ci risque de comprendre que vous ne voulez plus de lui et même de penser à la séparation. Cependant, ce ne seront pas vos intentions, alors peut-être serait-il plus sage de votre côté d'accorder un peu d'attention à l'autre, du moins d'exprimer clairement vos désirs ainsi que vos intentions, cela évitera une grande confusion qui pourrait avoir des répercussions que vous ne souhaitez nullement. Si vous êtes célibataire, ce ne seront pas les occasions de faire des rencontres qui vous feront défaut. Mais étant trop souvent une personne des plus sensibles, quelqu'un qui se laisse facilement transporter par la passion du moment présent et se crée de grandes attentes pour l'avenir avec une personne qui lui fera vivre des instants magiques, même si la relation ne s'élèvera pas aussi haut que vous l'auriez souhaité, il n'est pas dit que ça terminera là. Tout au contraire, les prochaines semaines mettront probablement la table au développement d'un bel amour. Or, voilà qui est très prometteur ! Une raison de plus de tenir bon.

Famille

Un de vos enfants pourra vous annoncer une mauvaise nouvelle qui vous mettra dans tous vos états, sans compter que sa conduite laissera à désirer. Gardez l'œil ouvert sur les amis qu'il fréquente. Il sera également possible qu'une nouvelle en provenance de vos proches ou d'un ami à vous vous laisse bien souvent sans voix. Quoi qu'il en soit, il sera sage de votre part de vous méfier de l'hypocrisie et/ou de la méchanceté d'une personne près de vous. À ne pas prendre à la légère !

Santé

Vous aurez assurément besoin de retrouver une certaine vitalité. Or, c'est en faisant de l'exercice sur une base quotidienne que vous y arriverez ; en combinant un corps sain avec un esprit sain, il n'y aura plus rien à votre épreuve et le temps n'aura plus aucun effet sur vous. D'ici là, vous ne serez pas à l'abri d'une fatigue possible. Vous ne l'attribuerez pas à vos mauvaises habitudes, mais bien au manque de lumière et à la déprime de l'hiver. Soyez réaliste, votre niveau d'énergie sera directement lié à votre alimentation !

LA PHASE RÉTROGRADE DE VÉNUS EN 2022

Vénus rétrograde en Capricorne – du 19 décembre 2021 au 29 janvier 2022 – votre XIe maison natale

Climat général

Devenir votre propre meilleur ami sera votre objectif en cette fin d'année 2022. Vous apprendrez à aimer votre propre compagnie et à apprécier de passer du temps avec vous-même – du moins c'est ce que vous êtes encouragé de faire. L'idée d'être seul ne vous rendra pas malheureux, bien au contraire, vous découvrirez qu'il n'y a rien de mal à un accès occasionnel de solitude. Vous pourriez également apprendre à mieux vous connaître en participant à un groupe d'entraide ou en vous engageant dans un atelier de prise de conscience de vous-même. Ce sera aussi un temps favorable pour suivre des cours qui vous permettront d'améliorer votre estime de soi. Misez aussi sur cette période pour entamer une réflexion sur vos relations passées. L'analyse des forces et des faiblesses de ces associations vous donnera un nouvel aperçu de la façon de bien faire fonctionner les relations pour vous, plutôt que contre vous. Néanmoins, toutes les amitiés ou relations amoureuses qui étaient en difficulté plus tôt cette année risquent de nouveau de s'aggraver un peu avant ou après le 19 décembre. Si rien de cela ne vous interpelle, il est possible que vous vous impliquiez davantage auprès de vos amis sinon suivant tous les groupes sociaux auxquels vous adhérez, et peut-être en tant que leader, mais cette implication communautaire va nécessiter de grandes conciliations ou des efforts de coopération pour maintenir la paix et l'harmonie. Il n'en demeure pas moins que vous pourriez éprouver quelques ennuis à établir de nouveaux contacts. Quoi qu'il en soit, Vénus en mode rétrograde, voilà qu'elle vous permettra surtout de renouer avec d'anciens amis et d'approfondir également les relations avec vos clients, professeurs, collègues, associés, patrons ou employés. Bref, tous les liens déjà établis seront favorisés.

Travail, affaires, finances

Non seulement le travail s'accumulera, mais il ne serait pas étonnant que l'on vous confie un surplus de responsabilités, sinon peut-être s'agira-t-il de remplacer un collègue au bureau pendant ses vacances. D'ailleurs, par moments, vous aurez l'impression que vous n'en verrez pas le bout, mais soyez rassuré, tout va finir par s'arranger et vous trouverez moyen de respecter parfaitement vos échéanciers. Entre-temps, une affaire qui traînait en longueur pourrait connaître finalement un dénouement avantageux. N'empêche, n'allez pas prêter d'argent, et ce, quoi que l'on vous dise au moment de plaider sa cause, et lisez bien les documents ou contrats sur lesquels vous apposerez votre signature. En revanche, si vous souhaitez lancer votre propre site Internet ainsi que vouloir mettre de l'avant une campagne de publicité et/ou entreprendre un nouveau projet artistique, vous devrez déployer une forte somme d'énergie pour vous faire connaître et mettre en valeur votre talent ou vos produits et services. Attendez-vous à éprouver plus de difficulté à faire passer vos idées et vos projets ainsi qu'à démontrer de quoi vous êtes capable, et donc à créer le climat de confiance nécessaire pour ainsi conclure de bonnes affaires. Néanmoins, soyez informé également que ce sera une période où les gens tendront à argumenter plus facilement. Et sur une note finale, soyez avisé que vous ne pourrez choisir meilleure période pour dénicher une aubaine sur des vêtements; cependant, vous risquez de changer d'opinion dans les jours ou semaines qui suivront; veuillez remettre tous les achats d'items luxueux à une période ultérieure, idéalement début février 2022. Petit conseil: voilà qui pourrait être un moment favorable pour investir dans toutes les entreprises qui produisent des livres et des supports d'apprentissage liés au domaine de la psychologie.

Famille

Voilà que vous devrez inévitablement vous imposer un budget plus sévère en cette période de l'année et plus encore pour ce qui est de vos emplettes de Noël si vous ne tenez pas à grever votre budget inutilement. Il faudra inévitablement faire des choix: qui allez-vous gâter? Peut-être serait-il plus sage d'offrir votre présence, votre bonne humeur et votre joie de vivre, tout simplement. Évitez de vous endetter davantage pour faire la fête plutôt que de vouloir bien paraître aux yeux des autres. Une attention dévouée de votre part devrait suffire. Entre-temps, l'idée qu'un membre de la famille reconnaisse ses torts est possible, mais selon vous, il sera déjà trop tard!

Relations, sentiments, amour

Votre partenaire de vie risque de continuer à faire des pieds et des mains pour vous satisfaire alors qu'en revanche, vos amis ne cesseront de vous témoigner leur grande affection. Vous ne serez pas nécessairement des plus enthousiastes non plus en ce qui concerne les grands ébats nocturnes. Peut-être est-ce votre partenaire qui semblera avoir quelques problèmes avec sa libido, sinon une histoire d'infidélité pourrait jeter un froid, même si elle ne vous concerne pas directement. En effet, l'un de vous deux devra peut-être défendre un ami alors que l'autre ne sera pas du tout en accord avec cette démarche. Si vous êtes célibataire, non seulement vos relations amoureuses laisseront à douter, mais il est possible aussi que l'une de vos relations puisse prendre fin. Et si, par hasard, vous faites la rencontre de quelqu'un de nouveau, prenez cela mollo. Donnez-vous tout le temps nécessaire pour apprendre à connaître cette personne, surtout que ce ne sera pas la meilleure période de l'année pour trouver l'âme sœur. En revanche, vous ne pourrez choisir meilleure période pour suivre une thérapie dans le but de vous départir d'une certaine dépendance affective, si c'est votre cas bien entendu. Or, cessez de remettre à plus tard alors que non seulement cela vous sera salutaire au bout du compte, mais ô combien bénéfique également pour votre épanouissement futur.

Santé

Voilà une période où vous risquez, malheureusement, de connaître un certain creux, mais rien qui ne laissera des traces comme telles si ce n'est que votre peau ou même encore vos articulations pourraient s'avérer être plus sensibles. Or, n'hésitez pas à consulter un médecin si vous constatez la moindre détérioration de votre état. Vous ne voudriez surtout pas qu'une crise d'urticaire s'étende partout sur votre beau visage et encore maintenant alors que le temps des Fêtes est à nos portes. Repos et détente vous aideront à retrouver la santé. Il s'agira sûrement de stress et d'angoisse que vous aviez refoulés depuis trop longtemps déjà !

LA PHASE RÉTROGRADE DE MARS EN 2022

Mars rétrograde en Gémeaux – du 30 octobre 2022 au 12 janvier 2023 – votre IVe maison natale

Climat général

Voilà une période où vous serez porté à vouloir vous occuper davantage de vos intérêts personnels plutôt que ceux des autres. En plus de vous retirer de toute œuvre, vous serez même porté à vous replier davantage sur vous-même. C'est comme si une situation extérieure vous avait, ces derniers temps, amené son lot de déceptions. Quoi qu'il en soit, non seulement vous tendrez à vous éloigner, il est tout aussi possible que vous puissiez décider de recentrer votre énergie au secteur de votre thème qui régit votre travail et, par conséquent, de votre santé également. Vous serez plus rigoureux, mais pas nécessairement plus organisé dans votre quotidien. Il ira donc de votre intérêt de bien vous recadrer. Autodisciplinez-vous ! Plus que tout, tentez de comprendre ce qui motive vos actes, votre travail, et même le service que vous rendez aux autres. Même si les choses ne sembleront pas vouloir fonctionner du premier coup, même si les résultats ne seront pas toujours non plus probants, demeurez persévérant, car vous finirez par tirer votre épingle du jeu. N'empêche, vous aurez sûrement à trimer dur et vous n'apprécierez pas que l'on s'ingère dans vos affaires personnelles ni que l'on vous critique. En toute réalité, profitez de cette phase pour donner un sens nouveau à votre vie et pour goûter pleinement la vie, et le succès qui s'ensuivra avec le temps. D'ici là, vous serez appelé à apprendre à tenir bon lorsque ce sera nécessaire et à lâcher prise au moment approprié.

Travail – Finances

Tout suggère que durant cette phase, vous allez vous retrouver devant des gens dont leur ego sera imbu de lui-même et ils rechercheront la confrontation. Pas étonnant qu'un conflit entre employés et l'autorité puisse survenir, et chacune des deux parties ne baissera pas sa garde facilement. La compétition sera tellement forte entre deux collègues qu'une crise pourrait éclater et dégénérer en une attaque physique. C'est un temps où l'énergie sera explosive et vous devrez redoubler de vigilance plus encore si vous êtes dirigeant, patron, décideur, gérant, cadre, administrateur, chef d'entreprise, décisionnaire, directeur, responsable ainsi que tête dirigeante alors que vous en aurez plein les bras. D'ailleurs, votre groupe de travail ne sera pas aussi facile à gérer ou sinon, il est possible que vous éprouviez plus d'ennuis à vous intégrer à un nouveau groupe, à un cercle professionnel ou de travail. Il est également possible que vous puissiez aussi vous sentir inconfortable devant une situation professionnelle, artistique ou d'affaires alors que la partie adverse se montrera moins flexible, moins ouverte, plus complexée, donc plus sujette à se retirer dans sa bulle. Nul doute, ce sera un temps où les projets d'équipe seront plus difficiles à faire matérialiser. Et en tant que patron, tout suggère que vous aurez à amorcer sûrement une réforme importante où chacun devra mettre son orgueil de côté ou encore s'acclimater pour le mieux-être du groupe ou suivant tout le monde impliqué.

Quant aux négociations, voilà un temps où elles seront plus difficiles par contre, vous saurez vous sortir quand même assez bien d'affaires. Il n'en demeure pas moins que les choses n'iront pas toujours à votre goût au niveau de vos affaires. Non seulement ce sera une période quelque peu décevante, mais rien ne marchera à votre goût sans compter non plus que des retards s'accumuleront, la pression augmentera ; cependant, en vous organisant et en faisant aussi preuve de souplesse sans pour autant renoncer à votre ténacité, vous en viendrez à bout. N'empêche, de vieux problèmes pourraient refaire surface, vous obligeant à prendre parti et ce n'est pourtant pas ce qu'il faudra faire. Bien au contraire, laissez aux autres leurs responsabilités respectives dans ces conflits et demandez-vous comment vous pouvez vous affirmer en intelligence et faire respecter votre position. Entre-temps, il n'est pas impossible que vous ayez peut-être à suivre ainsi qu'à compléter une formation professionnelle pour mieux vous adapter à un nouvel environnement de travail ou allez-vous décider d'embrasser un nouveau domaine d'expertise parce que vous en aurez assez de la routine et serez en quête de quelque chose de nouveau pour lequel vous changerez complètement de milieu de travail. Autant ce sera un temps où vous pourriez songer à réorienter votre carrière selon vos goûts et vos aspirations, il n'en reste pas moins qu'en vous engageant sur une nouvelle voie, vos finances pourraient aussi en prendre un coup. Fort heureusement, vous trouverez plus important de vous construire une vie professionnelle, artistique ou d'affaires sur des bases plus conformes à votre mesure. Cette grande transformation fera écho à un appel intérieur, sinon à un besoin de changement important. Profitez de ce temps pour faire évoluer votre vie ou celle des autres près de vous. D'ici là, il est possible que les expériences vécues en rapport avec l'argent vous obligent à vous reconstruire et par le fait même à grandir intérieurement en remettant vos valeurs à la bonne place. Des événements hors de votre contrôle pourraient aussi freiner votre expansion et votre influence. Profitez donc plutôt de cette période pour réfléchir à la mise en marché de quelque chose qui vous tient à cœur, sinon au développement d'affaires nouvelles ainsi que concevoir des projets et/ou développer des idées en catimini. Vous aurez bien raison de mettre à profit cette accalmie pour préparer avec minutie votre plan d'action.

Sur une note finale, si vous utilisez des outils dans les fonctions de votre travail, il vaudra mieux vous assurer de leur bon fonctionnement. Il faudra aussi vous monter discipliné au travail sans quoi vous vous retrouveriez vite débordé et incapable de suivre la cadence. Évitez également de donner cours aux histoires personnelles de ceux qui vous entourent et n'allez pas non plus vous immiscer et/ou vous mêler de leurs problèmes. Éloignez-vous des commérages et des intrigues.

Amour – Sentiments

De vieilles émotions pourraient refaire surface. Parlez ouvertement de l'agressivité qui vous ronge, de ce que vous ressentez à l'égard d'un membre de votre famille alors que vous ne pourrez choisir meilleur moment pour examiner la dynamique familiale. Ce n'est qu'en amendant la situation en rapport avec ce membre de votre famille que la tension pourra s'alléger. Non seulement vous allez devoir redoubler de prudence pour maîtriser vos émotions, mais n'allez pas vous laisser emporter non plus dans des flots menant à la confusion et au chaos. Cependant, si vous savez garder un bon contrôle sur vous-même, vous pourrez mieux ainsi saisir toutes les multiples possibilités qui s'offriront à vous pour agir avec bienveillance et efficacité auprès de ceux qui vous entourent. Entre-temps, le partenaire de vie risque d'être plus dépendant de vous que vous ne l'auriez souhaité ou, tout le contraire, plus indépendant. Pas étonnant que votre relation tanguera parfois sur des eaux troubles. Tout suggère aussi que vous serez dépassé par des proches ou des amis qui entretiendront leur misère et leur désarroi sans jamais faire ce qu'il faut pour s'en sortir et réaliser leurs rêves, alors qu'ils auront toujours en bouche une bonne raison pour justifier leur inertie. Pas surprenant non plus que vous soyez moins patient.

Cependant, durant ces moments, évitez d'utiliser un langage destructeur, le sarcasme et/ou de sévères critiques, et rappelez-vous que toute vérité n'est pas toujours bonne à dire ! Abstenez-vous également de juger sévèrement les autres ou de les blesser davantage. Attendez-vous toutefois à l'inconduite caractérielle d'une personne près de vous qui vous est chère et possiblement d'être obligé de subir sa dictature amoureuse. Non seulement son autoritarisme éteindra votre désir, mais cette personne se montrera parfois si directive que vous préférerez acheter la paix. Or, pour certains, il est possible que vous puissiez vous retrouver dans la tourmente d'un divorce, mais, dans le meilleur de vos intérêts, essayez de conclure un règlement hors cour puisque vous vous éviterez de grosses dépenses alors que le règlement par les voies légales pourrait s'étirer dans le temps. Si vous êtes célibataire, votre vie sociale et amoureuse ne manquera pas de piquant pour autant, mais de là à aller dire que vos amours vous combleront totalement, c'est beaucoup dire. Néanmoins, si vous êtes seul, il est très possible que vous puissiez rencontrer quelqu'un d'intéressant. Non seulement vos réserves d'énergie seront inépuisables, mais vous serez un véritable tourbillon de vigueur. Mieux encore, il va de soi aussi que des dénouements heureux d'une situation qui vous a possiblement créé beaucoup d'angoisse par le passé vous apportent enfin un immense soulagement.

Famille

Voilà un temps où vous pourrez vous montrer plus actif dans votre maison, bouger les meubles, construire, démonter, rénover… et vous chercherez aussi à défendre votre territoire, votre famille. Alors que l'inconscient pourra se révéler spontanément, sans que l'on comprenne ce que cela signifie, vous aurez besoin d'affirmer votre identité et votre puissance personnelle. N'empêche, demeurez prudent à la maison ainsi qu'avec tous les objets contondants, chauds ou brûlants. Et si vous avez des réparations à faire sur la propriété et que vous êtes obligé de grimper dans une échelle, veillez à ce qu'elle soit installée sur une base solide et ne manquez pas de prendre toutes les précautions nécessaires pour mieux vous éviter un problème possible. Attention à la distraction qui risque aussi de vous causer des ennuis. Et si vous décidez d'entreprendre ainsi que faire faire des travaux majeurs chez vous, assurez-vous d'engager les gens appropriés en la matière pour tous travaux exigeants ou dangereux. Par contre, si vous êtes en phase de rénovations, veuillez bien tout surveiller ainsi que les travailleurs qui auront laissé leurs outils traîner afin qu'ils ne vous causent pas de vous enfarger ni de vous blesser. Moindrement, vérifiez doublement tous vos plans et que tout soit en bon ordre dans votre foyer pour mieux vous protéger contre le feu, sinon un bris possible. À tout le moins, un projet ou des travaux qui devaient être entrepris en lien avec la maison pourraient aussi être retardés.

Alors que les conditions de vie seront plus instables et nécessiteront d'être revues avec bon sens, n'allez pas être surpris si des conflits familiaux éclatent et que vous en ayez un peu marre d'être le seul commandant à bord. En plus d'être très sensible à l'ambiance régnante et pour tout ce qui n'est pas placé à sa place, le climat risque d'être plus inconfortable au foyer, sans compter que certaines des responsabilités familiales seront plus exigeantes qu'à l'habitude. Entre-temps, un de vos enfants pourrait aussi subir la mauvaise influence d'un ami, de votre ex-conjoint ou même d'un grand-parent, et vous devrez mettre un terme à cette relation, mais non sans lui faire savoir votre façon de penser. Et en dépit que la famille puisse être en désaccord avec vos décisions, ne la laissez pas s'introduire dans votre vie privée ni vous dire comment élever vos enfants ou comment vivre en amour. Entre-temps, l'idée qu'un membre de la famille vous cause des ennuis ou des inquiétudes sera possible. Faites preuve de générosité alors que la situation aura plus de chances de progresser. Faites preuve aussi de sagesse et de prudence, mais attendez-vous à une dépense imprévue pour la maison ou pour votre véhicule, sinon un parent pourra vous induire en erreur par ses conseils alors que vous savez très bien ce que vous avez à faire.

Santé

Voilà une période où vous serez plus fragile au niveau de votre santé. Or, suivant que physiquement ce ne sera pas la grande forme, une attitude vigilante vous gardera à l'abri de tous les imbroglios et blessures possibles. Prenez garde de ne pas vous blesser. Veuillez être tout aussi prudent sur la route alors que vous ne serez pas à l'abri qu'un incident fâcheux ou un bête accident se produise. Autant il sera avisé de vous méfier, attention d'être aussi victime d'un vol. Il sera également avisé de manipuler avec soin tous objets contondants et gare aux sources de chaleur. Surveillez aussi votre hygiène alimentaire afin d'éviter des problèmes circulatoires ainsi que des maux d'estomac. Gardez aussi vos pieds au chaud alors que vous serez sujet à attraper un vilain rhume ou une sinusite. Attention également aux coups de tête, mais plus que tout, ralentissez le pas.

L'ÉCLIPSE SOLAIRE PARTIELLE DU 30 AVRIL EN TAUREAU – VOTRE IIIE MAISON NATALE

L'éclipse solaire en Taureau ne vous touchant pas adversement du tout, tant mieux, alors que vous serez plus fort physiquement que bien des gens – cela surprendra et vous fera plaisir. Par contre, si votre ascendant est Taureau, prenez grand soin de vous, veillant jalousement sur votre santé et votre sécurité. Il en ira de même si vous avez le Lion, le Verseau ou le Scorpion à l'ascendant. Prenez bien soin de vous et ne négligez pas le moindre symptôme. Demeurez attentif aux messages que vous envoie votre corps. Croyez-moi, il y a huit chances sur douze que vous ressentiez une légère baisse d'énergie temporaire, mais rien de plus. Vous en tenir à ce que vous avez déjà expérimenté dans le passé sera la solution idéale. Si ce n'est pas votre cas personnel, tant mieux alors que vous resterez en forme, résistant à la maladie et aux microbes environnants, immunisé en quelque sorte contre les épidémies pouvant faire rage en périodes d'éclipse.

Alors que cette éclipse partielle, ou dite mineure, termine un mois qui n'est pas tout à fait propice au changement, en avril, veuillez prôner la prévoyance en tout et tenez-vous-en à la routine. N'allez pas déménager ni acheter ainsi que vendre quoi que ce soit, et encore moins vous fiancer, vous marier de même que divorcer. Il en ira de même pour ce qui est de voyager ainsi qu'entreprendre tout projet d'envergure. Mentionnons aussi que la communication avec les autres – en particulier avec ceux qui font partie de votre vie quotidienne – et vos mouvements et activités dans votre quartier et ses environs vont prendre beaucoup plus d'importance en ce moment. Les questions d'éducation ont toutes les chances aussi d'être préoccupantes, en particulier pour tout ce qui relève de l'enseignement pré-universitaire ou professionnel. Des problèmes concernant vos relations avec vos frères et sœurs, et aussi vos proches parents seront également possibles.

Puisque cette éclipse nouvelle lune est une période de débuts, de nouveaux départs, vous ne pourrez choisir meilleur moment pour examiner vos sentiments à l'égard des affaires qui relèvent de votre troisième maison solaire. S'il y a quelque chose que vous pourriez faire maintenant pour vous améliorer, faites-le ! Enrôlez-vous dans un cours. Étudiez un nouveau sujet ainsi que vous enrichir d'une nouvelle compétence. Et s'il y a quelqu'un avec qui vous avez besoin de communiquer, prenez l'initiative et cessez de remettre à plus tard. Idéalement, mieux après la mi-mai.

P.-S. Vous êtes encouragé à prendre connaissance de tout ce qui est écrit au chapitre intitulé « Les éclipses de 2022 » pour mieux vous familiariser avec toutes les mises en garde à respecter lors de toutes les éclipses.

LES POSITIONS LUNAIRES ET VOUS

À la fin du livre, vous trouverez le tableau des positions lunaires pour chaque jour de l'année 2022. Pour mieux tirer profit de la Lune au quotidien ainsi que connaître le rôle qu'elle jouera sur vos humeurs, lesquelles vont influer sur votre jugement et sur vos actes, référez-vous au chapitre intitulé « Méthode d'interprétation du calendrier des Lunes ».

En général, quand la Lune passe en Taureau, en Cancer, en Scorpion, en Capricorne et en Poissons, votre signe solaire ou votre ascendant natal, vous êtes en forme, vous êtes à votre meilleur. Ces énergies, surtout celles du Taureau, du Cancer et du Capricorne, vous placent en position de force. Là où vous devriez être prudent et où il serait préférable de prendre du recul, c'est lorsque la Lune se trouve en Gémeaux, en Vierge et en Sagittaire.

Les divers passages de la Lune ne sont jamais neutres, même ceux qui ne sont pas mentionnés ci-dessus. S'il y a des moments pour l'action quand la Lune est néfaste, s'il faut prendre du recul quand elle ne l'est pas, les autres journées représentent, la plupart du temps, un mouvement vital plus lent.

NUMÉROLOGIE

8 7 9 6 1 5 2 3 4

NUMÉROLOGIE

La numérologie prévient, conseille, mais ne prédit jamais. Averti, conscient, chacun d'entre nous doit observer son propre code de la route. Maître de son véhicule, à la barre de son vaisseau, à chacun de maintenir le cap, conscient de ses atouts, en évitant les pièges au maximum.

Comment calculer votre Année Personnelle

Afin de connaître vos prévisions et de savoir à quelle année personnelle vous reporter, faites le calcul suivant :

Additionnez votre jour et votre mois de naissance et rajoutez 6 alors que ce nombre correspond à la valeur numérologique de l'année 2022 (2 + 0 + 2 + 2 = 6).

1er exemple

Supposons que vous êtes né un 30 novembre.

Additionnez 30 + 11 (novembre = onzième mois de l'année) + 6 (qui correspond à la valeur numérologique de l'année 2022) = 47.

Réduisez ce nombre à une valeur comprise entre 1 et 9 en additionnant les chiffres les uns avec les autres. Or, votre total était de 46, alors additionnez 4 + 7 = 11 et additionnez de nouveau 1 + 1 = 2.

Vous êtes donc en Année Personnelle 2.

2e exemple

Supposons que vous êtes né un 17 septembre.

1er calcul : cela nous donne 17 + 9 (septembre = neuvième mois de l'année) + 6 (qui correspond à la valeur numérologique de l'année 2022) = 32.

2e calcul : 31 donne 3 + 2 = 5

Vous êtes donc en Année Personnelle 5.

Ces indications concernant les années personnelles restent globales. Elles indiquent les grandes tendances collectives, sans tenir compte, et pour cause, de la diversité des tempéraments, du stade d'évolution, des événements vécus ou d'un moment particulier. Prenez-le comme un *vade-mecum* (ce qu'on emporte avec soi), et non comme un verdict. On éclaire votre route. Regardez où vous marchez, voilà tout. Et c'est déjà beaucoup !

Votre année personnelle 1

TENDANCE GÉNÉRALE DE L'ANNÉE

Une année riche en possibilités dans tous les domaines

L'année 2022 vous propose un net changement. Il s'agit là d'un nouveau départ, d'un redémarrage qui implique les neuf années à venir. Il vous est recommandé d'agir, de décider, d'amorcer, d'entreprendre ainsi que de mettre en action quelque chose qui aura toutes les chances de progresser au cours du temps et qui saura récompenser vos initiatives. Ne vivez plus dans le passé, au contraire, regardez droit devant vous et forgez votre destin.

Profitez-en pour concrétiser tous vos projets en attente alors que rien ne devrait freiner vos progrès, sauf si vous péchez par inertie, par paresse, par doutes, par tergiversations, par craintes ou par dépendance. Ne comptez que sur vous et vous seul.

Pour certains, le climat restera encore un peu instable. Pour d'autres, la chance sera au rendez-vous. Et pour d'autres enfin, il pourra s'agir d'une collaboration, voire d'une union importante. Si des opportunités se présentaient, saisissez-les au passage. Affirmez-vous ! Définissez tous vos objectifs et foncez avec toute votre liberté d'action et de pensée. D'ailleurs, vous ne pourrez choisir meilleur moment pour créer une entreprise et pour mettre sur pied de nouvelles activités. Ce sera une très bonne année aussi pour faire des investissements à long terme.

Cependant, sous la dominante du « 1 », vous serez plus porté à ne centrer les choses que sur vous, sans tenir compte des besoins et des aspirations des autres. Faites attention aux opinions bien arrêtées alors que cela risque de donner naissance à de nombreux conflits d'intérêt et des discussions ; des maladresses de votre part pourraient entraver votre marche. N'empêche, vous devriez voir la récompense de vos efforts.

Voilà qui présage une année décisive. Vous amorcez un nouveau cycle important qui durera neuf ans et qui déterminera une nouvelle orientation de vie. Il s'agit d'une période où vous pourrez bénéficier d'excellents influx qui auront deux effets majeurs. Le premier concrétisera ce qui était en attente, des projets qui se confirment, des décisions qui se prennent officiellement et la stabilisation selon de nouveaux principes. Le second vous ouvrira les portes de la nouveauté et vous conduira vers une sorte de libération. Vous allez prendre un nouveau départ sur de nouvelles bases solides qui vous dégageront des problèmes et des soucis du passé. Faites preuve d'initiative et vous mettrez ainsi toutes les chances de votre côté. N'ayez pas peur d'innover, de pousser les portes qui s'ouvrent et n'hésitez pas à laisser de côté ce qui bloque.

Déménagement, changement de poste, de fonctions, d'activité, ouverture vers de nouvelles relations, tout s'ouvre devant vous, alors engagez-vous. Cela dit, ne faites pas n'importe quoi ni n'importe où. Les notions de prudence, de réflexion, de méthode seront importantes, mais en agissant avec bon sens, vous irez vers le succès.

Pour vous qui êtes célibataire et en quête d'amour, il n'est pas exclu que vous puissiez rencontrer cette perle rare de vos rêves. Toutefois, le plus difficile sera de le ou la garder. Trop d'ego fort de votre part pourra le ou la faire fuir. Apprenez à composer avec plus d'aisance.

En ce qui concerne votre santé et votre bien-être physique, votre énergie sera en hausse. Cependant, il vous sera suggéré d'adopter une alimentation plus saine, plus équilibrée. Protégez-vous aussi du stress. N'allez pas fatiguer vos yeux et oxygénez davantage vos poumons.

En bref: l'année personnelle « 1 », c'est le début d'action. Vous démarrez un cycle de 9 ans. Idéal pour innover. Profitez-en pour démarrer un nouveau projet, mettre de l'avant une nouvelle activité. Votre attitude et vos initiatives marqueront la majeure partie de l'année à venir. Possibilité de mutation, de déménagement, de promotion.

Sur le plan du travail, vous pourriez avoir un avancement, une augmentation ou un changement d'emploi. Et si vous êtes sans emploi, vous pourriez trouver un travail.

Sur le plan financier, vous pourrez faire des engagements à long terme. Aucune porte n'est fermée, faites preuve d'esprit d'initiative.

Sur le plan sentimental, vous pourriez faire une nouvelle rencontre ainsi qu'avoir une nouvelle liaison pouvant engager l'avenir. Période favorable pour une nouvelle union. Année propice aussi au mariage.

Votre année personnelle 2

TENDANCE GÉNÉRALE DE L'ANNÉE

Une période pleine de contrastes et de doubles teintes

Vous ne bénéficierez certes pas de beaucoup de latitude au cours de l'année 2022. L'ambiance sera fragile étant donné la dualité inhérente au nombre « 2 ». On peut discerner deux tendances : l'une faite de coopération, de patience, d'adaptabilité et de diplomatie nécessaires, l'autre, au cas où vous ne couleriez pas dans ce courant, composée de risques, de mésententes, de déceptions, de soucis, voire de ruptures, sous quelque forme que ce soit.

Le Code de la route propre à votre année personnelle « 2 » vous demande de faire preuve de disponibilité, d'écoute, d'aide et de soins pour les autres en vous oubliant un peu. Ne provoquez rien ni personne alors qu'un calme positif viendra à votre rencontre pour vous habiter. Souriez malgré les embruns possibles. Créez un climat amical et chaleureux. Sachez attendre sans commencer quelque chose de nouveau.

Les relations et l'entente avec autrui étant prédominantes, apaisez-vous, montrez-vous serviable et discret à la fois. Ainsi, en luttant contre une hyperémotivité fréquente, vous arriverez à pallier les éventuelles désillusions, les conflits, voire les pertes de toute nature. Surveillez votre santé. Montrez-vous souple et ferme à la fois. Rien ne vous arrivera tout cuit. Méritez votre paix.

Bien qu'il s'agisse d'une année assez ambiguë, elle pourra se révéler excellente comme telle, peut-être délicate, cela dépendra de votre comportement et de votre lucidité face aux situations que vous vivrez. Vous êtes avisé de maintenir une attitude prudente et extrêmement patiente devant certaines propositions pour mieux éviter tous les écueils et inconvénients possibles. En clair, trois tendances entrent en jeu. La première concerne les associations, les liens, alors que la deuxième présente des mouvements et la troisième montre des blocages ou des projets.

En positif, ce sera une année riche en affection où les sentiments tiendront une grande place. Une rencontre importante, professionnelle ou sentimentale, pourrait vous conduire à comprendre que votre existence va changer et à envisager une autre orientation de vie. Si vous vivez de bonnes relations, des projets prendront une tournure pour aller dans le bon sens. Profitez-en pour vous associer, en affaires surtout, et pour mettre en place de nouvelles relations de coopération tout en cultivant la collaboration de façon équilibrée. Ce sera une année indiquée pour le travail en équipe et l'intégration au sein d'un groupe, et pour tirer profit des conseils et des idées des autres.

En négatif, si vous vivez de mauvaises relations, des blocages importants pourront se présenter ou une mésentente s'accentuera jusqu'à un point de rupture sans retour qui vous mènera à votre solitude. Sinon, la rupture d'un contrat de travail ou la fin d'une collaboration difficile au point de vue relationnel pourrait être au rendez-vous. Ne la regrettez pas, bien au contraire, elle vous permettra de vivre une nouvelle vie sur de nouvelles bases. Des bases qui se révéleront bénéfiques par la suite et, finalement, vous vous débarrasserez d'une belle épine dans le pied. Entre-temps, faites preuve de patience et de modération dans vos rapports avec les autres afin de vous éviter toutes les anicroches possibles.

En ce qui a trait à votre santé, votre état physique risque d'en prendre un coup alors que votre équilibre émotionnel sera plus fragile. Plus que d'habitude, protégez-vous contre le stress et surveillez votre estomac.

En bref: l'année personnelle « 2 » est synonyme d'harmonie ou de conflits avec autrui. C'est le temps de perfectionner les premiers acquis. C'est une année de relations avec autrui. Il faut compter sur les autres, coopérer, interagir, se faire aider. Dualité possible dans une de vos relations. En négatif: rupture privée ou personnelle, pertes financières, problèmes nerveux. En positif: rencontre sentimentale, gains, nouvelles amitiés. Mon conseil: prenez du recul par rapport à une situation problématique et assurez-vous de faire preuve de tact et de diplomatie. N'hésitez pas à rompre des liens avec des gens qui ne vous conviennent plus et n'en ressentez aucune culpabilité. Conflit possible avec des amis. Évitez de leur faire confiance aveuglément.

Sur le plan du travail, profitez-en pour mettre en valeur votre imagination. N'allez pas dévoiler vos plans à une personne. Restez positif, car la paresse pourrait vous faire perdre votre emploi. Il se peut que vous soyez félicité pour un effort personnel.

Sur le plan sentimental, voilà qui présage soit une année de paix ou de disputes, soit de mariage ou de divorce. Le désir sera de trouver quelqu'un qui vous apportera la tranquillité d'esprit et l'équilibre émotionnel. De nombreux échanges, conversations sincères, découvertes prometteuses sont à prévoir dans le domaine de l'amour. Année idéale pour renouer les liens amoureux. Favorable aussi pour dénicher l'âme sœur.

Votre année personnelle 3

TENDANCE GÉNÉRALE DE L'ANNÉE

Une période de protection professionnelle, d'aisance et d'épanouissement

Les tendances de votre année personnelle « 3 » confirment les bonnes influences dont vous pourrez jouir en 2022. Il existe peu de difficultés à l'horizon. Si les contraintes et/ou les obstacles semblent mineurs, ce n'est pas une raison pour vous éparpiller ni pour entreprendre plusieurs choses simultanément alors que vous risquez de fausser les influx créatifs dont vous hériterez. Soyez optimiste et confiant, sortez, rencontrez, communiquez, créez. Faites preuve de sociabilité. Exprimez-vous. Projetez. Votre activité devrait reprendre ou augmenter, et vos affaires sont susceptibles de connaître des changements positifs. Vous possédez tout pour réussir. C'est le moment où vous pourriez même recueillir ce que vous avez semé il y a deux ans.

Vous avez devant vous une période de protection professionnelle. Il vous est encore possible de mettre en place certaines choses restées en suspens l'an dernier. Ne laissez pas passer les opportunités de contacts sociaux, de commerce, de déplacements. Les loisirs, l'art, l'écriture, les médias seront tous des domaines privilégiés. Petit conseil : évitez de changer de travail, de logement, de partenaire, c'est encore trop tôt !

Votre sens des responsabilités sera mis à l'épreuve cette année. Vous allez devoir prendre des décisions radicales et votre destin vous demandera de vous engager sans détour. Cela sera le fruit de rencontres qui aboutiront à des projets, mais qui vous conduiront également à couper les ponts avec certaines personnes ou avec un certain entourage. Ce ne sera pas une mauvaise chose en soi puisque si vous vous décidez à agir, vous pourrez profiter d'excellentes possibilités, tant dans le domaine affectif que dans le domaine professionnel.

En clair, des transformations relationnelles auront lieu. Vous aurez à vous séparer d'une personne ou d'un milieu. Cela pourrait se traduire par une mutation, un déménagement ou une nouvelle relation affective qui vous entraînera à fréquenter d'autres gens, d'autres endroits. Par moments, vous ne saurez trop que faire, mais faites confiance à votre destin puisque tout s'arrangera pour le mieux. Nul doute, vous retrouverez un climat d'harmonie et une ambiance chaleureuse pour peu que vous acceptiez les changements.

Voilà qui promet une année 2022 où vous pourrez être débordant d'imagination et de bonne humeur. Si vous avez des talents journalistiques ou littéraires, ne manquez pas de mettre à profit toutes vos habiletés alors que vous ne pourrez choisir meilleur moment pour les exploiter. Si vous êtes en commerce, non seulement vous serez favorisé alors que votre clientèle s'agrandira, mais vos rapports avec celle-ci seront privilégiés. Un voyage, un intérêt nouveau pour un loisir ou pour un passe-temps favori, la naissance d'un enfant ou d'une œuvre pourront tous faire partie de votre lot.

En ce qui a trait à votre santé et à votre bien-être physique, votre flux d'énergie sera au beau fixe ! Cependant, il sera suggéré d'éviter tous les excès alimentaires alors que votre foie et votre vésicule biliaire risquent d'en prendre un coup. Profitez-en pour changer vos habitudes alimentaires et surveillez votre circulation sanguine.

En bref : l'ambiance de cette année personnelle « 3 » sera agréable. Année de succès. Année de relations publiques. Vous ferez preuve de créativité. Vos efforts seront récompensés.

Sur le plan du travail, c'est le temps de changer vos vieilles habitudes. Il est possible que vous puissiez bénéficier d'une augmentation salariale. Année idéale aussi pour présenter un projet qui pourrait aboutir ; par contre, il pourrait y avoir du retard pour votre projet, mais ce ne sera que momentané. Profitez-en aussi pour rénover, décorer votre foyer alors que le temps sera propice à la création.

Sur le plan matériel et financier, rien à signaler de négatif, sinon de ne pas faire de dépenses exagérées. Le secteur de la vente sera favorisé.

Sur le plan sentimental, les rencontres seront facilitées, ne cédez pas trop. Année de vie heureuse sentimentalement. Cela présage un temps de joie de vivre. Favorable pour le mariage ou la naissance d'un enfant. Pour les célibataires, beaucoup de flirts et de rencontres faciles. Année de séduction et de flirts. Pour ceux d'entre vous qui espèrent la naissance d'un enfant, l'année s'y prêtera bien. L'année sera très bénéfique aussi pour toute activité créative : littérature, musique, sculpture, etc.

Votre année personnelle 4

TENDANCE GÉNÉRALE DE L'ANNÉE

Une période pour consolider vos positions

Voilà une année qui sera dans son ensemble assez contraignante alors qu'elle vous réclamera beaucoup d'efforts et de courage pour pallier les difficultés ou résoudre de difficiles contingences matérielles, mais avec persévérance, ordre, méthode, rigueur, attention, sens du devoir et pratique, vous saurez établir une base solide afin que l'année prochaine s'épanouisse. Vous aurez probablement à lutter, à traverser des périodes de pénurie, à connaître des obstacles, à supporter une certaine lenteur, mais dites-vous qu'avec un peu de volonté, vous en viendrez à bout. Tout ce que vous désirez mettre en action doit être établi sur des fondations solides. Avec un peu de prévoyance et de constance, vous finirez par affermir vos positions. Pas très drôle ni facile, n'est-ce pas ? N'empêche, considérez le mérite au lieu de vous complaire dans vos frustrations éventuelles.

En 2022, c'est l'inattendu qui prédominera. Vous entamez un cycle de changements qui vous mènera vers d'autres avenues, tant dans votre vie sentimentale que dans votre vie professionnelle et sociale.

Le principe de base de l'année personnelle « 4 » est la concrétisation de situations qui étaient en attente. Certaines seront difficiles selon que vous les aurez mal gérées et une remise en ordre s'imposera d'elle-même. Il sera avisé de vérifier toutes les déconvenues. Par contre, vous pourriez assister à des événements surprenants dans le sens où des aides providentielles vous seront apportées par des coups heureux du destin. Des rencontres, des associations et des collaborations nouvelles vous permettront de vous situer sur un meilleur plan et dans une meilleure orientation. Toutefois, il sera nécessaire de vous départir de ce qui ne vous sert plus, de ce qui ne fonctionne plus, de ce qui vous bloque, de ce qui n'est pas logique ou rationnel, de ce qui vous encombre.

Toutes les relations boiteuses, tous les objectifs et tous les projets faits à la va-vite se verront sans le moindre doute sanctionnés. Ce n'est que par la suite que les choses iront beaucoup mieux, mais il faudra du temps pour que vous vous réalisiez vraiment au mieux. Ce délai, ces retards qui interviendront ne devront pas être vécus comme des échecs, mais plutôt comme une période nécessaire et essentielle afin de fignoler toutes vos réalisations futures et de leur donner une solidité à toute épreuve. Encore un petit effort !

L'idée que certains d'entre vous seront en communication avec le lointain est plus que possible. Un déménagement, des rencontres avec des personnes d'une autre ville, d'une autre région ou contrée seront au menu. Cela explique une sorte de solitude possible par périodes, faute de pouvoir se rencontrer facilement, et des attentes, dans le sens où les projets prendront du temps, quels qu'en soient les domaines.

En ce qui a trait à votre santé et à votre bien-être physique, votre seuil d'énergie et votre vitalité risquent d'être plus en carence. Méfiez-vous de maux chroniques qui pourraient réapparaître. Le stress, la fatigue nerveuse, le surmenage pourront être la source de maux de dos. Il sera bon pour vous de bien veiller à votre hygiène de vie, à vos habitudes alimentaires et il sera sage d'inclure un peu d'exercice au quotidien alors que cela vous sera salutaire au bout du compte. Profitez-en pour prendre un rendez-vous chez votre dentiste afin d'être à date dans vos soins dentaires. Il sera suggéré de surveiller vos articulations et vos os. Un supplément de calcium est recommandé. Prenez les choses comme elles viennent, ne forcez pas la note et apprenez à vous détendre.

En bref : l'année personnelle « 4 » présage beaucoup de travail et d'efforts. C'est l'année de construction par excellence. Peu de temps pour les plaisirs. Dans le meilleur des cas, c'est une année lente. Il ne faut négliger aucun papier administratif. Profitez-en pour remettre de l'ordre dans votre vie administrative. Rangez, triez… En année 4, on ne peut se projeter dans le futur que sur des constructions durables et bien ancrées sur du solide. Mais les années 4 viennent du chiffre 13 (1 + 3 = 4), le 13 est un nombre qui vient bousculer l'ordre des choses. Par conséquent, attendez-vous à des remises en question d'ordre familial ou professionnel – ces changements vont intervenir l'année prochaine.

Sur le plan du travail, veuillez porter une attention toute particulière aux détails. Vous pourriez obtenir une promotion, une augmentation de salaire sinon une personne influente pourrait vous apporter de l'aide. Année favorable pour un changement de travail ou d'emploi, mais le côté négatif de ce nombre peut aussi vous faire perdre votre emploi ainsi qu'être porteur de conflits possibles au travail. Attendez-vous à un surcroît de responsabilités.

Sur le plan sentimental, l'énergie risque d'être plutôt tempérée durant l'année à venir. Si les années précédentes ont été vécues avec tension et des conflits permanents, cela pourrait possiblement signifier aussi la fin du couple. Pour les célibataires, le temps sera idéal pour une rencontre stable et durable, et si vous êtes de nature positive, vous stabiliserez votre vie de couple durant les mois à venir.

Votre année personnelle 5

TENDANCE GÉNÉRALE DE L'ANNÉE

Une période de mutation, de mouvement et riche en possibilités futures

Voilà une année qui sera porteuse de changements de tous ordres. En général, il est vrai qu'une année personnelle « 5 » annonce liberté, opportunités, transformation, changements, le tout sur un fond un peu instable. Les voyages, une promotion, un changement de cap, un déménagement, voilà ce qui se trouve directement concerné.

L'année 2022 promet d'être mobile, mais réclamera une certaine circonspection afin de vous adapter aux imprévus, tout en sachant être sélectif. Finies la routine, les limitations, mais réagir sur un coup de tête ne provoquerait que fugacité à long terme.

Les réalisations comme les projets seront encouragés, mais rien ne semble bien définitif. Profitez-en pour corriger les erreurs passées ainsi que pour amenuiser tout ce qui vous frustrait l'année dernière. Il est temps de respirer à pleins poumons, sans euphorie aveugle ni précipitation. Inutile de précipiter les projets.

Ce climat, apparemment instable, ne tolère ni approximation ni médiocrité. Conciliez sociabilité avec intelligence. L'évolution en marche vous promet un mieux-être. Tout présage que vous prendrez un nouveau départ et que les tendances qui domineront votre année « 5 » prendront pleinement leur élan positif. Cependant, vous aurez un bilan à faire auparavant, tant sur vos relations que sur votre activité quotidienne.

En fait, vous êtes dans une année d'évolution qui vous met en face de vos actes passés et de vos responsabilités. Une sorte de concrétisation officielle de ce qui était en attente se vérifiera. Cela veut dire que vous serez devant la réalité des choses et que vous serez obligé de faire le tri entre ce qui n'était que pur fantasme illusoire et les vérités de l'existence.

Toutes les relations qui ne conviennent davantage seront remises en question. Si vous êtes dans une relation harmonieuse et solide, des projets en attente tels une naissance, un déménagement ou autres se verront réalisés.

Comme vous le voyez, vous avez tout intérêt à bien réfléchir à ce qui est solide et bon pour vous, à faire le tri entre ce qui vous est profitable ou non, et à prendre les décisions en conséquence pour un avenir meilleur. Si vous ne faites pas cet effort, les événements feront le ménage pour vous.

Cette période s'annonce riche en divertissements. Vous vous sentirez poussé vers la recherche du plaisir sous toutes ses formes ; un grand besoin de jouir du présent. Le sexe et l'amour tiendront une place plus importante pour vous cette année. Tout suggère que vous serez davantage en quête de nouvelles aventures, mais toutes les relations qui seront nouées au cours de l'année risquent de ne pas perdurer.

Évitez d'abuser des facilités qui se présenteront à vous alors que votre insouciance risque de vous coûter gros, sans compter qu'il vaudra mieux ne pas surestimer votre potentiel de récupération. Évitez d'en faire trop, de brûler la chandelle par les deux bouts. N'empêche, 2022 se prêtera bien pour faire un grand voyage et/ou pour déménager.

En ce qui a trait à votre santé et à votre bien-être physique, il sera nécessaire de prôner la modération en tout, surtout dans le domaine physique, alors que cela réduira vos probabilités d'accidents (par la route, en déplacement à pied ou autres) à cause de votre maladresse.

En bref : ça va bouger dans tous les domaines au cours de l'année personnelle « 5 ». Celle-ci sera généralement agréable. Favorable aux finances, aux voyages ainsi qu'aux changements. Si vous attendez une mutation, elle se manifestera cette année. Si vous comptiez déménager, ça arrivera cette année. S'il vous est donné l'occasion de faire une rencontre sentimentale, méfiez-vous, car ça ne durera pas toute la vie !

Sur le plan du travail, l'année se prêtera bien pour faire des demandes d'emploi et les changements pourront se faire très rapidement. Une vocation pourrait même vous être révélée. Il se pourrait que l'année vous incite aussi à déménager et/ou même à changer d'emploi grâce à de nouveaux contacts. Ne partez aucun projet, car il sera de courte durée.

Sur le plan sentimental, l'année sera porteuse de chance quant aux relations avec le sexe opposé. Mais attention, tout comme ces relations peuvent conduire au mariage, elles peuvent aussi amener un divorce pour la prochaine année, surtout si vous ne respectez pas la liberté de l'autre à cause de votre besoin obsédant de vous sentir jeune en année 5. Pour les célibataires, des rencontres sont prévues dans vos sorties, dans vos déplacements. Les amours pourront être heureuses mais peu durables.

Votre année personnelle 6

TENDANCE GÉNÉRALE DE L'ANNÉE

Une période de responsabilités et de recherche de stabilité

Voilà une année où il vaudra mieux préconiser l'harmonie en tout. Resteront toujours d'actualité des responsabilités à assumer, des conciliations à faire, des ajustements nécessaires à apporter et parfois un choix à opérer. Les pièges à éviter demeureront l'égoïsme, des erreurs à ne pas commettre, des sollicitations néfastes, un manque de souplesse à l'égard de votre partenaire de vie. Le sachant, veuillez être plus sensible aux besoins et aux sentiments des gens près de vous. Pensez aux vôtres. Calmez les tensions. Écoutez les personnes âgées, d'expérience, ou celles qui sont dans le besoin. Finissez aussi tout ce que vous aurez entrepris par le passé.

Étant donné que l'affectif semble être la clé de voûte pour l'année 2022, disons que votre couple pourra connaître une épreuve, quitte à vous réconcilier plus tard. Quant aux célibataires, ils ne devraient pas laisser passer une possibilité d'union.

La maison, l'immobilier, les finances, l'activité professionnelle et les arts paraissent protégés, mais ne soyez pas surpris d'avoir à faire face à de nombreuses responsabilités que vous n'aviez pas prévues ou escomptées.

Deux aspects domineront votre année personnelle « 6 ». Le premier touchera l'union, celle que vous vivez avec votre milieu professionnel, l'être aimé ou le conjoint actuel, qui connaîtra une transformation radicale. En positif, vous allez réaliser des projets importants ou bien vous bénéficierez d'ouvertures vers une bien meilleure situation. En négatif, si vous avez fait les mauvais choix, vous couperez les ponts avec votre entourage. Le second aspect touchera les ruptures et le lointain. En positif, vous déménagerez ou vous vivrez des relations heureuses avec des gens d'une ville autre que celle où vous résidez, ou d'une autre région, contrée, pays ou continent. Elles vous permettront d'ouvrir de nouvelles perspectives favorables pour votre existence. En négatif, vous aurez à vivre un « divorce » professionnel ou sentimental, sinon la cellule familiale pourrait encourir diverses modifications.

Il ne servira à rien de rester dans le passé, tant en positif qu'en négatif, car c'est dans le changement que vous trouverez de nouvelles ressources et une belle existence future. Il ne reste plus qu'à vous souhaiter de consolider vos liens ou de trouver l'âme sœur.

Profitez des douze prochains mois pour amorcer tous vos travaux d'aménagements intérieurs/extérieurs dans le lieu où vous vivez. Le temps se prêtera également pour entamer une démarche en vue d'acquérir un nouveau logement, une maison, un chalet, un condominium ou un terrain. Quel que soit l'objectif, il est certain que vous serez plus enclin que d'habitude à investir dans l'immobilier.

En ce qui a trait à votre santé et à votre bien-être physique, il ira de votre intérêt de prôner des règles de vie plus saines, plus adaptées à votre style de vie, sinon vous risquez de vous retrouver victime d'une fatigue pernicieuse attribuable au surmenage. Vous ne serez pas à l'abri non plus d'un problème lié à votre appareil urinaire. Il sera avisé de ne pas utiliser les sucreries ni le chocolat pour pallier vos problèmes affectifs. Cessez d'intérioriser ces derniers et résolvez-les une fois pour toutes. Surveillez aussi de près votre tension artérielle. Cependant, en allégeant votre alimentation et/ou en changeant vos habitudes alimentaires, vous pourrez constater une nette amélioration de votre condition physique.

En bref: l'année personnelle « 6 » vous pousse à prendre des responsabilités. La famille sera à l'honneur. La maison, le confort, l'esthétique, le bien-être, le mariage vont tous faire partie de vos centres d'intérêt. Les responsabilités familiales ou professionnelles s'accroîtront. Vous aurez des choix à faire. Sous cette vibration, l'investissement dans l'immobilier et les finances sera très favorisé.

Sur le plan du travail, plus de responsabilités et même des propositions où il y aura des choix à faire. Des promotions sont à prévoir, mais qui demanderont toutefois des ajustements. Favorable pour se trouver un emploi ainsi que changer d'emploi si vous le désirez, mais vous devrez vibrer de façon positive, sinon…

Sur le plan sentimental, vous pourrez développer des liens très forts avec les autres ainsi que resserrer les liens avec une personne concernée, avec une ancienne flamme si vous êtes célibataire. S'il vous est donné l'occasion de rencontrer une personne, l'union sera durable. Par contre, si le désordre règne dans votre foyer, cette année représente une rupture possible, voire le divorce. De toute façon, pendant l'année 6, il est conseillé de pardonner plutôt que d'essayer de comprendre. C'est une année favorable pour le mariage, l'union sérieuse, mais si vous vibrez négativement, il y aura risque de divorce ou de crise au sein du couple, mais possibilité d'arrangement et de réconciliation puisqu'il faut pardonner.

Votre année personnelle 7

TENDANCE GÉNÉRALE DE L'ANNÉE

Une période de ralentissement général ainsi qu'une phase d'intériorisation

Voilà qui présage une année d'intériorisation. Lors de celle-ci, il est possible que vous connaissiez des ralentissements ou une sensation réelle ou non de solitude. Il faudra prendre votre mal en patience.

Il vous sera suggéré de ne pas vous mêler de questions matérielles, financières, voire même, dans certains cas, affectives. Voyez les choses de loin alors que la distance vous permettra de mieux faire le point, de comprendre le pourquoi et le comment. N'engagez rien de nouveau. Il vous faut réfléchir, prendre conscience, méditer sans vouloir forcer les événements. Profitez-en pour vous remettre en question. Faites un retour sur le passé afin d'améliorer ce qui peut l'être. Ne vous refermez pas sur une mélancolie frustrante. Si votre analyse est saine, vous pourrez y découvrir dans votre inconscient des tas de ressorts qui vous éviteront à l'avenir de reproduire les mêmes erreurs. Évitez les doutes corrosifs, le découragement apathique. Entretenez plutôt une certaine sérénité, loin du bruit, loin de la foule. Des inattendus interviendront sans que vous n'ayez rien provoqué et vous pourrez même bénéficier d'une chance imprévue, inouïe.

Voilà une année « 7 » où vous irez de surprise en surprise… et des bonnes en plus ! L'inattendu fera partie intégrante de votre quotidien tout au long de 2022, et vous bénéficierez de coups de chance, sans compter que les situations se dénoueront.

Vous pourrez tirer avantage d'aide imprévue, de rencontres passionnantes et fort utiles pour votre avenir, quel que soit le domaine où vous exercez. Les associations, les collaborations nouvelles, les rencontres sentimentales, les projets à deux seront au cœur de vos pensées et de vos actions. Ne laissez pas passer les occasions qui se présenteront, chassez les doutes et les inquiétudes, le destin vous offrira ce qu'il y a de mieux, alors pas d'hésitation.

Tous ces événements, très favorables les uns les autres, vous conduiront sur la route de nouveaux projets. Toutefois, n'allez pas prendre à la légère toutes les ouvertures qui pourront se faire vôtres alors qu'elles pourront être déterminantes et transformer radicalement votre vie dans le bon sens. Gardez l'œil ouvert, veuillez accepter les invitations dont vous ferez l'objet et soyez prêt à saisir toutes les occasions qui se présenteront. Bougez et voyez du monde!

Si, d'aventure, quelques propositions vous étaient soumises, il vaudra mieux les étudier avec soin et prendre tout votre temps pour analyser chacun de leurs aspects avec un maximum de réflexion. Ne ratez pas l'occasion d'en profiter aussi pour faire le point sur votre cheminement intérieur.

Même si le domaine de l'argent sera peu favorisé, restez patient, faites des plans pour l'avenir, mais ne vous engagez d'aucune façon financièrement. Par contre, vous ne pourrez choisir meilleure année pour parfaire vos connaissances, pour vous inscrire à un cours ou tout atelier qui suscitera votre curiosité, pour vous mettre à écrire, pour élargir vos horizons, pour vous engager dans un programme de recherche.

En ce qui a trait à votre santé et à votre bien-être physique, il ira de votre intérêt de surveiller de près votre tension artérielle et d'alléger votre alimentation. Assurez-vous aussi de prévoir des périodes de repos et de détente afin de mieux refaire votre plein d'énergie. Ne vous laissez pas gagner par des idées noires ou dépressives. N'allez pas non plus essayer de forcer le destin. Plus votre esprit sera sain et en harmonie, mieux vous vous porterez.

En bref: l'année personnelle « 7 » en est une de réflexion et de calme. Prenez votre temps avant de continuer. Aussi, ne vous étonnez pas si ça ne bouge pas beaucoup, c'est normal. Profitez-en pour faire le point. Les nouveautés sont déconseillées. Ne pas investir, mais possibilité de chance financière si vous savez attirer l'argent. Pour les chercheurs, pour tous ceux qui veulent évoluer sur le plan spirituel, ce sera une année extrêmement bénéfique, mais pour les autres, patience… Préférence aux travaux intellectuels.

Sur le plan du travail, mais plus encore pour ceux qui travaillent dans un domaine intellectuel ou dans la recherche, l'année sera propice. Toutefois, il pourrait y avoir des retards dans l'avancement de certains projets. La discrétion sera de mise si vous voulez vous protéger contre des ennemis. Vous pourriez avoir envie d'abandonner un travail ainsi que prendre une année sabbatique. Si votre situation vous le permet, prenez-la, sinon profitez de vos vacances ; idéal pour des vacances près de l'eau ou dans la nature.

Sur le plan sentimental, l'amour sera davantage vécu au niveau de l'intellect que sur le plan physique. C'est la raison pour laquelle l'année sera bénéfique aux échanges verbaux entre conjoints. L'amour sera donc stable, surtout si la dernière année a été vécue de manière positive, sinon ce sera peut-être une année de solitude qui vous permettra de réfléchir ou d'apprendre à cultiver la patience. Positivement, l'année 7 apporte aux célibataires la découverte de l'amour idéal.

Votre année personnelle 8

TENDANCE GÉNÉRALE DE L'ANNÉE

Une période où la vie matérielle sera au premier plan

Voilà une année où le domaine matériel, les questions concrètes et financières se trouveront au premier plan. Vous devrez continuer à faire preuve de courage, de sagesse, d'énergie, d'exigence, de vigilance afin de favoriser vos chances de réussite au lieu d'aller contre le courant et d'essuyer des échecs. La pondération, la maîtrise de soi toucheront autant vos pensées que vos actes, tant et si bien que votre attitude engendrera consolidation ou choc selon que vous canaliserez avec mesure ou céderez devant une ambition démesurée dont vous ou votre environnement pourriez faire les frais. Viser la réussite ? Rien de plus normal ! Il s'agira de considérer les moyens d'y accéder et ce qu'on en fera ensuite.

L'année 2022 sera celle des hauts et des bas, du tout ou rien, suivant vos semailles passées. Récolterez-vous déceptions ? accidents ? punitions ? procès ? Ces risques ne seront que des conséquences. Ou avancement ? expansion ? croissance ? gestion ? Vous ne pourrez espérer que le meilleur du fait de vos efforts contrôlés. Restez encore un peu sur vos gardes, les pieds bien ancrés dans la réalité pour mieux récolter vos semences. Le pouvoir sourira aux audacieux, mais il vaudra mieux éviter d'être trop sûr de vous. Évitez de vouloir grimper trop rapidement l'échelle hiérarchique de l'entreprise qui retient vos services au risque de vous empêtrer, car vous pourriez redescendre aussi vite !

2022 suggère une année importante, grandiose même ! Le destin tendra à vous mettre à l'épreuve en vous proposant une évolution magistrale et votre défi consistera à prendre ce qui se présentera.

En numérologie, la vibration « 8 » correspond à une année de matérialisation et de concrétisation, la réussite n'en tiendra qu'à vous, qu'à votre caractère. Si vous êtes du genre à faire preuve d'initiative, suivie d'un esprit de décision et avez la faculté de vous adapter aux situations nouvelles, alors vous gagnerez sur toute la ligne et vous risquez même de décrocher le gros lot. Par contre, si vous êtes quelqu'un d'indécis, attaché à ses principes, difficile à bouger, vous verrez alors le train du bonheur vous filer sous le nez. Maintenant, sachant cela, ce sera à vous de jouer !

En ce qui a trait à votre santé et à votre bien-être physique, votre potentiel énergétique sera excellent. Cependant, il ira de votre intérêt d'éviter tous les excès et imprudences pour ne pas hypothéquer inutilement votre santé. Veuillez plutôt profiter de cette année, qui risque d'être exigeante par moments, pour vous départir d'une mauvaise habitude de vie nuisible à votre santé et pour changer vos habitudes alimentaires. N'oubliez pas qu'une bonne santé débute à la table et que la modération a toujours meilleur goût ! Il vous sera également suggéré d'être prudent lorsque vous vous retrouverez derrière le volant, lorsque vous bricolerez ou quand vous utiliserez tous les objets contondants.

En bref : l'année personnelle « 8 » en est une de récolte, en bon ou en mauvais. On récolte ce que l'on a semé, et en proportion. La vie matérielle et financière sera au premier plan. Année du management, de la concrétisation matérielle ainsi que sociale. Si tout se passe bien et que vous avez des projets ambitieux, allez-y ! Risque de hauts et de bas, la vigilance sera donc nécessaire. L'année 8 favorise en soi la promotion, l'augmentation de salaire, mais aussi la perte d'une situation professionnelle. N'allez pas vous engager non plus trop vite dans un litige ou dans une action juridique. Il faut garder l'équilibre en tout, ou le retrouver.

Sur le plan du travail, voilà qui présage une année en valeur, un nouveau travail ou une nouvelle promotion pourra vous être proposé, car vous vivez une période active et excitante. Du côté négatif, vous pourriez perdre votre travail injustement ainsi que quitter votre emploi et vous retrouver au chômage, donc ne soyez pas impulsif et jouez bien vos cartes !

Sur le plan sentimental, voilà qui ne sera pas l'année la plus romantique ni la plus passionnée suivant que vous aurez bien d'autres choses en tête. Par contre, l'année sera propice au mariage, surtout en ce qui concerne la gent féminine. Tout peut arriver. Riche mariage, vie à deux harmonieuse ou divorce et disputes. La perte d'un être cher pourrait vous amener à vivre des émotions.

Votre année personnelle 9

TENDANCE GÉNÉRALE DE L'ANNÉE

Une période pour faire le point ainsi que pour prendre d'importantes décisions

Vous allez clôturer un cycle de neuf ans, moment très important, car votre mue s'achève. Votre année réclame une transformation volontaire ou subie afin de vous aider à repartir d'un pied neuf sur un sol nettoyé, pas plus tard qu'en 2022. Cette épuration hyperémotive nécessaire risque d'être ressentie, vécue comme pénible, avec abandons, pertes et sacrifices éventuels, mais on doit quitter d'anciens vêtements si on veut endosser un habit neuf. Il s'agira, dans un premier temps, de conclusion ou de bilan. Dans un deuxième temps, ce terme pourra vous apporter, en tout ou en partie, aboutissement et récompense, contact avec l'étranger et parfois même un voyage ou, à tout le moins, une ouverture sur des horizons novateurs.

Ne considérez pas ce transit comme étant punitif, mais plutôt comme le temps des labours. On ne peut semer que sur une terre amendée. Poursuivez votre évacuation. Débarrassez-vous de ce qui traîne ou gêne, de l'inutile, de ce qui ne sert plus ou qui encombre, mais plus que tout, n'allez rien commencer de nouveau jusqu'à l'année prochaine. Ce n'est qu'après ce grand nettoyage que vous serez davantage en meilleure position pour aborder un nouveau cap dans votre vie avec une énergie ainsi qu'une confiance retrouvées. L'année 2022 sera consacrée à élaborer de nouveaux projets, mais pas pour les concrétiser cette année. Profitez-en pour terminer toutes les tâches en cours.

Cela présage tout de même une belle année en perspective. En général, on considère qu'une année personnelle « 9 » est porteuse de fins, de coupures, de ruptures. Ce sera probablement le cas, mais en 2022, vous aurez une grande chance, celle de voir que le destin vous apportera sur un plateau d'argent les possibilités d'une nouvelle vie. Malgré une ambiance morose qui vous donnera l'impression que les choses ne vont pas très bien pour vous, vous verrez tout de même arriver quelques bonnes nouvelles. À cet effet, rencontres, amitiés nouvelles ouvriront un dialogue sur des projets futurs. Ensuite, votre destin vous demandera de prendre vos responsabilités. Ce sera donc à vous de savoir vous engager dans une voie et de vous dégager d'une autre. Vous vous devrez de faire l'effort d'accepter des ruptures de situations pour mieux pouvoir profiter d'un renouveau prometteur. Toutefois, il y aura du ménage à faire auparavant dans votre vie; ce qui ne va plus s'en ira. N'attendez pas que le couperet tombe, saisissez les situations nouvelles. L'idée que vous ayez à vivre un changement professionnel ou que vous vous en inquiétez sera possible, mais informez-vous des opportunités et possibilités nouvelles et prenez les décisions qui s'imposent. Profitez-en pour faire le point sur votre cheminement intérieur et pour prendre d'importantes décisions qui s'imposent; ça aidera à comprendre vos épreuves et à mieux saisir le sens de votre vie.

En ce qui a trait à votre santé et à votre bien-être physique, vous ne serez pas à l'abri d'une dépression passagère possible et/ou de fatigue morale, sans compter que vous risquez de tomber malade, même pour les personnes habituellement en très bonne santé. Veuillez préconiser la relaxation, le yoga et la méditation; ces techniques vous seront bénéfiques et salutaires. Vous êtes également encouragé à être vigilant lorsque vous ferez renouveler votre médication. Assurez-vous aussi de respecter la posologie recommandée. N'oubliez pas qu'il vaut mieux prévenir que guérir. Au besoin, il sera avisé de consulter pour mieux outrepasser toute épreuve qui vous empêche de vous réaliser positivement.

En bref: une année personnelle « 9 » est annonciatrice de la fin d'un temps. On est à la fin d'un cycle de vie; année du bilan global. Ne commencez rien de nouveau au risque que ça tombe à l'eau. Contentez-vous d'y réfléchir pour l'année prochaine. Année où il faut « épurer ». Vous pouvez mettre en application des projets élaborés en année 7 ou 8, mais si une idée subite vous vient à l'esprit, n'allez pas la mettre à exécution, attendez à l'année prochaine pour ce faire. Mon conseil est de laisser filer cette année sans prendre de risque de quelque sorte. Toutefois, si vous avez un projet que vous avez longuement préparé, vous pouvez le réaliser, mais misez plutôt sur ce cycle pour élaborer vos stratégies futures. En année « 9 », toutes les initiatives qui concernent l'étranger ou le lointain seront favorables.

Sur le plan du travail, excellente année pour changer de travail, surtout si cela a pour but d'améliorer vos conditions de vie et qu'il s'agisse d'un travail attendu depuis fort longtemps. N'oubliez pas que l'année 9 en est une de transition vers la suivante, et que ce cycle n'est pas facile à vivre même si vous êtes positif, car c'est une période d'achèvement et aussi de préparation, donc soyez prudent sur le plan du travail si vous devez faire un choix.

Sur le plan sentimental, rencontre possible avec une personne de souche différente de la vôtre et/ou qui vit dans un quartier ou une ville différente d'où vous résidez à présent. Pour les non célibataires, l'année en sera une décisive et changeante. Avec la fin d'un long cycle d'apprentissage, vous vous sentirez prêt à discuter de la relation et à prendre des décisions : soit vous marier, soit vous séparer pour de bon, soit vivre ensemble ainsi que concevoir un enfant. Ce sera le résultat de longues conversations avec votre partenaire où vous pourrez à la fois exposer vos souhaits et vos peurs et vous diriger vers le futur. Si vous êtes célibataire, ce sera une bonne année pour vous concentrer sur vos sentiments et sur votre vie émotionnelle. Il est temps de préparer votre cœur à l'arrivée d'un nouvel amour ; libérez-le des blessures des relations passées. Croyez en votre intuition et laissez-la vous guider dans ce nouveau voyage de sentiments.

ASTROLOGIE CHINOISE

LA NAISSANCE DE L'ASTROLOGIE CHINOISE

L'astrologie est l'une des plus anciennes philosophies chinoises. Elle est âgée d'au moins 2000 ans. À l'origine, l'astrologie était inséparable de l'astronomie. Les deux étaient considérées comme une discipline. La Chine étant l'une des plus anciennes civilisations du monde, très tôt, des praticiens de l'astronomie et de l'astrologie ont fait partie de la cour impériale en tant que fonctionnaires.

Dans la Chine ancienne, l'astrologie était utilisée pour révéler ce qui était prévu d'arriver pour une nation. Ce n'est qu'au début de l'ère chrétienne que l'astrologie a commencé à être utilisée pour donner des lectures individuelles. À l'époque de la dynastie Tang (618-907 av. J.-C.), une pléthore d'encyclopédies a été écrite sur l'art de donner des lectures astrologiques personnelles.

L'origine des signes des douze animaux de l'astrologie chinoise est peu claire. La légende chinoise attribue la création des signes à l'Empereur Jaune (2637 av. J.-C.). L'Empereur Jaune est une figure semi-mythique dans l'histoire chinoise. D'autres légendes attribuent à Bouddha (563-483 av. J.-C.) la création du cycle des douze animaux.

D'après le mythe, Gautama le Bouddha, nom du premier Bouddha (Ve siècle av. J.-C.) issu de la tribu des Câkya, à partir duquel s'est fondé le bouddhisme (Buddha, mot sanscrit qui veut dire « l'Éveillé »), décida un certain jour de l'An de convoquer tous les animaux de la création et de leur accorder une faveur en vue de les remercier de leur loyauté, tout en leur promettant en échange une récompense.

Pour une raison quelconque, seulement douze animaux se sont présentés. Le premier qui apparut fut le Rat. Par la suite, il y eut le Bœuf, le Tigre, le Lapin, le Dragon, le Serpent, le Cheval, la Chèvre, le Singe, le Coq, le Chien et enfin le Cochon. Pour les remercier, Bouddha a donné à chaque animal une année qui lui serait consacrée à travers l'histoire. Les années ont été attribuées selon l'ordre dans lequel les animaux s'étaient présentés. Ils furent tous enchantés et comblés par ce précieux don.

De là est né l'horoscope chinois tel que nous le connaissons aujourd'hui et dont la popularité ne se limite plus qu'à l'Orient puisqu'il est très répandu maintenant en Occident. À tout moment de l'année, l'horoscope chinois est un outil indispensable pour mieux connaître la direction à suivre, mieux définir les choix à faire et mieux apprivoiser les types de relations possibles avec les autres. Vous trouverez dans les pages qui suivent une définition appréciable de votre signe et un aperçu de votre caractère d'après votre signe chinois, suivis de vos prévisions annuelles.

COMMENT TROUVER VOTRE SIGNE ASTROLOGIQUE CHINOIS

En astrologie chinoise, les signes sont représentés par des animaux. Ils ne sont pas basés sur la position des étoiles comme dans l'astrologie occidentale, mais plutôt sur l'année de naissance de la personne. Chaque signe est sous la gouvernance d'un animal et de ses éléments pour une année complète. Il y a douze animaux et ils apparaissent toujours dans le même ordre, tel que mentionné précédemment, et ce cycle se répète tous les douze ans.

Le calendrier chinois est basé sur l'année lunaire (soit la Lune qui orbite autour de la Terre). Le calendrier occidental est basé sur l'année solaire (soit la Terre qui orbite autour du Soleil). Les deux ne correspondent pas exactement.

Pour trouver l'animal qui représente votre signe astrologique chinois, veuillez repérer votre année de naissance dans le *Tableau des années lunaires*, ici-bas. Toutefois, si vous êtes né en janvier ou en février d'une quelconque année, assurez-vous de bien vérifier les dates auxquelles l'année lunaire chinoise commence, car la date du début de l'année chinoise varie d'une année à l'autre, puisqu'elle commence toujours à la première nouvelle lune de l'année civile occidentale. Une fois que vous aurez bien identifié votre signe chinois, vous devrez calculer votre ascendant natal chinois.

TABLEAU DES ANNÉES LUNAIRES

1900	Rat	du 31 janvier 1900 au 18 février 1901	métal
1901	Buffle	du 19 février 1901 au 7 février 1902	métal
1902	Tigre	du 8 février 1902 au 28 janvier 1903	eau
1903	Lapin	du 29 janvier 1903 au 15 février 1904	eau
1904	Dragon	du 16 février 1904 au 3 février 1905	bois
1905	Serpent	du 4 février 1905 au 24 janvier 1906	bois
1906	Cheval	du 25 janvier 1906 au 12 février 1907	feu
1907	Chèvre	du 13 février 1907 au 1er février 1908	feu

1908	Singe	du 2 février 1908 au 21 janvier 1909	terre
1909	Coq	du 22 janvier 1909 au 9 février 1910	terre
1910	Chien	du 10 février 1910 au 29 janvier 1911	métal
1911	Cochon	du 30 janvier 1911 au 17 février 1912	métal
1912	Rat	du 18 février 1912 au 5 février 1913	eau
1913	Buffle	du 6 février 1913 au 25 janvier 1914	eau
1914	Tigre	du 26 janvier 1914 au 13 février 1915	bois
1915	Lapin	du 14 février 1915 au 2 février 1916	bois
1916	Dragon	du 3 février 1916 au 22 janvier 1917	feu
1917	Serpent	du 23 janvier 1917 au 10 février 1918	feu
1918	Cheval	du 11 février 1918 au 31 janvier 1919	terre
1919	Chèvre	du 1er février 1919 au 19 février 1920	terre
1920	Singe	du 20 février 1920 au 7 février 1921	métal
1921	Coq	du 8 février 1921 au 27 janvier 1922	métal
1922	Chien	du 28 janvier 1922 au 15 février 1923	eau
1923	Cochon	du 16 février 1923 au 4 février 1924	eau
1924	Rat	du 5 février 1924 au 23 janvier 1925	bois
1925	Buffle	du 24 janvier 1925 au 12 février 1926	bois
1926	Tigre	du 13 février 1926 au 1er février 1927	feu
1927	Lapin	du 2 février 1927 au 22 janvier 1928	feu
1928	Dragon	du 23 janvier 1928 au 9 février 1929	terre
1929	Serpent	du 10 février 1929 au 29 janvier 1930	terre
1930	Cheval	du 30 janvier 1930 au 16 février 1931	métal
1931	Chèvre	du 17 février 1931 au 5 février 1932	métal
1932	Singe	du 6 février 1932 au 25 janvier 1933	eau
1933	Coq	du 26 janvier 1933 au 13 février 1934	eau
1934	Chien	du 14 février 1934 au 3 février 1935	bois
1935	Cochon	du 4 février 1935 au 23 janvier 1936	bois
1936	Rat	du 24 janvier 1936 au 10 février 1937	feu
1937	Buffle	du 11 février 1937 au 30 janvier 1938	feu
1938	Tigre	du 31 janvier 1938 au 18 février 1939	terre
1939	Lapin	du 19 février 1939 au 7 février 1940	terre
1940	Dragon	du 8 février 1940 au 26 janvier 1941	métal

1941	Serpent	du 27 janvier 1941 au 14 février 1942	métal
1942	Cheval	du 15 février 1942 au 4 février 1943	eau
1943	Chèvre	du 5 février 1943 au 24 janvier 1944	eau
1944	Singe	du 25 janvier 1944 au 12 février 1945	bois
1945	Coq	du 13 février 1945 au 1er février 1946	bois
1946	Chien	du 2 février 1946 au 21 janvier 1947	feu
1947	Cochon	du 22 janvier 1947 au 9 février 1948	feu
1948	Rat	du 10 février 1948 au 28 janvier 1949	terre
1949	Buffle	du 29 janvier 1949 au 16 février 1950	terre
1950	Tigre	du 17 février 1950 au 5 février 1951	métal
1951	Lapin	du 6 février 1951 au 26 janvier 1952	métal
1952	Dragon	du 27 janvier 1952 au 13 février 1953	eau
1953	Serpent	du 14 février 1953 au 2 février 1954	eau
1954	Cheval	du 3 février 1954 au 23 janvier 1955	bois
1955	Chèvre	du 24 janvier 1955 au 11 février 1956	bois
1956	Singe	du 12 février 1956 au 30 janvier 1957	feu
1957	Coq	du 31 janvier 1957 au 17 février 1958	feu
1958	Chien	du 18 février 1958 au 7 février 1959	terre
1959	Cochon	du 8 février 1959 au 27 janvier 1960	terre
1960	Rat	du 28 janvier 1960 au 14 février 1961	métal
1961	Buffle	du 15 février 1961 au 4 février 1962	métal
1962	Tigre	du 5 février 1962 au 24 janvier 1963	eau
1963	Lapin	du 25 janvier 1963 au 12 février 1964	eau
1964	Dragon	du 13 février 1964 au 1er février 1965	bois
1965	Serpent	du 2 février 1965 au 20 janvier 1966	bois
1966	Cheval	du 21 janvier 1966 au 8 février 1967	feu
1967	Chèvre	du 9 février 1967 au 29 janvier 1968	feu
1968	Singe	du 30 janvier 1968 au 16 février 1969	terre
1969	Coq	du 17 février 1969 au 5 février 1970	terre
1970	Chien	du 6 février 1970 au 26 janvier 1971	métal
1971	Cochon	du 27 janvier 1971 au 14 février 1972	métal
1972	Rat	du 15 février 1972 au 2 février 1973	eau
1973	Buffle	du 3 février 1973 au 22 janvier 1974	eau

1974	Tigre	du 23 janvier 1974 au 10 février 1975	bois
1975	Lapin	du 11 février 1975 au 30 janvier 1976	bois
1976	Dragon	du 31 janvier 1976 au 17 février 1977	feu
1977	Serpent	du 18 février 1977 au 6 février 1978	feu
1978	Cheval	du 7 février 1978 au 27 janvier 1979	terre
1979	Chèvre	du 28 janvier 1979 au 15 février 1980	terre
1980	Singe	du 16 février 1980 au 4 février 1981	métal
1981	Coq	du 5 février 1981 au 24 janvier 1982	métal
1982	Chien	du 25 janvier 1982 au 12 février 1983	eau
1983	Cochon	du 13 février 1983 au 1er février 1984	eau
1984	Rat	du 2 février 1984 au 19 février 1985	bois
1985	Buffle	du 20 février 1985 au 8 février 1986	bois
1986	Tigre	du 9 février 1986 au 28 janvier 1987	feu
1987	Lapin	du 29 janvier 1987 au 16 février 1988	feu
1988	Dragon	du 17 février 1988 au 5 février 1989	terre
1989	Serpent	du 6 février 1989 au 26 janvier 1990	terre
1990	Cheval	du 27 janvier 1990 au 14 février 1991	métal
1991	Chèvre	du 15 février 1991 au 3 février 1992	métal
1992	Singe	du 4 février 1992 au 22 janvier 1993	eau
1993	Coq	du 23 janvier 1993 au 9 février 1994	eau
1994	Chien	du 10 février 1994 au 30 janvier 1995	bois
1995	Cochon	du 31 janvier 1995 au 18 février 1996	bois
1996	Rat	du 19 février 1996 au 6 février 1997	feu
1997	Buffle	du 7 février 1997 au 27 janvier 1998	feu
1998	Tigre	du 28 janvier 1998 au 15 février 1999	terre
1999	Lapin	du 16 février 1999 au 4 février 2000	terre
2000	Dragon	du 5 février 2000 au 23 janvier 2001	métal
2001	Serpent	du 24 janvier 2001 au 11 février 2002	métal
2002	Cheval	du 12 février 2002 au 31 janvier 2003	eau
2003	Chèvre	du 1er février 2003 au 21 janvier 2004	eau
2004	Singe	du 22 janvier 2004 au 8 février 2005	bois
2005	Coq	du 9 février 2005 au 28 janvier 2006	bois
2006	Chien	du 29 janvier 2006 au 17 février 2007	feu

2007	Cochon	du 18 février 2007 au 6 février 2008	feu
2008	Rat	du 7 février 2008 au 25 janvier 2009	terre
2009	Buffle	du 26 janvier 2009 au 13 février 2010	terre
2010	Tigre	du 14 février 2010 au 2 février 2011	métal
2011	Lapin	du 3 février 2011 au 22 janvier 2012	métal
2012	Dragon	du 23 janvier 2012 au 9 février 2013	eau
2013	Serpent	du 10 février 2013 au 30 janvier 2014	eau
2014	Cheval	du 31 janvier 2014 au 18 février 2015	bois
2015	Chèvre	du 19 février 2015 au 7 février 2016	bois
2016	Singe	du 8 février 2016 au 27 janvier 2017	feu
2017	Coq	28 janvier 2017 au 15 février 2018	feu
2018	Chien	16 février 2018 au 4 février 2019	terre
2019	Cochon	5 février 2019 au 24 janvier 2020	terre
2020	Rat	25 janvier 2020 au 11 février 2021	métal
2021	Bœuf	12 février 2021 au 31 janvier 2022	métal
2022	Tigre	du 1er février 2022 au 21 janvier 2023	eau

COMMENT CALCULER VOTRE ASCENDANT CHINOIS

Le concept chinois du compagnon de vie ne se réfère pas à une autre personne, mais plutôt à ce moi intérieur qui fait partie de chaque individu. Le compagnon de vie ou ascendant natal chinois agit comme un guide, un tuteur, un mentor, un gourou, mais également comme l'avocat du diable. Votre compagnon de vie (ascendant natal) est déterminé par votre heure de naissance. Chaque tranche de deux heures d'une journée est régie par l'un des signes chinois.

Votre ascendant chinois se calcule comme en astrologie occidentale, soit à partir de l'heure réelle de votre naissance. Cependant, il y a quelques différences. En Chine, le jour lunaire commence à 23 heures, et cette heure correspond au premier signe de l'astrologie chinoise qu'est le Rat. Vient ensuite le Buffle, qui occupe l'heure astrale allant de 1 heure à 3 heures du matin, et ainsi de suite.

Pour connaître votre ascendant chinois, vous devez savoir exactement à quelle heure vous êtes né. Si vous êtes né en période d'heure avancée, retranchez une heure de votre heure de naissance, tout comme on l'a fait précédemment pour calculer votre ascendant natal selon l'astrologie traditionnelle. Veuillez répéter le même processus suggéré et lorsque vous aurez terminé tous vos calculs, consultez la *Table des heures astrales chinoises* qui suit et découvrez votre ascendant chinois. Les heures qui sont inscrites correspondent aux heures relatives des douze signes emblématiques chinois.

Une fois que vous aurez trouvé votre compagnon de vie (ascendant natal), vous êtes encouragé à lire les pages consacrées à cet animal pour être mieux informé ainsi que pour prendre connaissance de vos prévisions annuelles pour l'année en cours.

Cependant, ne présumez pas que vous avez les qualificatifs ou les attributs des deux signes (lunaire et ascendant). Votre compagnon de vie a la possibilité de modifier les traits de votre signe de base (lunaire). Par exemple, on dit que les natifs sous le signe du Tigre sont généralement des gens téméraires et imprévisibles. Un Tigre dont le compagnon de vie serait le Bœuf, voilà qui fera de ce natif quelqu'un de plus stable que ce qui serait autrement prévu.

TABLE DES HEURES ASTRALES CHINOISES

Signe chinois	Heure astrale
Rat	de 23 h 01 à 1 h
Buffle	de 1 h 01 à 3 h
Tigre	de 3 h 01 à 5 h
Lapin	de 5 h 01 à 7 h
Dragon	de 7 h 01 à 9 h
Serpent	de 9 h 01 à 11 h
Cheval	de 11 h 01 à 13 h
Chèvre	de 13 h 01 à 15 h
Singe	de 15 h 01 à 17 h
Coq	de 17 h 01 à 19 h
Chien	de 19 h 01 à 21 h
Cochon	de 21 h 01 à 23 h

2022 – L'ANNÉE DU TIGRE D'EAU

Le Tigre est le signe chinois vedette de 2022. Il est l'animal du zodiaque chinois qui gouverne l'année, à partir du jour du Nouvel An chinois 2022 (1er février) et durant la totalité de l'année lunaire, qui prendra fin le 21 janvier 2023. L'élément « Eau » sous sa forme Yang est la principale source d'énergie durant toute l'année 2022.

L'Année du Tigre d'Eau 2022 suit l'Année du Bœuf de Métal 2021. Il s'agira d'une période mouvementée et des plus énergiques durant laquelle les douze signes de l'astrologie chinoise vont devoir être au taquet (motivés) pour mieux décrocher leurs visées multiples et variées.

Selon l'horoscope chinois 2022, l'année du Tigre d'Eau symbolise le déterminisme, la spontanéité et la nouveauté. C'est une période qui puise sa force et sa croissance, en dépit de l'adversité, dans le dynamisme et l'enthousiasme. L'année chinoise 2022 sera synonyme de changements imprévus et d'évolutions surprenantes. Pour l'ensemble des douze signes chinois, il s'agira pour eux de donner le meilleur d'eux-mêmes afin d'améliorer significativement leur sort et leurs conditions de vie. Ce sera aussi une période propice pour tous ceux qui souhaitent faire oublier leur passé houleux, mais aussi le passé douloureux que nous venons tous de traverser, pour panser leurs blessures et retrouver enfin une place légitime dans la société.

En ce qui concerne l'influence que le Tigre d'Eau 2022 devrait avoir sur les animaux de l'astrologie chinoise, se sont essentiellement les signes chinois à polarité Yang tels le Rat, le Tigre, le Dragon, le Cheval, le Singe, le Chien, plus impulsifs et volontaires, car stimulés par l'énergie du Tigre d'Eau, qui parviendront, à force de rigueur et de persévérance, à poursuivre avec le plus de succès leurs objectifs. Pour ce qui est des signes chinois à polarité Yin (Bœuf, Lapin, Serpent, Chèvre, Coq, Cochon), il s'agira de mettre beaucoup d'ardeur dans vos actions et de ne pas vous laisser décourager au premier écueil, tout en restant réalistes sur ce que vous êtes en mesure d'accomplir. Ce mode de vie dynamique, à condition d'être vécu avec lucidité, sens de l'éthique et de l'altruisme, pourrait être à la source de réussites remarquables, tant professionnelles, amoureuses que familiales.

Toujours est-il que ce sera une année explosive en vue. Elle s'amorcera par un coup d'éclat et se terminera par un grincement. Ce sera aussi une année de perspectives de guerre, de mésententes et de désastres de toutes sortes. Mais ce sera aussi une grande et flamboyante année. On n'y fonctionnera pas à petite échelle. Tout, le bien comme le mal, sera extrême. Des fortunes seront acquises et perdues. Si vous faites un pari, jouez gros jeu, mais comprenez bien que les chances sont contre vous.

Sur l'impulsion du moment, de nombreuses gens poseront des gestes draconiens et même dramatiques. Il n'est pas surprenant que le fameux scandale du Watergate ainsi que le drame entourant la démission du président Nixon se soient manifestés au cours de l'impétueuse année du Tigre. Le déclenchement de la Première Guerre mondiale, la crise des missiles de Cuba et l'invasion du Tibet par les troupes chinoises ont aussi eu lieu dans une année du Tigre. La dernière année de ce signe a vu des combats des plus acharnés déchirer le Kosovo, et les États-Unis mener des frappes aériennes sur le Soudan et l'Irak. On peut s'attendre en 2022 à connaître des affrontements, mais la communauté internationale saura prendre des mesures qui conduiront à la résolution rapide de quelques-uns de ces conflits. En dépit de la gravité de certaines situations, les hommes politiques ratifieront des ententes historiques. C'est d'ailleurs durant la dernière année du Tigre que l'accord du Vendredi saint a mis fin aux hostilités en Irlande du Nord.

En plus de l'activité bouillante qui s'exercera sur la scène mondiale en 2022, quelques pays vivront des transformations majeures. La tenue d'élections apportera souvent des changements de gouvernements qui donneront lieu à d'importantes initiatives. À cet effet, certains dirigeants vont voir leurs actions délictueuses passées scrutées de près. C'est dans une année du Tigre qu'une procédure en destitution fut engagée contre le président Clinton. Au cours de 2022, des hommes politiques seront pris à partie en raison de leurs actes et des membres hauts placés de différents gouvernements seront destitués de leur poste parce qu'ils désapprouvent certaines mesures et/ou pour des motifs personnels. Cette année promet d'être mouvementée sur le plan politique, et croyez-moi, c'est peu dire…

Sur le plan de l'économie, l'année du Tigre d'Eau en sera une de volatilité. Des gains et des redressements se produiront, mais compte tenu des événements des années 2020 et 2021, négociateurs et investisseurs feront preuve d'énormément de prudence tandis que les marchés seront sensibles aux moindres nouvelles et réagiront en conséquence. En 2022, les investisseurs doivent être vigilants !

Quant à la vie industrielle, elle dominera également l'année ; certains secteurs devront lutter contre des pressions économiques et/ou subiront la menace d'une conjoncture sévère. Alors que l'année du Tigre d'Eau se caractérise par des périodes difficiles, on assistera notamment à la restructuration de l'industrie dans certains secteurs ainsi qu'à l'émergence de problèmes dans l'activité industrielle. Certaines industries et même des entreprises devront relever d'immenses défis durant l'année 2022, mais les années du Tigre favoriseront l'innovation et occasionneront parfois même des transformations douloureuses mais nécessaires.

Tout au long de l'année 2022, la technologie en général et plus particulièrement les technologies de l'information connaîtront encore des progrès considérables et vont aussi continuer d'influer de façon importante sur la vie des gens et des entreprises.

Des avancées dans le développement et l'introduction de nouveaux médicaments profiteront grandement à la médecine. L'année du Tigre laissera aussi sa marque dans la vie de tous les jours. On assistera aussi tout au long de l'année à l'introduction et à la diffusion générale de produits extrêmement novateurs. Le monde de la mode ne sera pas en reste non plus puisque des modèles forts remarquables aux couleurs et aux motifs des plus originaux auront la faveur populaire. La revitalisation de quartiers urbains déshérités et de zones industrielles à l'abandon fera aussi partie de ce lot.

Le réchauffement planétaire et ses effets sur le climat retiennent énormément notre attention depuis quelque temps, et l'année 2022 ne sera pas exempte de conditions extrêmes. Les précédentes années ont été marquées par des tremblements de terre, des ouragans, des éruptions volcaniques. Cette année, la planète n'échappera pas aux catastrophes naturelles ou d'origine humaine.

Dans l'ensemble, l'année du Tigre sera des plus mouvementées. Elle sera marquée par le changement, certes, mais aussi par de grandes possibilités. Dans le domaine du privé, certains signes apprécieront les occasions opportunes qui se défileront tandis que d'autres éprouveront quelques malaises face aux progrès et au rythme échevelé des événements. Mais l'année du Tigre d'Eau est aussi porteuse de chance pour chacun et sera importante pour tous ceux qui sauront tirer parti de ces circonstances positives. Il ne faudra pas hésiter à aller de l'avant, à avoir beaucoup de présence d'esprit, à saisir la balle au bond et à exploiter ses talents. En dépit des problèmes et des périodes plus ardues qu'elle nous fera vivre, cette année sera riche en possibilités.

J'espère vivement que l'année vous soit favorable et que vous saurez exploiter au maximum toutes les opportunités et occasions que vous offrira cette année mouvementée et enthousiasmante du Tigre. Tous mes vœux vous accompagnent.

Note : *Les appellations des signes du zodiaque chinois peuvent varier d'un auteur à l'autre, sans pour autant modifier, de quelque façon que ce soit, les caractéristiques et attributs de ces signes. Ainsi, dans certains livres ou pays, la Chèvre porte les noms de Bouc, Mouton ou Bélier ; le Bœuf, ceux de Buffle ou de Taureau ; le Dragon, celui du Lézard ; le Coq, celui du Phœnix ; le Rat, celui de Souris ; le Lapin, ceux du Lièvre ou du Chat ; le Cochon, ceux de Porc, de Sanglier, d'Éléphant ou d'Ours.*

Rat
Souris

Le **Rat** est en analogie avec le signe du **Sagittaire** en astrologie occidentale.

Vous êtes gentil, créatif, généreux, tout spécialement avec ceux qui vous sont chers. Vous avez appris à vous exprimer clairement et aisément avant même de savoir marcher. En réalité, vous avez développé très jeune l'art de manipuler le verbe pour obtenir tout ce que vous voulez de vos parents, amis et autres.

Très ingénieux, vous êtes quelqu'un qui a l'art de faire bon usage de ses capacités. Cela fait de vous une personne qui peut facilement traverser toutes les intempéries de la vie, même dans les conditions les plus difficiles. Vous parvenez toujours à dénicher des occasions en dépit des circonstances les plus défavorables. Si la vie vous sert un citron, vous saurez en faire de la limonade, et vous êtes même doué pour en retirer un revenu.

Derrière votre apparence impassible se cache un grand sensible. Par contre, vous n'hésitez pas à vous servir d'une certaine autorité pour vous imposer dans votre entourage et pour mieux vous protéger de vos anxiétés intérieures. Vous tenez tellement à ce que tout se passe selon vos désirs et vos attentes que vous pouvez en devenir susceptible, cruel même, sans compter exploiteur parfois. Toutefois, votre persévérance sans limites et votre manière énergique de mener de front tout ce que vous entreprenez font de vous une personne stimulante et amusante.

Méthodique et doté d'une grande adaptabilité, on peut compter sur vous pour prendre les rênes dans votre milieu professionnel tout comme dans vos groupes d'amis. Vous cherchez toujours à tirer profit et avantage des situations, des circonstances, des gens et des confidences que vous recevez sous le sceau du secret.

Professionnellement, vous n'êtes pas du genre à signer quoi que ce soit à l'aveuglette et chaque contrat qui porte votre signature a été scrupuleusement lu, relu et bien étudié dans les moindres détails. Grâce à votre ruse, votre adresse et votre savoir-faire, vous vous réservez toujours une sortie de secours pour quitter le navire quand la situation ne vous est plus bénéfique.

Vous êtes de ces gens sportifs de nature et qui excellent bien en art. Puisque vous aimez être occupé, il n'y a pas mieux que vous pour dénicher un petit quelque chose à faire, tant à la maison qu'au travail, et même en vacances. Vous êtes toujours ouvert à l'idée de découvrir diverses façons de rentabiliser vos revenus ou vos dépenses avec beaucoup d'originalité.

Vous aimez collectionner des objets d'art, allant de la porcelaine fine à des pièces de monnaie. Vous êtes aussi une personne qui ne peut s'empêcher d'accumuler toutes sortes de choses futiles, encombrant ainsi votre espace de vie. Vous aimez recycler tout, de vos vieux vêtements à des livres usagés, et maints autres articles que vous vous faites un plaisir de refiler à vos amis et membres de la famille.

En ce qui concerne votre vie amoureuse, vous savez séduire et tracer votre chemin dans les coulisses de la séduction. Vous êtes tout autant attiré par tout ce qui peut répondre au goût de la fête et du luxe. Pour vous, le luxe, c'est aimer fort et bien. Aussi rassurant que vous puissiez être, il n'en reste pas moins que vous êtes une personne agitée et facile à faire tomber dans le doute.

Sentimentalement, vous faites partie de ces gens qui vont souvent jusqu'à la passion. Les personnes nées sous le signe du Bœuf sauront mieux répondre à vos exigences tandis que les gens nés sous le signe du Singe seront des êtres de votre égal en tout. Vous pourrez trouver aussi votre part de bonheur avec les personnes nées sous le signe du Cochon, du Serpent et du Dragon. Toutefois, vos relations seront plus difficiles avec les gens qui sont nés sous le signe du Coq, du Chien, du Tigre et du Lapin.

VOS PRÉVISIONS ASTROLOGIQUES POUR 2022

Années de naissance: 1924, 1936, 1948, 1960, 1972, 1984, 1996, 2008, 2020

L'année du Tigre, qui débute deux jours avant la Saint-Valentin, sera importante pour le Rat. Cette fois encore, rien ne vous sera accordé sans effort et il est possible que la tournure des événements ou la vitesse de croisière de l'année à venir vous dérange. Mais si vous êtes vif d'esprit et que vous vous adaptez aux circonstances, vous serez gagnant à plus d'un titre.

Sur le plan professionnel, des bouleversements sont à prévoir. Ils tendront davantage à se produire surtout sur les lieux de votre travail, lequel pourrait d'ailleurs voir votre horizon de carrière s'élargir et assumer également de plus grandes responsabilités. Des mouvements de personnel ou des changements dans la direction pourraient entraîner des réorganisations et de nouvelles habitudes de travail pour certains natifs de votre signe. Mais, quelle que soit votre situation, si vous savez tirer le meilleur parti possible des circonstances, vous en serez récompensé et vous poserez ainsi les jalons de votre progrès futur. Les natifs du Rat aiment se sentir en sécurité – vous appréciez une certaine stabilité, tandis que l'année du Tigre privilégie le mouvement. Or, toute résistance au changement pourrait nuire à votre situation et à vos perspectives d'avenir. Que tous les Rats se le tiennent pour dit !

Pour ceux d'entre vous qui cherchent un emploi ou qui aspirent à un nouveau départ, l'année du Tigre sera riche de possibilités, mais vous ne devrez pas être trop exigeant quant à votre domaine de prédilection. Votre réceptivité aux suggestions reçues pourrait vous faire embrasser des occasions que vous n'auriez jamais envisagé de saisir. Bien que vous puissiez de temps à autre désespérer de trouver une situation qui vous convienne ou de vous sentir intimidé devant de nouvelles responsabilités, si vous vous donnez du temps et si vous persévérez, vous serez gagnant, c'est certain. Vous l'avez très souvent démontré que vous possédiez les aptitudes ainsi que les ressources nécessaires pour relever des défis, et ce sera encore le cas cette année. D'ailleurs, les mois d'avril, juin, septembre et octobre pourraient donner lieu à des développements importants dans le domaine du travail, mais la conjoncture est telle que vous devrez agir promptement si une occasion qui vous intéresse se présente. Les années du Tigre bougent vite, il faut donc savoir saisir la chance quand elle passe !

L'année du Tigre d'Eau favorise également les déplacements. Certains voyages seront associés au travail, mais de nombreux natifs de votre signe voyageront aussi par plaisir. Si vous préparez et planifiez tous vos itinéraires avec soin, ces séjours vous seront profitables. Compte tenu de la conjoncture, ceux d'entre vous qui se sentent attirés par une destination particulière gagneraient à se renseigner et à surveiller les aubaines. En 2022, les voyages ressortent clairement dans la vie de nombreux natifs du Rat !

Pour ce qui est de la question d'argent, la prudence et la planification viendront au secours des natifs de votre signe. Si vous tenez à réaliser tous vos rêves, vous devrez exercer un contrôle sur vos dépenses quotidiennes et éviter tous les achats impulsifs, et ce, plus encore durant la période mi-décembre à fin janvier 2023. Vous feriez bien de vous en tenir à un budget et d'économiser en vue de vos acquisitions majeures et de vos projets de voyage. Votre jugement et votre chance seront parfois moins bons que d'habitude. Or, soyez prudent !

Les natifs de ce signe se plaisent en compagnie de leurs semblables et ils accordent une grande importance à leur famille et à leur vie sociale. Mais même dans ce domaine, 2022 vous invite à la prudence. Vous devrez vous montrer attentif aux autres et tenir compte de leurs points de vue et de leurs sentiments si vous tenez à éviter des malentendus possibles, et ce, plus encore durant la période mi-janvier au début février. En outre, en dépit de vos nombreux engagements, vous devrez vous assurer de réserver aux vôtres des moments valorisants et ne pas vous laisser dévorer par vos affaires. Heureusement, les natifs de votre signe sont très prudents dans ce domaine, mais la conjoncture actuelle et les pressions auxquelles vous êtes exposé doivent vous inciter à être encore plus vigilant.

L'année 2022 pourrait être très occupée à la maison. Non seulement vous allez vivre des changements, particulièrement au travail, mais d'autres parmi vous, tels les gens de votre maisonnée, subiront des pressions ou feront face à des problèmes. Il sera donc important de favoriser la communication ainsi que l'entraide durant toute l'année. Et ceux d'entre vous qui seconderont leurs proches et qui leurs consacreront du temps, contribueront à l'harmonie familiale. Vous devriez aussi étaler sur une assez longue période tous les travaux domiciliaires et les chambardements que ceux-ci tendront à entraîner afin de ne pas créer de pression inutile en précipitant les choses.

Sur le plan social, vous aurez l'occasion de faire de nouvelles rencontres en 2022, et ce, surtout grâce à vos intérêts personnels ou à votre travail, et vous nouerez dans certains cas d'importants liens d'amitié. Pour les natifs libres de votre signe, l'amour pourrait être au rendez-vous et vous faire vivre de très beaux moments. À cet effet, début mai, juillet, août et décembre seront les mois les plus dynamiques en ce qui a trait à votre vie sociale. Vous devrez cependant être sur vos gardes : des propos irréfléchis pourraient faire naître un malentendu ou un différend, surtout durant la période mi-mai à début juin. Quant à la période du 9 septembre au début octobre, de vieux problèmes que vous pensiez avoir réglés pourraient resurgir et vous obliger à ravaler votre langue. Misez plutôt sur ce cycle pour vous rapprocher en aérant vos différences d'opinion. Lorsque ce transit sera terminé, soit dès la mi-octobre, vous aurez peut-être l'impression de vous comprendre beaucoup mieux. Or, d'ici là, chers natifs et natives du Rat, la prudence sera de mise!

Dans l'ensemble, si on résume, l'année 2022 sera fort occupée pour les natifs du Rat, et si parfois la tournure des événements vous occasionne des inquiétudes, elle sera valorisante si vous savez vous adapter aux circonstances et donner le meilleur de vous-même. Ce ne sera pas une année facile, mais elle vous apportera beaucoup. Vous pourrez bénéficier également du soutien de votre entourage, de vos nouveaux amis et vos nouvelles relations d'affaires, mais vous devrez être sensible aux autres et savoir communiquer. Les occasions de voyage seront un point fort de l'année 2022. Nombreux d'entre vous auront la chance de découvrir des destinations nouvelles et des plus fascinantes. En dépit des difficultés inhérentes à l'année du Tigre, vous allez vivre tout de même d'agréables moments. Que l'année du Tigre d'Eau soit remplie de tendresse, de douceur, d'amour, de rires, de méditation, de réflexion, de joie et de bonheur.

Bœuf
Buffle
Taureau

Le **Bœuf** est en analogie avec le signe du **Capricorne** en astrologie occidentale.

Non seulement le Bœuf a les quatre pattes solidement en appui sur le sol, mais il est aussi un être foncièrement fort dans le sens le plus pur du mot. Vous vivez votre vie au jour le jour et prenez plaisir à vivre intensément chaque instant, sans compter que vous êtes porté à prôner une attitude sérieuse, tant dans la vie en général que dans votre vie familiale et personnelle.

Patient avec les gens près de vous et vos proches, vous avez besoin la plupart du temps de réfléchir avant de prendre une décision, suivant que vous êtes assez prudent et bien organisé dans la vie.

Votre confort et votre bien-être tiennent une place importante dans votre vie. Voilà qui explique pourquoi, lorsque vous vous adonnez à un passe-temps favori, vous excellez mieux si vous êtes en mesure de vous retrouver avec le même groupe, la même journée et à la même heure, semaine après semaine. Si une personne nouvelle s'ajoute à ce groupe, cela risque de prendre du temps avant de vous sentir à l'aise avec elle.

Il est facile de s'imaginer que la nostalgie de ceux qui vous sont chers se retrouve dans chaque pièce, étagère et placard de votre demeure, alors que chacun de ces lieux est rempli de souvenirs que vous prenez plaisir à revoir de temps à autre ainsi que vos souvenirs d'enfance.

Au quotidien, vous êtes de ces gens qui essaient de vivre leur vie d'une façon calme, ordonnée et disciplinée. Puisque vous êtes des gens pragmatiques par nature, vous ne croyez qu'à ce que vous pouvez voir, entendre, goûter, toucher et sentir. Ayant aussi ce petit côté têtu qui vous définit, il n'est pas facile pour vous de faire des compromis avec les personnes qui vous entourent. Par contre, vous n'êtes pas du genre à faire fi de vos responsabilités et vous vous attendez à ce que les autres en fassent autant.

Vous êtes des gens patients, tranquilles et qui ont le don d'inspirer la confiance chez les autres. Dotés d'une intelligence brillante et d'une grande logique, vous accusez, toutefois, un manque d'imagination et d'originalité. Pour mieux compenser ces manques, vous avez cependant une mémoire d'éléphant, ce qui n'a pas que de bons côtés alors que vous n'oubliez jamais une injure, un affront, ni une mise en échec humiliante.

Pour vous, tout se fait à force de travail et d'acharnement, mais rien n'est jamais gagné d'avance puisque rien ne vous arrive si vous n'y mettez pas tous les efforts nécessaires. Vous êtes de ces gens organisés dans les moindres détails et d'une détermination à toute épreuve, et pourvu d'une patience sans borne. Cette ambition, la plupart du temps démesurée, provient de votre nature orgueilleuse.

La fierté personnelle est un atout majeur et précieux pour vous, mais il vous arrive d'être excessif dans l'expression de vos sentiments et vous pouvez être tout aussi jaloux, entêté que violent. Fort heureusement que le calme l'emporte la plupart du temps.

En ce qui concerne votre vie amoureuse, vous n'êtes pas du genre à faire de grandes déclarations d'amour passionnées et lyriques alors que vous faites partie de ces gens qui se sentent très mal à l'aise quand il s'agit de sentiments. Vous avez du mal à les exprimer et à manifester des émotions, à extérioriser votre tendresse, votre amour, et vous n'êtes pas du genre à faire les premiers pas. Voilà qui n'aide pas votre cause !

Étant une personne remplie de principes sans fin, vous avez tendance à les faire valoir dans votre vie amoureuse. Votre partenaire de vie pourra compter sur votre force, mais il aura à composer avec votre autorité. Dans votre cas, il vaudra peut-être mieux choisir quelqu'un qui est né sous le signe du Lapin, du Tigre, du Rat ou du Coq, mais le Serpent pourra tout aussi bien vous combler.

VOS PRÉVISIONS ASTROLOGIQUES POUR 2022

Années de naissance : 1925, 1937, 1949, 1961, 1973, 1985, 1997, 2009, 2021

L'année du Tigre qui débute deux jours avant la Saint-Valentin en sera une quelque peu mitigée pour les natifs de votre signe. Vous qui aimez tout planifier, vous qui êtes si méthodique et ordonné, mais puisque durant l'année du Tigre d'Eau les événements tendront à se précipiter, certaines occurrences pourraient vous rendre plus anxieux. En 2022, ce ne sera pas facile pour vous, mais ainsi que vous en avez souvent donné la preuve par le passé, vous êtes un signe résilient. Si vous demeurez prudent en tout temps lors des douze prochains mois, les événements de l'année à venir vous apporteront beaucoup.

Vous devrez garder un œil ouvert dans votre travail, et plus encore à partir de la mi-mai jusqu'au début juin. Non seulement vous aurez beau vouloir vous concentrer sur vos tâches, mais vous devrez composer malgré vous avec des retards possibles, vous jonglerez avec la bureaucratie et vous devrez parfois compter aussi avec un manque d'obligeance de la part d'un collègue au moins. Il se pourrait également que vous deviez vous adapter à de nouvelles marches à suivre et à un changement de personnel. Tout cela pourrait vous poser quelques difficultés possibles, d'autant plus que vous êtes une personne très consciencieuse et vous aimez vous en tenir aux méthodes qui ont su faire leurs preuves. Mais si vous vous appliquez, votre vaillance sera récompensée et vous pourriez même sortir vainqueur de cette année exigeante : vous progresserez en dépit des obstacles, connaîtrez des succès personnels et allez parfaire certaines aptitudes ou encore assumerez-vous de nouvelles responsabilités. Le chemin sera chaotique par moments, mais ça ne vous empêchera pas d'agir. Vous êtes un survivant après tout, et 2022 vous permettra de montrer votre force de caractère.

Il n'y aura pas de changement d'emploi en vue pour un grand nombre de natifs de votre signe, ce qui n'exclura pas que l'on vous confiera maintes tâches différentes qui vous amèneront à découvrir d'autres facettes de votre travail. Mais pour tous ceux qui aspirent à un renouveau, l'année du Tigre pourrait être importante. Il ne vous sera pas facile de trouver une nouvelle situation, mais si vous n'êtes pas trop sélectif, si vous n'hésitez pas non plus à demander conseil, à vous adapter et à apprendre, votre persistance sera récompensée. Plusieurs natifs de votre signe pourraient même se voir offrir un poste intéressant offrant de belles perspectives d'avenir. À cet effet, les mois de mars, avril, septembre et novembre seront des mois fertiles en possibilités. Par contre, sur le plan professionnel, vous devrez montrer de la présence d'esprit et être prompt à vous adapter aux circonstances, et ce, plus encore à partir de novembre et décembre, mais également jusqu'à la mi-janvier 2023.

En attendant, vous devrez faire preuve de votre circonspection habituelle dans toutes les questions d'argent, mais plus encore de la mi-janvier à début février. D'ailleurs, les événements se précipiteront tout au long de l'année et pourraient vous occasionner des dépenses supplémentaires. Vous pourriez aussi devoir réparer sinon remplacer certains articles, assumer des frais d'hébergement plus élevés ainsi que devoir rembourser vos dettes. Non seulement votre vigilance sera requise tout au long de l'année, mais vous devrez bien vous renseigner sur les modalités de toute acquisition ou transaction importante et veiller aussi à ne pas gaspiller votre argent inutilement. Vous gagneriez à économiser en vue de tous ces déboursés majeurs possibles. En 2022, il faudra planifier et éviter les risques dans tout ce qui a trait aux finances.

Quant à vos occupations personnelles, elles seront sous de meilleurs auspices. Votre emploi du temps sera chargé, mais vous devrez tout de même vous ménager des loisirs alors que ceux-ci vous aideront grandement à vous détendre, mais également à vous distraire de vos soucis. Ils contribueront aussi, dans certains cas, à augmenter votre vie sociale. Constamment très occupé, vous vous devrez d'avoir des occupations qui vous procureront du plaisir.

Pour ce qui est de votre vie au foyer, celle-ci vous réserve de grandes joies, surtout dans les activités et les loisirs en famille. Si vous devez faire des choix importants concernant votre lieu de résidence ou encore en ce qui a trait à certains achats, les décisions prises en commun seront plus judicieuses et leurs résultats prisés par tous. En outre, les gâteries, les voyages et les vacances en famille feront beaucoup de bien aux natifs de votre signe et à vos proches, tout en vous aidant à décompresser.

L'année du Tigre sera fertile en moments agréables, mais elle exigera de la prudence. Vous devrez tenir compte de l'opinion de vos proches toute l'année ; évitez de faire cavalier seul et n'allez surtout pas non plus vous en prendre à votre entourage si vous vous sentez fatigué ou tendu, sinon vous feriez naître des discordes, ce dont vous devez vous garder. En revanche, si vous êtes assailli par des problèmes et/ou des ennuis, vous bénéficierez plus facilement de la bienveillance et du soutien de votre entourage si vous êtes franc et ouvert à la communication. Vous devrez également vous montrer circonspect dans votre vie sociale, car un commentaire malvenu et/ou insouciant pourrait vous attirer des ennuis. Ceux d'entre vous qui vivent une relation amoureuse, devront être particulièrement sensibles et des plus attentionnés durant la période des Fêtes. Mais en dépit de ces mises en garde, votre vie sociale sera souvent très agréable et vous fera beaucoup de bien. À cet effet, encerclez les mois de mars, avril, juin et août qui seront les plus actifs sur ce plan.

Le meilleur conseil que je puisse vous léguer en cette nouvelle année 2022 en est un de prudence. L'année du Tigre sera instable et même si vous préféreriez vous en tenir à des projets mûrement réfléchis, vous devrez, bien malgré vous, vous adapter aux circonstances changeantes et vous en accommoder. Il vous faudra aussi relever les défis, mais ceux-ci vous apporteront beaucoup puisqu'ils vous feront découvrir vos points forts et ils vous amèneront à développer de nouveaux champs d'intérêt et à vous réjouir de vos progrès. Que l'année du Tigre d'Eau soit remplie de tendresse, de douceur, d'amour, de rires, de méditation, de réflexion, de joie et de bonheur.

Tigre

Le **Tigre** est en analogie avec le signe du **Verseau** en astrologie occidentale.

Aussi dynamique que vous puissiez être, vous êtes tout aussi inquiet de nature. Vous êtes très souvent également à rechercher les aventures et tout ce qui est nouveau. Prendre des risques fait partie de la norme pour vous, étant donné que vous ne craignez pas de sombrer dans des avenues où d'autres n'oseraient pas s'y aventurer. On peut même affirmer que cela exerce un grand attrait sur vous.

Votre état d'indépendance et d'individualisme vous tient tellement à cœur que vous semblez vivre constamment sur vos gardes tel un fauve dans la jungle. Plus que tout autre signe, vous exigez obstinément qu'on respecte votre territoire et gare à qui s'aviserait de l'envahir. Lorsqu'on a bien assimilé cette nature particulière chez vous, on découvre dès lors un être fascinant et généreux à outrance. Cependant, aussi solitaire, indépendant, amical que vous êtes, et quelqu'un pour qui les défis ne font pas peur, si on vous provoque vous n'êtes pas du genre à rebrousser chemin non plus, et ce, même si cela ira à l'encontre de vos intérêts.

Friand de vitesse, vous éprouvez une montée d'adrénaline lorsque vous avez le pied à fond sur l'accélérateur. Tout aussi enthousiaste, vous avez l'art de rebondir sur vos pieds comme pas un, au moindre revers. Voilà qui explique que vous pourrez gagner et perdre une jolie fortune à plusieurs reprises au cours de votre vie.

Généralement doué pour vous défendre dans la vie, vous tendez habituellement à vous offrir une existence de qualité. Instinctif comme une bête sauvage, vous avez tendance à réagir beaucoup par impulsions vives et vous ne reculez jamais devant les risques à prendre ni ne craignez les conséquences de vos actes. En fait, vous prenez souvent la vie comme une bagarre, suivant que vous êtes un passionné dans l'âme!

Audacieux, rebelle, animé d'une grande énergie et tout aussi affectueux que généreux, vous avez besoin d'être constamment stimulé par le mouvement, le bruit, la nouveauté, les changements. On peut même affirmer, sans crainte de se tromper, que le but principal dans votre vie est l'aventure sous toutes ses formes. Autant vous êtes indiscipliné et fier de l'être, autant vous pouvez agir aussi bien sur des coups de tête et/ou sur des coups de cœur de façon parfois tout à fait déraisonnée.

Doté d'une grande sensualité irrésistible, vous aimez les dessous affriolants, un décor propice à l'amour et les mets raffinés. Pas surprenant de vous retrouver dans les endroits les plus huppés à la recherche de plaisirs. Le pire affront qu'on puisse vous faire est de vous ignorer, de faire comme si vous n'étiez pas là.

Pour vous, parler de simples coups de cœur, c'est peu dire. Vous êtes une personne tellement passionnée qu'on vous dit être de véritables bêtes en amour. Il ira de votre intérêt que le compagnon de vie choisi ait un certain goût du risque. Or, optez pour quelqu'un qui est né sous le signe du Lapin, du Dragon, du Cochon, du Chien ou du Cheval, qui pourra mieux répondre à votre fougue. En revanche, il sera préférable de vous tenir loin de tous ceux qui sont nés sous le signe du Singe, du Coq, du Serpent et de la Chèvre.

VOS PRÉVISIONS ASTROLOGIQUES POUR 2022

Années de naissance: 1926, 1938, 1950, 1962, 1974, 1986, 1998, 2010, 2022

L'année du Tigre qui débute deux jours avant la Saint-Valentin vous sera aguichante. Vous aurez la possibilité de développer vos idées et vos aptitudes et vous connaîtrez des moments très agréables dans votre cheminement personnel. C'est votre année et elle sera extrêmement prometteuse. Or, les natifs de votre signe qui commencent l'année 2022 du mauvais pied auraient tout intérêt à en profiter pour carrément reléguer leurs déceptions passées aux oubliettes et se concentrer sur le présent. Ce sera le début d'un temps nouveau pour un grand nombre de Tigres. Et si vous vous efforcez d'être optimiste et que vous manifestez de la bonne volonté, de très belles possibilités se présenteront à vous.

Quant à vos perspectives professionnelles, elles seront beaucoup plus encourageantes que par le passé. Des portes s'ouvriront devant vous, chers natifs insatisfaits de votre situation actuelle, et une promotion pourrait devenir plus que possible, et ce, encore plus si certains de vos supérieurs ou patrons se hissent dans la hiérarchie ou encore sont appelés à relever ailleurs de nouveaux défis. Tous ceux d'entre vous qui sauront battre le fer tandis qu'il est chaud feront d'importants progrès. Toutes ces directives s'appliqueront également à ceux qui cherchent du travail. Certains d'entre vous qui ont souffert des événements récents devront tirer résolument un trait sur le passé et se concentrer sur le présent. Il sera aussi bien avisé de votre part de faire preuve d'initiative et de détermination dans vos recherches d'emploi. Si vous êtes au fait des tâches que requiert le poste que vous convoitez, vous pourrez mieux faire valoir vos compétences et vos connaissances en entrevue. Des stages de formation ou de mise à niveau et des conseils professionnels vous seront profitables aussi. Si vous êtes résolu et dévoué, d'excellents débouchés s'offriront à vous. La conjoncture sera de loin meilleure durant les mois de mars, mai, juillet et septembre, mais toute l'année étant propice à la carrière, de bonnes occasions auront toutes les chances de surgir à peu près n'importe quand durant l'année. L'avancement professionnel vous vaudra sans doute aussi un accroissement de vos revenus. Indiscutablement, votre situation financière sera bien meilleure cette année et de nombreux natifs de votre signe pourraient même tirer des gains supplémentaires d'une activité, d'une occupation personnelle, d'une idée ou d'une intuition.

Si vous envisagez certains achats qui vous tiennent à cœur, vous feriez bien de garder l'œil ouvert les cinq premiers mois de l'année 2022. En effet, nombreux d'entre vous auront un flair pour dénicher les aubaines. Mais même si vous vous débrouillerez bien sur le plan des finances, vous auriez intérêt à profiter de cette remontée pour stabiliser votre situation plutôt que de céder à vos caprices. Vous pourriez, entre autres, rembourser quelques dettes et profiter de certains incitatifs fiscaux pour mettre de l'argent de côté.

L'année vous étant favorable, vous devriez aussi pouvoir vous offrir des vacances ou une petite évasion. Ce repos vous fera le plus grand bien, d'autant plus si vous avez l'art de choisir soigneusement votre destination, et ainsi votre voyage sera des plus agréables. Encore une fois, ce sera le moment ou jamais de profiter des occasions qui passent !

En ce qui a trait à votre vie personnelle, elle sera fort remplie et vous aurez l'occasion de nouer d'importants liens d'amitié. Quant aux natifs de votre signe qui sont sans attaches, l'année 2022 pourrait voir naître une merveilleuse histoire d'amour qui vous semblera presque prédestinée. Les amitiés et, dans certains cas, les amours seront très importantes pour vous cette année. À cet effet, les mois d'avril à juin, suivis par août et décembre seront les plus animés et les plus exaltants. Pour ce qui est des solitaires de votre signe ou ceux qui ont connu des tracas ou vécu des deuils, ils verront leur ciel annuel se dégager. L'amitié et l'affection vous apporteront d'incommensurables satisfactions.

Une des facettes intéressantes de votre personnalité est votre dynamisme. En 2022, vous aurez souvent envie de concrétiser certaines de vos idées dans votre vie privée, mais en dépit de votre enthousiasme, vous ne devrez rien précipiter ; il faudra bien réfléchir à vos projets d'acquisition ou de rénovation immobilière et en calculer correctement les coûts. Et si vous planifiez bien, vos décisions seront beaucoup plus judicieuses. N'empêche, 2022, année de changements, certains d'entre vous auront la bougeotte ; tous ceux qui changeront de domicile seront bien inspirés d'éviter toute précipitation. Mais que vous déménagiez ou non, l'année sera très occupée dans le domaine pratique et de nombreux natifs de votre signe concevront des projets assez ambitieux. Vous pouvez vous attendre aussi à vivre des moments d'exception durant l'année ainsi qu'à célébrer d'heureux événements personnels et familiaux. Et si vous consacrez du temps à ces êtres chers en dépit d'un calendrier chargé, cette année du Tigre d'Eau, souvent mouvementée, vous fera vivre de beaux moments.

Dans l'ensemble, si on résume, 2022 jouera le plus souvent en votre faveur et vous offrira la possibilité de mieux exploiter vos dons, de concrétiser vos projets et de jouir des moments que vous passez en agréable compagnie. L'année sera chargée mais tout à fait exceptionnelle ! Que l'année du Tigre d'Eau soit remplie de tendresse, de douceur, d'amour, de rires, de méditation, de réflexion, de joie et de bonheur.

Lapin
Lièvre
Chat

En astrologie orientale, le **Lapin** et/ou le Lièvre pour ce qui est de l'Amérique du Nord et du Vietnam, ce signe chinois est mieux connu sous le nom du Chat en Chine. Le Lapin, le Lièvre et le Chat sont tous en analogie avec le signe du **Poissons** en astrologie occidentale.

On vous dit être des gens alertes, intelligents, adroits, plaisants, affectueux, craintifs, timides, conservateurs, raffinés et fin négociateurs. Aussi doux, délicats, modestes, sociables et d'agréable compagnie que vous puissiez être, vous avez en horreur les conflits, les disputes et la violence. Toujours poli et courtois envers tout un chacun, vous exigez qu'on le soit également envers vous. Intuitif par nature, vous avez l'art de vous sortir du pire pétrin.

Sur le plan personnel, vous aimez le confort par-dessus tout. Vous avez besoin aussi d'intimité et de sécurité, tant financière qu'affective, et vous désirez préserver à tout prix votre vie privée. Vous aimez tout ce qui est beau. C'est ce qui explique pourquoi vous vous efforcez de rendre votre maison attrayante, et ce, même si vous résidez en chambre, alors que vous avez le tour de bien décorer votre intérieur comme si vous étiez dans un appartement luxueux. Assurément, vous estimez vos possessions et le confort d'une belle maison. D'ailleurs, en tant qu'hôte, vous vous assurez toujours que vos invités et/ou vos clients aient tout ce dont ils ont besoin. Les étiquettes et les bonnes manières sont définitivement quelque chose qui est important à vos yeux, et c'est ce qui explique pourquoi vous n'oubliez jamais de dire s'il vous plaît et merci.

Aussi gentil, poli et raffiné que vous puissiez être, vous êtes tout autant quelqu'un de réservé qui ne révèle pas facilement ses véritables pensées et sentiments aux gens qui l'entourent, et ce, même à vos meilleurs amis et membres de votre famille. Votre vie privée est importante à vos yeux. Vous tenez à ce que votre vie personnelle ne soit pas étalée au grand jour, encore moins à la une d'un journal local, ce qui pourrait en surprendre plus d'un parmi vos amis, surtout lorsque vous vous aventurez dans une voie différente.

Sur le plan professionnel, ni très courageux ni très persévérant, vous caressez des ambitions modestes. Vous réussirez là où vos dons de diplomatie pourront être utilisés.

Doué pour tout ce qui relève de la recherche et de la collecte d'informations utiles, dans votre environnement de travail, vous vous plaisez mieux à travailler à l'abri de toutes et tous.

Doté d'une grande et débordante imagination, vous avez tendance à vous réfugier dans votre monde, apparaissant ainsi aux yeux des autres comme un être mystérieux et secret. Il faut absolument avoir une relation vraiment privilégiée avec le natif du Lapin pour avoir droit à ses confidences. Cette forme de sagesse naturelle qui vous anime vous rend charmant, mais vous permet aussi de mieux vous faufiler dans la vie. Peu sûr de vous-même, vous préférez de loin la tranquillité douillette aux grandes aventures palpitantes.

Douceur et sensualité sont les qualités qui attirent votre signe, étant donné que vous êtes des personnes instinctives aux pulsions naturelles et spontanées. Vous aimez les gens et vous vous adaptez généralement bien à votre environnement. Votre calme et votre simplicité font de vous un compagnon de vie agréable et gentil avec qui on se sent en confiance, et qui est prêt à s'engager dans la vie.

Votre discrétion et votre gentillesse vous rendent irrésistible aux yeux de tous, voilà qui peut expliquer pourquoi nombreux sont ceux qui veulent vous attirer. Cependant, ils ne vous méritent pas tous ! Pour mieux éviter toutes déceptions possibles, il ira de votre intérêt d'arrêter votre choix sur une personne née sous le signe du Serpent, du Cheval, du Singe ou de la Chèvre avec qui vous aurez une complicité et vous vous entendrez à merveille, mais également avec une personne née sous le signe du Chien. Cependant, il vaudra mieux éviter à tout prix tous ceux qui sont nés sous le signe du Dragon, du Rat, du Coq et du Tigre.

VOS PRÉVISIONS ASTROLOGIQUES POUR 2022

Années de naissance : 1927, 1939, 1951, 1963, 1975, 1987, 1999, 2011

L'année du Tigre d'Eau, qui débute deux jours avant la Saint-Valentin, sera des plus intéressantes pour les natifs de votre signe. Le rythme rapide des événements tendra à vous rendre plus anxieux, mais vous saurez vous tirer d'affaire, et souvent retourner la situation à votre avantage. En outre, 2023 sera votre année personnelle et durant le dernier trimestre de l'année, nombreux d'entre vous verront leur chance tourner quand des projets auxquels ils travaillaient aboutiront enfin. De nouvelles portes s'ouvriront. En 2022, c'est une année préparatoire, soit un prélude à des temps nouveaux.

Les années du Tigre sont des années dynamiques ; comme la plupart des signes, vous devrez rester vigilant. Ce ne sera pas l'année pour vous plonger dans vos activités au point de ne plus voir ce qui se passe autour de vous. Heureusement, vous êtes le plus souvent perspicace, mais pour profiter pleinement de cette année, vous devrez garder l'œil ouvert et toujours réagir promptement. Cela sera vrai, mais particulièrement dans les questions professionnelles. Vous pourriez bénéficier de nouveaux débouchés à la suite de départs, être bien placé pour une promotion ainsi que remplacer des collègues absents. Si vous n'hésitez pas à faire valoir vos compétences, vous ferez très bonne impression et vous pourrez progresser dans votre carrière. Plus vous réagirez vite, meilleures seront vos chances de succès.

Nombreux d'entre vous progresseront dans leur situation actuelle, et les mois de mars, mai et la fin de l'année 2022 seront les plus fertiles en occasions favorables, mais ces aspects valent aussi pour ceux qui souhaiteraient réorienter leur carrière ou qui sont à la recherche d'un travail. Si vous vous tenez au courant et si vous ratissez large, vous pourriez dénicher une situation en or. Il ne faudra pas oublier toutefois que le temps perdu ne se rattrape pas et agir promptement vous servira bien. Mais puisque l'année sera sous d'heureux auspices, si un poste convoité vous est refusé, un autre le remplacera aussitôt.

Un autre important bienfait de cette année est qu'elle vous permettra d'approfondir vos compétences ; vous devrez absolument profiter des stages de formation qui vous seront proposés, sinon vous inscrire à tous les cours qui sauront contribuer à votre avancement. Les aptitudes ou les qualifications que vous acquerrez durant l'année du Tigre d'Eau vous seront très utiles l'année prochaine – une année propice qui sera aussi celle de votre signe.

Les natifs de votre signe sont en général assez pondérés quand il s'agit d'argent ou de documents importants et durant 2022, vous ne devrez pas relâcher votre attention. Vos nombreuses occupations pourraient parfois vous inciter à précipiter les choses ou à ne pas être aussi soigneux que d'habitude, mais un tel laisser-aller pourrait aussi vous créer des ennuis. La diligence sera indispensable dans les questions d'argent et dans la paperasse ; vous devrez tout examiner à la loupe et vous faire conseiller au besoin.

Compte tenu du rythme des événements et des pressions que vous risquez d'encourir cette année, vous feriez bien de maintenir l'équilibre de votre vie en vous ménageant des loisirs et en faisant régulièrement de l'exercice, et ce, surtout si vous êtes plutôt sédentaire. Nombreux d'entre vous tireront beaucoup d'agrément d'un objectif qui leur tient à cœur et qui les amènera à parfaire certains dons et/ou à développer de nouvelles aptitudes.

Puisqu'une vie sociale agréable vous attend cette année, vous aurez toutes les chances de pouvoir élargir votre cercle de relations grâce à des changements dans votre travail et grâce aussi aux personnes dont vous ferez la connaissance par l'entremise de bons amis à vous. À cet effet, les mois d'avril et mai, mais aussi la période de novembre à janvier 2023 seront très propices aux mondanités. Mais en dépit de ces aspects positifs, vous pourriez vivre certaines inquiétudes concernant un intime. N'empêche, votre empathie innée sera pour cette personne un atout majeur. Cette année, nombreux d'entre vous donneront des preuves d'amitié sincère et ils gagneront ainsi l'éternelle reconnaissance de quelqu'un.

Quant à votre foyer, la vie sera plutôt active en 2022 et elle fera appel à votre sens de l'organisation. Mais en dépit de votre bonne volonté, vous ne devrez pas assumer seul un trop lourd fardeau. Aussi dévoué et consciencieux que vous soyez, il y a quand même des limites à ce que vous pouvez accomplir. Retenez bien ceci, chers natifs du Lapin, et sachez vous faire aider en cas de besoin. Et si quelque chose vous inquiète, demandez conseil. Et même si votre vie personnelle sera des plus occupées, elle vous procurera des moments de grande joie. Si vous vous adonnez avec vos proches à des activités de groupe, si vous partagez avec eux vos projets ou si vous les emmenez en vacances avec vous, l'année du Tigre vous fera vivre des moments d'exception et de grands bonheurs avec votre famille.

Dans l'ensemble, si on résume, l'année du Tigre d'Eau sera dynamique, son rythme sera vif et vous serez très actif. Parfois exigeante, l'année 2022 vous permettra de faire de réels progrès, d'acquérir de l'expérience et de tirer de grandes satisfactions de vos réalisations. Dès vers la fin de l'année, vous commencerez à récolter les fruits de votre labeur. Le vent tournera peu à peu en votre faveur et vous gagnerez en force à mesure que vous vous approcherez de votre année personnelle. Que l'année du Tigre d'Eau soit remplie de tendresse, de douceur, d'amour, de rires, de méditation, de réflexion, de joie et de bonheur.

Dragon Lézard

Le **Dragon** est en analogie avec le signe du **Bélier** en astrologie occidentale.

Dans le folklore chinois, le Dragon représente l'empereur ou l'impératrice. C'est ce qui peut expliquer pourquoi, dès votre naissance, vous aviez le pressentiment d'avoir un rôle particulier à jouer dans la vie. Conscient de votre propre pouvoir personnel, vous êtes parfois un peu princier ou princesse. Même si tout n'est pas un jeu chez vous, vous pourriez facilement être la vedette de votre propre télé-réalité.

Vous êtes sociable avec une personnalité effervescente, et tout aussi intelligent que talentueux. Vous vous attendez d'ailleurs à ce que les autres soient aussi talentueux que vous.

Vous êtes de ces gens qu'on ne peut éviter de remarquer puisque vous êtes du genre à avancer dans la vie en brillant de tous vos feux. Dans votre manière de foncer, de défoncer et d'avancer malgré tous les obstacles, on pourrait vous comparer à un char d'assaut.

Autoritaire mais en même temps tellement séduisant, vous êtes porté, il va de soi, à foncer à coup d'impulsions saccadées. L'existence près de vous est un vrai tourbillon, à un point tel que ça peut en devenir insupportable pour les gens qui vous entourent, car vous avez la manie de tout vous accaparer. L'environnement, les personnes et les situations, tout y passe, mais en revanche, vous savez toujours laisser sur votre passage une impression profonde qui vous donne un certain prestige dont vous vous nourrissez volontiers. Par contre, vous avez tendance aussi à vous plaindre souvent de tout et de rien alors que la chance vous suit partout.

Autant vous prenez plaisir à remettre les pendules à l'heure, surtout lorsque les gens abusent de leur autorité, autant vous êtes une personne qui a la main sur le cœur pour venir en aide aux gens les plus démunis de la société.

Sur le plan personnel, vous êtes un contemplatif, quelqu'un qui s'épanouit au contact de la nature. Vous êtes constamment en quête de vérité et vous cherchez sans cesse à donner un sens à votre vie. En plus d'aimer les belles choses et la bonne vie, dès que vos moyens vous le permettent, vous ne ratez pas l'occasion de vous gâter et de faire l'acquisition de biens raffinés pour votre propre plaisir, mais sans pour autant vouloir épater la galerie.

Sur le plan amoureux, vous êtes un infidèle invétéré. Aussi égocentrique, frivole et jaloux que vous puissiez être, vous êtes tout aussi passionné, sensuel, affectueux, généreux, tendre et intense, sans compter que vous ne passez pas inaperçu aux yeux de tous. Sur le plan sexuel, vous vous permettez des libertés; par contre, il en va tout autrement dans ce que vous permettez à votre partenaire.

Sur le plan amical, vous faites partie de ces gens qui font des détours pour venir en aide ou rendre service à un ami ou à un voisin. En revanche, votre plus grand défaut est que vous éprouvez une grande difficulté à accepter l'aide de vos amis et/ou des personnes qui vous sont chères.

Bien que vous ayez de nombreux admirateurs et amis, vous ne vous en servez pas pour en retirer un bénéfice. Vous êtes plutôt du genre à vous lier seulement avec les personnes qui vous inspirent sincérité et respect.

Attiré par la diversité des relations humaines, vous trouverez facilement votre part de bonheur et de joie avec un natif du Singe, du Coq, du Serpent, du Tigre ou du Rat. Vos relations seront toutefois plus difficiles avec les natifs du Chien, du Cochon et du Bœuf.

VOS PRÉVISIONS ASTROLOGIQUES POUR 2022

Années de naissance: 1928, 1940, 1952, 1964, 1976, 1988, 2000, 2012

La vitalité et le dynamisme de l'année du Tigre d'Eau, qui débute deux jours avant la Saint-Valentin, soit le 12 février, conviendra tout à fait aux natifs du Dragon. Libéré de vos contraintes et fourmillant d'idées à mener à bien, vous voudrez profiter au maximum des prochains douze mois.

Nombreux d'entre vous aspireront à faire avancer leur carrière. Compte tenu de tout votre bagage d'expérience, vous vous sentirez prêts à relever de nouveaux défis. Dès le début de l'année du Tigre, voire un peu avant, vous serez plusieurs à chercher des débouchés, à vous renseigner sur les postes à pourvoir, à poser votre candidature. 2022 sera très favorable au progrès et vous n'hésiterez pas à faire preuve d'initiative. Mais vous vous rendrez vite compte que l'année se déroulera de curieuse façon. Des moments creux au cours desquels toutes les candidatures restées lettre morte seront brusquement suivis de périodes d'activité intense ainsi que de plusieurs manifestations d'intérêt. Vous pourriez constater que l'on vous préférera un autre candidat alors que vous vous croyiez très qualifié pour un poste, ou qu'on envisage de vous confier une situation que vous ne pensiez pas pouvoir obtenir. Bien que déroutante à l'occasion, l'année 2022 vous invite à saisir la balle au bond. Avec de la détermination et de la persistance, nombreux d'entre vous parviendront à faire avancer leur carrière.

L'année sera extrêmement favorable à tous ceux qui aspirent à un changement ainsi qu'à ceux qui cherchent du travail ; vous aurez souvent la chance de faire vos preuves dans un nouveau poste et d'enrichir considérablement vos compétences par la même occasion. Beaucoup de portes s'ouvriront devant vous cette année, surtout durant les mois de mars, avril, août et novembre. Toutefois, même si 2022 vous fera bénéficier de nombreux débouchés intéressants, vous devrez demeurer prudent et vigilant. En accomplissant vos tâches, vous devrez être tout aussi rigoureux que d'habitude, mais plus encore, évitez de sauter aux conclusions ainsi que de prendre des risques. Il serait préférable aussi que vous collaboriez avec vos collègues plutôt que de faire cavalier seul. Le rythme et l'animation de l'année du Tigre faciliteront malheureusement les négligences et les erreurs. Soyez prévenu et sachez bien profiter des aspects positifs et progressifs de l'année, mais soyez tout aussi consciencieux et sur vos gardes durant la période mi-mai à début juin.

Cet aspect touche aussi les questions financières. Grâce à vos progrès professionnels, nombreux d'entre vous profiteront d'une hausse de leurs revenus, voire d'un boni. Mais puisque l'année du Tigre invite à la rigueur, il sera très important de tenir un budget en prévision des sorties d'argent substantielles et d'éviter les achats impulsifs. Toute négligence dans ce domaine pourrait beaucoup augmenter vos dépenses, mais aussi vous obliger à trancher dans le gras de vos autres activités. En outre, si vous avez envie de spéculer, vous devez savoir à quoi vous vous engagez, surtout les cinq premiers mois de l'année, mais aussi décembre 2022 jusqu'au début février 2023. Croyez-moi, ce ne sera pas le moment d'abuser de votre chance !

En 2022, vous devrez également soigner vos relations avec les autres. Elles auront beau être harmonieuses dans l'ensemble, des problèmes pourraient surgir. Au foyer, les horaires chargés et le stress dû au travail pourraient se traduire par de la fatigue et des tensions, et le fait de jongler avec un emploi du temps complexe, réduire les moments de qualité passés en famille. Vous ne devez pas perdre ces facteurs de vue ni négliger les vôtres, même si vous êtes occupé, et ce, plus encore durant la période du temps des Fêtes. En temps normal, vous êtes attentif à ce genre de choses, mais durant l'année du Tigre d'Eau, un Dragon averti en vaudra deux ! Quoi qu'il en soit, et en dépit de ces mises en garde, vous connaîtrez beaucoup de satisfaction à la maison y compris dans le domaine des rénovations ou du jardinage ; vous vous réjouirez des réussites des membres de votre famille, participerez aux réunions de famille durant l'année et vous aurez quelques raisons de festoyer. Autant que possible, vous devriez prévoir des vacances avec les vôtres, alors que l'année s'y prêtera, suivant qu'elle sera propice à l'activité, si bien qu'un voyage de découvertes ferait du bien à tout le monde.

Quant à vos amours, vous devrez être pondéré dans les affaires de cœur. Avec de la prudence, toutes les histoires d'amour grandiront et seront très heureuses, mais si vous tenez l'amour pour acquis ou que vous vous montrez moins bienveillant ou attentionné que d'habitude, des problèmes pourraient surgir dès la mi-décembre, et ce, jusqu'à la mi-janvier. Or, cher natif du Dragon, empressez-vous ! Vous devrez veiller aussi à l'harmonie de vos rapports avec les autres, mais 2022 sera cependant moins fertile en mondanités qui vous réjouiront et qui vous permettront ainsi d'approfondir vos relations. Indéniablement, votre vie sociale sera des plus actives aux mois de mars, avril, juillet et août, et certaines invitations pourraient vous prendre au dépourvu.

Pour ce qui est de votre santé, il est important dans une année aussi mouvementée de bien prendre soin de vous. Vous devrez faire régulièrement de l'exercice, surveiller votre alimentation et vous ménager des moments de loisir. L'année 2022 encourage l'innovation et l'aventure, si bien que si vous vous découvrez une nouvelle passion, vous devriez y plonger. Un mode de vie équilibré sera indispensable dans une année si agitée.

Dans l'ensemble, si on résume, l'année du Tigre d'Eau promet d'être chargée. Même si vous apprécierez de pouvoir mieux exploiter vos dons, vous devrez tout de même être attentif à ne pas manquer d'égards envers les autres. Toute négligence pourrait donner lieu à des problèmes, sinon à des malentendus possibles qui auraient pu être évités avec un peu plus de considération. Dragons, tenez-vous comme étant prévenus ! Réjouissez-vous de vos succès bien mérités, mais soyez plus attentionnés. Que l'année du Tigre d'Eau soit remplie de tendresse, de douceur, d'amour, de rires, de méditation, de réflexion, de joie et de bonheur.

Serpent

Le **Serpent** est en analogie avec le signe du **Taureau** en astrologie occidentale.

Pondéré, calme et recueilli, voilà des qualités qui vous décrivent bien. Vous êtes tout aussi doué pour garder les secrets qui vous sont confiés et pour protéger les vôtres.

Vous êtes du genre à penser avant de parler, ne serait-ce que pour utiliser les mots appropriés à votre conversation. Aussi charmeur et charmant que vous soyez, il y a tout de même ce petit côté matérialiste de vous dont il faut se méfier.

Franc et direct, vous avez de grandes ambitions. Vous savez ce que vous voulez et vous savez comment l'obtenir. Avec vous, jamais de mensonges, jamais de ruses malhonnêtes ou de roublardises, car à votre avis, le mensonge ne paie pas. Il n'y a pas mieux que vous pour détecter les messages du langage corporel, puisque vous avez une compréhension très profonde de la nature humaine.

Mature à un jeune âge, il faut l'avouer, votre connaissance du monde surpassait de loin vos années d'expérience lorsque vous étiez jeune enfant. Discret et solitaire, vous avez tendance à évoluer dans un univers bien à vous, suivant ainsi votre chemin sans vraiment vous soucier des autres.

La discrétion est l'une de vos plus grandes qualités, et ce, autant en ce qui concerne vos affaires personnelles que celles de votre prochain. Vous aimez vivre paisiblement dans un esprit d'harmonie et d'humour avec votre entourage. Jamais, au grand jamais on ne vous verra chercher à tout changer autour de vous, mais ça ne vous empêchera pas d'avoir un sens critique aussi aiguisé que le bout de votre langue. Vous savez tout remettre en question sans blesser quiconque.

Même si *a priori* vous êtes un solitaire de nature, cela ne fait pas de vous pour autant une personne moins sociable; au contraire, vous savez vous rendre intéressant, allant même jusqu'à faire preuve d'une certaine excentricité s'il le faut.

La lecture est un de vos passe-temps favoris, en particulier un bon roman policier, là où le suspense vous tient en haleine. Votre esprit de déduction vous servira bien alors que vous aurez l'art d'élucider l'énigme avant même d'avoir lu la dernière page. Vous aimez aussi les jeux de société, particulièrement les échecs, qui mettent en évidence votre talent pour la stratégie. Le poker est un autre jeu auquel vous pouvez très bien exceller puisque vous avez un bon contrôle de vos expressions faciales.

Sur le plan affectif, vous avez du mal à exprimer vos émotions, vos sentiments. Par contre, lorsque vous voulez exercer un effet chez un autre, tout ce que vous avez à faire est de le regarder profondément dans les yeux. Plein de secrets, introverti et renfermé, vous êtes, malgré cela, très sensuel et romantique.

Vous aimez les relations charnelles, les jeux érotiques et les nuits d'amour faites de désir et de passion. Cependant, sur le plan amoureux et amical, vous avez tendance, même dans vos meilleurs jours et/ou quand vous vous sentez contrarié, à devenir sarcastique, moqueur, caustique et parfois même outrageusement vaniteux et assez présomptueux. Si vous semblez difficile à comprendre, c'est que vos pensées, votre code moral et vos valeurs se transforment constamment au rythme de vos profondes réflexions.

Si l'on sait accepter votre goût prononcé pour l'aventure dans tous les sens du terme, vous saurez vous montrer ouvert aux différences des gens qui vous entourent. À cet effet, une personne née sous le signe du Coq ou même sous votre propre signe saura vous rejoindre dans votre fantaisie. Il en ira de même pour ce qui est du natif né sous le signe du Dragon qui vous permettra de vous épanouir pleinement. Quant au natif du Bœuf, il vous assurera respect et constance. En contrepartie, vos relations risquent d'être plus tendues ou tumultueuses avec les natifs du Tigre, du Cochon et du Chien.

VOS PRÉVISIONS ASTROLOGIQUES POUR 2022

Années de naissance : 1929, 1941, 1953, 1965, 1977, 1989, 2001, 2013

L'année du Tigre d'Eau, qui débute deux jours avant la Saint-Valentin, sera mitigée pour les natifs de votre signe. Les Serpents sont méthodiques et lents, et ils n'aiment ni l'agitation ni la précipitation, mais durant l'année 2022, ils pourraient être emportés par un tourbillon d'activités nouvelles qui les obligera à s'adapter du mieux possible aux circonstances. Presque tous les secteurs de votre vie seront affectés par le dynamisme du Tigre, mais le travail sera particulièrement touché. L'année du Tigre privilégie le changement, si bien que nombreux parmi vous pourraient être obligés de devoir maîtriser de nouvelles techniques ainsi que modifier un tant soit peu leurs méthodes ou leurs habitudes de travail. Tout va vite dans une année du Tigre. Vous devrez donc montrer de la promptitude et être prêt à réagir au fur et à mesure des changements de circonstances. D'ailleurs, pratiquement dès le début de l'année du Tigre, bon nombre d'entre vous feront face à d'importantes décisions professionnelles, surtout en février et en mars. Des débouchés supplémentaires seront également possibles en juin et en novembre, mais la conjoncture sera telle que vous pourriez devoir composer avec des bouleversements n'importe quand durant l'année 2022.

Pour ceux d'entre vous qui sont en recherche d'emploi ou qui espèrent en changer, peut-être en raison d'une réorganisation interne possible ou par manque de postes à pourvoir sur place, l'année sera embêtante ! Non seulement les débouchés seront plus que rares, mais la concurrence sera tout aussi féroce. Au milieu de toutes ces frustrations, vous ne devrez pas oublier pour autant que tout va vite dans une année du Tigre : aujourd'hui, c'est le désespoir et demain, on sabre le champagne pour fêter sa nouvelle situation. Ainsi que le veut le dicton : « On ne sait pas ce que demain nous réserve. » Or, 2022 pourrait fort bien vous offrir un excellent débouché tout à fait inattendu !

Quelle que soit votre situation professionnelle, compte tenu des changements que vous devrez vivre, vous seriez bien avisé de ne pas être trop indépendant, de vous ouvrir à la communication et de collaborer avec les collègues sans vous faire prier. Rester trop en retrait pourrait nuire à votre situation et vous priver des appuis dont vous auriez besoin, et ce, plus encore durant les périodes mi-janvier à mi-février et début septembre à mi-octobre. Si vous êtes à la recherche d'un travail ou encore si vous envisagez de réorienter votre carrière, vous devriez consulter les personnes qui peuvent le mieux vous conseiller. Il ne serait pas sage de faire cavalier seul. Tenez-vous-le pour dit !

La même diligence sera de mise dans les questions d'argent alors que les dépenses augmenteront, parfois de manière imprévue, qu'il s'agisse de frais de réparation, de remplacement d'appareils ou d'équipement, sinon de la décision de procéder à des acquisitions majeures. Vous devrez parfois prendre des décisions rapides, mais vous devriez néanmoins bien examiner les modalités et la portée des ententes que vous serez amené à conclure, et ce, plus encore durant la période mai à la mi-juin 2022. La précipitation ne fait pas partie de vos traits de caractère, mais si vous êtes négligent, vous pourriez vous tromper ainsi que commettre des erreurs de jugement. Vous feriez bien aussi de mettre de l'argent de côté pour des projets précis, y compris un voyage ou des vacances et, si possible, profitez d'un dégrèvement fiscal pour contribuer à une caisse de retraite. Si vous gérez bien vos avoirs, vous profiterez mieux de la vie.

L'année du Tigre est novatrice ! Or, non seulement vous en ressentirez les effets au travail, mais aussi dans tout ce qu'elle vous permettra de réaliser. Vous en profiterez, entre autres, pour vous intéresser à de nouveaux passe-temps ou à de nouveaux loisirs. Tout ne vous réussira pas, mais vous vivrez de nouvelles expériences passionnantes. Vous apprécierez en outre de pouvoir vous accorder de brefs moments de détente, de petites évasions. Nombreux d'entre vous en profiteront aussi pour visiter des endroits jamais vus et pour fuir le train-train quotidien.

Quant à vos relations avec les autres, elles seront, dans l'ensemble, assez positives et constructives cette année, mais certains d'entre vous pourront se laisser entraîner dans des situations déplaisantes ou devoir conseiller une personne qui se bat avec un problème complexe. Vous devrez donc choisir vos mots avec soin et bien réfléchir à la portée de votre intervention. Fort heureusement, les natifs de votre signe sont des plus astucieux et pondérés, mais vous devrez tout de même faire attention durant l'année du Tigre d'Eau. Dans les moments difficiles, de la délicatesse sera requise !

Quoi qu'il en soit, si vous devez tenir compte de ces mises en garde, vous pouvez aussi vous attendre à vivre des moments très agréables en société. Vous devriez vous assurer de maintenir le contact avec vos amis et de participer à des manifestations qui vous intéressent : expositions, spectacles ainsi que tous les événements ayant un quelconque rapport avec vos intérêts personnels. Vous vous devez d'accorder du temps à votre vie sociale en cette année très occupée. À cet effet, misez sur les mois de mars, juillet, septembre et décembre qui seront les plus fertiles en mondanités.

Quant à la vie au foyer, elle apportera aussi son lot de grandes satisfactions. Cette année, il faut participer et partager. Si vous discutez de vos idées avec vos proches, non seulement ces moments vous feront-ils vivre de grandes joies, mais il va de soi aussi que l'aboutissement de vos projets sera particulièrement valorisant. Bien sûr, vous gagneriez aussi à être attentif à ce que vous diront ces êtres chers. Vous ne serez pas toujours de leur avis, mais vous devriez vous garder de faire la sourde oreille, car ils ont vos intérêts à cœur. Ce ne sera pas l'année non plus pour vous d'être trop individualiste.

Dans l'ensemble, si on résume, l'année du Tigre d'Eau sera mitigée pour les natifs de votre signe. Tout ira très vite, si bien que vous ne vous sentirez pas toujours à l'aise, mais il n'en demeure pas moins que d'importants débouchés vous seront offerts. C'est une année de changement et d'évolution ! Et si vous l'exploitez comme il se doit, vous accumulerez des expériences qui vous seront utiles dans le futur. Si vous soignez vos relations avec les autres, vous pourrez aussi vous attendre à vivre des moments très enrichissants en leur compagnie. Que l'année du Tigre d'Eau soit remplie de tendresse, de douceur, d'amour, de rires, de méditation, de réflexion, de joie et de bonheur.

Cheval

Le **Cheval** est en analogie avec le signe du **Gémeaux** en astrologie occidentale.

Pour mieux définir le type de Cheval que vous êtes, il faut *a priori* savoir si vous êtes un cheval sauvage ou un cheval domestiqué. Le premier est plutôt un individualiste fougueux qui peut se faire très agressif si on cherche à le dresser. Quant à l'autre, il est le compagnon loyal, sociable, un peu confus et inquiet, qui cherche le réconfort auprès des autres. Dans les deux cas, vous êtes une personne de bonne humeur, intelligente, astucieuse, charismatique, ouverte d'esprit, mais vous pouvez aussi être arrogante, enfantine et obstinée à vos heures, sans compter que vous avez un impérieux besoin d'indépendance.

Il est difficile de prévoir les réactions du natif du Cheval, car lui-même ne sait jamais comment il va réagir. Par conséquent, il faut donc être très patient avec vous en tout temps.

L'optimisme fait partie de votre ADN et vous êtes un partisan de la pensée positive. Vous faites partie des gens qui voient le verre à moitié plein plutôt qu'à moitié vide, ce qui explique votre empressement à rassurer et à aider un être cher qui traverse une mauvaise passe dans sa vie. L'expression « Oui, je le peux » devrait absolument être gravée sur une plaque accrochée haut sur le mur de votre salle de séjour alors qu'elle vous décrit si bien et, qui sait, est-ce peut-être déjà fait !

Toujours très occupé, vous aimeriez bien avoir dix mains et autant de jambes pour faire face aux maintes responsabilités à respecter, et ce, dans un temps record idéalement.

Amoureux de la nature et de la vie, le meilleur endroit pour être bien et serein reste la fréquentation des grands espaces. Vous avez besoin de vous sentir libre, de bouger à votre guise, tant dans votre vie privée que professionnelle, et de pouvoir être en mesure de faire de l'exercice physique sur une base régulière alors que, pour vous, c'est essentiel à votre bien-être physique et mental.

Extrêmement sympathique et à l'aise pour tisser de nouvelles rencontres, vous avez une facilité à communiquer et à discuter avec toutes les personnes qui croisent votre route. Conscient que les gens ne sont pas parfaits, y compris vous-même, voilà qui explique pourquoi vous êtes tolérant des faiblesses des autres, ce qui est d'ailleurs une de vos grandes qualités. Vous êtes même prêt à leur donner le bénéfice du doute et vous ne gardez que très rarement rancune, même si on vous blesse ou si on vous déçoit.

Généreux à souhait, mais seulement lorsque vous en avez envie, vous êtes souvent très instable émotionnellement, même si vous cherchez à vous maîtriser, ce qui fait que vous êtes constamment impatient dans la vie.

Votre sensualité remarquable tend à vous pousser vers l'aventure et les changements fréquents. Cela explique pourquoi, sur le plan affectif, il est impossible d'emprisonner votre cœur. Friand d'aventures, brèves mais très intenses, vous tendez à fuir tout ce qui revêt un caractère permanent alors que vous détestez par-dessus tout ce qui est routinier en amour, suivant que vous êtes avide de mouvement et de liberté. À cet effet, les personnes nées sous le signe du Tigre, de la Chèvre, du Coq et du Chien pourront parfaitement vous rejoindre dans vos aspirations et votre façon d'envisager la vie. Cependant, vous éprouverez plus de difficultés à vous entendre avec les gens nés sous le signe du Singe, du Bœuf, du Cochon, du Serpent et du Dragon.

VOS PRÉVISIONS ASTROLOGIQUES POUR 2022

Années de naissance: 1930, 1942, 1954, 1966, 1978, 1990, 2002, 2014

L'année du Tigre d'Eau, qui débute deux jours avant la Saint-Valentin, sera remplie de vitalité et de nouveauté, et les natifs du Cheval en bénéficieront. Nombreux d'entre vous pourront tirer parti de leur expérience et connaître quelques succès professionnels. Mais si la conjoncture est généralement favorable, le domaine des finances va requérir votre pleine attention. Non seulement vos ressources seront très sollicitées, mais elles pourront l'être à cause de vos obligations familiales, de certains frais liés à votre résidence, d'acomptes à verser et/ou d'achats importants.

Vos nombreux centres d'intérêt et votre vie sociale mouvementée vous amèneront aussi à dépenser davantage cette année, si bien que vous devrez contrôler de près vos sorties d'argent. Si vous ne gérez pas correctement vos avoirs, vous pourriez vous saigner à blanc et devoir ensuite changer d'attitude et beaucoup resserrer les cordons de votre bourse. Si les modalités d'une transaction ne sont pas claires durant la période mai à mi-juin, vous devriez demander conseil à un expert. Les années du Tigre sont souvent des plus coûteuses, si bien que vous devriez vous montrer prudent dans toutes les questions d'argent et éviter de prendre des risques inutilement. L'année pourrait occasionner aussi des dépenses supplémentaires parce que vous aurez souvent l'occasion de sortir et de voir des gens. Nombreux d'entre vous seront très populaires et multiplieront les rencontres ainsi que les mondanités. D'aucuns vont également s'intégrer à un groupe d'intérêt professionnel ou à une association liée à l'une de leurs passions. Durant l'année 2022, vous pourriez considérablement étendre le cercle de vos relations. D'ailleurs, quelques-unes des personnes dont vous ferez la connaissance deviendront de grandes amies, et si vous êtes libre de toute attache, vous pourriez fort bien dénicher l'amour. La vie sociale sera plus particulièrement active en avril, août, novembre et décembre.

Dans cette conjoncture, l'année 2022 promet d'être excellente pour ceux de votre signe qui sauront tirer parti de leurs relations professionnelles. Plus vous connaîtrez de gens et plus vous vous ferez connaître, plus vous pourrez profiter des débouchés qui s'offriront à vous en cours d'année. C'est assurément l'année pour les natifs de votre signe d'exploiter à leur avantage leurs excellentes aptitudes sociales.

Quant à la vie au foyer, elle sera très occupée et marquée aussi par le changement. Un membre de votre famille pourrait quitter le nid familial pour poursuivre des études ou pour son travail. Durant cette année chargée, il sera très important pour toute la famille de maintenir une bonne communication et de collaborer étroitement. Plus ce secteur sera choyé, plus heureuse sera la vie à la maison alors que vous êtes très doué pour l'organisation. Aussi, si vous êtes sous pression, fatigué et tendu, vos proches seront mieux en mesure de comprendre votre situation et de vous venir en aide si vous n'hésitez pas à vous confier. Quand la fatigue cède la place à l'irritabilité, des différends et des querelles peuvent s'ensuivre, si bien que les natifs de votre signe devront être sur leurs gardes. Mais dans l'ensemble, la vie au foyer sera gratifiante et les activités en famille seront celles qui vous apporteront le plus de satisfaction.

L'année 2022 sera aussi sous de bons auspices au travail. Plusieurs d'entre vous récolteront les fruits de leurs efforts passés. C'est une année de progrès et vous pourriez donc bénéficier d'une promotion, sinon trouver ailleurs une situation beaucoup plus intéressante. Un autre facteur dont vous bénéficierez en cette année sera l'appui de certains collègues et supérieurs qui plaideront en votre faveur. En 2022, vous devrez exploiter vos compétences au maximum et battre le fer tandis qu'il sera chaud ! Pour mieux en tirer profit, misez sur les mois de mars, avril, juin et septembre qui pourraient amener des développements des plus intéressants, mais puisque tout ira vite, vous devrez agir promptement si un débouché qui vous intéresse se présente. L'année sera favorable aussi pour ceux d'entre vous qui stagnent dans leur situation présente et/ou qui ont l'impression d'y dilapider leurs compétences. Tant vous que tous ceux qui cherchent du travail devrez prendre le taureau par les cornes. Et si vous êtes entreprenant, si vous vous renseignez et si vous postulez les postes à pourvoir, votre sens de l'initiative et votre persistance attireront l'attention et produiront des résultats. Certains d'entre vous dénicheront même une situation qui enrichira leurs compétences dans un domaine différent et leur offrira la possibilité de bien se faire valoir d'une tout autre façon. Bref, au travail, vous vous tirerez très bien d'affaire durant l'année du Tigre d'Eau.

D'ordre général, vous aimez à vous tenir occupé et ne manquez jamais de choses à faire, et voilà que l'année 2022 ne vous décevra pas sur ce plan non plus. Cependant, au milieu de toute cette activité, vous devrez surveiller votre santé, vous ménager des moments de repos et de détente (trop travailler durant la journée et se coucher trop tard le soir pourrait éroder vos forces au bout d'un certain temps), faire régulièrement de l'exercice et avoir une bonne alimentation. Or, pour profiter au maximum de cette année qui promet d'être des plus actives, vous devrez absolument veiller à votre bien-être, et ce, tant physiquement que psychologiquement, mais aussi spirituellement.

Dans l'ensemble, si on résume, l'année du Tigre d'Eau pourra être une année positive et progressiste, surtout pour les audacieux de votre signe, sachant très bien que vous trouverez moyen de tirer votre épingle du jeu comme toujours. Non seulement 2022 sera prometteuse, mais elle vous donnera la possibilité aussi de mieux mettre vos aptitudes à profit. En plus que ce sera une année encourageante, et des plus positives aussi sur le plan professionnel, votre popularité vous permettra également de faire de belles rencontres. Vous devrez toutefois surveiller de très près votre situation financière et toujours être attentif à votre entourage, même si vous êtes tendu ou fatigué. Que l'année du Tigre d'Eau soit remplie de tendresse, de douceur, d'amour, de rires, de méditation, de réflexion, de joie et de bonheur.

Chèvre
Bouc
Mouton
Bélier

La **Chèvre** est en analogie avec le signe du **Cancer** en astrologie occidentale.

Vous êtes timide, sincère, doté de bonnes manières et vous pardonnez facilement. Vous êtes également romantique et vous avez aussi l'art de savoir très tôt comment bien gagner votre vie. Heureusement que, sur le plan professionnel, il y aura toujours une personne influente pour vous prendre sous son aile, car vous êtes de ces gens faciles à aimer et que l'on aime avoir près de soi. Voilà qui explique pourquoi on hésite rarement à vouloir une ou un ami né sous votre signe, puisque votre gentillesse et votre légendaire tendresse sont les marques principales de votre personnalité.

Chez vous, tout se passe en douceur, avec franchise et honnêteté. Vous n'êtes pas du genre à chercher les faux-fuyants, au contraire, vous croyez à la simplicité des choses et vous en faites votre mot d'ordre.

Bien que vous soyez discret et possédiez une grande force de caractère, bien cachée, avouons-le, il ne faut pas abuser de votre bonne foi ni de votre bonne volonté, car vous ne vous gênerez pas pour le faire savoir. Dommage pour la ou le gaffeur, car vous vous désintéresserez de cette personne et il lui sera très difficile par la suite de regagner votre confiance.

Avec vous, il faut toujours agir avec délicatesse, étant donné que votre grande fragilité naturelle vous rend plus souvent qu'à votre tour vulnérable à la fatalité et à l'anxiété. Vous avez aussi constamment besoin d'être rassuré ! Fort heureusement, vous avez l'art de vous adapter à tout, et ce, peu importe ce que la vie vous servira, alors que vous saurez trouver votre juste part et serez même en mesure de régler quoi que ce soit que la vie mettra sur votre route.

Vous avez une très forte envie d'aider votre prochain et vous êtes même prêt à tout pour lui venir en aide en cas de besoin. Bien vous entendre avec tout le monde est l'une de vos grandes priorités dans la vie et vous êtes tout autant très accommodant à tous points de vue, spécialement lorsque cela concerne les besoins des membres de votre famille, principalement les enfants et les personnes âgées. N'empêche, aussi conciliant et sensible que vous l'êtes, vous êtes porté aussi à adopter les opinions des gens qui vous entourent, particulièrement au travail, ne serait-ce que pour maintenir la paix.

Lorsque vous êtes à la maison, vous ne voulez pas être entouré d'agitation ni de stress inutilement, suivant que vous appréciez les choses simples de la vie, telles que regarder un coucher de soleil en fin de journée. Voilà qui explique aussi pourquoi la bonne fortune vous sourira au moment où vous vous y attendrez le moins, ce qui ne pourra qu'ajouter à votre bonheur. En revanche, sur le plan financier, vous n'avez aucune notion d'économie ou de comptabilité, ce qui risque de rendre la gestion de votre budget très aléatoire.

Toujours en quête d'harmonie, vous savez vous montrer des plus doux, des plus dociles, des plus dévoués, des plus bienveillants, et comme vous ne voulez jamais blesser vos interlocuteurs, vous pouvez tergiverser longtemps avant de dire ce que vous pensez vraiment. Cette attitude, bien que partant d'une bonne intention, aura tendance à rendre les personnes de votre entourage plutôt impatientes.

Vous avez l'art de bien vous vêtir et êtes un hôte hors pair, sans compter que pour vous laisser les autres briller de toutes leurs couleurs, alors que vous vous sentez bien dans les coulisses, ne vous dérange pas.

Reconnu parmi les gens qui apprécient les plaisirs simples de la vie, vous aimez être entouré de personnes raffinées, créatrices et vivre des relations romanesques et sécurisantes à la fois, ce qui ne sera guère facile.

Lorsque vous désirez quelque chose d'une personne, vous êtes habile à la convaincre, et ce, en toute subtilité. Voilà pourquoi les relations tendres et vraies seront des plus aisées auprès des gens qui sont nés sous le signe du Singe, du Lapin, du Cheval, du Cochon et du Dragon. Cependant, il sera tout de même suggéré d'apprendre à mettre de côté votre grande sensibilité afin de minimiser les risques d'être blessé. Toutefois, vos relations avec les personnes nées sous le signe du Chien, du Bœuf, du Coq, du Rat et du Tigre risquent d'être plus ardues.

VOS PRÉVISIONS ASTROLOGIQUES POUR 2022

Années de naissance: 1931, 1943, 1955, 1967, 1979, 1991, 2003, 2015

L'année du Tigre d'Eau débute deux jours avant la Saint-Valentin. Afin d'en tirer le meilleur parti, les natifs de la Chèvre devront être prompts à réagir et avoir l'esprit ouvert. Ce ne sera absolument pas le moment d'enfouir votre tête dans le sable si les circonstances vous déplaisent ni de vous entêter dans la même voie. Au contraire, 2022 vous invite à quitter votre zone de confort, de gré ou de force, et d'affronter de nouvelles situations. Et si vous êtes prêt à donner le meilleur de vous-même, l'année sera extrêmement éclairante pour vous et vous donnera la chance de vous découvrir de nouveaux talents.

En ce qui a trait à votre vie professionnelle, elle sera très animée. Les fonctions que vous assumez depuis peu et/ou les exigences avec lesquelles vous avez dû composer, non seulement vous auront-elles permis d'acquérir une précieuse expérience, mais elles auront mis également vos qualités en valeur, attirant de la sorte l'attention des bonnes personnes. Par conséquent, s'il y a un poste à pourvoir ou qu'on requiert du personnel pour remplir des fonctions spécifiques, de nombreux natifs parmi vous seront plus que bien placés pour en profiter et seront encouragés à faire un pas en avant. D'ailleurs, ces nouvelles responsabilités s'accompagneront possiblement d'un apprentissage, mais il sera sage de votre part de ne pas rebrousser chemin devant la nouveauté. Et si on vous offre de suivre un stage de formation, vous feriez bien d'accepter alors que votre ardeur au travail renforcera vos perspectives futures. Cela concerne aussi ceux de votre signe qui sont insatisfaits de leur situation présente et/ou qui cherchent du travail. En prenant des initiatives et en cherchant activement des débouchés, vous pourriez faire d'intéressantes découvertes.

Ceux qui sont en quête d'un emploi depuis déjà un certain temps et/ou qui aspirent à un ressourcement total gagneraient à suivre des stages de formation ou de mise à niveau. Et si vous ne vous limitez pas trop dans vos choix, la chance sourira à plusieurs d'entre vous. À cet effet, avril, juillet, septembre et novembre seront les mois les plus propices aux changements au travail.

Cette année de transformation amènera également les natifs de votre signe à faire de nouvelles rencontres et, compte tenu de leur sociabilité innée, à élargir le cercle de leurs relations sociales, voire à tisser de solides liens d'amitié. Toute l'année sera fertile en mondanités, mais la période de mai à août et le mois de décembre seront les plus actifs dans ce domaine.

Un autre secteur bien aspecté en 2022 est celui de vos occupations personnelles. Par conséquent, les créateurs de votre signe devraient en profiter pour explorer leurs idées, pour s'épanouir, mais aussi pour promouvoir leurs créations. En cette année qui favorise l'originalité, les dons créateurs de certains natifs de la Chèvre seront des plus encouragés et leur vaudront même quelques gratifications. Or, vous pourrez tirer d'immenses satisfactions de cette année si vous accroissez vos connaissances ; qu'il s'agisse de lecture, d'études ou encore de la pratique de nouvelles activités, vous en bénéficierez beaucoup. Cette année, il faudra concrétiser vos idées et savoir saisir la chance au vol.

Cette année du Tigre d'Eau, très occupée, vous occasionnera de nombreux déboursés ainsi qu'à plusieurs natifs de votre signe. Or, l'objet de ces dépenses vous charmera souvent, mais vous devrez éviter autant que possible tous les achats impulsifs et toutes les décisions hâtives. La désinvolture dans ce domaine vous fera dépenser plus que prévu alors que vos choix seront plus judicieux si vous vous arrêtez à réfléchir avant d'ouvrir votre porte-monnaie. Cette année, la rigueur s'impose ! Vous devrez aussi vous méfier des risques et si une question financière n'est pas claire, vous ne devrez pas hésiter à demander conseil.

Quant à la vie au foyer, elle sera fort occupée ! Vous aurez des idées à partager, des projets à mettre en branle, mais compte tenu des contraintes nombreuses que l'année 2022 vous réserve, vous feriez bien de ne pas être trop intransigeant et d'accepter les compromis. L'année du Tigre se fiche de vos horaires chargés et bouleversements Si vous acceptez ses caprices et que vous vous contentez de mener vos projets à bien quand vous en aurez la chance, vous serez satisfait de ce qu'elle parviendra à faire. Vous devriez aussi prendre des vacances en famille dans le cours de l'année. Une petite évasion, même à proximité, distraira toute la maisonnée de sa routine quotidienne et vous fera du bien. Ce peut être une année enrichissante au foyer si la souplesse et un esprit de collaboration sont au rendez-vous, et si chacun accepte de faire sa juste part.

Dans l'ensemble, si on résume, 2022 sera une année occupée ! Si les natifs de votre signe exploitent au maximum tous les changements qui se produiront, ils feront des progrès appréciables, ils accumuleront de nouvelles expériences et seront heureux de leurs accomplissements. L'année du Tigre d'Eau exigera beaucoup de vous, mais elle sera instructive et ouvrira la voie à votre réussite future. Que l'année du Tigre d'Eau soit remplie de tendresse, de douceur, d'amour, de rires, de méditation, de réflexion, de joie et de bonheur.

Singe

Le **Singe** est en analogie avec le signe du **Lion** en astrologie occidentale.

Les gens nés sous votre signe ne sont pas nécessairement tous vains, arrogants et imbus d'eux-mêmes, ou suspicieux et susceptibles, mais certains le sont et, fort heureusement, il y a aussi parmi vous des gens qui sont intelligents, complaisants, sociables, confiants en leurs moyens, polis et dignes de nature.

Extrêmement intelligent et doué pour résoudre les énigmes, peu importe le genre de problèmes que vous puissiez encourir dans la vie, vous savez vous en sortir comme pas un, tellement vous avez l'art de la parole. Voilà qui explique pourquoi les gens ont toujours tendance à se rassembler autour de vous dans toutes les situations sociales, alors que non seulement vous êtes un bon raconteur d'histoires, mais vous êtes également un comique-né.

Curieux, artistique et désireux d'apprendre, vous pouvez très bien exceller dans les domaines qui suscitent votre intérêt, surtout que vous êtes doué pour faire plusieurs choses à la fois.

En raison de votre besoin impératif d'être actif, vous ne restez pas assis longtemps. Constamment dans l'action, on a affaire à une personne qui est particulièrement dynamique et agitée. En plus de faire preuve d'une intelligence vive et remarquable, le contact intellectuel avec vous est très stimulant. Pas surprenant que vous ayez l'art de séduire tout le monde, car vous adorez plaire et vous faire remarquer.

Mentionnons que votre ego est fort. Vous n'hésitez pas à choquer et à tout remettre en question, ne serait-ce que pour susciter l'intérêt des gens qui vous entourent. Voilà donc ce qui fait aussi tout votre charme ! N'empêche, avouons-le, votre principale préoccupation, c'est vous-même !

Curieux, vous êtes particulièrement attiré par les musées, l'endroit idéal pour enrichir vos connaissances, tant sur le monde que sur la vie. Vous avez cette facilité d'acquérir de nouvelles compétences rapidement, tellement vous êtes si polyvalent et vous visez l'accomplissement personnel sur tous les plans. Voilà pourquoi il ne faut jamais sous-estimer votre force, votre efficacité et votre vivacité d'esprit.

Vous aimez le monde en général à un point tel que, parfois, vous ne pouvez vous en passer. Le contact avec les autres vous stimule, et les gens sont tout autant dynamisés par votre énergie. Joueur de tours, vous aimez également lancer et relever les défis de toutes sortes.

Sur le plan amoureux, vous fascinez et vous avez tout autant l'art d'envoûter les gens du sexe opposé. Même si vous ressentez fortement le besoin d'être compris et aimé, vous avez un goût tel pour les histoires compliquées et les stratégies de toutes sortes que vous attirez souvent des personnes marquées par un sens du jeu identique au vôtre, ce qui ne vous comble qu'à moitié.

Trompeur et profiteur à vos heures, vous pouvez en inquiéter plus d'un près de vous alors que l'on ne sait pas à quoi s'attendre. Tout aussi que narcissique à ses heures, le partenaire idéal devra vous apporter toute l'admiration dont vous avez besoin et être prêt à fermer les yeux sur certains écarts de conduite, car vous avez beaucoup de mal à résister à la tentation du fruit défendu. Les personnes nées sous le signe du Rat, du Dragon, du Tigre, du Serpent, du Cochon et de la Chèvre sauront vous aimer comme vous le désirez et le souhaitez. Par contre, vous risquez d'encourir de sérieux ennuis et des problèmes avec les gens qui sont nés sous le signe du Bœuf, du Chien ou du Cheval.

VOS PRÉVISIONS ASTROLOGIQUES POUR 2022

Années de naissance: 1932, 1944, 1956, 1968, 1980, 1992, 2004, 2016

L'année du Tigre d'Eau, qui débute deux jours avant la Saint-Valentin, sera des plus mouvementées, si bien que peu de signes échapperont aux influences bouleversantes de l'année à venir. Mais pour les natifs du Singe, dont vous-même qui êtes prédisposé à l'action, la prudence s'imposera. Ce ne sera pas l'année pour prendre des risques ni pour être téméraire. N'empêche, vous pourriez faire des progrès, mais à la condition de faire preuve de pondération et de bien planifier vos activités. L'année 2022 donnera un avant-goût des changements qu'elle vous réserve. Le domaine du travail sera le plus souvent affecté : arrivée de nouveau personnel, modification des méthodes de travail, remaniement des tâches ou des objectifs. Les événements de ce début d'année toucheront de nombreux natifs de votre signe et ne seront guère idylliques, mais vous n'aurez d'autre choix que de vous en accommoder et de vous adapter aux circonstances.

En dépit que vous soyez le plus souvent très habile en société, en 2022, vous devrez porter une attention spéciale à vos relations avec les collègues durant l'année. Toute négligence dans ce domaine pourrait vous isoler, vous desservir ainsi que compromettre vos réalisations récentes. Vous vous devrez de rester vigilant en cette année ardue. Et en dépit de votre nature attachante, il sera sage de temps à autre de vous tenir à l'écart des situations difficiles ou instables. D'ailleurs, durant les premiers mois de l'année 2022, nombreux parmi vous gagneront à rester méfiants et circonspects.

Hormis ce rude début, l'année du Tigre d'Eau sera très prometteuse pour les natifs de votre signe. Alors que les années du Tigre tendent à favoriser l'expression des idées et la participation, et puisque vous êtes habile à trouver des solutions et à envisager un problème sous différents angles, vous ne devriez pas hésiter à mettre de l'avant toutes les suggestions que vous avez à formuler. De même, si une occasion intéressante se présente, vous devriez réagir ! Et si vous planifiez vos actions, vous devriez bien tirer votre épingle du jeu, mais si vous prenez des risques ou si vous agissez sans réfléchir, des problèmes pourraient surgir. En 2022, veuillez faire preuve de retenue en tout temps !

Quant à la deuxième moitié de l'année, elle sera plus fructueuse pour tous ceux qui souhaitent faire avancer leur carrière, surtout en juillet et de septembre à novembre. Mais la conjoncture sera telle que des débouchés pourraient s'offrir à vous n'importe quand durant l'année, et très souvent lorsque vous vous y attendrez le moins. Ce qui précède s'appliquera aussi aux autres de votre signe qui aimeraient changer d'emploi ou qui cherchent du travail. Si des postes à pourvoir vous intéressent, vous devrez agir promptement et dans le but d'augmenter vos chances de succès, vous renseigner le plus possible sur l'entreprise que vous convoitez ainsi que sur les fonctions que vous serez appelé à remplir. Plusieurs natifs de votre signe vont trouver une situation stable et potentiellement enrichissante s'ils montrent de l'initiative. Vos résultats seront bien meilleurs, d'autant plus si vous limitez vos recherches à votre niveau de connaissances et aussi à votre domaine d'expertise plutôt que de risquer un changement radical dont l'aboutissement serait laissé au hasard. Vous vous rendrez service si vous faites valoir votre expérience. Vos chances de réussite seront bien meilleures dans la seconde partie de l'année.

Financièrement, la rigueur s'imposera. Vous devrez être discipliné et éviter les achats impulsifs, surtout un peu avant la période du temps des Fêtes. Et si vous ne resserrez pas les cordons de votre bourse, vous pourriez dépenser beaucoup plus que vous ne le souhaitiez. Vous devrez éviter de céder à la frénésie de cette année, résister aussi à la précipitation, mais plus que tout, ne jamais agir sans réfléchir. Et si vous êtes tenté de prendre des risques ou de faire des transactions spéculatives, il sera sage d'en peser toutes les conséquences et de solliciter l'avis d'un expert au besoin. L'année 2022 vous invite à la prudence !

Alors que vous aimez demeurer actif, en ce qui a trait à votre santé, vous gagneriez à penser à votre bien-être cette année. Compte tenu des pressions et des tensions que vous subirez cette année et de vos longues heures de travail, vous devriez vous adonner régulièrement à un programme d'exercices appropriés et veiller à avoir une alimentation équilibrée et nutritive. Si vous doutez de la qualité de votre mode de vie et souhaitez en changer, vous devriez solliciter les conseils d'un professionnel de la santé. Et si le temps vous le permet cette année, vous devriez vous offrir une évasion alors qu'un changement de décor vous ferait le plus grand bien.

Pour ce qui est de votre vie sociale, veuillez ne pas la négliger, et ce, même en dépit que ce soit une année très chargée. Vous feriez bien de garder le contact avec vos amis, et s'il ne vous est pas toujours possible de les voir, vous auriez avantage à communiquer avec eux par téléphone ou par courriel. Si vous recevez des invitations ou si vous entendez parler d'un événement qui pique votre curiosité, il serait bon que vous y donniez suite. Votre vie sociale sera bienfaisante pour vous, car elle équilibrera votre mode de vie. Une mise en garde s'impose cependant : si vous êtes plongé dans une situation malencontreuse, délicate ou éruptive, vous devrez en tout temps rester discret et réfléchi. En 2022, vous vous devez de rester sur vos gardes toute l'année durant, mais plus encore de début décembre au début février 2023.

Quant à votre vie privée, elle sera très mouvementée ! Vous aurez beau exceller à jongler avec plusieurs obligations en même temps, vous pourriez également être pris au dépourvu et avoir du mal à voir à tout. Durant cette année très chargée, tous les membres de la maisonnée devront mettre la main à la pâte. Certains projets devront sans doute subir des modifications, si bien que vous gagnerez à être bon roi et à vous adapter. Mais si agitée qu'elle soit, l'année 2022 vous réserve aussi maints moments de joie : réussites à souligner, célébration d'une surprise dans la famille, nombreuses occasions de réjouissances. Le temps que vous consacrerez à ces êtres chers vous procurera de nombreuses occasions de bonheur.

Dans l'ensemble, si on résume, le Singe est un signe d'action qui aime se tenir occupé, mais les pressions, les changements et les bouleversements de l'année du Tigre d'Eau pourraient le mettre à rude épreuve. Toutefois, débrouillard comme vous l'êtes et sachant comment vous aimez les défis, si vous gardez l'œil ouvert et que vous n'êtes pas trop intransigeant, l'année 2022 vous apportera beaucoup et vous réservera aussi de très bons moments au milieu de toute cette agitation. Que l'année du Tigre d'Eau soit remplie de tendresse, de douceur, d'amour, de rires, de méditation, de réflexion, de joie et de bonheur.

Coq Phœnix

Le **Coq** est en analogie avec le signe de la **Vierge** en astrologie occidentale.

Vous êtes rangé, organisé, minutieux, perfectionniste et plein d'assurance. Vous avez confiance en vous et êtes un peu critique de nature, mais également puritain, fier et opiné. Observateur-né, vous êtes toujours bien informé, tant sur le plan de la culture générale que sur les actualités quotidiennes.

Vous n'hésitez pas à prendre votre place dans la vie et vous ne vous en laissez pas imposer facilement non plus. Vous avez l'art de savoir tout faire avec subtilité, sans pour autant vous prendre pour un autre. Cette confiance en vous vous rend des plus fascinants aux yeux de tous, même si vous êtes parfois poussé par un certain orgueil démesuré. N'empêche, on vous pardonne facilement, car c'est ce qui fait votre charme et votre classe.

Soigné en tout, voilà qui explique pourquoi vous prenez beaucoup de fierté dans votre apparence et passez maintes heures à vous préparer avant de quitter la maison. Croiser une nouvelle personne ou d'anciens camarades quand vous n'êtes pas au meilleur de votre forme est une de vos pires craintes.

Vous avez la finesse de vous attirer la sympathie des gens, d'être aimé et apprécié grâce à votre originalité et à votre jovialité. Vous êtes aussi une personne qui maîtrise bien ses émotions, sauf lorsqu'on empiète sur votre vie privée, alors là, vous devenez facilement sujet à la colère, et vous savez défier tous ceux qui vous cherchent.

Professionnellement, vous êtes un travailleur imbattable qui ne compte jamais ses heures ni ne ménage ses énergies. Vous êtes de ces gens entreprenants, dynamiques et très autonomes. Autant vous êtes exigeant envers vous-même, autant vous l'êtes aussi envers les autres.

Flamboyant de nature, vous prenez plaisir à vous exhiber et n'avez pas peur de prendre tout le crédit pour un travail bien fait. Non seulement vous savez ce que vous valez, mais vous vous attendez aussi à ce qu'on vous paie bien pour les services que vous offrez. À cet effet, si vous venez de terminer un travail de longue haleine qui a su épater vos supérieurs, une fois le projet conclu, vous ne serez pas du genre à hésiter trop longtemps pour leur solliciter une augmentation de salaire.

Vous êtes quelqu'un qui a besoin d'un environnement sain, propre et ordonné pour être heureux et à l'aise au quotidien. En revanche, votre petit côté pessimiste et/ou négatif s'exprime dans votre tendance à être très susceptible, à sermonner sans fin et à évoquer sans cesse les erreurs du passé commises par les autres. Il va de soi aussi que vous ne mâchez pas vos mots lorsque vous avez quelque chose à dire. Mais, plus que tout, vous avez horreur de perdre votre temps et votre argent avec des gens qui ne sont pas à la hauteur de vos attentes.

En ce qui a trait à vos amitiés, on peut dire que socialiser et échanger avec les autres est le point culminant de votre journée. Vous adorez prendre part à une fête ou à un party, à l'ouverture d'un restaurant en vogue, d'un magasin huppé, d'une galerie d'art prisée ou à une dégustation de vins et fromages.

En ce qui concerne votre vie amoureuse, vous êtes immédiatement séduit par celui ou celle qui partage votre goût des douces folies, et si cette personne sait en plus se montrer prévenante et affectueuse, ce sera le vrai bonheur. Une personne née sous le signe du Bœuf, du Dragon, du Chien, du Rat ou du Serpent sera un partenaire à la hauteur de vos attentes. Vous pourrez également vous fier et compter sur le soutien d'amis et de collaborateurs nés sous ces signes. Par contre, vous risquez d'encourir des problèmes avec des gens nés sous le signe du Lapin, du Cochon et de la Chèvre.

VOS PRÉVISIONS ASTROLOGIQUES POUR 2022

Années de naissance: 1933, 1945, 1957, 1969, 1981, 1993, 2005, 2017

L'année du Tigre d'Eau débute deux jours avant la Saint-Valentin. Tout ira très vite, ce qui risque de déstabiliser les natifs du Coq qui aiment planifier et organiser leur vie. En dépit de la conjoncture indécise, cette animation (le Coq sera plutôt tenté de parler de « chaos ») n'exclura pas quelques réussites possibles et aura souvent l'occasion de festoyer.

Une des caractéristiques de votre signe est que vous ne perdez jamais votre présence d'esprit. Vous portez beaucoup attention aux détails et vous êtes perspicace, vertus qui vont jouer en votre faveur au cours des prochains douze mois. Durant l'année 2022, vous devrez être prudent et savoir aussi vous adapter aux circonstances. Il sera impératif que vous écoutiez l'avis et les conseils de votre entourage. Assez dominant de nature et quelqu'un qui a des opinions tranchées cependant, pour bien vous tirer d'affaire cette année, vous devrez soigner vos rapports avec les autres, accepter leurs points de vue et leurs suggestions, et vous assurer que vous bénéficiez aussi de leur appui. Croyez-moi, ce ne sera pas l'année pour faire cavalier seul !

Quant à la vie au foyer, la consultation et la collaboration seront de toute première importance. L'année étant très chargée, tous devront mettre la main à la pâte et se rendre mutuellement service. Les initiatives entreprises en commun seront favorisées, si bien que les travaux de rénovation ainsi que les autres projets que vous caressez réussiront d'autant mieux que toute la maisonnée y participera. En outre, si vous subissez des pressions ou que vous vous débattez avec des soucis, le fait de vous ouvrir à vos proches vous fera beaucoup de bien. Indiscutablement, votre sensibilité et votre empathie seront pour vous de précieux atouts. Vous feriez bien aussi de réserver du temps à vos êtres chers et à ne pas penser uniquement à votre travail. On appréciera particulièrement les loisirs en famille et les gâteries occasionnelles. L'année 2022 pourra être enrichissante à la seule condition que la communication et la collaboration soient de la partie !

Pour ce qui est de votre vie sociale, non seulement il vous sera donné l'occasion de sortir et de participer à maints événements fort agréables, parfois reliés à votre travail, il n'en demeure pas moins que vos amis vous consulteront aussi sur une variété de sujets ou encore ils seront heureux de vous savoir à l'écoute. D'ailleurs, on fera souvent appel à vos compétences, mais dans certains cas, vous devrez peser vos réponses afin de ne pas nuire à l'harmonie de vos rapports. Aussi bien intentionné que vous soyez, vous tendrez à manquer parfois de tact ! Votre pleine conscience sera aussi très importante dans vos rapports amoureux, récents ou de longue date. L'amour pourra s'épanouir durant l'année, mais pour cela, vous devrez être attentionné et tempérer votre franc-parler. Les mois de février (surtout aux alentours des débuts de l'année du Tigre), mars, août et décembre seront les périodes les plus occupées sur le plan de la vie sociale, mais l'année sera ainsi faite que des occasions de sortir se présenteront à l'improviste. Si elles vous plaisent, vous feriez bien de leur donner suite !

Ce qui précède concernera aussi vos occupations personnelles. La possibilité de vous adonner à quelque chose de nouveau pourrait surgir soudainement ; afin de pouvoir en profiter pleinement, vous devrez réagir sans attendre alors que l'année du Tigre n'aime pas les retards. Or, il faudra saisir la chance et les invitations au moment où elles passeront. Vous aimeriez sans doute en être prévenu, mais 2022 préférera la spontanéité.

En ce qui concerne votre travail, vous devrez démontrer de la présence d'esprit. Des changements brusques sont à prévoir et un peu de souplesse sera requise des natifs de votre signe qui n'aiment pas sortir des sentiers battus. Vous devrez parfois adopter de nouvelles méthodes de travail, tolérer des modifications à vos tâches ou affronter des situations difficiles. À certains moments, la tournure des événements et la hâte qui présidera à certaines actions et à certains projets tendront à vous rendre anxieux, car le rythme effréné de l'année du Tigre d'Eau ne conviendra pas toujours à votre tempérament. Mais au milieu de toute cette agitation, vous aurez aussi d'excellentes chances de découvrir d'autres facettes de votre travail, d'ajouter à vos compétences et de faire quelques progrès, le plus souvent sans changer d'employeur.

En ce qui a trait à ceux d'entre vous qui veulent faire avancer leur carrière ailleurs ou qui cherchent du travail, ils bénéficieront aussi de certains débouchés. L'année 2022 vous réservera des surprises et si vous acceptez de ne pas vous limiter dans vos choix, vous pourriez exploiter différemment vos compétences ou en acquérir de nouvelles. Un des points marquants de l'année du Tigre est qu'elle privilégie aussi les progrès personnels, ce qui signifie pour plusieurs d'entre vous un changement professionnel radical. À cet effet, les mois d'avril, juillet, août et octobre seront les plus intéressants sur ce plan, mais puisque tout ira vite cette année, il faudra battre le fer tandis qu'il sera chaud, et ce, sans compter que vos progrès au travail s'assortiront d'une augmentation de vos revenus. Mais pour en profiter, vous devrez gérer soigneusement vos avoirs. Certains parmi vous sont assez dépensiers, mais s'ils ont le bon sens de resserrer les cordons de leur bourse, de prendre des décisions plus sages ainsi que faire des achats plus judicieux, ils devraient s'en sortir mieux. En 2022, une gestion rigoureuse s'imposera !

Dans l'ensemble, si on résume, beaucoup de choses se passeront durant l'année du Tigre d'Eau. Avec le recul, vous serez souvent surpris de tous les changements que vous vivrez et de toutes les ouvertures dont vous pourrez profiter. Bien que certaines années vous poussent à planifier, 2022 vous incitera plutôt à suivre le courant tout en profitant au maximum des circonstances. Cela ne vous plaira pas, mais avec de la bonne volonté et des rapports harmonieux avec votre entourage, vos réalisations, votre vie personnelle et sociale ainsi que vos intérêts personnels vous apporteront de très grandes satisfactions. Que l'année du Tigre d'Eau soit remplie de tendresse, de douceur, d'amour, de rires, de méditation, de réflexion, de joie et de bonheur.

Chien

Le **Chien** est en analogie avec le signe de la **Balance** en astrologie occidentale.

Vous êtes loyal envers les gens que vous aimez, mais vous avez tendance aussi à être constamment en mode inquiétude. Aussi honnête que vous soyez, vous avez le don de faire sentir les autres coupables. Extrêmement fidèle et protecteur de vos proches et de tous ceux qui vous sont chers, vous étiez probablement le genre d'enfant à l'école qui était le premier à défendre ceux qui étaient sans défense et/ou attaqué par des intimidateurs.

Vous êtes intègre, diplomate et équitable dans vos rapports avec les autres et n'êtes pas du genre à fuir non plus, et encore moins lorsque vous savez que vous avez raison. Votre sens des responsabilités est très développé chez vous, tant en ce qui concerne votre travail que votre vie personnelle, et c'est une qualité primordiale que vous appréciez chez les autres.

Travailleur acharné et quelqu'un qui se plaît à relever des défis, lorsque votre besogne est terminée, vous vous plaisez à vous reposer et à vous détendre chez vous en lisant un bon livre ou en regardant la télévision, les deux pieds sur la table basse.

Terre à terre, vous n'appréciez pas ceux qui se croient supérieurs aux autres, et non seulement vous n'hésiterez pas à les remettre à leur place, mais vous serez tenté de les éliminer de votre cercle d'amis.

Vous êtes né sous le signe de l'harmonie et de la bonne entente par excellence. On peut facilement en conclure que les complications vous troublent et vous rebutent au plus haut point. Tant que vous vous sentez en confiance avec les personnes que vous côtoyez, vous faites preuve d'une grande affection et êtes un ami fiable sur qui on peut compter aveuglément. Cependant, si les gens abusent de votre amitié ou de vos bontés, on vous verra vous renfermer sur vous-même et même agir prudemment. Vous serez peut-être même un peu sarcastique pour vous venger doucement, mais plus que tout, vous chercherez profondément le moyen de rétablir l'harmonie autour de vous. En revanche, si vous vous sentez trop seul et/ou incompris, vous pourriez sombrer dans le défaitisme et il faudra être patient pour vous ramener dans le positivisme.

Sérieux, sage et juste, vous êtes l'ami le plus fidèle de tous les signes du zodiaque chinois. En plus d'être épris de justice, vous êtes franc, direct et vous prenez votre temps pour juger de la valeur d'un autre. Vous savez voir au-delà des apparences, et les rumeurs ou les ragots n'ont aucun poids sur votre décision. Vous pesez le pour et le contre, mais quand cela est fait, vous avez la fâcheuse tendance à cataloguer arbitrairement les individus en deux groupes : les bons et les moins bons. Apprenez à vous occuper de vous un peu plus tôt que de laisser passer tous les autres avant vous. Méfiez-vous également de votre curiosité qui risque d'avoir le meilleur de vous-même et de vous occasionner des ennuis, surtout si vous ne vous mêlez pas de vos affaires.

Autant vous admirez ceux que vous aimez, même si, au départ, vous vous montrez exigeant, vous demandez, ou je dirais même que vous exigez que l'on soit joyeux pour partager vos élans d'enthousiasme, mais aussi pour calmer vos sautes d'humeur qui peuvent être méchantes par moments. Pour mieux satisfaire vos attentes, il sera avisé de rechercher la compagnie des personnes nées sous le signe du Rat, du Cheval, du Cochon, du Singe ou du Lapin dont vous pouvez être sûr de leur tendresse, et le Tigre qui aura le don de vous charmer, alors que tous ces gens seront d'excellents compagnons de vie. Toutefois, il vaudra mieux fuir ceux qui sont nés sous le signe du Rat, du Dragon, du Coq et de la Chèvre.

VOS PRÉVISIONS ASTROLOGIQUES POUR 2022

Années de naissance : 1922, 1934, 1946, 1958, 1970, 1982, 1994, 2006, 2018

L'année du Tigre d'Eau, qui débute deux jours avant la Saint-Valentin, marquera une remontée dans votre vie et dans celle des natifs de votre signe. Les mois à venir seront beaucoup plus heureux et progressifs pour vous. Nombreux d'entre vous auront la possibilité de se rattraper ainsi que de jouir de quelques succès personnels et professionnels. Et pour ceux qui entament l'année dans la déception et la tristesse, ils gagneraient à tirer un trait sur le passé et à se concentrer sur le présent. Quant à ceux qui affichent une attitude optimiste et déterminée, ils accompliront beaucoup de choses au cours de l'année à venir.

Pour ce qui est de votre vie personnelle, elle sera particulièrement bien aspectée. Vos relations harmonieuses avec votre entourage vous seront non seulement précieuses, mais aussi d'un grand secours dans la réalisation de vos ambitions. Certains d'entre vous seront réticents à demander des conseils et/ou à se confier, mais ils auraient avantage à s'efforcer d'être plus ouverts. Ainsi, on pourra mieux leur venir en aide, leur porter conseil et aussi leur rendre toutes leurs gentillesses. En société, et quand vous rencontrez des gens pour la première fois surtout, votre réserve ne vous montre pas toujours sous votre meilleur jour. En 2022, vous devrez absolument faire l'effort requis pour mettre en valeur votre personnalité réelle, ainsi vous ferez bonne impression (la première impression est très importante), et vous vous ferez aussi des relations d'affaires valables et tisserez d'importants liens d'amitié.

Pour les natifs de votre signe sans attache, l'amour sera sous d'excellents auspices. Or, certains pourraient même rencontrer l'âme sœur, souvent dans des circonstances tout à fait inhabituelles. À cet effet, les mois de mars à mai et le mois d'août seront très intéressants sur ce plan, et ceux d'entre vous qui ont négligé leur vie sociale constateront que s'ils sortent un peu plus souvent et s'ils fréquentent des gens qui partagent leurs passions, notamment au sein d'un groupe local, ils amélioreront leur situation.

En ce qui concerne la vie au foyer, elle sera marquante ! Comme toujours, vous vous intéressez beaucoup aux activités des vôtres et leur prodiguerez aide et conseils. Ceux d'entre vous qui ont des enfants verront leurs encouragements porter fruit. Le fait de vous attaquer en famille à certains projets assurera aussi l'harmonie domestique et permettra à tous d'en apprécier les développements à leur juste valeur et de faire cas du temps que vous passez ensemble.

De remarquables réussites seront aussi à prévoir dans la famille. Soit que vous fêterez vos succès ou encore les progrès et la chance de certains membres de la famille. Chez beaucoup de natifs de votre signe, la vie à la maison en 2022 sera des plus animées et heureuses ! Toutefois, en dépit de ces aspects positifs, l'année ne sera pas plus exempte de problèmes que n'importe quelle autre. Or, quand ils surgiront, vous ferez bien d'en discuter au lieu de les laisser s'envenimer. Et si vous avez des inquiétudes ou pensez assumer une part trop lourde des obligations familiales, vous devriez vous ouvrir aux autres et demander de l'aide suivant que l'année favorisera les efforts en commun. Et vous devrez aussi veillez à vous ménager des moments de loisir.

Vos occupations personnelles vous apporteront de nombreuses satisfactions et vous aideront à vous détendre et même à recharger vos piles. Tous ceux d'entre vous qui s'ennuient ou qui ne sont pas satisfaits de leur sort devront se trouver des activités de choix ainsi que de nouveaux passe-temps. Des occupations différentes allégeront votre état d'esprit et vous apporteront également d'autres avantages. Notez ce qui précède et sachez tirer parti de vos temps libres !

Puisque l'année 2022 sera extrêmement prometteuse en ce qui concerne votre avenir professionnel et particulièrement importante pour tous ceux qui tournent en rond depuis quelque temps et qui sont prêts à apporter des changements à leur carrière, pour en profiter pleinement, vous devrez prendre le taureau par les cornes et ne pas vous laisser arrêter par une baisse de productivité ni par des déceptions récentes. Et si vous êtes déterminé et tout aussi audacieux, vous vous trouverez au bon endroit au bon moment et ferez une excellente impression. Non seulement devriez-vous rester à l'affût de toute situation qui pourrait faciliter votre avancement, mais aussi solliciter l'opinion de vos supérieurs et de vos relations d'affaires. Beaucoup de choses joueront en votre faveur durant l'année du Tigre d'Eau et votre réputation, votre expérience et les appuis dont vous bénéficierez vous seront utiles. À cet effet, les mois de mars, mai, septembre et novembre seront riches en possibilités intéressantes, mais puisque tout va vite dans l'année du Tigre, vous devrez saisir la balle au bond dès que vous entendrez parler de quelque chose qui vous intéresse. En 2022, nombreux d'entre vous pourront enfin réaliser les progrès qui leur ont échappé ces dernières années.

Ce qui précède concernera aussi ceux d'entre vous en quête d'un emploi. Si vous cherchez depuis longtemps sans succès ou si vous avez récemment perdu votre situation, vous pourriez vous décourager, mais vous ne devrez pas oublier que l'année du Tigre privilégie tout ce qui est nouveau. Du reste, certains d'entre vous décideront de réorienter carrément leur carrière. Presque tout sera possible cette année. Et si vous vous faites bien conseiller, si vous croyez en vos aptitudes et êtes déterminés, vous serez nombreux à voir vos efforts récompensés. Avec plusieurs années difficiles, des voies s'ouvrent enfin devant vous !

Quant à l'avancement professionnel, cette année influencera sans contredit votre situation financière : plusieurs d'entre vous recevront une augmentation de salaire, un bonus ou un cadeau. Mais pour bénéficier au maximum de cette amélioration, vous devrez limiter vos dépenses, sans quoi vous allez dilapider tous vos gains. Et si vous assumez des obligations financières supplémentaires, vous devrez en connaître les modalités. La conjoncture jouera en votre faveur, certes, mais le moment n'est pas indiqué pour relâcher votre vigilance en matière d'argent ni dans tout ce qui pourrait avoir des conséquences à long terme.

Dans l'ensemble, si on résume, vous saurez bien vous tirer d'affaire durant l'année du Tigre d'Eau. Et si vous avez confiance en vous-même et que vous êtes prompt à réagir, des portes s'ouvriront devant vous. Sur le plan professionnel, l'affection, le soutien et les encouragements que vous recevrez vous donneront l'élan dont vous avez besoin. Que l'année du Tigre d'Eau soit remplie de tendresse, de douceur, d'amour, de rires, de méditation, de réflexion, de joie et de bonheur.

Cochon
Porc
Sanglier
Éléphant
Ours

Le **Cochon** ou Porc, mieux connu sous le nom du Sanglier au Japon, de l'Éléphant au nord de la Thaïlande et de l'Inde, et de l'Ours chez les Amérindiens, est en analogie avec le signe du **Scorpion** en astrologie occidentale.

Vous êtes intègre, patient, indulgent, compréhensif, compatissant, ardent, plein de ressources, astucieux, consciencieux et vous avez bon cœur. Malgré tout cela, vous pouvez être tout aussi naïf à vos heures. Vous êtes également honnête, travaillant, digne de confiance et quelqu'un qui ne se refuse rien. De plus, vous pouvez être autant égoïste que facile à duper.

Bon vivant et fervent de nature, vous faites preuve de compréhension envers les autres et vous avez l'art de vous gagner leur confiance petit à petit. Tous les secrets et confidences qui vous seront faits resteront enfouis en vous et bien gardés.

Particulièrement réceptif de nature, vous êtes doué pour vous attirer la sympathie des autres. Vous aimez découvrir la vie et les gens, et il vous arrive souvent que vous en fassiez une sorte de quête philosophique personnelle, surtout que vous avez l'âme d'un justicier. En revanche, votre plus grande faiblesse est sans doute d'être trop facilement influençable, sans compter que, dans vos moments de trouble, vous pouvez devenir profondément inquiet et porté à tout dramatiser, même lorsqu'il n'y a pas lieu de le faire.

Sur le plan professionnel, vous faites partie de ces gens qui se fixent des objectifs et qui travaillent incessamment pour les atteindre dans le plus grand respect d'autrui. On vous retrouve souvent à la tête d'un projet communautaire, car vous avez à cœur le bien-être de la collectivité. Vos efforts pour améliorer la vie des gens reposent sur la valeur du partage. Voilà qui explique pourquoi vous êtes le premier à offrir votre chemise à une personne moins nantie que vous ou qui est dans le besoin. Vous êtes choyé d'avoir une ouverture d'esprit des plus aimables envers votre prochain.

En plus d'être très confiant envers les personnes que vous croisez au quotidien, vous préférez éviter toutes confrontations et trouver un terrain d'entente, mais si c'est impossible, vous saurez affronter la tempête et saurez même surprendre votre adversaire. Cependant, n'allez pas vous en prendre à sa famille, sinon gare à vous.

Aussi secret et introverti que vous soyez, c'est généralement vous qui faites les premiers pas en vue d'établir la communication avec les personnes que vous jugez dignes d'un tel privilège. Par conséquent, ne ratez pas l'occasion de mettre à profit votre légendaire intuition pour dénicher l'élu de votre cœur. Et quand vous trouverez chaussure à votre pied, il n'y aura pas plus fidèle, loyal et dévoué que vous.

N'étant pas du genre à vous plaindre, vous aimez être entouré de gens bien nantis et susceptibles d'exciter votre curiosité afin de faire naître en vous mille désirs et envies. Toute personne née sous le signe du Tigre, du Lapin, du Rat, du Dragon, du Chien ou du Singe saura ravir votre âme, d'autant plus que vous êtes quelqu'un d'émotif, de passionné et extrêmement sensuel. Toutefois, il vaudra mieux fuir ceux qui sont nés sous le signe du Serpent et du Cheval.

VOS PRÉVISIONS ASTROLOGIQUES POUR 2022

Années de naissance : 1923, 1935, 1947, 1959, 1971, 1983, 1995, 2007, 2019

L'année du Tigre, qui débute deux jours avant la Saint-Valentin, vous accommodera, mais le rythme effréné et les contraintes nombreuses vous poseront quelques défis possibles. Non seulement les progrès seront lents, mais vous aurez souvent l'impression de vous démener pour pas grand-chose. L'année du Tigre, souvent riche de frustrations, vous sera tout de même instructive et donnera lieu aussi à d'importants changements. Par conséquent, vous auriez intérêt à être particulièrement prudent dans les questions d'argent, surtout que les années du Tigre tendent souvent à occasionner des dépenses supplémentaires : que celles-ci servent à votre hébergement, à vos projets personnels ou à vos êtres chers, elles solliciteront beaucoup de vos ressources. Vous devrez bien contrôler vos sorties d'argent et bien réfléchir avant de céder aux achats impulsifs. En 2022, il faut resserrer les cordons de votre bourse !

Vous devrez aussi vous montrer vigilant dans votre correspondance, surtout si elle affecte votre situation financière. Tout retard ou tout manque d'attention pourrait vous attirer des ennuis plus tard et vous occasionner aussi des frais inattendus. Vous devrez également veiller à ce que vos polices d'assurance soient à jour et placer vos papiers importants en lieu sûr. Si une question financière et/ou bureaucratique vous inquiète, vous feriez bien de demander des éclaircissements. Tout manque d'attention aux détails pourrait vous être préjudiciable. Or, tenez-vous-le pour dit !

Bien que les natifs de votre signe aient des manières exquises et d'excellentes relations avec les autres, durant 2022, ils devront garder leur présence d'esprit. Vous devez éviter tous les propos irréfléchis et n'allez pas confier de secrets à personne ; les murs ont des oreilles. Toute indiscrétion pourrait vous mettre dans l'embarras. Qui plus est, une autre personne risque de beaucoup vous décevoir. Confiant de nature, mais cette année, vous devez vous méfier un peu et montrer de la circonspection. Et si jamais vous vous retrouvez dans une situation déplaisante, vous feriez bien de vous fier à votre bon jugement et de maintenir vos positions. Tout relâchement de votre attention pourrait ultérieurement entraîner des difficultés.

En ce qui a trait à la vie au foyer, vous vous devrez absolument de vous réserver du temps pour vos proches en dépit de vos nombreuses obligations. Fort heureusement, attentionné comme vous l'êtes, sauf quand vous avez des soucis puisque les pressions vous rendent grincheux ou vous vous intéressez moins que vous ne le devriez à l'opinion des autres, des difficultés pourraient surgir ; soyez prévenant et respectueux. La vie au foyer ne sera pas toujours facile en raison d'un bris d'appareil, de problèmes domiciliaires ou de perturbations dues à certains projets. Outre que l'année du Tigre sera parfois éprouvante, mais si tous vous tendez la main et faites de votre mieux, vous surmonterez ces difficultés. Il peut arriver qu'un pépin soit un bienfait caché si un appareil défectueux est remplacé par un plus performant ou que les circonstances vous forcent à mener à la conclusion de travaux en retard. En dépit de toutes ces petits irritants, 2022 sera fertile en occasions de réjouissances, notamment un voyage ou un congé. Or, ne vous laissez pas affecter pour autant par les contraintes de cette période ; au contraire, trouvez moyen de sourire à la vie.

Compte tenu de vos nombreuses obligations, vous devrez vous ménager des loisirs pour vous reposer et recharger vos piles. Et bien que vous ayez l'habitude d'une vie équilibrée, en 2022, vous devrez rester vigilant en cette année échevelée.

Quant au travail, vos progrès seront lents et difficiles. Certains d'entre vous devront composer avec des lourdeurs administratives, des complications dues à de nouvelles méthodes de travail ou au manque de bienveillance de certains collègues. L'année 2022 sera parfois éprouvante ; cependant, si vous faites de votre mieux et que vous montrez de la souplesse, vous pourrez en profiter pour enrichir votre expérience. Vous ferez des progrès en dépit des contraintes et des moments d'exaspération, et vous parviendrez dans certains cas à faire avancer un peu votre carrière. D'ailleurs, des développements professionnels intéressants auront toutes les chances d'être au rendez-vous durant les mois d'avril, juillet et de la mi-octobre jusqu'à la fin janvier 2023. Ceux d'entre vous qui aspirent à un changement ou qui cherchent du travail devront eux aussi être malléables et élargir leurs horizons. Ce ne sera pas l'année pour aller faire votre fine bouche ! Bien au contraire, et si vous gardez l'œil ouvert, plusieurs d'entre vous auront la possibilité d'exploiter leurs compétences autrement. Hormis que 2022 sera difficile, l'expérience que vous pourrez acquérir vous vaudra en retour quelques réussites durant les prochaines années. Or, en dépit de vos nombreux pépins possibles, sachez que l'année sera riche d'enseignements très importants à long terme.

Dans l'ensemble, si on résume, vous devrez être circonspect dans vos relations avec votre entourage et dans les situations délicates. Si vous êtes prudent et exercez votre jugement, vous parviendrez à minimiser de beaucoup les aspects négatifs et en sortir plus sage, plus riche d'expérience et muni de certains avantages que vous pourrez exploiter en 2023. Que l'année du Tigre d'Eau soit remplie de tendresse, de douceur, d'amour, de rires, de méditation, de réflexion, de joie et de bonheur.

LES MYSTÈRES DE LA LUNE

Depuis la nuit des temps, les humains prêtent au Soleil et à la Lune un pouvoir magique et mystique. La Lune et le Soleil exercent une influence déterminante sur notre planète, sur les marées, sur les récoltes et sur les êtres humains. Découvrez les influences occultes de notre unique satellite dans les pages qui suivent.

LES PHASES DE LA LUNE EN 2022		
02 janvier – 01:35 PM	Nouvelle Lune ●	12° 20′ Capricorne
09 janvier – 01:12 PM	Premier Quartier ☽	19° 27′ Bélier
17 janvier – 06:50 PM	Pleine Lune ○	27° 51′ Cancer
25 janvier – 08:42 AM	Dernier Quartier ☾	05° 33′ Scorpion
1er février – 00:47 AM	Nouvelle Lune ●	12° 20′ Verseau
08 février – 8:51 AM	Premier Quartier ☽	19° 46′ Taureau
16 février – 01:58 PM	Pleine Lune ○	28° 00′ Lion
23 février – 05:34 PM	Dernier Quartier ☾	05° 17′ Sagittaire
02 mars – 02:36 PM	Nouvelle Lune Quartier ●	12° 07′ Poissons
10 mars – 05:47APM	Premier Quartier ☽	19° 50 Gémeaux
18 mars – 03:19 AM	Pleine Lune ○	27° 40′ Vierge
25 mars – 01:38 AM	Dernier Quartier ☾	04° 33′ Capricorne
1er avril – 02:26 AM	Nouvelle Lune ●	11° 31′ Bélier
09 avril – 02:49 AM	Premier Quartier ☽	19° 24′ Cancer
16 avril – 06:56 PM	Pleine Lune ○	26° 46′ Balance
23 avril – 07:58 AM	Dernier Quartier ☾	03° 19′Verseau
30 avril – 04:29 PM	Nouvelle Lune ●	10° 28′ Taureau

08 mai – 08:23 PM	Premier Quartier ☽	18° 23′ Lion
16 mai – 00:15 AM	Pleine Lune ○	25° 18′ Scorpion
22 mai – 02:44 PM	Dernier Quartier ☾	01° 39′ Poissons
30 mai – 07:31 AM	Nouvelle Lune ●	09° 03′ Gémeaux
07 juin – 10:50 AM	Premier Quartier ☽	16° 51′ Vierge
14 juin – 07:53 AM	Pleine Lune ○	23° 25′ Sagittaire
20 juin – 11:12 PM	Dernier Quartier ☾	29° 46′ Poissons
28 juin – 10:53 PM	Nouvelle Lune ●	07° 23′ Cancer
06 juillet – 10:15 PM	Premier Quartier ☽	14° 59′ Balance
13 juillet – 02:38 PM	Pleine Lune ○	21° 21′ Capricorne
20 juillet – 10:20 AM	Dernier Quartier ☾	27° 52′ Bélier
28 juillet – 01:56 PM	Nouvelle Lune ●	05° 39′ Lion
05 août – 07:08 AM	Premier Quartier ☽	13° 02′ Scorpion
11 août – 09:37 PM	Pleine Lune ○	19° 21′ Verseau
19 août – 00:37 AM	Dernier Quartier ☾	26° 12′ Taureau
27 août – 04:18 AM	Nouvelle Lune ●	04° 04′ Vierge
03 septembre – 02:09 PM	Premier Quartier ☽	11° 14′ Sagittaire
10 septembre – 06:00 AM	Pleine Lune ○	17° 41′ Poissons
17 septembre – 05:53 PM	Dernier Quartier ☾	24° 59′ Gémeaux
25 septembre – 05:56 PM	Nouvelle Lune ●	02° 49′ Balance
02 octobre – 08:15 PM	Premier Quartier ☽	09° 47′ Capricorne
09 octobre – 04:56 PM	Pleine Lune ○	16° 33′ Bélier
17 octobre – 01:16 PM	Dernier Quartier ☾	24° 19′ Cancer
25 octobre – 06:50 AM	Nouvelle Lune ●	02° 00′ Scorpion
1er novembre – 02:38 AM	Premier Quartier ☽	08° 49′ Verseau
08 novembre – 06:03 AM	Pleine Lune ○	16° 01′ Taureau
16 novembre – 08:28 AM	Dernier Quartier ☾	24° 10′ Lion
23 novembre – 07:58 PM	Nouvelle Lune ●	01° 38′ Sagittaire
30 novembre – 09:38 AM	Premier Quartier ☽	08° 22′ Poissons
07 décembre – 11:09 PM	Pleine Lune ○	16° 02′ Gémeaux
16 décembre – 03:56 AM	Dernier Quartier ☾	24° 22′ Vierge
23 décembre – 05:18 AM	Nouvelle Lune ●	01° 33′ Capricorne
29 décembre – 08:22 PM	Premier Quartier ☽	08° 18′ Bélier

* Soyez informé que c'est l'heure normale de l'Est (EST) qui a été utilisée dans ce livre.

LE CYCLE LUNAIRE

La Lune, comme chacun le sait maintenant, joue un très grand rôle dans notre vie et son impact dans notre vie quotidienne n'est plus à démontrer. Elle représente notre sensibilité, notre humeur, notre réceptivité et notre -émotivité, nos états d'âme, etc. C'est par sa position dans votre thème personnel qu'elle influe plus ou moins fortement sur vous. La Lune, qui parcourt le zodiaque en un peu moins de 28 jours, va en d'autres mots « transiter », c'est-à-dire réactiver toutes les autres planètes et points importants de votre thème. C'est donc elle qui, au quotidien, va agir en tant que baromètre de cette sensibilité, toujours en fonction de sa position natale bien sûr.

Chaque mois, la Lune entreprend un nouveau cycle qui dure environ 28 jours. Les rythmes de la Lune peuvent guider votre dynamique d'entreprise comme il peut aussi guider l'ensemble de votre vie pour la faciliter, et cela dans les domaines de l'argent, du marketing ou de l'organisation. Il est alors bien utile de connaître les moments clés qui peuvent favoriser votre succès dans chaque domaine de votre activité, ne serait-ce que pour en tirer le meilleur parti. Ce cycle est divisé en quatre phases à raison d'une semaine chacune. Voici ce qu'on observe en fonction de ses différentes phases.

Premier Quartier de la Lune : Début de la phase de la Nouvelle Lune

Cycle pour prendre des initiatives, pour semer (pour s'aimer). Période où l'énergie renouvelée commence à monter. Profitez de ce moment pour faire des approches, pour poser les bases d'une action future.

Cette phase s'amorce dès le moment où le Soleil et la Lune sont conjoints dans le ciel. Au début de cette phase, la Lune est invisible alors qu'elle est cachée par la luminosité du Soleil. On dit qu'elle traverse sa « phase noire » lorsqu'elle est nouvelle. Elle est représentée par un cercle noir ● dans les calendriers. La Nouvelle Lune peut être perçue seulement 5½ à 12 heures après sa nouvelle naissance. Vers la fin du premier quartier, la Lune s'éloigne de plus en plus du Soleil et de là elle s'apprête à amorcer sa seconde phase, le deuxième quartier de la Lune, alors qu'un croissant argenté apparaît.

En astrologie, la phase de la Nouvelle Lune correspond à un nouveau départ, soit un temps idéal pour s'affirmer. Elle représente l'énergie du démarrage, de la mise en place de nouvelles choses… dans l'idée. Ce n'est pas un temps d'activité intense, mais plutôt une période pour vous poser ou pour revoir vos objectifs, et commencer à penser à ce que vous aimeriez mettre en œuvre. C'est un moment idéal pour vous reconnecter avec votre vision primaire de ce que vous aimeriez voir se réaliser éventuellement et élucider comment vous allez vous aligner avec cette visée.

N'espérez pas, à cette période, être super productif autrement que mentalement alors que l'énergie extérieure chute, ne serait-ce que pour vous permettre de rêver, de concevoir ainsi que faire de nouveaux progrès. C'est donc la période idéale pour vous relaxer et pour vous concentrer sur un aspect précis de votre vision globale dans le but de voir comment vous pourriez le développer. Une période également propice pour définir vos objectifs financiers du mois et voir comment vous allez les déployer et les atteindre.

Dès que la Nouvelle Lune laissera apparaître au fil des jours un mince croissant – ce qui peut se comparer à une naissance, suivie d'une lente croissance -, l'obscurité fera place à la lumière et voilà que votre optimisme battra son plein, sans compter que vos actions seront spontanées et instinctives. Symboliquement, ce sera le moment de rassembler vos énergies et de vous lancer dans de nouvelles activités. Tout ce que vous mettrez de l'avant sera placé sous de bons auspices. Vous ne pourrez choisir un meilleur moment pour instaurer de nouvelles choses dans votre vie, pour aller de l'avant avec vos projets, pour mettre en action une nouvelle entreprise, pour entamer de nouveaux projets et pour relever les défis qui se présentent.

Puisque cette période se prête bien pour semer, sachez que vous ne pourrez choisir meilleur moment aussi pour concevoir un enfant. D'ailleurs, autrefois, on choisissait la Nouvelle Lune pour les semailles. Ce quartier de Lune se prêtera bien également pour labourer, pour tailler ses plantes et arbustes et pour enlever toutes mauvaises herbes. Si vous souhaitez que vos cheveux ou vos ongles repoussent avec davantage de vigueur, ce sera le moment pour les couper.

Soyez informé que cette phase ne convient pas aussi bien aux questions d'ordre amoureux. Cependant, si vous êtes rempli de passion pour une personne avec laquelle vous souhaiteriez cultiver une relation durable, veuillez prévoir votre premier rendez-vous autour de la Nouvelle Lune, alors que c'est une période riche en rêves d'amour et de gloire qui valent la peine d'être suivis.

Mentionnons aussi que c'est à ce moment précis que vous voudrez soumettre votre demande d'augmentation de salaire, entreprendre des démarches pour vous dénicher un nouvel emploi ou même un nouveau prétendant, et ce, malgré que les débuts risquent de s'avérer un peu difficiles. Il en ira de même pour ce qui est de planifier des négociations pour qu'elles prennent place alors qu'elles auront toutes les chances d'aboutir rapidement. Vous êtes encouragé d'en faire autant pour ce qui est d'amorcer un nouveau programme alimentaire sain et/ou une cure de désintoxication.

Deuxième Quartier de la Lune : Début de la période de la Lune Croissante

Cycle pour prendre des décisions, pour nourrir les plans semés par le passé, pour évaluer vos avancées. C'est à cette période que l'énergie lunaire soutient le mieux les projets et leur aboutissement. Si vous avez une décision importante à prendre ou si vous souhaitez une action efficace, il faut toujours agir à ce moment-là qui est, de très loin, le plus favorable du cycle et entreprendre le maximum de choses.

Cette phase prend forme sept jours après le début de la Nouvelle Lune. Elle est identifiée par ce symbole ⊠dans tous nos calendriers. Elle est à son sommet dans le ciel. Elle peut être visible à l'œil nu, surtout dans l'hémisphère Ouest, aux premières heures du début de la soirée alors qu'elle croît en largeur, allant d'une Lune Croissante à une Pleine Lune. Voilà une période où l'on ressent le besoin de se rassurer : on ménage ses arrières, mais on surveille également ses devants.

Ce quartier correspond au développement et à la croissance de la vie. Du coup, on poursuit ce qui a été créé à la Nouvelle Lune. La majorité des initiatives prises au cours de ce quartier peuvent devenir très profitables, surtout que les projets sont à la veille de se réaliser. Vous devrez travailler un peu plus fort pour atteindre les buts que vous vous êtes fixés. N'allez donc pas baisser les bras, d'autant plus que vous êtes plus susceptible de recevoir une réponse favorable au sujet de cette fameuse augmentation de salaire soumise par le passé.

Professionnellement, voilà qui sera le moment à saisir pour créer de nouvelles opportunités de développement : conférences, conventions, réseautages, nouvelles collaborations, webinaires ; bref, un passage à l'action pour initier les idées de la Nouvelle Lune.

C'est également à ce moment précis aussi que les collaborateurs feront preuve d'initiative et auront plus de confiance en leur potentiel. Toutes ces nouvelles idées que vous avez eues et que vous avez conçues ont besoin à présent de beaucoup de soin, d'attention et de peaufinage, étant donné qu'elles sont au tout début de leur croissance.

Dans un tout autre ordre d'idées, voilà qui sera aussi le moment pour lâcher prise sur vos vieilles peurs et sur vos angoisses, ainsi que sur toutes croyances qui vous poussent à vous autosaboter et à ne penser qu'à vous mettre en action pour concrétiser toutes vos nouvelles idées, sans nécessairement réfléchir si, oui ou non, vous devriez oser. Ne vous occupez pas de ce que les autres risquent d'en penser, faites juste semer, car c'est en semant que vous aurez plus de chances de voir vos projets se concrétiser, se matérialiser, et ce, même si l'argent ne se récoltera pas forcément à ce moment-là. En toute réalité, vous préparez la récolte future.

Sur une note finale, voilà un temps où vous pourrez davantage vous faire une idée plus précise de l'évolution d'une relation amoureuse. Toutes relations amoureuses amorcées au cours de ce quartier se poursuivent souvent toute la vie. C'est aussi le moment opportun pour mettre cartes sur table si un conflit s'engage. Assurez-vous de tirer profit de ce quartier de Lune pour vous réorganiser, pour vous débarrasser d'une vieille habitude nuisible à votre santé et pour peaufiner toutes vos stratégies.

Troisième Quartier de la Lune : Début de la phase de la Pleine Lune

Cycle pour évaluer ce qui a été semé ; on récolte le fruit de son travail. La Pleine Lune favorise surtout les énergies amoureuses et l'impulsion sexuelle. Durant cette phase, les réalisations concrètes sont fluctuantes.

Cette phase lunaire prend forme au moment de la Pleine Lune, alors que le Soleil et la Lune s'opposent l'un à l'autre. Elle est représentée par un cercle blanc ○ dans nos calendriers. C'est la période où la Lune apparaît dans l'hémisphère Est au coucher du Soleil, et plus son cycle progresse, plus on la voit chaque soir.

La semaine qui suit le jour de la Pleine Lune représente un temps de puissance. C'est un temps favorable pour prendre conscience de vos pensées négatives. Le moment parfait pour surmonter les obstacles et pour vous départir d'une mauvaise habitude. Vous ne pourrez choisir meilleure phase pour vous désencombrer, vous purger de choses qui ne servent plus dans votre vie, telles qu'une dépendance à la nourriture, à la drogue ou au sexe, mettre un terme à toute relation qui vous fait souffrir et/ou qui vous est nuisible, vous déchargeant ainsi de toute douleur physique et émotionnelle. Attention toutefois aux excès possibles d'émotivité, surtout chez les âmes sensibles. C'est à ce moment précis que les scènes romantiques et les prises de bec se font plus nombreuses ; la tension intérieure et les pressions extérieures peuvent entraîner des conflits personnels et des crises qui draineront votre énergie.

Ce quartier de Lune correspond à la culmination de vos plans et à leur maturation. C'est le moment idéal pour créer des « temps forts », pour générer des revenus et l'impact que vous désirez mettre en scène. J'espère que vous saisissez bien alors que ce n'est pas le moment pour vous mettre en mode pause. Attention pour autant de ne pas vous épuiser, de ne pas en faire trop, ni de brûler la chandelle par les deux bouts alors que vous n'aurez rien à gagner non plus d'agir ainsi.

Bien que cette phase s'avère propice aux prises de conscience, le temps est mal choisi pour vous disputer avec les gens près de vous, surtout que les émotions s'intensifient toujours plus lors de la Pleine Lune. N'empêche, elles peuvent vous aider à exorciser une désolation, une colère, un chagrin ou un ressentiment que vous aviez intériorisé. Prêtez attention à ce que vous révèlent vos émotions – ce que vous devez résoudre vous apparaîtra plus clairement. Cependant, n'allez pas agir sur un coup de tête ni sous l'impulsion du moment au risque de vous causer des ennuis inutilement. Ce n'est donc pas le moment de vous disputer avec qui que ce soit. Évitez de vous en prendre à vos proches ou à votre patron.

Au cours de cette période, nombreux sont ceux qui démissionnent de leur poste ou qui décident d'une rupture, alors qu'en réalité, cette phase lunaire ne faisait qu'indiquer des difficultés à résoudre progressivement, mais certainement pas d'une manière radicale. Armez-vous de courage afin de mieux faire face à vos démons et à toutes les peurs mises en lumière par la Pleine Lune. Profitez-en aussi pour amorcer un régime amaigrissant la journée même de la Pleine Lune, alors que vous serez ravi des résultats escomptés ; vous dégonflerez au rythme de cette lune décroissante. Vous ne pourrez choisir aussi un meilleur moment pour rendre visite à votre coiffeur afin de faire couper vos cheveux, étant donné qu'ils repousseront moins rapidement.

Quatrième Quartier de la Lune : Début de la phase de la Lune Décroissante

Cycle pour se réorganiser, pour arracher les mauvaises herbes. Période ardue durant laquelle rien ne va plus, sinon avec des entraves et au prix de grandes difficultés. Les turbulences sont nombreuses dans cette fin de cycle qui freine l'énergie. Les êtres sont souvent perturbés, fatigués, déprimés, coléreux ou anxieux durant cette phase-là, période qu'il vaudrait mieux « mettre entre parenthèses » si l'on en a la possibilité.

Cette phase se manifeste lorsque la Lune a bougé de 90 degrés de la Pleine Lune. Période où elle décroît en luminosité. Elle est identifiée par ce symbole ☾ dans nos calendriers. Elle se lève à minuit et ne peut être vue que dans l'hémisphère Est durant les heures tardives de la soirée. Elle ne culmine pas au point le plus élevé dans l'espace avant les petites heures du matin. Cette phase lunaire correspond à la « désintégration » de la Lune puisque, symboliquement, elle prend un pas de recul pour mieux réfléchir sur le cycle qu'elle vient d'accomplir.

Lors de la semaine du dernier quartier de la Lune, vous ne pourrez choisir meilleur cycle pour faire une introspection en vue de reconsidérer tous vos plans stratégiques. C'est aussi un temps idéal pour vous réorganiser, pour faire table rase de ce qui est devenu inutile, pour payer vos factures, pour relancer vos clients qui vous doivent de l'argent afin que tout soit en ordre pour mieux être prêt pour la Nouvelle Lune qui approche à grands pas et pour planifier, bien entendu, vos prochaines démarches.

À ce stade, prenez le temps nécessaire de voir comment vous avez progressé dans ce cycle, avec recul et bienveillance envers vous-même, et avec honnêteté. C'est ainsi que vous pourrez continuer à progresser sur le chemin de votre *business,* spirituellement et financièrement riche. N'allez pas vous donner une excuse pour procrastiner en vous disant que vous avez loupé une phase ou que vous attendrez la prochaine Nouvelle Lune pour vous y mettre. En fait, les actions et les gestes du passé vous rattrapent. En somme, c'est la semaine où l'on découvre que la persévérance est récompensée.

Si des heurts ont eu lieu au cours des dernières semaines, saisissez ce moment pour faire amende honorable et pour méditer sur vos erreurs passées pour mieux en tirer de bonnes leçons. Ce quartier peut également favoriser une action qui était restée à ce jour dans l'ombre et manifester à nouveau un nouvel intérêt, mais de manière provisoire tout de même.

Ce quartier de Lune tend aussi à masquer les sentiments amoureux. La probabilité d'une rupture est plus que possible au cours de cette phase. Toutes les rencontres faites ont également peu de chances de perdurer. En revanche, cette période s'avère propice à une réconciliation ou, à tout le moins, pour faire le point dans une relation, mais les couples qui survivent à cette introspection forment dès lors une union résistante.

Ne manquez pas non plus de tirer avantage de cette phase lunaire pour faire du rangement à l'intérieur de vos tiroirs, de votre garde-robe, de votre maison ou de votre esprit.

Soyez également avisé que cette période se prête bien aussi pour faire des mises en conserve, telles des confitures, alors que le sucre ne sera pas porté à remonter à la surface, ce qui préviendra tout risque d'acidité et de fermentation.

Si on récapitule...

Jour de la Nouvelle Lune

Veuillez voir le jour de la Nouvelle Lune comme étant une journée dynamique. C'est le moment du mois où la Lune recommence à croître, redoublant de lumière et elle reflète une nouvelle énergie créatrice sur toutes les choses du monde. C'est à coup sûr le moment de passer à la vitesse supérieure et de planifier vos aspirations pour l'avenir, tant personnelles que professionnelles. Notez cinq à dix objectifs clés que vous aimeriez voir se réaliser, visualisez-les dans votre subconscient, puis travaillez à leur réalisation – à court terme, au cours des quatre prochaines semaines ou, à plus long terme, au cours des prochains mois.

1. Générer des idées et mettez de l'avant tous nouveaux projets qui vous tiennent à cœur à partir du lendemain de la Nouvelle Lune jusqu'à la veille de la prochaine Pleine Lune.
2. Les deux semaines qui suivent la Nouvelle Lune sont des périodes d'expansion et d'activités de haut niveau. Mettez-les à profit pour vous promouvoir, promouvoir votre travail ou votre entreprise.
3. Faites des plans, fixez-vous des objectifs et mettez le tout en action dès le jour de la Nouvelle Lune.
4. Évaluez et réévaluez votre programme, ce qui est à l'agenda, vos plans et projets d'affaires après la Pleine Lune.

5. Il sera peu judicieux de chercher du travail, de poser votre candidature à un nouveau poste ainsi que mettre un nouveau produit sur le marché dans les deux semaines qui séparent la Pleine Lune de la Nouvelle Lune suivante.

De la Nouvelle Lune au Premier Quartier de la Lune

Idéal pour initier de nouvelles offres, de nouveaux accords ; rédiger un contrat ; signer un document, des papiers officiels ou tous accords ; nouer de nouveaux contacts ; vous rattraper sur votre correspondance ; soumettre votre demande d'augmentation de salaire ; solliciter une promotion ainsi que chercher un nouvel emploi ; soumettre une proposition ; introduire de nouvelles idées ; proposer quelque chose ; annoncer les offres publiques d'achat, conclure des partenariats ; mettre les projets en mouvement ; organiser une réunion importante du conseil d'administration ; vous porter candidat ; élire de nouveaux membres ; amorcer un projet de construction ; interviewer des candidats potentiels, établir une présélection, embaucher du personnel ; publier ou diffuser des chiffres favorables de performance ; intenter une action en dommages et intérêts ; emménager dans une nouvelle maison ; démarrer un nouvel emploi ; amorcer une nouvelle relation ; faire une étude de faisabilité ; entamer une enquête ; couper, colorer et faire faire un masque nourrissant à vos cheveux. Si vous souhaitez épaissir vos cheveux, alors coupez-les lorsque la Lune sera de passage en Lion ou en Vierge.

Du Premier Quartier de la Lune à la Pleine Lune

Idéal pour lancer une campagne publicitaire ; mener de front toutes les activités de grande envergure telles que la promotion de l'image de l'entreprise ; solliciter des conseils juridiques ou financiers ; prêter de l'argent ; informer la main-d'œuvre (le personnel) des augmentations de salaire ou des systèmes de primes (bonus).

Le jour de la Pleine Lune

Idéal pour changer de vitesse de croisière et évaluer les progrès accomplis depuis le jour de la Nouvelle Lune ; vous concentrer sur la réalisation des projets existants au cours des deux prochaines semaines ; si nécessaire, prévoir d'éliminer toutes les procédures longues et/ou non productives.

De la Pleine Lune au Troisième Quartier de la Lune

Idéal pour entreprendre tous les travaux d'investigation (d'enquête), d'infiltration ou des projets de nature secrète ; vous concentrer sur toutes les recherches utiles ou exhaustives ; explorer de nouveaux marchés ; entreprendre des études de profil de clients ou de clientèle potentielle ; préparer des budgets et des devis ; dresser un inventaire ; faire le point ; effectuer des travaux d'entretien ; rédiger des rapports sur ce qui a été accompli à ce jour ; revoir les politiques de l'entreprise ; élaborer de nouveaux ordres du jour ; suivre des cours d'études.

Du Troisième Quartier de la Lune à la Nouvelle Lune suivante

Idéal pour vous retirer ou démissionner ; réduire vos effectifs ; rétrograder ou licencier du personnel ; informer la main-d'œuvre des réductions de salaire ; restructurer ; déléguer ; dissoudre des partenariats ; contracter un prêt ; défendre un litige en cours ; publier et/ou diffuser des chiffres médiocres de performance ; déclencher une grève ; nettoyer, peindre ou remettre en bon état les lieux (locaux) de travail ; faire table rase ; régler les derniers détails ; vous préparer à mettre en œuvre toutes les nouvelles stratégies d'attaque et tous les nouveaux projets pour la prochaine phase de la Lune.

MÉTHODE D'INTERPRÉTATION DU CALENDRIER DES LUNES

L'influence de la Lune au quotidien est très variable selon sa position et la nature des astres dans les maisons et dans les signes avec lesquels elle est en configuration. En astrologie, chaque signe présente des caractéristiques qui lui sont particulières dont les associations avec l'ensemble des éléments avec la carte du ciel conduisent à des interprétations multiples, mais également parfois contradictoires, d'où l'importance de pouvoir faire une synthèse des éléments en fonction de ce que vous vivez.

Pour mieux comprendre la signification des aspects lunaires en cours, il faut respecter un certain nombre de règles. Dans un premier temps, chaque signe du zodiaque symbolise une unité de base; dans un deuxième temps, chaque maison représente un secteur précis de votre thème; et dans un troisième temps, chaque planète possède une fonction qui lui est propre. L'interprétation va alors consister à établir les liens les plus plausibles qui les unissent selon le principe de l'analogie et selon une logique très cartésienne.

Autrefois, les travaux ménagers et agricoles, les soins apportés aux personnes et aux animaux étaient planifiés en fonction des cycles lunaires et des signes du zodiaque. Les anciens astrologues, grâce à leur don d'observation, avaient des connaissances érudites et bien précises sur le « moment propice » pour agir dans leurs entreprises, cultures, élevages, travaux d'entretien et ménagers.

Les qualités du « moment propice » dépendent pour une grande part du cycle lunaire: Nouvelle Lune, Pleine Lune, Lune ascendante ou descendante, en apogée ou en périgée. Les Nœuds Lunaires et la position de la Lune dans le zodiaque sont autant d'éléments importants qui influencent le résultat.

Si vous avez été attentif dès le début de la lecture de mon livre, vous avez compris qu'il y a douze signes du zodiaque et chaque signe est en analogie avec une des douze maisons astrologiques. Ces douze signes sont répartis dans quatre éléments, trois font partie de l'élément Feu, trois autres de l'élément Terre, trois de l'élément Air et trois de l'élément Eau (page 79 pour plus d'information). Vous pourrez y lire aussi sur les polarités et les qualités des signes. Il y a également deux luminaires : le Soleil, la Lune, suivis de huit planètes : Mercure, Vénus, Mars, Jupiter, Saturne, Uranus, Neptune et Pluton. Pour connaître le rôle qu'elles exercent, référez-vous au chapitre intitulé « *Les planètes et le rôle qu'elles jouent* » (page 64). Profitez-en pour lire sur les maisons astrologiques (page 73). Si vous êtes un amateur d'astrologie, vous connaissez probablement votre ascendant natal, sinon vous êtes encouragé à faire les calculs suggérés (page 41), et à lire le chapitre réservé à votre ascendant natal (page 57). Si vous êtes plus chevronné en astrologie, il est sûr que vous connaissez la position de vos planètes dans votre thème natal. Si ce n'est pas le cas, de multiples sites sont disponibles sur Internet qui dressent votre thème natal et qui vous donnent la position précise de vos planètes natales en signes et en maisons.

Afin de mieux faire des choix éclairés au quotidien, prenons comme exemple que vous êtes un natif du Bélier ayant un ascendant natal dans le signe de la Vierge. Le Bélier étant en analogie avec la première maison astrologique solaire, votre deuxième maison astrologique solaire est donc en Taureau, la troisième en Gémeaux et ainsi de suite. Pour ce qui est de votre ascendant natal Vierge, il occupe comme tel votre sixième maison astrologique à partir de la position de votre Soleil natal. En revanche, si on part du fait que votre première maison ascendant natal est en Vierge, on peut donc confirmer également que votre deuxième maison astrologique ascendant natal se retrouve bel et bien en Balance, la troisième en Scorpion, la quatrième en Sagittaire et ainsi de suite. Par conséquent, on peut dire aussi que votre Soleil natal en Bélier se trouve dès lors dans votre huitième maison astrologique ascendant natal.

Prenons comme exemple le dimanche 16 janvier 2022 : la Lune annuelle, ou du jour sollicité, transite le signe du Cancer, soit votre quatrième maison solaire à partir de la position de votre Soleil natal en Bélier et la onzième maison astrologique à partir de la position de votre ascendant natal qui est en Vierge. On sait que la quatrième maison est en lien avec la famille, le foyer, votre lieu de résidence et elle est aussi le secteur par excellence qui nous informe des changements possibles. Pour ce qui est de la onzième maison, elle nous informe sur votre vie sociale, sur l'amour reçu de la part de votre famille, sur toutes les relations privilégiées que vous avez avec vos amis, vos petits-enfants et tous les gens et connaissances qui vous sont chers. C'est aussi à ce secteur que l'on voit vos projets, vos souhaits, vos désirs et vos rêves. On peut donc supposer que ce sera un moment privilégié (un rêve ou un souhait réalisé) pour ainsi recevoir la famille, les amis et les connaissances à venir savourer un repas chez vous, tout en créant de beaux moments mémorables ensemble, d'autant plus si la Lune du jour sollicité est en harmonie avec les autres corps célestes en transit au moment présent ainsi qu'avec les autres planètes de votre thème natal.

L'influence de la Lune est très forte chez les humains. On peut d'ailleurs le constater au moment de la Nouvelle Lune. En effet, c'est le moment propice pour démarrer un nouveau projet, prendre un nouveau départ, trouver un nouvel emploi, relever de nouveaux défis, surtout que cette phase lunaire favorise tant la croissance que la concrétisation d'activités et d'idées.

Si une Nouvelle Lune a lieu dans le secteur qui régit vos ressources, soit en Taureau ou encore au deuxième secteur de votre thème de naissance selon la position de votre Soleil natal et/ou d'après la position de votre ascendant natal, on peut donc assumer que votre attention se portera davantage sur vos finances.

En revanche, si la Nouvelle Lune se manifeste au secteur de votre thème personnel qui régit les associations, soit votre VIIe maison astrologique solaire de par la position de votre Soleil natal en Bélier et également votre IIe maison astrologique ascendant natale, soit de la position de votre ascendant natal, secteur qui régit vos sous, si cette Nouvelle Lune est bien aspectée par elle-même et qu'elle prend place dans un secteur de votre thème natal qui est aussi bien aspecté, on peut en conclure qu'une rentrée d'argent est plus que possible par l'intermédiaire d'une personne, d'un client potentiel ou encore de toute autre personne avec qui vous interagissez. Par contre, si ce n'est pas le cas et que la Nouvelle Lune est affligée et/ou a lieu dans un secteur de votre thème qui est mal aspecté, vous pourriez vous retrouver à devoir régler une facture, sinon de subir une perte d'argent ou autres.

Puisque la période de la Nouvelle Lune joue un rôle clé, cela servira bien vos intérêts d'amorcer une activité qui est favorisée par le signe qu'elle occupe. Pour mieux tirer avantage de ce que la Lune a à vous offrir, assurez-vous de tenir compte de ce que vous vivez au quotidien, surtout que vous êtes la seule personne qui puisse choisir la bonne interprétation parmi celles offertes dans mon livre, car vous êtes la seule à savoir ce que vous recherchez, ce que vous désirez, et ce vers quoi vous désirez vous diriger. Cependant, à travers tout ce méli-mélo, il se pourrait que vous y trouviez des contradictions. À ce moment-là, il importera de faire la part des choses ainsi que d'interpréter correctement mes commentaires suggérés.

LE SIGNE OÙ SE TROUVE LA LUNE AU QUOTIDIEN

La Lune reste deux ou trois jours tout au plus dans le même signe. Pour connaître sa position au quotidien, référez-vous au chapitre « Les positions de la Lune en **2022** », soit dans les pages qui suivent. L'ordre des signes parcourus par la Lune est toujours le même. Elle suit l'ordre du zodiaque : Bélier, Taureau, Gémeaux, Cancer, Lion, Vierge, Balance, Scorpion, Sagittaire, Capricorne, Verseau, Poissons.

En astrologie, la Lune influence entre autres la popularité et la renommée du signe dans lequel elle se situe. Regardez les jours où elle se trouve dans votre signe alors que ce sont vos meilleures journées du mois.

LA LUNE À TRAVERS LES SIGNES

Le signe dans lequel la Lune évolue indique comment nous allons faire les choses. Puisque la Lune régit le ton émotionnel de la journée, il est bon de savoir quelle sera l'humeur du moment. Voici une description de la Lune à travers les douze signes.

› La Lune en Bélier

La Lune dans ce signe cardinal de Feu est audacieuse, impulsive et énergique. Quand la Lune parcourt le signe du Bélier, elle est neutre et favorise l'action, la combativité, l'initiative, l'enthousiasme, l'audace et renforce notre optimisme. C'est une période où on se sent plus irritable, irascible, colérique et argumentatif. C'est aussi un temps où même les personnes les plus humbles n'éprouvent aucune crainte à prendre leur place, à prendre position en vue de protéger leurs sentiments intérieurs. Puisque le Bélier est le premier signe du zodiaque, il est tout à fait naturel que ce soit le point de départ de tous projets ainsi qu'un temps idéal et propice pour se promouvoir, pour s'afficher le premier, pour amorcer des changements et de nouveaux départs. C'est donc une bonne journée pour agir, foncer, entreprendre un projet et négocier. Cependant, assurez-vous d'avoir en place un plan « B » pour qu'un autre prenne la relève lorsque votre impatience commencera à avoir le meilleur de vous-même. Toute activité ou tout travail nécessitant une utilisation habile d'outils, tels que ceux utilisés pour abattre des arbres ou marteler, s'y prêtera bien. Chose certaine, attendez-vous à ce que les choses se produiront rapidement. Or, si vous êtes sujet à vous blesser ou à être distrait, méfiez-vous qu'un bête incident ou qu'un accident fâcheux se produise. Surveillez votre tendance à être plus impulsif et stressé. Soyez prudent et assurez-vous de faire preuve de jugement. Cette Lune aura l'art de « booster » votre optimisme ! Une Lune en Bélier est positive un mardi ou un samedi. Le Bélier régit la tête et le visage. Les autres signes qui bénéficient des influences de la Lune en Bélier sont : Lion, Sagittaire, Gémeaux, Verseau et Scorpion.

PROPICE POUR : Négocier, acheter, vendre, faire du commerce, prendre des décisions sur-le-champ, mettre en œuvre des mesures, tirer parti des situations, lancer de nouveaux projets, créer de nouvelles entreprises, notamment celles de nature risquée ou qui sortent des sentiers battus (pionnières).

ACHETEZ : Vêtements et équipement de sport, chapeaux, lunettes de soleil et de lecture, outils, tout ce qui est fait de métal, voitures, matériel de bricolage, tout ce qui est de couleur rouge.

ÉVITEZ : D'être flamboyant, de grimper vite dans les rideaux, d'acheter ou d'agir sur l'impulsion du moment ou à la hâte, de même que sauter à l'essentiel.

CONSEIL EN TEMPS OPPORTUN : Faites-vous coiffer.

PRENEZ GARDE : À la mauvaise humeur des autres.

JOURNÉES IMPORTANTES POUR TOUTES LES ACTIVITÉS CONCERNANT : L'industrie automobile, tous les métiers en lien avec la mécanique, les sports ainsi que toutes les entreprises pionnières.

› La Lune en Taureau

La Lune, dans ce signe fixe de Terre, est à son meilleur et excelle alors qu'elle est dite exaltée (forte). Étant donné sa solidité et sa sensualité, elle se sent sûre d'elle et elle est très bien enracinée. Il n'y a pas lieu de se stresser ni de se presser, et il n'est pas nécessaire non plus de changer quoi que ce soit. Le passage de la Lune dans ce signe tend à résister aux changements et surtout ceux qui ne sont pas initiés de son propre vouloir ou par elle-même. Pas surprenant que nous préférerons demeurer tranquilles, immobiles et sereins. Toutes choses amorcées lors du passage de la Lune en Taureau ont tendance à durer et à prendre de la valeur. Or, si vous souhaitez apporter des modifications à quelque chose que vous avez commencé, il sera préférable d'attendre une Lune en Gémeaux. D'ici là, il est bon d'intégrer l'énergie d'une Lune en Taureau dans vos projets lorsque la patience, la praticité et la persévérance sont nécessaires, mais il est possible que vous puissiez également ressentir de l'obstination. Lorsque la Lune transite en Taureau, elle favorise l'amour, la stabilité du foyer ainsi que le sens de l'hospitalité. Une Lune en Taureau peut aussi être une énergie de soutien pour ce qui est d'un mariage. En revanche, un divorce qui prend place au cours d'une Lune dans ce signe peut être difficile et coûteux à régler. Par contre, c'est une bonne journée pour la famille, les amoureux, pour prendre rendez-vous avec son gérant de banque, pour ouvrir un compte ou solliciter un prêt, mais veuillez vous attendre à ce que les responsables en charge fassent preuve de prudence et qu'ils soient lents à prendre des décisions. N'empêche, vous ne pourrez choisir un meilleur moment pour voir à vos finances et autres ressources qui relèvent des activités d'une Lune en Taureau. Le moment se prêtera bien également pour déguster un bon repas et pour écouter de la musique, tout en appréciant la beauté de la nature et savourer un beau coucher de soleil, entouré des choses qui nous réconfortent. Une Lune en Taureau est positive un vendredi ou un lundi. Le Taureau régit le cou, la gorge, l'intérieur de votre palais et la voix. Les autres signes qui bénéficient des influences de cette Lune en Taureau sont: Capricorne, Vierge, Balance, Cancer et Poissons.

PROPICE POUR: Faire des investissements, louer une propriété ou un chalet, embaucher du nouveau personnel, décorer et rénover des locaux commerciaux, faire preuve d'empathie envers ses collègues.

ACHETEZ: Tout ce qui est pratique, tous les biens de consommation durables, produits de luxe, cosmétiques, chocolats et autres gourmandises, fleurs, plantes, mobilier ainsi que tous équipements de jardin ; chaises, lits et literie.

ÉVITEZ : De vous asseoir sur vos lauriers, de traîner de la patte, de ne pas saisir les bonnes opportunités quand elles passent, d'acheter tous gadgets de fortune.

CONSEIL EN TEMPS OPPORTUN : Ouvrir un nouveau compte d'investissement.

PRENEZ GARDE : À l'inflexibilité des autres.

JOURNÉES IMPORTANTES POUR TOUTES LES ACTIVITÉS CONCERNANT : Les industries du bâtiment, de l'ameublement, de la décoration intérieure, de l'agriculture, de l'horticulture, de la conception à l'aménagement extérieur, de la confiserie.

› La Lune en Gémeaux

La Lune en Gémeaux est celle de la communication par excellence. C'est un temps où les gens sont plus changeants que d'habitude et peuvent préférer poursuivre des activités intellectuelles et jouer à des jeux mentaux, tels que résoudre un casse-tête ou toute énigme, plutôt que de s'appliquer à des problèmes pratiques. Tous seront bien plus bavards et prompts à échanger leurs numéros de téléphone et adresses courriel. Lorsque la Lune est de passage au signe du Gémeaux, elle favorise la communication, les idées, les petits déplacements, les expéditions, les escales, faire des courses, vivre de nouvelles rencontres, pratiquer le vélo et faire des randonnées pédestres. D'ailleurs, c'est à ce moment précis qu'on déniche des raccourcis et qu'on les emprunte. C'est aussi une bonne journée pour écrire, pour faire le retour de vos appels et de vos courriels, pour discuter, pour corriger une situation qui exige polyvalence et réflexion rapide et pour s'occuper d'affaires. Ce signe mutable d'Air bouge tellement vite, c'est à ce moment précis que nous nous sentons plus agités qu'à l'habitude. Surveillez cette tendance à devenir plus éparpillés, inconstants ou volages. La Lune en Gémeaux est très positive un mercredi. Le signe du Gémeaux régit les épaules, les mains, les poumons et le système nerveux. Les autres signes qui tirent profit des influences de la Lune en Gémeaux sont : Verseau, Balance, Bélier et Lion.

PROPICE POUR : Commercer, acheter, vendre, vivre des voyages d'affaires, générer de nouvelles idées, adresser votre correspondance. La décoration, la réorganisation et/ou la rénovation de locaux commerciaux, l'introduction de nouvelles voitures, machineries ou technologies ; faire une présentation, une gestion de crise.

ACHETEZ : Ordinateurs, gadgets à la dernière mode, articles de bricolage, matériel d'écriture, livres, téléphones et tous autres équipements de communication, jouets, dictionnaires et encyclopédies.

ÉVITEZ : Toutes expéditions de magasinage longues ou lointaines. Toute distraction du problème principal, toute appréciation superficielle de la situation. D'être sournois autant que masquer la vérité et vous en mettre trop sur les épaules.

CONSEIL EN TEMPS OPPORTUN : Achetez votre voiture sous ce signe.

PRENEZ GARDE : Aux escrocs.

JOURNÉES IMPORTANTES POUR TOUTES LES ACTIVITÉS CONCERNANT : Les médias, la technologie audiovisuelle, les industries de la communication, l'imprimerie, les nouveaux points de vente et les magazines, les marchands de journaux, les services postaux, les fabricants de jouets.

› La Lune en Cancer

La Lune dans ce signe cardinal d'Eau est à son paroxysme puisqu'elle est chez elle (signe dont elle en a la maîtrise). Ici, la Lune est concernée par son foyer, par la famille, les enfants et sa mère. Idéal pour prendre soin des autres, les materner quoi, s'occuper de ses enfants, de la maison, du jardin, des comptes. Alors que la Lune est réceptive dans ce signe, ce sera un temps où vous serez plus porté à exprimer vos émotions, à être sympathique et compréhensif envers autrui. Durant le transit de la Lune dans ce signe, non seulement vos sentiments seront en hausse et plus intenses, mais il est possible que vous vous retrouviez plus souvent d'humeur inégale. Il importera de surveiller votre conduite afin de ne pas être trop dépendant, hypersensible, boudeur, et être enclin à vous replier davantage dans votre coquille. Ce sera aussi un temps idéal pour bricoler autour de la maison, pour cuisiner, pour recevoir la famille, pour se blottir dans les bras d'une personne qui vous est chère, et idéal aussi pour régler un problème personnel. La Lune en Cancer est assurément un atout profitable lors de l'achat d'une maison ou encore pour spéculer. Grâce à son passage dans ce signe, votre maison prendra de la valeur et sera un de vos biens les plus précieux. Lorsque la Lune est de passage en Cancer, elle favorise les rêves prémonitoires ainsi que votre intuition. D'ailleurs, portez-y attention, suivant qu'elle sera un bon guide. C'est une bonne journée aussi pour faire des projets. Une Lune en Cancer est positive un lundi ou un jeudi. Le Cancer régit la poitrine, les seins et le ventre. Les autres signes qui bénéficient de la Lune en Cancer sont : Scorpion, Poissons, Taureau et Vierge.

PROPICE POUR : La signature des documents, créer une entreprise pépinière, mettre fin à des conditions insatisfaisantes.

ACHETEZ : Nourriture et autres provisions générales pour réapprovisionner les armoires de votre magasin, matériel de cuisine, cadeaux et cartes de vœux, bibelots de ménage, porcelaine, linge et dentelle, souvenirs, antiquités, bateaux, tout ce qui est blanc ou argenté.

ÉVITEZ : De faire vos achats partout près de votre lieu de travail. De penser de façon trop étroite, d'être réticent à prendre des risques, d'être trop sensible à la critique, de vous laisser influencer par l'humeur négative des autres.

CONSEIL EN TEMPS OPPORTUN : Cherchez et/ou achetez une maison.

PRENEZ GARDE : Aux gens qui pensent que le monde leur doit quelque chose.

JOURNÉES IMPORTANTES POUR TOUTES LES ACTIVITÉS CONCERNANT : Les biens domestiques, la propriété et l'immobilier, les fabricants de meubles, les produits de puériculture, les industries de la mer et de la pêche.

› La Lune en Lion

La Lune dans ce signe fixe de Feu aime tout ce qui est dramatique avec un grand « D ». Ce signe, de nature théâtrale, a longuement été reconnu pour faire de grandes entrées ; il aime épater la galerie et est toujours en quête d'attention. Ce sera donc une bonne journée pour se faire valoir, pour être admiré, pour exprimer ses sentiments sans compter qu'il peut y avoir de la romance dans l'air. Chose certaine, on aura le cœur à la fête. Vous ne pourrez donc choisir un meilleur moment pour tenir une réception, aller au théâtre, assister à un spectacle, sinon d'être la vedette de cet événement. Profitez-en aussi pour mettre à profit cette Lune lorsque vous devez monter un numéro (spectacle), faire une présentation, divertir les collègues et/ou recevoir chez vous. C'est aussi un excellent moment pour faire une collecte de fonds. Lorsque la Lune transite ce signe, nous ressentons un besoin d'être reconnus pour ce que nous avons fait, d'être applaudis, appréciés, glorifiés ; cependant, toute cette surexcitation, toute cette fierté et tout ce surplus d'émotions peuvent parfois tourner au mélodrame rapidement. C'est une énergie dite enjouée, qui respire la confiance en soi, pour être franc et honnête, mais il est vivement conseillé de ne pas vous mettre dans une position qui nécessite l'approbation du public ou la possibilité de faire face à des manœuvres sournoises, car des problèmes dans ces domaines peuvent faire ressortir les pires traits du Lion, dont l'arrogance, entre autres. Il vaudra mieux rester vigilants pour ne pas tomber dans la démesure et éviter d'être exagérément superficiels, sinon mensongers. Une Lune en Lion est très positive un dimanche. Le Lion régit le cœur et le haut du dos. Les signes qui bénéficient des influences de la Lune en Lion sont : Bélier, Sagittaire, Gémeaux et Balance.

PROPICE POUR : Autant prêter que louer une propriété, un chalet, prendre le contrôle de la situation, toutes transactions financières, obtenir du soutien, les coups de chance.

ACHETEZ : Bijoux, articles de luxe, lingerie en soie, vêtements pour enfants, cadeaux pour vos jeunes, billets de théâtre, vêtements de loisirs, articles pour vos hobbies et vos loisirs, champagne, caviar, tout ce qui est en or.

ÉVITEZ : D'acheter des produits d'épicerie de première nécessité. Toutes dépenses excessives, toute attitude dominatrice envers les collègues ou vos employés, d'initier des relations intimes avec vos collègues.

CONSEIL EN TEMPS OPPORTUN : Placez un pari ou achetez un billet de loterie.

PRENEZ GARDE : Aux indiscrétions des autres.

JOURNÉES IMPORTANTES POUR TOUTES LES ACTIVITÉS CONCERNANT : Les produits de luxe, les marques griffées (créateurs), les industries cosmétiques, les voyages de première classe, l'hôtellerie, le théâtre, les articles et produits pour enfants, les loteries, les tirages et les paris.

› La Lune en Vierge

Lorsque la Lune transite en Vierge, elle favorise l'intelligence, la ponctualité, le sens des convenances, le dévouement et la discrétion. Durant son passage dans ce signe mutable de Terre, la Lune est à son seuil le plus pointilleux, le plus discriminatoire, et elle s'arrête sur les détails plutôt que sur la vue d'ensemble. C'est une Lune qui est avantageuse pour tout ce qui nécessite une attention minutieuse, en particulier les domaines dans lesquels la précision est préférée à l'innovation. Ne manquez donc pas de mettre à profit cette Lune pour toutes activités lorsque vous devez analyser des informations ou pour déterminer la valeur de quelque chose, suivant que la Vierge est le signe par excellence de la chasse aux bonnes affaires, et aussi pour développer vos connaissances ainsi que pour commencer un nouvel emploi. Sans contredit, ce signe est particulièrement utile également lorsque des décisions ont déjà été prises et qu'elles doivent maintenant être exécutées. C'est aussi le signe le plus préoccupé à vouloir tout arranger et d'être des plus méticuleux. C'est d'ailleurs pendant cette Lune que l'on est plus d'humeur à faire du ménage et du lavage, à nettoyer et à frotter, à trier, à tout réparer et à donner un coup de main à son prochain. La Vierge est le signe le plus serviable du zodiaque, mais aussi le signe le plus conscient de sa santé. Elle est tout aussi concentrée sur son travail que sur toutes les responsabilités qui en découlent. Par conséquent, veuillez donc profiter de cette période pour porter une attention particulière à votre alimentation, à votre hygiène de vie et dans la façon dont vous planifiez votre emploi du temps. Vous ne pourrez choisir une meilleure Lune pour amorcer une diète, pour passer des examens, mais aussi pour prendre soin de votre animal de compagnie, en particulier pour l'entraîner et l'amener chez le vétérinaire afin qu'il fasse son bilan annuel. Une Lune en Vierge est positive un mercredi. La Vierge régit l'abdomen et les intestins. Les autres signes qui bénéficient des influences de la Lune en Vierge sont : : Taureau, Capricorne, Cancer et Scorpion.

PROPICE POUR : Commercer, acheter, vendre, tous les voyages d'affaires, faire de la réorganisation, la présentation de comptes détaillés, toute démonstration pratique, la révision méthodique des envois postaux, faire faire un bilan, faire le point.

ACHETEZ : Tout ce dont vous avez besoin pour l'armoire à pharmacie, les agendas, les organiseurs personnels, les aliments biologiques, les suppléments de vitamines et de minéraux, les produits de nettoyage, les articles de toilette, un abonnement au club de santé ou au gymnase local, une surprise pour vos employés, les services locaux.

ÉVITEZ : Tout ce qui n'a pas d'utilité pratique. De passer à côté de l'image globale (la vue d'ensemble) tout en vous préoccupant des détails, d'être trop critique, de commettre des erreurs de jugement.

CONSEIL EN TEMPS OPPORTUN : Renseignez-vous sur les polices d'assurance maladie.

PRENEZ GARDE : À l'agitation des autres.

JOURNÉES IMPORTANTES POUR TOUTES LES ACTIVITÉS CONCERNANT : Les hôpitaux, le corps médical, les services vétérinaires, les industries pharmaceutiques, les statisticiens, les fabricants d'instruments de précision, les points de vente (magasins) de santé et de bien-être, les magasins d'alimentation et de remise en forme, les praticiens en médecine naturelle, les fabricants d'aliments pour animaux.

› La Lune en Balance

Lors de son passage dans ce signe cardinal d'Air, cette Lune est orientée vers tout ce qui relève de vos relations et partenariats. Signe de l'union par excellence, voilà qui en fait un bon moment pour former des partenariats de toutes sortes et pour conclure des accords, pour contracter et négocier. En dépit du fait que ce signe se prête bien pour mettre en action, pour mettre quelque chose de l'avant, il est plus qu'essentiel de travailler avec un partenaire qui fournira des incitations et des encouragements. Nul doute, la Lune en Balance accentue le travail d'équipe, surtout les équipes de deux, ainsi que le travail artistique, en particulier tout travail impliquant la couleur. C'est une Lune qui nous pousse à embellir notre environnement et à nous entourer de belles choses. Or, cette énergie convient très bien à toute tentative d'apporter de la beauté à un lieu ou à une chose, pour décorer son habitacle, pour magasiner des vêtements de qualité. *A priori*, la Balance est considérée comme une bonne énergie pour commencer des choses de nature intellectuelle. Prenant aussi en considération que l'emploi du temps de la Balance est de restaurer l'équilibre, vous risquez de vous retrouver dans des situations d'émotions en total déséquilibre, vous obligeant ainsi à réajuster vos plateaux. En général, c'est un temps où les gens sont sociaux, polis et amicaux. Un temps où ils sont également plus coopératifs et plus disposés à faire des compromis. Il va de soi aussi qu'une Lune en Balance tend à accentuer votre charme, elle nous parle d'amour et même d'engagement. Voilà qui est également un temps idéal pour rappeler à vos supérieurs et patrons toute la contribution que vous apportez au succès de l'entreprise qui retient vos services. Lorsque la Lune parcourt la Balance, elle favorise la sociabilité, l'élégance, la beauté, l'amour, la justice, les arts et la diplomatie. Par conséquent, c'est une bonne journée pour jouer de sa séduction, pour s'occuper de soi, sortir, se marier, ainsi que pour rendre visite chez votre esthéticienne. Une Lune en Balance est très positive un vendredi ou un samedi. La Balance régit le bas du dos ainsi que vos reins et vos fesses. Les autres signes qui bénéficient des influences de la Lune en Balance sont : Gémeaux, Verseau, Sagittaire et Lion.

PROPICE POUR : Décorer, rénover des locaux commerciaux, divulguer des informations, forger de nouvelles alliances commerciales, marketing, ressources humaines, relations publiques, signature de contrats, négociations, régler un différend ou un litige, tous les déplacements dans le but de représenter l'entreprise pour laquelle vous travaillez, les partys de bureau.

ACHETEZ: Des vêtements haute couture, tout ce qui est beau, cher ou élégant, tous accessoires, embellissements ou décorations pour la maison, cadeaux pour votre partenaire de vie ou votre associé, billets de concert, musique, parfum, arrangements floraux, plats de nourriture pour une fête.

ÉVITEZ: De faire des achats dans des magasins à bas prix ou même dans un quartier défavorisé, d'être indécis, de vous faire des ennemis ouvertement, de vous attendre à ce que les autres remplissent vos responsabilités, de vous faire des ennemis déclarés, d'être suspicieux d'autrui, d'être sournois.

CONSEIL EN TEMPS OPPORTUN: Réservez une table pour un dîner romantique à deux.

PRENEZ GARDE: À l'indécision des autres.

JOURNÉES IMPORTANTES POUR TOUTES LES ACTIVITÉS CONCERNANT: Le corps diplomatique, les arts, l'industrie de la musique et du divertissement, les agences de mariage, les relations publiques, les groupes publicitaires, la haute couture.

› La Lune en Scorpion

Le Scorpion est un signe intense et considéré comme étant très psychique. Lorsque la Lune occupe son territoire, signe fixe d'Eau, elle ressent tout à un niveau ultime, voire exagéré, puisque nous le sommes tout autant. Durant son parcours dans ce signe, la joie, la passion, la jalousie, les trahisons, l'amour et les désirs occupent la première place dans notre vie, vu que nos émotions sont si profondes au point d'être obsessives. Attention à cette tendance d'être plus secrets, plus suspicieux, à broyer du noir par rapport à une offense ou à un affront qui n'était pas voulu et encore moins intentionnel. Nul doute, la loyauté est forte dans ce signe. Voilà qui sera également un temps propice pour examiner, mener des recherches et scruter tout à la loupe, pour investiguer tout ce qui vous est mystérieux et vous autoriser même à être intimes, mais aussi pour mettre fin à tout engagement, à une relation, au point de non-retour. En revanche, vous ne pourrez choisir une meilleure Lune pour programmer une escapade, car cette Lune, chaude et passionnée, vous emmènera loin. Lorsque la Lune transite le signe du Scorpion, elle favorise l'imprévisibilité, le goût du danger, les rapports de force et le besoin de séduire. C'est aussi une bonne journée pour imposer votre point de vue, extérioriser vos sentiments et votre sexualité. Cependant, suivant que la nature du désir est si forte ici, il y a une tendance possible à manipuler les situations pour obtenir ce que l'on veut, ou à ne pas voir sa responsabilité dans un acte. Une Lune en Scorpion est très positive un mardi ou un samedi. Le Scorpion régit les organes reproducteurs, les organes génitaux, l'aine et le bassin. Les autres signes qui bénéficient des influences de la lune en Scorpion sont : Cancer, Poissons, Vierge et Capricorne.

PROPICE POUR : Signer des documents, louer autant que prêter une propriété, peindre des locaux commerciaux, projeter la confiance, résoudre des problèmes, mener une enquête discrètement, voler la vedette à des concurrents, conclure toutes affaires importantes suivant que vos facultés mentales seront aiguisées.

ACHETEZ : Des romans policiers, des vins riches, un jeu de cartes de tarot, des épices exotiques, des sous-vêtements sexy, du matériel photographique, des parfums ou des lotions après-rasage, des roses rouges pour votre maîtresse, un nouveau jeu de couteaux de cuisine, des formulaires de testament.

ÉVITEZ : De dévier de votre liste d'emplettes, d'être réticent à divulguer tous les faits, de ne pas dévoiler ouvertement votre jeu, votre vraie nature, d'être trop intense, d'avoir des motifs dissimulés, de prétendre en savoir plus que ce que vous savez ou faites.

CONSEIL EN TEMPS OPPORTUN : Prenez rendez-vous pour un massage déstressant.

PRENEZ GARDE : Au ressentiment des autres, de vous faire des ennemis.

JOURNÉES IMPORTANTES POUR TOUTES LES ACTIVITÉS CONCERNANT : La police, les interventions chirurgicales, les sociétés de recherche, les services secrets, les métiers de boucherie, les mines, la gestion des investissements, les pompes funèbres, les morgues.

› La Lune en Sagittaire

Lors de son passage dans ce signe mutable de Feu, la Lune est à son niveau le plus optimiste sans compter qu'elle est prête à laisser les choses se faire. Non seulement elle stimule l'imagination et votre seuil de confiance dans le flux de la vie, mais elle est plus philosophique. La candeur et l'honnêteté sont renforcées lorsque la Lune est ici. C'est assurément un excellent moment pour prendre les choses en main, pour traiter avec les établissements d'enseignement supérieur, les maisons d'édition et la loi. C'est un bon moment aussi pour vous attaquer aux problèmes qui nécessitent une amélioration, mais n'allez pas essayer de vous prendre pour un autre, alors que les opinions tendront à être fortes et la tendance au prosélytisme sera accrue. Jupiter, la Grande Bénéfique du zodiaque et planète maîtresse du Sagittaire, elle qui régit les voyages de longue distance, concourt à partir à l'aventure, à assister à un séminaire sur un sujet qui a toujours suscité un intérêt particulier chez vous, tant en sciences religieuses qu'en philosophie. C'est le signe par excellence des prophéties et de la sagesse. Lorsque la Lune est de passage dans ce signe, profitez-en pour passer du temps à l'extérieur, faire du sport, rire à gorge déployée et pour être spontané. Prenez garde toutefois à ne pas être excessif ni gaspilleur, ni vouloir en faire trop et/ou outrepasser la juste mesure. Évitez les excès et extravagances de toutes sortes. La Lune qui transite ce signe est propice aux célibataires. Ouvrez donc l'œil et soyez des plus optimistes. D'ailleurs, vous ne pourrez choisir un meilleur moment pour mettre du piment dans votre vie, alors que vous serez bien servi. En plus de favoriser l'envie d'évasion, elle concourt aussi à l'idéalisme et à l'extériorisation des sentiments, la prospérité et l'abondance. C'est également une bonne journée pour faire ses comptes, pour gérer ses affaires, pour tenter sa chance à des jeux de hasard et dans tous tirages. Une Lune en Sagittaire est positive un lundi ou un jeudi. Le Sagittaire régit les cuisses et les hanches. Les autres signes qui bénéficient des influences de la Lune en Sagittaire sont: Lion, Bélier, Balance, Verseau et Cancer.

PROPICE POUR: Commercer, vous promouvoir, faire de la publicité, toute correspondance importante, voyager, toutes réunions d'affaires, pour solliciter un prêt ou un emprunt d'argent, toutes questions juridiques ou légales (judiciaires).

ACHETEZ: Des marchandises importées, vêtements de loisirs, livres de voyage, cartes et atlas, jumelles, boussoles, chaussures de randonnée, matériel de camping, cadeaux pour vos beaux-parents, objets religieux ou reliques, tout ce qui est d'occasion.

ÉVITEZ: De faire vos achats dans votre propre localité, qu'un détail vous échappe à votre insu, toute agitation, toute irresponsabilité financière, tout travail bâclé.

CONSEIL EN TEMPS OPPORTUN : Réservez votre vol de vacances dès maintenant.

PRENEZ GARDE : À l'insouciance des autres.

JOURNÉES IMPORTANTES POUR TOUTES LES ACTIVITÉS CONCERNANT : L'édition, les industries du voyage, le commerce extérieur et les communications, les institutions religieuses, l'enseignement général, l'enseignement supérieur, le droit.

› La Lune en Capricorne

Dans ce signe cardinal de Terre, la Lune est à son point culminant, surtout lorsque vient le temps d'être organisé, pratique et sérieux. Parce que le Cancer et le Capricorne sont les pôles opposés, on peut être porté à croire que l'énergie de la Lune est ici affaiblie. Au contraire, cette énergie encourage le besoin de structure, de discipline et d'organisation. Elle fait aussi ressortir chez les gens leur côté responsable, prudent mais pessimiste également. Autant elle favorise votre sens des responsabilités ainsi que l'ambition, autant le goût de l'affrontement est aussi présent. La culture, les valeurs morales et les traditions sont également de son ressort. Toutes les activités institutionnelles sont favorisées. C'est une bonne journée pour accepter un nouvel emploi, pour vous cultiver et parfaire vos connaissances, pour réfléchir et méditer, ainsi que pour partager vos analyses pertinentes avec votre entourage professionnel. C'est aussi à ce moment que vos visées en ce qui concerne votre futur prennent plus d'importance. Lors du passage de la Lune dans ce signe, le temps se prêtera bien pour vous occuper d'affaires familiales, pour prendre en charge quelque chose et agir de façon responsable, pour mettre de l'ordre dans tous les secteurs de votre vie qui le nécessitent ou qui ont été interrompus par les nombreux événements, et pour implanter des règles et une ligne de conduite à suivre. Cependant, prenez soin de surveiller votre tendance à parler trop d'affaires aux dépens des émotions d'autrui. Veuillez plutôt en profiter pour écouter patiemment ce que les autres ont à dire, à vous enseigner et pour apprendre d'eux. Prendre soin des détails qui nécessitent de la patience ainsi qu'une attitude professionnelle s'y prêtera bien aussi. Vous ne pourrez choisir une meilleure Lune pour partager avec les collègues et vos supérieurs. Par contre, lorsque la Lune est de passage dans ce signe, évitez de solliciter des faveurs, car les gens en position d'autorité peuvent être insensibles sous cette influence. Une Lune en Capricorne est très influente un mardi ou un samedi. Le Capricorne régit la peau, les os et les genoux. Les autres signes qui bénéficient de la Lune en Capricorne sont : Taureau, Vierge, Scorpion et Poissons.

PROPICE POUR : Vous atteler à la tâche, faire des heures supplémentaires, adresser ce qui relève des hautes finances, de l'administration, réorganiser le système de filière, établir de nouveaux horaires, solliciter une promotion, créer une nouvelle entreprise, recevoir votre patron.

ACHETEZ : Des articles ménagers pratiques, des vêtements de bonne qualité, des biens de consommation durables, des outils professionnels, tous articles pour personnes âgées, du matériel de bureau, des uniformes, du matériel informatique, du matériel de bricolage.

ÉVITEZ : De faire des achats frivoles, vous regretterez d'avoir dépensé futilement vos sous. Toute attitude inflexible, le manque de compassion envers les collègues ou vos employés, le surmenage, la dépression.

CONSEIL EN TEMPS OPPORTUN : Achetez une alarme antivol dès maintenant.

PRENEZ GARDE : À l'ambition impitoyable des autres.

JOURNÉES IMPORTANTES POUR TOUTES LES ACTIVITÉS CONCERNANT : Les services bancaires et financiers, l'immobilier, le conseil municipal, les partis politiques, le chef de l'État, la royauté, les superstars.

› La Lune en Verseau

Lors de son passage dans ce signe fixe d'Air, la Lune en Verseau tend à faire ressortir le côté rebelle en soi. Avec Uranus comme planète maîtresse, la liberté personnelle et l'individualité tiennent une place de choix à ce moment-là. Elle favorise les activités originales, uniques en soi, elle s'intéresse aux problèmes humanitaires, à la société dans son ensemble et à l'amélioration. C'est cette qualité d'amélioration qui a permis d'associer ce signe aux inventeurs et aux nouvelles inventions. Lorsque la Lune est en transit dans ce signe, votre emploi du temps risque d'être sens dessus dessous, sans compter que les causes qui vous tiennent à cœur deviennent urgentes. Surveillez cette tendance à devenir plus fanatique, à agir délibérément de façon rebelle sans aucune raison justifiable et à vouloir aller à l'encontre des traditions, d'autant plus si ce n'est que dans l'intérêt de choquer ou de briser celles-ci. Profitez de ce moment pour sortir de votre marasme, pour essayer quelque chose de nouveau et/ou de différent, surtout que l'énergie d'une Lune en Verseau encourage la nouveauté, mais aussi les changements de dernière minute, l'amitié, la convivialité et la tolérance.

Puisque ce sera une bonne journée pour vous intéresser à de nouveaux domaines, pour sortir et découvrir, assurez-vous que tous les gens vous remarquent pour l'individu unique que vous êtes. Nul doute, une Lune en Verseau favorise le rassemblement de groupes sociaux pour des échanges amicaux ; cependant, les gens auront tendance à réagir et à parler d'un point de vue intellectuel plutôt qu'émotionnel. Quoi qu'il en soit, soyez avisé que vous ne pourrez choisir un meilleur moment pour faire de nouvelles rencontres, pour avoir un coup de foudre. Mentionnons aussi que cette Lune est idéale pour faire l'achat d'appareils électroménagers et tous gadgets électroniques. Une Lune en Verseau est très positive un samedi. Le signe du Verseau régit les mollets et les chevilles. Les autres signes qui bénéficient des influences de la Lune en Verseau sont : Gémeaux, Balance, Sagittaire et Bélier.

PROPICE POUR : Autant prêter que louer une propriété, un chalet, un condominium ou autres, l'amélioration des conditions de travail, tous transferts d'argent, décorer ou rénover des locaux commerciaux, obtenir la coopération des collègues, des groupes auxquels vous adhérez ou souhaitez le faire, toutes projections futures.

ACHETEZ : Tous les articles d'éclairage, appareils électriques, instruments scientifiques, un livre sur la méditation, le dernier gadget de cuisine, tout ce qui est bleu électrique, un lustre, des huiles d'aromathérapie, des cartes et cadeaux pour vos amis.

ÉVITEZ : De faire vos courses à la hâte. De favoriser le groupe au détriment de l'individu, d'adopter un point de vue trop détaché, de partir sur une tangente.

CONSEIL EN TEMPS OPPORTUN : Adhérez à un club, à un syndicat, à une fraternité.

PRENEZ GARDE : Aux interruptions possibles de la part des autres.

JOURNÉES IMPORTANTES POUR TOUTES LES ACTIVITÉS CONCERNANT : Les industries électriques, les instituts de recherche scientifique, les syndicats, les nouvelles inventions, les clubs, les corporations, les groupes et les sociétés, les fabricants d'équipements électroniques et de haute technologie, les services sociaux.

› La Lune en Poissons

Lorsque la Lune transite dans ce signe mutable d'Eau, profitez-en pour dormir, pour méditer, pour vous la couler douce, pour vous ressourcer et même pour prier si ça fait partie de vos pratiques. Une Lune en Poissons favorise l'intuition, la douceur de vivre, la vie amoureuse, les festivités, les voyages et les déplacements. Ce sera donc une bonne journée pour sortir, échanger des mots tendres ainsi que pour vivre en harmonie. Pas surprenant que les rencontres amoureuses sont plus facilitées sous cette Lune, mais plus encore si vous prenez des vacances avec cette personne avec laquelle vous souhaitez vous engager. En revanche, voilà qui peut être un temps où on est plus susceptible de se sentir agressé émotionnellement. Vous pourrez être plus rêveur, plus impressionnable, plus nostalgique, plus désenchanté, vague ou désordonné, et ce sera aussi un temps où vous serez plus spirituel par nature, là où vos limites seront plus franchissables ou à leur niveau le plus bas. Cependant, c'est aussi sous cette Lune que les choses ne sont pas nécessairement ce qu'elles prétendent être. Bien au contraire, les limites personnelles ont tendance à être floues et il est possible que vous ne voyiez pas les choses clairement. Les gens auront tendance aussi à être davantage plus idéalistes sous ce signe, ce qui pourra les empêcher de voir la réalité. Sous l'énergie de cette Lune, nous sommes plus remplis de compassion pour notre prochain et plus sensibles aux besoins des gens moins fortunés que nous. Soulignons que vous ne pourrez choisir une meilleure Lune pour adhérer à tout groupe à vocation spirituelle, ésotérique, et pour participer à un rassemblement religieux. C'est aussi à ce moment où vous serez plus intuitif, plus perceptif. Autant une philosophie de vivre et de laisser vivre est attachée à ce signe, qui, somme toute, dans le monde idéaliste peut fonctionner relativement bien, mais le chaos en est souvent aussi le résultat. Pas surprenant que son passage dans ce signe concourt à consommer de l'alcool, sinon à se droguer, puisque l'on désire provoquer un état de transe ou d'ébriété qui nous permet de fuir la dure réalité de la vie. Veuillez plutôt tirer profit de cette Lune pour aller au bord de la mer ou tous cours d'eau en vue de vous ressourcer, ce qui sera plus sain pour votre corps et votre esprit. Sur le côté plus léger, nombreux musiciens et artistes sont gouvernés par le signe du Poissons. Ce n'est que lorsqu'ils s'éloignent trop de la réalité que le côté obscur de la toxicomanie, du suicide ou du crime fait disparaître la vie. Une Lune en Poissons est très positive un lundi ou un jeudi. Le Poissons régit les pieds ainsi que le dessus de la tête. Les autres signes qui bénéficient des influences de la Lune en Poissons sont : Cancer, Scorpion, Capricorne et Taureau.

PROPICE POUR : Signer des documents, l'établissement de conventions financières, tout envoi postal ou autres de masse, la réparation éventuelle d'équipements, dresser l'inventaire, préparer un bilan, faire le point.

ACHETEZ : Cosmétiques, boissons alcoolisées, musique, chaussures et bonneterie, un livre sur les rêves, matériel d'artiste, peintures, verres en cristal, carafes ou bols, tous les livres de fiction romantique, literie, maillots de bain.

ÉVITEZ : Tous achats importants suivant que vous êtes trop influençable et facilement influencé par les discours de vente. De voir vos perspectives futures plus belles qu'elles ne le sont en réalité, de vous laisser trop facilement influencer par les autres ; tout raisonnement illogique, de douter de vous-même.

CONSEIL EN TEMPS OPPORTUN : Offrez-vous une séance de réflexologie.

PRENEZ GARDE : À toutes attentes irréalistes de la part des autres, aux machinations faites en coulisses.

JOURNÉES IMPORTANTES POUR TOUTES LES ACTIVITÉS CONCERNANT : Le cinéma et la télévision, les industries pétrochimiques, les raffineries de pétrole, le commerce des brasseries, le transport maritime, la podologie, les fabricants de chaussures.

Conseils d'achat

Comme nous le faisons tous aujourd'hui, peu d'entre nous peuvent choisir quand acheter les choses essentielles dont ils ont besoin, mais vous pourriez prendre note de la phase lunaire favorable lorsqu'il s'agit de faire les achats les plus importants de la vie. À cet effet, du jour de la Nouvelle Lune au Premier Quartier, choisissez cette période pour rechercher des produits, faire du lèche-vitrine, demander conseils et aller chercher ou envoyer des échantillons. Vous constaterez qu'il y a beaucoup d'énergie à cette période, que les gens sont affûtés et prêts à vous aider et que vous accumulerez toutes les informations dont vous aurez besoin en un temps record.

Du Premier au Dernier Quartier de la Lune – période favorable pour prendre des décisions fermes et faire vos achats importants. Toutefois, évitez toute dépense financière importante la veille ou le jour de la Pleine Lune vu que vous risquez d'être, plus que d'habitude, enclin à faire des achats impulsifs. Une excellente période pour faire des achats est du lendemain de la Pleine Lune au Dernier Quartier alors que vous saurez prendre des décisions bien réfléchies et vous aurez plus de chances d'en avoir pour votre argent.

Du Dernier Quartier à la Nouvelle Lune – une période insatisfaisante pour faire des achats, car les énergies sont en baisse partout – votre jugement n'est peut-être pas au mieux de sa forme et les vendeurs non plus, les achats sont généralement difficiles et les marchandises peu attrayantes. Vous pouvez considérer les achats par catalogue ou sur Internet comme des options moins problématiques.

✶

Comme vous pourrez le constater dans le calendrier lunaire qui suit, la Lune occupe un signe astrologique pour une durée de deux jours et demi, plus ou moins. Le zodiaque en soi se divise en trois catégories de signes :

- Il y a des signes dits « cardinaux » : Bélier, Cancer, Balance, Capricorne.
- Il y a des signes dits « fixes » : Taureau, Lion, Scorpion, Verseau.
- Il y a des signes dits « doubles ou mutables » : Gémeaux, Vierge, Sagittaire, Poissons.

Selon la symbolique de ces trois catégories, quand la Lune transite un signe cardinal, les actions entreprises évoluent généralement à vive allure. Lorsque la Lune traverse un signe fixe, tous projets commencés évoluent moins vite et ont plus de chances d'aboutir à des résultats durables. Et lorsque la Lune parcourt un signe double ou mutable, les actions entreprises sont généralement vite terminées ou, encore, elles connaîtront rapidement un changement de cap. Enfin, il est bon de concevoir tous les projets en Lune Croissante et de passer à leur réalisation en Lune Décroissante.

LES JOURS DE LA SEMAINE

Si le signe du jour et celui de la Lune sont les mêmes, c'est un bon présage. Si c'est aussi votre signe, cela confirme de nouveau que c'est un jour très favorable. Les jours les plus actifs de la semaine sont le mardi, le jeudi et le samedi, alors que les autres sont plus calmes.

Jour	Planète	Influence	Signes favorisés par la Lune
Lundi	Lune	jour des projets	Cancer[2], Taureau*, Poissons
Mardi	Mars	jour de l'action	Bélier*, Scorpion*, Capricorne*
Mercredi	Mercure	jour des écritures	Gémeaux*, Vierge*
Jeudi	Jupiter	jour des affaires	Poissons*, Sagittaire*, Cancer*
Vendredi	Vénus	jour de l'amour	Taureau*, Balance*, Poissons*
Samedi	Saturne	jour des loisirs	Capricorne*, Verseau*, Balance*
Dimanche	Soleil	jour de repos	Lion*, Bélier*

* Signe le plus favorisé ce jour

LE SIGNE DU JOUR

Pour comprendre l'influence des jours, il faut connaître l'influence des planètes.

Lundi, jour de la Lune, c'est un bon jour pour faire des projets d'avenir, s'occuper de la maison et des enfants, annuler un rendez-vous. *Mardi*, jour de Mars, c'est un bon jour pour agir, pour foncer et aller de l'avant en profitant des énergies ambiantes. *Mercredi*, jour de Mercure, c'est un bon jour pour écrire, expédier son courrier, répondre à ses courriels, téléphoner et discuter, pour se déplacer, faire des rencontres et s'ouvrir aux autres, pour tenir une réunion. *Jeudi*, jour de Jupiter, c'est un bon jour pour faire ses comptes et gérer ses affaires, pour avoir de la chance au jeu ou en affaires. *Vendredi*, jour de Vénus, c'est un bon jour pour plaire, séduire et s'occuper de sa beauté, pour faire des emplettes, visiter une galerie d'art, défendre un projet artistique. *Samedi*, jour de Saturne, c'est un bon jour pour se cultiver, sortir et profiter de son temps libre. *Dimanche*, jour du Soleil, c'est un bon jour pour le repos et se détendre, pour se ressourcer et aller faire des promenades à pied.

2 Signe le plus favorisé ce jour

CHOISIR UNE DATE DE WEEK-END

Regardez dans quels signes se trouve la Lune le samedi et le dimanche de votre choix. Située dans le même signe, la Lune annonce une certaine continuité ; située dans deux signes différents, elle annonce un changement. Regardez la tendance des week-ends en fonction des signes et n'oubliez pas de tenir compte aussi des phases de la Lune (attention à la Pleine Lune). Lorsque la Lune change de signe, elle peut le faire durant la nuit et il faut absolument en tenir compte.

Lune en Bélier	week-end actif et sportif
Lune en Taureau	week-end coconnage (cocooning) familial
Lune en Gémeaux	week-end fiesta
Lune en Cancer	week-end à la campagne, en famille
Lune en Lion	week-end reposant et revigorant
Lune en Vierge	week-end tranquille, à la maison
Lune en Balance	week-end sorties en couple ou entre amis
Lune en Scorpion	week-end coquin, sportif
Lune en Sagittaire	week-end à l'étranger
Lune en Capricorne	week-end culture et loisirs
Lune en Verseau	week-end improvisé, convivial
Lune en Poissons	week-end en amoureux à l'étranger, sorties

La mission de ce calendrier lunaire est surtout de vous aider à choisir le bon moment pour amorcer une activité, prendre un rendez-vous, entreprendre une démarche d'affaires, d'emploi, ou pour ce qui est d'un logement, sinon pour organiser un événement (réunion, réception, mariage, fête familiale). Il en est de même pour ce qui est de connaître l'évolution d'une situation qui a pris naissance à un moment précis et que vous ne pouviez programmer : mise au courant d'un fait et/ou d'un événement vous concernant, ou bien, par exemple, de l'information des médias, ou vous avez rencontré quelqu'un sur le plan professionnel, relationnel, amical sinon amoureux, et vous voulez avoir une idée de l'avenir de cette information ou de cette rencontre ainsi que de son prolongement.

Testez vous-même l'influence de la Lune. Chaque fois que vous passerez une très bonne journée, entourez le jour sur le calendrier. Chaque fois que vous passerez une moins bonne journée, rayez le jour sur le calendrier. À la fin de l'année ou selon votre choix, regardez parmi les jours entourés si la Lune était dans des signes très différents ou si l'un d'eux revenait plus souvent. Faites de même avec les jours rayés. Vous déterminerez ainsi si vous êtes un peu ou très influencé par la Lune.

LES POSITIONS DE LA LUNE EN 2022

Ce calendrier que je vous offre se fonde sur les mouvements de la Lune. Comme vous êtes à présent plus informé sur l'astrologie, la Lune représente l'humeur d'un moment qui va conditionner la réussite ou l'échec de la plupart de vos activités. Tantôt visible, tantôt illuminant la nuit, croissante ou décroissante, montante ou descendante, la Lune a pour mission de représenter tout ce qui change : votre moral d'abord, l'ambiance dans laquelle vous évoluez, le temps et tout ce qui va influer plus que vous ne le pensez sur votre quotidien. Pour mieux tirer profit du cycle quotidien de la Lune en ce qui a trait à vos humeurs, lesquelles influencent votre jugement, vos actes, vous trouverez, dans les pages qui suivent, le tableau des positions lunaires pour chaque jour de 2022. Soyez informé que c'est l'heure normale de l'Est (EST) qui a été utilisée dans ce livre.

Les multiples et divers passages de la Lune ne sont jamais neutres. Il y a de ces jours pour lesquels l'action vous avantage, surtout lorsque la Lune transite dans un signe avec lequel votre signe solaire est bien aspecté, tel que je vous ai expliqué dans les pages précédentes. Inversement, il est avisé de prendre du recul quand la Lune est de passage dans un signe qui n'est pas compatible avec votre signe solaire. Il y a aussi ces autres journées où le mouvement planétaire est plus lent et/ou mitigé. Chaque soir, commencez à observer la Lune et essayez d'en identifier la phase (page 529). En utilisant son cycle (page 531) et son passage à travers les signes (page 544), vous pourrez mieux tirer profit de la magie de l'Univers, soit un premier pas tout en douceur vers la réussite.

Que votre journée soit bien lunée !

JANVIER 2022

Samedi	01-01-2022	Lune en Capricorne	à partir de 18 h 03
Dimanche	02-01-2022	Lune en Capricorne	
Lundi	03-01-2022	Lune en Verseau	à partir de 17 h 46
Mardi	04-01-2022	Lune en Verseau	
Mercredi	05-01-2022	Lune en Poissons	à partir de 19 h 18
Jeudi	06-01-2022	Lune en Poissons	
Vendredi	07-01-2022	Lune en Poissons	
Samedi	08-01-2022	Lune en Bélier	à partir de 00 h 27
Dimanche	09-01-2022	Lune en Bélier	
Lundi	10-01-2022	Lune en Taureau	à partir de 09 h 48
Mardi	11-01-2022	Lune en Taureau	
Mercredi	12-01-2022	Lune en Gémeaux	à partir de 21 h 09
Jeudi	13-01-2022	Lune en Gémeaux	
Vendredi	14-01-2022	Lune en Gémeaux	
Samedi	15-01-2022	Lune en Cancer	à partir de 11 h 12
Dimanche	16-01-2022	Lune en Cancer	
Lundi	17-01-2022	Lune en Lion	à partir de 23 h 04
Mardi	18-01-2022	Lune en Lion	
Mercredi	19-01-2022	Lune en Lion	
Jeudi	20-01-2022	Lune en Vierge	à partir de 09 h 03
Vendredi	21-01-2022	Lune en Vierge	
Samedi	22-01-2022	Lune en Balance	à partir de 17 h 04
Dimanche	23-01-2022	Lune en Balance	
Lundi	24-01-2022	Lune en Scorpion	à partir de 22 h 58
Mardi	25-01-2022	Lune en Scorpion	
Mercredi	26-01-2022	Lune en Scorpion	
Jeudi	27-01-2022	Lune en Sagittaire	à partir de 02 h 36
Vendredi	28-01-2022	Lune en Sagittaire	
Samedi	29-01-2022	Lune en Capricorne	à partir de 04 h 10
Dimanche	30-01-2022	Lune en Capricorne	
Lundi	31-01-2022	Lune en Verseau	à partir de 04 h 44

FÉVRIER 2022

Mardi	01-02-2022	Lune en Verseau	
Mercredi	02-02-2022	Lune en Poissons	à partir de 06 h 01
Jeudi	03-02-2022	Lune en Poissons	
Vendredi	04-02-2022	Lune en Bélier	à partir de 09 h 58
Samedi	05-02-2022	Lune en Bélier	
Dimanche	06-02-2022	Lune en Taureau	à partir de 17 h 54
Lundi	07-02-2022	Lune en Taureau	
Mardi	08-02-2022	Lune en Taureau	
Mercredi	09-02-2022	Lune en Gémeaux	à partir de 05 h 28
Jeudi	10-02-2022	Lune en Gémeaux	
Vendredi	11-02-2022	Lune en Cancer	à partir de 18 h 28
Samedi	12-02-2022	Lune en Cancer	
Dimanche	13-02-2022	Lune en Cancer	
Lundi	14-02-2022	Lune en Lion	à partir de 06 h 18
Mardi	15-02-2022	Lune en Lion	
Mercredi	16-02-2022	Lune en Vierge	à partir de 15 h 44
Jeudi	17-02-2022	Lune en Vierge	
Vendredi	18-02-2022	Lune en Balance	à partir de 22 h 52
Samedi	19-02-2022	Lune en Balance	
Dimanche	20-02-2022	Lune en Balance	
Lundi	21-02-2022	Lune en Scorpion	à partir de 04 h 20
Mardi	22-02-2022	Lune en Scorpion	
Mercredi	23-02-2022	Lune en Sagittaire	à partir de 08 h 30
Jeudi	24-02-2022	Lune en Sagittaire	
Vendredi	25-02-2022	Lune en Capricorne	à partir de 11 h 29
Samedi	26-02-2022	Lune en Capricorne	
Dimanche	27-02-2022	Lune en Verseau	à partir de 13 h 37
Lundi	28-02-2022	Lune en Verseau	

MARS 2022

Mardi	01-03-2022	Lune en Poissons	à partir de 15 h 55
Mercredi	02-03-2022	Lune en Poissons	
Jeudi	03-03-2022	Lune en Bélier	à partir de 19 h 54
Vendredi	04-03-2022	Lune en Bélier	
Samedi	05-03-2022	Lune en Bélier	
Dimanche	06-03-2022	Lune en Taureau	à partir de 03 h 01
Lundi	07-03-2022	Lune en Taureau	
Mardi	08-03-2022	Lune en Gémeaux	à partir de 13 h 41
Mercredi	09-03-2022	Lune en Gémeaux	
Jeudi	10-03-2022	Lune en Gémeaux	
Vendredi	11-03-2022	Lune en Cancer	à partir de 02 h 25
Samedi	12-03-2022	Lune en Cancer	
Dimanche	13-03-2022	Lune en Lion	à partir de 15 h 33
Lundi	14-03-2022	Lune en Lion	
Mardi	15-03-2022	Lune en Lion	
Mercredi	16-03-2022	Lune en Vierge	à partir de 01 h 00
Jeudi	17-03-2022	Lune en Vierge	
Vendredi	18-03-2022	Lune en Balance	à partir de 07 h 27
Samedi	19-03-2022	Lune en Balance	
Dimanche	20-03-2022	Lune en Scorpion	à partir de 11 h 46
Lundi	21-03-2022	Lune en Scorpion	
Mardi	22-03-2022	Lune en Sagittaire	à partir de 15 h 00
Mercredi	23-03-2022	Lune en Sagittaire	
Jeudi	24-03-2022	Lune en Capricorne	à partir de 17 h 55
Vendredi	25-03-2022	Lune en Capricorne	
Samedi	26-03-2022	Lune en Verseau	à partir de 20 h 56
Dimanche	27-03-2022	Lune en Verseau	
Lundi	28-03-2022	Lune en Verseau	
Mardi	29-03-2022	Lune en Poissons	à partir de 00 h 33
Mercredi	30-03-2022	Lune en Poissons	
Jeudi	31-03-2022	Lune en Bélier	à partir de 05 h 32

AVRIL 2022

Vendredi	01-04-2022	Lune en Bélier	
Samedi	02-04-2022	Lune en Taureau	à partir de 12 h 51
Dimanche	03-04-2022	Lune en Taureau	
Lundi	04-04-2022	Lune en Gémeaux	à partir de 23 h 05
Mardi	05-04-2022	Lune en Gémeaux	
Mercredi	06-04-2022	Lune en Gémeaux	
Jeudi	07-04-2022	Lune en Cancer	à partir de 11 h 31
Vendredi	08-04-2022	Lune en Cancer	
Samedi	09-04-2022	Lune en Cancer	
Dimanche	10-04-2022	Lune en Lion	à partir de 00 h 01
Lundi	11-04-2022	Lune en Lion	
Mardi	12-04-2022	Lune en Vierge	à partir de 10 h 09
Mercredi	13-04-2022	Lune en Vierge	
Jeudi	14-04-2022	Lune en Balance	à partir de 16 h 47
Vendredi	15-04-2022	Lune en Balance	
Samedi	16-04-2022	Lune en Scorpion	à partir de 20 h 24
Dimanche	17-04-2022	Lune en Scorpion	
Lundi	18-04-2022	Lune en Sagittaire	à partir de 22 h 18
Mardi	19-04-2022	Lune en Sagittaire	
Mercredi	20-04-2022	Lune en Capricorne	à partir de 23 h 53
Jeudi	21-04-2022	Lune en Capricorne	
Vendredi	22-04-2022	Lune en Capricorne	
Samedi	23-04-2022	Lune en Verseau	à partir de 02 h 18
Dimanche	24-04-2022	Lune en Verseau	
Lundi	25-04-2022	Lune en Poissons	à partir de 06 h 16
Mardi	26-04-2022	Lune en Poissons	
Mercredi	27-04-2022	Lune en Bélier	à partir de 12 h 11
Jeudi	28-04-2022	Lune en Bélier	
Vendredi	29-04-2022	Lune en Taureau	à partir de 20 h 20
Samedi	30-04-2022	Lune en Taureau	

MAI 2022

Dimanche	01-05-2022	Lune en Taureau	
Lundi	02-05-2022	Lune en Gémeaux	à partir de 06 h 48
Mardi	03-05-2022	Lune en Gémeaux	
Mercredi	04-05-2022	Lune en Cancer	à partir de 19 h 06
Jeudi	05-05-2022	Lune en Cancer	
Vendredi	06-05-2022	Lune en Cancer	
Samedi	07-05-2022	Lune en Lion	à partir de 07 h 51
Dimanche	08-05-2022	Lune en Lion	
Lundi	09-05-2022	Lune en Vierge	à partir de 18 h 54
Mardi	10-05-2022	Lune en Vierge	
Mercredi	11-05-2022	Lune en Vierge	
Jeudi	12-05-2022	Lune en Balance	à partir de 02 h 35
Vendredi	13-05-2022	Lune en Balance	
Samedi	14-05-2022	Lune en Scorpion	à partir de 06 h 35
Dimanche	15-05-2022	Lune en Scorpion	
Lundi	16-05-2022	Lune en Sagittaire	à partir de 07 h 52
Mardi	17-05-2022	Lune en Sagittaire	
Mercredi	18-05-2022	Lune en Capricorne	à partir de 08 h 03
Jeudi	19-05-2022	Lune en Capricorne	
Vendredi	20-05-2022	Lune en Verseau	à partir de 08 h 54
Samedi	21-05-2022	Lune en Verseau	
Dimanche	22-05-2022	Lune en Poissons	à partir de 11 h 51
Lundi	23-05-2022	Lune en Poissons	
Mardi	24-05-2022	Lune en Bélier	à partir de 17 h 41
Mercredi	25-05-2022	Lune en Bélier	
Jeudi	26-05-2022	Lune en Bélier	
Vendredi	27-05-2022	Lune en Taureau	à partir de 02 h 24
Samedi	28-05-2022	Lune en Taureau	
Dimanche	29-05-2022	Lune en Gémeaux	à partir de 13 h 24
Lundi	30-05-2022	Lune en Gémeaux	
Mardi	31-05-2022	lune en Gémeaux	

JUIN 2022

Mercredi	01-06-2022	Lune en Cancer	à partir de 01 h 50
Jeudi	02-06-2022	Lune en Cancer	
Vendredi	03-06-2022	Lune en Lion	à partir de 14 h 39
Samedi	04-06-2022	Lune en Lion	
Dimanche	05-06-2022	Lune en Lion	
Lundi	06-06-2022	Lune en Vierge	à partir de 02 h 23
Mardi	07-06-2022	Lune en Vierge	
Mercredi	08-06-2022	Lune en Balance	à partir de 11 h 24
Jeudi	00-06-2022	Lune en Balance	
Vendredi	10-06-2022	Lune en Scorpion	à partir de 16 h 42
Samedi	11-06-2022	Lune en Scorpion	
Dimanche	12-06-2022	Lune en Sagittaire	à partir de 18 h 33
Lundi	13-06-2022	Lune en Sagittaire	
Mardi	14-06-2022	Lune en Capricorne	à partir de 18 h 15
Mercredi	15-06-2022	Lune en Capricorne	
Jeudi	16-06-2022	Lune en Verseau	à partir de 17 h 45
Vendredi	17-06-2022	Lune en Verseau	
Samedi	18-06-2022	Lune en Poissons	à partir de 19 h 02
Dimanche	19-06-2022	Lune en Poissons	
Lundi	20-06-2022	Lune en Bélier	à partir de 23 h 48
Mardi	21-06-2022	Lune en Bélier	
Mercredi	22-06-2022	Lune en Bélier	
Jeudi	23-06-2022	Lune en Taureau	à partir de 07 h 59
Vendredi	24-06-2022	Lune en Taureau	
Samedi	25-06-2022	Lune en Gémeaux	à partir de 19 h 14
Dimanche	26-06-2022	Lune en Gémeaux	
Lundi	27-06-2022	Lune en Gémeaux	
Mardi	28-06-2022	Lune en Cancer	à partir de 07 h 56
Mercredi	29-06-2022	Lune en Cancer	
Jeudi	30-06-2022	Lune en Lion	à partir de 20 h 41

JUILLET 2022

Vendredi	01-07-2022	Lune en Lion	
Samedi	02-07-2022	Lune en Lion	
Dimanche	03-07-2022	Lune en Vierge	à partir de 08 h 32
Lundi	04-07-2022	Lune en Vierge	
Mardi	05-07-2022	Lune en Balance	à partir de 18 h 26
Mercredi	06-07-2022	Lune en Balance	
Jeudi	07-07-2022	Lune en Balance	
Vendredi	08-07-2022	Lune en Scorpion	à partir de 01 h 16
Samedi	09-07-2022	Lune en Scorpion	
Dimanche	10-07-2022	Lune en Sagittaire	à partir de 04 h 35
Lundi	11-07-2022	Lune en Sagittaire	
Mardi	12-07-2022	Lune en Capricorne	à partir de 05 h 02
Mercredi	13-07-2022	Lune en Capricorne	
Jeudi	14-07-2022	Lune en Verseau	à partir de 04 h 18
Vendredi	15-07-2022	Lune en Verseau	
Samedi	16-07-2022	Lune en Poissons	à partir de 04 h 19
Dimanche	17-07-2022	Lune en Poissons	
Lundi	18-07-2022	Lune en Bélier	à partir de 07 h 19
Mardi	19-07-2022	Lune en Bélier	
Mercredi	20-07-2022	Lune en Taureau	à partir de 14 h 24
Jeudi	21-07-2022	Lune en Taureau	
Vendredi	23-07-2022	Lune en Gémeaux	à partir de 01 h 12
Samedi	23-07-2022	Lune en Gémeaux	
Dimanche	24-07-2022	Lune en Gémeaux	
Lundi	25-07-2022	Lune en Cancer	à partir de 13 h 55
Mardi	26-07-2022	Lune en Cancer	
Mercredi	27-07-2022	Lune en Cancer	
Jeudi	28-07-2022	Lune en Lion	à partir de 02 h 37
Vendredi	29-07-2022	Lune en Lion	
Samedi	30-07-2022	Lune en Vierge	à partir de 14 h 12
Dimanche	31-07-2022	Lune en Vierge	

AOÛT 2022

Lundi	01-08-2022	Lune en Vierge	
Mardi	02-08-2022	Lune en Balance	à partir de 00 h 07
Mercredi	03-08-2022	Lune en Balance	
Jeudi	04-08-2022	Lune en Scorpion	à partir de 07 h 48
Vendredi	05-08-2022	Lune en Scorpion	
Samedi	06-08-2022	Lune en Sagittaire	à partir de 12 h 40
Dimanche	07-08-2022	Lune en Sagittaire	
Lundi	08-08-2022	Lune en Capricorne	à partir de 14 h 40
Mardi	09-08-2022	Lune en Capricorne	
Mercredi	10-08-2022	Lune en Verseau	à partir de 14 h 46
Jeudi	11-08-2022	Lune en Verseau	
Vendredi	12-08-2022	Lune en Poissons	à partir de 14 h 45
Samedi	13-08-2022	Lune en Poissons	
Dimanche	14-08-2022	Lune en Bélier	à partir de 16 h 44
Lundi	15-08-2022	Lune en Bélier	
Mardi	16-08-2022	Lune en Taureau	à partir de 22 h 23
Mercredi	17-08-2022	Lune en Taureau	
Jeudi	18-08-2022	Lune en Taureau	
Vendredi	19-08-2022	Lune en Gémeaux	à partir de 08 h 07
Samedi	20-08-2022	Lune en Gémeaux	
Dimanche	21-08-2022	Lune en Cancer	à partir de 20 h 30
Lundi	22-08-2022	Lune en Cancer	
Mardi	23-08-2022	Lune en Cancer	
Mercredi	24-08-2022	Lune en Lion	à partir de 09 h 10
Jeudi	25-08-2022	Lune en Lion	
Vendredi	26-08-2022	Lune en Vierge	à partir de 20 h 26
Samedi	27-08-2022	Lune en Vierge	
Dimanche	28-08-2022	Lune en Vierge	
Lundi	29-08-2022	Lune en Balance	à partir de 05 h 46
Mardi	30-08-2022	Lune en Balance	
Mercredi	31-08-2022	Lune en Scorpion	à partir de 13 h 12

SEPTEMBRE 2022

Jeudi	01-09-2022	Lune en Scorpion	
Vendredi	02-09-2022	Lune en Sagittaire	à partir de 18 h 41
Samedi	03-09-2022	Lune en Sagittaire	
Dimanche	04-09-2022	Lune en Capricorne	à partir de 22 h 04
Lundi	05-09-2022	Lune en Capricorne	
Mardi	06-09-2022	Lune en Verseau	à partir de 23 h 42
Mercredi	07-09-2022	Lune en Verseau	
Jeudi	08-09-2022	Lune en Verseau	
Vendredi	09-09-2022	Lune en Poissons	à partir de 23 h 43
Samedi	10-09-2022	Lune en Poissons	
Dimanche	11-09-2022	Lune en Bélier	à partir de 02 h 48
Lundi	12-09-2022	Lune en Bélier	
Mardi	13-09-2022	Lune en Taureau	à partir de 07 h 40
Mercredi	14-09-2022	Lune en Taureau	
Jeudi	15-09-2022	Lune en Gémeaux	à partir de 16 h 17
Vendredi	16-09-2022	Lune en Gémeaux	
Samedi	17-09-2022	Lune en Gémeaux	
Dimanche	18-09-2022	Lune en Cancer	à partir de 04 h 00
Lundi	19-09-2022	Lune en Cancer	
Mardi	20-09-2022	Lune en Lion	à partir de 16 h 39
Mercredi	21-09-2022	Lune en Lion	
Jeudi	22-09-2022	Lune en Lion	
Vendredi	23-09-2022	Lune en Vierge	à partir de 03 h 55
Samedi	24-09-2022	Lune en Vierge	
Dimanche	25-09-2022	Lune en Balance	à partir de 12 h 44
Lundi	26-09-2022	Lune en Balance	
Mardi	27-09-2022	Lune en Scorpion	à partir de 19 h 16
Mercredi	28-09-2022	Lune en Scorpion	
Jeudi	29-09-2022	Lune en Scorpion	
Vendredi	30-09-2022	Lune en Sagittaire	à partir de 00 h 05

OCTOBRE 2022

Samedi	01-10-2022	Lune en Sagittaire	
Dimanche	02-10-2022	Lune en Capricorne	à partir de 03 h 39
Lundi	03-10-2022	Lune en Capricorne	
Mardi	04-10-2022	Lune en Verseau	à partir de 06 h 22
Mercredi	05-10-2022	Lune en Verseau	
Jeudi	06-10-2022	Lune en Poissons	à partir de 08 h 48
Vendredi	07-10-2022	Lune en Poissons	
Samedi	08-10-2022	Lune en Bélier	à partir de 11 h 58
Dimanche	09-10-2022	Lune en Bélier	
Lundi	10-10-2022	Lune en Taureau	à partir de 17 h 05
Mardi	11-10-2022	Lune en Taureau	
Mercredi	12-10-2022	Lune en Taureau	
Jeudi	13-10-2022	Lune en Gémeaux	à partir de 01 h 09
Vendredi	14-10-2022	Lune en Gémeaux	
Samedi	15-10-2022	Lune en Cancer	à partir de 12 h 12
Dimanche	16-10-2022	Lune en Cancer	
Lundi	17-10-2022	Lune en Cancer	
Mardi	18-10-2022	Lune en Lion	à partir de 00 h 46
Mercredi	19-10-2022	Lune en Lion	
Jeudi	20-10-2022	Lune en Vierge	à partir de 12 h 27
Vendredi	21-10-2022	Lune en Vierge	
Samedi	22-10-2022	Lune en Balance	à partir de 21 h 25
Dimanche	23-10-2022	Lune en Balance	
Lundi	24-10-2022	Lune en Balance	
Mardi	25-10-2022	Lune en Scorpion	à partir de 03 h 20
Mercredi	26-10-2022	Lune en Scorpion	
Jeudi	27-10-2022	Lune en Sagittaire	à partir de 06 h 56
Vendredi	28-10-2022	Lune en Sagittaire	
Samedi	29-10-2022	Lune en Capricorne	à partir de 09 h 23
Dimanche	30-10-2022	Lune en Capricorne	
Lundi	31-10-2022	Lune en Verseau	à partir de 11 h 44

NOVEMBRE 2022

Mardi	01-11-2022	Lune en Verseau	
Mercredi	02-11-2022	Lune en Poissons	à partir de 14 h 48
Jeudi	03-11-2022	Lune en Poissons	
Vendredi	04-11-2022	Lune en Bélier	à partir de 19 h 08
Samedi	05-11-2022	Lune en Bélier	
Dimanche	06-11-2022	Lune en Bélier	
Lundi	07-11-2022	Lune en Taureau	à partir de 00 h 16
Mardi	08-11-2022	Lune en Taureau	
Mercredi	09-11-2022	Lune en Gémeaux	à partir de 08 h 38
Jeudi	10-11-2022	Lune en Gémeaux	
Vendredi	11-11-2022	Lune en Cancer	à partir de 19 h 23
Samedi	12-11-2022	Lune en Cancer	
Dimanche	13-11-2022	Lune en Cancer	
Lundi	14-11-2022	Lune en Lion	à partir de 07 h 49
Mardi	15-11-2022	Lune en Lion	
Mercredi	16-11-2022	Lune en Vierge	à partir de 20 h 05
Jeudi	17-11-2022	Lune en Vierge	
Vendredi	18-11-2022	Lune en Vierge	
Samedi	19-11-2022	Lune en Balance	à partir de 05 h 59
Dimanche	20-11-2022	Lune en Balance	
Lundi	21-11-2022	Lune en Scorpion	à partir de 12 h 17
Mardi	22-11-2022	Lune en Scorpion	
Mercredi	23-11-2022	Lune en Sagittaire	à partir de 15 h 17
Jeudi	24-11-2022	Lune en Sagittaire	
Vendredi	25-11-2022	Lune en Capricorne	à partir de 16 h 19
Samedi	26-11-2022	Lune en Capricorne	
Dimanche	27-11-2022	Lune en Verseau	à partir de 17 h 08
Lundi	28-11-2022	Lune en Verseau	
Mardi	29-11-2022	Lune en Poissons	à partir de 19 h 44
Mercredi	30-11-2022	Lune en Poissons	

DÉCEMBRE 2022

Jeudi	01-12-2022	Lune en Bélier	à partir de 23 h 42
Vendredi	02-12-2022	Lune en Bélier	
Samedi	03-12-2022	Lune en Bélier	
Dimanche	04-12-2022	Lune en Taureau	à partir de 06 h 39
Lundi	05-12-2022	Lune en Taureau	
Mardi	06-12-2022	Lune en Gémeaux	à partir de 15 h 50
Mercredi	07-12-2022	Lune en Gémeaux	
Jeudi	08-12-2022	Lune en Gémeaux	
Vendredi	09-12-2022	Lune en Cancer	à partir de 02 h 50
Samedi	10-12-2022	Lune en Cancer	
Dimanche	11-12-2022	Lune en Lion	à partir de 15 h 10
Lundi	12-12-2022	Lune en Lion	
Mardi	13-12-2022	Lune en Lion	
Mercredi	14-12-2022	Lune en Vierge	à partir de 03 h 47
Jeudi	15-12-2022	Lune en Vierge	
Vendredi	16-12-2022	Lune en Balance	à partir de 14 h 50
Samedi	17-12-2022	Lune en Balance	
Dimanche	18-12-2022	Lune en Scorpion	à partir de 22 h 32
Lundi	19-12-2022	Lune en Scorpion	
Mardi	20-12-2022	Lune en Scorpion	
Mercredi	21-12-2022	Lune en Sagittaire	à partir de 02 h 14
Jeudi	22-12-2022	Lune en Sagittaire	
Vendredi	23-12-2022	Lune en Capricorne	à partir de 02 h 51
Samedi	24-12-2022	Lune en Capricorne	
Dimanche	25-12-2022	Lune en Verseau	à partir de 02 h 15
Lundi	26-12-2022	Lune en Verseau	
Mardi	27-12-2022	Lune en Poissons	à partir de 02 h 35
Mercredi	28-12-2022	Lune en Poissons	
Jeudi	29-12-2022	Lune en Bélier	à partir de 05 h 37
Vendredi	30-12-2022	Lune en Bélier	
Samedi	31-12-2022	Lune en Taureau	à partir de 12 h 10

Épilogue

Au début, déjà lointain, de ma carrière d'astrologue, je me suis résolument lancée dans une recherche patiente et tenace. J'ai pu établir comme principe fondamental que notre savoir est peu de choses en ce qui a trait à ce que nous avons encore à découvrir par nos capacités d'observation et du travail. Rapidement, les résultats obtenus ont largement dépassé mes espérances et, à ce jour, des trouvailles surgissent toujours.

Activement engagée dans l'univers de l'astrologie depuis plus de quarante ans, je sais que l'astrologie n'est pas là pour nous dicter une ligne de conduite, bien au contraire. Je crois sincèrement qu'elle est plutôt là pour faire la lumière sur des multiples voies susceptibles de se présenter sur le chemin de notre destinée.

Si, dans le passé, vous avez fait des projets et qu'ils ne se sont pas réalisés comme vous le souhaitiez ou l'anticipiez, voici finalement le livre qui vous permettra de mieux évaluer vos perspectives de réussite, mais également de planifier votre vie en conséquence afin que vous puissiez profiter au maximum des occasions qui se présenteront à vous et ainsi trouver votre part de bonheur.

J'ose espérer que vous saurez tirer le maximum de mes prévisions astrologiques en 2022 et qu'elles seront un bon guide pour mieux vous aider à bien planifier les étapes de votre vie afin qu'elle soit remplie de paix, d'harmonie et de lumière. Que les astres vous soient favorables !

Mes meilleures vibrations,

Remerciements

Dans un tout autre ordre d'idées, j'aimerais remercier tous ceux qui ont contribué à la publication de ce livre : Mathieu Béliveau, Sylvain Dion, Sylvie Milot et Diane Perreault, de Béliveau éditeur, qui m'ont appuyée dans cette démarche.

J'en profite pour remercier toute l'équipe de la station radiophonique CIDI 99,1 FM qui m'a permis d'acquérir une expérience grand public en m'ouvrant ses portes pour la diffusion hebdomadaire d'Astro-Logique.

Sur une note plus personnelle, je désire exprimer toute ma gratitude à ma fidèle amie, Louise Boissonnault, qui a toujours cru en moi. À Stephen, le soleil et les étoiles de ma vie, que je remercie avec toute mon affection pour son amour, mais également pour son soutien inconditionnel.

Par-dessus tout, merci à vous tous – lecteurs, lectrices, auditeurs, auditrices – dont la loyauté m'a incitée à poursuivre mon travail en le raffinant constamment, car sans votre participation, tout ce laborieux travail aurait été vain et n'aurait pas vu le jour.

Marie Christine Dean,
Astrologue diplômée

L'astrologie est là pour vous aider à y voir plus clair
et non pas à décider pour vous!
Pour vos cadeaux de Noël, vos étrennes du Nouvel An,
une fête, un anniversaire de naissance
ou juste pour se faire plaisir,
pensez à offrir une consultation astrologique
à une personne qui vous est chère,
ou faites-vous offrir une consultation avec moi.

✶

J'ai eu le privilège d'accompagner de très nombreuses personnes sur leur chemin de vie et de leur permettre de pouvoir mettre à profit au mieux les forces planétaires qu'elles ont choisies au moment de leur entrée dans la matière. Le thème natal nous amène à mieux nous connaître, à nous relier à notre potentiel en tant qu'être humain qui s'actualise au fur et à mesure du temps qui passe, de toutes nos expériences de vie, de notre compréhension du monde et, bien entendu, de l'acceptation de relever nos défis, d'aimer, d'être.

De nombreux sites parlent d'astrologie. Ma mission est simplement de vous apporter une vision nouvelle de l'astrologie afin que vous puissiez mieux percevoir la lumière lorsqu'il vous semble l'avoir perdue.

Une étude personnalisée de votre thème de naissance avec les transits en cours, vos progressions (thème dirigé, thème progressé) et votre révolution solaire annuelle, autant d'outils pour mieux vous éclairer et voir où sont vos atouts, là où vous en êtes sur votre propre chemin, tant pour votre évolution personnelle que pour découvrir ce que l'année sollicitée aura en réserve pour vous.

Pour obtenir de plus amples renseignements sur nos services offerts ou encore pour une consultation privée, vous pouvez toujours me rejoindre à mon bureau:

Téléphone: 450-242-2283
Courriel: mariechristinedean@gmail.com

Au plaisir de vous éclairer,
Marie Christine Dean

Autres ouvrages chez Béliveau Éditeur

COMMUNIQUER CORRECTEMENT EN AFFAIRES À L'ÈRE NUMÉRIQUE
Guide pratique des communications 2.0

JULIE BLAIS COMEAU,
spécialiste de l'étiquette

À l'ère numérique, les modes de communication sont multiples et en pleine évolution. Nous sommes de plus en plus connectés, mais il semble y avoir de plus en plus d'incompréhension, de confusion et ô combien de frustration dans nos communications…

Ce guide pratique des communications contemporaines donne les règles, des astuces et même des solutions à vos situations délicates, incluant vos remords virtuels, afin de communiquer correctement. C'est le meilleur retour sur investissement pour votre carrière.

L'ABC DES RÉSEAUX SOCIAUX
Rudiments, astuces et sécurité

ANNABELLE BOYER, CRHA,
présidente de ABC Solution

En affaires comme sur le plan personnel, l'utilisation des différentes plateformes est devenue un incontournable. Ce guide vous permettra de découvrir les astuces des différents réseaux sociaux. Il présente des moyens de sécuriser vos profils, de contrôler les trolls, d'alimenter vos réseaux et de faire grandir vos cercles de connaissances. Il explique des stratégies concrètes de mises en marché, de promotion, d'organisation d'événements.

L'objectif est de vous rendre à l'aise dans ce monde particulier et que vous ayez du plaisir à surfer sur les différentes plateformes...

visitez www.beliveauediteur.com